辽/宁/大/学/公/共/管/理/系/列/丛/书

丛书主编：边恕

养老金全国统筹适度收入再分配规模研究

RESEARCH ON THE PROPER SCALE OF INCOME REDISTRIBUTION IN NATIONAL POOLING OF PENSION

邹丽丽◎著

图书在版编目（CIP）数据

养老金全国统筹适度收入再分配规模研究/邹丽丽著．—北京：经济管理出版社，2020.11

ISBN 978-7-5096-7517-5

Ⅰ.①养…　Ⅱ.①邹…　Ⅲ.①养老保险制度—研究—中国　Ⅳ.①F842.612

中国版本图书馆 CIP 数据核字（2020）第 163701 号

组稿编辑：赵亚荣
责任编辑：赵亚荣
责任印制：黄章平
责任校对：董杉珊

出版发行：经济管理出版社
（北京市海淀区北蜂窝 8 号中雅大厦 A 座 11 层　100038）
网址：www.E-mp.com.cn
电话：（010）51915602
印刷：唐山昊达印刷有限公司
经销：新华书店
开本：710mm×1000mm /16
印张：15.25
字数：252 千字
版次：2020 年 11 月第 1 版　　2020 年 11 月第 1 次印刷
书号：ISBN 978-7-5096-7517-5
定价：69.00 元

前　言

养老保险制度在任何一个国家的社会保障体系中都是核心内容并发挥着不可替代的重要作用。作为社会保障体系中的支柱性制度安排，养老保险的完善程度往往最能反映一个国家社会保障的总体建设水平，并对其应对人口老龄化挑战的能力起到决定性作用。

目前，中国在世界上已经建立起覆盖人口数量最多的社会保障体系，取得了举世瞩目的成就。近年来随着社会保险制度改革的不断深化，养老保险正担负着国民财富收入再分配和维护社会公平的重要职能，然而中国较低的统筹层次在一定程度上影响了养老保险这些功能的有效发挥。基本养老保险全国统筹作为制度完善的重要目标，对于均衡地区养老负担、建立公平的企业竞争环境、统一全国劳动力市场、增强养老保险基金的抗风险能力和降低行政管理成本具有重要的现实意义。中国一直致力于提升基本养老保险的统筹层次，但是统筹层次的提升却是几经周折、步履艰难，2018 年 7 月企业职工基本养老保险中央调剂金制度的建立使养老保险由“碎片化”向“一体化”迈出了关键性的一步，具有破冰意义。但是从中央调剂金制度走向全国统筹，仍然需要越过多重障碍与阻力、涉及多方责任的权衡和利益博弈，为此，在继续提升统筹层次实现全国统一的养老保险制度的过程中，围绕养老保险相关参数的收入再分配功能展开全面而深入的研究，并对其进行科学合理的优化设计对于真正意义上的全国统筹，即统收统支全国统筹的实现具有重要意义。

本书主要内容包括养老保险收入再分配理论基础、基础养老金统筹层次提升进展与效果评价、全国统筹的联邦退休金制度及经验借鉴、基础养老金收支平衡模型及其收入再分配效应分析、统筹层次提升中影响基础养老金收入再分配的参数选择与调整、基础养老金全国统筹方案及适度收入再分配规模研究和基础养老金全国统筹的政策执行风险及其解决对策七部分。

（1）收入再分配不仅关系到公平和效率，还关系到社会的长治久安。国内外学者关于收入再分配的相关理论研究为各国以养老保险为核心的社会保障制度的建立及其收入再分配功能的发挥提供了重要的理论基础。

社会保障是政府进行国民收入再分配的一种重要手段。社会保险是社会保障制度中的核心组成部分，而养老保险又是社会保险的核心，作为整个社会保障体系核心的养老保险应通过收入再分配功能的发挥，对社会成员的收入起到正向调节的作用，使社会成员在年老丧失劳动能力时都能得到大体相同的收入保障。目前，中国养老保险的总体框架已经初步形成，对国民收入分配的调节起到了积极的作用，但中国养老保险制度的分割性和碎片化状态的存在将影响其收入再分配功能的有效发挥。提升城镇企业职工基本养老保险的统筹层次并且实现保险制度的统一不但能够增强养老保险整体抵御风险的能力，而且能够在更大的区域范围内发挥养老保险制度进行收入再分配的功能，通过实现不同地区和人群之间的收入转移达到缩小职工养老金收入差距、维护社会公平的目的，有利于社会的安定团结。

（2）养老保险统筹层次提升后从横向上对全国各地区基本养老保险统筹实施效果进行比较分析与评价，有利于在了解养老保险制度整体运行状况的基础上掌握各地区统筹层次提升的具体情况，进而为全国统筹的方案设计和政策优化提供基础数据。

提升基本养老保险的统筹层次，实现真正意义上的全国统筹就是要增强养老保险制度的抗风险能力、减轻制度的运行压力、维护社会公平和保障社会稳定。在养老保险由市县级统筹提升到省级统筹的过程中，各地省级统筹运行模式主要有统收统支和调剂金两种模式。为了对统筹层次提升后各省养老保险的运行情况及其实施效果进行比较分析，在坚持科学性、系统性、可比性和可获得性原则的基础上，研究中共选取了包括养老金收入支出比、养老金累计结余、养老金替代率、养老金可支付月数和退休职工增长率等八个反映养老保险运行情况的指标体系作为地区间横向比较标准，并且通过提取公因子将原始指标变量的信息浓缩在养老保险供给能力因子、养老保险保障能力因子和养老保险供给压力因子这三个公因子中。利用因子分析得到各地区因子得分，进一步对31个省（自治区、直辖市）的养老保险运行情况进行了聚类分析，从分析结果可以看出，各地区养老保险的运行情况参差不齐，无论是在养老保险供给能力因子方面，还是在养老保险保障能力因子和养老保险供给压力因子方面，地区间都存在很大的差距，因此在中央调剂金制度建立的基础上，实现真正意义上的省级统筹，并进一步提高养老保险统筹层次进而实现真正意义上的全国统筹是十分必要的，也是非常紧迫的。

（3）从全国统筹的角度对美国联邦退休金制度进行研究，发掘其制度运行中有利于统筹层次提升的先进经验和成功做法，能够为中国统筹层次的提升提供经验借鉴。

美国在联邦退休金制度即国家的基本养老保险制度建立之初就采取了全国统筹的模式，并在实践运行中积累了丰富的经验，全国统筹下的联邦退休金制度保障了公民养老权利的实现，同时对于调节国民收入差距、维护社会公平和促进劳动力流动也起到了非常积极的作用。中国与美国的经济发展水平虽然存在着一定的差距，但两国都是幅员辽阔的大国，国家内部各地区经济发展条件和地域环境差异较大，中国区域经济不协调的状况与联邦退休金制度建立初期的情况比较相似，另外我国基本养老保险的社会统筹部分和联邦退休金制度实行的都是现收现付的筹资模式，两者的运行机理相同，因此从全国统筹的角度对美国联邦退休金制度进行研究可为中国统筹层次的提升提供经验借鉴。

（4）养老保险统筹层次提升过程中，基础养老金横向和纵向收入再分配规模的变化将对地方政府和职工提升统筹层次的积极性产生重要影响，本书通过建立收支平衡模型，从纵向和横向两个维度对基础养老金的收入再分配功能进行了深入、细致的研究。

实施现收现付筹资模式的社会统筹部分基础养老金不但存在年轻人与老年人之间的代际收入再分配，而且也存在代内参保职工间的收入转移。同时，从职工个人的角度来看，虽然这部分养老金由企业缴费形成，但本质上是来源于职工的劳动贡献，而且养老金的发放与缴费工资数额、缴费年限等密切相关，由此可见，社会统筹部分基础养老金也具有纵向收入再分配的功能，因而在构建基础养老金的收支平衡模型时，本书从纵向和横向两个维度构建起基础养老金的收支平衡模型。研究发现，缴费率、在岗职工平均工资、退休年龄、人口平均预期寿命、养老金平均给付水平和制度抚养比是影响养老金横向收支平衡的重要因素，而在这些影响因素中，在岗职工平均工资、缴费率和退休年龄这三个变量同时也是影响基础养老金纵向收支平衡的重要原因，除此之外，职工个人缴费工资、职工个人预期寿命也会对基础养老金纵向收支平衡产生重要影响。为此，围绕缴费率、在岗职工平均工资、职工个人缴费工资和退休年龄这些主要变量，本书从纵向和横向两个维度对基础养老金的收入再分配效应进行了深入的分析。

（5）调整并统一城镇企业职工基本养老保险的相关参数不但可以平衡地区差距，维护社会公平，而且有利于全国统一的基本养老保险制度的真正建立。本书通过对可调整参数的定量分析，确定了各参数的合理取值范围及其统一的具体标准。

基本养老保险的省级统筹就是要实现养老保险基金在省级范围内的统筹调剂使用，由于养老金以省为单位被划块管理和运营，因此实现省级范围内的基金收支平衡是地方政府在统筹层次相对较低时所追求的主要目标，同时也是保障本地区养老保险制度健康、持续运行的关键。随着全国统筹的逐步推进，基础养老金的运行将突破本省而在全国范围内进行余缺调剂，并且全国统筹下各省养老金的筹集与支付标准也将随之进行一定程度的调整并日益趋于统一，这将打破省级统筹下基础养老金原有的收支平衡状态，出现省际养老金的流入与流出，而影响基础养老金纵向和横向收支平衡的各个因素也因此成了统筹层次提升的阻力所在，基于此，本书对可调整的参数进行了定量分析。

1）企业基本养老保险缴费率的确定。实现城镇企业职工基本养老保险缴费率的统一是提升基本养老保险统筹层次，实现养老保险全国统筹的必然要求。即使养老保险在全国范围内实现了基金的统收统支，但如果缴费负担不能达到全国统一，则养老保险制度运行中的筹资不公、地区竞争不公及其所带来的国家认同危机等问题仍然无法解决。提升城镇企业职工基本养老保险的统筹层次，并且统一各个地区企业基本养老保险的缴费率是创造公平的企业竞争环境、增加社会认同感的必然选择。

为了确定基本养老保险企业缴费率的改革方向，需对影响企业养老保险缴费率的制度赡养率的中长期发展趋势进行预测，尤其是以制度赡养率最高值为基础测算的企业养老保险缴费率既能保障人口老龄化严重时期社会统筹部分基础养老金的收支平衡，还能保障政策调整的稳定性，避免随着老年人口比重的增加不断对缴费率进行调整而引起政策的频繁变动。根据测算，2030 年当养老金的替代率为 30%时，企业基本养老保险的缴费率为 16%，而当养老金的替代率为 25%时，企业基本养老保险的缴费率可以降低为 14%。

2）统筹调剂比例的确定。在统收统支的全国统筹实现之前，为了实现中国社会统筹部分基础养老金的整体收支平衡，满足基金存在缺口地区的养老金支付需要，在对全国31个省（自治区、直辖市）未来人口进行预测的基础上，本书对2030年以前各地城镇企业职工基本养老保险基金的收支情况进行了定量分析，将社会统筹部分基础养老金的收支缺口作为养老金全国统筹调剂比例确定的依据。根据测算，在2020年时养老金全国统筹的调剂比例最低应为企业基本养老保险缴费率的15%，2026年时养老金全国统筹的调剂比例最低应为企业基本养老保险缴费率的40%，2030年时养老金全国统筹的调剂比例最低应为企业基本养老保险缴费率的100%，即最迟在2030年也应该达到养老保险的全国统收统支，实现真正意义上的全国统筹。

3）缴费与给付基数的确定。统筹层次提升的过程中，缴费与给付标准的统一包含两方面的含义：一是统一缴费与给付标准的相关政策规定，二是统一养老保险缴费与给付的具体标准。本书认为，统一相关政策规定是维护社会公平的基本要求，而在统筹层次提升的过程中，不但要实现相关政策标准的统一，还要在此基础上进一步统一各地区养老保险缴费与给付的具体标准，实现真正意义上的社会公平。

（6）提高基本养老保险的统筹层次，涉及基金筹集、管理、给付等多方面内容的共同调整，为了保证养老保险各项工作的共同推进和真正意义上全国统筹的顺利实现，本书对可调整的各个参数进行协调，设计了包括养老保险基金筹集、待遇支付和统筹调剂的综合调整方案，并对各具体方案的收支平衡状况及财政支撑能力进行了预测分析。

1）综合调整方案中，统筹调剂比例的大小将对地区间的收入再分配规模产生重要影响，而缴费率、缴费基数和给付基数的调整则不但会引起地区间收入再分配规模的改变，还会对参保职工的纵向收入再分配效应产生影响，进而关系到职工的福利所得，因此本书在前面分析的基础上，又进一步对综合调整方案中地区间及个人纵向收入再分配的规模进行了定量研究。①从缴费率调整的角度来看，缴费率的调整除了要考虑养老保险的收入再分配功能外，还需结合养老保险的实际运行情况，综合考虑社会支持、可持续发展等多方面的因素，避免缴费率调整过快而影响基金的持续发展能力。在三个方案中，与方案1和方案3相比，方案2能够满足缴费率下调的需要，同时由于改革调整的速度较为缓慢，这种方案可以使养老保险的收入再分配规模保持在适度的空间内，最大限度地减少缴费率变动对养老保险制度改革产生的负面影响，对于统筹层次的提升和缴费率的统一具有积极的推动作用。②从统筹调剂比例的角度来看，方案 2 在调剂金制度实施的初期设定较低的调剂比例，收入再分配的力度较小，这能在一定程度上减少资金流出地区的阻力，随着调剂金制度的逐步展开和经验的不断积累，以及人们对养老保险全国统筹认识的日益深入，通过不断调高调剂比例可以增加收入再分配的力度进而推进养老保险逐步向全国统筹迈进。与方案 3 相比，由于方案 2 中地区间收入再分配的规模是逐步增加的，因此能够一定程度上减少统筹层次提升的阻力，而与方案 1 相比，方案 2 能够通过推进统筹层次的逐步提升最终实现真正意义上的全国统筹。③从缴费与给付基数统一的角度来看，养老保险应该保证职工不论在哪个地区参保缴费，只要缴费贡献相同，排除物价差异后养老金所能保障的基本生活水平应该是大体相同的。考虑到地区间的差异在短期内难以消除，方案 1 采取了折中的统一办法，养老保险的缴费与给付基数设定为全国在岗职工平均工资与各省在岗职工平均工资的平均数；方案 3 将养老保险的缴费与给付基数统一为全国在岗职工平均工资；方案 2 是以前期预测中的全国统筹调剂比例作为统一的依据。通过对三个方案的定量比较分析可以看出，方案 2 能够在降低职工养老金变化幅度、控制收入再分配规模的情况下推进统筹层次的提升。

2）实现全国统筹既要合理发挥养老保险的适度收入再分配功能以推进改革的顺利进行，也需对改革方案实施后社会统筹部分基础养老金的收支规模进行预测分析，以便在掌握养老保险基金收支平衡状况的基础上，选择合理的改革方案。通过对基础养老金收支平衡情况的预测分析可以看出，虽然各个方案的缺口大小有所不同，但是随着人口老龄化的逐步加深，养老金的收支缺口都是逐步增大的，然而从三个方案的比较来看，通过一种渐进的方式实现统筹层次提升的方案 2，其社会统筹部分基础养老金的收入、支出与结余规模介于两个方案之间。

另外，可以看到由于在方案设计中影响养老金筹集的因素相对较多，因此在不同方案中，养老金筹集规模的变化幅度要高于养老金给付规模的变化幅度，这也说明在养老保险制度改革的过程中，制度调整的主要参数会对养老金的筹集产生较大的影响，这主要是因为从给付的角度来看，如果养老金的计发办法保持不变，影响养老金支出规模的因素主要是老年退休人口数、养老金的替代率水平及待遇的调整幅度，其中制度参保中退休人口的数量在预测期间基本是比较稳定的，而养老金的待遇及其调整幅度由于福利的刚性作用，几乎没有下调的空间，只能对上调的幅度进行控制，因此总体而言养老金给付规模的变化幅度相对较小。

3）人口老龄化趋势逐步加剧的情况下，各方案中养老金征缴收入与支出之间收不抵支的问题将进一步凸显出来，这使城镇企业职工基本养老保险对各级财政支持的依赖程度随之增强。中央及地方政府作为养老保险制度的最终责任主体，是否有足够的财力承担起相应的责任，保障城镇企业职工基本养老保险制度的可持续发展是值得深入研究的又一重要问题，在各方案中，假设养老保险征缴收入与支出产生的缺口全部由财政收入来承担，根据预测的相关数据可以看出，方案1和方案2下的缺口占财政收入的比例在可承受的限额内，这意味着政府有相应的财政支撑能力，而方案3中的养老金缺口占财政收入的比例则相对较高，超出了政府的财政承受能力，由此可见，从财政负担的角度来看，方案2也是比较理想的改革方案。

（7）养老保险全国统筹目标的顺利实现不但需要科学完美的制度设计，更需要相关政策能够得到有效的贯彻实施。

即使是比较理想的改革方案也会涉及地方及个人利益的重新调整，作为养老保险政策实施主体的地方政府，如果不按照中央政策行事，在执行中央和上级部门的各种指令时采取“上有政策、下有对策”的行动，不但会使统筹层次提升的效果大打折扣，而且将会使养老保险在化解部分风险的同时面临更多新的风险与挑战，同时这些风险的隐蔽性还将进一步增加政府对基础养老金监管的难度。第七章对统筹层次提升中地方政府的政策执行风险及其成因进行了深入的分析，以期寻求相应的解决对策，保障全国统筹的实施效果。

目　录

导　论

第一节　选题背景和意义

一、选题背景

基本养老保险在主权国家实行全国统筹是制度发展的内在要求和基本规律。① 中华人民共和国成立初期，中国就建立起了由企业缴纳养老保险费用并实行全国统筹的基本养老保险制度，由企业缴纳的社会保险费用除了前两个月全数存入中华全国总工会的账户以外，从第三个月起，按照3：7的比例分别存入中华全国总工会账户和该企业基层工会委员会账户内，中华全国总工会对全国的社会保险基金有调剂权。1966~1976年中国的养老保险工作遭受到严重的冲击，养老保险丧失了统筹调剂的职能，倒退为"企业保险"。20世纪80年代中期，随着经济体制改革的逐步推进，社会保险制度也开始了改革与探索，社会保险基金管理逐步走向社会化。②

为提高基本养老保险的统筹层次，在全国范围内逐步实行城镇企业职工基本养老保险的省级统筹，以适应养老保险社会化的本质要求，国务院

① 郑功成．尽快推进城镇职工基本养老保险全国统筹［J］．经济纵横，2010（9）：29-32.

② 林义．社会保险基金管理（第三版）［M］．北京：中国劳动社会保障出版社，2015：203-302.

于1991年颁布的《关于企业职工养老保险制度改革的决定》提出，尚未实行基本养老保险基金省级统筹的地区，要积极创造条件，由目前的市、县统筹逐步过渡到省级统筹。1998年国务院《关于实行企业职工基本养老保险省级统筹和行业统筹移交地方管理有关问题的通知》加大了推进基本养老保险统筹层次提升的力度，给出了各地实行省级统筹的时间表和标准，然而统筹层次提升的进展却非常缓慢。2003年党的十六届三中全会审议通过的《中共中央关于完善社会主义市场经济体制若干问题的决定》也提出，要在完善市级统筹基础上，逐步实行省级统筹，当条件具备时要实现社会统筹部分基础养老金的全国统筹，由此为养老保险确定了更高的统筹目标，即全国统筹。原劳动保障部、财政部在2007年印发的《关于推进企业职工基本养老保险省级统筹有关问题的通知》继续明确了城镇企业职工养老保险省级统筹工作重点和实现省级统筹的具体标准。① 2010年10月颁布的《中华人民共和国社会保险法》更是以法律形式首次明确了基本养老保险基金要逐步实现全国统筹的目标。② 国家“十二五”规划及社会保障“十二五”规划纲要也指出，要逐步实现基本养老保险基金的全国统筹。③ 国务院于2013年批转的发展改革委《关于2013年深化经济体制改革重点工作的意见》中把研究制定养老金全国统筹的方案列入工作重点。党的十八届三中全会后发布的《中共中央关于全面深化改革若干重大问题的决定》再次指出，要坚持精算平衡原则，坚持社会统筹和个人账户相结合的部分基金积累制，并健全多缴多得激励机制，确保参保人的切身利益，实现基础养老金全国统筹。之后党和政府的“十三五”规划纲要都将实现基础养老金全国统筹作为社会保险制度改革的一个重要目标，国务院2018年印发的《关于建立企业职工基本养老保险基金中央调剂制度的通知》决定自2018年7月1日起建立养老保险中央调剂金制度。④

---

① 夏波光．养老保险：打破转续坚冰［J］．中国社会保障，2010（2）：10-12.

② 杨继军，孙冬，范兆娟．养老金体系改革的地区分割及其对经济动态效率的影响［J］．财政研究，2019（4）：79-90.

③ 林毓铭．体制改革：从养老保险省级统筹到基础养老金全国统筹［J］．经济学家，2013（12）：65-72.

④ 邓大松，杨晶．中国城镇职工基础养老金给付水平及其非均衡性评价——基于省级统筹和全国统筹的测算［J］．华中科技大学学报（社会科学版），2019（1）：17-28.

目前，中国虽然已经建立起了中央调剂金制度，正向全国统筹迈进，但仍有省份未建立起统收统支的省级统筹制度，这显然不利于养老保险基金的可持续发展和全国统筹模式的顺利实现。实现真正意义上的省级统筹，并进一步提高养老保险统筹层次，进而实现真正意义上的全国统筹是十分必要的，也是非常紧迫的，这已成为深化养老保险制度改革的基本路径，是对养老保险制度发展进入新时代提出的新要求。

二、选题意义

提升基础养老金的统筹层次，实行全国统筹是国家实现养老保险制度可持续发展的战略选择，对基本养老保险统筹层次及其适度收入再分配规模进行研究具有重要的现实意义和实践价值。

（1）提升城镇企业职工基本养老保险的统筹层次，实现真正意义上的全国统筹是国家实现养老保险制度可持续发展的战略选择。虽然经过不断的探索与改革，中国已建立起世界上覆盖人数最多的养老保险体系并取得了举世瞩目的成就，但养老保险的统筹层次低已经成为阻碍中国社会保险制度进一步发展的瓶颈。养老保险的低层次统筹不仅极大地限制了社会保险统筹互济功能的有效发挥和人才的合理流动，而且基金容易被挤占和挪用，管理风险高，另外，养老保险基金的分散化管理与“碎片化”状态导致其很难实现保值增值。基本养老保险统筹层次的提升不但可以将保险基金集中起来实施专业化的管理和运营从而实现养老保险基金保值增值的目标，而且可以降低养老金分散化管理模式下所面临的各种风险，确保养老保险基金的安全，同时，养老保险基金在全国范围内的统筹调剂使用还有利于在更广阔的区域范围内发挥养老保险的收入再分配功能，进而更好地实现养老保险在维护社会公平和促进人力资源合理流动方面所起到的重要作用。由此可见，研究基本养老保险统筹层次具有重要的实践价值。

（2）城镇企业职工基本养老保险制度作为国家的强制性制度安排，目前几乎承担着企业退休职工全部的养老责任，其基本功能不仅在于增进劳动者的福利并解除其养老的后顾之忧，而且还承载着通过收入再分配减少老年贫困人口、缩小收入差距进而维护社会公平等多重功能。同时，城镇企业职工基本养老保险制度作为整个社会保障体系的核心具有长期积累特性和巨额给付规模，这决定了养老保险制度对一个国家整体社会保障制度的运行成败会产生根本性的影响，是进行社会保障制度改革的关键。中国城镇企业职工基本养老保险制度的全国统筹是社会保险制度改革的重要内容，但是养老保险统筹层次提升的进程并不如人们想象的那么容易和顺利。虽然目前中国31个省（自治区、直辖市）和新疆生产建设兵团都已经建立起了养老保险基金的省级统筹制度，2018年又建立起了企业职工基本养老保险中央调剂金制度，向全国统筹迈出了关键性的一步，但中央调剂金制度不论是在调剂力度还是在调剂规模上，与统收统支的全国统筹相比都存在着很大的差距，而且在省级统筹这一层次，中国实质上只有为数不多的几个省份实现了真正意义上的省级统筹，大多数的省份虽然名义上实现了省级统筹，但养老保险基金在省内不同城市之间的调剂还面临着一定的困难，还存在着制度实施不到位、管理办法不规范、调剂基金上解困难、调剂力度小等问题。诸多阻碍因素的存在使统筹层次提升的进程缓慢，如何在减少阻力的同时维护社会公平，调动各方面的积极性，实现全国统筹的目标，对于保障养老保险制度健康运转、维护社会公平意义重大，因此研究养老保险全国统筹具有重要的现实意义。

（3）统筹层次作为社会保险制度设计中的重要内容，其核心是统筹部分基础养老金的管理控制权，其实质是各级政府保险责任和权限的划分。① 在提升统筹层次的过程中，随着基础养老金管理控制权的上移，养老金将在更大的区域范围内实现统筹调剂使用，养老保险的收入再分配功能得到充分的发挥，这必然涉及地方利益的重新调整，进而阻碍统筹层次的提升。因此，围绕影响地区间养老金收入再分配的各方面因素展开深入研究，在正确处理各方利益关系、调动各方面积极性的基础上，设计合理的收入再分配方案，可为养老保险全国统筹层次的实现提供理论参考和实践依据。

① 朱金楠．关于基本养老保险统筹层次的研究述评［J］．劳动保障世界（理论版），2011（11）：33-37.

第二节 国内外文献综述

一、国外文献综述

国外大多数国家在养老保险制度建立之初就采取了全国统筹的模式，因此有关统筹层次的研究相对较少。但是由于国外养老保险制度建立的时间较早，制度发展已经较为完善，因此对于养老保险及其收入再分配理论的研究较为丰富，而且其全国统筹的运行实践也将对中国养老保险统筹层次的提升和制度的完善起到重要的借鉴作用。

1. 基本养老保险制度建立的理论基础研究

基于边际效益递减规律，Pigou（1912）认为，通过各种措施，建立包括养老金在内的社会保障制度，将富人手中的一部分财富转移到穷人的手中，能够从总体上增进社会福利，因此主张政府应干预收入再分配以增加社会福利。Keynes（1936）认为，由国家承担起市场和私人无法承担的失业、养老等社会保障责任，能够有效地克服市场失灵，同时这也是反危机的一种有效措施，是经济发展的“稳定器”，从而促使国家干预主义与社会保障完全结合起来。Lerner（1944）指出，假如收入的边际效用是递减的，那么在给定的产量水平下，财富的平均分配能够实现社会总效用的最大化。Beveridge（1942）认为，社会政策应以消灭贫困、疾病、无知、肮脏和懒惰五大祸害为目标，主张通过建立全民性的国民保险制度，为每一位公民提供养老保险在内的七项社会保障制度。Mirrless（1971）认为，建立养老保险体系是社会福利函数最大化的结果，通过发挥养老保险制度的再分配效用，能够使社会整体效用最大化，实现帕累托最优。

Barr（1987）试图通过经济学的规范分析来解释和论证福利国家的存在是有效率的，福利国家的存在不仅有社会正义的原因，而且有经济效率的原因。Rawls（1972）认为，社会和经济的各种不平等应该通过为社会中处于最不利地位的人们提供最大可能利益的方式来解决。由于存在“搭便车”的问题，养老保险体系应由政府强制实施。Bruce（1972）强调，养老保险制度的建立使领取退休金在历史上第一次以法律的形式被确定下来，成为公民的一种权利，其资金完全来自中央财政拨款，虽然退休金的给付有年龄及收入等方面的严格限制，但没有了对实际贫困程度的检验。Wilensky（1975）同样认为，福利国家的关键是政府保证所有公民公平享有最低标准的收入、养老、健康和就业机会，公民享受这些服务是公民的政治权利而不是接受慈善家的施舍。Diamond（1977）提出了政府父爱主义理论，认为由于个人可能出现短视行为，政府应强制个人在年轻时进行适当储蓄以用于老年时期的消费。Sargent（1998）指出，养老保险体系的建立是为了在总需求不足时减少储蓄，刺激消费。Kotlikoff 和 Spivak（1981）通过研究发现，倾向风险规避的老年人愿意放弃他的一半财产而换取公平的养老金。

2. 关于养老保险与收入再分配的研究

关于养老保险制度的收入再分配问题，国外有较多学者对此进行了研究。Diamond（1977）、Boskin（1987）、Sinn（1995）、Cubeddu（1998）、Casamatta（2000）、Tabellini（2000）、Boadway（2006）都认为，实行现收现付的养老保险制度除了具有代际收入再分配功能外，同时还具有代内收入再分配的功能。Feldstein 和 Liebman（2002）研究发现，养老保险收入再分配的程度不但与收入相关，而且与其他因素相关联。Sala-i-martin（1996）在比较研究了 139 个国家的公共养老保险体系后发现，130 个国家的养老金发放水平都在一定程度上与职工个人退休前的工资水平相关。与基金积累制不同，现收现付制具有代际和代内的风险分摊与收入再分配功能。而后，Mulligan 和 Sala-i-martin（1999）进一步研究发现，在建立公共养老金制度的国家中，大多数的国家全部或部分地实行现收现付制的养老保险模式，这意味着绝大多数国家的养老保险体系具有代际再分配和代内再分配功能。

Dutta、Kapur 和 Orszag（2000）认为，养老保险制度中保留现收现付部分是最优的，这可以使代际之间进行风险分担，有利于福利改进。养老保险收入再分配的总体效应较为复杂，Hills（1997）指出，终生的贫困者属于净得利者，而终生的富裕者则属于净损失者。而且养老保险还存在男性向女性的转移，性别间的收入再分配作为预期寿命不同的结果出现在基金制和现收现付制中。当现收现付制与基金积累制进行帕累托效应比较时，Aaron（1996）给出了著名的艾伦条件，即当人口的增长率与工资增长率之和大于市场利率时，现收现付制能在代际之间进行帕累托有效配置。Gill、Packard和Yermo（2005）认为，秘鲁养老金制度的问题不在于其支出占GDP的比重为1.2%，而是覆盖面比较窄，作为基本养老金制度未能实现为老年人提供收入保障的目标。Lee（2011）运用不同的研究方法，分析了养老保险在不同收入、不同性别和不同教育经历人群之间的收入再分配效应。Fullerton和Mast（2011）讨论了死亡率和终生收入对于养老保险制度收入再分配效应的研究具有一定的重要性。

3. 关于基本养老保险制度改革及统筹层次的相关研究

通过建立计量模型，Brugiavini和Peracchi（2007）研究发现，养老保险制度改革将对职工的退休决策及其社会保障收益，以及政府财政产生重要的影响。Gruber和Wise（2004）对11个国家的养老金与退休之间的关系进行了分析，研究表明养老金规则对提前退休时间决策具有重要影响，设计低劣的规则会鼓励人们不合理地提前退休。Turner（2007）指出，从实际情况来看，无论劳动者的养老金待遇是否发生变化，各国在养老保险制度改革中的主要方向仍是提高退休年龄。考虑到中国较高的缴费率和养老金赤字，以及今后养老压力的进一步增大，James（2001）认为，中国的养老金待遇过于慷慨，完善养老保险的改革可以从降低缴费率、延长退休年龄等方面入手，另外也可以通过出售国有资产补充养老保险基金。

Mitchell（1998）通过比较研究发现，养老保险基金的管理成本与养老保险覆盖面密切相关，一般来讲，养老保险的覆盖面越广泛，参保职工越多，养老保险的成本越低。Storesletten（2000）同样认为，扩大养老保险的覆盖面有利于养老保险基金的收支平衡，提出通过移民或考扩大养老保险覆盖面可以保持养老保险体系的财政均衡。Fanti和Gori（2010）研究了如何在保持养老金收支均衡的前提下降低养老保险的缴费水平，认为降低年轻人的缴费可以避免代际冲突，是养老保险改革能否取得成功的关键。Holzman和Hinz（2006）认为，通过多支柱的改革，具有积累性质的养老金规则能够提高静态效率，每个人都能获利，因此有利于克服改革阻力。Feldstein（2012）对中国社会统筹与个人账户相结合的基本养老保险制度进行了研究，认为中国需要通过扩大养老保险覆盖面、加强保险费的征收力度等措施来解决养老金筹集困难的局面。

Posel和Casale（2003）认为，养老保险应该在国家统一的制度框架下设计和运行，并且在养老保险的缴费、养老金的给付和基金管理方面，政府应该给予一定的政策支持。Willmore（2001）认为，养老保险应该覆盖全民，政府应当增加中央财政对于养老保险的投入比例。Barr 和 Diamond（2008）通过分析一些国家的养老保险制度，指出了养老金存在的问题，解释了如何设计养老金以限制其副作用的影响。Stiglitz（2004）认为，养老保险体系的建立有利于促进劳动力的流动，但中国目前地方统筹的分割体系会带来严重的负面影响。Holzmann（2005）根据未来养老保险的发展趋势，提出了制度改革的多支柱模式。Trinh（2006）通过对中国养老保险制度的调查，发现中国不同地区之间、不同类型企业之间缴费率存在着很大的差距。Michael（2007）通过研究养老金的给付方式由给付确定型向缴费确定型转变发现，给付确定型给付方式有利于低收入阶层，缴费确定型会减少低收入阶层从保障体系中获得的转移支付，但有利于增加劳动者的有效劳动供给。

二、国内文献综述

城镇企业职工基本养老保险较低的统筹层次不但限制了养老保险收入再分配功能的充分发挥，也影响了其维护社会公平这一目标的顺利实现。而对于为何及如何提升基本养老保险的统筹层次、发挥养老保险的收入再分配功能，国内外已有很多学者对此进行了大量的有益探索。

1. 提升统筹层次有利于收入再分配功能的发挥，是制度完善的必然选择

中国基本养老保险制度的区域分割状态已经给社会经济发展造成了严重破坏（郑功成，2010），提高统筹层次可以使养老保险在更大的范围内统筹调剂使用基金（胡晓义，2012），充分发挥大数法则的效能（邓大松、仙蜜花，2016），缓解部分地区养老保险基金存在的缺口（王银梅、李静，2018），增强养老保险制度整体抗御风险的能力（杨宜勇、刑伟，2008），有利于养老保险制度的健康、可持续发展，同时对职工个人、企业和政府也具有非常重要的意义。从职工个人的角度来看，统筹层次的提升，尤其是全国统筹的实现可以促进全国统一劳动力市场的形成（杨燕绥、妥宏武，2017），彻底打破人才流动的制度障碍，有利于劳动力的合理流动和跨区域转移时养老保障权益的实现（卢驰文，2007）。从企业的角度来看，作为社会统筹部分养老金的缴费主体，随着统筹层次的提升，统筹层次提升前养

老压力较大的地区企业缴费负担重的状况将会逐步得到改变（唐钧，2016），同时缴费率的逐步统一还将有利于不同地区间企业缴费负担的均衡，为企业发展创造更为公平、健康的市场环境（朱雪珍，1998），进而提高资源分配的效率，促进产业在地区间的转移和升级。政府是养老保险的最终责任主体，从政府的角度来看，统筹层次提升过程中随着养老金调剂范围的增大和地区界限的突破，个别地区养老金收不抵支的问题可以得到一定的改善（郑秉文、孙永勇，2012），这可以降低缺口较大地区政府的财政压力（雷晓康、张楠，2012），平衡地区间政府的财政负担（林毓铭，2006），同时养老保险基金的集中统一管理也会减少分散化管理模式下基金被挤占挪用的风险（宋清辉，2016）。

2. 统筹层次提升所引起的收入再分配是全国统筹难以实现的重要原因

中国早在1991年就提出了提高基本养老保险统筹层次的目标（林治芬，2015），但养老保险全国统筹的改革并不顺利，由省级统筹走向全国统筹的路径还异常艰难（林毓铭，2013）。各地区在养老保险历史债务、制度的覆盖率、养老金替代率、制度赡养率等方面存在的差异（王晓军，2006）和经济发展水平的不同（袁志刚，2005）在一定程度上制约了基本养老保险统筹层次的提高。基本养老保险统筹层次的提升本质上就是要将基金结余较多地区的养老金拿出来一部分用于支援基金有缺口的地区，以确保养老金的按时足额发放（何平，2009）。当前，各统筹地区统筹养老金的收支状况不一（吕学静、单苗苗，2017），基本养老保险的结余基金是本地重要的金融资源之一，地方利益作祟使地方政府本身成了统筹层次无法提高的原因所在，另外，碎片化的管理制度、财政分灶吃饭的体制（褚福灵，2013）也使统筹层次提升中养老保险基金的归集成本高、难度大。2018年实行的基本养老保险基金中央调剂金制度向全国统筹迈出了重要的第一步，但与统收统支的全国统筹相比，不论是在调剂规模上，还是在调剂力度上，中央调剂金制度还与全国统筹存在很大的差距，而且虽然基本养老保险名义上实现了省级统筹，但全国仍有2000多个统筹单位（董登新，2018）。

3. 提升城镇企业职工基本养老保险统筹层次的路径选择

实现城镇企业职工基本养老保险制度的全国统筹是推进养老保险制度进一步发展的内在要求，虽然面临诸多的阻碍因素，但目前我国统筹层次提升的内外部环境也发生了重大变化，总体而言已基本具备相应的条件

(胡晓义，2012)。对于如何进一步提高基本养老保险的统筹层次，学者们对此也曾进行了大量的有益探索，为统筹层次的提升提供了重要的参考依据。关于统筹层次的提升，不同的学者有不同的意见。林毓铭（2007）、冯兰瑞（2002）、李珍（1999）认为，当时的省级统筹是较为合适的选择。郑功成（2008）、卢驰文（2006）认为，成本较低的做法应该是一步到位地实现全国统筹。郑秉文（2007）建议将单位和个人缴费全部划入个人账户是实现全国统筹的一个好办法。白维军和童星（2011）通过分析中国财政体制、行政体制、干部体制及立法体制，认为将养老保险的统筹层次与模式定位为稳定省级统筹、促进全国调剂是当前较为现实的战略选择。徐森和米红（2014）认为，在提升统筹层次的过程中，实施养老保险基金的全国统筹调剂制度更具有可行性和制度弹性。肖严华和左学金（2015）认为，全国统筹的基础养老金的构建应采取较低的强制缴费率，而且需越过省级统筹而直接实现养老金的全国统筹。何文炯和杨一心（2016）认为，以调剂地区基金余缺为主要目标的全国统筹难以解决现行制度不公平和不可持续等问题，建议采取统收统支式的全国统筹模式。在推进养老保险统筹层次提升的过程中，郑功成（2010）认为需做好以下几个方面的工作：一是应开展前期调研工作，总结各地区提高统筹层次的经验和教训，力争全国统筹实现理性决策；二是应尽快建立起全国集中统一且实现垂直管理的养老保险经办体制，为统筹层次提升奠定组织基础；三是坚持新旧财务分离的原则，以减少全国统筹的阻力；四是建立基本养老保险专项预算制度，以明确中央与地方政府之间的责任分担和激励约束机制。

董登新（2018）认为，基本养老保险应尽早实现全国统筹，过渡期不宜太长，在全国统筹前，中央政府需尽可能防止地方政府的政策博弈和制度套利。邓大松和杨晶（2018）利用精算模型评估了城镇职工基础养老金的收支平衡状况，并从开源节流、精算平衡和激励机制设计三个方面，提出全国统筹条件下确保养老保险基金持续增长的政策措施。吕学静和单苗苗（2017）认为，在深化养老保险制度改革的关键期，提高统筹层次还需明确个人账户改革方向、规范保险缴费率调整和完善保险精算体系等。李连芬和刘德伟（2015）基于制度变迁的成本—收益分析框架，分析了全国统筹的可行性，认为应建立激励与约束机制来抑制地方政府的道德风险。鲁全（2015）认为，中国幅员辽阔，行政层级多，央地关系异常复杂，所以在提升基本养老保险统筹层次进而实现全国统筹的过程中，正确处理好央地关系是最关键的内容。

4. 统筹层次提升过程中实现不同收入再分配功能的养老金给付方案研究

为了推进统筹层次的提升，穆怀中和邹丽丽（2009）从给付的角度对养老金的给付基数进行了不同的方案设计，认为在保证高收入地区职工养老待遇不降低的条件下，采取渐进的改革方案有利于推进统筹层次的提升。统一养老金的待遇给付是全国统筹的内在要求，但高收入地区会因为养老金待遇水平的下降而出现“福利损失”，刘伟兵等（2018）从政府补贴统筹过程中福利损失的必要性出发，设计了基础养老金待遇+地方附加基础养老金待遇的养老保险全国统筹方案。邓大松和杨晶（2019）同样从养老金给付角度出发，为养老金省级统筹和全国统筹进行了多种方案的设计，并且利用泰尔指数方法和养老金给付模型，对不同实施路径下的给付水平、再分配力度和非均衡性进行评价，认为提升统筹层次能够在一定程度上减少城镇职工基础养老金给付水平的整体差异，推动基础养老金给付水平趋同，但对不同收入阶层职工的实施效果存在差异。为了将参保者的缴费贡献与其退休后的养老金待遇密切挂钩，林宝（2016）提出了一个用实际缴费率与制度缴费率的比值进行加权的基础养老金待遇计算公式。雷晓康和席恒（2011）依据中国社会经济发展的相关数据，通过养老保险精算，对基本养老保险全国统筹方案进行了系统性研究。

第三节　研究方法与研究思路

一、研究方法

基本养老保险统筹层次提升的过程同时也是养老保险各个参数调整并趋于统一的过程，在这个过程中，任何一个参数的微小变化都可能引起较大的收入再分配，因而对全国统筹进程中的收入再分配情况进行研究并合理控制养老保险的收入再分配规模无疑有利于推进统筹层次的顺利提升，这就要求研究的过程中不但要进行定性的分析，也需进行定量的研究。

同时，养老保险统筹层次提升中的收入再分配问题也是一个涉及多学科的交叉问题，基于此，本书将综合运用经济学、人口学、财政学、统计学及保险精算学等相关知识对统筹层次提升中的收入再分配问题进行研究，并且在研究中采取以定量分析为主，定量分析与定性分析相结合的方法。

二、研究思路

本书在养老保险统筹层次提升和制度改革完善的背景下，在国内外已有相关研究成果的基础上，围绕统筹层次提升及其收入再分配问题，进一步对养老保险的全国统筹问题进行深入探讨，图 0-1 为研究的技术路线。

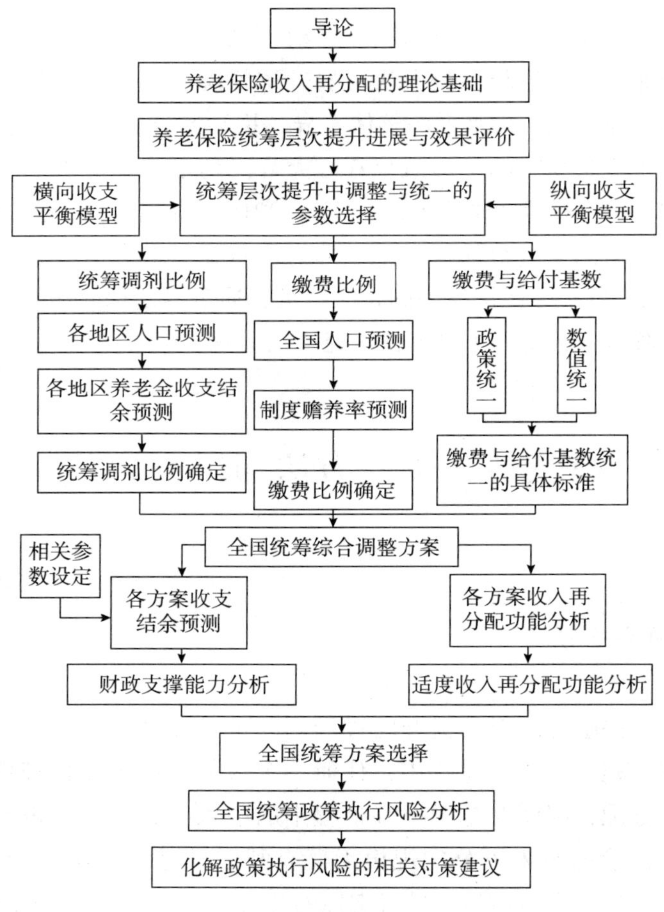

图 0-1 研究技术路线

围绕全国统筹的适度收入再分配规模进行研究时，本书在阐述养老保险收入再分配相关理论的基础上，通过建立反映养老保险运行情况的指标体系，利用因子分析和聚类分析方法，对养老保险统筹层次提升的效果进行了分析与评价，认为随着统筹层次的提升，养老保险收入再分配功能有所增强，但是目前的省级统筹及其中央调剂金制度与真正意义上的全国统筹相比还存在着一定的差距。为了推进统筹层次的顺利提升，本书从纵向和横向两个维度构建了养老金收支平衡模型，并对统筹层次提升中需要调整和统一的变量进行了分析与选择，最终设定的调整变量贯穿了养老保险基金运行的全过程，主要包括企业养老保险缴费率、统筹调剂比例和养老保险缴费与给付基数这几个主要变量。依据这些变量，本书进行了全国统筹的综合方案设计，综合方案设计中主要包括三个具体的方案。为了选择最佳的调整方案，本书从适度收入再分配规模、养老保险基金收支结余情况、财政支撑能力三个层次对各方案进行了比较分析。另外，考虑到城镇企业职工基本养老保险统筹层次的提升还依赖于地方政府的政策执行，为了降低政策执行风险，保障统筹层次提升的效果，本书进一步对统筹层次提升中的政策执行风险及其成因进行了研究，从而提出相应的解决对策。

第四节　本书的创新之处与未来研究方向

一、本书的创新之处

关于统筹层次的提升及其收入再分配问题有很多学者做了大量的有益探索，本书力求在借鉴他人研究成果的基础上，更新研究思路，构建独具特色的研究路径。总体而言，研究的主要特点及创新之处主要体现在以下几个方面：

1. 通过因子分析和聚类分析方法对统筹层次提升的效果进行评价

为了对各省养老保险运行效果进行比较分析，在遵循可比性、系统性、可获得性和科学性原则的基础上，研究中共选取了包括养老金收入支出比、企业养老保险缴费率、养老保险覆盖面和养老金累计结余等八个反映养老保险运行情况的指标作为地区间横向比较的指标体系。并且通过进一步的因子分析和聚类分析发现，一个地区养老保险省级统筹的实现可从纵向上化解养老保险的运行压力、增强保险的抗风险能力和维护社会公平，但通过全国范围内地区间的横向比较可以看出，各个地区养老保险的运行情况参差不齐，无论是在养老保险的供给能力因子方面，还是在养老保险的保障能力因子和养老保险供给压力因子方面地区间都存在很大的差距。因此，在省级统筹和中央调剂金制度实施的基础上进行政策的选择与优化，进一步提高养老保险统筹层次进而实现全国统筹是十分必要的，也是非常紧迫的。

2. 从纵向和横向两个维度构建收支平衡模型，并在此基础上选择可调整的参数

统筹层次提升中基础养老金所体现的纵向收入再分配功能和横向收入再分配功能将影响地方政府和职工个人对统筹层次提升的态度，进而会促进或者阻碍统筹层次提升的进程。因此，在统筹层次提升的过程中，在选择制度调整和统一的参数时，是从纵向和横向两个维度构建的收支平衡模型，并在此基础上进行相关的因素分析从而进行参数的选择。

通过研究发现，缴费率、在岗职工平均工资、退休年龄、人口平均预期寿命、养老金平均给付水平和制度抚养比是影响养老金横向收支平衡的重要因素，而在这些影响因素中，在岗职工平均工资、缴费率和退休年龄这三个变量同时也是影响基础养老金纵向收支平衡的重要原因，除此之外，职工个人缴费工资、职工个人预期寿命也会对基础养老金纵向收支平衡产生重要影响。为此，围绕缴费率、在岗职工平均工资、职工个人缴费工资和退休年龄这些主要变量，本书从纵向和横向两个维度对基础养老金的收入再分配效应进行了深入的分析。

3. 各地区人口全部进行预测分析的基础上研究基金统筹调剂的比例

参保人口是影响基础养老金收支平衡的重要因素。以往有关养老金收支平衡的研究更多是在对中国总人口或个别地区人口进行准确预测分析的基础上进行的。由于数据的限制和工作量较大，在对中国 31 个省（自治区、直辖市）全部进行人口预测分析基础上研究基础养老金收支平衡情况的较少。考虑到统收统支的全国统筹模式实施之前，统筹调剂比例的确定

应在掌握各地区养老金收支结余及缺口的基础上进行，而合理的人口预测将关系到各地区养老金收支结余及缺口预测的有效性，进而影响统筹调剂比例的确定，因此，本书在收集整理大量基础数据资料的基础上对中国31个省（自治区、直辖市）的总人口及分年龄人口分别进行了预测，并在此基础上研究各地区养老保险基金的收支平衡情况，进而确定统筹调剂的合理比例。虽然人口预测分析是在一定的假设条件下进行的，和实际情况存在一定的差距，但却是一次有益的尝试。

4. 统筹层次提升综合调整方案覆盖基金筹集、基金管理与基金支付全过程

基本养老保险统筹层次提升的过程中，影响养老金纵向和横向收支平衡的因素同时也是影响地区间收入再分配规模的重要原因，这涉及养老保险基金筹集、养老保险基金管理和养老保险基金支付三个主要环节，因此在对养老保险统筹层次提升方案进行设计时，将改变以往研究统筹层次提升时只从给付角度展开讨论的传统做法，将研究的角度覆盖到养老保险运行的全过程，从基金筹集、基金管理与基金支付这三个环节出发进行参数的选择，并在预测分析的基础上对参数进行了调整。

虽然适度的收入再分配规模对于促进统筹层次的顺利提升具有重要意义，但制度本身的可持续运行和财政支撑能力也是统筹层次提升所需考虑的重要因素。为了保障全国统筹的顺利实现，在方案选择时，本书从收入再分配功能、养老保险基金收支结余情况、财政支撑能力三个层次对各个方案进行了比较分析与评价，力争使全国统筹的方案能够在保障制度可持续运行、财政可承受及收入再分配功能适度的条件下逐步推进。

5. 在分析养老保险全国统筹政策执行风险的基础上提出控制风险的相关对策

全国统筹目标的顺利实现不但需要科学完美的制度设计，更需要相关政策能够得到有效的贯彻实施。为了降低政策执行风险，本书对统筹层次提升中地方政府的政策执行风险及其成因进行了深入的分析，以期寻求控制风险的相关对策，保障全国统筹的实施效果。

二、未来研究方向

(1) 定量分析时，对于参数的设定本书虽然综合考虑了各个方面的因素，但由于中国的养老保险制度还没有完全定型，特别是近些年来有关缴费比例、待遇调整等方面的改革一直在不断进行，因此参数的设定与未来的实际情况可能会存在一定程度的偏离。另外，加上研究水平有限，这些都可能会使定量预测分析的结果与未来养老保险制度的运行实际存在一定的差距。随着社会经济的不断发展，以及养老保险制度改革的不断推进，有关养老保险制度的定量分析还需在以后的研究中不断加以改进，这也给未来养老保险全国统筹提供了继续研究的空间。

(2) 探讨基本养老保险统筹层次提升中的收入再分配问题时，本书主要侧重于研究参数调整时养老保险的收入再分配效应，但其收入再分配效应还受到地区间预期寿命、制度抚养比和性别比例等差异的影响。一般来讲，女性的预期寿命要长于男性，而且其退休年龄相对男性要早，因此从养老保险中获得的收益会更多，地区间的性别差异会在一定程度上影响养老保险的收入再分配规模。另外，经济发展水平较高的地区，人口的平均预期寿命会相对较长，在退休年龄统一的情况下，地区间预期寿命的差异同样会对地区间的收入再分配产生一定的影响，然而由于数据资料等方面的限制，在研究收入再分配问题时并未对这些影响因素进行深入研究，还有待今后继续探讨。

(3) 统筹城乡经济社会发展，实现城乡社会保障的一体化是维护社会公平的重要举措。中国的养老保险目前虽然已经实现了城镇居民养老保险与新型农村养老保险的一体化，建立起统一的城乡居民养老保险制度，然而城乡居民养老保险与城镇职工的养老保险制度不论是缴费负担还是给付水平均存在着一定的差距，这显然不利于社会公平目标的实现。提升基本养老保险的统筹层次，实现制度的统一不但涉及城镇企业职工的养老保险制度，而且还应该包括机关事业单位的养老保险和城乡居民的养老保险，但由于数据资料及研究时间的限制，研究中仅对城镇企业职工的基本养老保险进行了深入探讨，对于城乡基本养老保险制度的统一和统筹层次提升问题并未涉及，这将成为日后继续研究的重要问题。

对中国城镇企业职工基本养老保险统筹层次中的收入再分配问题进行研究时，由于数据资料不足，加之个人的研究水平有限，研究中还有许多有待继续深入探讨的重要问题，这也激起了笔者对中国养老保险制度发展继续关注的兴趣，对于养老保险问题的研究将成为继续研究的主题。

第一章 养老保险收入再分配理论基础与概述

第一节 养老保险收入再分配的理论基础

实现合理的收入分配和再分配能够减少贫困并实现社会经济的可持续发展。[①] 作为理论与实践相结合的系统性制度安排，具有收入再分配功能的养老保险制度的建立与发展离不开理论的支持与引导。[②] 早期的新历史学派、福利经济学、瑞典学派和凯恩斯的有效需求理论等都针对社会保障及其收入再分配功能有过经典的论述，这些理论对各国以养老保险为核心的社会保障制度的建立和不断向前发展产生了深远的影响。

一、德国新历史学派的收入再分配理论

德国历史学派是一个历史悠久并在经济思想史上有着重要影响的学派，[③] 德国历史学派的产生与德国近代以来不同于其他欧洲国家的历史发展进程和德国的思想理论传统有着直接的关系，[④] 在推进德国社会保障制度建

① 穆怀中．国民财富与社会保障收入再分配［M］．北京：中国劳动社会保障出版社，2003.

② 何文炯．我国现行社会保障收入再分配的机理分析及效应提升［J］．社会科学辑刊，2018（5）：55-62.

③ 贾根良，黄阳华．德国历史学派再认识与中国经济学的自主创新［J］．南开学报，2006（4）：89-97.

④ 胡明．历史学派与德国特殊发展道路［J］．德国研究，2008（3）：48-53.

设的过程中，历史学派发挥了重要的理论引导作用。①

为了建立和发展德国的资本主义，以蒂宾根大学国政学教授乔治·弗里德里希·李斯特为代表的德国历史学派主张实行国家干预的政策。李斯特在1841年发表的《政治经济学的国民体系》中提出，国家在经济发展的不同阶段，应发挥不同的作用。经济学研究的主题是一个国家在当前世界形势和特有的国际关系下怎样来维持并改进它的经济状况。李斯特认为，从德国情况出发，德国要取得发展就不能实行亚当·斯密主张的经济自由主义理论和政策，② 而应由国家进行干预，国家应利用财政手段，加大政府投资，促进本国经济的发展。③ 19世纪70年代，随着德国快速的工业化和城市化，各种社会矛盾更加尖锐，工人运动和各种社会问题逐步出现，在旧历史学派的基础上形成了新历史学派。新历史学派的主要代表人物有施穆勒、瓦格纳、布伦坦诺等。新历史学派对旧历史学派的方法论观点进行了调整，宣扬的社会经济政策带有鲜明的改良主义特征，该学派又被称为“讲坛社会主义”。④

长期的封建割据和分裂状态严重制约和影响了德国的发展进程。德国的资本主义发展大大落后于英法和其他资本主义国家，因此，实现国家和权力的统一不论是从经济发展需要方面来看，还是从民族感情上来说都成为非常紧迫的问题，成为德国社会各界共同的愿望。在这样的历史背景下，新历史学派的核心思想中不可避免地强调国家权威，其继承和发展了旧历史学派的国家观，认为国家是最高的形式，是历史的产物。该学派针对当时资本主义社会劳资矛盾日益尖锐化的现实，提出进行社会改良的政策，主张用赋税来改变社会财富分配不公平的现象，认为应当扩大现代国家的职能，国家的职能不仅仅是为了保护生命财产、抵御外敌侵略等，还应包括发展教育、实施社会救济和增进社会福利。⑤ 总体而言，德国新历史学派

① 钱宁．现代社会福利思想［M］．北京：高等教育出版社，2013：68-78.

② 杨祖义．德国历史学派的经济史学解析［J］．中南财经大学学报，2001（5）：69-73.

③ 李吉雄．强化我国财政的收入再分配职能作用问题研究［D］．江西财经大学博士学位论文，2010.

④ 丁建定．社会福利思想［M］．武汉：华中科技大学出版社，2009.

⑤ 香伶．养老社会保险与收入再分配［M］．北京：社会科学文献出版社，2008.

的政治主张主要包括国家职能、劳工问题等五大方面。[①②] 德国新历史学派进行社会改良政策主要有两个支撑点：一是新历史学派认为劳资之间存在的冲突不是因为经济利益上的对立，而是因为两者在教养、情感和思想认识上存在差距而引起的，因此劳资问题是一个伦理道德问题。新历史学派反对用暴力革命的方式来解决劳资之间的冲突，他们认为通过教育改变工人的心理和伦理道德便可以解决问题。[③] 二是新历史学派的国家观，新历史学派主张国家至上，强调国家在社会经济发展中的特殊地位和领导作用，[④] 主张国家应该通过立法实施社会保险、社会救助等措施，自上而下地进行改革，通过收入再分配功能的发挥来改善工人阶级的生存状况，保障工人的福利，从而缓解阶级矛盾。[⑤]

新历史学派对俾斯麦时期的社会保障立法产生了重要的影响，该学派主张由国家来实施社会保障并不是为了维护社会公平、保护劳动者的利益和解决收入分配不均的问题，而是为了缓和日益尖锐的劳资矛盾，但是新历史学派的这些政策主张确实通过发挥社会保障的收入再分配功能达到了改善劳动者生存环境、保护劳动者和提高劳动者福利的作用。

在社会结构碎片化、各种问题尖锐化的背景下，统治者需要缓和社会矛盾、维持社会既有秩序，历史学派提出的一系列调和阶级矛盾、软化劳动阶级反抗意志的社会福利主张迎合了统治者的要求，被德国俾斯麦政府所接受，为社会保险制度首先诞生在德国提供了重要的理论依据。[⑥] 正是在新历史学派的影响下，以德国为开端，资本主义国家纷纷建立了社会保障制度，并通过其收入再分配功能的发挥对社会成员的收入进行调节。

二、福利经济学的收入再分配理论

作为一门主要研究财富和幸福的应用社会科学，福利经济学是现代经

---

① 李珍．社会保障理论［M］．北京：中国劳动社会保障出版社，2011：115-116.

② 胡宏伟，邓大松．新历史学派、德国实践与我国医疗改革——兼论我国医疗保障改革设想［J］．陕西行政学院学报，2007（4）：5-11.

③ 杨礼琼，胡宏伟．起源与思考：论现代社会保障体系初建立［J］．理论探讨，2008（3）：83-86.

④ 汤在新．论历史学派［J］．经济评论，1991（2）：22-27.

⑤ 周沛，李静，梁德友．现代社会福利［M］．北京：中国劳动社会保障出版社，2014.

⑥ 钱宁．现代社会福利思想［M］．北京：高等教育出版社，2013：68-78.

济学的重要分支。福利经济学产生于20世纪初期的英国，福利经济学体系的创立者是经济学家庇古。庇古在1920年所著的《福利经济学》一书中系统地论述了福利的概念及其政策应用，正式创立了西方福利经济学的理论体系，庇古被称为“福利经济学之父”。庇古的福利经济学相对于其以后的福利经济学来说被称为旧福利经济学。庇古除了忠实地传播马歇尔的学说外，还发挥了马歇尔提出的经济学要解救贫困、增进福利的论点，他将福利经济学的研究对象规定为对增进世界或一个国家经济福利的研究，主张国家应当关心贫穷问题，要采取相应措施致力于社会福利的增加。①

庇古福利经济学理论分析的基石是基数效用理论。他认为效用是客观的，是可以进行计量并加总的概念，效用的大小可以按照一定的赋值来进行比较，不仅同一个人对商品的满足程度可以比较，不同的人或集团对于商品的满足程度也可以比较。另外，庇古还假定货币的边际效用不变，即不管货币收入是增加还是减少，人们对货币购买力的主观评价不变。庇古认为，福利由各种效用组成，效用就是满足，追求福利最大化是每个人的天性，也是人们一切行为的准则。社会福利就是个人福利的加总，而衡量一个国家社会经济福利大小的标准有两个：一是国民收入总量的多少，二是国民收入的分配情况。总体而言，如果一个国家的国民收入总量越多、国民收入在社会成员之间分配的均等化程度越高，这个国家的社会经济总福利就越大。因此，要增加一个国家或地区的社会经济总福利，一方面应改善资源的配置，以增加国民收入，另一方面应采取相应的国民收入再分配政策以实现收入分配的均等化。②

为了增加国民收入，庇古认为需对社会资源进行优化配置，并通过“社会净边际产品的价值”和“私人净边际产品的价值”两个概念对此进行了研究。社会净边际产品是任何用途或地方的资源边际增量带来的有形物品或客观服务的净产品的总和。私人净边际产品是任何用途或地方的资源边际增量带来的有形物品或客观服务的净产品的总和中的这样一部分，这部分即在出售以前由资源的投资人所获得，私人净边际产品有时大于、有时等于、有时小于社会净边际产品。而社会净边际产品的价值就是该社会

① 何涌．七十年代以来西方福利经济学关于平等和效率的理论进展［J］．经济研究，1987（5）：66-70.

② 刘赣州．论西方经济学的收入分配研究范式的演变及启示［J］．经济纵横，2006（6）：46-49+61.

净边际产品在市场上所值的货币总额，即等于该产品的增量乘以该数量的资源用于生产该产品时出售该产品的单位价格。同样，私人净边际产品的价值就是私人净边际产品在市场上所值的货币总额，等于该产品的增量乘以该数量的资源用于生产该产品时出售该产品的单位价格。庇古认为，只有当每一单位资本在任何用途中的私人净边际产品的价值等于社会净边际产品的价值及一单位资本在任何部门的边际产品的价值均相等时，生产资源才会达到最优配置，而私人净边际产品的价值和社会净边际产品的价值总是背离的，单靠自由竞争并不能实现国民收入最大化，政府对正常经济过程中的干预不但不会减少反而会增加国民收入。①

另外，庇古认为一个国家或地区国民收入分配越是趋于均等化，社会经济福利就越大。庇古认为，经济福利在相当大的程度上取决于国民收入在社会成员之间的分配情况，因此，要增加一个国家或地区的经济福利，除了要增加国民收入的总量外，还应该实现国民收入分配的均等化，使收入的再分配向有利于穷人的方向变化。收入均等化的途径就是由政府向富人征收累进的所得税与遗产税，并把集中的财富转移给穷人，转移的方法可以采用建立各种社会保险与社会服务，如养老金、免费教育、失业保险、医疗保险等，也可以采用对穷人最需要的产品的生产进行补贴的方式，如对农业生产、交通、住房等进行补贴，以使这些行业的产品能够以低廉的价格卖给穷人，使穷人间接受益。庇古认为，采取把高收入者的一部分财富转移给穷人的收入均等化措施可以增加一个国家或者地区的社会经济总福利，因为庇古认为货币的边际效用是递减的，高收入者的货币边际效用因此要低于低收入者的货币边际效用，财富由高收入者向低收入者转移的过程中，穷人增加的效用要大于富人减少的效用，因此从总体上来讲，社会的总福利是增加的。如果收入再分配的结果使社会的经济福利得到了增加，那么收入分配就是公平的；相反，如果收入再分配的结果导致了社会的经济福利减少，那么收入分配就是不公平的。②

英美经济学家在20世纪30年代后对庇古的福利经济学进行了修改、补充和发展，并于1939年前后形成新福利经济学。新福利经济学主张用边际

① 庇古．福利经济学（上）［M］．朱泱等译．北京：商务印书馆，2006.

② 徐丙奎．西方社会保障三大理论流派述评［J］．华东理工大学学报（社会科学版），2006（3）：24-31.

效用序数论来代替旧福利经济学的基数论命题，其代表人物主要有勒纳、卡尔多、希克斯、伯格森和萨缪尔森等。新福利经济学引入了帕累托最优原理，并提出了补偿原理和社会福利函数论。19 世纪末，意大利经济学家帕累托指出，在不使任何人处境变坏的情况下，如果资源的重新分配已经不可能使任何一个人的处境变好，则达到了帕累托最优。一般来说，达到帕累托最优时会同时满足交换的最优条件、生产的最优条件及交换和生产的最优条件，帕累托最优是资源分配的一种理想状态。帕累托改进指的是这样一种变化，即在没有使任何人的境况变坏的情况下总能够使至少一个人变得更好。帕累托改进是达到帕累托最优的路径和方法，帕累托改进意味着只要是每个人的状况都得到了一定的改善，或者在没有任何人状况变差的情况下而使一些人的状况得到改善，任何社会变革都是可行的，否则都是不可行的。但在任何的一项变革中，一些人蒙受损失是不可避免的，卡尔多于是在 1939 年提出了假想的补偿原理，希克斯又将其进一步加以完善。他们认为，社会变革中虽然有受益者和受损者，但如果受益者给予受损者补偿，使受损者也接受这一变化，那么这一变革就意味着社会经济状态的增进。但补偿原理忽视了收入分配的问题。美国经济学家伯格森和萨缪尔森认为，在实现经济福利最大化方面，无论是生产和交换的最优条件还是补偿原理都比较片面，这些理论只注重经济效率而忽略了收入合理分配的问题。在他们看来，经济效率是实现福利最大化的必要条件，合理分配是实现福利最大化的充分条件，社会福利是所有个人购买的商品和提供的要素及其他有关变量的函数，只有当这个函数值达到最大时才算实现了福利的最大化，社会福利函数论者主张实施合理的收入分配。①

三、凯恩斯的收入再分配理论

凯恩斯主义经济学的出现在某种意义上是时代变迁、理论变化的产物。② 20 世纪 30 年代，资本主义国家爆发了有史以来最为严重、最为深刻、影响最大的一次世界性经济危机，资本主义社会生产力遭受到了严

① 郑双胜，王翔，余爽．福利经济学视域下基本公共服务均等化研究之辩［J］．改革与战略，2012，28（3）：172-174.

② 钱宁．现代社会福利思想［M］．北京：高等教育出版社，2013：68-78.

重的破坏，古典经济学摆派的自由放任和供给自动创造需求的经济思想在理论上难以自圆其说，在实践中也遭到了人们的强烈质疑。在这种状态下，为了医治资本主义经济病症、摆脱经济危机，凯恩斯潜心于经济的研究，1936 年在总结罗斯福新政的基础上发表了《就业、利息和货币通论》一书，通过创新概念体系和分析框架，对资本主义经济危机产生的原因和摆脱经济危机的措施进行了系统的阐述。在他看来，大规模的失业和资本主义经济危机产生的最主要原因是收入分配不均导致的有效需求不足，也就是居民消费需求不足和企业投资需求不足，而采取措施设法增加居民的消费需求和企业投资需求则有利于减少失业和消除资本主义的经济危机。①

凯恩斯认为，收入分配不均是资本主义经济效率比较低的重要原因。他认为，一国的就业水平是由有效需求决定的，而所谓的有效需求指的是商品总供给价格与总需求价格达到均衡时的总需求，而在短期内总供给一般不会有太大的变动，就业水平主要取决于总需求或有效需求。总需求为消费需求与投资需求之和，而之所以会产生有效需求不足的问题，进而导致生产过剩、大量失业及经济增长缓慢等问题，是因为资本边际收益递减、边际消费倾向递减及对货币的流动性偏好这三个基本心理因素的作用。② 而要解决有效需求不足的问题，凯恩斯主张不能靠市场经济的自发调节，而应该采取措施，增加有效需求，促进投资、增加生产进而带动经济的增长和就业的增加。③

凯恩斯将收入再分配问题放到宏观经济的运行中进行研究，认为收入分配不公是产生有效需求不足的一个重要原因，收入分配差距悬殊会降低消费倾向，因此他主张通过提高富人的个人所得税税率和实施社会福利等办法对国民收入进行重新调节，增加消费倾向，促进经济的发展。凯恩斯认为，在资本家奉行节约信条的条件下，富人虽然收入很多，但他们只把一小部分用于消费，而把绝大部分的财富都储蓄起来，然而穷人的消费需

①③ 李松龄．收入均等规则的产权与效率——凯恩斯主义公平效率观的产权分析［J］．财经理论与实践，2004（1）：3-8.

② 黄如金．经济萧条与政府管制——从凯恩斯理论与罗斯福实践谈起［J］．经济管理，2001（2）：69-76.

求要高于富人的消费需求，穷人会把新增收入中的更大部分用于消费，但是穷人的新增收入却非常有限，没有多少钱用于增加消费，政府通过提高富人的个人所得税税率，加强对富人个人所得税的征收从而把富人收入的一部分集中起来，再通过转移支付分配给穷人，或者通过大幅度提高社会福利，提高工资标准，采取普遍福利的政策就可以改变分配不公的状况，减少社会储蓄，提高消费倾向，增加社会的消费需求，从而抑制经济危机。

凯恩斯有关收入再分配的理论在一定程度上为市场经济条件下政府对经济进行宏观调控提供了理论依据，凯恩斯以有效需求管理为基础，建立起了社会保障的基础理论。凯恩斯的国家干预思想中，具有收入再分配功能的社会保障制度占有相当重要的地位。在世界社会保障制度发展的进程中，凯恩斯是一个重要的关键点，凯恩斯的有效需求理论直接推动了第二次世界大战后社会保障制度在全世界范围内普遍建立起来。

四、瑞典学派的收入再分配理论

瑞典学派是对西方世界尤其是北欧有着重要影响的经济学流派之一。瑞典学派又称北欧学派，同时又因为其以斯德哥尔摩大学为主要阵地，故又称斯德哥尔摩学派。瑞典学派开创了通过国家干预来实现充分就业和收入均等化的社会福利模式而闻名。瑞典学派起源与形成时期的资本主义阶级矛盾十分尖锐，同时又爆发了资本主义世界经济大危机，然而面对经济的长期萧条和严重的失业问题，传统的经济学理论无法给予合理的理论解释，更不能提出有效的解决对策，瑞典学派在这种历史背景下形成了。① 不同于新古典学派，也有别于凯恩斯学派，瑞典学派有着自己独特的理论体系，并且在战后得到了迅速的发展，尤其是瑞典以该理论为基础实行的经济政策既继承了瑞典学派原有的传统，又在理论中增强了社会民主主义经济思想，对当代世界经济发展产生了重要影响。

瑞典学派的创始人是纳特·威克塞尔、古斯塔夫·卡塞尔和大卫·达维逊，卡尔·冈纳·缪尔达尔、埃里克·菲利普·伦德贝格、埃里克·罗伯特·林达尔和伯尔蒂尔·俄林在该学派的形成中起到了重要作用，以阿

① 韩芳．试论瑞典学派对西方经济学理论的贡献［J］．阴山学刊（自然科学版），2005，19（4）：76-78.

萨尔·林德伯克为主要代表的经济学家作为后继者的第三代进一步发展了瑞典学派的经济理论。瑞典学派创始人威克塞尔通过研究发现，经济危机和经济的周期性波动总是与价格和利息率的波动相伴，于是威克塞尔试图通过对利息率和价格运动的研究，给经济危机一个合理的解释，提出了积累过程原理。他将利息率分为货币利息率和自然利息率，认为自然利息率和货币利息率的差异对价格起着渐进和累积的作用，当货币利息率即实际利息率高于自然利息率时将导致物价水平累积性下降的经济紧缩过程，反之则会出现物价水平累积性上涨的经济扩张过程，只有当自然利息率与货币利息率相一致时，经济才能处于一种均衡的状态。因此，威克塞尔认为两种利率保持一致时才能维持物价的稳定和社会经济的正常发展。他认为，货币利息率对于价格变动的影响要大于自然利息率，主张政府应采取措施如通过利息率的调整来干预物价变动和经济波动。瑞典学派主张，国家干预经济的思想在经济自由主义思潮占主流的情况下是难能可贵的，这为政府干预经济提供了理论和政策依据。但该理论也具有一定的局限性，它无法对经济危机的根源加以科学的解释，另外在分析时威克塞尔将充分就业作为假设前提，把经济危机看作价格波动，而不是就业和产量的波动，针对理论的这一缺陷，林达尔和缪尔达尔不断进行修正，林达尔通过预期因素分析和过程分析建立了一般动态理论体系，为进一步发展宏观动态经济理论和瑞典学派的真正建立做出了重要的贡献。①

从威克塞尔到林德伯克，瑞典学派十分注重对混合经济理论的研究，混合经济理论最根本的特征就是以私有制为主体，实行部分国有化，林达尔认为混合经济有利于增强政府的活动能力，从而使人们的需要得到满足。② 该学派重视市场经济的作用，在他们看来，市场经济有助于效率的提高，市场竞争会为一个国家的经济发展提供巨大的动力，而在缺乏竞争的社会里，必然经济效率低下，产品短缺，质量粗劣，社会弊病丛生。③

瑞典学派主张建立福利国家，期望通过实施收入再分配政策实现收入的均等化。该学派主张政府提供公共服务，稳定经济。瑞典学派在参与制

---

① 田赫．瑞典学派经济理论述评［D］．吉林大学硕士学位论文，2006.

② 徐丙奎．西方社会保障三大理论流派述评［J］．华东理工大学学报（社会科学版），2006（3）：24-31.

③ 赵雁．关于瑞典学派对西方经济学理论贡献的思考［J］．税务与经济（长春税务学院学报），2002（6）：66-69.

定国家干预调节国民经济的政策中一直起着重要作用，认为国家应承担起公共商品和劳务的供应、环境保护、收入和财富的分配、经济稳定等方面的责任，在他们看来，一个理想的社会应把福利普遍给予社会成员，使人人都能得到幸福。该学派强调收入和财富分配的均等化，主张通过累进税率来解决收入分配不均的问题，主张通过累进税将富人的财富统一纳入国家预算，并且把其作为社会保险和集体消费的共同基金，从而使社会各阶级、集团之间的收入和消费水平通过国民财富的再分配而趋于均等化，实现收入的公平分配。在继承和进一步发展了威克塞尔提出的收入均等化理论和政策的基础上，瑞典学派提出要建立起“从摇篮到坟墓”的社会福利计划，在这一理论的影响下，到20世纪50年代以后，社会福利计划在瑞典得到了全面实行，瑞典建立起了包括养老保险、失业保险在内的各种社会福利制度，并提供医疗、教育、老年住宅等各种免税低费的社会服务。由此可见，瑞典学派为社会保障制度的建立奠定了重要的理论基础，并且使其在实践中得到了充分的应用，瑞典社会保障制度的设计理念完全体现了瑞典学派的思想精髓，国家提供的社会保障不仅仅停留在济贫的层次，社会保障的最终目标在于实现收入均等化，让国民能够普享福利，这使瑞典成了西方世界“福利国家”的典范。①

第二节　收入再分配的内涵及其必要性分析

一、收入再分配的内涵

国民收入分配主要包括初次分配和再分配两个环节，其中国民收入的初次分配指的是国民收入在创造国民财富的主体之间进行的分配，经过初次分配，国民收入分解为了企业收入、劳动报酬和政府收入，国民收入的初次分配注重的是效率优先的原则，以不断提高经济增长效率，促进经济

① 李珍．社会保障理论［M］．北京：中国劳动社会保障出版社，2011.

发展。[①]

国民收入再分配是指在初次分配基础上通过现金或实物转移所进行的收入再次分配，是对初次分配结果的修正，[②] 从而起到缩小国民收入初次分配造成的收入分配差距问题，是政府对要素收入进行再次调节的过程。[③] 可以说，国民收入的再分配是初次分配的重要补充，国民收入的再分配注重的是维护社会公平，在调节收入分配、缩小社会成员收入差距方面发挥着重要的作用。[④]

二、政府进行收入再分配的必要性分析

1. 满足政府履行公共服务职能的需要

公共产品指的是具有消费或使用上的非竞争性和收益上的非排他性的产品。[⑤] 在市场经济条件下，这些不能由市场提供的公共产品须由政府来承担，因此政府必须通过收入再分配的方式，为政府履行其公共服务职能提供财力保障。

2. 市场经济条件下实现社会公平的需要

公平可以分为经济公平和社会公平。经济公平是市场经济的内在要求，强调的是要素投入和要素收入相对应，它是在公平竞争的条件下，依据各种生产要素的边际生产力水平，遵循市场经济等价交换的原则来实现的；而社会公平则强调收入分配的合理性，其目的是对因市场失灵或政府失灵导致的不公进行纠正，具体需要通过政府相关政策的实施给予社会弱势群体以公平待遇，保障全体公民的合法权益，从而实现社会公正。

市场经济条件下，由于人们在天赋、身体素质、劳动能力及拥有资产的数量和种类等方面存在一定的差异，从而造成社会成员间的收入也存在一定差异，进而形成社会分配不公的问题，并且随着个人财富的不断积累

---

① 吴丕斌．用好收入再分配调节手段［J］．瞭望新闻周刊，2000（5）．

② 曾国安，胡伟业，胡晶晶．国民收入再分配公平与初次分配公平差异的比较［J］．江汉论坛，2009（1）：51-55．

③ 张晓芳．关于我国居民收入分配再分配的实证研究［D］．吉林大学博士学位论文，2011．

④ 香伶．养老社会保险与收入再分配［M］．北京：社会科学文献出版社，2008．

⑤ 王锋，陶学荣．政府公共服务职能的界定、问题分析及对策［J］．甘肃社会科学，2005（4）：231-234．

和增加，个人凭借其资本和财富所获得的非劳动收入将进一步拉开人们之间的收入差距。虽然在一定的范围和程度上，市场经济运行所造成的社会分配不公问题可以由个人、集体或社会团体来干预而有所纠正，但从社会实践和经济理论上来看，这种干预难以在整个社会范围内大规模地实行。①市场经济条件下，政府在收入再分配方面发挥着私人机构无法替代的重要作用，面对居民之间出现的收入差距拉大的问题，政府可以通过税收等措施把一部分富裕人群的财富转移到另一部分低收入人群手中从而有效地实现社会公平目标。

3. 维护社会稳定的需要

社会稳定与社会成员对现实状况的满意程度密切相关，社会成员对社会现实状况的满意度越高，社会就越稳定，社会成员对社会现实状况的满意度越低，则社会越不稳定。社会成员对社会现实状况的不满是社会冲突的根源之一。一般而言，影响人们满意度的主要因素是个人收入，如果人们之间的收入差距过大，超出低收入群体的心理承受能力，就有可能发生各种极端的行为，进而不利于经济发展所必需的稳定社会环境的建立。因此，通过国民收入的再分配保障低收入社会成员的基本生活并逐步缩小国民收入初次分配的结果，使收入差距保持在合理的范围内无疑有利于维护社会的稳定。

4. 保证经济持续、稳定增长的需要

稳定经济并促进经济增长是政府的重要职能。市场经济的发展具有周期性，在经济增长时期，生产规模逐步扩大，对劳动力的需求会随之增多，相反，在经济收缩或停滞时期，将会出现企业的破产，进而造成劳动者的大量失业。而为了平抑市场经济的周期性波动，保障宏观经济的健康、平稳运行，政府也需正确地运用财政的收入再分配功能对宏观经济进行科学的调控，以熨平经济的周期性波动，制止灾难性的经济萧条，防止经济扩张时出现严重的通货膨胀和经济衰退时出现大规模失业的问题。这就需要政府在经济萧条时采取扩张性的财政政策，如通过增加政府转移支付、降低税率和扩大政府支出等措施刺激总需求的增加；在经济过热时采取相反的措施，即通过紧缩性的财政政策抑制总需求的增加，进而遏制通货膨胀。

① 张军，何永贵．强化政府主导型收入再分配机制的国际借鉴分析［J］．经济体制改革，2004（1）：143-145.

第三节　养老保险与收入再分配

收入再分配制度不仅关系到公平和效率，还关系到社会的长治久安。社会保障是政府进行国民收入再分配的一种重要手段，在社会保障制度中社会保险是核心组成部分，而养老保险又是社会保险的核心，因此作为整个社会保障体系核心的养老保险更应该通过收入再分配功能的发挥，缩小社会成员之间的收入差距，使社会成员在年老丧失劳动能力时都能得到大体相同的收入保障，对社会成员的收入起到正向调节的作用。

制度实际运行过程中，养老保险通过收入再分配调节社会成员间收入差距的能力有强有弱。在对社会成员的收入进行调节的过程中，养老保险有可能会使收入差距缩小，也有可能会拉大社会成员之间的收入差距，具体而言，养老保险对收入差距的调节作用取决于具体的制度设计。中国的基本养老保险实行社会统筹与个人账户相结合的部分基金积累制，在这种模式下，职工退休后的养老金由社会统筹部分基础养老金和个人账户部分养老金共同组成。个人账户部分的养老金主要坚持效率原则，多缴多得，通过收入在劳动者一生不同年龄阶段的再分配对个人一生的收入起到纵向调节的作用，但这部分养老金由于属于个人所有，因此无法实现收入在劳动者之间进行再分配的目标。社会统筹部分的基础养老金主要坚持公平原则，通过社会成员之间的互助共济实现劳动者之间的收入再分配，其中包括代际之间的收入再分配和同代劳动者之间的代内收入再分配，养老保险所具有的收入再分配功能主要是由这部分养老金体现出来的。但即使是实行现收现付筹资模式的社会统筹部分基础养老金，其收入再分配功能的大小也取决于具体的制度设计，只有合理的制度设计才能发挥出其应有的功能。如在中国养老保险制度建立之初，由于人口基数庞大，因财力所限，国家并没有从全社会的角度通盘考虑，而只能把有限的财力用于重点保障城镇公有制经济单位职工的基本福利，广大城乡居民和非公有制经济单位从业人员并未被基本保险制度所覆盖。由于养老保险只覆盖了部分社会成员，未做到社会成员的全覆盖，因此养老保险制度进行正向收入调节的作用并不明显，甚至还存在逆向调节的问题。行业之间、地区之间、城乡之间及不同所有制之间的收入差距不但没有缩小，相反还因为差别化养老保险制度的存在而有所扩大，行业之间、地区之间、城乡之间及不同所有制之间的收入差距十分显著。

为此，随着国民经济的不断发展和财力的日益增强，中国政府在力所能及的前提下，一直致力于推进基本公共服务的均等化，努力建设覆盖城乡、区域均衡的社会保障体系。① 近年来，国家对养老保险制度进行了一系列的改革，如通过建立城乡居民养老保险制度、提高低收入群体的养老保险待遇、扩大养老保险覆盖面、进行机关事业单位养老保险体制改革等措施不断修正社会成员间的收入差距，使更多的社会弱势群体也能够分享到经济发展的成果，逐步扭转收入分配不公的不利局面，这对于维护社会公平起到了积极的促进作用。

目前，中国已经建立起了城乡居民基本养老保险制度，但由于城乡居民养老保险与城镇职工养老保险之间还存在制度分割并存的局面，因此阻碍了制度间不同收入群体之间的收入再分配，而且这种差距在短期内还难以消除。另外，仅从城镇企业职工养老保险制度本身来看，较低的统筹层次同样限制了养老保险收入再分配功能的有效发挥，虽然中国城镇企业职工养老保险已经实现了省级统筹，并在 2018 年建立起了中央调剂金制度，但实质上现在养老保险的统筹层次仍是以市县级统筹为主，统筹层次依然比较低，在中央调剂比例较小的情况下，养老保险代际之间和代内间的收入再分配功能还主要在较小统筹范围内的劳动者之间进行，地区之间及高低收入者之间的收入转移力度与统收统支的全国统筹还相去甚远，不利于养老保险收入再分配功能的有效发挥，加之在城镇企业职工基本养老保险制度框架内，不同地区养老保险在缴费比例、待遇支付等方面还存在着一定的差距，因此继续推进养老保险制度改革，提升养老保险统筹层次至真正意义上的全国统筹并实现不同地区养老保险制度的统一能够在更大范围内发挥养老保险制度的收入再分配功能，实现不同地区和人群之间的收入再分配，缩小社会成员间的养老金收入差距。

---

① 王延中，王俊霞，单大圣，龙玉其，宁亚芳，王宇和．改革开放 40 年与社会保障中国模式［J］．学术界，2018（8）：17-42.

第二章　基础养老金统筹层次提升进展及效果评价

第一节　基础养老金统筹层次发展历程

一、基础养老金实行全国统筹阶段

中国的养老保险制度建立于 20 世纪 50 年代初。中华人民共和国成立后，政务院于 1951 年 2 月颁布了全国统一的《中华人民共和国劳动保险条例》，并且经过 1953 年和 1956 年两次修订，全面确立了适用于中国城镇企业职工的劳动保险制度。① 《中华人民共和国劳动保险条例》规定，凡根据本条例实行劳动保险的企业，其行政方面或资方须按月缴纳相当于该企业全部工人与职员工资总额的百分之三，作为劳动保险金。②

这一时期的养老保险实行的是现收现付制的筹资模式，尽管养老保险的覆盖范围较窄，但《中华人民共和国劳动保险条例》规定由企业行政方面或资方按月缴纳的劳动保险金需交由中华全国总工会，中华全国总工会对全国的社会保险基金有调剂权，由此可见，从 50 年代初期到 60 年代中期，中国企业养老保险实行的一直都是全国统筹的模式。

---

① http：//www. gov. cn/test/2009-10/09/content_ 1434235. htm.

② 林义. 社会保险基金管理（第三版）［M］. 北京：中国劳动社会保障出版社，2015.

二、基础养老金倒退为企业统筹阶段

1966 ~ 1976 年，中国的养老保险工作遭受到了严重的冲击，一方面管理机构遭到了破坏，另一方面退休费用的社会统筹被取消。与前一阶段相比，这一时期的劳动保险制度彻底变为企业保险制度，成为了企业的内部事务，企业也由此成为万能企业。与具有社会统筹功能的保险制度相比，企业保险制度存在很多问题，如：第一，企业保险制度下的养老保险变成了各个企业内部的事务，对于企业来讲不但要负责养老保险基金的筹集与管理，还要具体负责养老保险制度的实施，企业在养老保险中的责任由此也被扩大。另外，由于各个企业需要自行统筹，因此退休金不存在企业间的调剂使用，养老保险丧失了其应有的统筹互济功能。[①] 第二，由于退休费用需要由企业独自承担，从而造成企业间的负担畸轻畸重，总体来讲，退休人员占比多的企业，养老负担重，而年轻职工人数较多的企业，养老负担就比较轻，这显然不利于企业间的公平竞争，同时由于职工的退休金与企业的盈利能力和养老负担密切相关，由此也造成了不同企业退休待遇的不平等。第三，由于养老保险的全国统筹被取消，养老金异地支付制度随之停止，进而给退休后异地生活的职工带来了不便。企业保险制度一直持续了 20 多年，阻碍了中国经济体制改革的顺利进行和现代化企业制度的建立。[②]

三、基础养老金统筹层次逐步提升阶段

1. 由企业统筹提升至县市统筹和行业统筹

企业养老保险的弊病逐步显现，随着经济体制改革的不断深化和市场经济体制的逐步确立，建立现代企业制度成为企业改革的方向，而要使企业从沉重的负担中解脱出来，推行养老保险社会统筹的改革势在必行。江苏、辽宁等省的少数县市的全民所有制企业在 1984 年率先开展退休费用社会统筹的试点，但受限于当时的历史条件，统筹区域还仅局限于县市一级，

① 杨方方．我国养老保险制度演变与政府责任［J］．中国软科学．2005（2）：17-23.

② 潘锦棠．新中国基本养老保险六十年［J］．马克思主义与现实．2010（1）：36-41.

甚至是某个行业系统。而后，国务院开始在全国范围内推行基本养老保险的县市级统筹，到1990年时中国已有96%的县市实现了养老金的县市级统筹，[①] 另外，先后有11个全国性行业实行了养老保险的系统统筹。养老保险的社会统筹对于增强企业活力、平衡企业负担、保障退休职工生活和巩固社会安定团结起到了积极的作用。

2. 由县市统筹和行业统筹提升至省级统筹

统筹层次是衡量养老保险社会化水平的重要标志。养老保险统筹层次提升后，虽然企业间养老保险负担畸轻畸重的问题得到了一定的缓解，但是不同县市和行业间的养老负担畸轻畸重的问题依然存在，同时养老金分散在众多的县市也增加了基金管理的风险，因此，在更高的层次上统筹使用养老保险基金、增强基金的抗风险能力仍是养老保险制度改革的重要目标。[②]

为了继续提升养老保险的统筹层次，适应养老保险社会化的本质要求，1991年国务院要求尚未实行养老保险基金省级统筹的地区，要积极创造条件，由目前的县市级统筹逐步过渡到省级统筹。1998年，国务院决定停止实行养老金的全国性行业统筹，将行业统筹的全部管理工作移交地方管理，并且加大了提升养老保险统筹层次的推进力度，给出了实行省级统筹的时间表和标准，然而统筹层次提升的进展却非常缓慢，到2000年时仅有十个省份实现了不同形式的省级统筹。[③] 原劳动保障部、财政部2007年印发的《关于推进企业职工基本养老保险省级统筹有关问题的通知》进一步明确了企业职工基本养老保险省级统筹的工作重点和省级统筹的标准。截至2009年底，全国31个省份和新疆生产建设兵团已建立起养老保险省级统筹制度，但通过部分地区的省级统筹实践来看，此时的省级统筹并非真正意义上的省级统筹。

3. 由省级统筹向全国统筹推进阶段

养老保险制度建立的初衷在于通过收入再分配功能的有效发挥消除老

---

① 张威超．从全国统筹到全国统筹新时期：1949年以来职工基本养老保险统筹层次变迁研究［J］．河南科技学院学报，2019，39（3）：19-23.

② 林毓铭．完善养老保险省级统筹管理体制的思考［J］．市场与人口分析，2007（4）：57-63.

③ 史寒冰．省级统筹：旷日持久的攻坚战［J］．中国社会保障，2005（5）：14-15.

年贫困和提高国民福利。[①] 与全国统筹相比，较低的省级统筹仍然不利于养老保险收入再分配功能的有效发挥，在省级统筹的基础上继续提升养老保险统筹层次进而实现全国统筹是养老保险制度发展的内在要求和基本规律。实现全国统筹可以使养老保险在更大的范围内统筹调剂使用基金[②]，充分发挥大数法则的效能[③]，缓解省级统筹下基金存在缺口地区的养老压力，增强养老保险制度整体抗御风险的能力，有利于养老保险制度的健康、可持续发展[④]，同时对于职工个人、企业和政府也具有积极意义[⑤]。2010 年 10 月颁布的《中华人民共和国社会保险法》首次以法律的形式明确了养老金实行全国统筹的目标，之后的政府工作报告及党和政府的各期规划都将实现基础养老金全国统筹作为养老保险改革的一个重要目标，2018 年中央调剂金制度的建立更是使养老保险向全国统筹迈出了关键性的一步，标志着中国基本养老保险全国统筹迈进了新的发展阶段。表 2-1 为中央调剂金 2018 年的执行及 2019 年的预算情况，从表中的数据可以看出，作为实现基本养老保险全国统筹的第一步，中央调剂金制度的建立对于均衡地区间的养老负担，减轻部分地区的养老压力，实现基本养老保险制度整体的可持续发展具有重要意义。

表 2-1 中央调剂基金的执行及预算情况 单位：亿元

地区	2018 年执行数			2019 年预算数		
	上缴	下拨	缴拨差额	上缴	下拨	缴拨差额
北 京	197	65.6	131.4	394	131.2	262.8
天 津	42.3	48.2	-5.9	84.6	96.4	-11.8
河 北	58.2	88	-29.8	116.4	176	-59.6
山 西	32.7	50.3	-17.6	65.4	100.6	-35.2

① 郑功成. 从地区分割到全国统筹——中国职工基本养老保险制度深化改革的必由之路 [J]. 中国人民大学学报，2015 (5)：2-11.

② 胡晓义. 加快建立更加公平可持续的养老保险制度 [J]. 求是，2014 (8)：46-48.

③ 邓大松，仙蜜花. 民族地区基础养老金统筹中的问题及对策——基于基础养老金全国统筹的视角 [J]. 西南民族大学学报 (人文社科版)，2016 (8)：101-105.

④ 郑秉文. 中国社会保障 40 年：经验总结与改革取向 [J]. 中国人口科学，2018 (4)：2-17.

⑤ 杨燕绥，妥宏武. 基本养老保险全国统筹需统一社会保险公共服务平台 [J]. 中国人力资源社会保障，2017 (11)：30-32.

续表

地区	2018 年执行数			2019 年预算数		
	上缴	下拨	缴拨差额	上缴	下拨	缴拨差额
内蒙古	27.5	58	-30.5	55	116	-61
辽 宁	65.5	173.4	-107.9	131	346.8	-215.8
吉 林	29.5	78.6	-49.1	59	157.2	-98.2
黑龙江	34.2	126.1	-91.9	68.4	252.2	-183.8
上 海	165.2	114	51.2	330.4	228	102.4
江 苏	239.4	185.6	53.8	478.8	371.2	107.6
浙 江	190.9	136.6	54.3	381.8	273.2	108.6
安 徽	54.4	69	-14.6	108.8	138	-29.2
福 建	78.9	35.7	43.2	157.8	71.4	86.4
江 西	50.6	66.7	-16.1	101.2	133.4	-32.2
山 东	169.3	129.9	39.4	338.6	259.8	78.8
河 南	84.2	91.7	-7.5	168.4	183.4	-15
湖 北	76.5	122.7	-46.2	153	245.4	-92.4
湖 南	53.2	87.6	-34.4	106.4	175.2	-68.8
广 东	370.8	133.8	237	741.6	267.6	474
广 西	36.5	51.1	-14.6	73	102.2	-29.2
海 南	12.2	15.1	-2.9	24.4	30.2	-5.8
重 庆	65.2	84.7	-19.5	130.4	169.4	-39
四 川	98.6	187.5	-88.9	197.2	375	-177.8
贵 州	36.3	36.3	0	72.6	72.6	0
云 南	37.3	37.3	0	74.6	74.6	0
西 藏	3.2	3.2	0	6.4	6.4	0
陕 西	42.7	51.6	-8.9	85.4	103.2	-17.8
甘 肃	20.7	31	-10.3	41.4	62	-20.6
青 海	6.1	8.4	-2.3	12.2	16.8	-4.6
宁 夏	9.6	13.2	-3.6	19.2	26.4	-7.2
新 疆	24.6	25.9	-1.3	49.2	51.8	-2.6

资料来源：财政部。

第二节　基础养老金统筹模式分析

统筹层次问题是养老保险制度设计中的重要内容，实现养老金统收统支的省级统筹模式，并在省级统筹完善的基础上渐进实现全国统筹是中国养老保险制度改革的重要目标之一。然而，提升基本养老保险统筹层次的改革并不如人们想象的那么容易和顺利。① 虽然我国省级统筹的目标已基本实现，全国已建立起养老金省级统筹制度，并在此基础上建立起了中央调剂金制度，现在正向统收统支的全国统筹迈进，但在养老保险制度的实际运行中，我国只有为数不多的几个省份实现了基础养老金在省级的统收统支，大多数省份并未建立起统收统支的省级统筹制度，仍停留在省级调剂金这一象征性省级统筹阶段，这显然不利于中央调剂金制度的进一步发展和全国统筹的实现。

在统筹层次不断推进的过程中，国家明确的统筹标准主要包括以下方面：一是统一养老保险制度，统一养老保险制度指的是在全省（自治区、直辖市）范围内，执行统一的基本养老保险制度和政策；二是统一养老保险缴费基数和比例，统一养老保险缴费基数和比例需要在全省（自治区、直辖市）范围内，确定统一的企业和职工缴纳基本养老保险费的比例，并统一全省（自治区、直辖市）的缴费基数；三是统一养老金待遇给付和调整办法，即养老金的计发办法全省（自治区、直辖市）统一，养老金的调整办法由省（自治区、直辖市）级人民政府按照国家规定部署统一调整实施；四是统一管理和统筹调剂使用基金，养老保险基金由省（自治区、直辖市）直接管理，实行基金的统收统支，由省（自治区、直辖市）统一调剂使用本地区的基本养老保险基金，并由省（自治区、直辖市）按国家规定统一组织实施基本养老保险基金的投资运营；五是统一编制和实施养老保险基金预算，即在明确省、地（市）、县各级政府责任的基础上，由全省（自治区、直辖市）统一编制和实施养老保险基金预算，各地（市）、县严

① 朱金楠. 关于基本养老保险统筹层次的研究述评 [J]. 劳动保障世界（理论版），2011 (11)：33-37.

格按照批准的基金收支预算执行，并且预算调整需按规定的程序进行；六是统一养老保险业务规程和应用系统，即统一全省（自治区、直辖市）养老保险业务经办规程和管理制度，全省（自治区、直辖市）执行统一的数据标准，并且使用统一的应用系统。

按照国家规定的统筹标准，在基本养老保险统筹层次提升的过程中主要形成了统收统支和调剂金制度两种统筹模式。

一、统收统支模式

1. 统收统支模式内涵

企业职工基本养老保险基金的省级统收统支模式是指在一个省（自治区、直辖市）的范围内，地方养老保险经办机构按规定将征收的基本养老保险费统一上解到省（自治区、直辖市），由省（自治区、直辖市）集中管理，省（自治区、直辖市）再根据各地支付养老金的实际需求，统一按时足额拨付养老金。在统收统支模式下，省级政府对养老保险基金实行统收统支，并且从组织结构上来看地方社会保险经办机构为省级相关管理机构的派出机构，地方的社会保险经办机构由省级政府实行垂直管理。① 与此相对应，真正意义上的全国统筹指的是将养老保险的财权和事权集中在中央，省（自治区、直辖市）养老保险经办机构征收的基本养老保险费统一上解到中央政府，由中央政府集中管理，省（自治区、直辖市）支付的养老金也由中央政府统一拨付，并且中央政府承担基本养老保险的主要财政兜底责任。

养老保险的社会化管理是养老保险制度健康运行的根本要求，而养老金的调剂能力无疑将在一定程度上决定着一个国家养老保险社会化水平的高低。无论是养老金省级统筹还是全国统筹，统收统支的模式都能够在一定范围内最大限度地进行养老金的调剂使用，提高养老保险的社会化水平，保障广大职工的切身利益。

2. 实行统收统支模式的典型省份——陕西省

虽然中国31个省份已建立起养老保险省级统筹制度，但按照养老保险基金在全省（自治区、直辖市）范围内统收统支的标准，只有北京、天津、

① 李超．城镇企业职工养老保险省级统筹思考［J］．广西社会科学，2009（S1）：35-39.

上海、重庆、西藏、陕西和青海等几个少数地区实现了真正意义上的省级统筹，其中北京、上海、天津、重庆为直辖市，西藏、青海的养老金主要依靠中央财政转移支付，在实行养老保险统收统支的地区中，陕西省的运行情况比较有代表性。

养老金提升至省级统筹后，陕西省在全省范围内实现了养老保验制度、企业与职工个人的缴费基数和缴费率、退休职工养老金的计发办法和标准的统一，而且还实现了养老保险经办机构的垂直管理。陕西省将原有的分布在各市县的养老保险基金累计结余全部上缴到了省级财政专户，由省统一进行调剂使用，这直接提升了养老保险制度的有效性和整体抵御财务风险的能力，有效地解决了统筹层次较低情况下各市之间基本养老保险缴费负担畸轻畸重及基金结余分散、调剂能力弱引发的个别市、县养老金不能确保发放的问题。①

3. 统收统支模式利弊分析

统收统支模式下的养老金要交由省级政府进行统一的集中管理，因此这种省级统筹模式能够增加省级政府的权威性，同时养老金全省范围内的统一筹集、运营管理和支付能够保障养老金的安全性，最大限度地进行全省范围内养老金的调剂使用，保障制度的公平性。但由于养老金的收支都由省级政府负责，尤其是基金的超支部分全部由省级政府负责，不但会加重省级政府的财政压力，同时责任的上移也会弱化市县级政府的责任，使养老金收少支多的风险加大，不利于养老金的增长。

二、调剂金模式

1. 调剂金模式的内涵

调剂金制度是指养老金由地方政府征缴，地方上社会保险经办机构的工作人员仍归地方政府管理，地方政府只需向省级政府按照一定的比例缴纳养老金，从而形成省级调剂金作为省级政府统筹调剂之用，筹集上来的省级调剂金主要用于弥补省内地区养老金支付中出现的缺口，通过发挥养老保险调剂金的统筹互济功能，确保退休职工养老待遇的按时足额发放。同样，养老保险在由省级统筹向全国统筹推进的过程中，全国统筹也可以

① 朱长伟，吕博．基本养老保险省级统筹管理模式［J］．中国审计，2004（5）：43-44.

采取调剂金的模式，即各省按照一定比例向中央政府缴纳养老金形成中央调剂金，用于弥补各省养老金支付中出现的缺口，确保各省养老保险待遇的按时足额发放。

2. 调剂金制度的实施情况

2018 年，中国建立起了企业职工基本养老保险中央调剂金制度，中央调剂金制度虽然是在省级统筹的基础上建立起来的，但目前中国实现省级统筹的省份中除了陕西、北京、天津、上海、青海和西藏等少数地区实现了统收统支这一真正意义上的省级统筹外，大多数的省份还只是建立了省级调剂金制度，这种含义的省级统筹下的市县级政府只不过要向省级政府缴纳一定比例的调剂金，实质上还是市县级统收统支，因此总体上仍是地方统筹，并没有实现基础养老金省内统收统支的省级统筹模式。

3. 调剂金模式的利弊分析

调剂金模式下的中央政府或省级政府只负责各地养老金缺口的部分责任，有利于减轻中央政府或省级政府的财政压力，同时也强化了地方政府的责任，但由于地方政府筹集的养老金只上缴其中的一部分，容易造成养老保险基金被挤占挪用。另外，实际运行中由于养老金并未实现统收统支，因此省里收缴上来的调剂金也不能做到完全的余缺调剂。即使从总量上来看，发达地区的养老金结余可能正好等于欠发达地区养老金的收支缺口，然而在现有的调剂金制度下，由于基金结余地区不需要上缴全部养老金结余，也就无法补全收不抵支地区的养老金缺口，基金出现缺口的地区仍需要通过申请财政补助渡过支付危机，因此可能会出现养老保险基金结余和财政补助同时增加的局面。

虽然目前中国所有地区已实现了省级统筹，但如果按照公认的省级统筹标准，即养老保险缴费资金流的收入、支出、核算、管理、调剂的层级都集中在省一级，也就是养老金集中在省里，在省一级进行统收统支这一标准，我国大多数省份并没有实现真正意义上的省级统筹，还只是省级调剂金制度，省级调剂金模式下的省级统筹变成了微弱的省级调剂，其运行效果显然不如真正意义上的省级统筹理想，而且从目前中国基本养老保险全国统筹实施情况来看，与基本养老保险统收统支的全国统筹模式相比，中央调剂金制度无论是在调剂的规模上，还是在调剂的力度上都与其存在着很大的差距。

第三节　统筹层次提升后养老保险运行效果比较分析

提升基本养老保险的统筹层次、实现全国统筹就是要化解养老保险的运行压力、增强制度的抗风险能力、维护社会公平和保障社会稳定。[①] 养老保险由市县级统筹进一步提升到省级统筹的过程中，各地省级统筹运行模式主要有统收统支和调剂金两种模式，[②] 但只有统收统支模式能够通过在一个地区内最大限度地进行资金的调配使用来增强制度抗风险能力和维护社会公平，然而我国实行统收统支模式的只有陕西省等少数地区，绝大部分地区采用的只是调剂金的模式。毋庸置疑，对于同一地区而言，调剂金模式在化解养老保险运行压力、增强抗风险能力和维护社会公平方面显然不如统收统支模式。但由于各地区在人口结构、经济发展水平、历史债务等方面存在着较大的差异，因而在养老保险统筹层次提升后从横向上进一步对全国各地区基本养老保险省级统筹实施效果进行比较分析与评价，有利于在了解养老保险制度整体运行状况的基础上掌握各地统筹层次提升的具体情况，进而设计合理的改革方案，优化统筹层次进一步提升的政策建议，助力真正意义上全国统筹模式的顺利实现。

一、统筹层次提升后养老保险运行效果的实证研究

城镇企业职工基本养老保险统筹层次提升后，为了对各省养老保险运行效果进行比较分析，在遵循系统性、科学性、可比性和可获得性原则的基础上，本书共选取了包括养老保险覆盖面、企业养老保险缴费率、养老金收入支出比、养老金累计结余、养老金替代率和退休职工增长速度等八

---

① 龚秀全．中国基本养老保险全国统筹的制度转换成本与路径研究［J］．人口与经济，2007（6）：64-69.

② 白维军，童星．“稳定省级统筹，促进全国调剂”：我国养老保险统筹层次及模式的现实选择［J］．社会科学，2011（5）：91-97.

个反映养老保险运行情况的指标作为地区间横向比较的指标体系，具体指标如表 2-2 所示。

表 2-2　养老保险统筹层次提升效果评价指标

	指标	单位
指标体系	基本养老保险覆盖面	%
	缴费率	%
	养老金收入与支出比	%
	养老金累计结余	元
	养老金可支付月数	月
	养老金替代率	%
	退休职工年增长率	%
	参保职工与退休职工比	%

注：表中指标为笔者根据分析需要选取。

通过构建养老保险运行效果评价指标体系对各地省级统筹后养老保险运行情况进行综合比较分析的方法能够从多维度考察各地养老保险制度的运行情况，比单纯从养老金收支状况或制度赡养率等某一单项指标进行比较分析更能系统、综合地反映地区养老保险制度运行的异同，进而全面把握各地养老保险的实际运行情况，促进养老保险制度的进一步完善。分析中所用数据来源于 2017 年《中国统计年鉴》、各省份统计年鉴及国家和各省份 2017 年的《人力资源和社会保障事业发展统计公报》。

（一）因子分析

1. 因子分析模型

因子分析主要通过研究众多变量之间的内部依赖关系来探求观测数据中的基本结构，并用少数几个独立的不可观测变量来表示其基本的数据结构，这几个较少的相互独立变量能够反映原有众多变量的绝大部分信息，原始变量是可观测的显式变量，而假想变量是不可观测的潜在变量，称为因子。①

① 马树才，郭万山．经济多变量统计分析［M］．长春：吉林人民出版社，2002：127-290.

因子分析的基本模型为：

$$\begin{cases} X_1 = a_{11}F_1 + a_{12}F_2 + \cdots + a_{1p}F_p + c_1U_1 \\ X_2 = a_{21}F_1 + a_{22}F_2 + \cdots + a_{2p}F_p + c_2U_2 \\ \cdots \\ X_m = a_{m1}F_1 + a_{m2}F_2 + \cdots + a_{mp}F_p + c_mU_m \end{cases}$$

模型中的 $X_1, X_2\cdots, X_m$ 为原始变量，$F_1, F_2\cdots, F_p$ 为公共因子，表示成矩阵形式为 $X = A \cdot F + cU$ 。

其中，A 为因子载荷矩阵；cU 称为特殊因子，表示原有变量不能被因子解释的部分。

2. 数据的处理

由于研究中构建评价指标体系时所选指标代表的含义不同，原始数据的量纲亦有较大差异，因此直接使用原始数据不具有可比性，为了能够客观且科学地处理这些指标数据，这里选择对原始数据进行无量纲化处理，处理公式如下：

$$X_{ij}{}^{*} = \frac{(X_{ij} - X_j)}{S_j}$$

其中，X_j 和 S_j 分别是第 j 个指标的样本均值和样本标准差，标准化后的矩阵 X^* 消去了量纲和数量的影响，同时对指标体系中的逆向指标进行了正向化处理。

3. 公因子选取

运用 SPSS20.0 软件作为统计分析工具，得到的 KMO 值为 0.582，表明比较适合进行因子分析，Bartlett 球形度检验结果显示 Sig 值为 0.000，说明变量之间存在相关关系，适合做因子分析。

依据因子分析原理，对相关数据进行降维处理，然后采用因子分析法中的主成分分析法对数据进行分析，可得到表 2-3 中八个指标的特征值、方差贡献率和累计方差贡献率，按照特征值大于 1、累计贡献率大于 80%的原则，选出三个公因子，其累计贡献率为 83.186%，这说明三个公因子已经包含了八个指标 83.186%的原始信息，可作为评价养老保险制度运行的综合指标。

表 2-3　因子方差和贡献率

成分	初始特征值			提取平方和载入			旋转平方和载入		
	合计	方差的 %	累积 %	合计	方差的 %	累积 %	合计	方差的 %	累积 %
1	3.913	48.917	48.917	3.913	48.917	48.917	3.669	45.866	45.866
2	1.659	20.733	69.649	1.659	20.733	69.649	1.576	19.703	65.569
3	1.083	13.536	83.186	1.083	13.536	83.186	1.409	17.617	83.186
4	0.665	8.308	91.493						
5	0.341	4.262	95.755						
6	0.193	2.418	98.173						
7	0.112	1.402	99.575						
8	0.034	0.425	100.000						

注：提取方法为主成分分析。

4. 因子旋转

根据计算出的指标成分矩阵，发现公因子代表的意义不明确，很难得到合理的解释，因此对其进行旋转得到表 2-4 的旋转成分矩阵。

表 2-4　旋转成分矩阵

	成分		
	1	2	3
基本养老保险覆盖面	0.352	0.788	0.175
缴费率	0.634	0.043	0.641
养老金收入与支出比	0.884	0.086	-0.199
养老金累计结余	0.778	0.381	0.218
养老金可支付月数	0.941	-0.049	-0.002
养老金替代率	-0.101	0.879	0.029
退休职工年增长率	0.144	-0.147	-0.935
参保职工与退休职工比	0.916	0.069	0.073

注：提取方法为主成分分析；旋转法采用具有 Kaiser 标准化的正交旋转法；旋转在 4 次迭代后收敛。

通过对旋转成分矩阵进行分析可知，第一个因子在养老金收入与支出比、养老金累计结余、养老金可支付月数、参保职工与退休职工比上有较大载荷，而这些指标都是支撑一个地区养老保险制度持续运行的重要力量，决定着地区养老保险的发展潜力和抗风险的能力，因此可称之为养老保险供给能力因子。第二个因子在基本养老保险覆盖面和养老金替代率上有较大载荷，可称之为养老保险保障能力因子。第三个因子在缴费率和退休职工年增长率上有较大载荷，缴费率和退休职工年增长率这两个指标可以在一定程度上反映出一个地区养老保险制度运行压力的大小，因此可称之为养老保险供给压力因子。由此可见，通过因子分析提取公因子，可将原始八个指标变量的信息浓缩在养老保险供给能力因子、养老保险保障能力因子和养老保险供给压力因子这三个公因子中。

5. 因子得分与排名

根据因子得分系数矩阵计算出各个公因子 F_i 的得分后，再以各个公因子各自的方差贡献率 α_i 占累计贡献率的比重作为权数进行加权计算，可以计算出其综合因子得分 ZF，具体的公式为：

$$F_1 = 0.019 \cdot X_1 + 0.147 \cdot X_2 + 0.262 \cdot X_3 + 0.18 \cdot X_4 + 0.281 \cdot X_5 - 0.115 \cdot X_6 + 0.107 \cdot X_7 + 0.258X_8$$

$$F_2 = 0.498 \cdot X_1 - 0.142 \cdot X_2 + 0.013 \cdot X_3 + 0.160 \cdot X_4 - 0.124 \cdot X_5 + 0.632 \cdot X_6 + 0.046 \cdot X_7 - 0.051 \cdot X_8$$

$$F_3 = -0.022 \cdot X_1 + 0.455 \cdot X_2 - 0.217 \cdot X_3 + 0.060 \cdot X_4 - 0.044 \cdot X_5 - 0.127 \cdot X_6 - 0.706 \cdot X_7 - 0.006 \cdot X_8$$

$$ZF = \frac{\alpha_1}{\sum_{i=1}^{3}\alpha_i} \cdot F_1 + \frac{\alpha_2}{\sum_{i=1}^{3}\alpha_i} \cdot F_2 + \frac{\alpha_3}{\sum_{i=1}^{3}\alpha_i} \cdot F_3$$

根据 F_1、F_2、F_3 和 ZF 的公式可以计算出各个地区养老保险实现省级统筹后三个公因子得分、综合因子得分及各自的排名，具体的计算结果如表 2-5 所示。

表 2-5　因子得分及排名

地区	公因子 1	公因子 2	公因子 3	综合因子	排名
北 京	1. 577	2. 075	−1. 791	0. 978	3
天 津	−0. 674	0. 919	−0. 827	−0. 331	24
河 北	−0. 375	−1. 119	0. 285	−0. 409	28
山 西	0. 486	−1. 128	−0. 283	−0. 057	10
内蒙古	−0. 802	−0. 112	0. 665	−0. 328	23

续表

地区	公因子 1	公因子 2	公因子 3	综合因子	排名
辽 宁	-0. 397	0. 613	-0. 424	-0. 164	16
吉 林	-1. 060	0. 729	-0. 285	-0. 473	29
黑龙江	-1. 280	0. 214	-0. 164	-0. 690	31
上 海	-0. 567	2. 368	-1. 678	-0. 111	14
江 苏	0. 330	1. 288	-0. 282	0. 425	5
浙 江	1. 202	1. 016	2. 691	1. 471	2
安 徽	0. 107	-0. 070	-0. 660	-0. 097	12
福 建	0. 546	-0. 686	-0. 258	0. 085	7
江 西	-0. 555	0. 204	0. 179	-0. 220	17
山 东	0. 225	-0. 794	0. 447	0. 032	8
河 南	0. 048	-1. 068	-0. 278	-0. 284	20
湖 北	-0. 635	0. 023	0. 237	-0. 294	21
湖 南	-0. 331	0. 090	-0. 382	-0. 242	18
广 东	4. 030	0. 292	0. 911	2. 483	1
广 西	-0. 699	-0. 778	0. 834	-0. 391	27
海 南	-0. 537	0. 433	-0. 408	-0. 281	19
重 庆	-0. 328	0. 780	2. 222	0. 473	4
四 川	-0. 238	1. 180	0. 851	0. 326	6
贵 州	0. 241	-0. 451	-0. 641	-0. 109	13
云 南	0. 279	-1. 153	-0. 898	-0. 307	22
西 藏	1. 254	-1. 991	-1. 641	-0. 124	15
陕 西	-0. 488	-0. 538	0. 127	-0. 369	26
甘 肃	-0. 292	-0. 944	0. 070	-0. 368	25
青 海	-0. 518	-1. 070	0. 074	-0. 522	30
宁 夏	-0. 740	-0. 092	1. 634	-0. 083	11
新 疆	0. 190	-0. 233	-0. 327	-0. 019	9

（二）聚类分析

利用因子分析得到的各地区因子得分，可进一步对 31 个省（自治区、直辖市）进行聚类分析。聚类分析方法可以把各地养老保险运行情况比较类似的省份找出来，使类别内部省份间的差异尽可能小、类别间的差异尽可能大，即把 31 个省（自治区、直辖市）归为若干类别，从而掌握每类的共同特点，以利于未来政府合理制定进一步完善养老保险的相关政策。

利用SPSS统计分析软件中的系统聚类分析方法进行聚类分析，得到的分类结果如图2-1所示。从图2-1中可以清晰地发现我国31个省（自治区、直辖市）在不同层次上聚合分类的情况。为了更好地对我国各地区养老保险制度运行情况进行分类，根据图2-1聚类分析的结果，表2-6将我国城镇企业职工养老保险制度运行情况进行了区域划分。从表2-6的聚类分析结果可以看出，根据养老保险制度的运行情况进行分类，总体上可将我国城镇企业职工的养老保险制度划分为三大类区域：第一类包括广东、浙江和北京三个地区，第二类包括江苏、重庆、四川三个地区，第三类包括天津、西藏、福建、上海、河南、山东、辽宁等25个地区。聚类分析结果显示，各类型所包含的地区数多少不一，避免了人为分组的整齐划一，在一定程度上反映了因子分析与聚类分析结果的科学性和有效性。

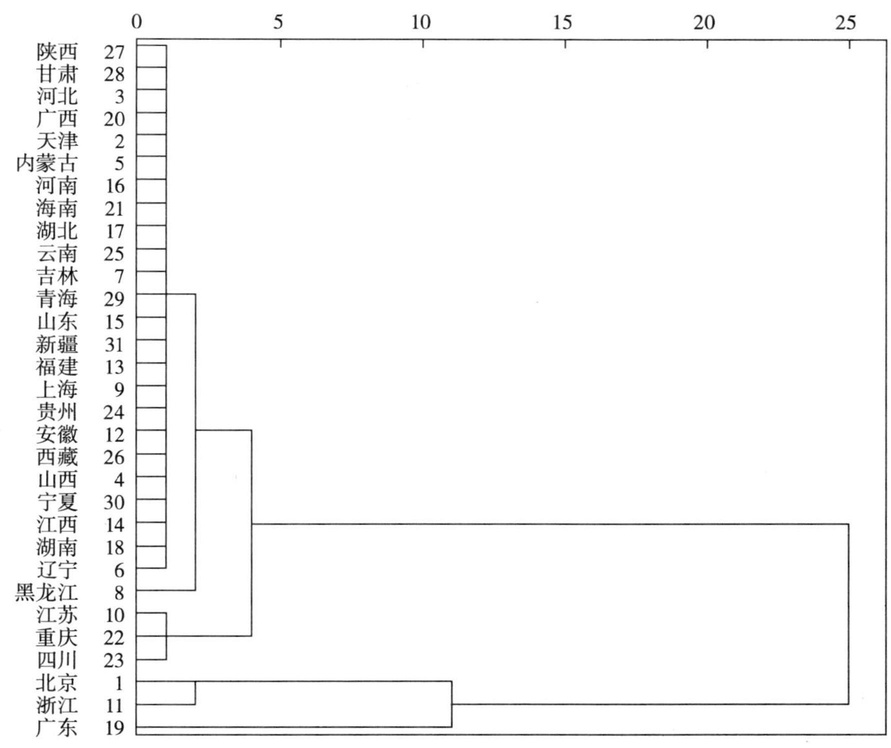

图2-1　聚类分析谱系图

表 2-6　层次分类的结果

分类	城市
第一类	广东、浙江、北京
第二类	江苏、重庆、四川
第三类	河南、山东、辽宁、湖南、河北、安徽、湖北、新疆、内蒙古、陕西、山西、云南、江西、贵州、广西、吉林、甘肃、黑龙江、海南、宁夏、青海、上海、天津、西藏、福建

与前两类地区相比，处于第三类的地区数量是最多的，总共是 25 个地区，数量是前两类地区总和的 4 倍多。相对来说，这些地区在养老保险供给能力因子、养老保险供给水平因子和养老保险供给压力因子的排名均比较靠后，因此和前两类地区不同，第三类地区养老保险综合运行情况不容乐观。然而，第三类中的 25 个地区之间仍然存在一定的差异性，根据这 25 个地区的因子得分，采用同样的方法对第三类中的省份再次进行了聚类分析，聚类分析后的结果如表 2-7 所示。

经过再次聚类分析后这 25 个地区又细分成了六小类，地区间的差异与分类前相比有所缩减，其中第三类地区中小类 1 的综合运行情况较好，而黑龙江的养老保险运行情况最差。

表 2-7　再次聚类后层次分类的结果

<table>
<tr><th colspan="2">分类</th><th>城市</th></tr>
<tr><td colspan="2">第一类</td><td>广东、浙江、北京</td></tr>
<tr><td colspan="2">第二类</td><td>江苏、重庆、四川</td></tr>
<tr><td rowspan="6">第三类</td><td>小类 1</td><td>陕西、甘肃、河南、河北、湖北、内蒙古、云南、广西、海南、天津</td></tr>
<tr><td>小类 2</td><td>吉林、青海</td></tr>
<tr><td>小类 3</td><td>山东、新疆、福建</td></tr>
<tr><td>小类 4</td><td>上海、贵州、安徽、西藏、山西、宁夏</td></tr>
<tr><td>小类 5</td><td>辽宁、湖南、江西</td></tr>
<tr><td>小类 6</td><td>黑龙江</td></tr>
</table>

二、统筹层次提升后地区间养老保险运行效果比较分析

一个地区养老保险省级统筹的实现可从纵向上化解养老保险的运行压力、增加保险的抗风险能力和维护社会公平，但通过在全国范围内进行地区间的横向比较可以看出，各个地区养老保险的运行情况参差不齐，无论是在养老保险供给能力因子方面，还是在养老保险保障能力因子和养老保险供给压力因子方面地区间都存在很大的差距。

从公因子1养老保险供给能力的排序情况看，广东省排在了最前面，黑龙江省排在了最后，说明广东省的养老保险基金结余较多，养老金的支撑能力最强，而黑龙江省的养老金支撑能力最弱。在养老保险制度运行的过程中，养老保险的覆盖面和养老金替代率即养老保险的给付水平是衡量一个地区养老保险保障能力最重要的两个指标。在公因子2养老金保障能力的排序中，上海市排在了最前面，说明上海市的养老保险无论是覆盖面还是养老金的给付水平在全国都是处于前列的，保障能力最强，其次是北京市，北京市在养老金的保障能力方面仅次于上海市，在全国的排名中处于前列，而养老金保障能力比较弱的是西藏和云南。在公因子3养老金供给压力因子方面，浙江和重庆这两个地区养老金供给压力最大，而北京和上海的养老金供给压力相对较小。综合排名中，广东省的综合状况最好，黑龙江的综合状况最差，排在前五位的有广东、浙江、北京、重庆和江苏，排在后五位的分别是广西、河北、吉林、青海和黑龙江。因子得分和排名显示出我国31个省（自治区、直辖市）的养老保险制度的运行情况存在一定的差异。

从分类的结果来看，广东、浙江、北京三个地区虽然在三个公因子的排名中存在一定的差异，但总体来说在全国31个省（自治区、直辖市）中的综合情况是最好的。第二类包括江苏、重庆、四川这三个地区，这三个地区养老保险的运行情况略差于第一类地区，但在全国养老保险运行中也是比较好的地区。第三类包括了25个地区，地区数是最多的，虽然再次聚类的结果又将这25个地区细分成了6个小类，这六小类地区养老保险制度的运行情况也不尽相同，但总体上来讲这些地区的养老保险运行情况不容乐观，我国养老保险制度还有待于进一步改进和完善。

省级统筹的实现对于完善各地养老保险制度起到了重要的作用，同时

省级统筹的实现也可为基本养老保险全国统筹的实现提供有益的借鉴，全国统筹的实现需要在省级统筹实施的基础上进行政策的选择与优化。但作为统筹层次提升的中间目标，我国养老保险在实现省级统筹后，地区间养老保险制度在给付能力、保障能力和给付压力方面仍然存在着一定的差异，而养老保险统筹层次作为制度设计中的重要内容，对于缩小地区间差距、提高制度抗风险能力、维护社会公平和保障养老保险制度整体健康运转具有重要意义。虽然我国已经向全国统筹迈进了一步，建立起了中央调剂金制度，能在一定程度上平衡地区间的养老压力，缓解缺口地区的养老负担，但与统收统支的全国统筹相比，中央调剂金制度无论是在调剂的规模上还是在调剂的力度上都与统收统支的全国统筹存在较大的差距，因此在中央调剂金制度建立的基础上，实现真正意义上的省级统筹，并进一步提高养老保险统筹层次进而实现真正意义上的全国统筹是十分必要的，也是非常紧迫的。①

① 邹丽丽，李姗姗，果婷．地区发展差异下养老保险统筹层次提升的对策研究［J］．辽宁大学学报（哲学社会科学版），2017，45（2）：46-54.

第三章　全国统筹的联邦退休金制度及其经验借鉴

第一节　联邦退休金制度及全国统筹有效运行的因素分析

实现基本养老保险全国统筹是完善和优化中国养老保险制度安排的关键。[①] 养老保险全国统筹就是要达到基本养老保险制度在全国范围内的规范统一和实现养老保险基金在全国范围内的统筹调剂使用。提高基本养老保险统筹层次，实现全国统筹是均衡地区养老负担、建立公平的企业竞争环境、形成顺畅流动的劳动力大市场、增强养老保险基金抗风险能力的需要。美国在联邦退休金制度建立之初就采取了全国统筹的模式，并在实践运行中积累了丰富的经验。全国统筹下的联邦退休金制度保障了公民养老权利的实现，同时对于调节国民的收入差距、维护社会公平和促进劳动力流动也都起到了非常积极的作用。中国与美国的经济发展水平虽然存在着一定的差距，但两国都是幅员辽阔的大国，国家内部各地区经济发展条件和地域环境差异较大，中国区域经济不协调的状况与联邦退休金制度建立初期的情况比较相似，另外，我国基本养老保险的社会统筹部分和美国的联邦退休金制度实行的都是现收现付的筹资模式，两者的运行机理相同，因此从全国统筹的角度对联邦退休金制度进行研究，发掘其制度运行中有利于

① 田家官．我国实现养老保险全国统筹的管理模式选择［J］．天津社会保险，2010（7）．

统筹层次提升的先进经验和成功做法，能够为中国统筹层次的提升提供经验借鉴。

一、全国统筹下的联邦退休金制度

自联邦退休金制度建立以来，经过不断的调整与发展，美国已建立起包括政府主导、强制实施的联邦退休金制度（即国家基本养老保险制度），企业主导、雇主和雇员共同出资的企业补充养老保险制度（即企业年金计划）和个人负责、自愿参加的个人储蓄养老保险制度（即个人退休金计划）三大支柱的养老保险体系。养老保险的三大支柱充分发挥了政府、企业和个人的作用，三者相互补充，形成合力，共同为退休人员提供了多渠道、可靠的养老保障。[①]

这里将要探讨的养老保险指的是第一支柱——联邦退休金制度，即国家基本养老保险制度。联邦退休金制度是为了解决经济危机中有效需求的不足和老年人口收入保障问题而建立起来的，其建立的重要标志是1935年的《社会保障法》[②]。最初推出的养老保险采取的是单独项目即养老保险（Old Age Pension Insurance），由于建立初期覆盖范围有限，1939年美国国会对《社会保障法》进行了修正，修正案规定从1940年开始向老年人按月发放养老金，并把老年人的遗属和赡养的子女纳入养老保险中来，从而演进成为“老年与遗属保险”（OASI）制度，1956年又将非因公伤残列入，进一步发展为“老年、遗属和残障保险”（Old Age，Survivors and Disability Insurance，OASDI）。美国的基本养老保险制度是一个捆绑式的复合养老计划，不仅包括了基本的养老保险，同时还包括基于养老保险的遗属保险和残疾保险。老年、遗属和残障保险是由美国联邦政府管理的全国统一的保险项目，是由政府主导、强制实施的国家基本养老保险制度，养老金实行全国统筹。

（一）社会保障税由国内工资局按统一标准强制收缴

联邦退休金制度实际上是一种强制性的集体退休保险，其资金完全自

---

① 中国商务部网站．美国养老保险制度简介，2016.3.29，http：//www.mofcom.gov.cn/article.

② 李珍译．信守诺言——美国养老社会保险制度思路［M］．北京：中国劳动社会保障出版社，2003：3-5.

给自足，来自每一个参与者缴纳的社会保障工薪税，由联邦政府按照工资的一定比率在全国范围内统一征收。社会保障署会根据未来人口老龄化的预测数据和养老金的实际支付需要，按照财务自理、收支平衡的原则对社会保障税税率进行动态调整，经国会批准后执行。自1990年以来，社会保障税税率由原来雇员工资收入的10.16%一直不断地进行调整，2015年社会保障税税率为参保雇员工资收入的12.4%，雇员和雇主各缴纳50%，也就是雇员和雇主各缴纳该雇员工资额的6.2%，由雇主直接从个人工资中扣除，而对于个体经营者则全部由本人逐月缴纳其工资收入的12.4%。表3-1为社会保障两个基金即老年、遗属保险基金和残疾保险基金的税率表，通过表中数据可以看出，即使在总税率不变的情况下，每年这两种税所占的比例也会有所不同。美国财政部国内工资局集中收缴社会保障税后，会将收缴的款项转入美国社会保障署设立的社会保障基金中，并且逐月向养老保险的管理机构——社会保障署报告。

表3-1　美国社会保障税税率

年份	雇主和雇员各自应缴税率（%）			个体就业者应缴税率（%）		
	OASI	DI	Total	OASI	DI	Total
1937~1949	1.000	—	1.000	—	—	—
1950	1.500	—	1.500	—	—	—
1951~1953	1.500	—	1.500	2.250	—	2.250
1954~1956	2.000	—	2.000	3.000	—	3.000
1957~1958	2.000	0.250	2.250	3.000	0.375	3.375
1959	2.250	0.250	2.500	3.375	0.375	3.750
1960~1961	2.750	0.250	3.000	4.125	0.375	4.500
1962	2.875	0.250	3.125	4.325	0.375	4.700
1963~1965	3.375	0.250	3.625	5.025	0.375	5.400
1966	3.500	0.350	3.850	5.275	0.525	5.800
1967	3.550	0.350	3.900	5.375	0.525	5.900
1968	3.325	0.475	3.800	5.088	0.713	5.800
1969	3.725	0.475	4.200	5.588	0.713	6.300
1970	3.650	0.550	4.200	5.475	0.825	6.300

续表

年份	雇主和雇员各自应缴税率（%）			个体就业者应缴税率（%）		
	OASI	DI	Total	OASI	DI	Total
1971~1972	4.050	0.550	4.600	6.075	0.825	6.900
1973	4.300	0.550	4.850	6.205	0.795	7.000
1974~1977	4.375	0.575	4.950	6.185	0.815	7.000
1978	4.275	0.775	5.050	6.010	1.090	7.100
1979	4.330	0.750	5.080	6.010	1.040	7.050
1980	4.520	0.560	5.080	6.273	0.778	7.050
1981	4.700	0.650	5.350	7.025	0.975	8.000
1982	4.575	0.825	5.400	6.813	1.238	8.050
1983	4.775	0.625	5.400	7.113	0.938	8.050
1984~1987	5.200	0.500	5.700	10.400	1.000	11.400
1988~1989	5.530	0.530	6.060	11.060	1.060	12.120
1990~1993	5.600	0.600	6.200	11.200	1.200	12.400
1994~1996	5.260	0.940	6.200	10.520	1.880	12.400
1997~1999	5.350	0.850	6.200	10.700	1.700	12.400
2000~2015	5.300	0.900	6.200	10.600	1.800	12.400
2016~2018	5.015	1.185	6.200	10.030	2.370	12.400
2019 and later	5.300	0.900	6.200	10.600	1.800	12.400

资料来源：https：//www.ssa.gov。

联邦退休金制度作为国民的基本养老保险制度通过多缴多得的制度设计鼓励雇员工作时多缴纳社会保障税，以便在退休后能够多领取养老金。对于雇员而言，工资收入水平越高，个人缴纳的社会保障税越多，退休后领取的养老金也越多。而为体现社会保障的公平原则，防止高收入的退休人员因领取过高退休金而造成社会成员之间过大的收入差距，① 美国对雇员缴纳的社会保障税设定了应税工资上限，② 雇员高于应税工资上限部分的工资收入不再缴纳社会保障税，同时也不作为养老金的给付基数，而且政府

① 陈建宁．社会保障对收入差距调节的困境及对策［J］．保险研究，2010（12）：87-90.

② 贾东岚．美国社保缴费基数及费率简析［J］．中国人力资源社会保障，2018（4）：50-51.

设定的应税工资上限是随着物价水平和工资收入的变化而逐年进行调整的。① 如表 3-2 所示，1937 年应税工资上限是年工资收入 3000 美元，1987 年应税工资上限提高到 43800 美元，2007 年时应税工资上限为 97500 美元，2013 年应税工资上限为 113700 美元，2014 年应税工资上限为 117000 美元，2016 年应税工资上限已提升至 118500 美元。

表 3-2　美国社会保障税应税工资上限　　单位：美元

年份	应税工资上限	年份	应税工资上限
1937~1950	3000. 00	1992	55500. 00
1951~1954	3600. 00	1993	57600. 00
1955~1958	4200. 00	1994	60600. 00
1959~1965	4800. 00	1995	61200. 00
1966~1967	6600. 00	1996	62700. 00
1968~1971	7800. 00	1997	65400. 00
1972	9000. 00	1998	68400. 00
1973	10800. 00	1999	72600. 00
1974	13200. 00	2000	76200. 00
1975	14100. 00	2001	80400. 00
1976	15300. 00	2002	84900. 00
1977	16500. 00	2003	87000. 00
1978	17700. 00	2004	87900. 00
1979	22900. 00	2005	90000. 00
1980	25900. 00	2006	94200. 00
1981	29700. 00	2007	97500. 00
1982	32400. 00	2008	102000. 00
1983	35700. 00	2009	106800. 00
1984	37800. 00	2010	106800. 00
1985	39600. 00	2011	106800. 00
1986	42000. 00	2012	110100. 00
1987	43800. 00	2013	113700. 00

① 张凯悌，郭平．美国养老［M］．北京：中国社会出版社，2010：57-60.

续表

年份	应税工资上限	年份	应税工资上限
1988	45000.00	2014	117000.00
1989	48000.00	2015	118500
1990	51300	2016	118500.00
1991	53400.00		

资料来源：https：//www. ssa. gov。

（二）联邦政府的社会保障署统一管理老年、遗属和残障保险金

美国的老年、遗属和残障保险由联邦政府的社会保障署统一管理，由于老年、遗属和残障保险计划是联邦统筹的，因此州及地方政府没有管理的义务和权利，社会保障署只负责管理企业员工的老年、遗属和残障保险，医疗保险由卫生与服务部下设的卫生保健财务管理署负责管理，失业保险和工伤保险则是由各州政府负责管理，失业保险和工伤保险费用完全由雇主负责，州政府负责这两项保险税的征收。

1935 年美国刚刚建立社会保障制度时没有设立社会保障署，只有一个由三人组成的社会保障委员会，1946 年改组为社会保障署，1994 年以前美国社会保障相关工作由卫生与公共服务部所属的社会保障署负责组织实施，1994 年时任总统克林顿改组了社会保障体系，经国会立法通过，将社会保障署升级为独立的、直接向总统和国会汇报的机构。① 社会保障署作为独立机构对社会保障工作实行垂直领导和统一管理，社会保障署共有工作人员 65000 余名。②

虽然美国的证券市场是世界上规模最大、最发达而且收益相对稳定的证券市场，但美国对社会保障基金结余的投资管理采取了非常保守的投资策略，明确规定社会保障基金中的老年、遗属信托基金只能用于购买政府专门为其量身打造的特别债券，而不能用于购买其他任何证券，因此基金投资范围非常狭窄。这种特别债券只能由财政部赎回，不可以转让，投资风险低，收益相对稳定，而且其利率水平是参照联邦政府在公开市场发行

① 王洪春，卢海元．美国社会保障基金投资管理与借鉴［M］．北京：中国社会出版社，2006：41-42.

② 美国养老保险制度的基本情况介绍，中国财政部网站：http：//www. mof. gov. cn.

的可流通债券的利率水平来设定的，特别债券分为长期和短期两种类型，短期债券以天来计算投资收益，长期债券投资期限通常是 1~15 年。①

（三）全国范围内养老金给付标准统一

1. 养老金给付条件

老年、遗属和残障保险的受益人可享有基本养老金，未达退休年龄因病和非因工伤残而失去劳动能力者可享有残障补偿，参保雇员死亡后子女可享有遗属补助。其中，基本养老金的享受需满足两个条件：一是应达到法定退休年龄，二是投保并达到最低缴费年限。

美国养老保险制度规定，当劳动者达到法定退休年龄，并且在参保期间累积 40 个积分，退出劳动领域后便有权按月领取全额养老金。积分是依据收入金额来计算的，在 2015 年，每收入 1220 美元可获得 1 个积分，每年最多可获得 4 个积分，40 个积分即意味着需缴纳 10 年的工薪税，每 1 年积分所需要的收入额都随着平均收入标准的增加而有所上涨，如 2013 年时每收入 1160 美元可获得 1 个积分，2014 年每收入 1200 美元才可获得 1 个积分。即使雇员更换工作或在一段时间内没有收入，赚取到的每个积分都会保留在雇员的缴费记录中。

在逐步延迟退休年龄的进程中，联邦政府对不同年份出生的人规定了不同的法定退休年龄，② 具体可参照表 3-3。如按规定，1937 年及以前出生的雇员领取全额养老金的退休年龄为 65 岁，而在 1943 年和 1957 年出生的雇员，其法定退休年龄则分别提高到 66 岁和 66 岁 6 个月，1960 年及以后出生雇员的法定退休年龄进一步提高到了 67 岁。雇员领取养老金时只有达到法定退休年龄才可享受全额养老金，养老金的计发与实际退休年龄挂钩。

表 3-3　联邦退休金开始支付年龄时间及 62 岁退休时养老金折扣率

出生年份	领取全额养老金的年份	月养老金折扣率（%）	总折扣率（%）
1937 年及以前	65 岁	0.555	20.00

① 陈林，董登新．我国社会保障基金投资应借鉴国际经验——基于美国、新加坡的投资经验［J］．武汉金融，2015（2）：39-41.

② 吕红，宋利利，张立言．美国养老保险制度对我国养老保险改革的启示［J］．经济研究导刊，2012（26）：59-60.

续表

出生年份	领取全额养老金的年份	月养老金折扣率（%）	总折扣率（%）
1938	65 岁 2 个月	0.548	20.83
1939	65 岁 4 个月	0.541	21.67
1940	65 岁 6 个月	0.534	22.50
1941	65 岁 8 个月	0.530	23.33
1942	65 岁 10 个月	0.525	24.17
1943~1954	66 岁	0.520	25.00
1955	66 岁 2 个月	0.516	25.84
1956	66 岁 4 个月	0.512	26.66
1957	66 岁 6 个月	0.509	27.50
1958	66 岁 8 个月	0.505	28.33
1959	66 岁 10 个月	0.502	29.17
1960 年及以后	67 岁	0.500	30.00

资料来源：钟仁耀．养老保险改革国际比较研究［M］．上海：上海财经大学出版社，2004；陈妮娜．美国养老保险改革研究［D］．天津财经大学硕士学位论文，2009.

美国联邦政府不实行强制退休，即使近年来退休年龄逐步提高，雇员仍可在 62 岁时选择提前退休，但只能享受减额养老金，法定退休年龄不同，雇员领取的养老金也存在差别，养老金的多少取决于工人的正常退休年龄。在法定退休年龄是 65 岁时，雇员每提前一个月减发 0.56%，提前一年减发 6.72%，雇员选择 62 岁退休时领取的养老金数额大概为全额养老金的 80%，63 岁退休时领取的养老金大概为全额养老金的 87%，64 岁退休时领取的养老金大概为全额养老金的 93%，而对于雇员选择推迟退休的，雇员每推迟一个月退休，领取的养老金会在全额养老金的基础上增加 0.25%，这也意味着每推迟一年退休养老金可增加 3%，但对于雇员而言，最多只能推迟 5 年退休。当法定退休年龄为 65 岁时，如果参保者选择推迟 5 年退休即在 70 岁时退休，则雇员可领取的养老金为全额养老金的 130%，而对于年满 70 岁以后才退休的雇员，退休后领取的养老金不再继续增加，仍然是全额养老金的 130%。

2. 养老金给付公式

政府鼓励退休人员在退休后继续从事力所能及的工作，而且退休人员可以在继续工作的同时领取养老金。但与此同时，政府也规定退休后继续从事有收入工作的退休人员如果其年收入总额低于一定的标准，仍然可以领取全部养老金，但达到全额退休年龄之前，其所得收入超过政府规定的额度，收入将会有所扣减，如表3-4所示，如果雇员未达到能够领取全额养老金的退休年龄，年收入超出年度限额，每2美元扣减1美元，但只是超过额度才予以扣减，政府规定的额度逐年增加，在达到领取全额退休年龄的当年，超过年度限额的收入每3美元将减少1美元。而退休人员达到领取全额养老金的退休年龄的当月或者之后的收入不会扣减，即不管收入多少，均不对其工作收入给予任何扣减，这显然有利于调动退休者继续工作的积极性。

表3-4　美国退休职工养老金扣减限额

	2013年	2014年	2015年
正值完全退休年龄或更大年龄	无收入限额	无收入限额	无收入限额
低于完全退休年龄	15120美元，每超出限额2美元，将扣除1美元	15480美元，每超出限额2美元，将扣除1美元	15720美元，每超出限额2美元，将扣除1美元
达到完全退休年龄的当年	40080美元，每超出限额3美元，将扣除1美元，直到达到完全退休年龄之月为止	41400美元，每超出限额3美元，将扣除1美元，直到达到完全退休年龄之月为止	41880美元，每超出限额3美元，将扣除1美元，直到达到完全退休年龄之月为止

资料来源：https：//www.ssa.gov。

由于在美国劳动者的流动性普遍比较大，转换工作的情况会频繁发生，而且随着工作的转换，雇员的工资收入水平也会随时发生变化，针对这一情况，美国养老金的发放不是仅考虑雇员退休当时的工资收入水平，而是将养老金计发标准的参照时间延长，以退休者一生的平均工资作为养老金的计算基数，并且还会将历年的工资收入按照一定的标准进行指数化调整，目的是剔除物价和通货膨胀的影响。① 退休者每月领取的退休金数额与其退休年龄、缴税基数即年工资收入水平等因素密切相关，养老金的计发公式为②：

① 郭丽宇．美洲和大洋洲部分国家养老保险的比较［J］．重庆社会科学，1996（3）：29-32.

② 侯文若．社会保险［M］．北京：中国劳动社会保障出版社，2009：109-115.

$$PIA = \sum (AIME \times PRR) = A \times PRR_1 + B \times PRR_2 + C \times PRR_3$$

其中，PIA 为月基本养老金，代表的是正常退休时可按月领取的全额基本养老金；$AIME$ 为指数化月平均收入，代表的是养老金领取者整个劳动期间的指数化月平均工薪水平，可对应分为政府规定的 A 、B 、C 三种养老金额度；PRR_i 为对应 A 、B 、C 三种养老金额度的不同档次的替代率，社会保障总署规定的替代率共有低、中、高三个档次，这三个档次分别为 PRR_1、PRR_2 和 PRR_3，其中 $PRR_1 = 90\%$ 为适用低档养老金的低档替代率，$PRR_2 = 32\%$ 为适用中档养老金的中档替代率，$PRR_3 = 15\%$ 为适用高档养老金的高档替代率。

AIME（Average Indexed Monthly Earnings）为养老金支付额计算的基础，是雇员整个参保期间收入最高 35 年的指数化月平均收入，在计算参保雇员的指数化月平均收入时通常把雇员工资最低的 5 个年份剔除，有助于退休者获得更多养老金。计算公式为：

$$AIME = \frac{1}{12 \times 35} HT_{35}$$

其中，HT_{35} 为雇员整个参保期间最高 35 年的收入之和，在计算雇员个人收入的过程中，为了排除物价变动对个人收入的影响，需对参保雇员的收入进行指数化调整，具体计算公式为：

$$IE_i = \frac{AP_n}{AP_i} \times CP_i$$

其中，IE_i 为参保雇员第 i 年个人指数化收入；CP_i 为参保雇员第 i 年个人投保工资；AP_n 为参保雇员 62 岁前两年的全国平均工资指数；AP_i 为参保雇员第 i 年相应年份全国平均工资指数。

由指数化调整公式和表 3-5 职工指数化月平均收入的计算过程可以看出，收入的调整只是对雇员从参加工作到 62 周岁前两年的工资进行调整，62 岁以后的个人收入仍采用原值，参加保险开始到 62 周岁前两年对个人收入进行指数化调整后的个人收入为本人工资与 62 周岁前两年全国平均工资和相对应年份全国平均工资指数两者比值的积。

表 3-5　2016 年退休雇员的指数化月平均收入

年份	全国平均工资指数	1954 年出生雇员			1950 年出生雇员		
		指数因子	工资收入（美元）	指数化调整工资（美元）	指数因子	工资收入（美元）	指数化调整工资（美元）
1976	9226. 48	5. 0378	8627	43461	4. 5168	15300	69106
1977	9779. 44	4. 753	9173	43599	4. 2614	16500	70313
1978	10556. 03	4. 4033	9932	43734	3. 9479	17700	69877
1979	11479. 46	4. 0491	10835	43872	3. 6303	22900	83134
1980	12513. 46	3. 7145	11848	44010	3. 3303	25900	86255
1981	13773. 10	3. 3748	13081	44146	3. 0257	29700	89864
1982	14531. 34	3. 1987	13844	44283	2. 8679	32400	92919
1983	15239. 24	3. 0501	14563	44419	2. 7346	35700	97627
1984	16135. 07	2. 8808	15467	44557	2. 5823	37800	97630
1985	16822. 51	2. 7631	16175	44692	2. 4773	39600	98100
1986	17321. 82	2. 6834	16707	44832	2. 4059	42000	101046
1987	18426. 51	2. 5225	17826	44967	2. 2615	43800	99059
1988	19334. 04	2. 4041	18761	45104	2. 1555	45000	96996
1989	20099. 55	2. 3126	19564	45243	2. 0734	48000	99522
1990	21027. 98	2. 2105	20529	45379	1. 9818	51300	101668
1991	21811. 60	2. 131	21359	45517	1. 9106	53400	102027
1992	22935. 42	2. 0266	22527	45654	1. 817	55500	100844
1993	23132. 67	2. 0093	22789	45791	1. 8015	57600	103767
1994	23753. 53	1. 9568	23470	45927	1. 7544	60600	106318
1995	24705. 66	1. 8814	24484	46064	1. 6868	61200	103233
1996	25913. 90	1. 7937	25758	46202	1. 6082	62700	100832
1997	27426. 00	1. 6948	27342	46339	1. 5195	65400	99375
1998	28861. 44	1. 6105	28858	46476	1. 4439	68400	98765
1999	30469. 84	1. 5255	30556	46613	1. 3677	72600	99296
2000	32154. 82	1. 4456	32340	46749	1. 296	76200	98758
2001	32921. 92	1. 4119	33209	46887	1. 2658	80400	101773
2002	33252. 09	1. 3979	33640	47024	1. 2533	84900	106403
2003	34064. 95	1. 3645	34563	47161	1. 2234	87000	106433
2004	35648. 55	1. 3039	36275	47298	1. 169	87900	102757

续表

年份	全国平均工资指数	1954 年出生雇员			1950 年出生雇员		
		指数因子	工资收入（美元）	指数化调整工资（美元）	指数因子	工资收入（美元）	指数化调整工资（美元）
2005	36952.94	1.2579	37711	47435	1.1278	90000	101498
2006	38651.41	1.2026	39558	47572	1.0782	94200	101566
2007	40405.48	1.1504	41473	47710	1.0314	97500	100561
2008	41334.97	1.1245	42549	47847	1.0082	102000	102836
2009	40711.61	1.1417	42027	47983	1.0236	106800	109324
2010	41673.83	1.1154	43143	48120	1	106800	106800
2011	42979.61	1.0815	44622	48258	1	106800	106800
2012	44321.67	1.0487	46146	48395	1	110100	110100
2013	44888.16	1.0355	46868	48532	1	113700	113700
2014	46481.52	1	48669	48669	1	117000	117000
2015	—	1	50211	50211	1	118500	118500
最高 35 年工资总额				1628054	最高 35 年工资总额		3593696
指数化月平均收入 *AIME*				3876	*AIME*		8556

注：1. 各年的指数化调整工资为对应年份工资收入与指数因子的乘积。2. 对于 1950 年出生的雇员而言，2010 年以前各年的指数因子为 2010 年全国平均工资指数与对应年份全国平均工资指数之商，2010 年及以后的指数因子为 1。

资料来源：https：//www.ssa.gov/OACT/ProgData/retirebenefit1.html。

按照公式计算得出的指数化月平均收入作为计发养老金的基数分别乘以政府规定的三种养老金额度与替代率档次即为雇员的基本养老金。美国通过规定两个转折点将养老金的基数分为按照 90%、32%和 15%三个替代率进行计算，两个转折点所对应的养老金额度不是一成不变的，而是随着工资收入水平的愈益提高而有所增加。表 3-6 为不同年份政府规定的养老金转折点，如 2016 年规定：月工资在 856 美元以内的部分为低档，按 90%计发；857~5157 美元的部分为中档，按 32%计发，5158 美元以上部分为高档，按 15% 计发，然后把三段的数额相加便是雇员的月基本养老金。

表 3-6　不同年份三种替代率所对应的养老金转折点　　单位：美元

年份	第一拐点	第二拐点	年份	第一拐点	第二拐点
1979	180	1085	1998	477	2875
1980	194	1171	1999	505	3043
1981	211	1274	2000	531	3202
1982	230	1388	2001	561	3381
1983	254	1528	2002	592	3567
1984	267	1612	2003	606	3653
1985	280	1691	2004	612	3689
1986	297	1790	2005	627	3779
1987	310	1866	2006	656	3955
1988	319	1922	2007	680	4100
1989	339	2044	2008	711	4288
1990	356	2145	2009	744	4483
1991	370	2230	2010	761	4586
1992	387	2333	2011	749	4517
1993	401	2420	2012	767	4624
1994	422	2545	2013	791	4768
1995	426	2567	2014	816	4917
1996	437	2635	2015	826	4980
1997	455	2741	2016	856	5157

资料来源：https：//www. ssa. gov/OACT/COLA/bendpoints. html。

一般来说，指数化月平均收入越高，得到的月基本养老金越多，但由于替代率是累退的，因此高低收入者之间的养老金差距不会相差悬殊，两者的养老金差距与工资差距相比将会大大缩小，体现了不再劳动的收入差距比劳动时的收入差距大为缩小的合理结局，养老金的给付贯彻了扶贫抑富的公平原则，加强了社会的凝聚力①。同时，家庭状况也会影响养老金的数额，按照美国相关法律规定，65 岁退休的单身者的实际月养老金给付数额正好等于按照公式计算的月基本养老金，非单身者 65 岁退休，靠其抚养的配偶或子女可额外领取月基本养老金的 50%。由此可以看出，美国联邦

① 侯文若．社会保险［M］．北京：中国劳动社会保障出版社，2009：109-115.

退休金的给付除了要考虑退休者本人的情况外，还会惠及退休人员符合规定条件的配偶和未成年子女等。[①] 另外，由于物价水平与工资收入的不断上涨，为了保证参保者退休后领取的养老金的购买力不受物价上涨的影响，美国从 1975 年开始构建起了养老金随生活费用自动调整的机制，从而使养老金给付能够随物价上涨而同步进行调整。[②]

退休人员领取联邦退休金时免税，进入 80 年代以后，随着出生率的降低与平均预期寿命的提高，联邦退休金制度开始面临入不敷出的财政危机，1984 年初美国开始对收入超过一定标准的养老金领取者征收个人所得税，征得的所得税收入划入社会保障基金，以增加基金收入。2015 年年收入超过 2. 5 万美元的单身退休者和年收入超过 3. 2 万美元的退休夫妇在领取联邦退休金时需要缴税，缴税的退休人数约占美国退休人口的 40%。

二、联邦退休金全国统筹有效运行的因素分析

1.《社会保障法》为全国统筹的顺利实施奠定了坚实的法律基础

法律是社会保障政策执行的依据，美国社会保障制度的建立遵循了立法先行的原则。作为反经济危机的一种重要手段，1935 年，富兰克林·罗斯福总统针对经济危机带来的社会剧烈动荡，签署了由国会通过的《社会保障法》，确立了美国由政府主导社会保障制度的基本框架，标志着美国社会保障制度的诞生。

联邦退休金制度是社会保障体系的重要组成部分，美国《社会保障法》中最初推出的养老保险（Old Age Pension Insurance）为单独项目，后期经过不断调整发展成为一个捆绑式的复合养老计划，即老年、遗属和残障保险（Old Age , Survivors and Disability Insurance，OASDI）。老年、遗属和残障保险作为美国的基本养老保险制度保障了公民养老权利的实现，而《社会保障法》的强制性和权威性则为国家基本养老保险制度的全国统一运行提供了重要的法律保障，削弱了基本养老保险制度建立过程中各州自行其是的可能性，有效地防止了基本养老保险统筹层次低这一问题的出现。在社会

---

① 吕志勇．我国基本养老保险金正常调整机制研究［J］．东岳论丛，2010，31（1）：120-123.

② 董登新．中美社会养老保险十大比较［J］．标准生活，2015（3）：60-69.

保障制度建立前的美国，受自由放任主义的影响，社会保障被认为是地方和私人的事情，而为了建立一个区域无差异的国家基本养老保险制度体系，最大限度地发挥养老保险的收入再分配功能，避免养老保险低层次统筹导致区域分割而引起不必要的冲突和矛盾，《社会保障法》确定了联邦政府在国家基本养老保险制度建立中的主导地位，并从国家的高度对基本养老保险基金的筹集、运营管理和待遇给付等做了统一且详细的规定，内容涉及养老保险制度运行的各个环节并且规定极为详尽。如在当时养老金的待遇给付方面，国家就统一规定：雇员 65 岁之前如果收入不超过 3000 美元，退休金待遇给付比例为工资收入的 1/2 ，如果收入超过 3000 美元，退休金待遇给付比例应为 3000 美元的 1/2 加上 3000 美元以上至 45000 美元以下部分的 1/12 ，再加上 45000 美元以上部分的 1/24。甚至在计算退休职工的养老金时，如果出现数额不为整数的情况，后期修订的《社会保障法》中对其如何进行取值都做了明确的规定。各州的社会经济发展情况虽然各不相同，但正是因为法规清晰、规定细致且易于操作，使各州养老保险政策得到了很好的落实，并且法律的强制性和法律标准的统一保障了地区差距存在情况下由联邦政府主导、高度统一的国家基本养老保险制度得以在全国范围内建立起来，为基本养老保险全国统筹的有效实施奠定了坚实的基础。

2. 合理的功能定位是全国统筹健康运转的关键所在

自力更生是美国人的核心价值观，养老保险制度的建立尽可能不破坏市场力量的自发作用，力求权利与义务的对等，养老保险多支柱体系的建立在一定程度上体现了美国人的这一价值观。美国养老保险体系主要由政府主导且强制实施的联邦退休金制度即国家基本养老保险制度、企业主导雇主和雇员共同出资的补充养老保险制度和个人缴费并且自愿参加的个人储蓄性养老保险制度三大支柱构成，养老保险体系的三大支柱分别发挥了政府、企业和个人的作用，三者互为补充，形成合力，共同为退休人员提供了多渠道、可靠的养老保障。① 然而，在多层次的养老保障体系中，三大支柱发挥的保障功能却是有所不同的：第一支柱联邦退休金制度的建立主要是为了维护社会公平，在美国养老保险三支柱体系中居于基础地位，只起到了防止老年贫困和托底的基础性保障作用，是老年人收入的第一来源。

---

① 董克用，张栋．人口老龄化高原背景下加快我国养老金体系结构化改革的思考［J］．新疆师范大学学报（哲学社会科学版），2018，39（6）：13-25.

第二支柱企业补充养老保险和第三支柱个人储蓄养老保险的实施主要侧重于效率，经过长足发展，两者已经成为国民养老收入的重要来源，在老年人的退休生活中发挥着不可替代的重要作用，如截至2016年底，美国三支柱的占比分别为10.7%、59.0%和30.3%，第二支柱和第三支柱的发展规模已远远高于第一支柱。

联邦退休金制度只发挥基础性保障作用这一功能定位使其尽可能为市场发展腾挪空间的同时也因而成了养老保险全国统筹健康运转的关键所在。全国统筹下的基本养老保险制度须在全国范围内实现养老金的统收统支，对地区间的养老差距进行调节，较高的功能定位既需要企业和个人缴费支持的增加，同时也将带来较大规模的收入再分配，引起效率损失，进而降低地方政府和劳动者参与的积极性，而合理的功能定位将美国基本养老保险的收入再分配幅度控制在合理的范围内，有利于基本养老保险制度的可持续发展。另外，在全国统筹的运行中联邦政府承担着主要的财政责任，基本养老保险功能定位越高，意味着美国联邦政府的财政责任越大，合理的功能定位在保障基本养老保险公平目标实现的同时，还能在人口老龄化日益严重的趋势下最大限度地减轻联邦政府的财政压力，保障全国统筹下基本养老保险制度的健康运转。

3. 对社会公平的追求成为联邦退休金全国统筹的内在动力源泉

美国的收入差距在发达国家中最为悬殊（见表3-7），在初次分配注重效率的导向下，联邦退休金制度设计更加强调养老保险在维护社会公平方面起到的重要作用，对社会公平的追求成为联邦退休金制度全国统筹的内在动力源泉。

表3-7　2016年美国各州经济发展状况　　单位：美元

地区	人均GDP	地区	人均GDP	地区	人均GDP
亚拉巴马州	37402	路易斯安那州	44451	俄亥俄州	47633
阿拉斯加州	63317	缅因州	38956	俄克拉荷马州	44356
亚利桑那州	38985	马里兰州	56070	俄勒冈州	51066
阿肯色州	36524	马萨诸塞州	65281	宾夕法尼亚州	50665
加利福尼亚州	59117	密歇根州	43665	罗得岛州	47739
科罗拉多州	52567	明尼苏达州	54414	南卡罗来纳州	37075

续表

地区	人均 GDP	地区	人均 GDP	地区	人均 GDP
康涅狄格州	63636	密西西比州	32102	南达科他州	47808
特拉华州	64054	密苏里州	43004	田纳西州	43688
佛罗里达州	39506	蒙大拿州	39763	得克萨斯州	53129
佐治亚州	45140	内布拉斯加州	53949	犹他州	44893
夏威夷州	51819	内华达州	43557	佛蒙特州	43984
爱达荷州	36056	新罕布什尔州	51411	弗吉尼亚州	51643
伊利诺斯州	54404	新泽西州	56565	华盛顿州	57727
印第安纳州	45977	新墨西哥州	41559	西弗吉尼亚州	36244
艾奥瓦州	51912	纽约州	64810	威斯康星州	47833
堪萨斯州	46217	北卡罗来纳州	44511	怀俄明州	60004
肯塔基州	38950	北达科他州	64136	哥伦比亚特区	160643

注：表中的人均 GDP 数据为按照 2009 年美元计价的人均实际 GDP。

资料来源：https：//www. bea. gov/itable。

美国的养老金来源于联邦政府按照强制性原则向每一个参与者征收的社会保障税，社会保障税税率由社会保障署根据人口老龄化预测数据和养老金支出需要，按照“财务自理、收支平衡”的原则确定并进行动态调整。为了体现养老保险缴费负担的公平对待，美国设定的社会保障税税率是全国统一的。另外，为防止高收入的退休人员因领取过高退休金而造成养老金领取者之间收入差距的增大，美国对缴纳的社会保障税设定了应税工资上限，而为了体现区域公平，如表 3-2 所示，随物价和工资水平逐年进行调整的应税工资上限标准同样是全国统一的。

养老金的给付方面，全国统筹下的基本养老保险既追求区域间的横向公平，同时也注重通过缩小贫富差距实现纵向公平。由于美国劳动者的流动性较大，经常转换工作的情况比较普遍，而各州的经济发展水平如表 3-7 所示又存在着一定的差距，为了剔除通货膨胀和地区差异对退休收入的影响，基本养老金给付的过程中，美国对作为养老金计发依据的职工参保期间收入最高 35 年的平均工资进行了指数化调整。

以表 3-5 中 1950 年出生退休职工为例，从指数化月平均工资的计算过程可以看出，由于指数因子是以全国平均工资作为计算依据，因此即使退休人员在不同的州退休，但只要退休年龄和退休年份相同，那么对职工工资收入进行指数化调整的指数因子就是相同的。职工工资的这种指数化调整方法在排除了物价对个人收入影响的同时也消除了各州经济发展差异给参保人员带来的收入差距，实现了全国统筹下养老金给付的横向公平。

为了缩小高低收入者之间的养老金差距，实现养老待遇给付的公平性，在退休金给付过程中美国通过规定全国统一且随工资水平逐年调整的两个转折点（见表 3-6），将雇员的指数化月平均工资按照 90%、32%和 15%三个累退的替代率进行计算，使高低收入者之间的养老金差距与工资差距相比大大缩小。以 2016 年设置的两个拐点为例，当职工的指数化月平均工资收入低于 856 美元时，养老金的替代率为 90%，当职工的收入为 2856 美元时，其养老金由两部分组成，其中 856 美元以下的部分按照 90%的替代率计发，856~2856 美元的部分按照 32%的替代率计发，而对于高收入职工而言即指数化月平均收入高于 5157 美元的职工，其养老金则由三部分组成，第一部分即 856 美元以下的部分按照 90%的替代率计发，第二部分即 856~5157 美元的部分按照 32%的替代率计发，5157 美元以上的部分按照 15%的替代率计发。由此可见，美国的养老保险制度体现了公平与效率的有机结合，对于职工来讲，其指数化月平均收入越高，得到的基本养老金越多，但由于替代率是累退的，因此高低收入者之间的养老金差距不大，两者的养老金差距与工资差距相比将会大大缩小，体现了不再劳动的收入差距比劳动时的收入差距大为缩小的合理结局。养老金给付通过最大限度地发挥制度的收入再分配功能贯彻了扶贫抑富的公平原则，加强了社会的凝聚力。

4. 联邦退休金的垂直管理为全国统筹的顺畅运行提供了重要的保障

联邦退休金制度的统一减少了地方政府进行制度选择和区域协调的成本，而超越于地方利益、跨区域的高效管理机构的建立则为全国统筹的顺畅运行提供了重要的组织保障。美国的老年、遗属和残障保险实行全国统筹，所有的资金都是在联邦范围内统一调配使用。负责国家基本养老保险相关管理工作的社会保障署是一个独立的、直接向总统和国会汇报的机构，在养老保险制度的实际运行过程中，社会保障署对全国基本养老保险实行垂直领导和统一管理，社会保障署下设 10 个由社会保障署垂直领导的区域办公室、6 个服务中心和 1 个鉴定中心，按照需要区域办公室下设若干地区办公室，地区办公室下再设若干基层办公室。在美国具体从事社会保障税缴纳情况记录、受益资格认定、咨询及资金发放的直接服务机构有一千多家。①

作为实行垂直管理的部门，美国社会保障署既管事权，又管人、财、物权，通过保持人、财、物的独立，其下级部门能够摆脱地方政府的干预，独立行使其职能，增强了社会保障管理的独立性和权威性，有效地提高了管理效率，使国家高度统一的基本养老保险政策得到了很好的贯彻实施，避免了属地管理模式下地方利益分割导致的养老差异和转移接续困难等问题。在联邦退休金制度实施的过程中，正是社会保障署的垂直领导和统一管理保障了国家基本养老保险全国统筹的顺畅运行，使养老金能够在联邦范围内统一调配使用，实现基本养老服务的均等化。

第二节　联邦退休金制度全国统筹的经验借鉴

一、制定法律实施细则，为统筹层次提升提供坚实保障

美国《社会保障法》的强制性和权威性为联邦退休金制度全国统筹的顺利实施提供了重要的法律保障，而法规的细致和标准的高度统一则为全国统筹的有效实施提供了良好的基础条件。2010 年，中国社会保障领域的首部综合性法律《社会保险法》的颁布对社会保障事业的发展起到了重要的推动作用。《社会保险法》中明确指出了中国的基本养老保险要实现全国统筹，但由于缺乏推进统筹层次提升的具体实施细则，法律的颁布对提升基本养老保险统筹层次所起到的促进作用是比较有限的，另外，《社会保险法》中对基本养老保险缴费、养老金给付和待遇调整标准等条款只做了原则性的规定，这使我国地方政府在养老保险制度实施细则的制定方面有了较大的自主权，导致地区间基本养老保险在缴费基数、缴费率、养老金待遇调整和发放等方面存在着很大的不同，这些差异的存在又进一步成为统筹层次提升的阻碍因素。因此，为提高基本养老保险的统筹层次，我国还需继续完善《社会保险法》，统一并明确养老保险在基金筹集、运营管理和

① 美国养老保险制度的基本情况介绍，中国财政部网站：http://www.mof.gov.cn。

给付等方面的法律规定，消除地区养老保险制度差异，保障全国统一的基本养老保险制度的真正建立，为统筹层次的提升提供良好的制度基础。同时，为了增加法律规定在实践中的可操作性，保障统筹层次提升的相关政策能够得到有效的执行，还需在精算分析的基础上在《社会保险法》中明确全国统筹的实现路径、时间及其具体的步骤，切实促进养老保险统筹层次的提升。

二、明确公平目标，为统筹层次的提升提供目标导向

1. 统一指数化调整标准，通过缩小地区间收入差距实现养老金给付公平

实现社会公平是基本养老保险全国统筹的精髓所在，美国为所有的劳动者提供了公平、统一的联邦退休金制度，并且通过养老金的计算过程可以看出基本养老金的给付体现了制度的公平性和统一性。和美国的做法相似，中国在退休职工养老金发放的过程中也采用了指数化平均工资这一指标，但在计算职工的指数化平均工资时不是按照全国平均工资这样的统一标准进行指数化调整，而是按照退休职工所在地区的平均工资进行指数化调整，这使处于不同地区但缴费完全相同的职工因其所在地区工资收入水平不同最后领取的养老金也存在着一定的差距，表现为一个地区的经济发展水平越高，在岗职工平均工资越多，所在地区退休职工得到的养老金越多，相反地区经济发展状况越差，在岗职工平均工资越低，所在地区退休职工得到的养老金越少。虽然这种差距的存在有一定的合理性，但是从基础养老金维护社会公平的目标定位来看，如果差距的存在超出了地区间的物价差异，则意味着养老保险不但未能通过发挥其应有的收入再分配功能来调节地区间由于经济发展不平衡而引起的职工间收入差距，反而可能使地区间退休职工的收入差距有所增大，不利于养老保险制度维护社会公平这一目标的实现。因此，在提升城镇企业职工基本养老保险统筹层次的过程中应适时统一养老金指数化调整标准，实现养老金的公平给付。同时也应该认识到，中国地区间经济发展水平差距较大是长时期历史积累的结果，且在短期内难以消除，统一养老金指数化调整标准的过程中应坚持渐进的改革原则，个人收入调整标准的统一作为改革的最终目标应在较长的期间内根据地区间经济发展差距的变化情况适时推进。

2. 充分发挥制度的收入再分配功能，通过缩小贫富差距实现养老金给付的横向公平

美国联邦退休金制度在体现效率即多缴多得的基础上通过最大限度地发挥制度的收入再分配功能实现了养老金给付的横向公平。我国社会统筹与个人账户相结合的基本养老保险制度在兼顾效率的同时同样将促进社会公平作为制度建设的首要目标，但目前制度对于低收入阶层的倾斜程度有限，这一方面是因为退休职工大约有1/2的养老金来源于个人账户，而这部分养老金的给付坚持效率原则，个人账户部分养老金的给付额完全取决于个人缴费数额的多少及其投资收益水平，不存在职工间的收入再分配，因此这部分养老金不具有缩小职工收入差距的作用。另一方面则是因为养老金的另一重要组成部分——基础养老金的收入再分配功能也是比较有限的，我国基础养老金的计发办法经过多次改革在公平的基础上引入了更多的效率因素，表现为职工的缴费数额越多、缴费时间越长，得到的基础养老金越多，这对于增进职工缴费积极性、促进养老保险制度的可持续发展无疑具有重要意义，但其对于缩小职工收入差距的作用与改革前相比有所缩小，主要是因为基础养老金的计发比例与职工的缴费时间长短密切相关，因此从养老金的给付数额上来看，基础养老金的发放仅对缴费基数不同的职工进行了一定程度上的收入调节，而对于缴费时间长短不同的职工几乎不具有横向调节的作用。基础养老金的给付未体现出对于那些由于各种原因缴费时间相对较短的弱势群体的倾斜。借鉴联邦退休金制度的运行经验，我国可以在提高养老保险统筹层次发挥其制度应有的调剂功能的基础上，通过调整养老金的计发办法使基本养老保险的给付能在注重效率的基础上加大对低收入阶层的倾斜力度，充分发挥制度的收入再分配功能，实现养老金给付的横向公平。

三、科学划分保障责任，为统筹层次提升提供基础保障

正确处理中央政府与地方政府在社会保障中的责任关系是制度健康、持续运行的关键，美国政治制度的核心就在于“分权”。美国是一个强调分权和权力制衡的国家，这一点同样体现在美国社会保障制度建立和发展的过程中。美国社会保障的事权划分有其自身特点，其中一个重要的特点就是中央政府和地方政府在社会保障管理中的双层体制。

美国的社会保障制度做到了联邦政府和州政府的兼顾，联邦政府负责老年、遗属、残障保险和健康保险，州政府负责工伤事故，失业保险则由联邦政府和州政府共同负责，这种不同保障项目分别由联邦政府和州政府负责或者由两者共同负责的做法值得借鉴。[①] 社会保障事务中中央政府和州政府各管一块，既有决策，又有执行，避免了中央政府管决策，地方政府负责执行管理模式下可能引起的中央政府权威乏力、地方政府政策执行扭曲现象的出现。我国幅员辽阔，各地区经济发展差距较大，而社会保障事务又极其繁杂，在统筹层次提升的过程中，如果将所有的保险项目都提高到全国统筹，并由中央政府进行集中统一管理显然是不现实的，而且由中央政府负主要责任势必会加大中央政府的财政压力，也不利于制度的可持续发展，同时地方政府责任与权利的上移还会进一步引起地方政府道德风险的发生，因此可借鉴美国的社会保障管理制度，在坚持大数法则的条件下，根据保障项目的不同，科学划分中央政府与地方政府在社会保障事务上应该承担的责任，把一些对流动性和公平性要求相对较小项目的管理权交由地方政府，由地方政府负主要责任的做法不但能够减轻中央的压力，更能调动地方政府的积极性，促进社会保障事业的良性发展。

在养老保险这一领域，通过美国老年、遗属和残障保险全国统筹的运行实践可以看出，老年、遗属和残障保险的运行是由联邦政府负责，州政府主要负责工伤事故等项目，不承担养老的责任。在这种情况下，虽然养老保险基金由雇主和雇员缴纳，国家只在税收、利息等方面给予政策上的优惠，不给予直接的财政资助，但由于养老保险毕竟是国家行为，所以在人口老龄化日益严重、资金面临困境的情况下的联邦政府作为主要的责任主体必须动用财政拨款解决养老金入不敷出的问题，联邦政府的财政压力势必会加大，因此在提升城镇企业职工基本养老保险统筹层次的进程中，中国更需审慎对待中央政府与地方政府的养老责任，并做好相关的配套改革，避免在条件不具备的情况下将养老责任完全集中于中央政府这一层级。实现基本养老保险全国统筹的目标需要中央政府与地方政府的共同努力，城镇企业职工基本养老保险统筹层次提升过程中，为了调动地方政府参与养老保险制度改革的积极性，保障养老保险制度的健康、持续运行，我国

---

① 郭雪剑．发达国家政府间社会保障管理责权的划分［J］．经济社会体制比较，2006（5）：98-104.

应在明确地方政府养老保险责任的基础上，构建相应的激励机制，对于地方政府在参保缴费、待遇支付和基金管理等方面做出的努力给予相应的经济奖励，保障地方政府在统筹层次提升的过程中能够进行积极的配合和有效的协作。

四、实现垂直管理，为统筹层次提升提供组织保障

联邦政府负责的老年、遗属和残障保险实现了全国社会保障部门的垂直管理，增加了管理的有效性。作为实行垂直管理的部门，美国社会保障署是一个独立的、直接向总统和国会汇报的机构，社会保障署通过保持人、财、物的独立，使其下级部门能够摆脱地方政府的干预，独立行使其职能，增强了社会保障管理的独立性和权威性，有效地提高了管理效率，使国家高度统一的基本养老保险政策得到了很好的贯彻实施，避免了属地管理模式下地方利益分割导致的养老差异和转移接续困难等问题。负责联邦退休金制度相关管理工作的美国社会保障署这一超越于地方利益、跨区域的高效管理机构的建立为其全国统筹的顺畅运行提供了重要的组织保障。

目前，中国的养老保险基金管理采取的是以行政监管为主、审计监管和社会监管为辅的监管模式。这种监管模式下，由于各级社会保障部门及养老保险经办机构仍隶属于地方管理，因此地方政府的利益必然成为各级养老保险相关管理机构的首选目标，致使养老保险的实际运行受地方政府的制约而缺乏独立性。① 统筹层次提升的过程中，为了增强养老保险制度运行的独立性和管理的有效性，避免中央政府管决策、地方政府负责执行管理模式下中央政府权威乏力、地方政府政策执行扭曲现象的出现，需改变目前各级养老保险经办机构仍然隶属于地方管理的现状，尽快建立起自上而下的垂直管理体制，加强人力资源与社会保障部对各地养老保险事务的纵向集中统一管理，实现各级社会保障部门实行垂直一条线管理，强调养老保险基金在实际运行中征收、调配与拨付的统一性，减少地方政府对养老保险的行政干预。

① 邹丽丽，顾爱华．基础养老金统筹层次提升中政策执行风险研究［J］．上海行政学院学报，2016（1）：96-104.

五、推进多支柱保险体系建设，助力统筹层次的提升

多支柱养老保险体系在保障退休人员基本生活、维护社会公平与促进经济发展方面比单一体系具有明显的优势。虽然中国养老保险体系的多支柱建设已经取得了一定成绩，但第二支柱和第三支柱的发展尚不成熟，在整个养老保险的三支柱体系中，第一支柱即由政府主导的基本养老保险目前仍然是国民养老责任的主要承担者，三支柱的这种不平衡发展格局不但会给国家财政带来巨大的负担，不利于整个养老保障体系的良性运转，而且也阻碍了基本养老保险统筹层次的提升。这主要是因为较重的养老压力下，中国的基本养老保险无论是在缴费率方面，还是在基金的筹集及支付额度方面都是比较高的，如果提升基本养老保险的统筹层次，由此所引起的地区间养老金的调剂规模必然会比较大，这将引起养老金大量转出地区的不满，不利于统筹层次的提升。同时，统筹层次的提升还会伴随养老责任的部分上移，而在第二支柱和第三支柱发展严重滞后的情况下，中央政府将要承担的养老责任将会更大，这必将加重国家的财政负担。大力推进中国多支柱养老保险体系建设，可以在保证退休职工老年生活水平保持不变的条件下减轻基本养老保险的养老压力，降低基本养老保险的缴费负担，而基本养老保险缴费率下降所引起的基础养老金规模的缩小不但可以减少地区间的基金调剂力度，降低统筹层次提升的阻力，还可以减轻中央政府在统筹层次提升后的财政压力，从而增强中央政府推进全国统筹的决心和能力，同时基本养老保险缴费率的降低还可以进一步为第二支柱和第三支柱养老保险制度的发展创造空间，两者的相互推进将有利于养老保险制度的健康、持续发展。因此，为了促进基本养老保险统筹层次的顺利提升，保障养老保险制度的可持续发展，国家应在积极推动第二支柱和第三支柱养老保险不断发展的同时，通过对三大支柱保障功能进行定期的量化评估，合理确定不同时期内基本养老保险尤其是基础养老金的保障水平，明确改革目标和改革进程，通过三支柱养老保险体系的有序推进保障退休职工的生活水平保持在一定的标准之上。

六、推进制度整合，实现真正意义上的全国统筹

养老保险作为社会保障的重要组成部分应具备的一个突出特征就是“共济性”，也就是按照大数法则在较高的层次上和较大的范围内实现养老金的统一调剂使用，依靠全社会的力量均衡负担和分散风险以增强养老保险的抗风险能力。美国联邦退休金制度最初只覆盖企业的工薪劳动者，以后逐步扩大到农业工人、小商贩、个体经营者和政府雇员，这种政府雇员与企业雇员、自雇人员及农场工人等全部纳入统一的保险体系内且实行全国统筹的基本养老保险制度有利于劳动者工作转换时保险关系的顺利衔接。

中国的基本养老保险目前已经达到了制度上的全覆盖，取得了举世瞩目的成就，但针对不同的群体还存在不同的养老保险制度。制度间不论是在筹资水平还是待遇给付方面都存在着较大的差距，而且不同养老保险制度间还未建立起顺畅的衔接机制，这显然不利于统一、公平目标的实现，同时制度间的统一性差和难以有效衔接也不利于更好地保障劳动者的权益。因此从长远来看，养老保险全国统筹的目标不应该仅局限于城镇企业职工基本养老保险统筹层次的提升，而应在整合企事业单位基本养老保险和城乡居民养老保险制度并实现养老保险制度全国统一的基础上，使养老金能在更大的范围内和更高的层次上统筹使用，保障劳动者权益的实现，维护社会公平。

第四章 基础养老金收支平衡模型及其收入再分配效应分析

第一节 基础养老金的收支及其平衡模型的构建

一、基础养老金的筹集与给付

城镇企业职工基本养老保险制度建立的初衷在于通过收入再分配功能的有效发挥消除老年贫困和提高国民福利。1997 年，中国将城镇企业职工基本养老保险的筹资模式由原来的现收现付制转变为社会统筹与个人账户相结合的部分基金积累制，[①] 而之所以采取部分基金积累制的筹资模式是希望在人口老龄化趋势日益深化的情况下，养老保险通过两种模式的有机结合既能够避免现收现付制下的养老金支付危机，又能够减少完全基金积累制下职工间养老待遇差距大的问题，同时又能使养老保险兼具现收现付制通过收入再分配维护社会公平和完全基金积累制注重效率、刺激职工增加缴费的优势，从而在一个制度内实现增进社会公平与提高经济效益的有机结合。社会统筹与个人账户相结合的部分基金积累制下，职工退休后的养老金由社会统筹部分基础养老金和个人账户部分养老金两部分构成，其中个人账户部分养老金主要遵循效率原则，保险基金为个人所有并且可以继

① 郑婉仪，陈秉正．企业年金对我国退休职工养老保险收入替代率影响的实证分析［J］．管理世界，2003（11）：64-70.

承，强调基金的自我积累，职工退休后个人账户部分养老金待遇给付水平的高低与个人缴费的多少及其投资收益水平密切相关，体现的是个人一生纵向的收入再分配，而社会统筹部分基础养老金的建立则是为了促进社会公平，主要通过发挥养老金代内与代际间的收入再分配功能来调节参保职工之间的收入差距。社会统筹与个人账户相结合的模式下，养老保险所具有的福利性质和收入再分配功能主要是通过社会统筹部分的基础养老金体现出来的。①

国家规定缴费年限累计满 15 年的职工退休后可按月发给基本养老金。基本养老金由社会统筹部分的基础养老金和个人账户部分养老金两部分组成，其中社会统筹部分的基础养老金按照国务院 1997 年颁布的《国务院关于建立统一的企业职工基本养老保险制度的规定》中设定的月给付标准，为职工所在地区上年度职工月平均工资的 20%。由于这样的计发办法缺乏激励机制，职工不论缴费多少、缴费时间长短，得到的社会统筹部分养老金都相当于社会平均工资的 20%，在一定程度上打击了职工的缴费积极性，不利于养老保险事业的持续发展，因此 2000 年《关于完善城镇社会保障体系的试点方案》对养老金的计发办法进行了调整，对于参保职工而言，当投保年限超过 15 年后，社会统筹部分养老金在 20%替代率的基础上，缴费每增加 1 年，替代率增加 0.6%，最高上限为 30%。与 1997 年社会统筹部分基础养老金给付标准相比，改革后养老金给付的多少与缴费年限挂钩，缴费时间越长的职工，退休后的养老金替代率越高，这对于鼓励劳动者积极参保并持续缴费无疑具有重要意义，体现出了养老保险制度对于职工长期缴费的激励作用，但是这次养老金计发办法的改革仍然没有考虑到参保职工在缴纳养老保险费时缴费基数的差别。对于缴费基数不同的职工而言，虽然养老贡献有所不同，但是由于养老金的给付没有考虑到缴费基数的差异，因此在其他情况相同的情况下，缴费基数不同的职工领取的养老金却是相同的，这不利于鼓励职工通过增加缴费来提高养老待遇。另外，由于职工每多缴费 1 年其养老金的替代率仅增加 0.6%，而且养老金的给付还有 30%的上限规定，因此试点方案中养老金给付办法的激励作用较小，刺激职工缴费的效果仍不算理想。

受人口老龄化和个人账户空账等问题的困扰，在充分调查研究和总结

① 田雪原．人口老龄化与养老保险体制创新［J］．人口学刊，2014（1）：6-15.

东北三省完善城镇企业职工基本养老保险制度改革试点经验的基础上，2005年颁布的《国务院关于完善企业职工基本养老保险制度的决定》进一步对完善企业职工基本养老保险制度做出了相关的规定，其中对社会统筹部分养老金的缴费和计发办法进行了重要调整：一是扩大社会统筹部分基础养老金的筹资规模，相应缩小基本养老保险个人账户的缴存比例。按照制度规定，企业按职工工资收入总额一定比例缴纳的养老保险费从2006年1月1日起不再进入个人账户中，而是全部进入社会统筹账户中，从而形成社会统筹部分的基础养老金，调整后，个人账户的规模相应地由本人缴费工资的11%统一降低为8%，并且个人账户部分的养老金不再有企业的缴费，而是全部由个人缴费形成。二是社会统筹部分基础养老金的计发办法经过调整后完善了对职工参保缴费的激励约束机制。首先，按照这次改革，养老保险鼓励多缴多得，表现为参保职工退休时领取的社会统筹部分基础养老金的月给付基数为当地上年度在岗职工月平均工资和职工本人指数化月平均缴费工资的平均值，其中本人指数化月平均缴费工资为当地上年度在岗职工月平均工资与本人平均缴费工资指数的乘积，而职工平均缴费工资指数是指在整个缴费年限或其中连续计算的若干缴费年限中，参保职工每一缴费年度的缴费工资与相对应年份所在地区的在岗职工平均工资之比的平均值。其次，为了鼓励长缴多得，政策规定职工缴费每满1年发给1%，上不封顶。

社会统筹部分基础养老金计发办法的改革使养老金的待遇给付水平与缴费年限的长短、缴费基数的多少密切相关，充分体现了养老保险制度实施中所坚持的权利与义务相对应的原则，起到了很好的激励作用，养老金计发办法的调整比较全面、准确地反映出了参保职工在社会经济生活中所处的相对位置，有利于“多工作、多缴费、多得养老金”激励约束机制的建立。①

二、基础养老金收支平衡模型的构建

社会统筹部分基础养老金由企业按照在岗职工工资总额的一定比例缴纳，退休后达到给付条件的参保职工所能领取到的社会统筹部分基础养老

① 杨宜勇，刑伟. 抓紧制定全国统一的养老保险转续办法［J］. 宏观经济管理，2008（2）.

金以职工所在地区上年度在岗职工月平均工资和本人指数化月平均缴费工资的平均值为基数，并且职工缴费每满 1 年发给 1%。实施现收现付制筹资模式的社会统筹部分基础养老金侧重于养老金的当期收支平衡，[①] 这部分养老金主要发挥了收入由年轻人向老年人转移的横向收入再分配功能，但是从参保职工个人的角度来看，职工未来退休后养老金的发放虽然来源于退休当期年轻人的缴费，然而由于基础养老金的给付建立起了长缴多得、多缴多得的激励机制，职工领取养老金数额的多少与企业缴费时间的长短及缴费时历年所参照的个人缴费工资总额密切相关，年轻时对基础养老金缴费贡献大的职工领取的基础养老金数额也比较多，相反，年轻时对基础养老金缴费贡献相对较少的职工领取的基础养老金数额也较少。由此可见，对于参保职工而言，社会统筹部分基础养老金所体现的长缴多得、多缴多得的纵向收入再分配功能也将对职工参加养老保险的积极性产生重要影响，因此在构建收支平衡模型时，这里将从纵向和横向两个维度构建起基础养老金的收支平衡模型，并对其收入再分配功能进行深入研究，以期为未来的参数调整和政策优化提供决策依据和参考。

为了便于基础养老金收支平衡模型的构建，进而能从纵向和横向两个维度对基础养老金的收入再分配功能进行研究，现假设：

（1）职工平均参加工作年龄为 a 岁，退休年龄为 b 岁，职工的平均预期寿命为 e 岁，X_I 为 I 岁参保的在职职工人数，Y_J 为 J 岁参保的退休职工人数，退休职工的人均养老金水平为 D 。

（2）职工从参加工作开始所在单位就为其按时、足额缴纳养老保险费直到职工退休，共缴费了 n（$n \geqslant 15$）年，养老保险基金的收益率为 r_1。

（3）企业的基本养老保险缴费率为 c ，职工所在地区的在岗职工平均工资为 w ，对于参加养老保险的职工而言，职工缴纳养老保险费的基数为在岗职工平均工资 w 的一定比例 b , b 的最高上限为300%，下限为60%，在岗职工平均工资随年份增长，年增长率为 g 。

（4）退休后职工开始领取社会统筹部分的基础养老金直到生命结束，共领取养老金 m 年，养老金的折现率为 r 。

---

① 王兆鑫．新时代我国城镇职工基本养老保险制度改革探究［J］．河北工业大学学报（社会科学版），2019，11（1）：29-36.

1. 基础养老金横向收支平衡模型

从横向上来看，实行现收现付筹资模式的基础养老金的目标为实现基金的当期收支平衡，即当年按照所在地区在岗职工平均工资一定比例筹集的养老保险缴费总额应当能够满足当年的养老金支付需要，因此其横向收支平衡模型可表示为：

$$cw\sum_{I=a}^{b-1} X_I = D\sum_{J=b}^{e-1} Y_J$$

2. 基础养老金纵向收支平衡模型

从职工个人角度来看，职工整个参保期间的基础养老金缴费在退休时点的终值 FV_{PC} 可表示为：

$$FV_{PC} = cbw\sum_{i=0}^{n-1}(1+g)^i(1+r_1)^{n-i}$$

职工在整个退休期间领取的基础养老金在退休时点的现值 PV_{RB} 可表示为：

$$PV_{RB} = \frac{1}{2}(1+b)wn\%\sum_{j=0}^{m-1}(1+g)^{n+j}(1+r_1)^{-j}$$

由此可知，职工基础养老金纵向收支平衡模型为：

$$FV_{PC} = PV_{RB}$$

$$cbw\sum_{i=0}^{n-1}(1+g)^i(1+r_1)^{n-i} = \frac{1}{2}(1+b)wn\%\sum_{j=0}^{m-1}(1+g)^{n+j}(1+r_1)^{-j}$$

以养老金纵向收支平衡模型为基础，为对参保职工的个人福利问题展开研究，现建立待遇缴费比指标，待遇缴费比 R_{BC} 定义为职工退休期间享有的基础养老金在退休时点的现值 PV_{RB} 与工作期间基础养老金缴费在退休时点的终值 FV_{PC} 之比，即：

$$\begin{aligned}R_{BC} &= PV_{RB}/FV_{PC}\\ &= \frac{1}{2}(1+b)wn\%\sum_{j=0}^{m-1}(1+g)^{n+j}(1+r_1)^{-j}/cbw\sum_{i=0}^{n-1}(1+g)^i(1+r_1)^{n-i}\end{aligned}$$

通过比较分析改革前后职工待遇缴费比 R_{BC} 可掌握职工个人基础养老金的收入再分配情况。待遇缴费比为职工退休期间享有的基础养老金在退休时点的现值与工作期间基础养老金缴费在退休时点的终值之比。当 $R_{BC} > 1$ 时，职工个人领取养老金现值大于缴费终值，意味着职工参加养老保险获得了额外的收益，并且 R_{BC} 数值越高，职工受益越大，获得的福利越多；当

$R_{BC} < 1$时，职工个人领取养老金现值小于缴费终值，意味着职工参加养老保险有利益损失，并且R_{BC}数值越小，职工个人受损越多；当$R_{BC} = 1$时，职工个人领取养老金现值与缴费终值相等，意味着职工参加养老保险既未获得额外收益也未有利益损失，养老金所得与缴费贡献完全相等。

更为重要的是，通过研究待遇缴费比的变化还可以对养老保险制度改革过程中的职工个人福利效应进行分析。对于参保职工个人而言，在其他条件不发生变化的情况下，制度改革后待遇缴费比的上升意味着职工养老福利待遇的提高，而待遇缴费比的降低则意味着职工养老福利待遇的下滑。另外，通过比较分析收入水平不同职工的待遇缴费比，还可以及时掌握社会统筹部分基础养老金收入再分配功能的发挥情况。在养老保险制度的实际运行中，如果高收入者的待遇缴费比小于低收入者的待遇缴费比，则意味着制度存在着财富由高收入者向低收入者的正向转移；反之，如果高收入者的待遇缴费比大于低收入者的待遇缴费比，则存在财富由低收入者向高收入者的逆向转移，这将不利于社会统筹部分基础养老金维护社会公平目标的实现。

第二节　收支平衡影响因素及收入再分配效应分析

一、基础养老金收支平衡主要影响因素分析

通过分析基础养老金的纵向和横向收支平衡模型可以看出，缴费率、在岗职工平均工资、退休年龄、人口平均预期寿命、养老金平均给付水平和制度赡养率是影响养老金横向收支平衡的重要因素，而在影响社会统筹部分基础养老金横向收支平衡的因素中，在岗职工平均工资、缴费率和退休年龄这几个因素不但会对养老金的横向收支平衡产生影响，而且会对个人基础养老金的纵向收支平衡产生影响，除此之外，职工个人缴费工资、职工个人预期寿命也是影响基础养老金纵向收支平衡的重要因素（见图4-1）。

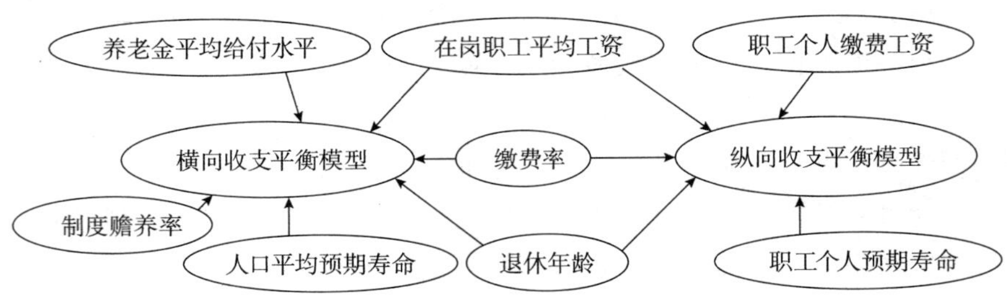

图 4-1　影响基础养老金收支平衡的主要因素分析

1. 企业基本养老保险缴费率

城镇企业职工基本养老保险制度实际运行过程中，养老保险的缴费责任由企业和职工个人共同承担，其中社会统筹部分的基础养老金由企业缴费形成，职工个人的缴费则进入了个人账户形成个人账户的积累基金，2005年养老保险制度改革后，企业缴纳的养老保险费全部进入社会统筹账户，不再进入个人账户，因此影响基础养老金纵向和横向收支平衡的为企业全部的缴费率。与发达国家相比，我国城镇企业职工的养老保险缴费率处于较高的水平，逃、漏缴费的现象还时有发生，确定合理的缴费率水平对于保障职工的养老权益、减轻企业的缴费负担和促进经济持续发展具有重要意义。近年来，中国不断出台相关文件调整城镇职工基本养老保险企业缴费比例，而养老保险缴费率的不断调整必然会对养老金的横向和纵向收支平衡产生一定的影响。

2. 在岗职工平均工资

通过基础养老金的收支平衡模型可以看出，企业需要按照本单位职工工资收入总额的一定比例缴纳养老保险费，因此作为养老保险缴费和给付的重要依据，在岗职工平均工资是影响基础养老金横向和纵向收支平衡的又一因素。根据制度规定，职工本人工资是缴纳养老保险费的基数，而当本人实际工资收入低于当地在岗职工平均工资的60%时，不再以个人的工资收入作为缴费的基数，而是需要按照职工所在地区在岗职工平均工资的60%缴纳养老保险费，当本人平均工资超过当地在岗职工平均工资的300%时，按所在地区在岗职工平均工资的300%缴费。这意味着对于高收入职工而言，其超过部分不记人缴费工资基数，这显然有利于调动高收入职工的劳动积极性。同时，以工资收入一定比例缴费的办法也意味着即使缴费率保持不变，企业缴费也将会随着在岗职工平均工资收入的逐步提高而有所增加。

城镇企业职工养老金给付的过程中，在岗职工平均工资也会对职工的养老金给付水平产生重要影响。参保职工退休时所能领取的社会统筹部分基础养老金以所在地区上年度在岗职工平均工资和本人指数化平均缴费工资的平均值为基数，而且公式中本人指数化平均缴费工资同样与在岗职工平均工资有关，为所在地区上年度在岗职工平均工资与本人平均缴费工资指数两者之积，职工平均缴费工资指数如前所述又为职工整个参保期间每一缴费年度的缴费工资与相对应年份的在岗职工平均工资之比的平均值。由此可以看出，社会统筹部分的基础养老金待遇给付水平是与所在地区在岗职工平均工资密切相关的：一方面，作为给付基数的在岗职工平均工资会对职工的养老金给付水平产生直接影响；另一方面，在岗职工平均工资还通过缴费工资指数对职工的养老金的给付水平产生间接的影响。

3. 职工退休年龄

退休指的是职工按照国家法律规定，达到一定年龄或者符合相关条件而退出劳动领域，依法享受相应的退休待遇的一种法律行为。作为社会保障体系中的一项重要制度性安排，退休制度的建立是人类社会发展和进步的标志之一。1951 年颁布的《中华人民共和国劳动保险条例》是中国有关退休年龄的最早规定，在条例中国家规定劳动者退休的条件为：女工人与女职员年满 50 岁，一般工龄满 20 年，本企业工龄满 5 年；男工人与男职员年满 60 岁，一般工龄满 25 年，本企业工龄满 5 年；井下矿工或固定在华氏一百度以上的高温工作场所或华氏三十二度以下的低温工作场所工作者，男工人与男职员年满 55 岁，女工人与女职员年满 45 岁；在提炼或制造铅、汞、砒、磷、酸的工业中及其他化学、兵工工业中，直接从事有害身体健康工作者，女工人与女职员年满 45 岁，男工人与男职员年满 55 岁。国务院 1978 年颁发的《国务院关于安置老弱病残干部的暂行办法》和《国务院关于工人退休、退职的暂行办法》进一步明确了劳动者退休的条件为：一是女干部年满 55 周岁，女工人年满 50 周岁，男性干部、工人年满 60 周岁，参加工作年限或连续工龄满 10 年；二是男年满 50 周岁，女年满 45 周岁，参加工作年限或连续工龄满 10 年，经医院证明，并经劳动鉴定委员会确认，完全丧失劳动能力的；三是从事井下、高空、高温、特别繁重体力劳动或者其他有害身体健康的工作，男年满 55 周岁、女年满 45 周岁；四是因工致残，经医院证明，并经劳动鉴定委员会确认，完全丧失劳动能力的。由此，中国的退休制度基本确立。

退休对于劳动者来说不仅意味着职业生涯的结束，更意味着从此步入老年，劳动能力衰退之后将会获得国家和社会的物质帮助以维持其基本生活需要，而达到法定退休年龄是享受退休待遇的前提之一。[①] 作为划分职工养老保险缴费和给付的分界点，在参加工作时间和预期寿命给定的条件下，参保职工退休年龄的设定无疑是影响养老金横向和纵向收支平衡的重要因素。

4. *制度赡养率*

制度赡养率是指参加城镇企业职工养老保险制度的职工中退休职工人数与在职职工人数之比。制度赡养率通过衡量每个在职职工供养的退休职工人数可以反映出一个地区养老保险的负担程度，一般来讲，一个地区的制度赡养率越大，意味着这个地区的养老负担越重，反之则越轻。虽然制度赡养率与一个地区的人口年龄结构并不相同，但两者之间密切相关，一般情况下，一个地区的人口年龄结构越趋于老龄化，其制度赡养率往往越大，反之，如果一个地区的人口年龄结构趋于年轻化，则这个地区的制度赡养率往往会比较小。目前，我国地区间的人口年龄结构和制度赡养率均存在一定的差距，各个地区的养老负担轻重不均，随着未来城镇企业职工基本养老保险制度覆盖面的渐进扩大和统筹层次的逐步提升，制度赡养率的变化也将对养老保险的收入再分配功能产生一定的影响。

5. *预期寿命*

人口平均预期寿命指的是在各年龄组死亡率保持现有水平不变的情况下，新出生的一批人平均可存活年数。预期寿命既是测量人口健康状况的重要指标，也是衡量一个国家或地区社会、经济发展水平的重要指标。中国的《国民经济和社会发展第十二个五年规划纲要》首次将人口平均预期寿命列入其中，并将其作为评价社会发展和居民健康水平的核心指标。

随着物质文化生活的逐步改善、社会保障制度的日臻完善和医疗卫生技术水平的逐步提高，中国的人口预期寿命已显著增加。中华人民共和国

---

① 林嘉．退休年龄的法理分析及制度安排［J］．中国法学，2015（6）：5-24.

成立初期，中国人口的预期寿命只有 35 岁[①]，到 1990 年我国人口平均预期寿命已提高到了 68.55 岁，2000~2015 年人口平均预期寿命又从 71.4 岁提高到了 76.34 岁，同时从表 4-1 中的数据可以看出，虽然男性和女性的预期寿命在不断延长，但是两性之间的差距却也在逐步扩大，男女平均预期寿命差距由 1981 年的 2.99 岁扩大到了 2015 年的 5.79 岁，在退休年龄保持不变的情况下，人口平均预期寿命的延长无疑会增加养老保险制度的支付负担，影响养老金的横向收支平衡状态，而两性预期寿命差距的存在又会对性别间的养老金收入再分配产生一定的影响。[②] 另外，从个人的角度来看，对于职工个人而言，职工个人预期寿命也会对个人养老金的纵向收支平衡产生重要影响。

表 4-1 人口平均预期寿命 单位：岁

年份	合计	男性	女性	男女差距
1981	67.77	66.28	69.27	2.99
1990	68.55	66.84	70.47	3.63
1996	70.80	—	—	—
2000	71.40	69.63	73.33	3.70
2005	72.95	70.83	75.25	4.42
2010	74.83	72.38	77.37	4.99
2015	76.34	73.64	79.43	5.79

资料来源：《中国统计年鉴 2016》。

二、基础养老金的收入再分配效应分析

（一）缴费率调整过程中基础养老金的收入再分配效应分析

养老金替代率和制度赡养率是决定企业养老保险缴费率高低的重要因素[③]，制度实施过程中各地在养老金替代率、制度赡养率和历史债务等方面

① 张震. 1950 年代以来中国人口寿命不均等的变化历程［J］. 人口研究，2016（1）：8-21.

② 蔡玥，孟群，王才有，薛明，缪之文. 2015、2020 年我国居民预期寿命测算及影响因素分析［J］. 中国卫生统计，2016，33（1）：2-4.

③ 林义. 社会保险基金管理［M］. 北京：中国劳动与社会保障出版社，2007：20-31.

存在的差异造成了地区间企业养老缴费负担的不平等，这在一定程度上影响了企业的正常发展，同时也破坏了市场经济公平竞争的环境，对建立良好的市场经济秩序是不利的①。统一养老保险缴费率可以为企业公平竞争创造一个良好的环境，而缴费率的统一必然会涉及部分地区缴费率的下降和个别地区缴费率的上调，缴费率的上调或者降低又会进一步引起个人纵向收入再分配和地区间横向收入再分配的变化，为掌握缴费率统一过程中养老保险的收入再分配情况，需从个人纵向和地区横向两个角度进行分析。

1. 养老保险缴费率调整中的个人纵向收入再分配效应分析

社会统筹部分的基础养老金虽然不需要个人缴费，由企业按照职工工资收入的一定比例缴纳，但企业的缴费部分归根结底来源于职工的工作贡献，而且企业缴费是职工个人未来享受养老保险待遇的前提和基础，企业缴费时间的长短和缴费数额的多少都将对职工未来领取的养老金数额产生重要影响，因此从职工个人角度出发研究社会统筹部分基础养老金的纵向收入再分配效应具有重要意义。

表 4-2 为不同缴费率下职工的待遇缴费比，通过表中待遇缴费比数据可以看出，在缴费率不同的地区，职工间的待遇缴费比存在着明显的差异。以各地区按照平均工资 60%进行缴费的职工为例，在缴费率为 14%的地区参保的职工，其待遇缴费比为 5.68，而在缴费率较高即养老保险的缴费率为 19%的地区参保的职工，其待遇缴费比为 4.18，当地区的养老保险缴费率提高到 22%时，职工的待遇缴费比则降低到了 3.61。由此可见，在其他条件相同的情况下，缴费率越低，职工的待遇缴费比越高，相反，缴费率越高，则职工的待遇缴费比越低。养老保险的缴费率与职工的待遇缴费比之所以存在负相关的关系，主要是因为根据养老金的计发公式，职工个人领取基础养老金数额的多少取决于缴费基数、缴费年限和在岗职工平均工资这三个主要因素，而与缴费率无直接的联系，所以在缴费率下降或者上调的情况下，虽然缴费的数额会随之下降或上升，但职工个人领取的基础养老金数额一般不会发生变化，因此在缴费率上调、养老保险缴费增加的情况下，职工给付保持不变将使职工的待遇缴费比有所下降，而当企业的基本养老保险缴费率下调时，参保职工的待遇缴费比则会随着养老保险缴

① 唐远志，马力佳. 我国养老金转轨成本部分的企业缴费率的确定［J］. 统计与决策，2010（2）：43-45.

费数额的减少而上升。

表 4-2　不同缴费率下退休职工基础养老金待遇缴费比

(b, n) \ c	14%	15%	16%	17%	18%	19%	20%	21%	22%
(0.6, 15)	5.68	5.30	4.97	4.68	4.42	4.18	3.98	3.79	3.61
(0.7, 15)	5.17	4.83	4.53	4.26	4.02	3.81	3.62	3.45	3.29
(0.8, 15)	4.79	4.47	4.19	3.95	3.73	3.53	3.35	3.19	3.05
(1, 15)	4.26	3.98	3.73	3.51	3.31	3.14	2.98	2.84	2.71
(1.5, 15)	3.55	3.31	3.11	2.92	2.76	2.62	2.48	2.37	2.26
(2, 15)	3.19	2.98	2.80	2.63	2.48	2.35	2.24	2.13	2.03
(2.5, 15)	2.98	2.78	2.61	2.46	2.32	2.20	2.09	1.99	1.90
(3, 15)	2.84	2.65	2.48	2.34	2.21	2.09	1.99	1.89	1.81

注：表中数据为笔者根据待遇缴费比公式计算得出。

养老保险缴费率与职工待遇缴费比之间存在的负相关关系表明，随着养老保险制度改革的不断推进，养老保险的缴费率也将逐步趋于统一，这必然会涉及部分地区缴费率的调整，从而引起职工个人福利的变化。总体而言，原来缴费率高的地区职工待遇缴费比将会随着缴费率的下调而增加，而原来缴费率低的地区职工待遇缴费比将会随着缴费率的上调而下降，并且变化的幅度与缴费率上调或下降的幅度密切相关，缴费率调整后待遇缴费比上升意味着职工从养老保险制度中获得了更多的收益，而待遇缴费比的降低则意味着职工从养老保险制度中的所得有所减少。

2. 养老保险缴费率调整中的横向收入再分配效应分析

从基础养老金的收支平衡公式可以看出，企业基本养老保险缴费率同时也是影响基础养老金横向收支平衡的重要因素。虽然从职工个人的角度来看，对于参保职工而言，按照基础养老金的计发公式，参保职工领取的基础养老金数额的多少取决于缴费基数、缴费年限和在岗职工平均工资这三个主要因素，而与缴费率无直接的联系，所以在缴费率下降或者上调的情况下，职工个人领取的基础养老金数额一般不会发生变化，但是缴费率的调整却会对一个地区的基础养老金收入总额产生重要影响，并且会进一步关系到职工基础养老金能否实现及时、足额的给付，并且在统筹层次提高的过程中，尤其是随着地区间资金调剂规模的增大，缴费率的调整还会对地区间的收入再分配规模产生重要影响。

对于缴费率低的地区而言，当缴费率提高时，养老金的缴费总额将会大幅增加，但是养老金的总体支出水平却不会因为缴费率的调整而有所变化，这主要是因为职工的养老金给付水平如前所述不受缴费率变化的影响，如果这个地区原来存在基金结余，则基金结余的数额将会随着缴费率的提高而增加，在养老金存在地区转移的情况下，结余地区的资金转出规模也会随着缴费率的提升而增加，而且地区间的调剂力度越大，资金转出的规模越大；如果这个地区原来存在基金缺口，则基金缺口的数额将会随着缴费率的提高而减少，在养老金存在地区转移的情况下，缺口地区的资金转入规模会随着缴费率的提升而减少。

相反地，对于缴费率高的地区而言，当缴费率降低时，养老金的缴费总额将会大幅下降，但是养老金的总体支出水平同样不会因为缴费率的调整而有所变化，如果这个地区原来存在基金结余，则基金结余的数额将会随着缴费率的下降而减少，在养老金存在地区转移的情况下，结余地区的资金转出规模也会随着缴费率的降低而减少；如果这个地区原来存在基金缺口，则基金缺口的数额将会随着缴费率的降低而增加，在养老金存在地区转移的情况下，缺口地区的资金转入规模会随之增加。

目前，中国养老负担轻的地区往往缴费率也比较低，而且这些地区由于制度赡养率较小，养老金存在着大量的结余，但大多数地区的养老负担比较重，这些地区不但缴费率比较高，而且基金的结余状况也不容乐观，往往存在着基金的缺口。在基本养老保险统筹层次提高的过程中，伴随着缴费率的统一，这些地区养老保险缴费率将会随之下调，企业的缴费负担也会得到一定程度的改善，这显然有利于地区间企业负担的平衡和职工福利差距的缩小。但伴随着统筹层次的提升，原来少数养老负担轻、缴费率偏低的地区随着缴费率的上调不但缴费负担将会增加，还会出现职工待遇缴费比的降低和较多结余资金的转出，而且缴费率上调的力度越大，地区间的调剂力度越强，资金转出的规模越大，这又必然会增加制度改革的阻力，延缓缴费率统一的进程。

（二）计发基数调整过程中基础养老金的收入再分配效应分析

在岗职工平均工资是影响养老保险缴费与给付水平的重要因素，但是由于各个地区经济发展水平不同，致使各地区在岗职工平均工资及其增长率也存在着一定的差异。[①] 城镇企业职工基本养老保险的统筹层次比较低的情况下，基础养老金的缴费与给付以所在地区在岗职工平均工资为计发标准时，不同地区职工缴纳养老保险费的数额和退休后得到的基础养老金也会有所不同。在养老保险基金筹集的过程中，基础养老金的缴费是以个人工资收入为基础的，在岗职工平均工资的统一主要会对职工养老保险缴费的上下限产生影响，从而会影响到部分职工养老保险的缴费数额，而在养老金发放的过程中，在岗职工平均工资作为养老金计发公式中的重要医素，将会影响到职工领取的基础养老金给付数额的多少，由此可见，基础养老金计发标准逐步趋于统一时，基础养老金的收入再分配功能也将发生一定的改变。

1. 计发基数调整过程中的个人纵向收入再分配效应分析

从职工个人基础养老金纵向收支平衡的角度来看，地区间经济发展存在的差异使反映职工终身福利的待遇缴费比大不相同。表 4-3 为不同工资增长率下职工基础养老金的待遇缴费比，数据分析结果显示，工资增长率较高的地区的职工待遇缴费比要大于工资增长率相对较低的地区，这意味着工资增长率较高的地区，参加养老保险的职工虽然缴费较多，但养老金待遇给付水平相对更高，因此从整个生命周期来看，其养老金福利所得远多于工资增长率较低地区职工的福利所得。而工作在工资增长率较低地区的高收入职工，却由于给付相对较少甚至出现了待遇缴费比小于 1 的情况，这对于职工而言显然是不利的，而计发基数的统一将对平衡地区间的养老差距和实现社会公平起到积极的作用。

表 4-3　不同工资增长率下的职工待遇缴费比

(g, r_1, r) / (b, n)	(6%，4%，4%)	(6.3%，4%，4%)	(6.5%，4%，4%)	(6.7%，4%，4%)	(6.9%，4%，4%)	(7%，4%，4%)
(0.6，15)	1.87	1.96	2.03	2.10	2.17	2.21
(0.7，15)	1.70	1.79	1.85	1.91	1.98	2.01
(0.8，15)	1.57	1.66	1.71	1.77	1.83	1.86
(1，15)	1.40	1.47	1.52	1.57	1.63	1.65
(1.5，15)	1.17	1.23	1.27	1.31	1.36	1.38

① 王晓军，赵彤. 中国社会养老保险的省区差距分析［J］. 人口研究，2006（2）：44-50.

续表

(g, r_1, r) / (b, n)	(6%, 4%, 4%)	(6.3%, 4%, 4%)	(6.5%, 4%, 4%)	(6.7%, 4%, 4%)	(6.9%, 4%, 4%)	(7%, 4%, 4%)
(2, 15)	1.05	1.10	1.14	1.18	1.22	1.24
(2.5, 15)	0.98	1.03	1.07	1.10	1.14	1.16
(3, 15)	0.93	0.98	1.01	1.05	1.08	1.10

注：表中数据为笔者根据待遇缴费比公式计算得出。

假设6%、7%和6.5%分别为经济发展水平低的地区、经济发展水平高的地区和所有地区平均的工资增长率，基本养老保险统筹层次提升后，如果退休职工社会统筹部分基础养老金的计发基数也由原来分别按照低收入地区和高收入地区在岗职工平均工资计发改为统一按照所有地区的在岗职工平均工资计发，则经济发展水平低即平均工资和增长率均较低的地区职工养老金给付额和待遇缴费比都会有所上升，职工福利水平得到提高，并且原来缴费贡献较大的高收入职工待遇缴费比小于1的状况也因此得到改善。计发基数统一后，经济发展水平相对落后地区职工福利的提升无疑有助于地区间养老金收入差距的缩小和社会公平目标的实现，但也应注意到，与经济发展水平低的地区相比，计发基数统一进程中经济发展水平高即平均工资和增长率均较高的地区，职工养老金给付额和待遇缴费比则发生了相反的变化，个人福利较统一前有所降低，这将会增加养老保险统筹层次提升的阻力，也不利于职工养老金计发基数的统一和公平给付目标的顺利实现。

2. 计发基数调整过程中地区间横向收入再分配情况分析

伴随着养老保险统筹层次的提升和基础养老金计发基数的统一，地区间养老保险的收入再分配规模也会发生一定的改变。表4-4为经济发展水平不同地区职工基础养老金的月给付额，从表中数据可以看出，在岗职工平均工资较高的北京和上海两个地区，职工退休后基础养老金月给付额普遍要高于其他地区。以北京为例，如果职工历年都按在岗职工平均工资的60%缴费，则退休时职工每月可得基础养老金1227.49元，不但高于其他地区同样按当地在岗职工平均工资60%缴费的退休职工，而且高于除上海以外其他四个地区选择按照较高的缴费基数即在岗职工平均工资60%以上甚至是250%进行缴费的职工所得到的基础养老金。如黑龙江省按照在岗职工平均工资的250%进行缴费的职工，退休后得到的基础养老金为1209.67元，要低于北京市按照在岗职工平均工资60%缴费的职工退休后所得到的基础养老金。

表 4-4　经济发展水平不同地区职工基础养老金月给付额　　单位：元

(b, n)	北京	上海	云南	陕西	吉林	黑龙江
(0.6, 15)	1227.49	1205.03	635.62	616.26	574.86	552.99
(0.7, 15)	1304.21	1280.34	675.35	654.78	610.79	587.55
(0.8, 15)	1380.93	1355.66	715.07	693.29	646.72	622.11
(1, 15)	1534.36	1506.29	794.53	770.33	718.58	691.24
(1.5, 15)	1917.95	1882.86	993.16	962.91	898.22	864.05
(2, 15)	2301.54	2259.43	1191.79	1155.49	1077.86	1036.86
(2.5, 15)	2685.13	2636.00	1390.42	1348.07	1257.51	1209.67
(3, 15)	3068.73	3012.58	1589.05	1540.65	1437.15	1382.48

注：①社会统筹部分基础养老金以当地上年度在岗职工平均工资和本人指数化平均缴费工资的平均值为基数，缴费每满1年发给1%；②本人指数化平均缴费工资为职工所在地区上年度在岗职工平均工资与本人平均缴费工资指数两者乘积；③职工平均缴费工资指数是指职工在整个缴费年限中每一缴费年度的缴费工资与相对应年份的在岗职工平均工资之比的平均值。

假设在基本养老保险统筹层次提升后，养老保险的缴费与给付标准也由原来分别按照各地区在岗职工平均工资计发改为统一按照所有地区的在岗职工平均工资计发，则经济发展水平低于全国平均水平的地区职工养老金给付额将会普遍有所上升，而经济发展水平相对较高的地区基础养老金的给付额将发生相反的变化，这必然会出现养老金由高收入地区向低收入地区的转移。这主要是因为缴费基数的统一对基础养老金给付的影响要大于对缴费的影响，虽然对一地区而言缴费基数统一意味着给付和缴费会发生相同的变化，但由于缴费基数的统一仅会对基础养老金缴费的上限和下限产生影响，而养老金的缴费仍是以职工的实际工资收入为基础的，对于处在上、下限之间的多数职工而言，基数的降低并未减少这些职工的实际缴费额，因此，总体而言缴费基数的统一将引起养老金由高收入地区向低收入地区的转移。

（三）退休年龄调整过程中基础养老金的收入再分配效应分析

退休年龄的制定应体现劳动者在职期间劳动贡献与退休后所享福利之间的均衡，公平、合理、科学地确定退休年龄对一国劳动力资源的存量和改善养老金的财务状况具有十分重要的意义。[①] 而我国针对现行退休年龄偏早所采取的延迟退休年龄政策对于保障统筹层次提升的效果也会产生积极的促进作用，因为统筹层次提升中地方政府出于地方利益考虑而违规办理的提前退休将减少地区间收入再分配的幅度，降低统筹层次提升的实施效果，延迟退休年龄无疑在一定程度上化解了原有退休年龄下提前退休所引起的收入缩减与养老金支出增加给制度带来的运行风险。这主要是由于即使同样存在提前退休的行为，与之相伴的是养老金因为缴费时间相应延长、劳动参与率上升所带来的收入增加及支出的减少，这不但有助于地方养老金收支结构的改善，而且也保证了养老保险统筹层次提高后地区间收入再分配功能的增强。

1. 退休年龄延迟后个人纵向收入再分配效应分析

延迟退休是必然的趋势，然而伴随着国家延迟退休年龄政策的逐步实施，个人生命周期内的养老金给付也将因为退休年龄的调整而发生一定的改变。表4-5为缴费时间长短不同的职工基础养老金替代率，仅从替代率的角度来看，由于2005年养老保险制度改革后基础养老金的给付考虑了缴费年限的因素并鼓励长缴多得，对于缴费基数相同的职工而言，缴费时间越长，养老金的替代率越高，因此退休年龄的延迟可通过增加职工缴费时间而提高职工的养老金替代率，这可以在一定程度上降低提前退休行为的发生。

表4-5　缴费时间长短不同的职工基础养老金替代率　　单位：%

	$n=15$	$n=20$	$n=25$	$n=30$	$n=35$	$n=40$
$b=0.6$	12	16	20	24	28	32
$b=0.8$	13.5	18	22.5	27	31.5	36
$b=1$	15	20	25	30	35	40
$b=2$	22.5	30	37.5	45	52.5	60
$b=3$	30	40	50	60	70	80

注：基础养老金替代率为职工退休后领取的基础养老金占上年度在岗职工平均工资的比例。

但通过表4-6中职工整个生命周期内待遇缴费比的计算数据可以看出，对于拥有不同收入水平的职工而言，随着退休年龄的延迟和缴费年限的相应延长，

① 席恒，翟绍果. 更加公平可持续的养老保险制度的实现路径探析［J］. 中国行政管理，2014（3）：11-14.

反映职工个人纵向福利的待遇缴费比普遍会有所下降。当工资增长率为7%时，缴费工资基数为社会平均工资60%的职工选择53岁提前退休时其待遇缴费比为5.53，如果选择正常退休即60岁退休，职工的待遇缴费比将降至3.90，而延迟退休年龄到65岁，职工的待遇缴费比将进一步降低至2.82，同样对于以社会平均工资300%为缴费基数的职工来说，当退休年龄由53岁推迟至65岁时，职工的养老金待遇缴费比也从原来的2.76下降为1.41，并且退休年龄延迟越多，职工的待遇缴费比下降幅度越大，这必将降低职工通过推迟退休年龄、延长养老保险缴费时间来提高养老金替代率的积极性，同时也会进一步增加政府延迟退休年龄政策的实施难度。

表4-6 职工不同退休年龄下的基础养老金待遇缴费比

g / (b, d)	6%	6.3%	6.5%	6.7%	6.9%	7%
(0.6，53)	4.21	4.57	4.82	5.09	5.38	5.53
(0.6，55)	3.86	4.19	4.42	4.66	4.91	5.04
(0.6，58)	3.36	3.63	3.83	4.03	4.24	4.35
(0.6，60)	3.03	3.27	3.44	3.62	3.80	3.90
(0.6，62)	2.70	2.91	3.06	3.22	3.37	3.46
(0.6，65)	2.23	2.39	2.51	2.63	2.76	2.82
(1，53)	3.16	3.43	3.62	3.82	4.03	4.14
(1，55)	2.90	3.14	3.31	3.50	3.69	3.78
(1，58)	2.52	2.72	2.87	3.02	3.18	3.26
(1，60)	2.27	2.45	2.58	2.71	2.85	2.92
(1，62)	2.03	2.19	2.30	2.41	2.53	2.59
(1，65)	1.67	1.80	1.88	1.97	2.07	2.12
(3，53)	2.10	2.28	2.41	2.55	2.69	2.76
(3，55)	1.93	2.09	2.21	2.33	2.46	2.52
(3，58)	1.68	1.82	1.91	2.01	2.12	2.17
(3，60)	1.51	1.64	1.72	1.81	1.90	1.95
(3，62)	1.35	1.46	1.53	1.61	1.69	1.73
(3，65)	1.11	1.20	1.26	1.32	1.38	1.41

注：表中数据为笔者根据待遇缴费比公式计算得出。

2. 退休年龄延迟后地区间横向收入再分配效应分析

统筹层次提升中伴随着退休年龄的延迟，地区间基础养老金的横向收入再分配规模也会发生一定的改变，这主要是因为随着退休年龄的延迟，一个地区的制度赡养率会有所变化。制度赡养率是指参加城镇企业职工基本养老保险制度内退休人数与在职人数的比值，对一个地区而言，制度赡养率越高意味着这个地区的养老负担越重，制度赡养率越低则意味着本地区的养老负担相对较轻。作为衡量一个地区基本养老保险负担的重要指标之一，制度赡养率是影响地区间收入再分配规模的重要因素，由于地区间的制度赡养率存在一定的差距，基本养老保险统筹层次提高后养老金将在更大的范围内调剂使用以维持养老保险基金的收支平衡，在其他条件不变的情况下，会出现养老金由制度赡养率较低地区向制度赡养率较高地区的转移，并且统筹区域内各地的制度赡养率差距越大，地区间收入再分配的程度越大。退休年龄延迟后，虽然各个地区的制度赡养率不会发生根本性的改变，普遍会有所降低，但各地区制度赡养率降低的幅度肯定会有所不同，尤其是对于大龄劳动者相对较多的地区而言，退休年龄延迟后制度赡养率的变化可能会比较大。因此，在提升基本养老保险统筹层次的过程中，退休年龄延迟所引起的制度赡养率变动差异将使地区间基础养老金的收入再分配规模较退休年龄调整前有所改变，总体的趋势是由制度赡养率低的地区向制度赡养率高的地区转移。

另外，在延迟退休年龄的过程中，各地政府对延迟退休政策的执行力度和对提前退休行为审查的严格程度也将对地区间基础养老金的收入再分配规模产生重要影响。提前退休指的是参保职工在法定的正常退休年龄之前退休并且可以享受养老保险待遇的行为，提前退休政策的实施体现了国家对于某些劳动者的特殊照顾，然而养老保险制度的实际运行中却有很多企业为了达到减员增效的目的而违反相关规定为职工办理提前退休，这使我国的提前退休行为已非常普遍且日益严重。

在统筹层次比较低的情况下，由于养老金收不抵支所产生的缺口主要由地方政府负责，因此地方政府对提前退休的审查一般会比较严格，但在统筹层次提升的过程中，伴随着责任与权力的上移，地方政府对提前退休行为的放任不但会增加本地区养老保险资金的转入，而且可以改善本地职工的生活状况，减轻企业的人力资本压力，并且在就业岗位一定的情况下，提前退休还将带动本地区年轻劳动力就业率的上升和经济的发展，由此可见，统筹层次的提升将在一定程度上增加提前退休行为的发生概率。但是从全国养老金收支平衡的角度来看，如果地方政府对延迟退休政策执行不到位或者对提前退休行为审查不严，不但会使养老金由于缴费职工人数减少和缴费时间缩短而降低基金的筹资规模，同时还将由于退休职工人数增多和领取时间延长而使养老金的支出额度有所增加，收少支多的共同作用不但会给基金的收支平衡带来挑战，① 加重养老保险的负担，还会使地区间的收入再分配规模有所缩减，影响统筹层次提升的效果。

① 邹丽丽，顾爱华．基础养老金统筹层次提升中政策执行风险研究［J］．上海行政学院学报，2016（1）：96-104.

第五章　统筹层次提升中影响基础养老金收入再分配的参数选择与调整

第一节　统筹层次提升中影响基础养老金收入再分配的参数选择

一、影响基础养老金收入再分配的因素分析

城镇企业职工基本养老保险的省级统筹就是要实现养老金在省级范围内的统筹调剂使用，由于养老金以省为单位被划块管理和运营，因此实现省级范围内的基金收支平衡是地方政府在统筹层次相对较低时所追求的主要目标，同时也是保障本地区养老保险制度健康、持续运行的关键。随着全国统筹的逐步推进，基础养老金必将突破本省而在全国范围内进行调剂使用，并且全国统筹下各省养老金的筹集与支付标准也将随之进行一定程度的调整并日益趋于统一，这将打破省级统筹下基础养老金原有的收支平衡状态，出现省际养老金的流入与流出，而前一章中分析的影响基础养老金收支平衡的各个条件也因此成了引起地区间收入再分配的重要因素。

1. 养老保险社会统筹基金的调剂比例

发挥养老金的收入再分配功能、维护社会公平是社会统筹部分基础养老金所要追求的核心目标。统筹层次提升中，良好的制度设计应当能够充

分考虑到养老保险收入再分配功能的有效发挥，进而通过缩小社会成员间的收入差距促进社会公平和提高社会福利。但在目前地区间社会、经济发展差距较大的情况下，提升统筹层次还需要使养老保险的收入再分配规模保持在合理的限度内，如果将财富过多地从养老金存在结余地区转移给养老金收不抵支的缺口地区，不但会破坏基金结余地区推进统筹层次提升的积极性，同时也不利于基金存在缺口地区在养老保险制度运行中更好地增收节支。

提升统筹层次实现全国统筹的进程中，基础养老金的统筹调剂比例将对社会统筹部分基础养老金的收入再分配规模产生重要影响，统筹层次提升的制度设计不同，收入再分配的规模也会有所差异。在目前地区差距较大且地方利益协调存在难度的情况下，很难做到养老金百分之百的统收统支，国务院于2018年6月印发的《关于建立企业职工基本养老保险基金中央调剂制度的通知》明确，在统收统支的全国统筹实现之前要建立起养老保险基金全国调剂制度。全国调剂金制度的建立成为统筹层次提升的一个突破口，而调剂比例的确定将对地区间的收入再分配功能产生重要影响，一般来说，统筹调剂的比例越高，地区间的收入再分配规模越大。

2. 企业养老保险缴费率

养老保险缴费属于企业生产成本的一部分，作为制度核心参数之一的缴费率不仅关系着企业的稳健经营和经济的持续发展，还关系着制度的偿付能力和养老保险的负担公平。社会保险缴费负担公平是企业平等竞争的重要前提，尽管中国关于城镇企业职工基本养老保险的缴费率有统一的指导性规定，但具体比例却由省（自治区、直辖市）人民政府根据本地区实际需要来确定，然而由于各地区经济发展水平、人口年龄结构等存在差异，各省（自治区、直辖市）的养老保险缴费率也存在着一定的差异（见表5-1）。

表5-1 2016年各地区城镇企业职工基本养老保险缴费率 单位：%

地区	企业缴费率	个人缴费率	地区	企业缴费率	个人缴费率
北京	19	8	湖北	19	8
天津	20	8	湖南	19	8
河北	20	8	广东	14	8

续表

地区	企业缴费率	个人缴费率	地区	企业缴费率	个人缴费率
山 西	20	8	广 西	19	8
内蒙古	19	8	海 南	19	8
辽 宁	20	8	重 庆	19	8
吉 林	20	8	四 川	19	8
黑龙江	20	8	贵 州	19	8
上 海	20	8	云 南	19	8
江 苏	19	8	西 藏	19	8
浙 江	14	8	陕 西	20	8
安 徽	19	8	甘 肃	19	8
福 建	18	8	青 海	20	8
江 西	19	8	宁 夏	19	8
山 东	18	8	新 疆	19	8
河 南	20	8			

资料来源：邓大松，程欣，汪佳龙．基础养老金全国统筹的制度性改革——基于国际经验的借鉴［J］．当代经济管理，2019（3）：89-97.

企业养老保险缴费负担的不统一在一定程度上影响了企业的正常发展，不利于地区间企业的公平竞争，同时也构成了市场经济公平竞争的破坏因素，对建立良好的市场经济秩序是不利的。在养老保险统筹层次提升的进程中，为了解决不同地区企业缴费负担轻重不均的问题，进而为地区间企业的公平竞争创造一个良好的环境，逐步实现全国企业缴费率的统一是养老保险制度改革的必然趋势，而缴费率的逐步调整和统一将会涉及部分地区缴费率的下降和个别地区缴费率的上调，从而引起地区间的收入再分配。

3. 基础养老金的缴费与给付基数

作为养老保险缴费与给付的重要基数，在岗职工平均工资水平的高低将对职工的缴费和给付产生重要影响。从表 5-2 中的数据可以看出，总体上各地区在岗职工平均工资呈逐步增长的趋势，但由于社会经济发展存在差异，各个地区的在岗职工平均工资也是各不相同的，2016 年平均工资最低的河南省的在岗职工平均工资为 50028 元，而最高的北京市的在岗职工平均工资为122749元，是河南省的2.45倍。地区间在岗职工平均工资的不同将使各地区职工养老保险的缴费和给付存在一定的差异。

表5-2　各地区在岗职工平均工资　　单位：元

年份 地区	2014	2015	2016	年份 地区	2014	2015	2016
北 京	103400	113073	122749	湖 北	50637	55237	61113
天 津	73839	81486	87806	湖 南	48525	53889	60160
河 北	46239	52409	56987	广 东	59827	66296	72848
山 西	49984	52960	54975	广 西	46846	54983	60239
内蒙古	54460	57870	61994	海 南	50589	58406	62565
辽 宁	49110	53458	57148	重 庆	56852	62091	67386
吉 林	47683	52927	57486	四 川	53722	60520	65781
黑龙江	46036	51241	55299	贵 州	54685	62591	69678
上 海	100623	109279	120503	云 南	47802	55025	63562
江 苏	61783	67200	72684	西 藏	68059	110980	110330
浙 江	62460	67707	74644	陕 西	52119	56896	61626
安 徽	52388	56974	61289	甘 肃	48470	54454	59549
福 建	54235	58719	63138	青 海	57804	61868	67451
江 西	47299	52137	57470	宁 夏	56811	62482	67830
山 东	52460	58197	63562	新 疆	54407	60914	64630
河 南	42670	45920	50028				

资料来源：《中国统计年鉴》（2015~2017年）。

4. 制度赡养率

对于各省份的社会统筹部分基础养老金来讲，制度赡养率是影响一个地区基础养老金收支平衡的重要因素，制度赡养率越高，说明该地区的养老负担越重，养老金出现缺口的可能性越大，相反如果制度赡养率越低，则说明养老负担较轻，养老金的结余会比较多。

表5-3为不同年份各个地区的制度赡养率，从表中数据可以看出，各地的制度赡养率存在着一定的差异，以2016年为例，全国31个省（自治区、直辖市）的养老保险制度中，制度赡养率超过50%的地区有8个，分别为内蒙古自治区、辽宁省、吉林省、黑龙江省、湖北省、重庆市、四

川省和甘肃省，其中黑龙江省的制度赡养率最高，为 74.52%，这意味着黑龙江省城镇企业职工基本养老保险制度运行中平均 1.34 个在职者就要抚养一个老年人，而与其不同的是制度赡养率最低的广东省仅为 10.78%，将近黑龙江省的 1/7，由此可见，各地养老负担存在着很大的差距。

表 5-3　各地区的制度赡养率　　单位:%

地区＼年份	2001	2005	2010	2015	2016
北 京	41.20	42.55	24.88	19.94	21.66
天 津	43.42	53.66	49.88	47.09	48.47
河 北	29.28	35.17	35.60	38.70	38.67
山 西	28.84	34.42	33.20	39.27	39.85
内蒙古	28.97	34.05	38.27	56.12	56.49
辽 宁	39.36	43.32	46.15	56.19	60.66
吉 林	34.39	40.31	52.58	65.17	68.24
黑龙江	34.72	40.91	61.61	72.83	74.52
上 海	54.06	53.91	59.67	45.25	45.32
江 苏	31.50	29.68	28.35	32.45	33.89
浙 江	25.78	20.08	15.12	29.49	36.02
安 徽	29.47	35.95	36.08	40.38	40.66
福 建	31.81	27.71	21.74	19.97	21.60
江 西	31.19	37.41	31.49	40.02	42.30
山 东	23.02	23.59	24.17	28.83	30.85
河 南	23.86	31.33	33.41	31.31	32.21
湖 北	29.03	34.54	40.86	50.36	51.05
湖 南	32.50	37.30	39.41	46.64	44.05
广 东	15.80	14.78	11.81	10.26	10.78
广 西	30.86	34.06	44.38	47.94	47.08
海 南	39.29	43.32	33.53	32.99	41.95
重 庆	43.76	53.00	49.12	56.00	57.16
四 川	41.37	41.00	50.93	55.11	56.37
贵 州	36.36	39.12	35.21	31.90	30.76
云 南	40.12	46.33	41.00	41.83	40.61

续表

年份 地区	2001	2005	2010	2015	2016
西藏	56.02	68.27	47.06	31.07	39.66
陕西	31.82	40.16	37.57	38.13	36.99
甘肃	31.62	38.77	41.67	55.43	56.77
青海	40.06	39.33	36.76	43.08	45.60
宁夏	29.57	31.17	39.46	41.76	43.96
新疆	42.90	41.76	43.42	44.91	45.86

资料来源：笔者根据《中国统计年鉴》（2001~2017年）中的相关数据计算得出。

5. 其他因素

城镇企业职工基本养老保险统筹层次提升的过程中，各地区养老保险基金累计结余的多少也将对地区间的收入再分配规模产生重要影响。由于各地区的经济发展水平存在差异及养老保险相关工作开展情况、工作基础不同，如表5-4所示，中国地区间养老保险基金的结余状况差别较大，2016年基金结余最多的广东省的养老金结余为76525595万元，而养老负担较重的黑龙江省却出现了1960859万元的基金缺口，两者之间存在着较大的差距。另外，各地区在经济发展水平、财政收入及人口预期寿命等方面存在的差异也会对统筹层次提升中地区间的收入再分配产生一定的影响。

表5-4　各地基本养老保险基金的累计结余情况　　单位：万元

年份 地区	2001	2005	2010	2015	2016
北京	221328	1005233	6179000	27965733	35662313
天津	109199	599685	2030000	3964237	3977270
河北	517588	1699380	5629000	7557957	7076302
山西	243926	1469883	6374000	12644021	13055518
内蒙古	163877	466731	2579000	4741763	4588846
辽宁	411458	2774913	7393000	11707903	9166241
吉林	79372	1039017	3518000	3831378	3428312
黑龙江	393431	1395495	4790000	1309130	-1960859
上海	931182	781724	4620000	14509724	18724971

续表

地区＼年份	2001	2005	2010	2015	2016
江苏	569893	2410226	12718000	31637074	34026510
浙江	960407	3714726	11621000	30703856	32934694
安徽	151700	590319	3530000	10423933	11852299
福建	324361	797036	1412000	5762420	7011389
江西	155521	539539	2036000	4989327	5266884
山东	1042658	2937075	10776000	22333935	23856771
河南	211246	1756380	4990000	9974958	10504823
湖北	153848	930264	4276000	8504357	8223068
湖南	233060	1246938	4559000	9392707	10069753
广东	2062858	7754623	24715000	65327542	76525595
广西	251156	571039	3790000	4565440	4603839
海南	68706	167331	649000	1141776	1343451
重庆	71836	319855	2556000	7554160	8348121
四川	410462	1959706	9284000	21663582	22263112
贵州	202808	494217	1779000	4804159	5278331
云南	117640	714496	2293000	6505092	8136704
西藏	76	86	97000	497732	775315
陕西	82951	530677	2158000	4533289	4744847
甘肃	83189	378727	1782000	3657908	3759905
青海	7395	107950	506000	764130	630314
宁夏	74795	276589	1087000	1722013	1960728
新疆	210225	935962	3857000	8613615	9794541

资料来源：《中国统计年鉴》（2002~2017 年）。

二、统筹层次提升中可调整参数的选择

提高基本养老保险的统筹层次，实现养老金全国统筹的实质是在统一制度、统一管理机构、统一缴费比例、统一养老金计发办法的基础上实现基础养老金的统收统支。实现基础养老金在全国范围内的统收统支是养老保险全国统筹的重要目标，然而在统筹层次提升的过程中，全国统筹调剂比例的确定及各地在企业基本养老保险缴费率、基础养老金的缴费及给付

基数、制度赡养率、基金结余、经济发展水平、财政收入和人口预期寿命等方面存在的差异都会对地区间的收入再分配产生重要的影响。虽然统筹层次提升的过程中影响地区间收入再分配的因素有很多，但是各地区在制度赡养率、经济发展水平和人口预期寿命等方面存在的差距难以在短期内缩小，而且从长期来看，即使采取最有效的经济和人口政策也不可能消除地区间在人口和经济发展方面存在的差异。调整并统一基本养老保险制度的其他相关参数不但可以平衡地区间在制度赡养率和经济发展水平等方面存在的差距，减少这些差异所引起的地区间退休职工的基础养老金差距，实现通过提升基本养老保险统筹层次维护社会公平的目标，而且还有利于全国统一的基本养老保险制度的真正建立。

基本养老保险统筹层次提升的过程中，应该并且能够进行调整的参数主要是企业基本养老保险的缴费率、基础养老金的缴费及给付基数，这些参数将从基础养老金的缴费与给付方面对地区间的收入再分配规模产生重要影响。除此之外，在统收统支的全国统筹实现之前的调剂金阶段，养老金的统筹调剂比例也是研究的重要方面。企业养老保险缴费率、缴费及给付基数的统一和养老保险基金统筹调剂比例的确定都会对养老金的地区间收入再分配规模产生重要的影响，而且地区间的收入再分配规模越大，统筹层次提升的阻力越大，适当降低统筹层次提升中养老保险的收入再分配规模无疑有利于统筹层次的提升。因此，对基本养老保险运行中的这几个参数进行定量分析，并且确定合理的取值范围进而控制收入再分配的规模无疑有利于促进统筹层次的顺利提升，对基本养老保险制度的改革与完善具有重要意义。

第二节　统筹层次提升中基础养老金缴费率的确定

一、统一养老保险缴费率是全国统筹的内在要求

统一城镇企业职工基本养老保险的缴费率是提升养老保险统筹层次，实现养老金全国统筹的必然要求。如果缴费负担不能达到全国统一，即使

中国的养老保险在全国范围内实现了基金的统收统支，但养老保险制度运行中的筹资不公、地区竞争不公及其所带来的国家认同危机等问题仍然无法解决。因此，提高基本养老保险的统筹层次，统一各地区城镇企业职工基本养老保险的缴费率是创造公平的企业竞争环境、增加社会认同感的必然选择。

目前，在基本养老保险统筹层次较低的情况下，各地区企业的养老保险缴费率存在着一定的差异（见表5-1），统一全国各地区的企业养老保险缴费率必然会引起地区间养老金收入再分配规模的增加。前一章中的相关研究结果表明，对于原来缴费率较低的地区而言，随着缴费率的增加，地区筹集的养老金将会增多，但从支付的角度来看，由于养老金的给付只与养老金缴费基数的大小和缴费时间的长短密切相关，与缴费率的高低无直接的联系，因此退休职工的养老金不会随着缴费率的提高而发生改变。而我国缴费率偏低的地区又往往是那些养老压力相对较轻且存在基金结余的地区，在其他条件保持不变的情况下，地区养老金的支出总额与缴费率提高之前相比并未变化，因此伴随着缴费率的统一，这些地区企业缴费率的提升将带来养老金结余总额的增加，从而引起这些地区养老金转出规模的提高。与缴费率较低的地区相反，对于养老压力重、基金收支结余状况不容乐观的高缴费率地区来说，则意味着养老待遇不降低情况下企业缴费负担的减轻，从地区养老金的总体来看则是支出保持不变条件下收入总额的减少，统收统支的全国统筹的实施将给这些地区带来更多的养老金流入。由此可见，随着统筹层次的提升和各地区企业基本养老保险缴费率的逐步统一，地区间收入再分配规模将随之增加，而且地区间收入再分配规模的大小与企业缴费率上升或者下降的幅度密切相关，企业缴费率的变化幅度越大，地区间收入再分配的规模越大，制度改革的阻力越大，缴费率的变化幅度由此成为影响全国统筹实现和企业缴费率统一进程的重要因素。

二、企业养老保险缴费率确定的数学模型

为了减少改革的阻力，缴费率的统一应采取渐进的改革方案，但与此同时，为了降低缴费率频繁调整的发生概率，避免制度改革过程中政策调整的随意性，在提升统筹层次并对全国各地区企业基本养老保险的缴费率进行统一的过程中，更需要明确缴费率的长期改革目标，确定企业缴费率

的合理取值，为各地养老保险制度的改革明确方向。社会统筹部分养老保险采用的是现收现付的筹资模式，如前所示其横向收支平衡模型为：

$$cW\sum_{I=a}^{b-1} X_I = D\sum_{J=b}^{e-1} Y_J$$

根据基础养老金的收支平衡模型可以推导出企业缴费率的数学模型为：

$$c = (D/W) \times \left(\sum_{J=b}^{e-1} Y_J / \sum_{I=a}^{b-1} X_I\right)$$

其中，D/W 为养老金的替代率，$\sum_{J=b}^{e-1} Y_J / \sum_{I=a}^{b-1} X_I$ 为制度赡养率。

企业基本养老保险缴费率为养老金替代率和制度赡养率之积，由此可见，养老金的替代率和制度赡养率是影响企业基本养老保险缴费率高低的重要因素。企业基本养老保险缴费率、制度赡养率和养老金替代率三者之间存在着密切的联系，在养老金的替代率保持不变的情况下，随着制度赡养率的提高，为了维持社会统筹部分基础养老金的收支平衡，需要提高企业的养老保险缴费率，而在制度赡养率保持不变的情况下，如果要改善退休职工的养老待遇，企业的缴费率同样需要有所提高。在人口老龄化日益严重、制度赡养率日益提高的情况下，为了维持基金的收支平衡，可以选择提高企业养老保险的缴费率，也可以选择降低退休职工的养老金替代率，或者同时对企业养老保险的缴费率和退休职工的养老金替代率进行调整，而这三种调整办法中，第三种调整办法可以在平衡在职职工和退休职工两者利益关系的基础上维持基金的收支平衡，能够在一定程度上避免单一参数调整所引起的企业缴费负担的过度增加和退休职工养老待遇的大幅度下降，相对来说是一种比较理想的改革方案。在提高基本养老保险统筹层次、统一各地区企业基本养老保险缴费率的过程中，需要充分考虑各方面的因素，协调好各方面的利益关系以推动缴费率统一的实现进程。

三、企业养老保险缴费率统一调整目标的预测分析

实现企业基本养老保险缴费率的统一是养老保险全国统筹的重要内容，而从国家的高度制定合理的缴费率标准则是推进企业缴费率统一的核心环节，只有确定了具体、统一的企业养老保险缴费率调整标准，才能明确各个地区企业基本养老保险缴费率的改革方向，推进全国统筹的顺利实现。

根据企业基本养老保险缴费率的数学模型可知，制度赡养率和养老金替代率是影响企业缴费率高低的重要因素。因此，对两者进行深入研究，合理确定基础养老金的未来给付水平并对制度赡养率的未来发展趋势进行预测有助于缴费率的科学确定。

（一）制度赡养率参照标准的选择

制度赡养率是衡量一个地区养老压力的重要指标之一。制度赡养率会受到人口老龄化的影响，如表 5-5 所示，随着人口老龄化形势日趋严重、老年抚养比的逐步升高，制度赡养率也将逐步提升，但两者也存在着一定的差别，从数值上来看，制度赡养率要远远高于老年抚养比。与一个国家或者地区 65 岁及以上老年人口占劳动年龄人口的比重即老年抚养比不同，制度赡养率指的是城镇企业职工基本养老保险制度中参保的离退休人员与参保的在职职工人数之比，其更能准确反映制度本身的养老压力。

表 5-5 中国城镇企业职工基本养老保险制度的赡养率及老年抚养比

年份	参保的在职职工人数（万人）	参保的离退休人数（万人）	制度赡养率（%）	老年抚养比（%）	年份	参保的在职职工人数（万人）	参保的离退休人数（万人）	制度赡养率（%）	老年抚养比（%）
1997	8670.9	2533.0	29.21	9.7	2007	15183.2	4953.7	32.63	11.1
1998	8475.8	2727.3	32.18	9.9	2008	16587.5	5303.6	31.97	11.3
1999	9501.8	2983.6	31.40	10.2	2009	17743.0	5806.9	32.73	11.6
2000	10447.5	3169.9	30.34	9.9	2010	19402.3	6305.0	32.50	11.9
2001	10801.9	3380.6	31.30	10.1	2011	21565.0	6826.2	31.65	12.3
2002	11128.8	3607.8	32.42	10.4	2012	22981.1	7445.7	32.40	12.7
2003	11646.5	3860.2	33.14	10.7	2013	24177.3	8041.0	33.26	13.1
2004	12250.3	4102.6	33.49	10.7	2014	25531.0	8593.4	33.66	13.7
2005	13120.4	4367.5	33.29	10.7	2015	26219.2	9141.9	34.87	14.3
2006	14130.9	4635.4	32.80	11.0	2016	27826.3	10103.4	36.31	15.0

注：表中的制度赡养率为离退休人数与参保在职职工人数之比，由笔者根据《中国统计年鉴》（1998~2017 年）中相关数据计算得出。

在确定基本养老保险的缴费率时需要对制度赡养率的中长期发展趋势进行预测，尤其是以制度赡养率最高值为基础测算的企业养老保险缴费率既能保障人口老龄化严重时期社会统筹部分基础养老金的收支平衡，还能保障缴费率政策调整的长期稳定性，避免人口老龄化逐步加重趋势下养老保险缴费率随之不断进行调整所引起的养老保险缴费政策的频繁变动。因此，对制度赡养率的中长期发展趋势进行研究成为企业基本养老保险缴费率确定的关键环节。但是由于研究中缺少城镇企业职工基本养老保险参保职工的分年龄、分性别等基础数据，因此很难通过人口年龄移算法对未来的制度赡养率进行预测，为此本章选择了全国60岁及以上人口占20~59岁人口比例作为参照依据来研究制度赡养率。之所以选择全国60岁及以上人口占20~59岁人口比例作为参照标准，而不以老年抚养比即65岁及以上人口占15~64岁人口比例或者城镇人口中的60岁及以上人口占20~59岁人口比例作为参照依据，主要有以下几方面的原因：

（1）60岁及以上人口占20~59岁人口的比例中所涉及的年龄与参加城镇企业职工基本养老保险的劳动者就业年龄和退休年龄基本相符。随着参保职工受教育年限的普遍延长，职工的参保年龄也会有所提高，尤其是参加城镇企业职工基本养老保险的职工往往是那些有正式工作岗位或者经济承受能力较强的劳动者，而这些劳动者大多数都接受了较长时间的教育，因此就业年龄相对要晚于老年抚养比中所采用的15岁这一最低劳动年龄。另外，与国外劳动者退休年龄普遍为65岁不同，目前中国所规定的劳动者退休年龄为60岁。因此，以60岁及以上人口占20~59岁人口的比例作为研究制度赡养率的参照标准具有一定的合理性。

（2）目前，中国城镇的人口老龄化水平要低于农村的人口老龄化水平，选择全国60岁及以上人口占20~59岁人口比例作为参照依据既可以避免以城镇人口中60岁及以上人口占20~59岁人口比例作为参照依据可能引起的制度赡养率估计偏低的问题，同时也符合中国养老保险制度逐步趋于统一的长期发展趋势。

图5-1和图5-2为笔者根据2000年和2010年人口普查数据计算的各省份城乡60岁及以上人口占20~59岁人口比例得出的柱状图。从柱状图可以看出，除了极少数地区外，绝大多数地区农村的60岁及以上人口占20~59岁人口比例都要高于城镇的这一比例，这和中国人口老龄化的城乡倒置的情况是基本相同的。农村经济发展水平远低于城镇，但农村60岁及以上人口占20~59岁人口比例却高于城镇，因此在城镇化不断推进和城镇企业职工养老保险覆盖面继续扩大的情况下，如果以城镇60岁及以上人口占20~

59岁人口比例作为参照的标准势必会低估城镇企业职工基本养老保险的养老压力，而以全国60岁及以上人口占20~59岁人口比例作为参照依据则可避免这一问题的出现，同时也符合制度趋于融合的长期发展趋势。

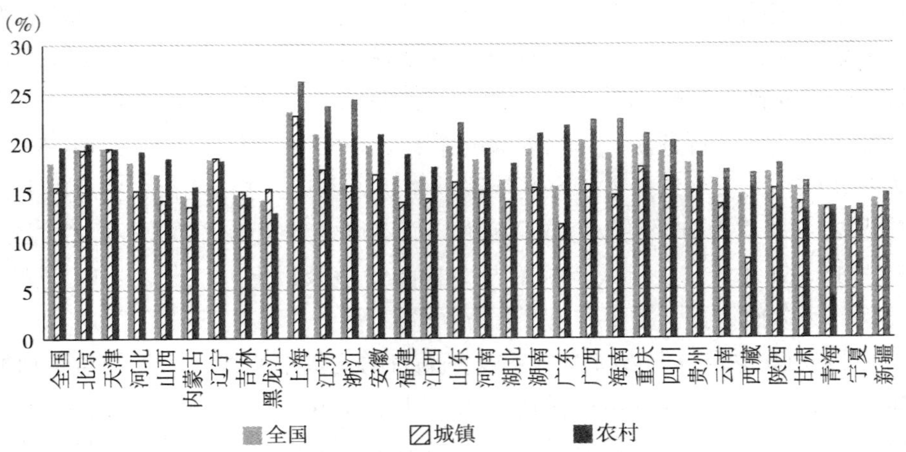

图 5-1　2000 年全国、城镇及农村 60 岁及以上人口占 20~59 岁人口比例

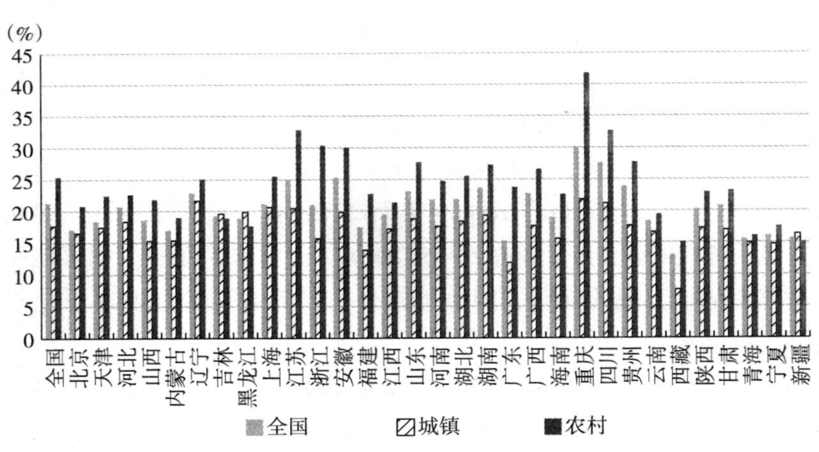

图 5-2　2010 年全国、城镇及农村 60 岁及以上人口占 20~59 岁人口比例

（3）制度赡养率和60岁及以上人口占20~59岁人口比例两者的发展趋势密切相关，且随着覆盖面的进一步扩大，两者的数值日益接近。通过对比1997~2016年的制度赡养率和60岁及以上人口占20~59岁人口比例的相关数据，发现两者之间存在着密切的关系，如图 5-3 所示，随着 60 岁及以上人口占 20~59 岁人口比重的逐步增加，制度赡养率也呈上升的趋势，两者的发展趋势非常相近。

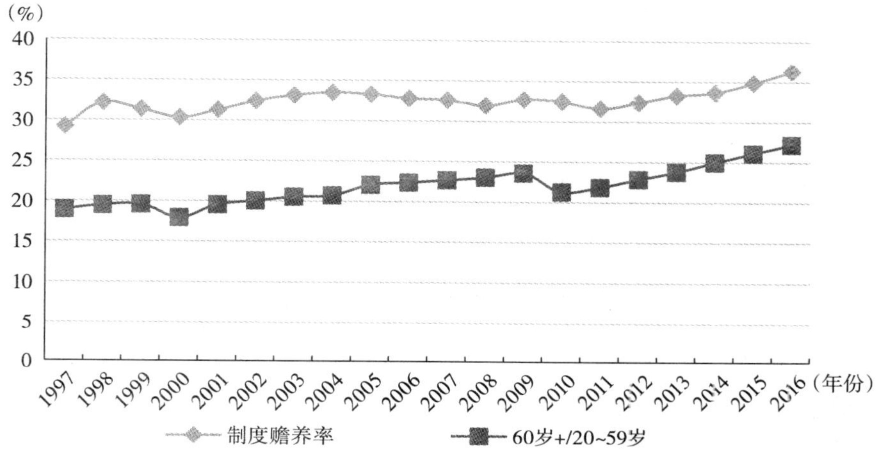

图 5-3 1997~2016 年的制度赡养率与 60 岁及以上人口占 20~59 岁人口比例

为了研究制度赡养率和 60 岁及以上人口占 20~59 岁人口比例两者之间的关系，笔者参照路锦非（2016）采用的制度—老年压力比指标，构建了反映两者之间关系的老年抚养差异比这一指标，老年抚养差异比为制度赡养率与 60+/20~59 的比值，而为了进一步研究老年抚养差异比与养老保险覆盖面之间的关系，下面对 1997~2016 年的老年抚养差异比和城镇企业职工基本养老保险的覆盖率进行了相关关系分析。

表 5-6 为相关分析输出的结果，结果显示，老年抚养差异比和基本养老保险覆盖率之间的 Spearman 相关系数为-0.859，表明两者之间存在着负相关关系，两者之间不相关的双侧显著性值为 0<0.01，表示在 0.01 的显著性水平下否定了两者不相关的假设，根据计量分析的结果可知老年抚养差异比和城镇企业职工基本养老保险覆盖率之间存在着显著的相关关系。相关分析结果表明，随着基本养老保险覆盖面的逐步扩大，老年抚养差异比将会越来越小，这意味着随着基本养老保险扩面工作的逐步开展和参加基本养老保险职工的日益增多，制度赡养率和 60 岁及以上人口占 20~59 岁人口比例之间的差异将会越来越小。因此，根据 60 岁及以上人口占 20~59 岁人口比例探求制度赡养率的发展规律具有一定的合理性。

表 5-6　老年抚养差异比和城镇企业职工基本养老保险覆盖率相关分析结果

			老年抚养差异比	覆盖率
Spearman 的 rho	老年抚养差异比	相关系数	1.000	-0.859**
		Sig.（双侧）	.	0.000
		N	20	20
	覆盖率	相关系数	-0.859**	1.000
		Sig.（双侧）	0.000	.
		N	20	20

注：** 表示在置信度（双测）为 0.01 时，相关性是显著的。

（二）城镇企业职工基本养老保险制度赡养率的预测分析

随着城镇企业职工基本养老保险覆盖面的逐步扩大，制度赡养率与老年抚养差异比将会越来越小并逐步趋近于 1。因此，为了掌握城镇企业职工基本养老保险制度赡养率的未来发展趋势，一方面需要建立老年抚养差异比与基本养老保险覆盖率的数学模型，另一方面需要在人口预测的基础上对未来各年 60 岁及以上人口占 20~59 岁人口比例进行计算。

1. 数学模型的建立

由于城镇企业职工基本养老保险覆盖率与老年抚养差异比之间存在着密切的关系，因此构建的数学模型为：

$$Ratio = \alpha + bCover + \varepsilon$$

其中，*Ratio* 为老年抚养差异比，*Cover* 为城镇企业职工基本养老保险覆盖率，通过对 1997~2016 年的老年抚养差异比和城镇企业职工基本养老保险覆盖率的数据进行分析可知，两者之间存在负相关关系（见表 5-7），随着覆盖面的逐步扩大，老年抚养差异比将会越来越小，并且当养老保险达到全覆盖时，老年抚养差异比也接近于 1。

表 5-7　模型汇总和参数估计值

因变量　Ratio							
方程	模型汇总					参数估计值	
	R^2	F	df1	df2	Sig.	常数	b1
线性	0.718	45.929	1	18	0.000	2.053	-0.011

注：自变量为 Cover。

2. 人口预测与制度赡养率的确定

利用 CPPS 软件对未来人口进行预测分析，除了要收集到基期年份的分年龄、分性别人口数和死亡率及年龄别生育率等数据外，还需对人口预期寿命及其总和生育率等参数进行设定。为此，在利用 CPPS 软件对 2020～2050 年的人口发展趋势进行预测和分析时，除了基本的数据从全国第六次人口普查数据中获得外，对参数进行设定时还参考了《国家人口发展规划》（2016～2030 年）、《中国养老金精算报告》（2018～2022 年）及联合国《世界人口展望：2015 年修订版》的相关研究成果，最终得到了如表 5-8 所示各年 60 岁及以上人口与 20～59 岁的人口比例。

表 5-8　2020～2050 年 60 岁及以上与 20～59 岁的人口比例　　单位：%

年份	60+/20～59	年份	60+/20～59	年份	60+/20～59
2020	30. 37	2031	50. 92	2042	63. 06
2021	30. 50	2032	52. 79	2043	63. 72
2022	31. 92	2033	54. 48	2044	64. 43
2023	34. 38	2034	55. 90	2045	65. 05
2024	36. 22	2035	57. 22	2046	67. 28
2025	38. 16	2036	58. 45	2047	69. 49
2026	40. 10	2037	58. 84	2048	72. 14
2027	41. 59	2038	59. 47	2049	74. 02
2028	44. 00	2039	60. 18	2050	76. 47
2029	46. 04	2040	60. 76		
2030	48. 64	2041	62. 11		

资料来源：笔者根据 CPPS 软件预测的人口数据计算得出。

根据老年抚养差异比与基本养老保险覆盖率的数学模型可知，随着覆盖面的逐步扩大，老年抚养差异比将会越来越小，制度赡养率和 60 岁及以上人口占 20～59 岁的人口比例将会越来越接近，假设到 2050 年时基本养老保险已经达到了全覆盖，则可得到表 5-9 中 2020～2050 年各年份的制度赡养率。

表 5-9　2020~2050 年的制度赡养率

单位：%

年份	制度赡养率	年份	制度赡养率	年份	制度赡养率
2020	38.97	2031	58.61	2042	68.08
2021	39.14	2032	60.18	2043	68.43
2022	40.96	2033	62.10	2044	68.49
2023	42.22	2034	63.11	2045	69.15
2024	44.48	2035	64.60	2046	70.78
2025	46.86	2036	65.35	2047	72.34
2026	47.04	2037	65.78	2048	74.30
2027	48.78	2038	65.84	2049	75.43
2028	51.12	2039	66.62	2050	76.47
2029	53.50	2040	66.93		
2030	54.99	2041	67.73		

资料来源：笔者根据数学模型和表 5-8 中的数据计算得出。

（三）基础养老金替代率的确定

按照中国城镇企业职工养老金的计发办法可知，对于缴费满 15 年的参保职工而言，退休后职工的基本养老金由社会统筹部分基础养老金和个人账户养老金两部分组成，其中参保职工退休时基础养老金的月给付标准以职工所在地区上年度在岗职工平均工资和本人指数化月平均工资的平均值为计发基数，并且缴费每满一年发给 1%，而另外一部分即个人账户部分养老金的月给付标准为个人账户储存额除以计发月数，其中计发月数由政府根据职工退休时的人口平均预期寿命、本人退休年龄和利息等因素确定。由于目前企业的养老保险缴费全部进入社会统筹账户，因此定量分析企业基本养老保险缴费率时所涉及的替代率为社会统筹部分的基础养老金替代率。

中国城镇企业职工基本养老金的定位是为退休人员提供基本的生活保障，所谓的基本生活应该是介于原有的较高的生活水平和最低生活水平之间的一种生活状态，而退休职工的养老金替代率则是衡量一个国家养老金保障水平的重要指标。养老金替代率为职工退休后领取的养老金与工资收入的比值，养老金和工资收入的具体取值不同，养老金替代率所代表的含义也是不同的。当计算养老金替代率时，如果养老金替代率为某一职工具体的领取额与其退休前工资收入的比值，该替代率为目标替代率，衡量的是个人退休前后收入的变化情况，养老金的替代率越高，说明职工退休前后的收入差距越小，相反，养老金的替代率越低，说明职工退休前后的收入差距越大。同时，对职工间的养老金替代率进行比较分析，还可以反映出个体间的差异，如在机关事业单位养老保险制度改革前，机关事业单位退休职工的养老金替代率大概为原工资收入的80%~90%，远高于企业职工的养老金替代率，在机关事业单位工资收入普遍较高的情况下，能够反映出机关事业单位职工与企业职工间存在较大的养老金收入差距。而在计算养老金的替代率时，如果替代率为同一时期内退休职工的平均养老金给付水平与社会平均工资收入水平的比值，养老金的替代率为平均替代率，此时的养老金替代率反映的是一个国家或者地区整体的养老金给付水平，虽然不能反映出个体间的差异，但是却可以反映出退休职工与在职职工之间的收入差距，养老金的替代率越高，意味着退休职工与在职职工的收入差距越小，相反，养老金的替代率越低，则意味着退休职工与在职职工的收入差距越大。① 在制定养老保险的相关政策时，往往需要考虑的是养老金的整体给付水平，因此，这里所要研究的养老金替代率为平均替代率。

（四）企业基本养老保险缴费率的预测分析

按照基础养老金的给付公式，可以得到如表5-10所示的不同情况下职工基础养老金的平均替代率。从表中的数据可以看出，缴费基数和缴费年限是影响养老金替代率的重要因素，缴费基数越大，缴费年限越长，养老金的替代率越高，反之，缴费基数越小，缴费年限越短，养老金的替代率越低，基础养老金的给付体现出了长缴多得和多缴多得，当缴费基数为社会平均工资的100%，缴费年限为30年时，职工基础养老金的替代率可以达到社会平均工资的30%。按照制度的最初设计，基本养老保险的目标替代率大约为社会平均工资的50%~60%②，当替代率为60%时，如果个人账户和社会统筹各承担50%，基础养老金的替代率应在30%左右，因此在预测未来企业基本养老保险的缴费率时，这里将30%作为基础养老金平均替代

① 李珍，王海东．基本养老保险目标替代率研究［J］．保险研究，2012（1）：97-103.
② 李珍．社会保障理论［M］．北京：中国劳动社会保障出版社，2011.

率的目标之一。

表 5-10　不同情况下职工基础养老金的平均替代率　　单位：%

缴费基数 缴费年限	平均工资的 60%	平均工资的 80%	平均工资的 90%	平均工资的 100%	平均工资的 200%	平均工资的 300%
15	12.0	13.5	14.3	15.0	22.5	30.0
20	16.0	18.0	19.0	20.0	30.0	40.0
25	20.0	22.5	23.8	25.0	37.5	50.0
30	24.0	27.0	28.5	30.0	45.0	60.0
35	28.0	31.5	33.3	35.0	52.5	70.0
40	32.0	36.0	38.0	40.0	60.0	80.0

注：表中数据为笔者根据基础养老金给付公式计算得出。

另外，考虑到养老保险制度实际运行中，很多企业和个人为了降低缴费负担，达到少缴费的目的，往往会选择按照较低的工资基数进行缴费，或者在缴费年限达到国家规定的最低缴费年限 15 年后，会尽量减少缴费的年限，职工通过延长缴费年限和提高缴费基数来提高基础养老金替代率的积极性普遍不高。同时，随着第二支柱和第三支柱补充养老保险制度的发展，基础养老金的替代率也可以适当地进行下调，因此在保障一定给付水平的情况下，同时还选择了 25%这一较低的替代率水平，这也符合将养老金替代率调整为社会平均工资 50%的目标。根据确定的养老金替代率水平，可以得到表 5-11 中不同替代率下未来各年的企业基本养老保险的缴费率。通过表中的数据可以看出，随着人口老龄化程度的不断加深，养老压力会日益增加，中国基本养老保险的缴费负担也会越来越大。如在养老金的替代率为 25%的条件下，2020 年企业的缴费率虽然仅需 10%，但随着人口老龄化程度的日益严重，到 2030 年时也需将企业养老保险缴费率提高到 14%，而到 2048 年时企业养老保险缴费率需进一步提高到 19%；当养老金的替代率为 30%时，2030 年企业基本养老保险的缴费比例为 16%，到 2040 年将达到 20%，而到 2049 年时如果仍然保持现在的退休年龄不变，为了维持基础养老金的收支平衡，企业基本养老保险的缴费比例需要提高到 23%。

表 5-11　2020~2050 年不同养老金替代率下的企业养老保险缴费率 单位：%

年份	30%替代率	25%替代率	年份	30%替代率	25%替代率	年份	30%替代率	25%替代率
2020	12	10	2031	18	15	2042	20	17
2021	12	10	2032	18	15	2043	21	17
2022	12	10	2033	19	16	2044	21	17
2023	13	11	2034	19	16	2045	21	17
2024	13	11	2035	19	16	2046	21	18
2025	14	12	2036	20	16	2047	22	18
2026	14	12	2037	20	16	2048	22	19
2027	15	12	2038	20	16	2049	23	19
2028	15	13	2039	20	17	2050	23	19
2029	16	13	2040	20	17			
2030	16	14	2041	20	17			

注：表中数据为笔者根据养老金的收支平衡公式计算得出。

第三节　统筹层次提升中基础养老金统筹调剂比例的确定

一、基本养老保险调剂金制度是实现全国统筹的突破口

中国各地区养老保险基金的收支及结余情况各不相同，通过表 5-12 中的数据可以看出各地区的养老保险基金存在着较大的差距，其中，广东、北京、江苏和浙江等省份的养老保险基金无论是当期结余还是累计结余都是比较充裕的。但是随着经济发展的逐步放缓和养老负担的逐步增加，基本养老保险基金出现当期收不抵支的地区近年来日益增多。从表中的数据来看，2014 年只有黑龙江和宁夏两省出现了当期的收支缺口，到 2015 年当期收支出现缺口的地区扩大到辽宁、黑龙江、吉林、青海、河北和陕西六省，而到了 2016 年当期养老金收不抵支的省份已增加到了河北、青海、内

蒙古、辽宁、吉林、黑龙江和湖北七个省份，而其中收支状况不容乐观的黑龙江省不仅当期的养老金收入低于养老金的支出，缺口达到了327亿元，而且其累计结余基金也出现了负值，为-196.1亿元。由此可见，在统筹层次较低的情况下，个别地区的养老金已难以为继，如果能够提高统筹层次，发挥基本养老保险在地区间进行余缺调剂的功能，基金存在结余地区的养老金完全可以满足基金出现缺口地区的养老金给付需要。由此可见，虽然个别地区难以维持养老保险基金的当期收支平衡，但中国的养老金总体上是能够维持基金的收支平衡的，因此，实现养老金在全国范围内的统收统支不但能够大大减轻个别地区的养老压力，而且还有利于促进养老保险制度整体的健康、可持续发展，同时统筹层次的提高还能调节地区间退休职工的养老金待遇差距，维护社会公平。

表5-12　城镇企业职工基本养老保险基金的收支情况　单位：亿元

地区＼年份	2014				2015				2016			
	养老金收入	养老金支出	收支差额	累计结余	养老金收入	养老金支出	收支差额	累计结余	养老金收入	养老金支出	收支差额	累计结余
北京	1331.3	841.7	489.6	2160.8	1601.2	965.5	635.8	2796.6	2249.0	1479.4	769.6	3566.2
天津	534.4	491.7	42.7	361.7	594.3	559.5	34.8	396.4	751.4	750.1	1.3	397.7
河北	958.8	953.1	5.7	818.8	1073.9	1137.0	-63.0	755.8	1221.3	1269.4	-48.1	707.6
山西	663.9	555.9	108	1232.8	688.6	657.0	31.6	1264.4	788.0	746.9	41.1	1305.6
内蒙古	501.7	486.1	15.6	471.6	567.6	565.0	2.6	474.2	612.5	627.8	-15.3	458.9
辽宁	1534.2	1477.9	56.3	1283.8	1630.2	1743.2	-113.1	1170.8	1676.1	1930.3	-254.2	916.6
吉林	519.2	516.9	2.3	423.9	569.2	609.9	-40.8	383.1	636.0	676.3	-40.3	342.8
黑龙江	922.2	1028.3	-106.1	323.3	1030.7	1223.2	-192.4	130.9	1005.7	1332.7	-327	-196.1
上海	1688.5	1505.5	183	1260.0	2226.1	2035.2	191.0	1451.0	2579.7	2158.2	421.5	1872.5
江苏	1922.6	1584.2	338.4	2854.5	2153.9	1844.7	309.2	3163.7	2324.5	2085.6	238.9	3402.7
浙江	1618.6	1220.0	398.6	2695.5	1958.5	1583.7	374.8	3070.4	2358.4	2157.4	201	3293.5
安徽	656.5	519.9	136.6	882.0	765.9	605.5	160.4	1042.4	815.9	673.1	142.8	1185.2
福建	453.3	378.9	74.4	490.3	519.9	434.0	86.0	576.2	689.7	586.0	103.7	701.1
江西	490.1	444.6	45.5	430.5	605.6	537.1	68.5	498.9	695.9	668.2	27.7	526.7
山东	1672.7	1557.7	115	1973.0	2105.6	1845.2	260.4	2233.4	2242.5	2090.3	152.2	2385.7
河南	922.8	830.7	92.1	931.3	1027.1	961.0	66.1	997.5	1145.2	1092.2	53	1050.5

续表

地区＼年份	2014				2015				2016			
	养老金收入	养老金支出	收支差额	累计结余	养老金收入	养老金支出	收支差额	累计结余	养老金收入	养老金支出	收支差额	累计结余
湖 北	977.8	950.6	27.2	821.6	1132.4	1103.6	28.8	850.4	1196.9	1225.1	-28.2	822.3
湖 南	811.5	730.4	81.1	878.6	910.1	849.4	60.7	939.3	1086.7	1019.0	67.7	1007.0
广 东	2059.4	1289.1	770.3	5444.2	2563.6	1475.5	1088.1	6532.8	2818.7	1678.7	1140	7652.6
广 西	413.8	412.4	1.4	448.0	479.1	470.9	8.2	456.5	852.8	849.0	3.8	460.4
海 南	140.8	138.5	2.3	103.7	168.0	157.5	10.5	114.2	198.0	177.8	20.2	134.3
重 庆	678.4	573.8	104.6	662.0	758.1	664.6	93.4	755.4	819.9	740.5	79.4	834.8
四 川	1576.8	1313.2	263.6	2013.3	1680.6	1527.6	153.1	2166.4	2739.9	2679.9	60	2226.3
贵 州	259.8	207.8	52	407.2	315.4	242.2	73.2	480.4	331.3	283.9	47.4	527.8
云 南	358.2	288.2	70	573.0	406.5	329.0	77.5	650.5	664.3	501.1	163.2	813.7
西 藏	23.3	14.9	8.4	40.4	28.2	18.8	9.4	49.8	79.5	51.8	27.7	77.5
陕 西	576.2	542.9	33.3	445.6	604.9	613.0	-8.0	453.3	691.1	678.3	12.8	474.5
甘 肃	298.2	258.6	39.6	361.2	312.2	307.6	4.6	365.8	341.8	331.7	10.1	376.0
青 海	93.1	90.8	2.3	84.3	103.3	111.2	-7.9	76.4	174.5	187.8	-13.3	63.0
宁 夏	117.2	118.3	-1.1	165.3	143.9	137.1	6.9	172.2	205.8	181.9	23.9	196.1
新 疆	526.1	426.1	100	744.7	607.0	490.4	116.6	861.4	1052.4	934.4	118	979.5

资料来源：《中国统计年鉴》（2016~2017 年）。

由于阻碍因素的存在，实现基础养老金的统收统支所面临的困难也必然是最大的。借鉴大多数省份实施的省级调剂金制度，在真正意义上全国统筹实现之前，首先建立全国统筹调剂金制度并在此基础上随着经济的发展和各方面条件的改善，逐步提高调剂金的比例并最终实现基础养老金的统收统支必然有利于统筹层次提升这一目标的顺利实现。国务院在 2018 年印发的《关于建立企业职工基本养老保险基金中央调剂制度的通知》决定建立基本养老保险基金中央调剂金制度。作为实现养老保险全国统筹的第一步，中央调剂金制度的建立有利于均衡地区间的养老负担，减轻部分地区的养老压力，实现养老保险制度整体的可持续发展。在通知中，国家明确了中央调剂金由各省份上解的养老保险基金构成，各省按照本省职工平均工资的 90%和在职应参保人数之积作为计算上解额的基数，同时又进一步规定各省份的职工平均工资为统计部门提供的城镇非私营单位与私营单位就业人员的加权平均工资，各省份的在职应参保人数暂时按照在职参保人数和国家统计局公布的企业就业人数两者的平均值为基数核定，并在将来条件成熟时以覆盖常住人口的全民参保计划数据为基础确定在职应参保人数，中央调剂金的上解比例从3%起步，逐步提高。

基础养老金全国统筹调剂金制度实施的过程中，调剂金比例的确定是影响全国统筹实现难易程度和实施效果的一个重要因素，因为调剂金比例的高低不但会影响到地区间养老金的收入再分配规模，进而影响各地政府及参保职工参加养老保险的积极性，同时还会通过基础养老金的统筹调剂力度影响养老保险公平性的实现程度。调剂金比例高必然会提高地区间基金调剂使用的力度，有利于社会公平目标的实现，但是过高的调剂比例所引起的地区间收入再分配规模的加大也会降低基金结余地区的积极性，因此在统筹层次提升中应合理制定调剂金的比例以推动统筹层次提升的实施进程。

另外，从社会统筹部分基础养老金的筹集和给付角度来看，在养老金存在地区间调剂的情况下，不论是基础养老金筹集标准还是给付标准的统一都会对地区间的收入再分配规模产生重要影响，但其对地区间收入再分配的影响在一定程度上取决于调剂金制度的建立及其调剂比例的大小，因为养老金筹集标准和给付标准的统一虽然会对养老金的筹集和给付数额产生影响，但如果不存在各省份之间的资金调剂，也不会影响到地区间的收入再分配规模，而仅会对所在地区养老保险基金的收支平衡及地方政府的财政收支状况产生一定的影响，因此在养老保险统筹层次提升的过程中对调剂比例进行研究显得至关重要。

二、各地区社会统筹部分基础养老金收支结余预测

虽然在统筹层次提升的过程中，国家已经建立起中央调剂金制度，并将2020年作为实现企业职工基本养老保险基金统收统支这一全国统筹模式的重要节点，但是考虑到实现统收统支的全国统筹模式阻力较大，即便是2020年未完成统收统支的全国统筹目标，也应将养老金的支付缺口作为养老保险基金全国统筹调剂比例确定的重要依据。因此，在统筹层次提升的进程中，即使考虑将地区间的收入再分配力度缩到最小，调剂金比例的确定需要达到的标准也应是使调剂金的筹集能够满足缺口地区养老金的给付

需要，通过养老金在结余地区和缺口地区间的调剂使用，实现全国养老金整体的收支平衡，这一调剂比例应是统筹调剂比例确定的最低限度，否则会失去提高统筹层次、进行基金余缺调剂的应有意义。

在统收统支的全国统筹实现之前，为了实现中国社会统筹部分基础养老金的整体收支平衡，满足基金存在缺口地区的养老金支付需要，在考虑现有统筹调剂比例的基础上，将对2030年以前各地的养老金收支情况进行预测，并将满足缺口地区养老金支付需要的调剂比例作为全国统筹调剂比例的确定依据。之所以选择对2030年以前各省的养老金收支情况进行预测，而没有进行长期的研究，主要是考虑到调剂金制度只是统收统支的全国统筹实现之前的过渡阶段，不是全国统筹的终极版，最终社会统筹部分的基础养老金仍要实现统收统支的全国统筹模式。① 并且近几年随着个别地区养老金当期收支缺口的逐步增大和出现缺口地区的增多，养老保险的支付危机将日益严重，实现养老金的统收统支迫在眉睫、刻不容缓，因此研究中仅对2030年以前企业职工基本养老保险基金的统筹调剂比例进行研究符合养老保险制度的发展实际。

1. 各地区参加基本养老保险人数的预测

参保人口是影响基础养老金收支平衡的重要因素。对各地区城镇企业职工基础养老金收支结余情况的研究是建立在科学预测未来参保职工人数、在岗职工平均工资、缴费率及收缴率等相关数据的基础上进行的，其中参加城镇企业职工基本养老保险的人数取决于人口数量、退休年龄、养老保险覆盖面等多方面的因素，而人口预测是基础，并且准确合理的人口预测将关系到各地区养老金收支结余预测的有效性，因此在对各地区养老金的收支平衡情况进行预测时，首先需要对中国31个省（自治区、直辖市）未来各年的人口分别进行预测。

为了给各地区社会统筹部分基础养老金收支结余预测提供较为精确的人口数据，下文将利用CPPS软件对31个省（自治区、直辖市）2020～2030年的总人口及分年龄人口进行预测。人口预测需要在掌握现有的人口数据资料基础上，综合考虑各地区影响人口发展的各种要素，科学合理地预测某一地区未来一定时期内人口规模和结构的发展趋势。② 人口预测所需

① 董登新．尽快实现养老保险全国统筹［J］．中国社会保障，2013（1）：42-44.

② 贾洪文．甘肃省人口预测与发展趋势分析［J］．西北人口，2013（3）：118-126.

的基础数据的准备是数据分析的首要环节，利用 CPPS 软件对中国 31 个省（自治区、直辖市）进行人口预测时需要收集到各地区分年龄、分性别的人口数和死亡率及年龄别生育率等数据，本次进行人口预测的原始数据来源于各省 2010 年人口普查数据，表 5-13 为辽宁省和浙江省两个地区 2010 年的分年龄、分性别的人口数，及死亡率和年龄别生育率数据，由于数据量较大，考虑到篇幅的原因，其他 29 个省（自治区、直辖市）的相关数据资料将不再一一列出。

表 5-13　2010 年辽宁省和浙江省的人口基础数据　　单位：人；‰

年龄	浙江省					辽宁省				
	男性人口数	女性人口数	男性死亡率	女性死亡率	生育率	男性人口数	女性人口数	男性死亡率	女性死亡率	生育率
0	240036	203225	3. 82	3. 50	—	138487	125755	2. 56	1. 96	—
1	275234	235864	1. 57	1. 17	—	165979	150303	0. 78	0. 54	—
2	264264	230137	0. 63	0. 58	—	164245	147785	0. 32	0. 28	—
3	262900	230662	0. 45	0. 33	—	175208	158842	0. 28	0. 28	—
4	262620	229217	0. 37	0. 28	—	164158	148199	0. 27	0. 15	—
5	270550	237768	0. 35	0. 30	—	176130	158185	0. 26	0. 19	—
6	270317	237406	0. 30	0. 22	—	172805	155383	0. 32	0. 2	—
7	237380	208430	0. 33	0. 23	—	146541	131753	0. 21	0. 13	—
8	238040	210937	0. 27	0. 24	—	186212	167108	0. 27	0. 13	—
9	248420	218313	0. 30	0. 16	—	179888	160897	0. 18	0. 15	—
10	248602	219090	0. 28	0. 18	—	186260	165582	0. 29	0. 13	—
11	234791	206676	0. 31	0. 15	—	172004	153532	0. 25	0. 14	—
12	243989	215963	0. 32	0. 18	—	190418	169682	0. 29	0. 17	—
13	259172	229759	0. 24	0. 16	—	199173	178943	0. 21	0. 18	—
14	273857	245456	0. 24	0. 13	—	213997	193523	0. 41	0. 17	—
15	317473	283477	0. 35	0. 18	0. 07	238457	219199	0. 32	0. 16	0. 04
16	358687	326728	0. 32	0. 17	0. 55	261669	246367	0. 50	0. 22	0. 38
17	407599	378301	0. 41	0. 18	3. 09	267222	255650	0. 47	0. 2	1. 89
18	383056	356801	0. 46	0. 22	8. 13	260575	246968	0. 62	0. 27	6. 54
19	399011	380554	0. 47	0. 15	13. 80	266256	250232	0. 54	0. 22	11. 66
20	509201	490954	0. 50	0. 18	29. 24	376391	360457	0. 54	0. 21	23. 42
21	504616	483790	0. 47	0. 16	44. 81	378933	361497	0. 57	0. 22	35. 53

续表

年龄	浙江省					辽宁省				
	男性人口数	女性人口数	男性死亡率	女性死亡率	生育率	男性人口数	女性人口数	男性死亡率	女性死亡率	生育率
22	487009	462075	0.47	0.22	56.05	374754	357442	0.64	0.22	40.01
23	555729	524959	0.48	0.26	78.35	404337	391521	0.66	0.26	52.43
24	476743	455574	0.52	0.22	82.91	331456	328510	0.78	0.25	57.82
25	412543	393406	0.51	0.22	80.89	263003	261711	0.68	0.34	48.35
26	432844	416897	0.56	0.30	81.30	249296	248569	0.73	0.27	46.26
27	456223	440117	0.46	0.28	77.82	296414	294037	0.62	0.27	48.18
28	527593	507352	0.54	0.22	87.50	392331	387530	0.75	0.35	65.36
29	449991	429778	0.65	0.24	71.27	327571	321231	0.80	0.36	52.71
30	410511	387315	0.61	0.32	51.42	331277	322196	0.80	0.32	41.86
31	473401	444077	0.67	0.34	47.47	378697	367361	0.94	0.42	36.46
32	466861	441716	0.73	0.32	41.33	359832	347656	1.09	0.39	32.9
33	453741	428665	0.82	0.30	34.06	292039	278573	0.91	0.4	26.93
34	492225	461444	0.81	0.43	28.25	305904	292253	1.13	0.51	20.02
35	486332	459077	0.87	0.43	24.26	314242	303010	1.39	0.47	16.42
36	505413	478160	0.91	0.44	17.83	349516	338079	1.35	0.52	15.04
37	546464	519358	1.07	0.42	15.39	398066	383750	1.54	0.58	12.34
38	545476	520859	1.08	0.48	11.64	406468	388740	1.63	0.73	8.26
39	568867	542494	1.22	0.58	8.20	429453	408774	1.77	0.69	7.19
40	595411	573079	1.35	0.67	6.31	460871	440630	2.18	0.88	6.31
41	576181	554322	1.47	0.71	4.14	422285	405036	2.33	0.87	3.97
42	576770	552611	1.62	0.78	3.59	459742	439837	2.69	1	4.73
43	489127	470662	1.83	0.89	2.18	356291	344815	2.88	1.07	2.72
44	556499	530856	2.01	0.97	1.62	421470	407981	3.17	1.25	2.4
45	560915	533229	2.22	1.04	1.31	474911	458089	3.37	1.39	2.29
46	534911	509036	2.35	1.19	1.10	485825	471081	3.78	1.52	1.41
47	609069	571770	2.51	1.29	0.83	610449	588084	3.95	1.54	2.28
48	468489	439478	3.23	1.55	1.17	369300	358397	5.17	2.28	1.91
49	255218	243928	3.29	1.55	0.61	224377	225933	4.44	2.05	1.47
50	338079	315450	3.87	1.87	—	398837	389892	5.20	2.27	—
51	300453	275986	4.21	2.10	—	327970	320481	5.52	2.45	—

续表

年龄	浙江省					辽宁省				
	男性人口数	女性人口数	男性死亡率	女性死亡率	生育率	男性人口数	女性人口数	男性死亡率	女性死亡率	生育率
52	376035	341029	4. 48	2. 05	—	404924	397576	5. 83	2. 69	—
53	423692	389717	5. 12	2. 32	—	416977	410810	6. 36	2. 89	—
54	378805	358399	5. 67	2. 55	—	387700	387621	6. 78	3. 22	—
55	370508	349631	5. 66	2. 71	—	410871	403939	7. 20	3. 5	—
56	384368	364494	6. 26	2. 77	—	395123	391395	7. 64	3. 77	—
57	326546	317219	6. 85	3. 46	—	333534	334102	8. 32	4. 19	—
58	331762	320983	7. 30	3. 48	—	327126	329917	9. 28	4. 53	—
59	288759	284170	8. 02	3. 87	—	291980	296943	9. 65	5. 12	—
60	277883	265849	8. 72	4. 42	—	289367	290215	10. 42	5. 95	—
61	280405	264491	9. 33	4. 71	—	251324	251544	12. 59	7. 12	—
62	263556	252258	10. 47	5. 19	—	200913	207932	12. 59	7. 5	—
63	234842	226164	10. 97	6. 13	—	185584	191228	13. 43	8. 08	—
64	208381	203129	12. 71	6. 73	—	184305	188899	15. 66	9. 21	—
65	180323	171922	14. 76	7. 45	—	156846	162508	17. 31	10. 88	—
66	174807	164156	15. 19	8. 18	—	157281	161493	17. 56	11. 54	—
67	154602	144660	17. 46	9. 54	—	152801	154694	20. 44	12. 89	—
68	132056	122984	18. 54	10. 33	—	147605	154034	21. 68	14. 49	—
69	143007	132140	21. 54	12. 10	—	145043	150413	24. 77	16. 26	—
70	129385	119255	23. 47	12. 55	—	135072	144346	28. 66	19. 52	—
71	124621	116242	25. 39	15. 64	—	121119	130687	30. 26	20. 62	—
72	150755	140050	28. 69	17. 74	—	127525	137330	34. 59	25. 52	—
73	142248	136194	33. 08	20. 84	—	114908	122648	38. 84	27. 85	—
74	132925	129168	35. 80	22. 47	—	108531	118555	41. 73	29. 96	—
75	132196	132548	40. 88	25. 84	—	105278	118343	47. 28	34	—
76	122310	125260	45. 27	29. 27	—	92727	103051	50. 29	38. 3	—
77	121961	128801	51. 36	35. 15	—	88694	96406	57. 28	44. 61	—
78	106778	115629	56. 56	40. 27	—	77289	85804	62. 98	49. 76	—
79	87095	94570	66. 02	48. 31	—	66184	71396	68. 37	55. 37	—
80	78195	87029	75. 54	55. 15	—	70155	77370	77. 88	64. 33	—
81	67773	78549	82. 41	61. 43	—	53498	59535	84. 72	69. 98	—
82	68438	81476	94. 59	71. 26	—	49383	54818	95. 41	79. 97	—

续表

年龄	浙江省					辽宁省				
	男性人口数	女性人口数	男性死亡率	女性死亡率	生育率	男性人口数	女性人口数	男性死亡率	女性死亡率	生育率
83	53758	65742	105. 40	82. 32	—	42298	46789	101. 70	88. 02	—
84	43379	55367	121. 77	96. 14	—	33527	37926	113. 97	101. 58	—
85	37095	49380	135. 25	106. 88	—	28852	32615	121. 28	106. 15	—
86	30663	43365	149. 70	118. 80	—	22420	26294	130. 10	112. 17	—
87	23469	34839	167. 13	136. 36	—	17911	21286	148. 02	129. 33	—
88	18192	28994	194. 42	158. 74	—	15052	17778	160. 24	147. 33	—
89	13291	21536	197. 09	171. 03	—	12069	14787	186. 41	154. 39	—
90	9799	16959	228. 92	196. 15	—	8145	10618	212. 48	177	—
91	6996	12698	249. 04	223. 10	—	5475	7236	218. 32	193. 32	—
92	4879	9321	272. 08	252. 50	—	4183	5625	234. 13	211. 34	—
93	3404	6882	308. 29	264. 78	—	3055	4134	238. 60	230. 57	—
94	2296	4774	312. 83	282. 46	—	2125	3129	271. 85	224. 14	—
95	1584	3334	332. 04	314. 19	—	1373	2153	305. 12	255. 52	—
96	1095	2449	316. 58	329. 38	—	1190	1848	278. 75	260. 79	—
97	704	1520	336. 35	342. 86	—	871	1304	242. 89	244. 74	—
98	493	970	306. 87	333. 33	—	646	1001	254. 87	260. 02	—
99	316	833	423. 79	375. 00	—	468	706	230. 13	322. 69	—
100 岁及以上	308	883	596. 83	505. 62	—	426	756	459. 02	466. 75	—

资料来源：辽宁省 2010 年人口普查资料；浙江省 2010 年人口普查资料。

对 2020~2030 年各地区人口进行预测时需要设置的参数主要包括出生人口平均预期寿命、总和生育率和出生性别比等。由于各个地区的人口发展存在着较大的差异，对中国 31 个省（自治区、直辖市）的分年龄人口数据进行预测时需对各地区的参数分别进行设置，并且相关参数的设置需要充分考虑到各个地区发展的实际情况和未来发展的趋势，因此在设置各地区人口预测的相关参数时，主要参考了国家及 31 个省（自治区、直辖市）的 2016~2030 年人口发展规划、《国民经济和社会发展第十三个五年规划纲要》及各个地区 1990 年以来的人口普查和历年的抽样调查数据等相关资料，尽量使参数的设置能够符合各省人口发展的实际情况，从而为各省人口发展趋势做出比较准确的预测，表5-14为2030年时各地区部分人口参数预期发展目标。

表5-14　2030年各地区人口预期发展目标

地区	男性人口预期寿命（岁）	女性人口预期寿命（岁）	总和生育率	出生人口性别比（女=100）
北京	82.4	85.3	1.4	107
天津	81.4	84.5	1.5	108
河北	75.1	79.9	1.9	108
山西	76.1	80.6	1.8	107
内蒙古	76.5	81.7	1.8	103
辽宁	78.3	82.9	1.8	106
吉林	77.2	81.4	1.3	107
黑龙江	77.3	82.4	1.4	105
上海	81.3	85.4	1.5	107
江苏	77.9	82.1	1.7	107
浙江	78.6	82.2	1.7	108
安徽	75.8	80.9	2.1	110
福建	77.5	82.8	1.9	108
江西	76.6	81.7	1.9	107
山东	79.6	82.6	1.8	110
河南	75.9	80.6	1.9	112
湖北	76.5	81.1	1.8	110
湖南	76.6	81.8	2.1	109
广东	77.6	82.0	1.6	107
广西	76.6	81.9	2.1	106
海南	76.5	83.4	1.8	113
重庆	77.5	81.9	1.8	107
四川	75.8	81.1	1.6	107
贵州	73.6	79.2	2.2	107
云南	71.1	76.5	2.1	107
西藏	70.1	74.9	1.6	105

续表

地区	男性人口预期寿命（岁）	女性人口预期寿命（岁）	总和生育率	出生人口性别比（女=100）
陕 西	76.8	80.6	1.8	108
甘 肃	74.4	77.8	1.8	107
青 海	72.1	76.0	1.9	107
宁 夏	74.5	78.9	2.0	107
新 疆	75.2	79.8	2.1	105

注：表中数据为笔者参照相关资料设定。

图 5-4 至图 5-34 分别为笔者根据相关数据资料预测的 2020~2030 年中国 31 个省（自治区、直辖市）的分年龄人口情况，从图中可以看出，各个地区之间的人口年龄结构存在较大的差距。

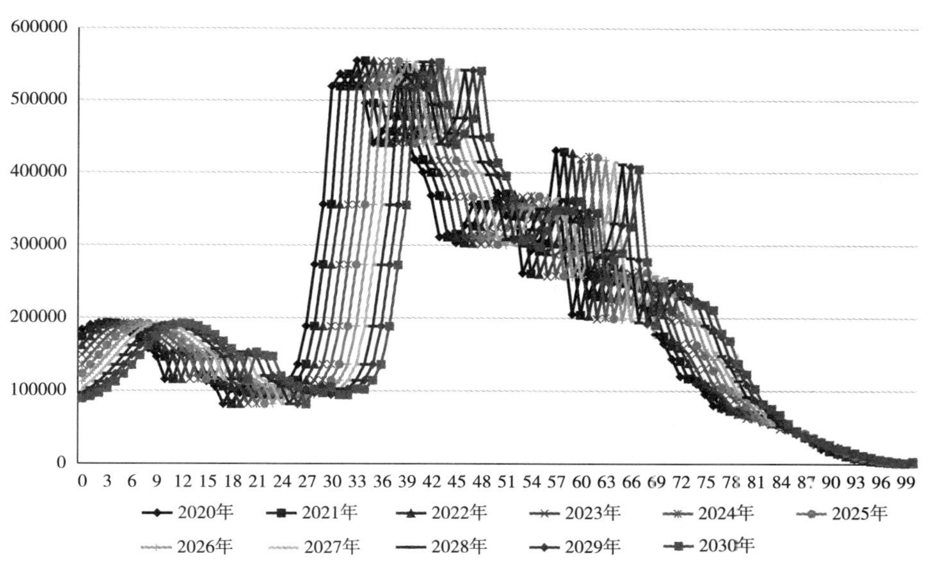

图 5-4　2020~2030 年北京市分年龄人口

在人口预测的基础上，通过掌握各个地区城镇化率、城镇企业职工基本养老保险覆盖面、缴费率、收缴率等相关实际运行数据的同时，参照国家及各地区 2016~2030 年人口发展规划、《国民经济和社会发展第十三个五年规划纲要》中的相关数据，可以进一步对各地区 2020~2030 年参保的在职职工和退休职工人数进行预测，图 5-35 为预测的 2030 年各地区参加城镇企业职工基本养老保险的在职职工与退休职工的人数。

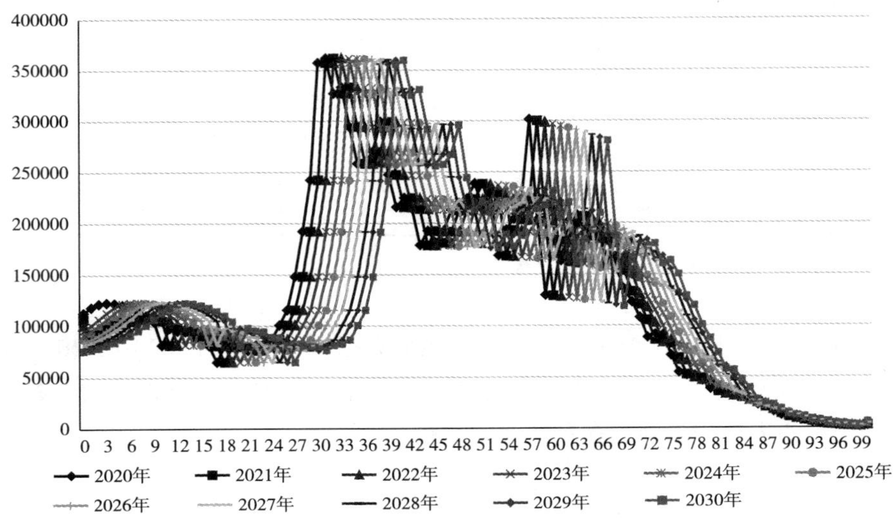

图 5-5　2020~2030 年天津市分年龄人口

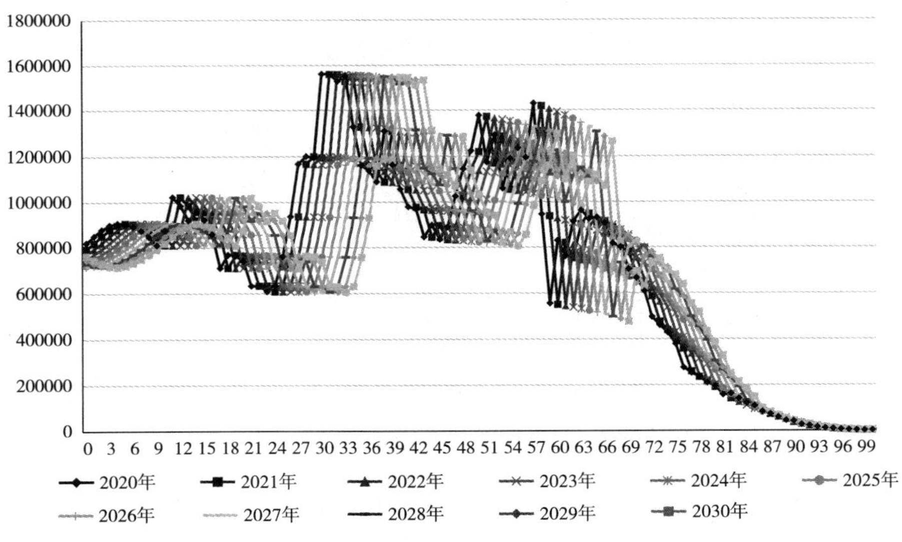

图 5-6　2020~2030 年河北省分年龄人口

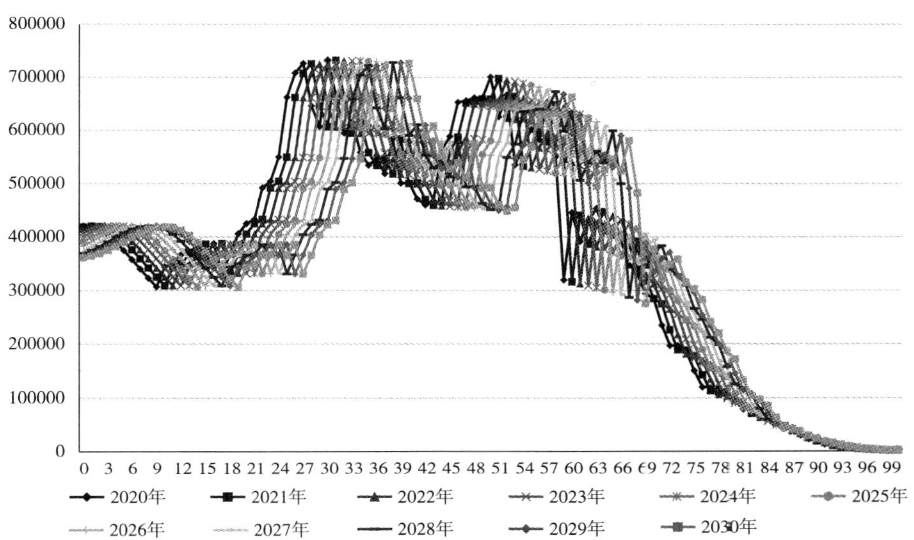

图 5-7　2020~2030 年山西省分年龄人口

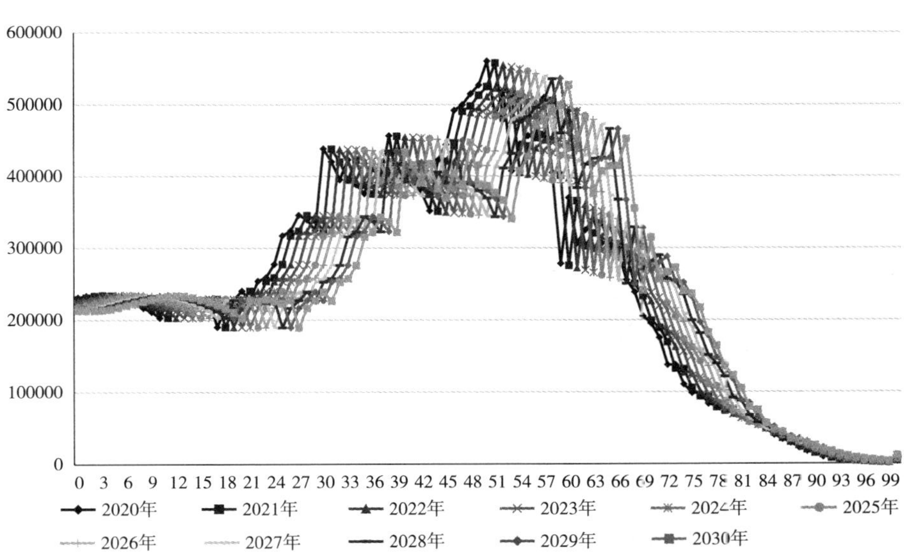

图 5-8　2020~2030 年内蒙古自治区分年龄人口

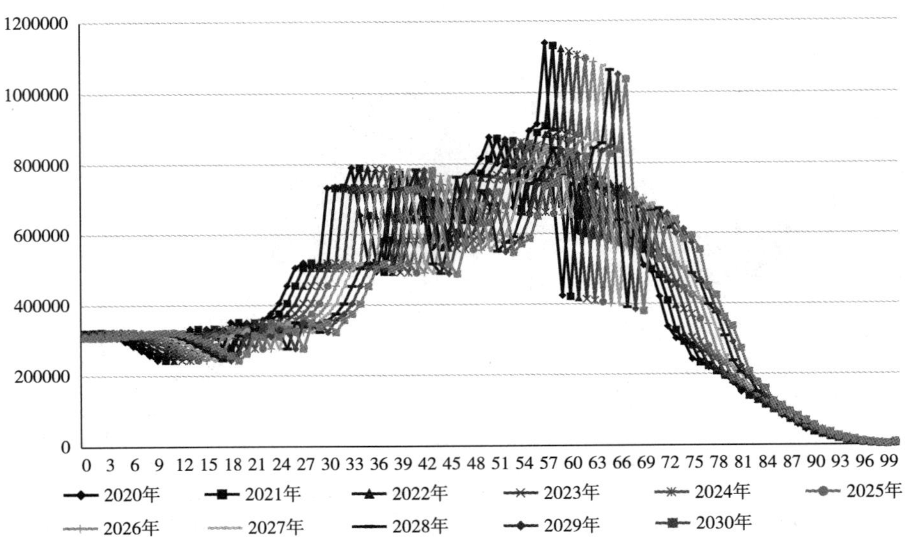

图 5-9　2020~2030 年辽宁省分年龄人口

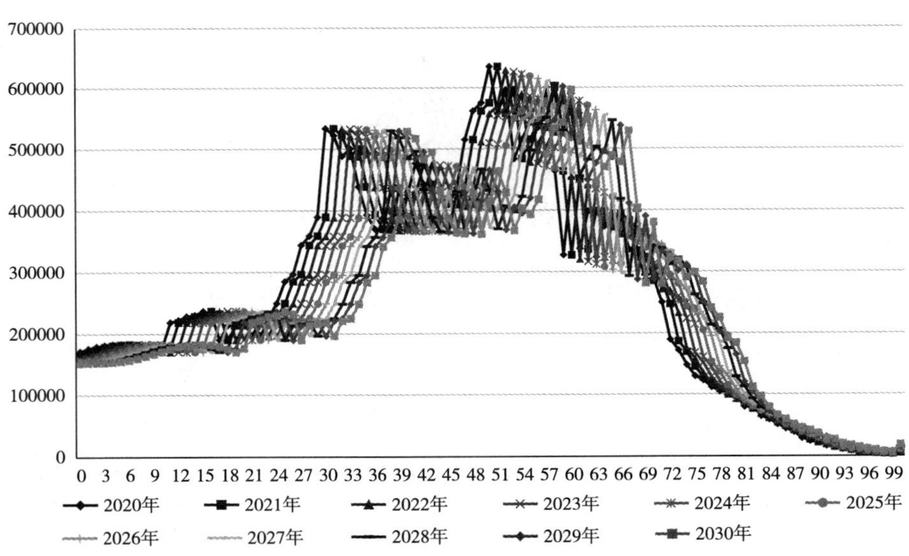

图 5-10　2020~2030 年吉林省分年龄人口

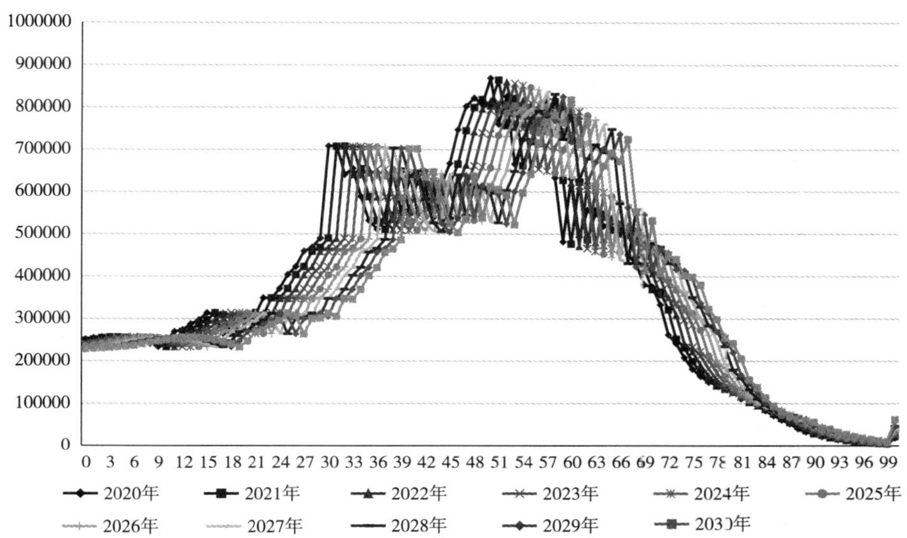

图 5-11　2020~2030 年黑龙江省分年龄人口

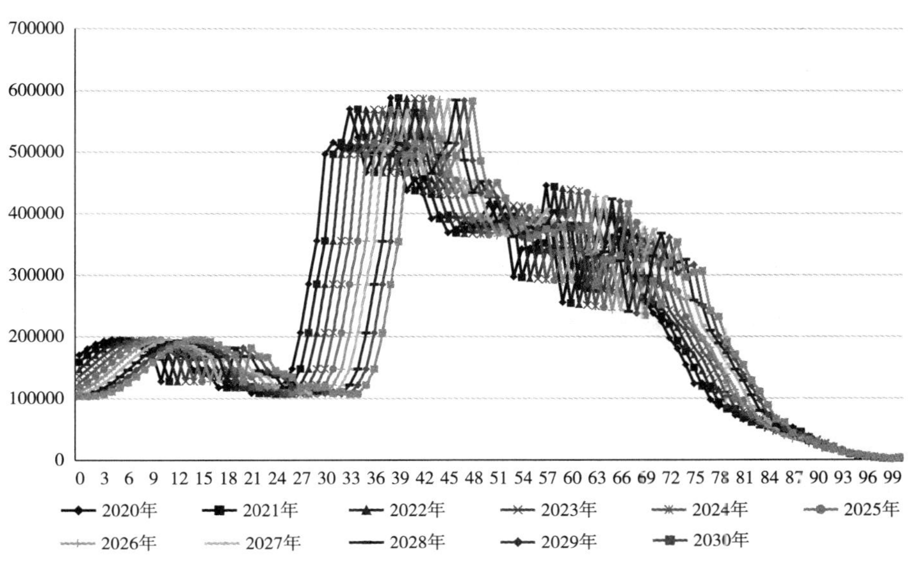

图 5-12　2020~2030 年上海市分年龄人口

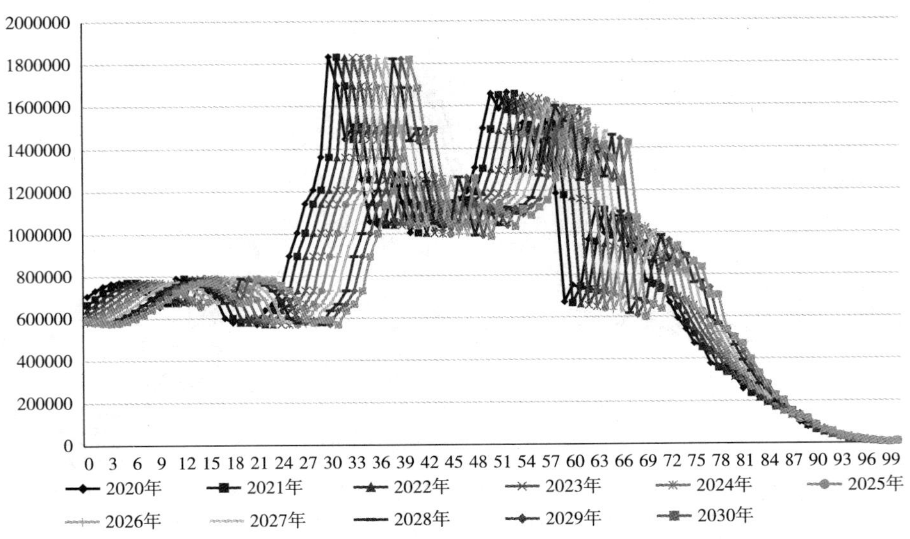

图 5-13　2020~2030 年江苏省分年龄人口

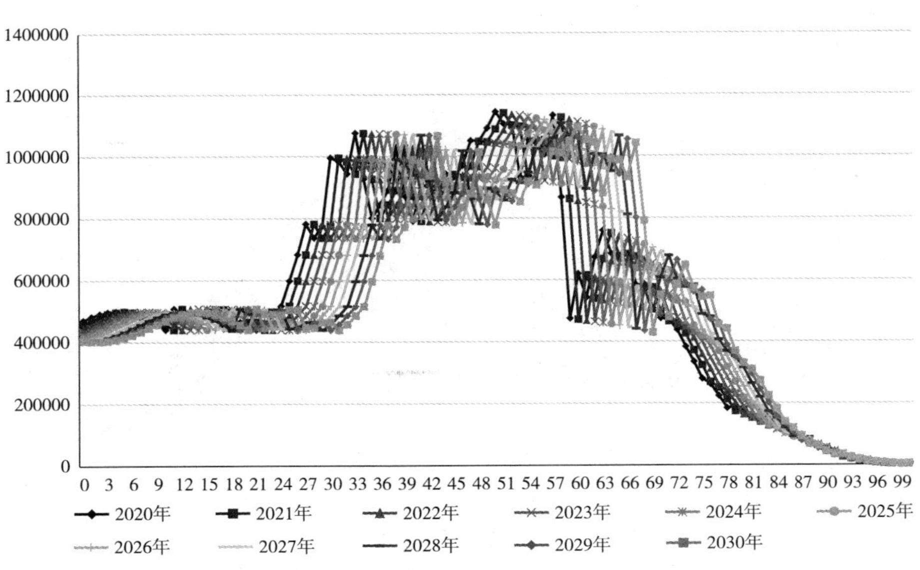

图 5-14　2020~2030 年浙江省分年龄人口

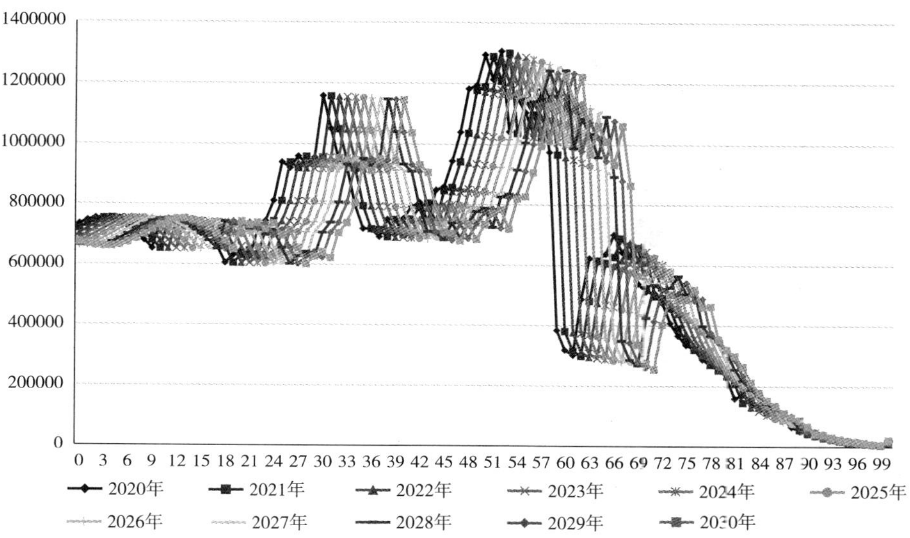

图 5-15　2020~2030 年安徽省分年龄人口

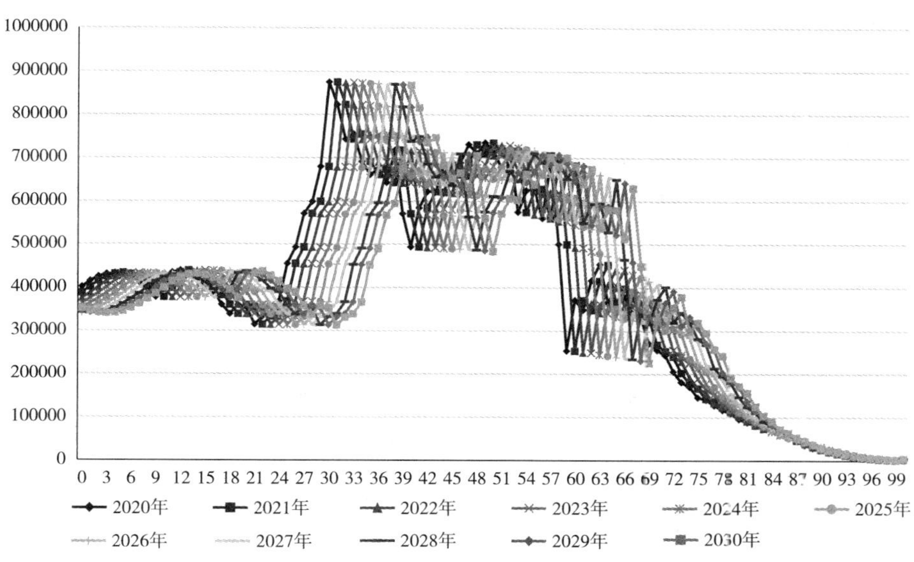

图 5-16　2020~2030 年福建省分年龄人口

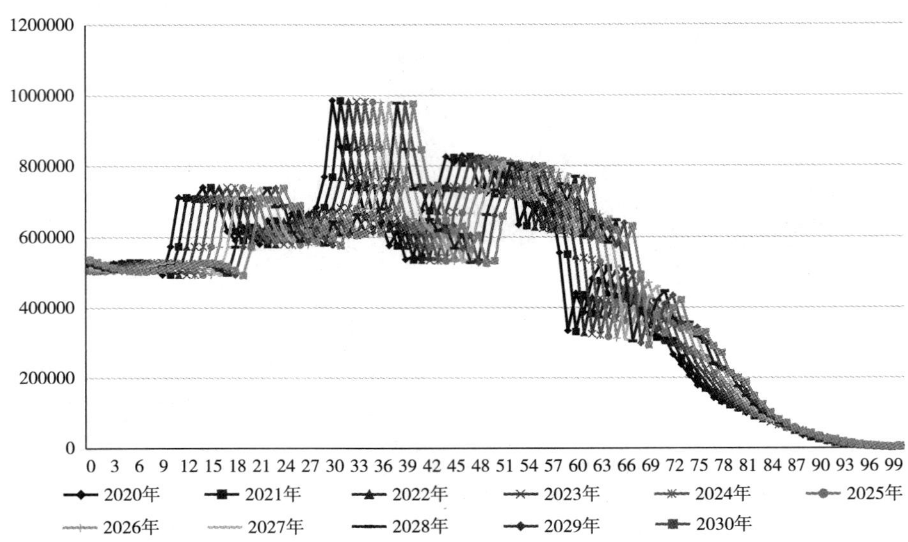

图 5-17　2020~2030 年江西省分年龄人口

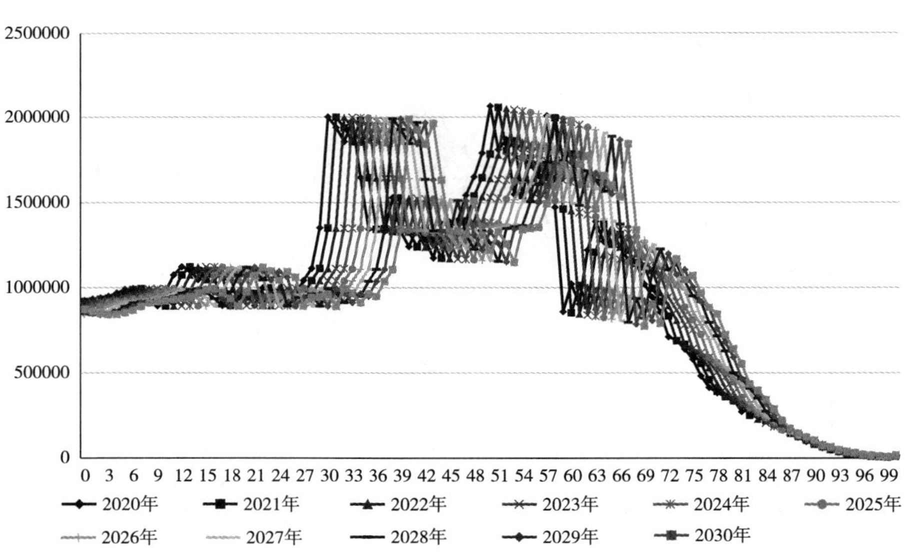

图 5-18　2020~2030 年山东省分年龄人口

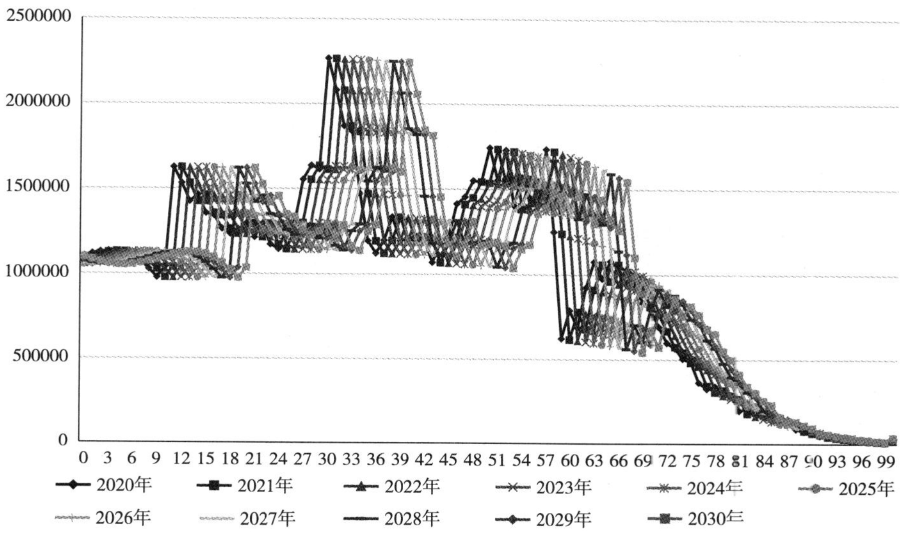

图 5-19　2020~2030 年河南省分年龄人口

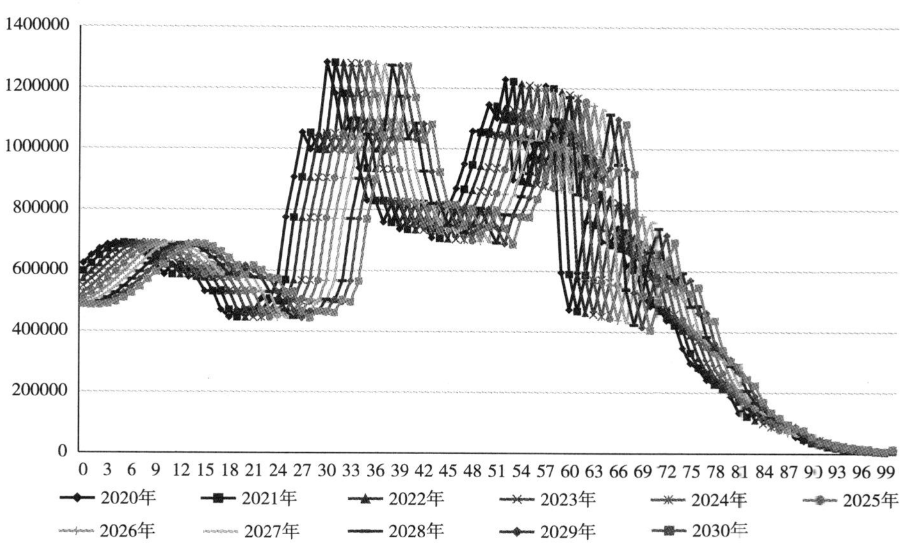

图 5-20　2020~2030 年湖北省分年龄人口

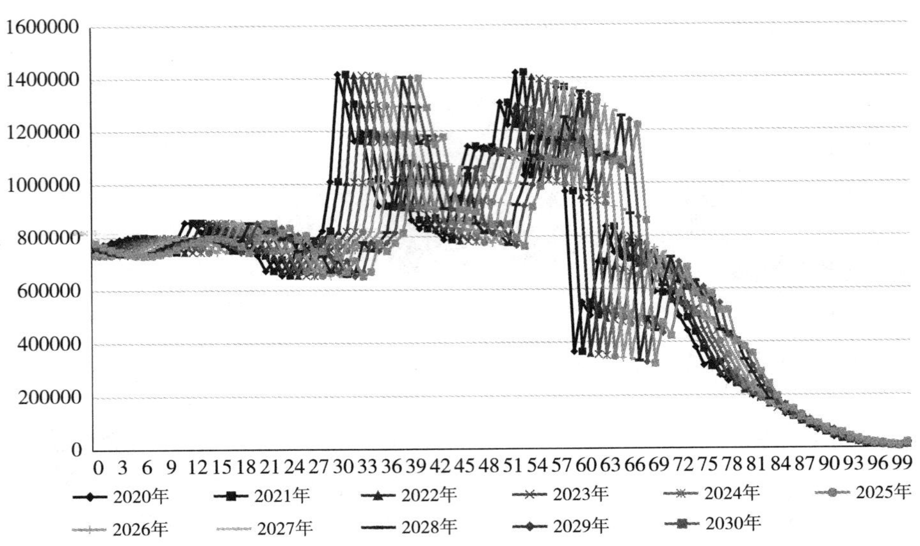

图 5-21　2020~2030 年湖南省分年龄人口

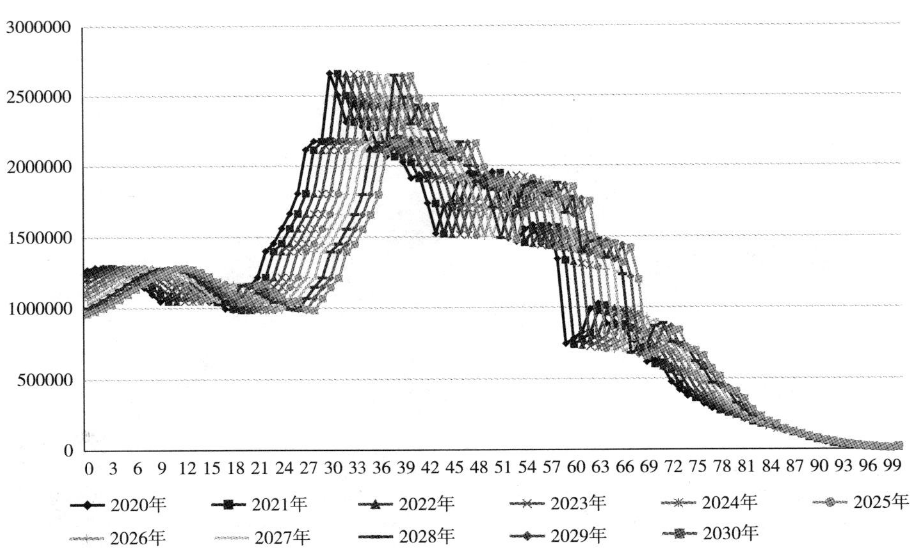

图 5-22　2020~2030 年广东省分年龄人口

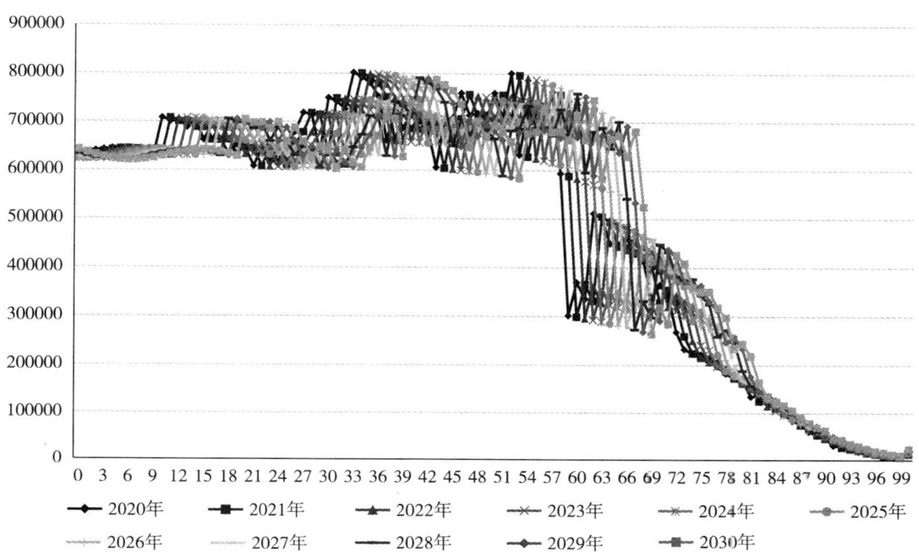

图 5-23　2020~2030 年广西壮族自治区分年龄人口

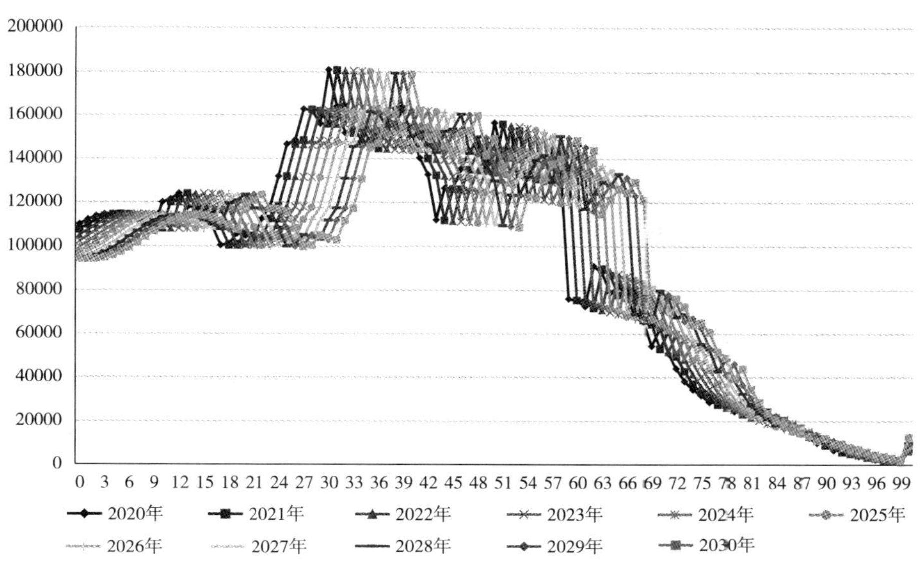

图 5-24　2020~2030 年海南省分年龄人口

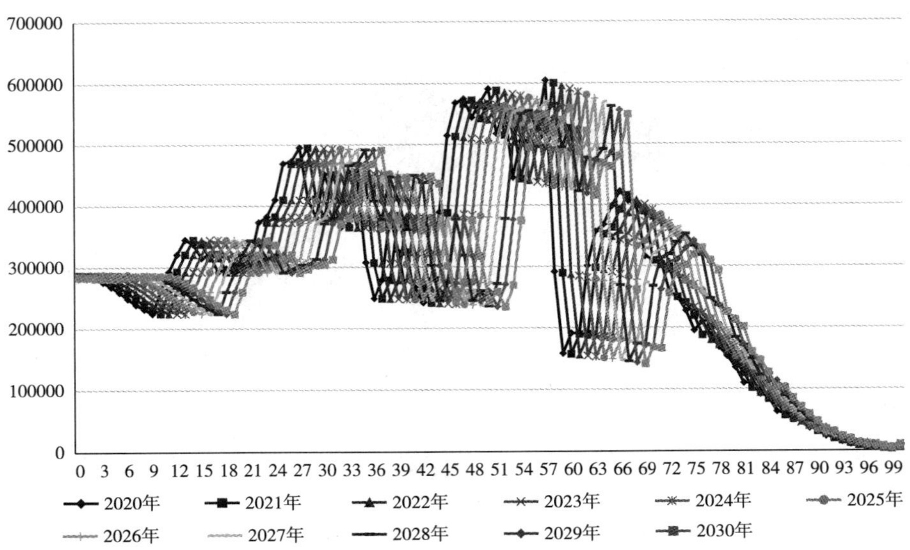

图 5-25　2020~2030 年重庆市分年龄人口

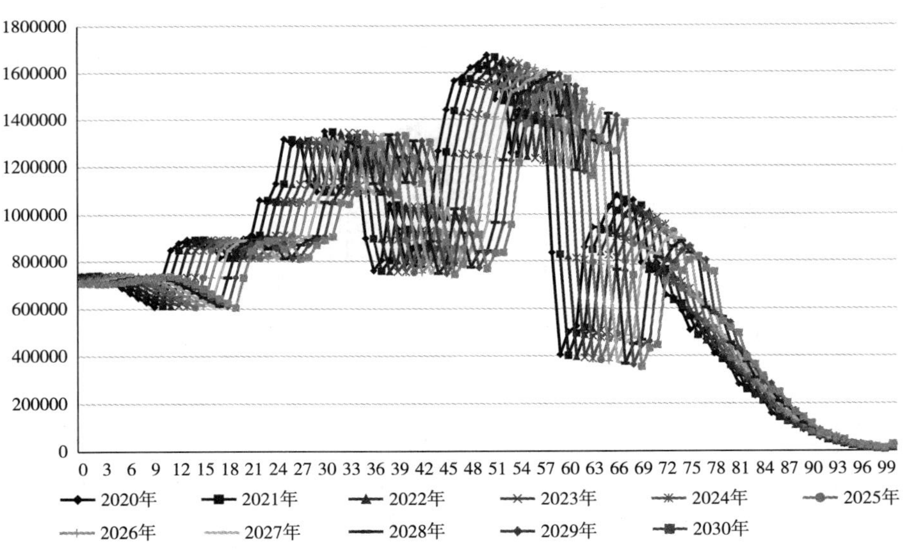

图 5-26　2020~2030 年四川省分年龄人口

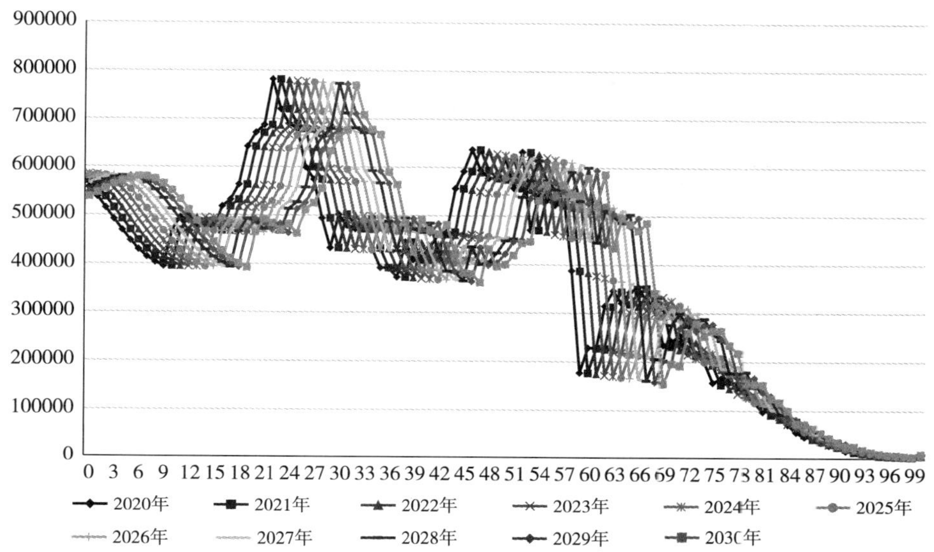

图 5-27 2020~2030 年贵州省分年龄人口

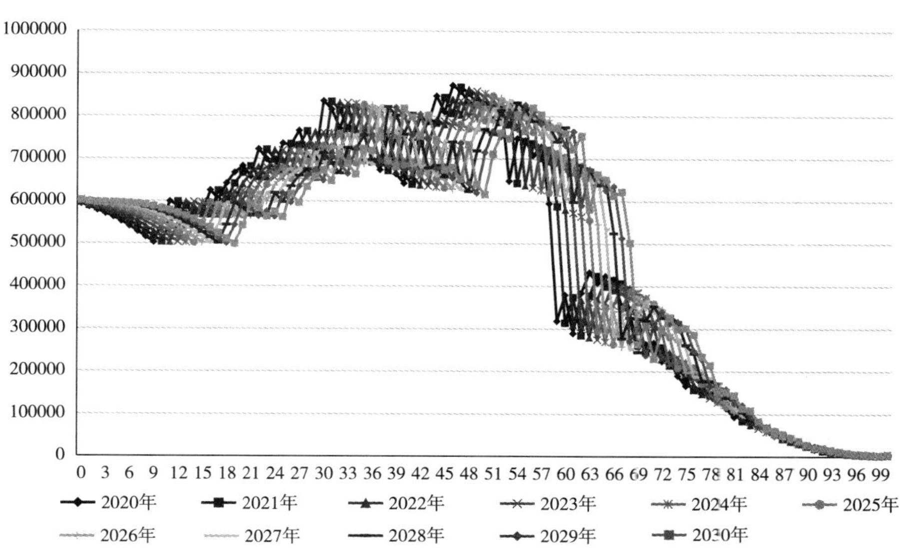

图 5-28 2020~2030 年云南省分年龄人口

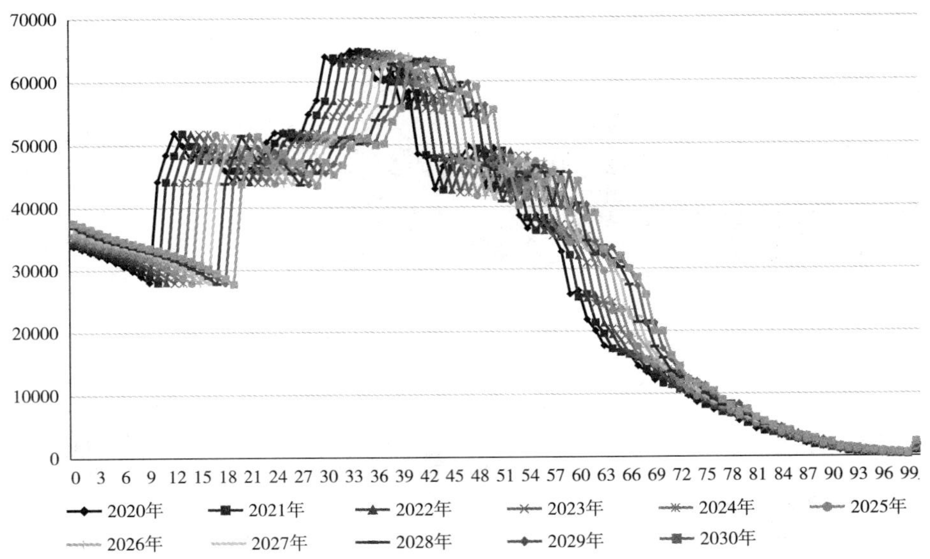

图 5-29　2020~2030 年西藏自治区分年龄人口

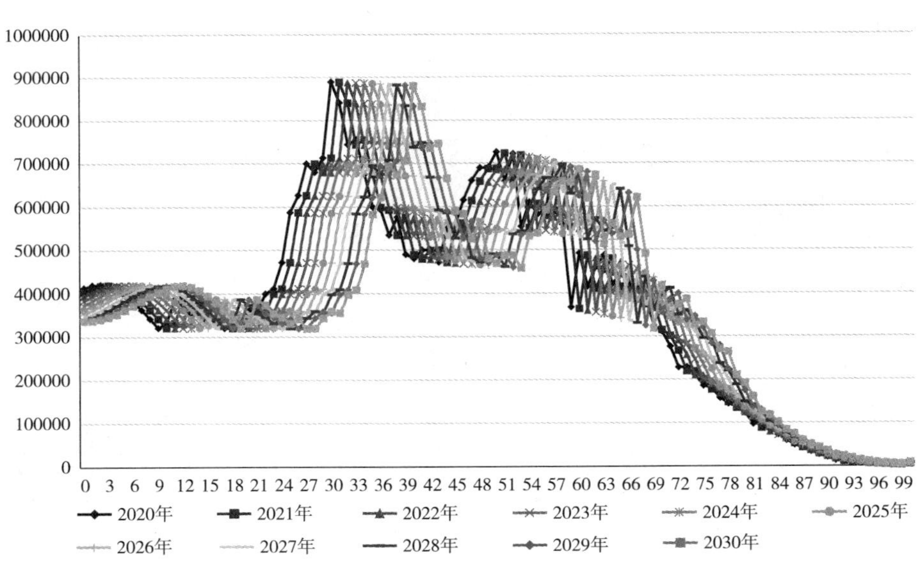

图 5-30　2020~2030 年陕西省分年龄人口

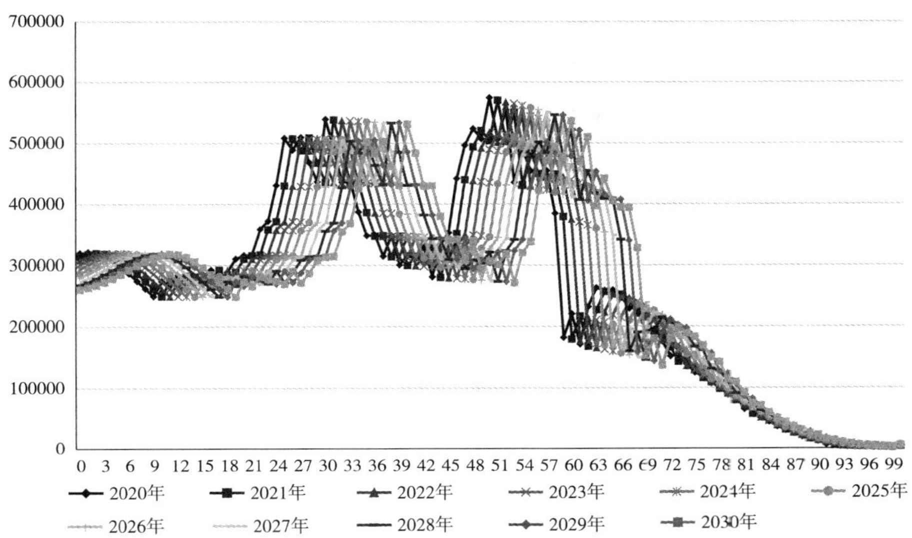

图 5-31　2020~2030 年甘肃省分年龄人口

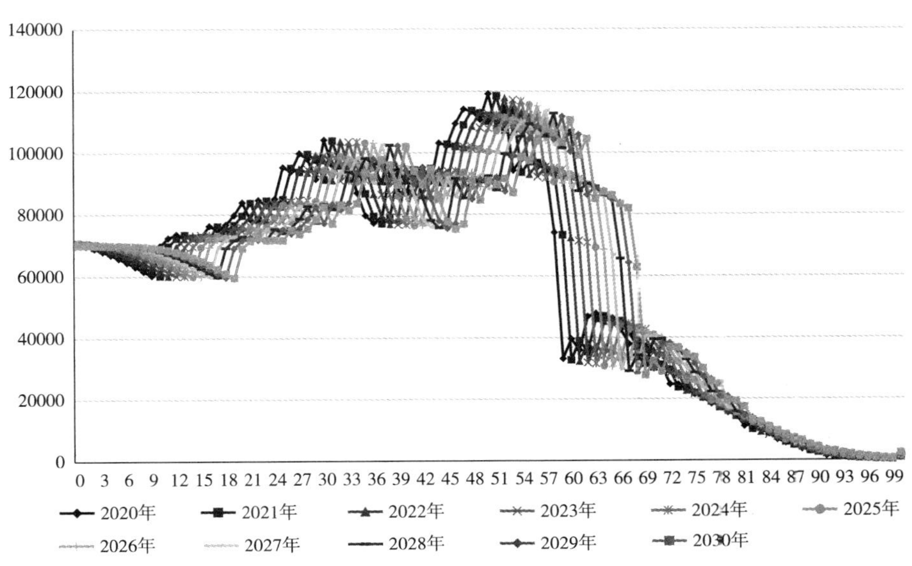

图 5-32　2020~2030 年青海省分年龄人口

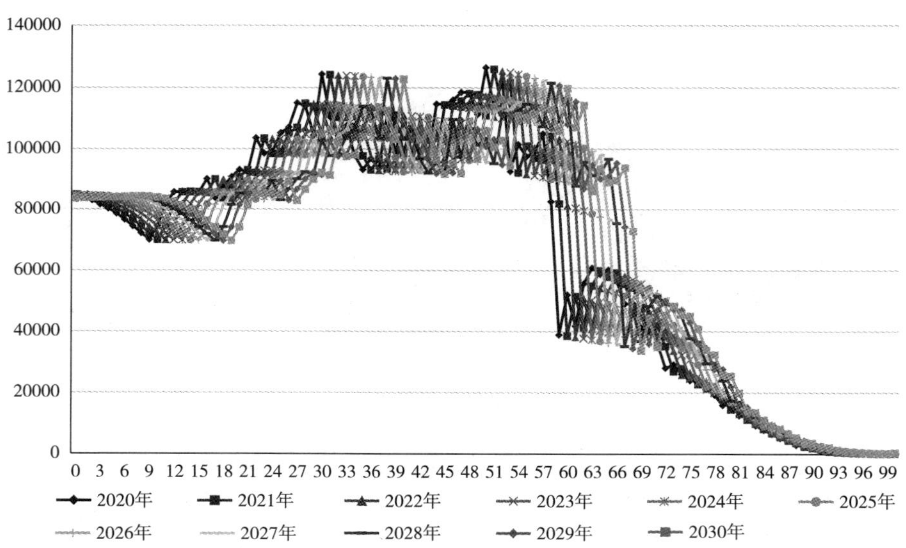

图 5-33　2020~2030 年宁夏回族自治区分年龄人口

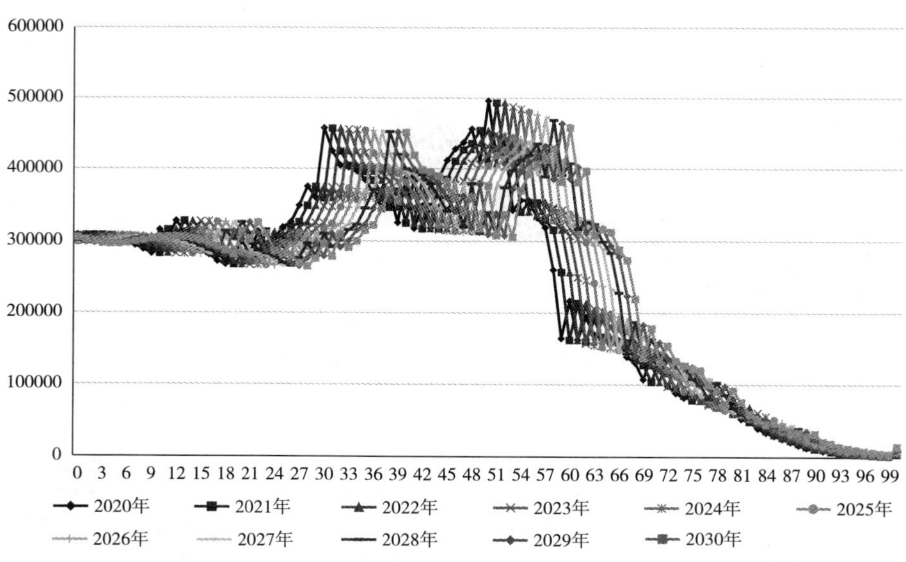

图 5-34　2020~2030 年新疆维吾尔自治区分年龄人口

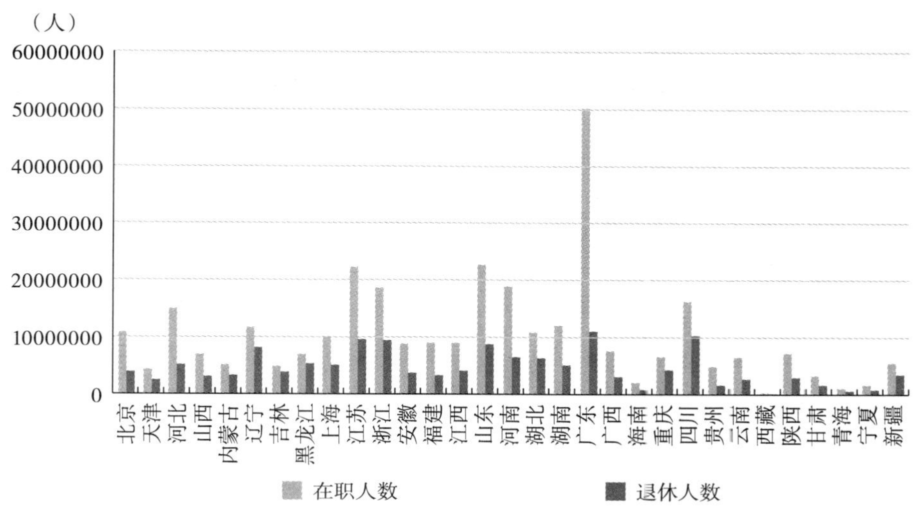

图 5-35　2030 年各地区参加基本养老保险的在职职二与退休职工人数

2. 各地区基础养老金收支结余情况的定量分析

企业缴纳养老保险费形成的社会统筹部分基础养老金主要用于老人的退休金、中人基础养老金、中人过渡性养老金和新人基础养老金的发放。由于各个地区的经济和社会发展水平各不相同，而且在养老保险的实际运行中也存在着一定的差异，因此在对各地区养老金的收支结余进行预测时，主要根据各地区养老保险的实际运行情况进行相关参数的设定。图 5-36 至图 5-39 为各地区 2020~2030 年基本养老保险基金当期结余的预测情况，通过图中的情况可以看出，随着人口老龄化的逐步加重，城镇企业职工基本养老保险基金收支当期出现缺口的地区也将会日益增多，这将给养老保险制度的持续运行带来一定的挑战。因此，适时提高养老金全国统筹的调剂比例，尽快实现统收统支的全国统筹模式对于养老保险制度的持续、稳定运行具有重要意义。

三、以缺口为依据的基础养老金调剂比例的确定

伴随着老龄化的逐步加剧、养老金当期收支出现缺口地区的日益增多和基金存在当期结余地区的相应减少，全国社会统筹部分基础养老金的缺口总额占结余总额的百分比也会大幅度增加。通过预测结果可以看出，随

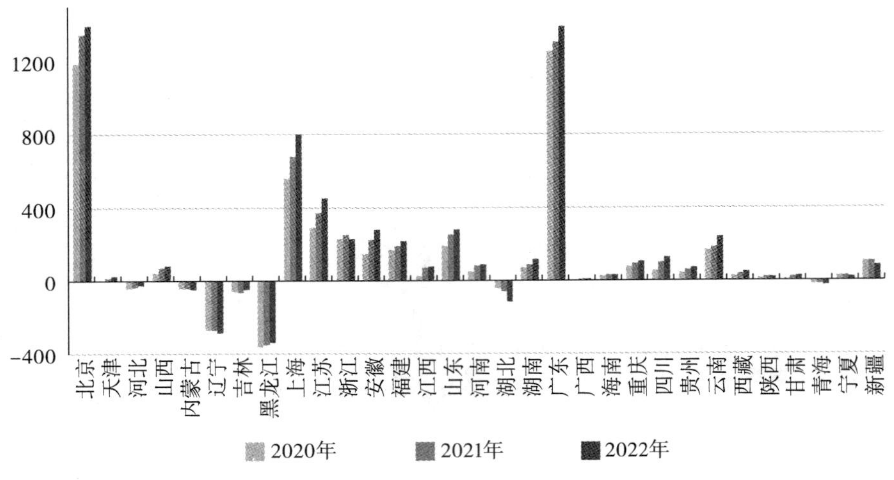

图 5-36　各地区 2020~2022 年基本养老保险基金当期结余预测

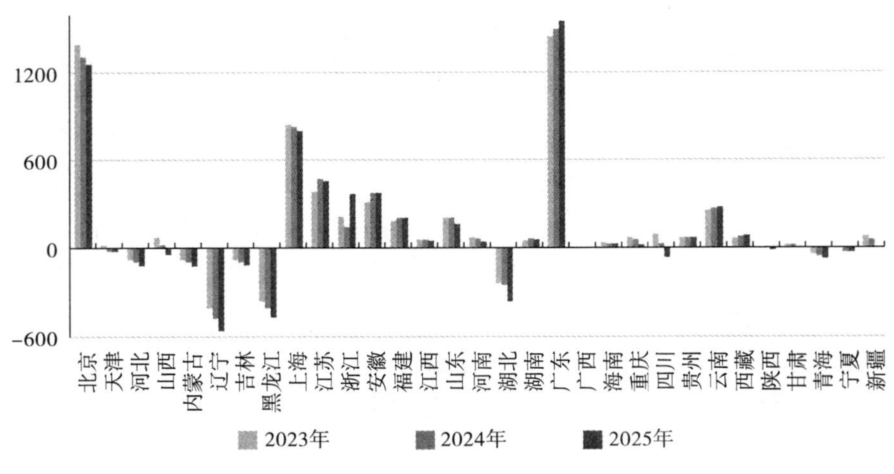

图 5-37　各地区 2023~2025 年基本养老保险基金当期结余预测

着人口老龄化的逐步推进，养老金缺口总额占结余总额的比例是日益增加的，尤其是在 2025 年后增长速度更是越来越快，到了 2030 年，养老金的缺口总额基本上已经接近了结余总额，这也就意味着 2030 年只有实现了养老金的全国统收统支才能基本上维持基金的当期收支平衡。

如果以测算的未来各年社会统筹部分基础养老金的收支缺口作为养老

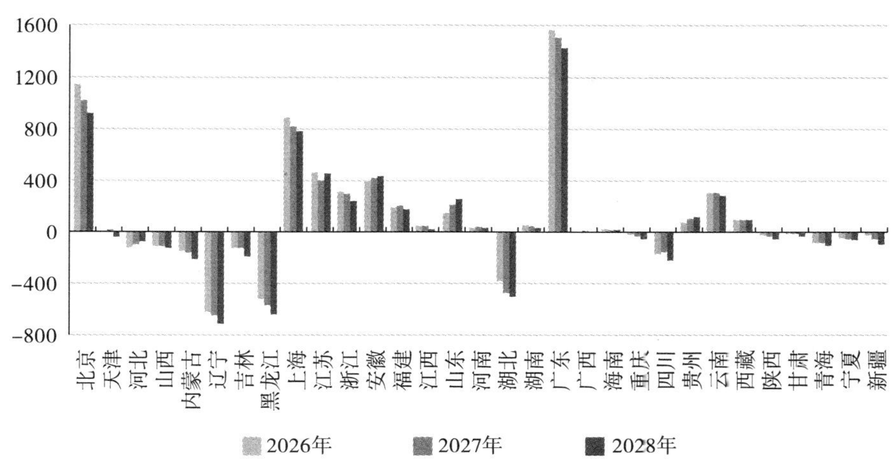

图 5-38　各地区 2026~2028 年基本养老保险基金当期结余预测

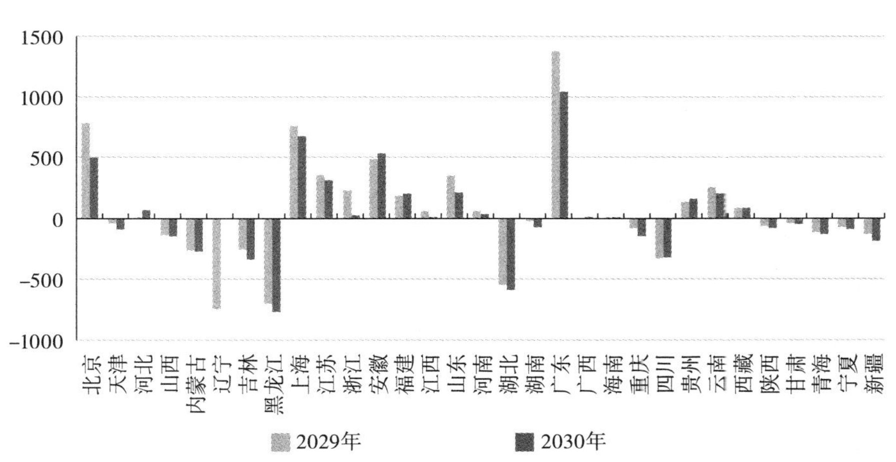

图 5-39　各地区 2029~2030 年基本养老保险基金当期结余预测

金全国统筹调剂比例确定的参照标准，以养老保险的缴费率作为全国统筹调剂比例的确定依据，根据测算，在 2020 年时养老金全国统筹的调剂比例最低应为企业基本养老保险缴费率的 15%，2026 年时养老金全国统筹的调剂比例最低应为企业基本养老保险缴费率的 40%，2030 年时养老金全国统筹的调剂比例最低应为企业基本养老保险缴费率的 100%，即最迟在 2030 年时也应该达到养老保险的全国统收统支，实现真正意义上的全国统筹。

第四节　统筹层次提升中缴费与给付基数的确定

一、统筹层次提升中缴费与给付基数调整的必要性分析

中国社会经济不断发展的过程中，一些深层次的问题与矛盾也日益显露出来，其中地区间的收入差距大是一个重要的问题。图 5-40 为中国 31 个省（自治区、直辖市）历年人均地区生产总值和人均养老金的极值差率，从图中可以看出，虽然反映地区间经济发展差距的地区生产总值的极值差率日益缩小，但差距仍然较大，2016 年极值差率仍然高达 4.28，与此相对应，人均养老金的极值差率虽然小于地区生产总值的极值差率，却在 2016 年有了小幅的上升。

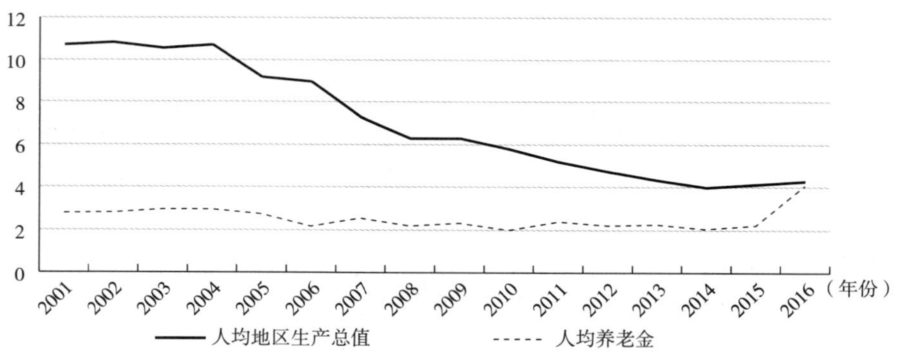

图 5-40　中国 31 个省（直辖市、自治区）历年人均地区生产总值和人均养老金的极值差率

区域间社会经济发展差距的存在无疑是地区间养老保险制度存在差异的重要原因，而反过来养老保险制度差异的存在又会对地区间收入差距的形成与扩大产生不可忽视的影响。① 作为具有收入再分配功能的基本养老保

① 张平，陶纪冲．中国社会保障制度地区差异对地区收入差距影响的实证分析［J］．兰州学刊，2008（2）：65-68.

险尤其是社会统筹部分的基础养老金更应该通过收入再分配功能的有效发挥调节初次分配所造成的收入差距，从而实现维护社会公平的目标，但是由于中国各区域经济发展不平衡，加之养老保险的统筹层次较低，导致各地养老保险待遇计发标准无法统一，从而造成了地区养老金给付水平差异显著。在提升基本养老保险统筹层次的过程中，统一养老金的缴费与给付标准，既是维护社会公平的需要，也是缩小地区收入差距的重要举措。通过养老保险缴费与给付标准的逐步统一，地区间不论是养老保险的缴费负担还是养老金所能保障的生活水平都将趋于公平。

从缴费方面来看，按照《社会保险法》的相关规定，企业应当按照本企业职工工资总额的一定比例缴纳基本养老保险费，进而形成基本养老保险的社会统筹基金。而在核定参保职工的缴费工资基数时，通常以职工所在地区的城镇在岗职工平均工资或者城镇职工平均工资为衡量标准。如果以在岗职工平均工资为衡量标准，当职工个人工资收入低于上年度城镇在岗职工平均工资的60%时，以在岗职工平均工资的60%作为缴费基数，而当职工个人工资收入高于当地上年度城镇在岗职工平均工资的300%时，以当地城镇在岗职工平均工资的300%作为缴费的上限。如图5-41所示，由于各个地区的在岗职工平均工资水平各不相同，有的地区高于全国的平均工资水平，而有的地区低于全国的平均工资水平，因此缴费时各个地区职工缴费的上下限标准也是存在一定差异的。

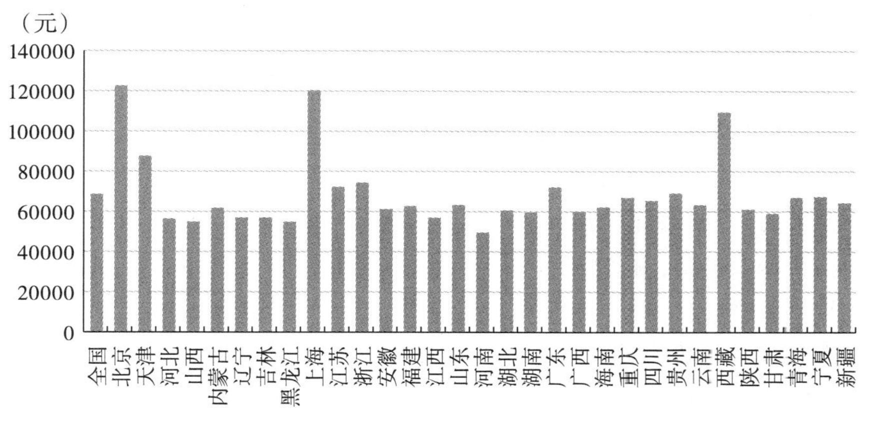

图5-41　2016年全国及各地区城镇单位在岗职工平均工资水平

在岗职工平均工资既是养老保险缴费的依据，同时也是影响退休职工养老金给付水平的重要因素。2005 年《国务院关于完善企业职工基本养老保险制度的决定》对社会统筹部分基础养老金的计发办法做了进一步的调整，调整后的社会统筹部分基础养老金的月给付标准不再按照当地社会平均工资的 20%进行给付，而是以职工退休时所在地区上年度在岗职工月平均工资和本人指数化月平均缴费工资的平均值作为退休职工养老金的计发基数，缴费每满 1 年发给 1%，上不封顶，具体的给付公式为：

$$B_E = \frac{1}{2} \times \left[w_1 + w_1 \times \frac{1}{n}\left(\frac{P_1}{W_1} + \frac{P_2}{W_2} + \frac{P_3}{W_3} + \cdots + \frac{P_n}{W_n}\right) \right] \times n\%$$

$$= \frac{1}{2} \times w_1 \times \left[1 + \frac{1}{n}\left(\frac{P_1}{W_1} + \frac{P_2}{W_2} + \frac{P_3}{W_3} + \cdots + \frac{P_n}{W_n}\right) \right] \times n\%$$

其中，B_E 为职工退休后领取的月基础养老金，w_1 为退休时职工所在地区上年度在岗职工月平均工资，W_1 为职工退休前 1 年在岗职工平均工资，W_2 为退休前 2 年在岗职工平均工资，W_n 为退休前 n 年在岗职工平均工资，P_1 为职工退休前 1 年缴费工资总额，P_2 为退休前 2 年缴费工资总额，P_n 为退休前 n 年缴费工资总额，n 为职工参加基本养老保险的缴费年限。

本人指数化月平均工资 $w_1 \times \frac{1}{n}\left(\frac{P_1}{W_1} + \frac{P_2}{W_2} + \frac{P_3}{W_3} + \cdots + \frac{P_n}{W_n}\right)$ 为在岗职工平均工资 w_1 和职工缴费工资指数 $\frac{1}{n}\left(\frac{P_1}{W_1} + \frac{P_2}{W_2} + \frac{P_3}{W_3} + \cdots + \frac{P_n}{W_n}\right)$ 的乘积，缴费工资指数等于职工整个参保期间历年的缴费工资与相对应年份在岗职工平均工资比值的平均值。如果职工历年的缴费工资都高于在岗职工平均工资水平，则职工的缴费工资指数大于 1，并且职工的缴费工资指数越大，养老金的给付基数越大，在缴费年限一定的情况下，职工退休后得到的基础养老金越多，相反，如果职工历年的缴费工资都低于在岗职工平均工资水平，职工的缴费工资指数将会小于 1，并且职工的缴费工资指数越小，养老金的给付基数越小，在缴费年限一定的情况下，职工退休后得到的基础养老金越少。

由此可见，基础养老金的给付既与缴费年限的长短密切相关，也与缴费数额的多少有直接的联系，养老金的给付鼓励长缴多得、多缴多得。从缴费时间上来看，国家规定最低缴费达到 15 年的职工才能领取基础养老金，同时为了鼓励职工积极缴费，对于缴费年限国家并未有上限的规定。与此不同，从缴费数额的角度来看，虽然鼓励多缴多得，但高低收入者之间的差距也并非无限增大的，因为无论是对于高收入职工还是对于低收入职工，国家对职工缴纳养老保险费的工资基数都规定了缴费的下限与上限。当职工工资收入不足所在地区在岗职工平均工资的60%时，是以当地在岗职工平均工资的60%作为缴纳养老保险费的基数，而当职工本人的工资收入超过所在地区在岗职工平均工资的300%时，以所在地区在岗职工平均工资的300%作为缴纳养老保险费的基数，超过部分不需要缴纳养老保险费。因此可以看出，对于高收入的职工来说，职工的缴费工资并非职工的全部工资收入，这既可以增加高收入职工劳动的积极性，有利于效率的提高，同时也能降低职工间退休后的收入差距，维护社会公平。这主要是因为从缴费工资指数来看，不论职工间的收入差距有多大，缴费基数上下限的规定使职工的缴费工资指数也有了最低值与最高值。对于低收入职工来讲，如果整个参保期间其都按照最低缴费下限即在岗职工平均工资的60%进行缴费，则其缴费工资指数为0.6；而对于高收入职工而言，即使其工资收入始终高于在岗职工平均工资的300%，但也只能按照在岗职工平均工资的300%进行缴费，其养老保险的缴费工资指数为3。可见，职工缴费工资指数的最低值为0.6，最高值为3，大多数职工的缴费工资指数介于0.6和3之间。

二、统筹层次提升中缴费与给付基数调整的目标

统一城镇企业职工基本养老保险的缴费与给付基数是统筹层次提升的内在要求，在提升基本养老保险统筹层次的过程中，缴费与给付标准的统一包含两方面的含义：一是统一缴费与给付标准的相关政策规定，二是统一养老保险缴费与给付的具体标准。各地区养老金筹集过程中有的是按照在岗职工平均工资作为养老保险缴费上限与下限的参照标准，而有的地区则是以社会平均工资作为养老保险缴费上限与下限的参照标准，并且各地规定的缴费上下限的比例也是有所不同的，国家规定养老保险缴费的上下限分别为在岗职工平均工资的60%和300%，但在实际运行中有的地区以社会平均工资的40%作为缴费下限，有的地区则以在岗职工平均工资的60%作为缴费下限，各地区养老保险实际运行中相关政策差异的存在显然不利于参保者缴费与给付公平的实现，因此统一相关政策规定是维护社会公平的基本要求。在此基础上，统筹层次提升的过程中，缴费与给付标准的统一还可以进一步实现具体标准的统一，如由市级统筹提升到省级统筹的过

程中，养老保险缴费与给付标准可以由原来按照市在岗职工平均工资为标准改为统一按照省在岗职工平均工资作为标准，而在全国统筹后，则可以将全国在岗职工平均工资作为缴费与给付的统一基数。在基数改变的过程中，虽然有的地区由于平均工资水平低于全省的平均工资，养老金计发时由原来以市级在岗职工平均工资为标准上调为以全省在岗职工平均工资为计发标准，退休职工的养老待遇普遍会有一定程度的提升，但其缴费数额尤其是地区的总体缴费额度也将随着缴费基数的上调而有所增加，这正体现了养老保险运行中权利与义务相对应的原则。

全国统筹后，各地区在制定养老保险缴费与给付标准的相关政策时，应统一将在岗职工平均工资作为缴费与给付的标准，同时对于养老保险缴费的上下限也应该有统一的规定。另外，考虑到养老金的给付主要是为了满足退休职工的基本生活需要，作为退休职工养老金的一个组成部分，基础养老金的保障水平相对来说更低，因此这部分养老金更应该体现社会公平。而且，按照社会统筹与个人账户相结合的部分基金积累制养老保险制度的设计初衷，社会统筹部分的基础养老金应以维护社会公平为主。这意味着对于职工来讲，不论其在何地退休，领取的基础养老金所能保障的退休职工的实际生活水平也应该是大体相同的，不应该因为地区经济发展水平的不同导致各地区的基础养老金存在较大的差异。这就需要在养老金计发的过程中不但要实现相关政策标准的统一，还要在此基础上进一步统一各地区养老保险缴费与给付的具体取值，实现真正意义上的社会公平。但同时也应该注意到，由于我国地区间的差距在短期内难以消除，而且省内的地区间差距要远远小于全国的地区间差距，因此需要对缴费与给付基数统一进程中的收入再分配功能进行定量的分析，从而能在控制收入再分配规模的基础上采取相关的策略推进缴费与给付标准的统一。

第六章　基础养老金全国统筹方案及适度收入再分配规模研究

第一节　基础养老金的全国统筹及其综合调整方案

一、城镇企业职工基础养老金的全国统筹

提升城镇企业职工基本养老保险的统筹层次，实现养老金全国统筹的实质是在统一制度、统一管理机构、统一缴费比例、统一养老金计发办法的基础上实现基础养老金的统收统支①。完成养老保险的全国统筹既包括基础养老金统收统支这一高层次目标的实现，同时，达到养老保险制度、基金筹集、基金管理、缴费和计发办法的最终统一也是养老保险全国统筹的重要内容。同全国统收统支相同，一步到位实现养老保险制度、基金筹集、基金管理、缴费和计发办法的统一同样面临较大的困难，尤其是对于关系到收入再分配规模的养老保险相关参数的统一更需在精确预测的基础上采取渐进的改革方案，逐步实现各项标准的全国统一。在前面的章节中，已经对影响养老保险全国统筹的可调整参数进行了分析，并且在定量预测分析的基础上对各参数的调整方案进行了研究，在统筹层次提升的过程中考虑到养老金全国统筹的实现涉及养老保险基金筹集、基金管理、缴费和给

① 郑功成．实现全国统筹是基本养老保险制度刻不容缓的既定目标［J］．理论前沿，2008（18）：12-15.

付基数等多方面内容的共同调整，因此需对这些可调整的参数进行协调，提出综合的调整方案，保证养老保险各项标准的共同推进和真正意义上全国统筹的实现。

二、基础养老金全国统筹的综合调整方案

有效发挥养老保险的收入再分配功能是社会统筹部分基础养老金所要追求的核心目标之一。[①] 在基本养老保险统筹层次提升的过程中，良好的制度设计应当能够充分考虑到收入再分配功能的有效发挥，使养老保险通过缩小参保职工间的收入差距达到促进社会公平和提高社会福利的目的。但在目前地区间社会经济发展差距较大的情况下，统筹层次提升的过程中如果过多地将财富从基金结余地区转移给基金出现缺口的地区，不但会破坏基金结余地区推进统筹层次提升的积极性，同时也不利于基金存在缺口地区在养老保险制度运行中更好地增收节支。提升统筹层次、实现养老金的全国统筹，需将养老保险的收入再分配规模控制在一定的限度内，保持适度的水平，而在前面的分析中可以看到，基础养老金的筹集、基础养老金的给付和基金统筹调剂力度都会对社会统筹部分基础养老金的收入再分配规模产生重要影响。因此，本章在前面定量分析的基础上，将通过设计包括养老保险基金筹集、养老保险基金支付和养老保险基金统筹调剂力度的综合调整方案对参数调整中的地区间收入再分配效应进行研究。综合调整方案包括三个具体的方案，这三个方案中都涉及企业养老保险缴费率、养老保险基金统筹调剂比例、养老保险缴费基数和给付基数这几个主要参数（见表 6-1）。

表 6-1　城镇企业职工基本养老保险全国统筹综合调整方案

参数	方案 1	方案 2	方案 3
缴费率	2020 年时逐步调整统一为 16%	2030 年时逐步统一为 14%	2020 年时统一为 14%

① 许志涛．不同所有制企业职工基本养老保险收入再分配效应［J］．财经论丛，2014（4）：34-40.

续表

参数	方案 1	方案 2	方案 3
调剂比例	2020 年时为企业基本养老保险缴费率的 50%	2020 年时为企业基本养老保险缴费率约 15%，2026 年时为企业基本养老保险缴费率的 40%，到 2030 年时逐步调整为企业基本养老保险缴费率的 100%	2020 年时为企业基本养老保险缴费率的 100%
缴费基数	50%Wg+50%Ws	2020~2025 年为 15%Wg+85%Ws 2026~2029 年为 40%Wg+60%Ws 2030 年以后为 Wg	Wg
给付基数	50%Wg+50%Ws	2020~2025 年为 15%Wg+85%Ws 2026~2029 年为 40%Wg+60%Ws 2030 年以后为 Wg （为了保障养老金给付的实质公平，2030 年后各地养老金给付数额为 Bg * Ps）	Wg （为了保障养老金给付的实质公平，各地养老金给付数额为 Bg * Ps）

注：此为笔者根据前面定量分析结果设计的综合调整方案，其中 Wg 为全国在岗职工平均工资，Ws 为各省在岗职工平均工资，Bg 为以全国在岗职工平均工资 Wg 为基数计算得出的基础养老金给付额，Ps 为各省物价指数。

第二节　全国统筹综合调整方案的收入再分配效应分析

统筹层次提升的过程中，随着各参数的调整，城镇企业职工基本养老保险的收入再分配效应也会发生相应的改变。综合调整方案中，养老金全国统筹调剂比例的大小将会对地区间的收入再分配效应产生重要影响，而企业的基本养老保险缴费率、缴费基数和给付基数的调整不但会引起地区间收入再分配效应的改变，还会对参保职工个人的纵向收入再分配效应产生影响，进而影响到职工的福利所得。因此，在统筹层次提升的过程中对地区及个人纵向收入再分配效应进行研究，从而选择适度的收入再分配方案，无疑有助于基本养老保险统筹层次的顺利提升。

一、缴费率调整中基础养老金的收入再分配效应分析

1. 企业基本养老保险缴费率调整的目标

参加养老保险制度的城镇企业职工退休后的养老金来源于社会统筹部分基础养老金和个人账户部分养老金两部分，其中个人账户部分的养老金是由个人在参保期间的缴费积累而成，社会统筹部分的养老金则主要由企业缴费形成。一方面，为职工缴纳社会保险费用是用人单位应尽的义务，这对于增加职工福利，解决职工的后顾之忧具有重要作用，同时也有利于企业和劳动者双方关系的和谐稳定①。但另一方面，现阶段较高的社会保险缴费负担使企业不堪重负，清华大学开展的一项研究表明，如果按照2009年世界银行测算的实际承受税率，中国企业缴纳的社会保险费在181个国家中排名第一，大概为“金砖四国”其他三国平均水平的2倍，是东亚邻国和邻近地区的4.6倍，大约是北欧五国的3倍，是G7国家的2.8倍。从中国企业社会保险缴费比例来看，2017年全国各省社会保险缴费率均值为38.8%，其中单位和个人缴纳的费率均值分别为28.4%和10.4%，企业需要缴纳的社会保险费用大概是个人缴纳的2.7倍。世界银行的报告也称，中国社会保险缴费占企业盈利的49%，福利并不好的美国为10%，而西方高福利国家如瑞典的社会保险缴费占企业盈利的比重也才达到35%，仍然比中国低②。

企业为职工缴纳的社会保险费用是企业人工成本的重要组成部分，较高的社会保险缴费率将会增加企业的负担，削弱企业的竞争力，影响企业的进一步发展，因此进一步降低企业缴纳的社会保险费率是大势所趋。近年来，失业保险、工伤保险和生育保险的费率已出现了一定幅度的下调，但是由于这三个保险项目原本缴费率就比较低，因此下降的空间比较有限。目前，失业保险、工伤保险、生育保险及医疗保险已基本上无降费空间，而要进一步减轻企业的缴费负担，只能进一步降低比较高的养老保险的缴费率。按照人社部、财政部的相关要求，企业基本养老保险缴费比例超过

① 杜庆新．我国企业社会保险缴费负担及对企业竞争力的影响［J］．企业改革与管理，2016（24）：60.

② 白重恩．中国税费负担重的主因是社保缴费，http：//www.chinatax.gov.cn/n810341/n810780/c2475969/content.html.

20%的省（自治区、直辖市）需将企业的缴费比例降至20%；而企业缴费比例为20%且2015年底城镇企业职工基本养老保险基金累计结余可支付月数超过9个月的省（自治区、直辖市），可以阶段性地将企业养老保险缴费比例降低至19%。并且2018年4月的国务院常务会议进一步确定，将逐步降低城镇企业职工基本养老保险的缴费比例，工伤保险及失业保险费率政策期限延长至2019年4月30日。目前，有关基本养老保险缴费率的调整一直在进行，但企业的缴费负担仍然比较重，而且由于各地区的经济发展水平存在一定的差距，养老压力也各不相同，致使各地区的养老保险缴费存在着很大的差异，这显然不利于企业的公平竞争，不利于建立良好的市场经济秩序。

城镇企业职工基本养老保险统筹层次提升的过程中，缴费率调整的目标主要有两个：一是合理地渐进降低企业基本养老保险的缴费率；二是逐步统一各地区企业基本养老保险的缴费率。降低缴费率是减轻企业负担，发展经济的需要，而在调整用人单位缴费率的同时，实现全国各地区用人单位基本养老保险缴费负担的逐步统一则是维护社会公平的需要，建立全国统一的企业养老保险缴费率既可以解决不同地区企业养老负担轻重不均的问题，从而为企业公平竞争创造一个良好的环境，同时这也是统筹层次提升的内在要求。

2. 企业基本养老保险缴费率的调整

根据前面章节对企业基本养老保险缴费率的预测分析可知，随着中国人口老龄化的逐步推进和养老压力的日益增大，企业养老保险的缴费负担也是在逐步提升的。如果维持现在的退休政策不变，当养老金的替代率为30%时，到2050年时企业的养老保险缴费率还需在现有的基础上继续提高到23%。在统筹层次提升的过程中，如果按照远期的标准将缴费率统一为23%是不现实的，因为目前中国企业的基本养老保险缴费率在世界上已经是负担较重的，降低企业的缴费负担应该是比较理想的选择。而且随着政策的不断调整，企业的缴费率也会发生一定的改变，到2050年时，如果退休年龄能够推迟到65周岁，根据进一步的定量分析可知，企业基本养老保险的缴费比例还可以在23%的基础上有所下调。因此，考虑到中国的基本养老保险制度还没有完全定型，根据前面章节中关于缴费率的定量分析结果，提高基本养老保险统筹层次的进程中，在对缴费率进行方案设计时，仅将远期的预测数值作为参考的依据，而把中期的预测标准即2030年的缴费率作为企业缴费率近期调整和统一的目标，另外也没有将近期10%、11%、12%和13%这些较低的缴费比例作为调整的目标，主要是考虑到中国目前基本养老保险用人单位的缴费负担虽然普遍偏高，但随着人口老龄化的逐步深化，在补充保险制度发展不充分、基本养老保险仍需保持较高替代率的情况下，为了维持基本养老保险基金的收支平衡，城镇企业职工基本养老保险的缴费率也需维持在一定的水平之上。而为了避免企业基本养老保险缴费率频繁调整可能引起的公民不信任感，从而保障基本养老保险制度的持续、健康、稳定运行，缴费率的调整还需在灵活的基础上保持一定的稳定性，这符合中国基本养老保险企业缴费率调整的实际。

根据定量分析结果制定的企业基本养老保险缴费率调整并统一的方案共有三个。其中，方案1的基本养老保险缴费率调整标准是在各地区现有缴费率的基础上逐步将基本养老保险的缴费率统一为16%；方案2的基本养老保险缴费率的调整标准为到2030年时将缴费率逐步统一为14%；方案3则是在2020年时就将基本养老保险的缴费率统一为14%。由于目前各个地区的基本养老保险缴费率各不相同，个别地区的养老保险缴费率低于16%，因此在三个调整方案中，方案1在缴费率调整的过程中不但会涉及部分地区养老保险缴费率的下调，而且还会涉及部分地区养老保险缴费率的上涨。方案1中对于缴费率高的地区设定其调整标准为逐步降低为16%，而对于缴费率低的地区而言则是将缴费率逐步调高到16%，从而实现了养老保险缴费率统一的目标。另外两个方案中，由于现在缴费率比较低的地区的缴费率恰为14%，因此在方案2和方案3中只涉及缴费率较高地区企业缴费率的下调，而不涉及部分地区缴费率的上涨。但无论是缴费率的上调还是下降都会对养老保险的收入再分配效应产生一定的影响，因此需研究缴费率调整中各方案的收入再分配规模，从而选择较为合理的改革方案。

3. 基本养老保险缴费率调整中的收入再分配效应分析

基本养老保险社会统筹部分基础养老金虽然由用人单位缴纳，但归根结底来源于职工的劳动贡献，并且最终要归职工个人所有，而且职工未来的养老金领取额也和单位缴纳的养老保险费用的多少及其缴费时间的长短密切相关。理论上来讲，单位缴纳的养老金越多，社会统筹部分的基础养老金越雄厚，职工的退休金越有保障。而从个人的角度来看，用人单位缴纳的养老金和职工养老金的领取数额有一定的关系，一般是企业的缴费数额越多，职工未来领取的养老金越多，然而随着统筹层次的提升，缴费率调整对养老保险收入再分配功能的具体影响还需通过对收入再分配功能的定量分析来研究。总体来看，缴费率的调整不但会影响到地区间的收入再分配规模，也会对职工个人的纵向福利产生一定的影响，由此研究缴费率调整中社会统筹部分基础养老金的收入再分配效应时，将从地区间的横向收入再分配和个人纵向收入再分配两个角度进行研究，因为不论是地区间的横向收入再分配还是个人纵向收入再分配变化所引起的个人福利的改变都会对缴费率的调整产生影响，在一定程度上起到阻碍或者促进缴费率调整的作用。

关于社会统筹部分基础养老金缴费率调整的收入再分配效应，在前面章节中已进行了一定的研究，但前面的研究主要是从总体上进行的比较分析，统筹层次提升的过程中，还需结合各个地区养老保险的实际运行情况分别进行定量研究。对各个地区养老保险的收入再分配功能进行分析时，将通过引入地区收入支出比变化值和个人缴费待遇比变化值两个指标分别对缴费率调整中的地区间的收入再分配和个人的收入再分配情况进行研究。其中，地区收入支出比为某一年份社会统筹部分基础养老金收入与支出的比值，个人缴费待遇比为职工个人在职时缴费收入在退休时点的终值与退休后领取的养老金在退休时点的现值之比，两者的变化值则为缴费率调整后与调整前的差额。通过收入支出比的变化值可以了解缴费率上调后一个地区养老保险收支的变化情况，进而对地区间的收入再分配效应进行分析。而在衡量个人的收入再分配效应时，为了与地区收入支出比保持相同，这里采用了与其角度不同但功能相同的缴费待遇比指标。表 6-2 为中国 31 个省（自治区、直辖市）缴费率调整中关于两个指标的定量分析结果，其中地区收入支出比变化值是以 2017 年的相关基础数据计算得出，个人待遇缴费比变化值是以各地区收入为当地平均工资收入水平且在 2017 年退休时缴费年限已经达到 20 年的职工为研究对象计算得出。在计算时，由于对同一地区而言，缴费率上调或下调时选用的参考对象是相同的，因此如表中的数据所示，对于同一地区收入支出比或者职工待遇缴费比的变化值，当养老金的上调比例和下调比例相同时，虽然收入支出比或者职工待遇缴费比的变动方向是相反的，但变动数额的绝对值却是相同的。

表 6-2　缴费率调整中基本养老保险的收入再分配效用

地区	缴费率上调 1%		缴费率下调 1%	
	地区 收入支出比变化值	个人 缴费待遇比变化值	地区 收入支出比变化值	个人 缴费待遇比变化值
北 京	0. 1279	0. 0107	-0. 1279	-0. 0107
天 津	0. 0512	0. 0119	-0. 0512	-0. 0119
河 北	0. 0510	0. 0112	-0. 0510	-0. 0112
山 西	0. 0316	0. 0105	-0. 0316	-0. 0105
内蒙古	0. 0418	0. 0098	-0. 0418	-0. 0098
辽 宁	0. 0339	0. 0134	-0. 0339	-0. 0134
吉 林	0. 0396	0. 0122	-0. 0396	-0. 0122
黑龙江	0. 0267	0. 0122	-0. 0267	-0. 0122
上 海	0. 0539	0. 0120	-0. 0539	-0. 0120
江 苏	0. 0699	0. 0121	-0. 0699	-0. 0121
浙 江	0. 0616	0. 0138	-0. 0616	-0. 0138
安 徽	0. 0653	0. 0103	-0. 0653	-0. 0103
福 建	0. 0870	0. 0146	-0. 0870	-0. 0146
江 西	0. 0510	0. 0098	-0. 0510	-0. 0098
山 东	0. 0594	0. 0116	-0. 0594	-0. 0116
河 南	0. 0547	0. 0119	-0. 0547	-0. 0119
湖 北	0. 0371	0. 0110	-0. 0371	-0. 0110
湖 南	0. 0419	0. 0116	-0. 0419	-0. 0116
广 东	0. 1989	0. 0164	-0. 1989	-0. 0164
广 西	0. 0396	0. 0108	-0. 0396	-0. 0108
海 南	0. 0512	0. 0104	-0. 0512	-0. 0104
重 庆	0. 0335	0. 0102	-0. 0335	-0. 0102
四 川	0. 0478	0. 0107	-0. 0478	-0. 0107
贵 州	0. 0583	0. 0088	-0. 0583	-0. 0088
云 南	0. 0322	0. 0122	-0. 0322	-0. 0122
西 藏	0. 0460	0. 0092	-0. 0460	-0. 0092
陕 西	0. 0496	0. 0103	-0. 0496	-0. 0103
甘 肃	0. 0521	0. 0121	-0. 0521	-0. 0121
青 海	0. 0356	0. 0121	-0. 0356	-0. 0121
宁 夏	0. 0477	0. 0108	-0. 0477	-0. 0108

续表

地区	缴费率上调1%		缴费率下调1%	
	地区 收入支出比变化值	个人 缴费待遇比变化值	地区 收入支出比变化值	个人 缴费待遇比变化值
新疆	0.0335	0.0120	-0.0335	-0.0120

注：表中数据为笔者根据公式计算得出。

另外，在调整的过程中可以看到，当缴费率上调时，所有地区的收入支出比变化值和个人缴费待遇比变化值都为正值，缴费率下调时，所有地区的收入支出比变化值和个人缴费待遇比变化值都为负值，由此可知，基本养老保险缴费率上调对所有地区及其职工的影响都是相同的。而通过地区间的横向比较可以看出，收入支出比变化值的地区差异要大于个人待遇缴费比变化值的地区差异。养老保险缴费率调整后个人待遇缴费比变化最大的是广东省，个人待遇缴费比变化值为0.0164，变化最小的是贵州省，个人待遇缴费比变化值为0.0088，两者的差距为1.86倍，与其相比，收入支出比变化值的地区差异要大得多，收入支出变化最大的仍是广东省，收入支出比变化值为0.1989，收入支出比变化值最小的是黑龙江省，为0.0267，其中变化值最大的广东省是黑龙江省的7.45倍。

进一步分析可知，收入支出比变化值地区间差异较大的原因除了地区间职工的工资收入水平存在差距外，制度赡养率地区差异的存在也是造成地区间差距存在的重要原因。在缴费率上调或者下降时，退休职工的工资收入是不变的，而在职职工的缴费额度是随之增加或者减少的，因此对于制度赡养率较低的地区，由于其在职职工相对较多，因此与制度赡养率较高、在职职工相对较少的地区相比，其养老保险收入支出比的变化幅度肯定要大，而且制度赡养率越低的地区其收入支出比的变化值越大，制度赡养率越高的地区其收入支出比的变化值越小。由此可以看出，缴费率上调虽然会增加所有地区的负担，但地区间的收入再分配规模却是不同的。在统筹层次提升的过程中，养老金全国统筹调剂比例越高，则在养老保险缴费率提高的过程中，赡养率低的地区资金转出的数额将会增加越多，这无疑会增加养老保险制度统筹层次的提升阻力。而从个人的角度来看，缴费率上调时缴费待遇比的增加意味着职工个人福利的下降，缴费率下调时个人缴费待遇比的减少则意味着职工个人福利的提升，缴费上调时个人福利的减少则进一步增加了制度改革的阻力。

在缴费率调整的三个方案中，方案 1 将缴费率的统一调整目标设定为 16%，在目前养老保险的实际运行中，大多数地区的养老保险缴费率都需要进一步下调，而对于个别缴费率低于 16% 的地区，为了达到这一目标，其养老保险缴费率还需进一步上调，如广东省在现有的基础上至少需提高 2 个百分点才能达到这一目标。统筹层次提升过程中，广东省本身就是资金的转出地区，而如果此时提高基本养老保险的缴费率则资金转出的数额会进一步增加，这将使统筹层次的提升难上加难。而且对于职工来讲，虽然退休后的养老待遇不会发生改变，但从纵向上来看，个人的整体福利会有所下降，因此这一改革方案虽然能够在降低企业缴费负担的同时维持养老金的整体支付能力，但却会增加改革的难度，难以在降低企业缴费负担的同时实现缴费率统一的目标。方案 2 则将企业缴费率的调整目标设定为 14%，到 2030 年时将各地区的养老保险缴费率逐步统一为 14%。目前，各地区的缴费率都在 14%及以上，因此在这一方案中不涉及个别地区缴费率的上调，对于缴费率为 14%的地区只需维持现有的缴费水平即可，因此在统筹层次提升的过程中，不会额外增加这些地区养老金的转出额，而对于缴费负担重的地区，通过逐步下调还可以减少企业的负担，同时对于个人来讲，职工个人的福利不但不会下降，而且对于大部分地区的职工来讲，缴费待遇比变化值的下降还意味着职工个人福利的增加，因此这种方案可以在不增加个人及地区阻力的情况下实现缴费率统一的目标。但是缴费率的下降无疑会减少养老金的筹资规模，给养老保险的可持续发展带来一定的挑战，因此，如果采取方案 2 的缴费率调整目标，为了提升养老保险的保障能力，还需做好其他的相关工作，以维持制度的可持续发展。与方案 2 相同，方案 3 也将基本养老保险的缴费率目标设定为 14%，但与其不同的是，方案 3 将 2020 年作为了缴费率调整统一的时间节点，这主要是因为缴费率的下调不涉及阻力的因素，相反，下调速度越快人们对其越支持，因此从单位和个人的角度来看，方案 3 无疑会更受欢迎。目前，我国的养老保险缴费率虽然较高，有降低的必要性，但是养老金的收支平衡状况却不容乐观，部分养老负担较重的地区已经出现了收支缺口，如果再大幅度下调养老保险的缴费率，这些地区的收支情况很可能会进一步恶化，因此养老保险缴费率的调整除了要考虑能否得到社会支持这一因素外，还需结合养老金的实际情况，综合考虑各方面的因素，避免缴费率调整过快而影响基金的持续发展能力。因此综合考虑，方案2在三个方案中可以满足缴费率下调的需要，同时由于改革调整的速度较为缓慢，这种方案可以最大限度地减少缴费率变动对养老保险制度改革产生的负面影响，对于统筹层次的提升和缴费率的统一具有积极的推动作用。

二、调剂比例调整中基础养老金的收入再分配效应分析

调剂金制度作为一种过渡模式使养老保险向全国统筹迈出了关键性的第一步，而调剂比例的确定则成为决定全国统筹改革进程的重要指标，影响着养老保险的统筹效果和实现程度。因此，如何调整全国统筹的调剂比例对于保障统筹效果、推进全国统筹的顺利进行具有重要意义。

对于全国统筹的调剂比例设计了三个调整方案。其中，方案1将调剂比例设定为企业基本养老保险缴费率的50%，方案3将调剂比例设定为企业基本养老保险缴费率的100%，与方案1相比，在方案3中，养老保险实现了真正意义上的全国统筹，即养老金的全国统收统支。方案2则是根据养老金的整体收支情况逐步提高养老保险的统筹调剂比例，2020年养老金全国统筹的调剂比例最低应为企业基本养老保险缴费率的15%，2026年养老金全国统筹的调剂比例需上调至企业基本养老保险缴费率的40%，通过不断调整，到2030年时，养老金全国统筹的调剂比例需上调为企业基本养老保险缴费率的100%，从而实现养老金的全国统收统支。为了掌握统筹调剂比例对各地区养老保险收入再分配规模的影响，以2017年的相关数据为基础测算了调剂金制度实施过程中不同调剂比例下各地区养老金的收入再分配规模。通过计算不同调剂比例下各地区养老保险基金的上解额、拨付额及上解额与拨付额之间的差额，可以掌握调剂金制度实施过程中不同调剂比例下养老保险的收入再分配规模。通过表6-3和表6-4的计算结果可以看出，调剂金制度实施的过程中，从横向上来看，在缴费人数和养老金领取人数不变的情况下，调剂金的比例越高，地区间养老金转移的力度越大。如养老压力较轻的广东省在调剂比例为企业养老保险缴费率的15%时，缴费额与拨付额的差额为7848952.4万元，而当调剂比例调高到企业养老保险缴费率的40%时，两者的差额提高到了20930539.8万元，养老金的转出数额随着调剂比例的增加而增加，与其相反，养老压力较大的东北三省由于制度赡养率较高，养老金的上解数额小于养老金的拨付额，从而表现为养老金

的流入，而且养老金的流入数额同样随着调剂比例的上升而提高。由此可见，调剂金制度能够实现地区间养老金的收入转移，而且转移的力度与调剂比例的大小密切相关。

表 6-3　全国统筹调剂金制度实施过程中不同调剂比例下养老保险的收入再分配规模

单位：万元

	调剂比例为缴费率的 15%			调剂比例为缴费率的 40%		
地区	上解额	拨付额	差额	上解额	拨付额	差额
北 京	5351270. 2	1730051. 1	3621219. 0	14270053. 8	4613469. 7	9656584. 1
天 津	1283516. 0	1306291. 6	-22775. 6	3422709. 4	3483444. 2	-60734. 8
河 北	2157694. 0	2650773. 4	-493079. 5	5753850. 6	7068729. 1	-1314878. 6
山 西	1026013. 1	1485083. 3	-459070. 2	2736035. 0	3960222. 1	-1224187. 1
内蒙古	887856. 7	1570874. 0	-683017. 2	2367617. 9	4188997. 2	-1821379. 3
辽 宁	2243101. 4	4609416. 4	-2366315. 0	5981603. 7	12291777. 1	-6310173. 5
吉 林	910215. 9	2030135. 2	-1119919. 4	2427242. 3	5413693. 9	-2986451. 7
黑龙江	1227839. 7	3201263. 7	-1973424. 0	3274239. 1	8536703. 2	-5262464. 0
上 海	4154561. 0	2989170. 0	1165390. 9	11078829. 3	7971120. 1	3107709. 2
江 苏	5354935. 1	4864283. 2	490651. 9	14279826. 9	12971421. 9	1308405. 0
浙 江	4871423. 6	4567559. 8	303863. 8	12990462. 9	12180159. 6	810303. 3
安 徽	1536753. 3	1972819. 2	-436066. 0	4098008. 7	5260851. 3	-1162842. 5
福 建	1739634. 3	1112223. 7	627410. 6	4639024. 9	2965930. 0	1673095. 0
江 西	1319851. 3	1880001. 5	-560150. 3	3519603. 4	5013337. 4	-1493734. 0
山 东	4204374. 0	3903231. 9	301142. 0	11211663. 9	10408618. 5	803045. 4
河 南	2415072. 2	2810622. 7	-395550. 5	6440192. 6	7494994. 0	-1054801. 4
湖 北	2073697. 0	3214951. 1	-1141254. 1	5529858. 7	8573202. 9	-3043344. 2
湖 南	1695953. 4	2582947. 5	-886994. 1	4522542. 4	6887859. 9	-2365317. 5
广 东	11326102. 8	3477150. 4	7848952. 4	30202940. 9	9272401. 1	20930539. 8
广 西	1048536. 1	1539038. 5	-490502. 4	2796096. 3	4104102. 7	-1308006. 4
海 南	356380. 6	420887. 7	-64507. 0	950348. 4	1122367. 1	-172018. 7
重 庆	1381169. 9	2204894. 0	-823724. 2	3683119. 7	5879717. 4	-2196597. 8
四 川	3264289. 1	4986370. 0	-1722080. 8	8704771. 0	13296986. 5	-4592215. 5
贵 州	1007008. 9	863161. 9	143847. 0	2685357. 1	2301765. 0	383592. 1

续表

地区	调剂比例为缴费率的 15%				调剂比例为缴费率的 40%	
	上解额	拨付额	差额	上解额	拨付额	差额
云 南	926553. 7	1046964. 2	-120410. 5	2470809. 7	2791904. 4	-321094. 7
西 藏	116820. 0	56032. 8	60787. 2	311520. 1	149420. 8	162099. 3
陕 西	1429970. 7	1505919. 9	-75949. 2	3813255. 2	4015786. 4	-202531. 2
甘 肃	568326. 2	865300. 5	-296974. 4	1515536. 4	2307468. 1	-791931. 7
青 海	219433. 5	261343. 9	-41910. 4	585156. 0	696917. 0	-111761. 0
宁 夏	316523. 2	368093. 4	-51570. 2	844061. 7	981582. 4	-137520. 6
新 疆	910344. 4	1248364. 5	-338020. 1	2427585. 1	3328972. 0	-901387. 0

资料来源：笔者根据养老金收支平衡公式计算得出。

表 6-4　全国调剂金制度实施过程中不同调剂比例下的收入再分配规模

单位：万元

地区	调剂比例为缴费率的 50%			调剂比例为缴费率的 100%		
	上解额	拨付额	差额	上解额	拨付额	差额
北 京	17837567. 2	5766837. 1	12070730. 1	35675134. 4	11533674. 2	24141460. 2
天 津	4278386. 7	4354305. 2	-75918. 5	8556773. 4	8708610. 4	-151837. 0
河 北	7192313. 2	8835911. 4	-1643598. 2	14384626. 4	17671822. 8	-3287196. 4
山 西	3420043. 7	4950277. 6	-1530233. 9	6840087. 4	9900555. 1	-3060467. 7
内蒙古	2959522. 4	5236246. 5	-2276724. 1	5919044. 8	10472493. 1	-4553448. 2
辽 宁	7477004. 6	15364721. 4	-7887716. 8	14954009. 1	30729442. 8	-15775433. 6
吉 林	3034052. 8	6767117. 4	-3733064. 6	6068105. 7	13534234. 9	-7466129. 2
黑龙江	4092798. 9	10670878. 9	-6578080. 0	8185597. 8	21341757. 9	-13156160. 1
上 海	13848536. 6	9963900. 1	3884636. 4	27697073. 1	19927800. 2	7769272. 9
江 苏	17849783. 6	16214277. 3	1635506. 3	35699567. 3	32428554. 6	3271012. 6
浙 江	16238078. 7	15225199. 5	1012879. 2	32476157. 3	30450399. 0	2025758. 3
安 徽	5122510. 9	6576064. 1	-1453553. 2	10245021. 8	13152128. 2	-2907106. 3
福 建	5798781. 1	3707412. 5	2091368. 7	11597562. 3	7414824. 9	4182737. 4
江 西	4399504. 2	6266671. 7	-1867167. 5	8799008. 5	12533343. 5	-3734335. 0
山 东	14014579. 9	13010773. 1	1003806. 7	28029159. 8	26021546. 3	2007613. 5
河 南	8050240. 7	9368742. 5	-1318501. 8	16100481. 4	18737485. 0	-2637003. 5
湖 北	6912323. 3	10716503. 6	-3804180. 3	13824646. 7	21433007. 2	-7608360. 6

续表

	调剂比例为缴费率的 15%				调剂比例为缴费率的 40%	
地区	上解额	拨付额	差额	上解额	拨付额	差额
湖 南	5653178.0	8609824.8	−2956646.8	11306356.1	17219649.7	−5913293.6
广 东	37753676.1	11590501.4	26163174.7	75507352.1	23181002.7	52326349.4
广 西	3495120.4	5130128.4	−1635008.0	6990240.8	10260256.8	−3270016.0
海 南	1187935.5	1402958.8	−215023.4	2375870.9	2805917.7	−430046.8
重 庆	4603899.6	7349646.8	−2745747.2	9207799.2	14699293.6	−5491494.4
四 川	10880963.8	16621233.2	−5740269.4	21761927.6	33242466.3	−11480538.7
贵 州	3356696.3	2877206.3	479490.1	6713392.6	5754412.5	958980.1
云 南	3088512.2	3489880.5	−401368.3	6177024.4	6979761.0	−802736.7
西 藏	389400.1	186776.0	202624.1	778800.3	373552.1	405248.2
陕 西	4766569.0	5019733.0	−253164.0	9533138.1	10039466.0	−506327.9
甘 肃	1894420.5	2884335.1	−989914.6	3788841.0	5768670.2	−1979829.2
青 海	731445.0	871146.2	−139701.2	1462890.0	1742292.4	−279402.4
宁 夏	1055077.2	1226977.9	−171900.8	2110154.3	2453955.9	−343801.6
新 疆	3034481.3	4161215.1	−1126733.7	6068962.7	8322430.1	−2253467.5

资料来源：笔者根据养老金收支平衡公式计算得出。

但是从职工个人角度来看，根据前面基础养老金的纵向收支平衡模型可以看出，养老保险制度实施过程中如果养老保险的缴费率、缴费期限及缴费与给付基数等相关参数不发生改变，调剂金制度的实行并不会对职工个人的养老福利产生影响，养老金结余较多地区的职工养老金给付不会因为全国统筹调剂金制度的实施而有所降低，养老金缺口地区的职工给付也不会因为全国统筹调剂金制度的实施而有所提高，但却可以通过地区间养老金的余缺调剂保障职工尤其是缺口地区退休职工养老待遇的及时给付。因此，掌握养老金全国统筹调剂比例对地区间收入再分配规模的影响，通过方案间的比较选择合理的方案将有利于统筹层次的提升。

通过表 6-3 和表 6-4 中的数据可以看出，在三种调剂比例设计方案中，方案 3 的调剂比例 2020 年时为企业基本养老保险缴费率的 100%，实现了养老金的统收统支。这种统筹调剂模式能够最大限度地发挥养老保险的收入再分配功能，有利于社会公平目标的实现，是养老保险制度改革追求的目标。与其他两个方案相比，方案 3 所引起的地区间收入再分配的规模最大，如表中的数据所示，对于养老金的缴费额高于养老金的拨付额即两者差额为正的资金转出地区，方案3的养老金转出数额要明显高于其他两个方案，资金转出地区养老金转出数额的增大无疑会增加改革的阻力，因此实施方案3的统筹调剂比例所面对的阻力在三种方案中应该是最大的，到2020年时实现统收统支的全国统筹模式难度较大。方案1设计的统筹调剂比例为企业基本养老保险缴费率的50%，通过表中数据可以看出，无论是对于资金的转出地区，还是对于资金的转入地区，与方案3相比，其转出和转入的资金数额都要小得多。如对于资金转出的广东省，当调剂比例为企业基本养老保险缴费率的100%时，其养老金的转出数额为52326349.4万元，而当调剂比例为企业基本养老保险缴费率的50%时，其养老金的转出数额降低到了26163174.7万元，资金流出数额减少了50%。而对于资金流入的地区如吉林省，养老金的调剂比例由企业基本养老保险缴费率的100%降低到50%时，其养老金的流入金额同样由7466129.2万元降低到了3733064.6万元。与方案3相比，方案1设计的调剂比例能在减少阻力的同时实现地区间一定程度的收入再分配，是一个比较可行的方案，但这种方案将调剂比例固定在一定的水平，虽然和方案3相比减少了统筹的阻力，有利于调剂金制度的顺利实施，但是与统收统支的全国统筹模式间还存在着一定差距。由此可见，方案1和方案3都存在一定的不足，并非理想的改革实施方案。

与两者不同的是，方案2在制度设计时采用了一种渐进的改革方式，在这一方案中，养老金的调剂比例是不断变动的。在全国统筹调剂金制度实施的初期，方案2设定了较低的调剂比例，2020年调剂金的比例为企业基本养老保险缴费率的15%，随着全国统筹调剂金制度的逐步展开，不断加大调剂金的调剂力度，到2026年时养老金全国统筹的调剂比例调整为企业基本养老保险缴费率的40%，而到2030年时则将调剂比例逐步上调为企业基本养老保险缴费率的100%，进而实现了养老金的全国统收统支。而之所以将调剂金的调剂比例在2026年时设定为缴费率的40%，在2030年时设定为缴费率的100%，主要是以前面章节定量分析中预测的结果作为依据，在养老保险的实际运行中，为了防止改革的幅度过大，在2026年和2030年这两个时间节点中间同样可以采取渐进的改革方式。方案2在调剂金制度实施的初期设定较低的调剂比例，能在一定程度上减少资金流出地区的阻力，随着调剂金制度的逐步展开和经验的不断积累，以及人们对养老保险全国统筹认识的日益深入，不断调高养老金的调剂比例进而推进养老保险逐步向全国统筹迈进。在调剂比例不断上调的过程中，养老金的地区间收入再分配力度也是在逐步增加的，与方案 3 相比，由于地区间收入再分配的规模是逐步增加的，因此能够一定程度上减少统筹层次提升的阻力，而与方案 1 相比，方案 2 能够推进统筹层次的逐步提升，进而最终实现真正意义上的全国统筹。

三、缴费与给付基数调整中基础养老金的收入再分配效应分析

基本养老保险统筹层次提升的过程中，除了要对养老保险基金统筹调剂的比例和企业养老保险的缴费率进行研究外，基础养老金的缴费和给付基数的调整同样是研究的重要内容。缴费与给付基数的调整和逐步趋于统一不但会直接影响到缴费与给付数额的多少，而且还会对养老保险的收入再分配功能产生一定的影响，因此在研究养老保险缴费和给付基数的调整和统一时，将从筹集和支付两个维度对养老金的收入再分配效应进行研究。

1. 缴费基数调整时养老保险的收入再分配效应分析

从缴费方面来看，按照《社会保险法》的相关规定，职工所在的单位应当按照职工工资总额的一定百分比缴纳养老保险费用，进而形成社会统筹部分的基础养老金。而在核定职工个人的缴费工资基数时，通常以职工所在地区的在岗职工平均工资或者社会平均工资作为衡量标准。如果以在岗职工平均工资作为衡量标准，当职工个人的工资收入水平低于所在地区上年度在岗职工平均工资的 60%时，职工需以所在地区在岗职工平均工资的 60%作为缴费基数，而当职工个人的工资收入总额高于上年度在岗职工平均工资的 300%时，以在岗职工平均工资的 300%作为缴费的上限，超过部分不再作为缴费的依据。

养老保险实际运行中，各个地区的在岗职工平均工资水平各不相同，有的地区在岗职工平均工资由于经济发展水平较高，因此会高于全国的在岗职工平均工资水平，而有的地区在岗职工平均工资则会低于全国的在岗职工平均工资水平。随着基本养老保险统筹层次的提升，作为衡量标准的在岗职工平均工资如果由市在岗职工平均工资变为省在岗职工平均工资，或者在实现全国统筹后变为更高一级的全国在岗职工平均工资，即使养老保险的缴费率保持不变，随着养老保险缴费基数参照标准的改变，企业基本养老保险的缴费总额也将发生一定的变化。

一般对于经济发展水平相对较高的地区，即在岗职工平均工资高于全国平均水平的地区而言，如果养老保险缴费基数的参照标准发生相应的改变，由省在岗职工平均工资变为全国在岗职工平均工资，所在地区企业的养老保险缴费总额将会随着缴费基数的下降而有所减少。如表 6-5 所示，当以省在岗职工平均工资作为参照标准，养老保险的缴费下限为在岗职工平均工资的 60%，缴费上限为在岗职工平均工资的 300%时，北京市养老保险的最低缴费下限为 6137.45 元，最高缴费上限为 30687.25 元。而在全国统筹后，如果养老保险的缴费基数以全国在岗职工平均工资作为参照标准，则养老保险的缴费上限和下限分别降到了 3449.65 元和 17248.25 元，缴费下限降低了 2687.8 元，缴费上限下降了 13439 元，缴费下限和上限的下降无疑会减少高收入地区的缴费负担，进而在一定程度上降低了统筹层次提升后地区间的收入再分配规模，这无疑有利于提高高收入地区对于提升统筹层次的积极性。但与其相反，对于在岗职工平均工资低于全国平均水平的地区而言，企业的养老保险缴费将会发生相反的变化。以黑龙江省为例，统筹层次提升后，随着缴费基数的参照标准由本省在岗职工平均工资变为全国在岗职工平均工资，缴费的下限将由原来的 2764.95 元提高到 3449.65 元，增加了 684.7 元，而缴费上限由原来的 13824.75 元提高到了 17248.25 元，提高了 3423.5 元，进而会使这些地区的养老保险缴费负担有一定程度的增加。

表 6-5 养老保险统筹层次提升前后各地养老保险月缴费基数的变化值

单位：元

	省级统筹		全国统筹		变化值	
地区	缴费下限	缴费上限	缴费下限	缴费上限	缴费下限	缴费上限
北 京	6137.45	30687.25	3449.65	17248.25	2687.80	13439.00
天 津	4390.30	21951.50	3449.65	17248.25	940.65	4703.25
河 北	2849.35	14246.75	3449.65	17248.25	-600.30	-3001.50
山 西	2748.75	13743.75	3449.65	17248.25	-700.90	-3504.50
内蒙古	3099.70	15498.50	3449.65	17248.25	-349.95	-1749.75
辽 宁	2857.40	14287.00	3449.65	17248.25	-592.25	-2961.25

续表

	省级统筹		全国统筹		变化值	
地区	缴费下限	缴费上限	缴费下限	缴费上限	缴费下限	缴费上限
吉 林	2874. 30	14371. 50	3449. 65	17248. 25	-575. 35	-2876. 75
黑龙江	2764. 95	13824. 75	3449. 65	17248. 25	-684. 70	-3423. 50
上 海	6025. 15	30125. 75	3449. 65	17248. 25	2575. 50	12877. 50
江 苏	3634. 20	18171. 00	3449. 65	17248. 25	184. 55	922. 75
浙 江	3732. 20	18661. 00	3449. 65	17248. 25	282. 55	1412. 75
安 徽	3064. 45	15322. 25	3449. 65	17248. 25	-385. 20	-1926. 00
福 建	3156. 90	15784. 50	3449. 65	17248. 25	-292. 75	-1463. 75
江 西	2873. 50	14367. 50	3449. 65	17248. 25	-576. 15	-2880. 75
山 东	3178. 10	15890. 50	3449. 65	17248. 25	-271. 55	-1357. 75
河 南	2501. 40	12507. 00	3449. 65	17248. 25	-948. 25	-4741. 25
湖 北	3055. 65	15278. 25	3449. 65	17248. 25	-394. 00	-1970. 00
湖 南	3008. 00	15040. 00	3449. 65	17248. 25	-441. 65	-2208. 25
广 东	3642. 40	18212. 00	3449. 65	17248. 25	192. 75	963. 75
广 西	3011. 95	15059. 75	3449. 65	17248. 25	-437. 70	-2188. 50
海 南	3128. 25	15641. 25	3449. 65	17248. 25	-321. 40	-1607. 00
重 庆	3369. 30	16846. 50	3449. 65	17248. 25	-80. 35	-401. 75
四 川	3289. 05	16445. 25	3449. 65	17248. 25	-160. 60	-803. 00
贵 州	3483. 90	17419. 50	3449. 65	17248. 25	34. 25	171. 25
云 南	3178. 10	15890. 50	3449. 65	17248. 25	-271. 55	-1357. 75
西 藏	5516. 50	27582. 50	3449. 65	17248. 25	2066. 85	10334. 25
陕 西	3081. 30	15406. 50	3449. 65	17248. 25	-368. 35	-1841. 75
甘 肃	2977. 45	14887. 25	3449. 65	17248. 25	-472. 20	-2361. 00
青 海	3372. 55	16862. 75	3449. 65	17248. 25	-77. 10	-385. 50
宁 夏	3391. 50	16957. 50	3449. 65	17248. 25	-58. 15	-290. 75
新 疆	3231. 50	16157. 50	3449. 65	17248. 25	-218. 15	-1090. 75

资料来源：笔者以《中国统计年鉴 2017》中的相关数据为基础计算得出。

2. 给付基数调整时养老保险的收入再分配效应分析

在岗职工平均工资既是企业养老保险缴费的依据，同样也是退休职工养老金计发的重要标准，根据养老保险制度的相关给付规定，前面章节已给出基础养老金的具体给付公式为：

$$B_E = \frac{1}{2} \times \left[w_1 + w_1 \times \frac{1}{n}\left(\frac{P_1}{W_1} + \frac{P_2}{W_2} + \frac{P_3}{W_3} + \cdots + \frac{P_n}{W_n}\right)\right] \times n\%$$
$$= \frac{1}{2} \times w_1 \times \left[1 + \frac{1}{n}\left(\frac{P_1}{W_1} + \frac{P_2}{W_2} + \frac{P_3}{W_3} + \cdots + \frac{P_n}{W_n}\right)\right] \times n\%$$

从基础养老金的给付公式可以看出，在岗职工平均工资从两个层面对职工退休后的养老金产生影响。从第一个层面来看，作为给付基数的上年度在岗职工月平均工资会对职工退休后的养老金给付数额产生正向的影响，职工退休时所在地区上年度在岗职工平均工资水平越高，职工退休后所能领取到的基础养老金越多，相反，所在地区在岗职工平均工资越低，则职工退休后领取的基础养老金越少，退休职工的基础养老金给付水平会随着所在地区在岗职工平均工资的变动而做同向的变化。从第二个层面来看，在岗职工平均工资通过影响职工的缴费工资指数对职工退休后的基础养老金产生重要影响。缴费工资指数为整个参保期间职工历年缴费工资与相对年份在岗职工平均工资比值的平均值。在参保职工历年缴费工资保持在一定水平的情况下，在岗职工平均工资越高，则职工的缴费工资指数越小，职工退休后领取的养老金数额相对越少，相反，在岗职工平均工资越低，则职工的缴费工资指数越大，职工退休后领取的养老金数额相对越多。由此可以看出，在第二个层面上，在岗职工平均工资会对职工的基础养老金产生负向影响，职工的缴费工资指数会随着在岗职工平均工资的上升而下降，随着在岗职工平均工资的降低而提高。从这两个层面上来看，在岗职工平均工资对职工退休后养老金的影响正好是相反的，在岗职工平均工资变化后养老金数额到底是上升还是下降则取决于这两方面引起的基础养老金上升与下降额度的对比。如果第一层面引起的养老金增加值大于第二层面养老金下降额度的绝对值，则职工的基础养老金将会增加，而如果第一层面引起的养老金下降的绝对值大于第二层面引起的养老金的增加值，则职工的基础养老金将会下降。

由于各个地区的在岗职工平均工资水平各不相同，因此在基本养老保险统筹层次提升的过程中，假如养老金的给付基数也随之由当地上年度在岗职工平均工资变为更高层级的在岗职工平均工资，职工的养老金数额与统筹层次提升前相比必然会有所变化，有的地区职工的基础养老金将会随着统筹层次的提升而增加，而有的地区职工的基础养老金将会随着统筹层次的提升而下降。基础养老金给付水平的变动必将引起统收统支模式下地区间养老保险收入再分配规模的改变。从职工个人的角度来看，统筹层次提升后如果职工的养老金数额也能够随之上升，则这些地区的职工必然成为统筹层次提升的积极拥护者，而如果统筹层次提升引起职工养老金给付数额的下降，则这些地区必然会阻碍统筹层次的提升。

3. 缴费与给付基数同步调整时养老保险的收入再分配效应分析

各地区养老保险基数的统一将从缴费与给付两个方面对职工养老利益产生影响。为了掌握养老保险缴费与给付基数统一对职工的具体影响，将以职工个人的缴费与给付作为研究的出发点，对全国统筹前后各省职工的收入再分配情况进行深入的量化分析。虽然中国已建立了中央调剂金制度，但目前养老保险的统筹层次仍是省级统筹，而且大多数地区的养老保险实质上为市县级统筹，全国统筹还需在未来的年份里逐步实现。并且，养老保险实际运行中各个地区在养老保险缴费率、养老保险缴费上限与下限占在岗职工平均工资的比例等方面都存在着一定的差距，但为了研究统筹层次进一步提升后具体标准统一对各地基本养老保险收入再分配规模的影响，假设各省已经实现了真正意义上的省级统筹，从而对省级统筹和全国统筹两种情况下参保职工的缴费和待遇给付进行比较研究。同时，在量化分析时假设各地区养老保险缴费基数的下限为在岗职工平均工资的60%，上限为在岗职工平均工资的300%。另外，由于职工领取养老保险时除了要达到退休年龄外，还需满足15年的最低缴费年限，因此综合考虑到相关政策规定和数据的可得性，这里假定职工2001年参加养老保险，共参保缴费16年，从而具备了领取基础养老金的相应条件。

考虑到即使职工处于同一地区，但由于收入水平不同，统筹层次提升所引起的职工的收入再分配程度也是不同的，因此在定量分析时将劳动者分为高收入、中等收入和低收入三个群体。其中，低收入劳动者按照在岗职工平均工资的60%进行缴费，高收入劳动者按照在岗职工平均工资的300%进行缴费，中等收入劳动者的实际工资收入水平即为在岗职工平均工资，因此需要按照在岗职工平均工资的100%进行缴费。为了研究统筹层次提升对中等收入职工的影响，需对31个省（直辖市、自治区）参保职工历年的缴费状况进行分析。表6-6和表6-7为各地区在岗职工平均工资与相对应年份全国在岗职工平均工资的比值，通过数据分析可以看出，对于各地区实际工资收入为所在地区在岗职工平均工资水平的职工而言，统筹层次提升后，即使缴费基数上下限的标准由原来的以各地在岗职工平均工资为参照标准改为按照全国在岗职工平均工资为参照标准，这些职工的缴费也不会发生改变，因为这些职工的工资收入水平虽然与全国在岗职工平均工资并不相同，有的地区的在岗职工平均工资高于全国在岗职工平均工资，有的地区的在岗职工平均工资低于全国在岗职工平均工资。但通过对各省历年数据的比较分析可以看出，职工的缴费工资都高于全国在岗职工平均工资的60%，低于全国在岗职工平均工资的300%，即处于缴费的上下限区间内，统筹层次提升后，即使缴费基数改变，这部分劳动者的养老保险缴费仍只需按照职工的实际工资收入进行缴纳即可，其缴费数额不会因为缴费标准的变动而发生改变，只是养老金的给付额度会有所变动（见表6-8）。

表6-6　各地在岗职工平均工资占全国在岗职工平均工资的比值

年份 地区	2000	2001	2002	2003	2004	2005	2006	2007
北京	1.74	1.76	1.76	1.80	1.85	1.86	1.91	1.87
天津	1.33	1.32	1.31	1.33	1.36	1.38	1.37	1.40
河北	0.83	0.80	0.81	0.80	0.81	0.80	0.79	0.80
山西	0.74	0.75	0.75	0.76	0.81	0.85	0.87	0.86
内蒙古	0.74	0.76	0.78	0.80	0.83	0.87	0.88	0.88
辽宁	0.94	0.93	0.94	0.93	0.93	0.94	0.93	0.93
吉林	0.85	0.81	0.80	0.79	0.78	0.78	0.79	0.82
黑龙江	0.84	0.82	0.80	0.79	0.78	0.79	0.79	0.78
上海	1.98	2.00	1.93	1.94	1.88	1.87	1.96	1.98
江苏	1.10	1.09	1.09	1.12	1.14	1.14	1.13	1.10
浙江	1.40	1.51	1.51	1.52	1.47	1.41	1.32	1.25
安徽	0.75	0.73	0.75	0.75	0.81	0.84	0.85	0.89
福建	1.13	1.11	1.07	1.02	0.97	0.93	0.92	0.89
江西	0.75	0.74	0.75	0.75	0.74	0.75	0.74	0.74
山东	0.94	0.92	0.92	0.90	0.89	0.90	0.92	0.92
河南	0.74	0.73	0.74	0.77	0.76	0.78	0.81	0.84
湖北	0.81	0.79	0.77	0.76	0.74	0.79	0.76	0.79
湖南	0.87	0.89	0.88	0.87	0.87	0.85	0.85	0.86
广东	1.48	1.44	1.38	1.42	1.38	1.30	1.25	1.18

续表

地区＼年份	2000	2001	2002	2003	2004	2005	2006	2007
广 西	0.82	0.83	0.81	0.85	0.85	0.84	0.86	0.88
海 南	0.79	0.77	0.76	0.74	0.79	0.79	0.76	0.78
重 庆	0.86	0.88	0.88	0.88	0.90	0.91	0.91	0.93
四 川	0.89	0.91	0.90	0.89	0.88	0.86	0.85	0.85
贵 州	0.80	0.83	0.79	0.79	0.78	0.78	0.80	0.83
云 南	0.99	0.97	0.96	0.92	0.91	0.88	0.89	0.82
西 藏	1.60	1.76	1.99	1.92	1.93	1.58	1.50	1.85
陕 西	0.83	0.84	0.83	0.82	0.81	0.81	0.81	0.85
甘 肃	0.91	0.92	0.90	0.88	0.85	0.81	0.82	0.84
青 海	1.07	1.19	1.17	1.09	1.08	1.04	1.08	1.05
宁 夏	0.92	0.96	0.94	0.92	0.91	0.94	1.01	1.05
新 疆	0.93	0.95	0.93	0.94	0.90	0.85	0.85	0.86

资料来源：笔者根据《中国统计年鉴》（2001~2008 年）中的相关数据计算得出。

表 6-7　各地在岗职工平均工资占全国在岗职工平均工资的比值

地区＼年份	2008	2009	2010	2011	2012	2013	2014	2015
北 京	1.93	1.78	1.77	1.79	1.79	1.79	1.80	1.79
天 津	1.43	1.37	1.43	1.31	1.37	1.31	1.29	1.29
河 北	0.85	0.87	0.87	0.85	0.83	0.81	0.81	0.83
山 西	0.88	0.87	0.90	0.94	0.94	0.91	0.87	0.84
内蒙古	0.89	0.94	0.96	0.98	0.99	0.98	0.95	0.92
辽 宁	0.95	0.95	0.94	0.91	0.89	0.88	0.86	0.85
吉 林	0.80	0.80	0.79	0.81	0.82	0.84	0.83	0.84
黑龙江	0.79	0.81	0.80	0.79	0.81	0.82	0.80	0.81
上 海	1.94	1.94	1.93	1.81	1.68	1.75	1.75	1.73
江 苏	1.08	1.10	1.09	1.08	1.08	1.11	1.08	1.06
浙 江	1.17	1.14	1.12	1.08	1.07	1.09	1.09	1.07
安 徽	0.90	0.91	0.92	0.96	0.97	0.93	0.91	0.90
福 建	0.88	0.88	0.88	0.92	0.95	0.94	0.95	0.93

续表

年份 地区	2008	2009	2010	2011	2012	2013	2014	2015
江 西	0.72	0.75	0.78	0.80	0.83	0.83	0.82	0.82
山 东	0.90	0.91	0.91	0.89	0.89	0.91	0.91	0.92
河 南	0.85	0.84	0.82	0.81	0.80	0.74	0.74	0.73
湖 北	0.78	0.83	0.88	0.87	0.86	0.85	0.88	0.87
湖 南	0.85	0.83	0.82	0.84	0.84	0.84	0.85	0.85
广 东	1.13	1.11	1.09	1.06	1.06	1.02	1.04	1.05
广 西	0.88	0.86	0.86	0.80	0.79	0.81	0.82	0.87
海 南	0.75	0.76	0.84	0.86	0.84	0.87	0.88	0.92
重 庆	0.92	0.95	0.95	0.94	0.95	0.97	0.99	0.98
四 川	0.86	0.87	0.89	0.89	0.91	0.94	0.94	0.96
贵 州	0.84	0.86	0.85	0.88	0.90	0.94	0.95	0.99
云 南	0.82	0.82	0.81	0.83	0.82	0.84	0.83	0.87
西 藏	1.62	1.49	1.46	1.32	1.23	1.23	1.19	1.75
陕 西	0.89	0.92	0.92	0.92	0.93	0.93	0.91	0.90
甘 肃	0.82	0.83	0.80	0.77	0.81	0.84	0.84	0.86
青 海	1.06	1.03	1.00	1.00	0.98	0.99	1.01	0.98
宁 夏	1.05	1.04	1.05	1.05	1.03	1.00	0.99	0.99
新 疆	0.84	0.85	0.87	0.91	0.95	0.95	0.95	0.96

资料来源：笔者根据《中国统计年鉴》（2009~2016 年）中的相关数据计算得出。

表 6-8　统筹层次提升后中等收入职工退休当年基础养老金给付额的变化情况

单位：元

地区	省级统筹年给付额	全国统筹年给付额	年给付额的变化值	地区	省级统筹年给付额	全国统筹年给付额	年给付额的变化值
北 京	18412.35	14551.00	-3861.35	湖 北	9166.95	9393.27	226.32
天 津	13170.90	12156.54	-1014.36	湖 南	9024.00	9592.22	568.22
河 北	8548.05	9424.86	876.81	广 东	10927.20	11451.12	523.92
山 西	8246.25	9557.18	1310.93	广 西	9035.85	9519.03	483.18
内蒙古	9299.10	9748.52	449.42	海 南	9384.75	9344.48	-40.27
辽 宁	8572.20	9932.26	1360.06	重 庆	10107.90	9962.79	-145.11

续表

地区	省级统筹年给付额	全国统筹年给付额	年给付额的变化值	地区	省级统筹年给付额	全国统筹年给付额	年给付额的变化值
吉 林	8622.90	9361.44	738.54	四 川	9867.15	9793.21	-73.94
黑龙江	8294.85	9314.16	1019.31	贵 州	10451.70	9571.19	-880.51
上 海	18075.45	14902.70	-3172.75	云 南	9534.30	9697.61	163.31
江 苏	10902.60	10859.90	-42.70	西 藏	16549.50	13391.36	-3158.14
浙 江	11196.60	11711.39	514.79	陕 西	9243.90	9677.72	433.82
安 徽	9193.35	9627.02	433.67	甘 肃	8932.35	9541.80	609.45
福 建	9470.70	10141.63	670.93	青 海	10117.65	10612.19	494.54
江 西	8620.50	9159.16	538.66	宁 夏	10174.50	10300.51	126.01
山 东	9534.30	9880.18	345.88	新 疆	9694.50	9865.49	170.99
河 南	7504.20	9206.77	1702.57				

资料来源：笔者根据基础养老金的给付公式计算得出。

通过表中的数据可以看出，缴费基数参照的标准由省级在岗职工平均工资改为全国在岗职工平均工资后，虽然各地处于中等收入水平的职工的缴费数额没有发生改变，但是领取的养老金数额却发生了变化。总体来讲，高收入地区职工的养老金在统筹层次提升后普遍有所下降，如在岗职工平均工资较高的北京、天津、上海等9个地区的养老金给付数额都出现了不同程度的下降，而低收入地区职工的基础养老金给付数额普遍得到了一定程度的提升。但对于各地的低收入职工和高收入职工而言，统筹层次提高后不但其养老金的给付数额会发生变化，而且其缴费数额也会有所改变。

表6-9和表6-10分别为统筹层次提升后职工缴费及其给付的变化情况，通过分析表中的数据可以看出，在岗职工平均工资比较高的北京、天津和上海等地区，低收入职工与高收入职工的基础养老金和中等收入水平的职工一样，统筹层次提升后其基础养老金有所降低。但与中等收入水平的职工缴费额没有发生改变不同，随着缴费基数的统一，低收入职工和高收入职工的养老金缴费额也发生了改变。高收入地区的职工，统筹层次提升前无论是按照缴费下限即在岗职工平均工资的60%缴费还是按照缴费上限即在岗职工平均工资的300%进行缴费，职工的缴费额度都比较高，而当统筹层次提升后，由于在岗职工平均工资变为了相对较低的全国在岗职工

平均工资，因此对于处于缴费上下限的职工而言，职工的缴费数额也将随着缴费标准的降低而减少，职工的缴费压力相对减轻。

表 6-9　基本养老保险全国统筹前后职工缴费数额的变化情况

单位：元

地区	省级统筹时缴费总额		全国统筹后年缴费额的变化		全国统筹后缴费总额的变化	
	60%	300%	60%	300%	60%	300%
北 京	106190.40	530952.00	-2968.12	-14840.59	-47489.88	-237449.40
天 津	78871.80	394359.00	-1260.71	-6303.53	-20171.28	-100856.40
河 北	48480.60	242403.00	638.75	3193.73	10219.92	51099.60
山 西	51190.44	255952.20	469.38	2346.90	7510.08	37550.40
内蒙古	54050.40	270252.00	290.63	1453.16	4650.12	23250.60
辽 宁	53122.20	265611.00	348.65	1743.23	5578.32	27891.60
吉 林	47824.44	239122.20	679.76	3398.78	10875.08	54380.40
黑龙江	47030.52	235152.60	729.38	3646.88	11670.00	58350.00
上 海	107651.04	538255.20	-3059.41	-15297.04	-48950.52	-244752.60
江 苏	64076.64	320383.20	-336.01	-1680.04	-5376.12	-26880.60
浙 江	69004.44	345022.20	-644.00	-3219.98	-10303.92	-51519.60
安 徽	52625.88	263129.40	379.67	1898.33	6074.64	30373.20
福 建	54939.36	274696.80	235.07	1175.36	3761.16	18805.80
江 西	46310.40	231552.00	774.38	3871.91	12390.12	61950.60
山 东	53331.96	266659.80	335.54	1677.68	5363.56	26842.80
河 南	45733.44	228667.20	810.44	4052.21	12967.08	64835.40
湖 北	49150.32	245751.60	596.89	2984.44	9550.20	47751.00
湖 南	49728.24	248641.20	560.77	2803.84	8972.28	44861.40
广 东	66439.80	332199.00	-483.71	-2418.53	-7739.28	-38696.40
广 西	49164.36	245821.80	596.01	2980.05	9536.16	47680.80
海 南	48849.60	244248.00	615.68	3078.41	9850.92	49254.60
重 庆	55547.52	277737.60	197.06	985.31	3153.00	15765.00
四 川	53033.04	265165.20	354.22	1771.09	5667.48	28337.40
贵 州	51875.52	259377.60	426.56	2132.81	6825.00	34125.00
云 南	50002.92	250014.60	543.60	2718.00	8697.60	43488.00
西 藏	87758.76	438793.80	-1816.14	-9080.70	-29058.24	-145291.20

续表

地区	省级统筹时缴费总额		全国统筹后年缴费额的变化		全国统筹后缴费总额的变化	
	60%	300%	60%	300%	60%	300%
陕 西	52372.44	261862.20	395.51	1977.53	6328.08	31640.40
甘 肃	48928.44	244642.20	610.76	3053.78	9772.08	48860.40
青 海	60091.80	300459.00	-86.96	-434.78	-1391.28	-6956.40
宁 夏	59026.92	295134.60	-20.40	-102.00	-326.40	-1632.00
新 疆	53661.36	268306.80	314.95	1574.74	5039.16	25195.80

资料来源：笔者根据养老金的缴费公式计算得出。

表 6-10　基本养老保险全国统筹前后职工退休当年养老金给付数额的变化情况

单位：元

地区	省级统筹月给付额		全国统筹月给付额		省级统筹年给付额		全国统筹年给付额	
	60%	300%	60%	300%	60%	300%	60%	300%
北 京	1309.32	3273.31	960.04	2960.36	15711.87	39279.68	11520.42	35524.33
天 津	936.60	2341.49	832.33	2321.84	11239.17	28097.92	9987.96	27862.05
河 北	607.86	1519.65	686.64	1593.39	7294.34	18235.84	8239.68	19120.66
山 西	586.40	1466.00	693.70	1628.68	7036.80	17592.00	8324.37	19544.11
内蒙古	661.27	1653.17	703.90	1679.70	7935.23	19838.08	8446.83	20156.39
辽 宁	609.58	1523.95	713.70	1728.70	7314.94	18287.36	8564.42	20744.36
吉 林	613.18	1532.96	683.26	1576.48	7358.21	18395.52	8199.10	18917.74
黑龙江	589.86	1474.64	680.74	1563.87	7078.27	17695.68	8168.84	18766.42
上 海	1285.37	3213.41	978.79	3054.15	15424.38	38560.96	11745.50	36649.74
江 苏	775.30	1938.24	763.18	1976.07	9303.55	23258.88	9158.11	23712.81
浙 江	796.20	1990.51	808.59	2203.13	9554.43	23886.08	9703.07	26437.58
安 徽	653.75	1634.37	697.42	1647.30	7844.99	19612.48	8369.07	19767.57
福 建	673.47	1683.68	724.87	1784.53	8081.66	20204.16	8698.42	21414.35
江 西	613.01	1532.53	672.47	1522.54	7356.16	18390.40	8069.64	18270.43
山 东	678.00	1694.99	710.92	1714.81	8135.94	20339.84	8531.09	20577.69
河 南	533.63	1334.08	675.01	1535.23	6403.58	16008.96	8100.11	18422.78
湖 北	651.87	1629.68	684.96	1584.97	7822.46	19556.16	8219.47	19019.58
湖 南	641.71	1604.27	695.57	1638.02	7700.48	19251.20	8346.80	19656.23
广 东	777.05	1942.61	794.71	2133.73	9324.54	23311.36	9536.49	25604.70

续表

地区	省级统筹月给付额		全国统筹月给付额		省级统筹年给付额		全国统筹年给付额	
	60%	300%	60%	300%	60%	300%	60%	300%
广 西	642.55	1606.37	691.66	1618.50	7710.59	19276.48	8299.95	19422.01
海 南	667.36	1668.40	682.35	1571.95	8008.32	20020.80	8188.24	18863.45
重 庆	718.78	1796.96	715.33	1736.84	8625.41	21563.52	8583.96	20842.05
四 川	701.66	1754.16	706.29	1691.62	8419.97	21049.92	8475.43	20299.38
贵 州	743.23	1858.08	694.45	1632.41	8918.78	22296.96	8333.34	19588.94
云 南	678.00	1694.99	701.19	1666.12	8135.94	20339.84	8414.25	19993.48
西 藏	1176.85	2942.13	898.19	2651.12	14122.24	35305.60	10778.25	31813.49
陕 西	657.34	1643.36	700.13	1660.82	7888.13	19720.32	8401.52	19929.84
甘 肃	635.19	1587.97	692.88	1624.57	7622.27	19055.68	8314.53	19494.88
青 海	719.48	1798.69	749.97	1910.01	8633.73	21584.32	8999.58	22920.12
宁 夏	723.52	1808.80	733.34	1826.90	8682.24	21705.60	8800.10	21922.74
新 疆	689.39	1723.47	710.14	1710.89	8272.64	20681.60	8521.69	20530.68

资料来源：笔者根据养老金的计发公式计算得出。

如对于北京市的低收入职工而言，统筹层次提升后其养老保险的年缴费额下降了 2968.12 元，整个参保期间职工可以少缴费 47489.88 元。而对于高收入职工来说，养老保险的年缴费额下降的幅度更大，达到了 14840.59 元，整个参保期间的缴费额降低了 237449.4 元，但在缴费负担降低的同时其养老金的给付额也相应地减少了，北京市按照缴费下限缴费的低收入劳动者其基础养老金的年给付额降低了 4191.45 元，按照缴费上限缴费的高收入劳动者其基础养老金的年给付额降低了 3755.35 元。通过纵向比较可以看出，统筹层次提升后低收入劳动者缴费下降的幅度小于给付额的降低幅度，这对于低收入职工显然是不利的。而且从长期来看，由于职工缴费的时间相对来说是比较固定的，为了计算的方便，设定职工的缴费年限为 16 年，在这 16 年中如果养老保险的统筹层次由省级统筹提升为全国统筹，职工的缴费总额将降低 47489.88 元，但由于退休后职工的养老金待遇水平同样会降低，而且随着退休后领取养老金年限的逐步增加，尤其是超过 11.33 年后，职工退休收入减少所引起的低收入职工的福利损失将会逐步显现并且会随着领取时间的增加而越来越明显。

与低收入职工有所不同的是，高收入劳动者缴费下降的幅度要大于给付额的降低幅度，这对于高收入劳动者来说还是相对有利的，但是在缴费期限相对固定的情况下，随着养老金给付期限的逐步延长，高收入劳动者的福利效应也将会有所缩减。在岗职工平均工资比较高的北京市的高收入职工和低收入职工养老金的年给付额分别降低了4191.45元和3755.35元。和低收入职工养老金年给付下降幅度大于缴费负担降低程度的情况有所不同，高收入职工养老金年下降的幅度小于其缴费负担降低的程度，这主要是因为按照养老保险的制度设计，基础养老金的给付虽然存在着缴费的激励机制，表现为多缴多得、长缴多得，但基础养老金的给付同样存在着调节收入差距、维护社会公平的重要作用，养老金的给付通过引入在岗职工平均工资这一指标而减少了高低收入者之间的差距，原来缴费上限与缴费下限职工的收入差距为5倍之多，但通过基础养老金的给付公式，两者之间的收入差距缩小到了2.5倍，由此可见，养老金的给付存在着高低收入人群的转移。因此，在统筹层次提升的过程中，与低收入职工养老金下降额度更大这一情况不同，相对于缴费来讲，高收入职工的收入减少相对较少。

对于原来在岗职工平均工资相对较低的地区而言，高收入职工与低收入职工的养老金缴费额则会发生相反的变化，职工的缴费负担与统筹层次提升前相比将有所增加，如河南省由于其在岗职工平均工资低于全国在岗职工平均水平，按照缴费下限缴费的低收入职工和按照缴费上限缴费的高收入职工在统筹层次提升后，随着缴费与给付标准的统一，两者的养老金年缴费额都会有所增加，高、低收入者的年缴费分别增加了810.44元和4052.21元。但同时也应注意到，随着给付标准的统一，基础养老金给付公式中省级在岗职工平均工资上升为全国在岗职工平均工资后，退休职工领取的养老金数额也相应增加，河南省低收入职工和高收入职工的养老金年给付额分别增加了1696.53元和2413.82元。通过缴费与给付的对比可以看出，对于河南省的低收入职工而言，其缴费负担增加的程度要小于养老金的增长幅度，这显然有利于低收入职工福利的增加，而且职工的预期寿命越长，领取基础养老金的期限越长，职工的福利增加越多。与低收入者有所不同，河南省高收入职工养老保险的年缴费增加额要高于养老金给付的年增加额，统筹层次提升后高收入职工的福利增加相对小于负担的增加程度，但由于职工的缴费年限是一定的，当职工领取养老金的年份足够长时，其领取养老金的总增加额将会在某一时点上大于养老保险的缴费总额，高收入职工的福利也将因统筹层次的提升而有所增加，但这取决于职工的缴费时间、预期寿命及退休年龄等相关因素。

通过进一步地分析可以看出，并非收入水平相对比较低的地区所有职工的养老金给付数额都会随着统筹层次提升时缴费基数的统一而提高，而收入水平相对较高地区职工的养老金给付数额都会随着缴费基数的统一而下降。表6-11中的江苏省作为在岗职工平均工资收入较高的地区，按照在岗职工平均工资60%缴费的低收入职工在统筹层次提升后，其养老金的年给付额和月给付额分别下降了145.44元和12.12元，但是作为按照在岗职工平均工资300%缴费的高收入职工，其养老金给付数额不但没有下降，反而还有所提升，其养老金的年给付额和月给付额分别上升了453.93元和37.83元。而作为在岗职工平均工资相对较低的江西、湖北、海南等省的职工在统筹层次提升后养老金也并非都有所上升，其中按照缴费下限即在岗职工平均工资60%缴费的低收入职工的养老金给付数额在统筹层次提升后都有所提高，而按照缴费上限即在岗职工平均工资300%缴费的高收入职工的养老金给付数额在统筹层次提升后都下降了。另外，作为收入水平高的浙江省，不论是低收入职工、处于平均水平的中等收入职工还是高收入职工，职工的养老金给付数额都没有下降，而是有了一定程度的提升，与其相似的是重庆和贵州这样收入水平比较低的地区，职工的养老金给付数额也并未随着统筹层次的提升而有所增加，养老金的给付数额反而下降了。

表6-11 基本养老保险全国统筹前后职工退休当年养老金给付的变化情况

单位：元

地区	给付额的年变化值		给付额的月变化值	
	60%	300%	60%	300%
北京	-4191.45	-3755.35	-349.29	-312.95
天津	-1251.21	-235.87	-104.27	-19.66
河北	945.35	884.82	78.78	73.74
山西	1287.57	1952.11	107.30	162.68
内蒙古	511.60	318.31	42.63	26.53
辽宁	1249.48	2457.00	104.12	204.75
吉林	840.89	522.22	70.07	43.52
黑龙江	1090.56	1070.74	90.88	89.23
上海	-3678.88	-1911.22	-306.57	-159.27

续表

地区	给付额的年变化值		给付额的月变化值	
	60%	300%	60%	300%
江 苏	-145. 44	453. 93	-12. 12	37. 83
浙 江	148. 64	2551. 50	12. 39	212. 63
安 徽	524. 07	155. 09	43. 67	12. 92
福 建	616. 76	1210. 19	51. 40	100. 85
江 西	713. 48	-119. 97	59. 46	-10. 00
山 东	395. 15	237. 85	32. 93	19. 82
河 南	1696. 52	2413. 82	141. 38	201. 15
湖 北	397. 00	-536. 58	33. 08	-44. 72
湖 南	646. 32	405. 03	53. 86	33. 75
广 东	211. 95	2293. 34	17. 66	191. 11
广 西	589. 36	145. 53	49. 11	12. 13
海 南	179. 92	-1157. 35	14. 99	-96. 45
重 庆	-41. 45	-721. 47	-3. 45	-60. 12
四 川	55. 46	-750. 54	4. 62	-62. 55
贵 州	-585. 44	-2708. 02	-48. 79	-225. 67
云 南	278. 31	-346. 36	23. 19	-28. 86
西 藏	-3343. 99	-3492. 11	-278. 67	-291. 01
陕 西	513. 39	209. 52	42. 78	17. 46
甘 肃	692. 26	439. 20	57. 69	36. 60
青 海	365. 85	1335. 80	30. 49	111. 32
宁 夏	117. 86	217. 14	9. 82	18. 10
新 疆	249. 05	-150. 92	20. 75	-12. 58

资料来源：笔者根据表 6-10 中的相关数据计算得出。

究其原因主要是在基础养老金的给付公式中，上年度在岗职工平均工资并非影响职工收入高低的唯一因素，除了上年度在岗职工平均工资外，缴费工资指数也对退休职工的养老金给付数额产生了重要的影响，而且上年度在岗职工平均工资和职工的缴费工资指数对职工养老金的影响恰恰是相反的。以收入水平高于全国平均水平的高收入地区为例，一方面，当在岗职工平均工资统一后，上年度在岗职工平均工资会降低，这将引起职工养老金给付数额的降低；而另一方面，当历年的在岗职工平均工资都变为相对较低的全国在岗职工平均工资后，职工的缴费工资指数将会提升，这将提高职工养老金的给付数额，因此最终职工的工资是上升还是下降还取决于两方面力量的对比。当上年度在岗职工平均工资下降引起的职工养老金下降的额度高于缴费工资指数上升引起的职工养老金上升的额度时，职工的养老金给付数额会下降，相反，当上年度在岗职工平均工资下降引起的职工养老金下降的额度低于缴费工资指数上升引起的职工养老金上升的额度时，职工的养老金给付数额会上升。对于低收入地区而言，养老金的给付数额最终上升还是下降同样取决于上年度在岗职工平均工资和缴费工资指数所引起的养老金上升和下降额度的对比。

4. 统筹层次提升中缴费与给付基数调整方案及其收入再分配效应的比较分析

统一基础养老金的缴费与给付基数是缩小地区差距、实现城镇企业职工基本养老保险制度全国统一的内在要求，同时也是提升基本养老保险统筹层次，实现全国统筹的重要内容。作为追求公平的社会统筹部分基础养老金应该通过合理的收入再分配实现养老金的公平给付目标，不论职工在哪个地区参保缴费，只要职工的养老缴费贡献相同，排除物价差异后养老金所能保障的基本生活水平应该是大致相同的，尤其是在全国统筹后，这一目标更应得到体现。基础养老金缴费与给付基数的统一可以在一定程度上排除地区间经济发展差异引起的养老金差距，但通过前面的分析可以看到，在缴费与给付基数统一的过程中，总体而言，高收入地区职工的养老金给付水平会有所下降，低收入地区职工的养老金给付水平会有所提高，虽然高收入地区职工的缴费也相应有所减少，而低收入地区职工的缴费有所增加，但是从养老金筹集的角度来看，只是部分职工即工资处于缴费上下限附近职工的养老保险缴费会受到缴费基数统一的影响，工资收入处于中间水平的职工的养老保险缴费基本上不会发生变化，仍然按照职工个人的实际工资进行缴费，而从养老金给付的角度来看，所有职工的养老金给付都会受到给付标准统一的影响。缴费与给付标准的统一，尤其是给付标准的统一对职工养老金给付的影响不但会增加制度统一的阻力，同时也会对职工的生活产生一定的影响。高收入地区往往生活成本更高，而低收入地区的生活成本相对较低，缴费与给付标准的全国统一虽然有利于制度的统一，但养老金给付的公平却因为各地区物价水平存在差异而造成了地区间职工待遇的实质不公平，尤其是作为保障退休职工基本生活需要的养老金更容易受到物价因素的影响。因此，在基本养老保险缴费与给付标准统一的过程中，在设计标准统一的方案时除了要坚持渐进的改革原则，保障退休职工养老待遇绝对额的不降低，实现职工养老待遇改革前后的平稳衔接外，还应注重保证各地区职工养老金的含金量，实现养老金给付的实质公平，让养老金所保障的退休人员的生活水平应该大体上是相同的，防止因为制度的统一而使物价较高地区退休职工的养老金难以保障其基本生活需要，据此，对养老保险缴费与给付基数的统一进行了方案设计，具体的方案见表 6-1。

考虑到地区间的差异在短期内难以消除，方案 1 采取了折中的统一办法，养老保险的缴费与给付基数设定为全国在岗职工平均工资与各省在岗职工平均工资的平均数，这既能使地区间由于经济发展差距导致的养老金待遇不平等程度有所缩小，还能在一定程度上考虑到各地区存在的物价差异，但这种方案与养老金公平给付的目标还有一定的距离。与其不同，方案 3 则将养老保险的缴费与给付基数统一为全国在岗职工平均工资，排除了地区经济发展差异对养老保险制度的影响，实现了各地区养老保险缴费与给付的公平。但为了防止地区间存在的物价差异使职工的实际生活水平存在较大的差距，在以全国在岗职工平均工资为基数算出基础养老金的给付数额后，方案 3 对各地区职工的养老金给付数额进行了调整，将地区间的物价差异引入养老金的给付公式中，最终职工领取的数额为养老金给付数额与物价指数的乘积。当全国的物价指数为 1 时，物价较高地区的物价指数大于 1，则得到的养老金要高于全国的平均水平，而当地区的物价指数小于 1 时，职工的养老金领取额要小于全国的平均工资水平，这种方案能保障养老金给付的实质公平，但由于没有过渡期，引起职工养老待遇的变化幅度较大，很容易引起养老金下降地区职工的不满，从而增加制度改革的阻力，制度的推行难度较大。

方案 2 是以前部分中预测的养老保险的全国统筹调剂比例作为基数统一的依据，参照相关预测结果，养老保险缴费与给付基数 2020 年时实现 15%的统一，而在 2026 年时实现 40%的统一，2030 年时养老保险缴费与给付基数统一为全国在岗职工平均工资。同样，为了防止 2030 年将基数统一为全国在岗职工平均工资后出现物价相对较高地区养老金所能保障的生活水平低于物价较低地区养老金所保障的生活水平这一情况，各地养老金的给付按照全国在岗职工平均工资为基数计算后的值还应该乘以地区的物价指数。

与其他两个方案相比，方案 2 中养老保险缴费与给付基数的统一和全国统筹的进度相适应，同时也能适度发挥养老保险的收入再分配功能，进而能减少改革的阻力，推进统筹层次的提升。

第三节　适度收入再分配规模下基础养老金的全国统筹

按照国际标准，如果一个国家或地区 60 岁及以上老年人口占该国家或地区人口总数的比例超过 10%，或者 65 岁及以上老年人口占该国家或者地区人口总数的比例超过 7%，则意味着这个国家或地区步入了人口老龄化社会。2000 年时中国 60 岁及以上老年人口占人口总数的比例达到了 10%，按照这一标准，中国在这一年进入了老龄化社会。如果以 65 岁及以上的老年人口比例作为衡量标准，中国则在 2001 年时步入了老龄化社会。此后老年人口不断增长，截至 2016 年底，全国 60 岁及以上老年人口的总数已达到 2. 31 亿人，占总人口的比重为 16. 7%，其中 65 岁及以上老年人口的总数为 1. 50 亿人，占总人口的比重为 10. 8%，随着时间的逐步推进，这种老龄化趋势还将进一步发展。虽然从目前基本养老保险的运行情况看，养老保险制度存在着大量的基金结余，能够保障退休职工养老待遇的按时、足额发放，但这些基金结余还有很多都是来自各级政府的财政补助。随着人口老龄化趋势的日益严重、经济增长速度的逐步放缓和财政收入增长速度的减慢，城镇企业职工基本养老保险维持基金长期收支平衡的压力将会日益增加。并且在基本养老保险统筹层次提升的过程中，基本养老保险的各个参数也会相应地进行调整，如在减税降费和制度统一的情况下，养老保险的缴费率将会有所调整并且趋于统一，缴费率的调整尤其是缴费率的下调必然会进一步增加基金收支平衡的压力。因此，提高基本养老保险的统筹层次，既需要合理的方案设计以适度发挥养老保险的收入再分配功能，同时也需对养老保险改革方案实施后社会统筹部分基础养老金的收支平衡及财政支撑能力进行预测分析，从而保障制度的健康、持续发展。

一、全国统筹后基础养老金的收支平衡预测

前面一节的比较分析中主要以各个地区为研究对象，深入地分析了参数调整过程中各个地区养老保险的收入再分配情况，本节将在前期人口预测分析的基础上，围绕中国企业职工社会统筹部分基础养老金的整体收支结余情况展开研究，以期在掌握基础养老金整体收支结余情况的基础上进一步对方案的实施效果及可行性进行探讨。

（一）养老保险制度运行的相关参数设定

在前面章节构建社会统筹部分基础养老金收支平衡公式的基础上，对相关参数进行了如下假设：

1. 企业养老保险缴费率

中国城镇企业职工基本养老保险社会统筹部分基础养老金采用的是现收现付的筹资模式。现收现付制的养老保险按照以支定收、略有结余的原则筹集资金，其缴费率一般根据近期养老金的收支平衡情况来确定。在目前中国基本养老保险统筹层次比较低的情况下，由于各个地区的养老负担、经济发展水平各不相同，因此维持基金收支平衡所需的缴费率也存在着一定的差异。总体而言，养老负担重，即制度赡养率高的地区一般缴费率较高，而养老负担比较轻，即制度赡养率较低的地区缴费率相对较低。随着基本养老保险统筹层次的提高，养老保险也将打破区域界限，逐步实现制度的一体化，因此社会统筹部分缴费率的确定也应以维持养老金的整体收支平衡作为依据。基于此，笔者对维持基金收支平衡的缴费率进行了量化分析，以预测的结果为依据，各地养老保险缴费率设定为在现有的基础上按照不同方案中的设计逐步实现企业养老保险缴费率的统一。

2. 工资增长率

工资增长率是指由于经济发展、员工技能和工龄提高等原因引起的工资增长的比例。① 职工平均工资水平的增加不但会影响到养老金的筹集规模，同时还会对养老金的给付水平产生重要影响。一方面，随着在岗职工

---

① 岳公正，王俊停．我国城镇养老保险基金收支平衡的预测分析［J］．统计与决策，2016（20）：153-155.

工资收入的增长，养老保险的缴费基数将会增加，即使养老保险的缴费率不发生改变，养老金的总体筹资规模也会增大；另一方面，通过养老金的计发公式可知，在岗职工平均工资是影响退休职工养老金发放的重要因素，因此在平均工资水平发生变化的情况下，职工养老金待遇给付水平也会发生改变，进而影响到养老金的支出规模。另外，退休职工的养老金还会参照在岗职工平均工资的增长率进行调整，从而影响养老金的总支出。中国职工的平均工资在过去的一段时间经历了比较高且持续的增长，2000~2012年，中国在岗职工的平均工资增长率基本上都在12%以上，2013年开始在岗职工的平均工资增长率有所下降，下降为10%，2016年降低为9%。工资增长率与国民生产总值的增长速度密切相关，当前中国经济总体正处于潜在增长率放缓和结构调整的阶段，[①] 中国在岗职工的平均工资不可能一直维持较高的增长速度，因此预测中假定，到2030年时中国在岗职工的平均工资增长率逐步降低为7%。

3. 养老金的收缴率

收缴率为养老金的实际缴费收入与应缴费收入之比。为了提高养老保险的收缴率，保证收入再分配功能的实现，中国城镇企业职工基本养老保险制度的实施强调强制性的参保原则，2010年10月通过的《中华人民共和国社会保险法》更是明确了社会保险的强制性。但是在城镇企业职工基本养老保险的实际运行中，养老保险的这种强制性并未得到有效的贯彻实施，企业不参加养老保险或者少报、漏报、欠缴的现象普遍存在。[②]《中国企业社保白皮书2017》中列出的数据显示，在2015年时社会保险缴费基数完全合规的企业仅为38.34%，2016年这一比例更是下降至24.1%，而从后来的《中国企业社保白皮书2018》中列出的数据可以看到，虽然数据显示中国企业社会保险缴费基数完全合规的数量有小幅提升，但占比也仅为27%，而且仍有31.7%的企业统一按最低基数参保缴费，这显然不利于养老金的正常收缴。2018年中共中央办公厅、国务院办公厅印发的《国税地税征管体制改革方案》提出，从2019年起将基本养老保险费、基本医疗保险费和失业保险费等各项社会保险费交由税务部门统一征收，这无疑有利于增加养

① 苟文峰. 对"居民收入增长与经济发展同步"的认识与建议［J］. 宏观经济管理，2014（5）：71-73.

② 赵绍阳，杨豪. 我国企业社会保险逃费现象的实证检验［J］. 统计研究，2016（1）：78-86.

老保险基金的收缴率。因此，在设定养老保险收缴率的同时参照辽宁大学人口研究所在研究报告《人口老龄化与养老保障问题研究》中有关收缴率的假设，将收缴率设定为到 2030 年时逐步提高到 85%。

4. *养老保险覆盖面*

随着经济的不断发展和养老保险制度的日益完善，参加城镇企业职工基本养老保险制度的职工逐年增加。1997 年参加基本养老保险的人数为 11203.9 万人，到 2007 年时参保人数提高到 20136.9 万人，而到 2017 年时参保人数已进一步提高到了 40293.3 万人，[①] 是 2007 年参保人数的 2 倍，是 1997 年参保人数的 3.6 倍，扩面征缴工作取得了较好的成效。城镇企业职工基本养老保险覆盖面的扩大一方面保障了职工合法权益的实现，有利于维护社会公平，另一方面，参保职工人数的增加还可以扩大养老金的征缴收入，增强养老保险基金的抗风险能力。目前，虽然从总体上来看，通过不同的养老保险制度中国已经实现了养老保险制度上的全覆盖，而且各项养老保险制度实际的参保人员总数在 2017 年也达到了 91548.3 万人，养老保险的扩面工作进入攻坚阶段，但是作为重要组成部分的城镇企业职工基本养老保险的扩面工作仍有一定的潜力可挖。2017 年城镇企业职工基本养老保险的参保人数比 2016 年的参保人数增加了 2363.6 万人，2017 年参加城镇企业职工基本养老保险的在职职工人数为 29267.6 万人，占当年城镇就业人数 42462 万人的 68.93%。由于企业职工基本都已经被制度所覆盖，个体工商户和灵活就业人员也逐步纳入其中，剩余的扩面工作主要集中于流动性较大、收入水平相对较低及参保意识薄弱的职工，因此未来的扩面难度会越来越大。参照《中国养老金精算报告》的相关数据，假设到 2030 年时养老保险的覆盖面能够达到城镇就业人数的 88%。

5. *养老金调整水平*

为了让退休人员分享经济发展的成果、保障养老金在物价上涨时的含金量，养老金一般会根据工资或者物价水平进行调整。从 2005 年开始，中国已经连续 14 年上调企业退休人员的基本养老金，其中 2005~2015 年养老金的上调幅度为 10%，此后开始有所下降，2016 年为 6.5%，2017 年为 6.0%。[②] 人

---

① 《中国统计年鉴》（2001~2018 年）。

② 郑秉文. 中国养老金精算报告（2018-2022）［M］. 北京：中国劳动社会保障出版社，2017：23-24.

力资源和社会保障部、财政部在2018年时联合下发的《关于2018年调整退休人员基本养老金的通知》也明确指出，要从年初开始继续调整企业和机关事业单位退休职工的基本养老金给付水平，总体上养老金的调整水平为2017年退休职工月人均基本养老金的5%左右。另外，考虑到我国经济已经进入新常态，经济增长放缓将成为必然趋势，因此假定以后各年养老金的上调幅度基本保持不变，调整水平为退休人员月基本养老金的5%。

（二）预测结果及其分析

在未考虑财政补贴的情况下对2020~2030年三种方案下基础养老金的收支及结余情况进行了预测，从表6-12中的数据可以看出，由于缴费率、养老金的缴费与给付基数等影响基础养老金收支的参数调整幅度有所不同，三种方案下的养老金收支结余情况也是存在一定差异的，但是可以看到，在没有财政补贴时，养老金当期的收入规模是小于支出规模的，在整个预测期内社会统筹部分基础养老金的当期收支存在着缺口。虽然各个方案的缺口大小有所不同，但是随着老龄化的逐步加深，养老金的收支缺口都是逐步增大的。另外可以看到，方案设计中由于影响养老金筹集的因素相对较多，因此在不同的方案中，养老金筹集规模的变化幅度要相对高于养老金给付规模的变化幅度，这也说明在养老保险制度改革的过程中，制度调整的主要参数会对养老金的筹集产生较大的影响。因为从给付的角度来看，如果养老金的计发办法保持不变，影响养老金支出规模的因素主要是退休人口数、养老金的替代率水平及待遇的调整幅度，其中制度参保中退休人口的数量在预测的期间基本是比较稳定的，而养老金的待遇及其调整幅度由于福利的刚性作用，几乎没有下调的空间，只能对上调的幅度进行控制，因此总体而言，养老金给付规模变化幅度相对较小。而通过对表中数据进一步分析可以看出，作为收入再分配规模比较适中的方案2，在其他参数调整后尤其是在企业基本养老保险缴费率继续下调后同样也存在着养老金的缺口，但从三个方案的比较来看，通过一种渐进的方式实现统筹层次逐步提升的方案2，其社会统筹部分基础养老金的收入、支出与结余规模介于方案1和方案3这两个方案之间。

表 6-12 不同方案下社会统筹部分基础养老金的收支及结余情况预测

单位：亿元

年份	方案 1			方案 2			方案 3		
	收入	支出	结余	收入	支出	结余	收入	支出	结余
2020	38969.3	49897.2	-10927.8	36490.8	49416.9	-12926.1	27675.1	50383.8	-22708.7
2021	40345.9	53705.9	-13360.0	39579.7	52936.9	-13357.2	30303.7	54486.7	-24183.0
2022	43884.4	57738.2	-13853.8	40591.9	56641.7	-16049.8	33117.7	58855.3	-25737.6
2023	47687.0	61995.9	-14308.9	43900.1	60530.3	-16630.2	36157.9	63494.9	-27336.9
2024	51819.1	66478.5	-14659.4	44840.3	64599.4	-19759.0	39477.2	68408.5	-28931.3
2025	53345.6	71182.4	-17836.8	48494.8	68842.5	-20347.6	43101.2	73596.1	-30494.9
2026	57968.0	76100.4	-18132.4	49362.0	73250.0	-23887.9	47057.9	79053.8	-31995.8
2027	62990.9	81220.8	-18229.9	53385.0	77808.0	-24423.0	51377.8	84772.7	-33394.9
2028	68449.1	86526.4	-18077.3	54127.4	82497.9	-28370.5	56094.3	90738.4	-34644.1
2029	70247.9	91993.8	-21745.9	58538.8	87295.1	-28756.3	61243.8	96929.2	-35685.4
2030	76334.9	97591.9	-21256.9	59089.1	92168.3	-33079.2	66866.0	103314.9	-36448.9

资料来源：笔者根据养老保险收支平衡公式计算得出。

二、全国统筹后基础养老金收支缺口的财政支撑能力分析

政府的财政投入是保障养老保险制度健康、平稳运行的压舱石。① 经过长期的发展，中国养老保险制度历经数次改革，保障范围不断扩大，为退休人员提供的养老金给付水平逐渐提高，但是在养老保险制度发展的过程中也存在着一些问题，个别养老负担重的地区出现了养老保险基金收不抵支的现象，而且随着人口老龄化程度的不断加深，这一状况将越来越普遍。② 为了实现养老保险制度的可持续发展，作为政府举办的基本养老保险项目，城镇企业职工基本养老保险制度的稳定运行离不开政府的财政支持。

① 张兴. 我国城镇企业职工基本养老保险财政责任研究[J]. 甘肃理论学刊，2018（3）：81-91.

② 杨鹃，杨昊雯. 发达国家社会保障财政制度及其启示［J］. 价格理论与实践，2018（11）：476-479.

（一）财政资金为基本养老保险制度健康运转提供了重要的经济支撑

城镇企业职工基本养老保险制度运行的过程中，政府支持养老保险健康运转的经济手段主要有让税、让利和财政直接拨款等形式。通过表 6-13 中的数据可以看出，在中国城镇企业职工基本养老保险制度实施的过程中，各级政府一直通过财政补贴的方式支持着基本养老保险制度的发展。结合图 6-1 进行纵向比较发现，2002~2017 年中国对养老保险的财政投入保持年度较快增长，对城镇企业职工基本养老保险的支持力度不断加强。

表 6-13　历年城镇职工基本养老保险的收支情况　　单位：亿元

年份	养老金总收入	征缴收入	养老金总支出	征缴收入-养老金总支出	财政补贴
2002	3172	2551	2843	-292	620
2003	3680	3044	3122	-78	530
2004	4258	3585	3502	83	614
2005	5093	4312	4040	272	651
2006	6310	5215	4897	318	971
2007	7834	6494	5965	529	1157
2008	9740	8016	7390	626	1437
2009	11491	9534	8894	640	1646
2010	13420	11110	10555	555	1954
2011	16895	13956	12765	1191	2272
2012	20001	16467	15562	905	2648
2013	22680	18634	18470	164	3019
2014	25310	20434	21755	-1321	3548
2015	29341	23016	25813	-2797	4716
2016	35058	26768	31854	-5086	6511
2017	43310	33403	38052	-4649	8004

资料来源：笔者根据《中国统计年鉴》及《人力资源和社会保障事业发展统计公报》（2003~2018 年）相关数据整理得出。

2014 年以来，随着人口老龄化的形势越来越严峻，中国城镇企业职工基本养老保险的制度赡养率即参加城镇企业职工基本养老保险的退休人口与在职人口之比提升较快（见图 6-2），养老压力越来越大，养老保险基金的当期征缴收入与支出差额在 2014 年出现了缺口并呈现扩大的趋势，2014~2017 年养老金收支的缺口分别为 1321 亿元、2797 亿元、5086 亿元和 4649

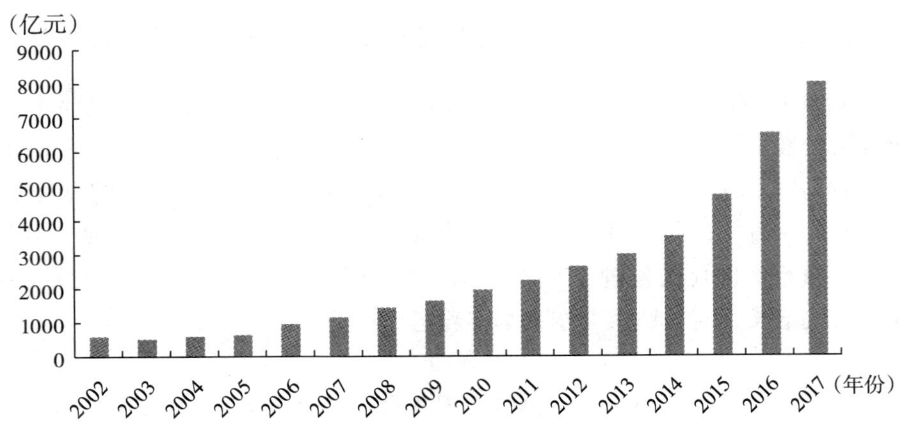

图 6-1　城镇企业职工基本养老保险各级财政补贴情况

亿元，与此相对应，各级财政增强了对养老保险基金的补助力度，各级财政补贴的数额由 2014 年的 3548 亿元增加到了 2017 年的 8004 亿元，这为城镇企业职工的可持续发展提供了有力的保障。而且对表 6-14 中相关数据进一步比较分析还可以看出，城镇企业职工养老保险财政补贴的数额占财政收入的比例有逐步提高的趋势，自 2012 年以来，各级政府对城镇企业职工基本养老保险财政补贴的速度要大大高于财政收入的增长速度，2017 年财政收入的增长速度为 8.14%，而相应年份财政补贴的增长速度则达到了 22.93%，是财政收入增长速度的 2.8 倍，显著高于同期财政收入的增长速度。

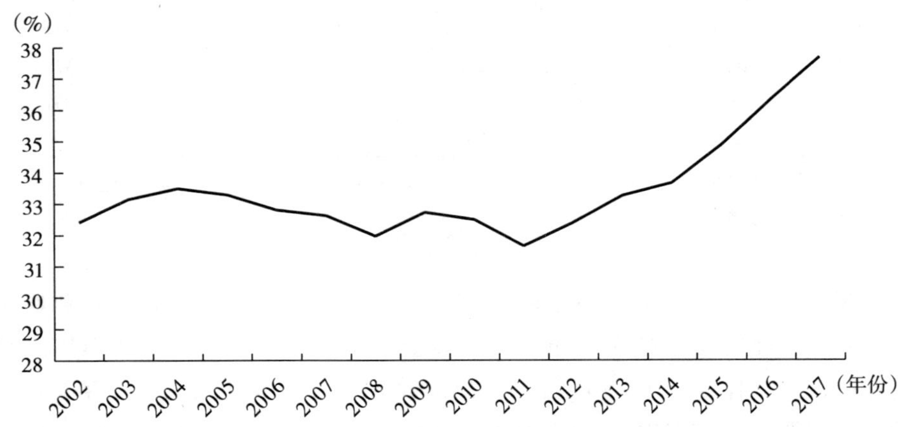

图 6-2　城镇职工基本养老保险的制度赡养率

表 6-14　2002～2017 年财政补贴、财政收入与国内生产总值及其增长情况

年份	城镇职工养老保险财政补贴数额（亿元）	财政补贴增长速度（%）	财政收入（亿元）	财政收入增长速度（%）	财政补贴占财政收入比例（%）	国内生产总值增长速度（%）
2002	620	—	18903.64	15.36	3.28	9.1
2003	530	-14.52	21715.25	14.87	2.44	10
2004	614	15.85	26396.47	21.56	2.33	10.1
2005	651	6.03	31649.29	19.90	2.06	11.4
2006	971	49.16	38760.2	22.47	2.51	12.7
2007	1157	19.16	51321.78	32.41	2.25	14.2
2008	1437	24.20	61330.35	19.50	2.34	9.7
2009	1646	14.54	68518.3	11.72	2.40	9.4
2010	1954	18.71	83101.51	21.28	2.35	10.6
2011	2272	16.27	103874.43	25.00	2.19	9.6
2012	2648	16.55	117253.52	12.88	2.26	7.9
2013	3019	14.01	129209.64	10.20	2.34	7.8
2014	3548	17.52	140370.03	8.64	2.53	7.3
2015	4716	32.92	152269.23	8.48	3.10	6.9
2016	6511	38.06	159604.97	4.82	4.08	6.7
2017	8004	22.93	172592.77	8.14	4.64	6.8

资料来源：《人力资源和社会保障事业发展统计公报》（2002～2017 年）、《中国统计年鉴》（2018 年）。

（二）财政收入水平预测及其支撑能力分析

城镇企业职工基本养老保险统筹层次不断提升的进程中，通过前面对各方案养老保险基金的征缴收入与支出总额的预测可以看到，在人口老龄化趋势逐步加剧、缴费率不断降低背景下，基本养老保险的收支压力将会进一步增大，养老金征缴收入与支出之间收不抵支的问题将进一步凸显出来，这使城镇企业职工基本养老保险对中央政府和地方政府财政支持的依赖程度随之增强。如果没有中央政府及地方政府的财政补贴，城镇企业职工基本养老保险基金的累计结余将很快会被耗尽，为了保障养老金的按时足额发放，财政需继续给予补助，这无疑会加重各级政府的财政负担。以方案 2 为例，到 2030 年时城镇企业职工基本养老保险基金的缺口将会达到

26023.8亿元，然而随着经济发展进入新常态，经济增速逐步回落，财政收入的增长速度也将会随之放缓，[①] 中央政府及各级地方政府作为养老保险制度的最终责任主体，是否有足够的财力承担起相应的责任，保障城镇企业职工基本养老保险制度的可持续发展同样是值得深入研究的重要问题。

1. 财政收入水平预测

财政收入是政府财政支出的基础和条件，财政收入的规模决定了政府对基本养老保险的负担能力。财政收入增长越快，资金越雄厚，政府支持养老保险可持续发展的能力越强，反之，财政收入增长乏力，养老保险将会因为失去强有力的后盾而陷入支付危机，影响养老保险制度的正常运转和可持续发展。[②] 因此，养老保险制度的改革首先应该保障制度本身能够实现持续、稳定的运行，否则再好的改革方案也难以有效推行。基于此，为选择合理的方案，推进统筹层次的顺利提升，针对各方案下城镇企业职工基本养老保险征缴收入与养老金支出间存在的收支缺口及其规模，将围绕各方案缺口的财政支撑能力展开研究，以期在实现城镇企业职工基本养老保险制度可持续发展的前提下，采取相应的对策，推进统筹层次的提升。对未来的财政收入进行预测时，将选取1978~2017年财政收入数据（见表6-15）构建ARIMA模型，进而对2020~2030年的中国财政收入进行预测。

表6-15　1978~2017年的财政收入及其增长速度

年份	财政收入（亿元）	增长速度（%）	年份	财政收入（亿元）	增长速度（%）	年份	财政收入（亿元）	增长速度（%）
1978	1132.26	29.5	1985	2004.82	22.0	1992	3483.37	10.6
1979	1146.38	1.2	1986	2122.01	5.8	1993	4348.95	24.8
1980	1159.93	1.2	1987	2199.35	3.6	1994	5218.1	20.0
1981	1175.79	1.4	1988	2357.24	7.2	1995	6242.2	19.6
1982	1212.33	3.1	1989	2664.9	13.1	1996	7407.99	18.7
1983	1366.95	12.8	1990	2937.1	10.2	1997	8651.14	16.8
1984	1642.86	20.2	1991	3149.48	7.2	1998	9875.95	14.2

① 张心洁，曾益，石晨曦，刘彤彤．可持续视角下城镇职工基本养老保险的财政兜底责任评估——对“全面二孩”和延迟退休政策效应的再考察［J］．财政研究，2018（12）：97-111.

② 王丹．我国养老保险财政负担能力可持续性研究［D］．东北财经大学博士学位论文，2015.

续表

年份	财政收入（亿元）	增长速度（%）	年份	财政收入（亿元）	增长速度（%）	年份	财政收入（亿元）	增长速度（%）
1999	11444.08	15.9	2006	38760.2	22.5	2013	129209.64	10.2
2000	13395.23	17.0	2007	51321.78	32.4	2014	140370.03	8.6
2001	16386.04	22.3	2008	61330.35	19.5	2015	152269.23	5.8
2002	18903.64	15.4	2009	68518.3	11.7	2016	159604.97	4.5
2003	21715.25	14.9	2010	83101.51	21.3	2017	172592.77	7.4
2004	26396.47	21.6	2011	103874.43	25.0			
2005	31649.29	19.9	2012	117253.52	12.9			

资料来源：2018 年《中国统计年鉴》。

ARIMA 模型又称自回归移动平均模型，是时间序列分析中最常用的模型之一，[①] ARIMA 模型提供了一套非常有效的预测技术，预测精度比较高。ARIMA 模型中包含了移动平均模型、自回归模型及两者混合的自回归移动平均模型，该模型是将非平稳时间序列转化为平稳时间序列后，将因变量仅对它的滞后值及随机误差项的现值和滞后值进行回归所建立的模型。ARIMA 模型的数学表达式为：

$$y_t = \sum_{i=1}^{p} \alpha_i y_{t-i} + \sum_{j=1}^{q} \delta_j \varepsilon_{t-j}$$

其中，α_i 为自回归参数，δ_j 为移动平均参数，是模型的待估计参数。

表 6-16 的模型拟合结果给出了财政收入预测模型的八个拟合优度指标，以及这些指标的均值、最大值、最小值及百分位数，其中 R^2 值为 0.998，而更具有代表性的平稳的 R^2 值为 0.825，从这两个 R^2 值来看，模型的拟合情况比较好。在财政收入预测基础上，可得出各方案缺口占财政收入的比例如表 6-17 所示。

表 6-16　模型拟合

拟合统计量	均值	SE	最小值	最大值	百分位						
					5	10	25	50	75	90	95
平稳的 R^2	0.825	.	0.825	0.825	0.825	0.825	0.825	0.825	0.825	0.825	0.825
R^2	0.998	.	0.998	0.998	0.998	0.998	0.998	0.998	0.998	0.998	0.998

① 高铁梅．计量经济分析方法与建模［M］．北京：清华大学出版社，2008：126-135.

续表

拟合统计量	均值	SE	最小值	最大值	百分位						
					5	10	25	50	75	90	95
RMSE	2469. 658	.	2469. 658	2469. 658	2469. 658	2469. 658	2469. 658	2469. 658	2469. 658	2469. 658	2469. 658
MAPE	20. 494	.	20. 494	20. 494	20. 494	20. 494	20. 494	20. 494	20. 494	20. 494	20. 494
MaxAPE	460. 151	.	460. 151	460. 151	460. 151	460. 151	460. 151	460. 151	460. 151	460. 151	460. 151
MAE	1393. 791	.	1393. 791	1393. 791	1393. 791	1393. 791	1393. 791	1393. 791	1393. 791	1393. 791	1393. 791
MaxAE	6146. 639	.	6146. 639	6146. 639	6146. 639	6146. 639	6146. 639	6146. 639	6146. 639	6146. 639	6146. 639
正态化的 BIC	16. 187	.	16. 187	16. 187	16. 187	16. 187	16. 187	16. 187	16. 187	16. 187	16. 187

表 6-17 各方案缺口占财政收入的比例

年份	方案 1 缺口占财政收入比例（%）	方案 2 缺口占财政收入比例（%）	方案 3 缺口占财政收入比例（%）
2020	5. 26	6. 22	10. 94
2021	6. 05	6. 05	10. 96
2022	5. 98	6. 93	11. 11
2023	5. 96	6. 92	11. 38
2024	5. 84	7. 87	11. 53
2025	6. 80	7. 76	11. 63
2026	6. 71	8. 83	11. 83
2027	6. 53	8. 75	11. 97
2028	6. 24	9. 80	11. 97
2029	7. 29	9. 64	11. 97
2030	6. 96	10. 83	11. 93

资料来源：笔者根据预测数据计算得出。

2. 财政支撑能力分析

政府是养老保险责任的最终承担者，当养老金入不敷出时，政府需承担兜底的责任。在各方案中，假设养老保险征缴收入与支出产生的缺口全部由财政收入来承担，根据预测的财政收入及各方案养老金缺口数据可以得出相应年份各方案缺口占财政收入的比例情况。随着老龄化的深入发展及各方案中企业养老保险缴费率的下调，不论是哪种方案，征缴收入与支出产生的缺口都是大幅增加的，而方案 3 的缺口要远高于前两个方案。由于各个方案的缺口大小是不同的，因此需要财政承担的兜底责任也是存在差异的，如果缺口完全由财政收入来承担，则2020年方案1需要拿出财政收入的5.26%来弥补缺口，方案2需要拿出财政收入的6.22%来弥补缺口，而方案3则需要财政收入的10.94%来弥补缺口，这无疑会增加财政的压力，以后各年随着改革的继续进行，三个方案中养老金要实现持续、稳定运行所需要的政府财政支持数额也是不断增加的。

在满足政府支出自然效率的条件下，相关研究表明，财政对养老保险的支出数额占财政支出的最优比例应该是10.97%。[①] 从图6-3可以看出，除了个别年份外，多数年份财政支出的规模都要略高于财政收入，因此如果以财政收入衡量政府弥补养老金缺口能力的大小时，10.97%这一比例也可以作为衡量政府承受能力的标准。一般情况下，如果财政对养老保险的补贴数额占财政收入的比例不超出10.97%，则意味着财政对养老金的缺口是有支撑能力的。对比三个方案可以发现，方案1和方案2下的缺口占财政收入的比例在最优比例限额内，而方案3的养老金缺口占财政收入的比例都超出了最优的比例，虽然中国城镇企业职工基本养老保险的基金规模在整个养老保险体系中的占比较高，但也只是养老保险体系的一部分，因此在衡量政府对城镇企业职工基本养老保险的财政支撑能力时还需要采取相对保守的策略，如果从财政支撑能力的角度进行方案的选择，方案2和方案1是比较合适的方案。而从适度收入再分配的角度来看，方案2能够通过一种渐进的方式逐步实现统收统支的全国统筹模式，从而使养老保险在更广泛的区域范围内发挥养老保险的收入再分配功能，因此与方案1相比，方案2是更为理想的选择方案，虽然方案2下的养老金缺口相对较大，但也在财政的可承受能力范围内，因此总体来讲是一个比较好的方案。

三、基础养老金全国统筹最优方案的选择

基础养老保险统筹层次的提升需要多个参数的调整和统一。为了实现基础养老金的全国统筹，明确改革的方向、通过定量分析确定改革的具体目标是首要条件，其次应该选择合理的改革方案和路径，虽然不同的改革方案最终要实现的目标是相同的，但是改革路径的选择却对改革的成功与否起到决定性的作用。以养老金全国统筹的调剂比例为例，仅从养老保险

① 王立军．中国养老金缺口财政支付能力研究[M]．北京：经济科学出版社，2008：99-105.

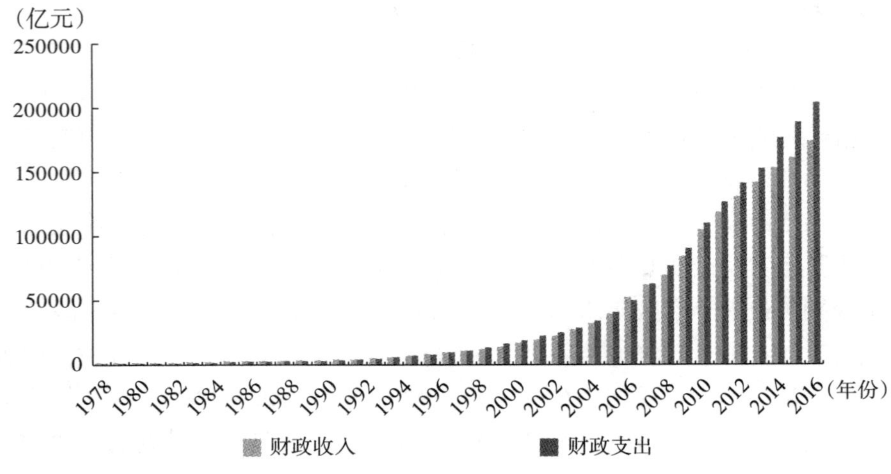

图 6-3 历年中国的财政收入与财政支出情况

基金自身运行的角度来看，全国统筹的调剂比例肯定是越高越有利于养老保险地区间收入再分配功能的发挥，进而有利于养老保险体系的健康运转，但由于地方利益的存在，调剂比例越高，受到的阻力越大，改革越难以进行。因此，要实现基本养老保险的全国统筹，改革的过程中各个参数的调整应在明确改革的目标，同时考虑到地方及个人利益、养老保险体系健康运转等多方面因素基础上选择合理的改革路径。通过前面对主要的参数及其收入再分配效应进行的分析可知，在各个参数调整和统一的过程中，改革的速度越快，参数的变化幅度越大，养老保险地区间收入再分配的力度就会越强，而且个人福利的变化也会更大，因而改革面临的阻力往往越大，而且也会对养老金整体的收支结构产生较大的影响，不利于养老保险改革的前后衔接。因此，在统筹层次提升的过程中应选择渐进的全国统筹方案，使收入再分配的规模控制在适度的范围内，逐步实现全国统筹的目标，同时要保证养老保险制度改革产生的缺口应在政府可承受的能力范围内。在前面的三个方案中，方案 1 和方案 2 下的养老金收支缺口占财政收入的比例都在最优比例限额内，但总体而言，方案 2 能通过一种渐进的方式最终实现真正意义上的全国统筹，是比较理想的改革方案。方案 2 中各参数的调整既可以减少基金结余地区养老金转出的规模，从而增加高收入地区实现基础养老金全国统筹的积极性，同时还有利于降低养老金存在结余地区在统筹层次提升中的政策执行风险。对于基金存在结余的地区，当改革引起的收入再分配规模较大时，这些地区往往会采取各种降低基金收入和增加养老金给付的措施来达到减少养老金转出数额的目的，与方案3相比，方案2所体现的地区间适度的收入再分配可以在一定程度上降低地方政府的政策执行风险。

第七章　基础养老金全国统筹的政策执行风险及其解决对策

第一节　基础养老金全国统筹的政策执行风险分析

一、有效的政策执行是养老保险实现全国统筹的关键

美国学者艾利森认为，政策目标的实现，方案确定的功能约占 10%，而余下的约 90%则取决于政策是否能够得到有效的执行。① 城镇企业职工基础养老金全国统筹是保障养老保险制度实现健康、可持续运行的必然选择，然而养老保险全国统筹目标的顺利实现不但需要科学完美的制度设计，更需要相关政策能够得到有效的贯彻实施。② 养老保险全国统筹相关政策的制定只是统筹层次提升的开端，而政策制定以后的政策执行则是基本养老保险全国统筹政策实施的关键。③ 政策执行是将养老保险统筹层次提升的政策由理念状态转化为现实状态的具体实施过程，是能否实现预定的统收统支的全国统筹目标、解决相关问题的关键环节，对于统筹层次提升政策运行

① 王琳，卢汉桥．我国政府社会保障政策执行的伦理取向［J］．中国行政管理，2007（8）：74-76.

② 杨李．地方政府公共政策执行的制约因素及其对策［J］．西北大学学报，2003（3）：81-84.

③ 李平，廖玩方．政策执行中的政府执行力分析［J］．太平洋学报，2006（5）：1-6.

的成败具有举足轻重的意义。①

养老保险政策执行是一个非常复杂的过程，作为养老保险政策实施主体的地方政府承担着重要的责任。近年来，基本养老保险制度实际运行中，地方政府在扩大养老保险覆盖面、提高养老金给付水平、保障职工养老权益等方面做出了长期不懈的努力，这对于维护社会公平、促进经济发展起到了非常重要的作用，但也应该注意到，养老保险运行中地方政府政策执行偏差行为导致的政策失效现象也时有发生。如果在城镇企业职工基本养老保险统筹层次提升的过程中，地方政府不严格按照中央政策行事，在执行中央和上级部门的各种指令时采取“上有政策、下有对策”的行动，不但会使养老保险统筹层次提升的效果大打折扣，而且还将使基本养老保险在化解部分风险的同时面临更多新的风险与挑战，同时这些风险的隐蔽性还将进一步增加国家对基础养老金监管的难度。因此，在城镇企业职工基本养老保险统筹层次提升的过程中，如果能对地方政府的政策执行风险及其成因进行深入分析，进而寻求相应的解决对策，无疑会对保障全国统筹的实施效果具有重要意义。

二、统筹层次提升中地方政府政策执行风险分析

低层次统筹下地方政府是养老保险责任的主要承担者，为保证养老保险制度的良性运行，地方政府将采取一切有力措施维持基金的收支平衡。然而，统筹层次提升后伴随着责任与权力的上移，激励机制的减弱将引起地方政府责任的弱化，甚至地方政府为追求地方利益的最大化而采取的相应措施可能还会增加养老保险制度整体的运行风险。为了对统筹层次提升中地方政府的政策执行风险进行全面的分析，这里构建了政策执行影响因素及其结构关系图。通过 7-1 可以看出，政策执行影响因素之间存在着错综复杂的关系，并对养老金的收支均衡产生着影响。

统筹层次提升后，随着责任与权力的上移，激励机制的相应减弱将使地方政府失去维持基金收支平衡的动力源泉进而在政策执行时通过对图 7-1 中影响因素发生作用来追求地方利益的最大化。因此，在前面横向收支平

① 周国雄．论公共政策执行中的地方政府利益［J］．华东师范大学学报（哲学社会科学版），2007（3）：90-94.

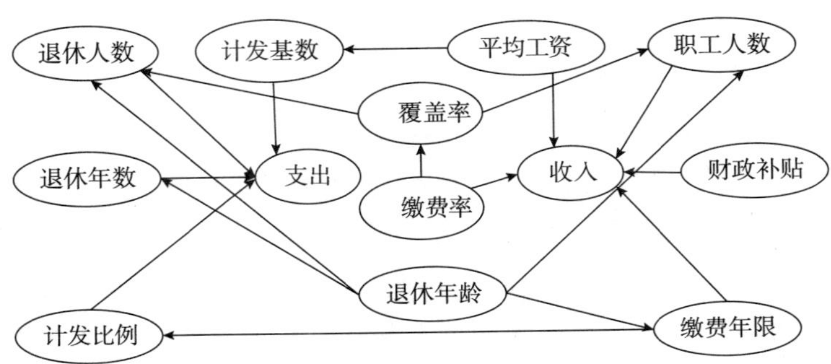

图 7-1　政策执行影响因素及其结构关系

衡模型构建的基础上，根据相关的影响因素又进一步将城镇企业职工基础养老金的收支平衡模型细化为 $C_tW_tF_t\sum_{I=a}^{b-1}X_{It}+G_t=N_tH_t\sum_{J=\mathrm{b}}^{\mathrm{e}-1}Y_{Jt}$ ，并将其作为研究地方政府政策执行风险的起点，对统筹层次提升中基础养老金所面临的风险进行全面分析。模型中 t 为指定研究年份，C 为缴费率，W 为在岗职工平均工资，F 为养老保险的覆盖率，G 为政府对养老保险的财政补贴，N 为退休职工基础养老金替代率，H 为退休职工基础养老金平均给付基数，X_I 为所有 I 岁在职职工人数，Y_J 为 J 岁退休职工人数，a 为职工参加工作年龄，b 为退休年龄，e 为人口平均预期寿命。通过基础养老金收支平衡模型可以看出，统筹层次提升中，地方政府政策执行风险主要形成于养老金的筹集与支付环节。

（一）基础养老金筹集环节存在的风险分析

1. 对逃费行为管制松懈

养老金是养老保险制度稳定和持续运行的物质基础，社会统筹部分的基础养老金主要来源于企业的缴费贡献。对企业 k 而言，假设按照相关规定企业为在职职工参保缴费，企业的养老保险覆盖率为 F_{tk} ，则企业缴纳养老保险费的总额为 $C_{tk}W_{tk}F_{tk}\sum_{I=a}^{b-1}X_{tIk}$ ，缴费总额的多少取决于缴费率 C_{tk} 、企业职工工资 W_{tk} 和参保职工人数 $F_{tk}\sum_{I=a}^{b-1}X_{tIk}$ ，其中缴费率对企业而言是固定不变的，为达到逃费的目的，企业主要是在缴费基数 W_{tk} 和缴费人数 $F_{tk}\sum_{I=a}^{b-1}X_{tIk}$ 上做文章。2013 年发布的《2012 中国企业社保白皮书》显示，我国只有

31%的单位做到了合规缴费，面对企业的逃费行为，有的地方政府非但不加以严格管理，反而还将免除参加养老保险作为当地招商引资的优惠条件。国家审计署2012年对全国社会保障资金的审计结果显示，3个省本级、10个市本级和28个县征收机构擅自减免企业职工基本养老保险费8.80亿元；4个省本级、16个市本级和66个县隐瞒欠费74.03亿元；1个省本级、1个市本级和3个县擅自核销欠费2186.21万元。①《中国企业社保白皮书2017》显示，2015年中国社会保险缴费基数完全合规的企业仅占38.34%，2016年这一比例更是下降至24.1%，而《中国企业社保白皮书2018》的数据显示，社会保险缴费基数完全合规的企业有小幅提升，但也仅为27%，仍有31.7%的企业统一按最低基数参保缴费。

基础养老金实行省级统筹时，养老金的发放还需由省级政府负主要责任，因此，为了保障养老金的按时、足额发放，地方政府对企业逃费行为管理松懈还只是局部地区的做法，实现全国统筹后伴随着养老金在全国范围内的调剂使用，为追求地方利益的最大化，地方政府对逃费行为的放任可能将会更加普遍，不但社会统筹部分基础养老金存在结余的地方政府对逃费行为有放松管制的动机，而且基础养老金出现入不敷出的地方政府在地方利益的驱动下也有放松管制的动机。这主要是因为对于基础养老金存在结余即 $C_tW_tF_t\sum_{I=a}^{b-1}X_{tI} > N_tH_t\sum_{J=b}^{e-1}Y_{tJ}$ 的地区而言，地方政府对企业逃费行为的管制越严，养老金的结余额 $C_tW_tF_t\sum_{I=a}^{b-1}X_{tI} - N_tH_t\sum_{J=b}^{e-1}Y_{tJ}$ 越多意味着基金的转出数额越大，相反，对于基础养老金存在缺口即 $C_tW_tF_t\sum_{I=a}^{b-1}X_{tI} < H_tD_t\sum_{J=b}^{e-1}Y_{tJ}$ 的地区而言，加大对企业逃费行为的治理力度，养老金的缺口 $H_tD_t\sum_{J=b}^{e-1}Y_{tJ} - C_tW_tF_t\sum_{I=a}^{b-1}X_{tI}$ 越小意味着养老金的转入数额越小。地方政府的收益越小。而地方政府对企业逃费行为的管制松懈，不但可以减少养老金的转出或增加养老金的流入，同时对于企业来讲更意味着企业缴费负担的降低，由此带动的将是投资基金的流入和本地经济的短期发展。

① 田家官．论我国养老保险逃费的危害、原因和治理［J］．社会保障研究，2014（1）：33-45.

2. 养老金财政支持力度下降

除了企业缴费外，政府也通过让税、让利和财政补贴拨款等方式承担着对养老保险制度的财政支撑责任，其中财政补贴拨款 G 是政府承担财政责任最重要的一种方式。① 如表 7-1 所示，基本养老保险制度发展过程中政府财政补贴占基金收入的比例一直在 12%以上，2017 年财政补贴占养老金收入的比重更是进一步提升到了 18.48%。

表 7-1　财政对城镇职工基本养老保险基金补贴情况

单位：亿元；%

年份	养老保险基金收入	全国财政补助资金	财政补贴占养老金收入比重	年份	养老保险基金收入	全国财政补助资金	财政补贴占养老金收入比重
2002	3172	620	19.55	2010	13420	1954	14.56
2003	3680	530	14.40	2011	16895	2272	13.45
2004	4258	614	14.42	2012	20001	2648	13.24
2005	5093	651	12.78	2013	22680	3019	13.31
2006	6310	971	15.39	2014	25310	3548	14.02
2007	7834	1157	14.77	2015	29341	4716	16.07
2008	9740	1437	14.75	2016	35058	6511	18.57
2009	11491	1646	14.32	2017	43310	8004	18.48

资料来源：历年《人力资源和社会保障事业发展统计公报》。

财政补贴资金 G_t 是由中央政府的财政补贴 G_{th} 与地方政府的财政补贴 G_{tl} 共同构成的，即 $G_t = G_{th} + G_{tl}$ ，但两者之间在财政投入方面还存在着一定程度上的不稳定性和不平衡性，中央政府一直是政府财政补贴的主体，地方政府财政投入比例相对较低但却有所增长并将对制度可持续发展产生深远影响。然而，伴随着统筹层次的提升，养老金将在全国范围内的结余地区和短缺地区之间进行调剂使用，中央政府也将接替地方政府对基础养老金的收支平衡负主要责任，这必将会引起地方政府财政投入积极性的下降。因为对于养老金存在结余的地区而言，G_{tl} 越大则地区养老金结余越多，统筹层次提高后转出的资金越多，而对于养老金存在缺口的地区而言，由于全国统筹后中央政府将对养老金的收支平衡负主要责任，因此在 t 年所需财政

① 张心洁，曾益，石晨曦，刘彤彤．可持续视角下城镇职工基本养老保险的财政兜底责任评估——对“全面二孩”和 延迟退休政策效应的再考察［J］. 财政研究，2018（12）：97-113.

补贴 G_t 一定的情况下，中央政府的财政补贴 G_{th} 与地方政府的财政补贴 G_{tl} 两者之间存在着此消彼长的关系，为争取更多的资金流入地方政府的财政支持力度同样会有下降的风险，而这必将进一步增加中央政府的财政负担，降低基本养老保险基金供给的可持续性。

3. 基本养老保险扩面进程放缓

为了缓解养老金的支付压力，通过挖掘内部潜力即提高本地区城镇企业职工基本养老保险覆盖率 F_t ，鼓励更多个体工商户和灵活就业人员等加入城镇企业职工基本养老保险，是省级统筹下养老金出现入不敷出的地方政府增加缴费收入、弥补资金缺口的重要途径。有的地方政府为了保证城镇企业职工养老保险扩面工作的顺利推进，将扩面征缴列入了政府的考核指标，并对其扩面工作进行考核。同时，为了减轻灵活就业人员缴纳养老保险的费用负担，调动灵活就业人员参加职工基本养老保险的积极性，地方政府还为符合规定的灵活就业人员制定了较低的缴费率并给予一定的养老保险补贴，这些政策的实施切实保障了扩面工作的顺利开展。然而，伴随着统筹层次的提高，如果地方政府弥补养老金缺口的责任也随之上移给中央政府，则征缴压力的下降将会使已陷入扩面困境的地方政府扩面征缴工作的积极性顺势下降，不利于职工基本养老保险覆盖面的进一步扩大。而图 7-1 所示养老保险覆盖率的提高，一方面意味着参保缴费人数增多而带来的养老金收入的增加，同时还意味着未来将有更多的职工享受养老保险待遇，所以扩大城镇企业职工基本养老保险的覆盖面，让更多需要养老保障的低收入群体参保，不仅仅是为了应对养老金入不敷出的风险，更重要的是通过解决低收入职工养老的后顾之忧保障劳动者的合法权益，维护社会公平，而地方政府扩面进程放缓所带来的将是养老金筹集收入流失与社会公平性下降的双重风险。

（二）基础养老金支付环节存在的风险分析

1. 养老金给付选择高基数

根据《国务院关于完善企业职工基本养老保险制度的决定》（国发〔2005〕38 号）中关于基础养老金计发办法的规定，可将职工 x 的基础养老金给付基数 H_x 用公式表示为 $H_x = W_1(1 + \frac{1}{n}\sum_{p=1}^{n}\frac{W_p^x}{W_p})$ ，其中 W_p 为职工退休前 p 年当地在岗职工平均工资，W_p^x 为职工退休前 p 年本人缴费工资，n 为职工缴费年限。其中，W_p 是影响统筹区域内退休职工养老金给付水平的重要因素之一，统筹层次提高进程中对 W_p 的选择将会成为经济发展水平相对较低的地方政府提高本地区退休职工养老金水平的一条重要途径。

对于当地在岗职工平均工资较低的地区而言，统筹层次提高后如果基础养老金的发放选择以高一层次在岗职工平均工资作为基数，当地退休职工的养老金将会随着计发基数的提高而增加。而对于当地在岗职工平均工资较高的地区而言，在统筹层次提高后则会保持原有的计发标准不变，以保证退休职工养老待遇的不降低。因此，伴随统筹层次的提升，地方政府总会做出有利于保障本地区退休职工利益的政策选择。对于经济发展水平较低的地区而言，基础养老金给付水平的提高虽然能够改善退休职工的生活质量，但是，如果由于计发标准的改变而使养老金增加额超出合理水平也必将会加大养老金支付的压力，不利于养老保险制度的可持续发展。

2. 养老金指数化调整标准高

维持一定的基础养老金替代率 N_t 是保障退休人员基本生活的重要条件。为了保障退休职工基础养老金的购买力并分享经济发展的成果，退休职工养老金待遇确定后，政府还会对退休职工的养老金待遇水平逐年进行指数化调整，这对于改善退休职工的生活品质、维护社会公平发挥了积极的作用。① 但伴随着统筹层次提升中养老金支付压力的上移，在对本地区退休职工的养老金待遇给付水平进行指数化调整时，地方政府很可能仅出于地方利益的考虑而采取高标准的指数化调整方案，这不仅会增加养老金的支付压力，造成养老金在给付环节的流失，同时示范效应所引起的地区间养老待遇上调的攀比行为还将会进一步增加制度的整体运行风险，从长期来看必将影响退休职工养老保障权利的实现。

3. 提前退休资格审查不严格

提前退休行为是指在法定的正常退休年龄之前退休且可以享受养老保险待遇的行为。世界上包括中国在内很多国家的养老保险制度中都有关于提前退休的相关规定，这体现了对某些劳动者的特殊照顾，然而现实生活中却有很多企业为了达到减员增效的目的而违规办理提前退休，致使我国的提前退休行为已非常普遍且日益严重。人力资源和社会保障部公布的相

① 仙蜜花，薛惠元．缴费激励机制下的养老金连年上调：矛盾及其化解［J］．贵州财经大学学报，2015（2）：92-101.

关数据显示，我国城市人口总体的平均退休年龄为56.1岁，其中男性平均退休年龄为58.3岁，女性为52.4岁。①

从养老金收支平衡的角度来看，违规办理提前退休意味着退休年龄 b 的提前，这不但会使养老金由于缴费职工人数 $\sum_{I=a}^{b-1} X_{tI}$ 的减少和缴费时间 $b-a$ 的缩短而降低基金的筹资规模，同时还将由于退休职工人数 $\sum_{J=b}^{e-1} Y_{tJ}$ 的增多和领取时间 $e-b$ 的延长而使养老金的支出额度有所增加，收少支多的共同作用会给基金的收支平衡带来更大的挑战。而统筹层次提升中随着责任与权力的上移，地方政府将会进一步放松对提前退休行为的审查甚至会违规办理提前退休。因为地方政府对提前退休行为的放任不但会增加本地区养老保险基金的流入，而且还可以改善本地职工的生活状况，减轻企业的人力资本压力，并且在就业岗位一定的情况下，提前退休还将带动本地区年轻劳动力就业率的上升和经济的发展，由此可见，统筹层次的提升将在一定程度上激励提前退休行为的发生并加重养老保险的负担。

三、统筹层次提升中政策执行风险产生的原因分析

（一）养老保险制度不完善是政策执行风险产生的重要原因

1. 中央政府与地方政府间养老保障责任划分不清是引起地方政府政策执行风险的首要原因

中央政府与地方政府在养老保险中的责任主要指两者的财政支出责任。为应对人口老龄化高峰到来时将要出现的养老金支付危机，1997年中国城镇企业职工基本养老保险筹资模式由原来的现收现付制转变为社会统筹与个人账户相结合的部分基金积累制，但在养老保险制度转轨过程中不可避免地产生了转制成本问题，即新制度所要承担的“老人”和“中人”在旧制度下积累的养老金权益，但对于制度所产生的转制成本的偿还问题政府并未做出明确表态，只是寄期望于通过社会统筹与个人账户相结合的新制度供款来逐步化解制度变迁的成本，进而回避了巨大转轨成本责任在中央

① 吴江，田小宝．人力资源发展报告(2011-2012)［M］．北京：社会科学文献出版社，2012.

政府和地方政府之间的分摊，导致在后来的养老保险制度中一直存在中央与地方政府间责任划分不清的问题，造成了地方政府对中央财政的依赖，为统筹层次提升中地方政府养老保险成本外化提供了可能。

2. 中央政府对地方政府拥有的养老保险实施细则制定权缺乏有效监督

养老保险制度的实际运行是由中央政府与地方政府共同主导的，中央政府负责全国养老保险制度框架和政策的统一制定，地方政府则在此基础上根据本地实际情况研究制订具体的实施方案。养老保险制度运行中，中央政府赋予地方政府的实施细则制定权使地方政府在费率确定、资金筹集、管理运营和养老金发放等方面拥有较大的自主权，对此国家虽然规定各地根据本地实际情况提出的具体实施意见和办法需报相关部门审批后实施，但实际运行中却缺乏实质有效的监督机制，这为地方政府利用实施细则制定权维护地方利益创造了空间，致使地方政府在缺乏有效监督机制的情况下，会在追求地方利益最大化的驱动下制定有利于自己的实施细则，使养老保险在自主的空间内服从地方政府招商引资和发展经济的需要，这不但会损害职工的切身利益，还将导致养老保险基金的大量流失，损害中央政府的权威性和养老保险政策改革的统一性。

（二）地方政府对经济利益的追求是政策执行风险产生的根本原因

1. 独立利益主体地位不断强化下的地方政府具有明显的利益取向

分税制改革极大地调动了地方政府参与经济建设和社会发展的积极性，为地方政府发展本地经济和维护社会稳定提供了动力，促进了中国经济的持续增长，同时分税制下地方政府相对独立的利益主体地位得到确认和强化，[①] 在财政支出上有了更大的自主权，这在一定程度上增强了对地方政府的财政激励，其行为虽不以营利为根本目的，但却具有了明显的利益取向，表现出理性经济人的特征。这一特征使既要对中央政府负责同时也要对本地区利益负责的地方政府在既定的约束条件下，为获得更多的自身利益总会选择能实现地方利益最大化的行动方案来满足自身对利益的追求，进而在养老保险统筹层次提升的过程中影响甚至左右统筹层次提升的进程与效果，不断削弱中央政府相关政策在地方实施的有效性，导致地方政府养老

① 刘伟兵，杨扬．地区差异与城镇职工基础养老金全国统筹：矛盾及其化解［J］．社会保障研究，2019（1）：13-25.

保险管理目标与中央政府预期管理目标发生一定程度的偏离。

2. 财权与事权不匹配下的地方政府面临财政资金不足的困境

合理划分政府间的财权与事权有利于经济运行效率的提高和养老保险制度的顺利实施，而我国的分税制改革虽然明确了中央政府与地方政府间的财权，但对两者之间事权的划分却只做了原则上和粗线条的界定，明细程度显然不够，难以达到规范清晰的事权划分要求，这使我国呈现出财政收入向中央政府集中、财政支出向地方政府集中的趋势。地方政府财政收入占全国财政收入的比重由 1989 年的 69.1%滑落到 2013 年的 53.41%，而地方政府财政支出占全国财政支出的比重由 1989 年的 68.5%提升到 2013 年的 85.4%，承担大量事权的地方政府由于财权事权的不匹配而面临着财政资金严重不足的问题。[①] 这使作为养老保险主要承担者的地方政府总可能想方设法通过各种手段来获得中央政府更多的养老保险财政补贴以减轻自身的财政负担，同时中央政府的养老保险财政补贴也将进一步弱化地方政府作为养老责任主体通过增强养老保险费征缴力度、扩大养老保险覆盖面和严格养老金给付等增收节支的手段来缩小基金缺口的责任意识，加大了统筹层次提升中养老保险制度的运行风险。

（三）现行的政治激励机制不利于地方政府养老保险责任的强化

地方利益的存在是地方经济发展的基础，但除了追求地方利益的最大化，地方政府官员也关心其在官场中政治升迁的机遇，而这种激励在现实中可能显得更为重要。目前的政治管理体制下，上级政府掌握着人事管理权并将地方官员的政治升迁与当地经济增长绩效挂钩，这种以经济增长为基础的官员晋升激励机制有效地鼓励了地方政府对于任期内实现地方经济增长的偏好，也衍生出地方政府对养老保险制度建设的价值取向。尽管地方政府同时肩负辖区内经济、政治、社会发展等多重任务，但为了追求任期内的“政绩最大化”，往往会选择通过降低企业养老保险缴费率、放松对企业欠缴行为的管制、放缓养老保险扩面进程等牺牲职工养老保障权益的策略，吸引更多的资本要素流入，以实现经济增长的目标，使养老保险让位或服务于经济增长目标的价值取向，从而对地方政府政策执行的有效性产生不利影响。

---

① 王志刚．中国财政分权对地方政府财政支出的影响分析［J］．首都经济贸易大学学报，2013，15（4）：21-26.

第二节 统筹层次提升中控制政策执行风险的路径选择

一、完善体制建设是降低政策执行风险的首要前提

1. 在明确地方政府养老责任的基础上构建政策执行评价机制，并对地方政府政策执行情况进行长期跟踪与评估

养老保险全国统筹目标的实现需要中央政府与地方政府的共同承担和分级实施才能得以有效实现，为了减少政策执行风险，保障地方政府能够进行积极的配合和有效的协作，基础养老金统筹层次提升中要首先细化方案设计并明确地方政府应承担的责任以控制其政策执行的弹性空间，降低养老成本外化的可能性。同时，养老保险全国统筹政策实施中为了保证并提升地方政府的政策执行力，需构建政策执行评估机制，专门针对地方政府在参保缴费、待遇支付和基金管理等方面的政策执行情况，建立包含收入类、支出类和综合发展类的数量指标、质量指标和评估指标体系，通过定性与定量分析定期对地方政府的政策执行及执行效果进行跟踪与评估，及时发现并纠正统筹层次提高中地方政府在政策执行中所出现的不当行为，通过对政策执行情况的监督实现规范运行的目标。同时，根据跟踪机制与评估机制所反馈出的问题对统筹层次提高的相关政策或制度设计本身进行不断调整与完善以保证政策的有效性。

2. 建立起自上而下的垂直管理体制，减少地方政府对养老保险的行政干预

目前，我国的养老保险基金监管采取以行政监管为主、审计监管和社会监管为辅的监管模式，由于各级社会保障部门及养老保险经办机构仍然隶属于地方管理，地方政府的利益必然成为各级养老保险相关机构的首选目标，养老保险的实际运行受地方政府的制约缺乏独立性。因此，统筹层次提高后为了减少地方政府出于地方利益考虑而对养老保险进行干预，应建立起自上而下的垂直管理体制，即各级社会保障部门实行垂直一条线管

理，加强人力资源与社会保障部对各地养老保险事务的纵向集中统一管理，强调养老保险基金的征收及调配与拨付的统一性。

二、建立利益引导机制是降低政策执行风险的关键环节

1. 注重经济利益的引导作用，妥善处理地方政府养老金结余与缺口

经济利益是统筹层次提升中影响政策执行效果的关键变量，政策执行困境的化解需要从利益分配入手，因此妥善处理中央政府与地方政府之间的利益关系，可以减少政策执行的阻力。地方政府基础养老金的结余部分在某种程度上体现了地方政府的工作成果，可考虑将历史结余的养老保险基金留给地方政府进行管理，使用时报中央政府审批以保证养老保险基金的合理使用，而对于统筹层次提高后形成的养老金结余同样要妥善处理，避免统筹层次提升初期就将所有结余资金全部用于调剂使用，可考虑在较长的时间内通过渐进的办法逐步调高资金调剂使用的力度，以减少来自基金结余地方政府的阻力。而对于基础养老金存在缺口的地区，为避免地方政府对中央财政产生过度依赖，同样要明确地方政府的财政支出责任，区别对待由于地方政府政策执行不利和实际养老负担重等不同原因产生的养老金缺口，而不能简单地以收支缺口作为补贴的唯一标准。同时，在正确划分各级政府责任与权力的基础上，还应建立起科学合理的奖惩机制，要针对地方政府不同的实际情况制定出明确、客观、可量化的财政补贴标准，对养老保险制度贡献较多的地方政府要给予奖励，而对于不积极开展相关工作、责任懈怠的地方政府同样要有惩罚的措施以配合养老保险统筹层次的提升。

2. 注重政治利益的引导作用，建立科学有效的政绩考核指标体系，调动地方政府参与的积极性

中国财政分权体制之下的地方政府实际承担着养老保险运行与管理的主要责任并拥有很大的行动空间，在信息不对称的情况下，为控制风险的发生，确保地方政府能够认真负责地开展相关工作，完善地方政府考核指标体系并建立有效的激励机制至关重要。在养老保险统筹层次提升进程中，为了让中央政府的目标在地方政府的政策实施中得以有效实现，应建立科学有效的政绩考核指标体系，改变原有的主要以经济增长作为考核指标的状况，不断拓展考核内容，将包括养老保险覆盖面、养老保险费足额征缴

率、清欠率、地方政府养老保险财政投入比重、提前退休率等能够反映地方政府养老保险政策执行情况的指标纳入政府和政府官员政绩考核指标体系中，并对其进行定期和不定期的考核评估，以增强地方政府在养老金筹集与支付环节的责任主体意识，激励地方政府积极开展相关工作，推进养老保险层次提升的进程。

三、加强监管是降低政策执行风险的重要保障

1. 拓展监管思路，建立养老金收支趋势预测分析系统，加强对地方政府政策执行行为的监督与管理

目前，我国对养老保险的监管思路仍然比较传统，重点是对缴费单位和参保个人是否按时足额缴费、养老金是否存在挤占挪用问题、支付是否及时到位等进行监督与管理，而对地方政府是否配合中央政府的统筹层次提升目标，积极开展相关工作等政策执行情况的监督管理相对较少。为了加强对地方政府政策执行情况的监管，减少统筹层次提升中养老金在筹集与支付环节出现基金流失，应研究建立养老金筹集系统数据库和支付系统数据库，全面掌握各地统筹层次提高前及统筹层次提高后影响养老金收支平衡的相关数据资料，包括各地经济发展状况、历史结余及缺口、财政收入水平、人口年龄结构、养老保险覆盖面、参保企业和职工数量、职工工资收入水平、养老保险足额征缴率和养老保险清欠率等相关数据信息，并以此数据为基础建立精算模型对各地历年的养老金收支情况进行趋势预测分析，为监测地方政府行为提供客观科学的参考依据，加强中央政府对地方政府养老金收支结余及缺口数据真实性的审计监督，及时发现并纠正地方政府在政策执行中出现的问题，确保统筹层次提高后地方政府在资金筹集与支付环节中政策执行的有效性。

2. 发挥社会力量的监督作用，加强对地方政府政策执行风险的监管

为了保障地方政府政策执行的有效性，除了强调政府的监督职能外，还应充分发挥职工个人、工会组织和新闻媒体等社会力量的监督作用，建立起完善的社会监督机制，加强对地方政府养老保险政策执行风险的监督管理。职工个人作为养老保险的最终受益者在制度的实施中应该承担起一定的责任，国家应通过广泛的政策宣传提高职工对养老保险政策的认知水平，增强其参保的意愿，提高职工的维权意识，让职工了解到企业为自己

缴纳养老保险费是自己的合法权益，当自身的合法权利受到侵害时能够运用法律手段予以维护；工会作为维护企业职工合法权益的重要组织，应在督促企业缴纳养老保险费、维护职工参保权益等方面发挥积极的作用；同时还应充分利用新闻媒体这一重要监督力量，通过新闻媒体的监督功能及时发现地方政府在政策执行中的偏差，从而督促养老保险政策能够得到有效执行。[①]

① 邹丽丽，顾爱华．基础养老金统筹层次提升中政策执行风险研究［J］．上海行政学院学报，2016（1）：96-104.

参考文献

[1] Agar Brugiavini, Franco Peracchi. Fiscal Implications of Pension Reforms in Italy [M]. University of Chicago Press, 2007: 253-294.

[2] Aaron H. J. The Social Insurance Paradox [J]. Canadian Journal of Economic and Political Science, 1966 (32): 371-377.

[3] Alessandra C., Carlo D. Capita-skill Complementarity and the Redistributive Effectsof Social Security Reform [J]. Journal of Public Economic, 2008 (92): 672-683.

[4] Atkinson A. B. Income Maintenance and Social Insurance [J]. Handbook of Public Economics, 1987 (2): 779-908.

[5] Becker C. M., Paltsev S. Macro-Experimental Economics in the Kyrgyz Republic: Social Security Sustainability and Pension Reform [J]. Social Science Electronic Publishing, 2010 (3): 1-34.

[6] Bellettini G., Ceroni C. Social Security Expenditure and Economic Growth: An Empirical Assessment [J]. Research in Economics, 2000, 54 (3): 249-275.

[7] Breyer F., Wildasin D. E. Steady - state Welfare Effects of Social Security in a Large Open Economy [J]. Journal of Economics, 1993, 7 (1): 43-49.

[8] Brunner J K. Transition from a Pay-as-you-go to a Fully Funded Pension System, The Case of Differing individuals and Intergenerational Fairness [J]. Journal of Public Economics, 1996 (1): 131-146.

[9] Burkhauser R. Turner J. Is the Social Security Payroll Tax a Tax [J]. Public Finance Quarterly, 1985 (13): 253-267.

[10] Burkhauser Richad V., Jennifer Warlick. Disentangling the Annuity

from the Redistributive Aspects of Social Security [J]. Review of Income and Wealth, 1981 (11): 401-421.

[11] Boskin M. J., Kotlikoff L. J., Puffert D. J., Shoven J. B. Social Security: A Financial Appraisal across and within Generations [J]. National Tax Journal, 1987, 40 (3): 19-34.

[12] Costa Dora. The Evolution of Retirement [M]. University of Chicago Press, 1999.

[13] Casamatta Georges, Cremer Helmut, Pestieau Pierre. Political Sustainability and the Design of Social Insurance [J]. Journal of Public Economics, 2000 (3): 341-364.

[14] Casey B. Mulligan, Xavier Sala-i-Martin. Social Security in Theory and Practice (I): Facts and Political Theories [R]. NBER Working Paper, 1999 (5): 1-34.

[15] Cummins D. J., Danzon P. N. Price, Financial Quality, and Capital Flows in Insurance Markets [J]. Journal of Financial Inter-mediation, 1997 (1): 3-38.

[16] Diamond P. A. A Framework for Social Security Analysis [J]. Journal of Public Economics, 1977 (3): 275-298.

[17] Diamond P. A. National Debt in a Neoclassical Growth Model [J]. American Economic Review, 1965 (55): 1126-1150.

[18] Demange G. On Sustainable Pay-as-you-go Contribution Rules [J]. Journal of Public Economic Theory, 2009 (4): 493-527.

[19] David Collier, Richard E. Messick, Prequisites Versus Diffusion: Testing Alternative Explanations of Social Security Adoption [J]. American Political Science Review, 1975 (4): 1299-1350.

[20] Davis E. Philip. Pension Funds-Retirement-Income Security and Capital Markets-An International Perspective [M]. Oxford: Clarendon Press, 1995.

[21] Edwin G. West. The Political Economy of American Public School Legislation [J]. Journal of and Economics (October 1976): 101-128.

[22] Edgar K. Browning. Why the Social Insurance Budget Is too Large in a Democracy [J]. Economic Inquiry, 1975 (3): 373-388.

[23] Feldstein M. Social Security and Saving: New Time Series Evidence

[J]. National Tax Journal, 1996 (7): 151-164.

[24] Felix Salditt, Peter Whiteford, Willem Adema. Pension Reform in China [J]. International Social Security Review, 2008 (3): 47-71.

[25] Fuller W. A., Battese G. E. Estimation of Linear Models with Crossed-error Structure[J]. Journal of Econometrics, 1974 (3): 67-78.

[26] Feldstein Martin. The Optimal Level of Social Security Benefits [J]. Quarterly Journal of Economics, 1985 (5): 303-319.

[27] Gustman A. L., Steinmeier T. L. Social Security, Pensions and Retirement Behaviour within the Family [J]. Journal of Applied Econometrics, 2004, 19 (6): 723-737.

[28] Gruber John, Dvid A. Wise, Social Security Programs and Retirement around the World [M]. University of Chicago Press, 1999.

[29] Gordon Tullock. The Rhetoric and Reality of Redistribution [J]. Southern Economic Journal, 1981 (4): 895-907.

[30] Gordon Tullock, T. Nicholas Tideman. A New and Superior Process for Making Social Choices[J]. Journal of Political Economy, 1976 (10): 1145-1159.

[31] Hussain, A. Social security in present-day China and its reform [J]. The American Economic Review, 1994 (2): 276-280.

[32] H. M. Hochman, J. O. Rodgers, Pareto Optimal Redistribution [J]. American Economic Review, 1969, 59 (4): 542-557.

[33] Hodgson G. Economics and Institutions [M]. Cambridge: Polity Press, 1988.

[34] James M. Buchanan. What Kind of Redistribution Do We Want? [J]. Economica, 1968 (5): 185-190.

[35] Kraus M. Social Security Strategies and Redistributive Effects in European Social Transfer Systems [J]. Review of Income and Wealth, 2004 (3): 431-457.

[36] Kuznets S. Economic Growth and Income Equality [J]. American Economic Review, 1955 (1): 1-28.

[37] Kenneth Arrow. Some Ordinalist-Utilitarian Notes on Rawls's Theory of Justice [J]. Journal of Philosophy, 1973 (5): 245-263.

[38] Leimer D. R. Historical Redistribution under the Social Security Disability Insurance Program [J]. Social Security Bulletin, 1998 (3): 3.

[39] Leimer, Dean R. Lifetime Redistribution under the Social Security Program: A Iiterature Synopsis[J]. Social Security Bulletin, 1999(2): 43-51.

[40] Marko K., Panu P. Paolo P. Why are More Redistributive Social Security Systems Smaller? A Median Voter Approach [M]. Oxford University Press, 2008: 275-292.

[41] Martin Feldstein. Privatizing Social Security [M]. Chicago: The University of Chicago Press, 1988.

[42] Martin Feldstein. Social Security, Induced Retirement, and Aggregate Capital Accumulation [J]. Journal of Political Economy, 1974 (5): 905-926.

[43] Martin Feldstein. Social Security and the Distribution of Wealth [J]. Journal of the American Statistical Association, 1976 (11): 65.

[44] Martin Feldstein. Inflation, Tax Rules and Investment: Some Econometric Evidence [J]. Econometrica, 1982 (4): 825-862.

[45] Martin Feldstein. The Missing Piece of Policy Analysis: Social Security Reform [J]. American Economic Review, 1996 (2): 1-14.

[46] Michael Tanner. Privatizing Social Security: A Big Boost for the Poor [J]. Cato Institute Social Security, 1996 (4).

[47] Martin Feldstein. Jeffrey B. Liebman. The Distributional Aspects of Social Security and Social Security Reform [M]. The University of Chicago Press, 2002.

[48] Michael Tanner. Saving Social Security Is Not Enough [J]. Cato Institute Social Security, 2000 (5): 2-10.

[49] Neil Gilbert, Neung-Hoo Park. Privatization, Provision, and Targeting: Trends and Policy Implications for Social Security in the United States [J]. International Social Security Review, 1996 (1): 19-29.

[50] Pigou A. C. The Economics of Welfare [M]. London: Macmillan, 1920.

[51] Richard Disney, Paul John. Pension System and Retirement Incomes across OECD Countries [M]. Edward Elgar Publishing, 2001.

[52] Robert Ball. Social Security: Today and Tomorrow [M]. New York:

Columbia University Press, 1978.

[53] Robert Genetski. Privatize Social Security [J]. Wall Street Journal, 1993 (5).

[54] R. Holzman. Pension Reform, Financial Market Development and Economic Growth: Preliminary Evidence from Chile [J]. The IMF Staff Paper, 1997 (6): 149-178.

[55] Sala-i-Martin. A Positive Theory of Social Security [J]. Journal of Economic Growth, 1996 (2): 277-304.

[56] Samuelson Paul. An Exact Consumption Loan Model of Interest with or without the Social Contrivance of Money [J]. Journal of Political Economy, 1958 (66): 467-482.

[57] Samuelson P. A. Optimum Social Security in a Life-cycle Growth Model [J]. International Economic Review, 1975 (3): 539-544.

[58] Samuelson P. A. Aspects of Public Expenditure Theories [J]. The Review of Economics and Statistics, 1958 (4): 332-338.

[59] Sen A. Informational Bases of Alternative Welfare Approaches: Aggregation and Income Distribution [J]. Journal of Public Economics, 1974 (4): 387-403.

[60] Silvia Borzutzky. Social Security Privatisation: The Lessons from the Chilean Experience for Other Latin American Countries and the USA [J]. International Journal of Social Welfare, 2003 (2): 86-96.

[61] Sheldon Danziger, Robert Haveman, Robert Plotnick. How Income Transfer Programs Affect Work, Savings, and the Income Distribution: A Critical Review [J]. Journal of Economic Literature, 1981 (3): 976-977.

[62] Shoven John. Administrative Aspects of Investment-based Social Security Reform [M]. University of Chicago Press, 2000.

[63] Steuerle. C. Eugene, Jon M. Bakija. Retooling Social Security for the Twenty First Century [M]. Washington D. C.: Urban Institute Press, 1994.

[64] Stiglitz Joseph E. Distribution of Income and Wealth among Individuals [J]. Econometrica, 1969 (3): 382-397.

[65] Guido Tabellini. A Positive Theory of Social Security [J]. Journal of Economics, 2000 (3): 523-545.

[66] Tamara Trinh. China's Pension System Caught between Mounting Legacies and Unfavorable Demographics [J]. Deutsche Bank Research, 2006 (2): 102-103.

[67] Thomas C. Schelling, Economic Reasoning and the Ethics of Policy [J]. The Public Interest, 1981 (2): 37-61.

[68] Nigel Tomes. The Family, Inheritance and the Intergenerational Transmission of Inequality[J]. Journal of Political Economy, 1981(5): 928-958.

[69] Wilhelm Mark O. Bequest Behavior and the Effect of Heirs' Earnings: Testing the Altruistic Model of Bequests [J]. American Economic Review, 1996 (4): 874-892.

[70] W. Breit, W. P. Cullbertson. Distribution Equality and Aggregate Utility: Comment [J]. American Economic Review, 1970 (3): 435-441.

[71] William G. Shipman, Retiring with Dignity: Social Security versus. Private Markets [J]. The Washingten Quarterly, 1995 (1): 119-126.

[72] World Bank. Averting the Old Age Crisis: Policies to Protect the Old and Promote Growth [M]. Oxford University Press, 1994.

[73] 阿马蒂亚·森. 集体选择与福利经济 [M]. 上海: 上海科学技术出版社, 2004.

[74] 阿瑟·奥肯. 平等与效率 [M]. 北京: 华夏出版社, 1999.

[75] 埃斯特勒·詹姆斯. 国有企业、金融市场改革与养老保险制度改革的互动效应——中国如何解决老年保障问题 [J]. 经济社会体比较, 2003 (3).

[76] 安塞尔·M. 夏普等. 社会问题经济学 [M]. 北京: 中国人民大学出版社, 2003.

[77] 庇古. 福利经济学 (上) [M]. 朱泱等译. 北京: 商务印书馆, 2006.

[78] E. 罗伊·温特劳布. 经济数学 [M]. 北京: 经济科学出版社, 2000.

[79] 弗里德里希·李斯特. 政治经济学的国民体系 [M]. 蔡受百译. 北京: 商务印书馆, 1981.

[80] 查德利等. 重庆养老保险制度改革的政策运行模拟模型 [J]. 重庆大学学报 (社会科学版), 2000 (1).

［81］达莫达尔·N. 古亚拉提. 经济计量学精要［M］. 北京：机械工业出版社，2005.

［82］古扎拉蒂. 计量经济学［M］. 北京：中国人民大学出版社，2000.

［83］马尔科姆·卢瑟福. 经济学中的制度［M］. 北京：中国社会科学出版社，1999.

［84］马歇尔·N. 卡特，威廉·G. 希普曼. 信守承诺——美国养老社会保险制度改革思路［M］. 北京：中国劳动社会保障出版社，2003.

［85］米哈伊·鲁特科夫斯基. 新一轮养老金改革浪潮席卷东方——转轨经济学的一个分类［J］. 经济社会体制比较，2000（1）.

［86］尼尔·吉尔伯特. 社会福利的目标定位——全球发展趋势与展望［M］. 北京：中国劳动社会保障出版社，2004.

［87］诺斯. 制度、制度变迁与经济绩效［M］. 守英译. 上海：三联出版社，1994.

［88］瑟夫·斯蒂格利茨. 中外经济体制转轨比较［J］. 经济学动态，2001（5）.

［89］世界银行. 老年保障——中国的养老金体制改革［M］. 北京：中国财政金融出版社，1998.

［90］约瑟夫·斯蒂格利茨. 设计适当的社会保障体系对中国继续取得成功至关重要［J］. 经济社会体制比较，2000（5）.

［91］约瑟夫·熊彼特. 经济发展理论［M］. 北京：商务印书馆，1997.

［92］威廉姆森·约翰，孙策. 中国养老保险制度改革：从 FDC 层次向 NDC 层次转换［J］. 经济社会体制比较，2004（3）.

［93］巴曙松，孔颜，吴博. 我国社会保障财政支出地区差异性的聚类分析［J］. 华南理工大学学报，2013（5）：1-9.

［94］边恕，孙雅娜. 企业职工养老保险“保基本”的内涵回归及调整方案［J］. 社会政策研究，2018（1）：85-96.

［95］边恕，李东阳，孙雅娜. 辽宁省城镇职工养老保险财政支付风险及对策研究［J］. 地方财政研究，2017（11）：28-37.

［96］边恕，黎蔺娴，孙雅娜. 基于动态风险的中国最优混合养老保险体制研究［J］. 社会保障研究，2017（3）：3-11.

［97］边恕，孙雅娜，黎蔺娴. “保基本”视角下的城乡居民养老金适度水平研究［J］. 黑龙江社会科学，2017（3）：75-83.

[98] 边恕，黎蔺娴，孙雅娜．社会养老服务供需失衡问题分析与政策改进［J］．社会保障研究，2016（3）：23-31.

[99] 白维军，童星．“稳定省级统筹，促进全国调剂”：我国养老保险统筹层次及模式的现实选择［J］．社会科学，2011（5）：91-97.

[100] 褚福灵．社会保险：覆盖面大了，转接更顺了［J］．中国社会保障，2017（10）：26-27.

[101] 陈长石，刘和骏，刘晨晖．中国省级发展不平衡动因及变化解析［J］．数理统计与管理，2015（11）：58-72.

[102] 陈佳贵．中国社会保障发展报告［M］．北京：社会科学文献出版社，2001.

[103] 陈银娥．现代社会的福利制度［M］．北京：经济科学出版社，2000.

[104] 成思危等．中国社会保障体系的改革与完善［M］．北京：民主与建设出版社，2000.

[105] 丛树海．我国养老金缴费和给付研究［J］．财经研究，2002（28）.

[106] 丛树海．社会保障经济理论［M］．上海：上海三联书店，1996.

[107] 崔玉杰，沈愉．现收现付制度隐性债务的测算及利率的变化对其影响分析［J］．北方工业大学学报，2001（9）.

[108] 董克用．养老保险［M］．北京：中国人民大学出版社，2000.

[109] 董登新．尽快实现养老保险全国统筹［J］．中国社会保障，2018（1）：42-44.

[110] 邓大松，贺薇．通往公平分配之路：基础养老金全国统筹中的政府责任分析［J］．西藏大学学报（社会科学版），2018（3）：187-191.

[111] 邓大松．中国社会保障重大问题研究［M］．深圳：海天出版社，2001.

[112] 邓大松，仙蜜花．民族地区基础养老金统筹中的问题及对策——基于基础养老金全国统筹的视角［J］．西南民族大学学报（人文社科版），2016，37（8）：101-105.

[113] 邓大松，薛惠元．城镇职工基础养老金全国统筹的阻碍因素与对策建议［J］．河北大学学报，2018（4）：103-112.

[114] 邓大松，杨晶．全国统筹条件下城镇职工养老保险统筹基金的

精算评估［J］．中国地质大学学报，2018（3）：133-143.

［115］邓大松，杨晶．中国城镇职工基础养老金给付水平及其非均衡性评价——基于省级统筹和全国统筹的测算［J］．华中科技大学学报（社会科学版），2019（1）：17-28.

［116］邓大松，余思琦，刘桐．全国统筹背景下城镇职工基础养老金财政负担分析［J］．社会保障研究，2018（2）：3-15.

［117］邓大松，程欣，汪佳龙．基础养老金全国统筹的制度性改革——基于国际经验的借鉴［J］．当代经济管理，2019，41（3）：89-97.

［118］邓子基．养老保险改革与资本市场［M］．北京：中国财政经济出版社，1996.

［119］丁建定．社会福利思想［M］．武汉：华中科技大学出版社，2009.

［120］丁开杰．社会保障体制改革［M］．北京：社会科学文献出版社，2004.

［121］樊彩耀．完善社会保障体系，促进居民消费增长［J］．宏观经济研究（京），2000（7）.

［122］封进．人口转变、社会保障与经济发展［M］．上海：上海人民出版社，2005.

［123］付伯颖，齐海鹏．荷兰养老金制度：特点、改革与启示［J］．东北财经大学学报，2001（1）.

［124］胡晓义．加快建立更加公平可持续的养老保险制度［J］．求是，2014（8）：46-48.

［125］何平，汪泽英．统筹城乡社会保障制度发展的思考［J］．劳动保障世界（理论版），2010（2）：42-52.

［126］何文炯．社会养老保障制度要增强公平性和科学性［J］．经济纵横，2010（9）：42-46.

［127］何文炯．我国现行社会保障收入再分配的机理分析及效应提升［J］．社会科学辑刊，2018（5）：55-62.

［128］何文炯．基本养老保险全国统筹要明确三个问题［J］．中国社会保障，2018（11）：35.

［129］何文炯．权责清晰是全国统筹的基础［J］．中国社会保障，2018（4）：35.

［130］何文炯，杨一心．职工基本养老保险：要全国统筹更要制度改革［J］．学海，2016（2）：58-63.

［131］韩克庆．养老保险全国统筹的制度障碍与政策路径［J］．社会发展研究，2018（2）：101-109.

［132］韩良诚，焦凯平．企业养老保险制度的统一与实施［M］．北京：中国人事出版社，1997.

［133］韩伟，穆怀中．中国统筹养老金适度调整指数研究［J］．财经研究，2007，33（4）．2006.

［134］胡明．历史学派与德国特殊发展道路［J］．德国研究，2008（3）：48-53.

［135］黄万丁，王雯．基本养老保险省级统筹的收入再分配效应研究——以陕西省为例［J］．社会保障研究，2015（5）：12-21.

［136］黄如金．经济萧条与政府管制——从凯恩斯理论与罗斯福实践谈起［J］．经济管理，2001（2）：69-76.

［137］贾根良，黄阳华．德国历史学派再认识与中国经济学的自主创新［J］．南开学报，2006（4）：89-97.

［138］贾洪波，方倩．基础养老金省级统筹到全国统筹再分配效应的比较静态分析［J］．保险研究，2015（1）：100-111.

［139］江春泽，李南雄．中国养老保险省级统筹以后的矛盾分析与对策研究［J］．改革，2000（1）：91-99.

［140］金刚．企业职工养老保险参数偏离及对统筹基金均衡缴费率的影响效应［J］．人口与发展，2018，24（2）：14-21.

［141］金刚，柳清瑞，宋丽敏．延迟退休的方案设计及对城镇企业职工基本养老保险统筹基金收支影响研究［J］．人口与发展，2016，22（6）：25-36.

［142］雷晓康，席恒．基本养老保险全国统筹方案比较与选择［J］．中国社会保障，2011（6）：34-36.

［143］雷晓康，张楠．养老保险全国统筹与政府责任分担［J］．中国社会保障，2012（10）：31-33.

［144］厉以宁．中国社会福利模型［M］．上海：上海人民出版社，1994.

［145］李连龙．社会保险基金运行论［M］．成都：西南财经大学出版

社，2000.

［146］李绍光. 社会保障税与社会保障制度优化［J］. 经济研究，2004（8）.

［147］李绍光. 养老保险制度的困境与出路［J］. 经济社会体制比较，2000（3）.

［148］李绍光. 养老金：现收现付制和基金制的比较［J］. 经济研究，1998（1）.

［149］李绍光. 养老金制度与资本市场［M］. 北京：发展出版社，1998.

［150］李珍. 社会保障制度与经济发展［M］. 武汉：武汉大学出版社，1998.

［151］李珍. 养老社会保险的平衡问题分析［J］. 中国软科学，1999（12）.

［152］李珍 . 新时代：中国社会保障发展的新蓝图［J］. 社会保障研究，2017（6）：3-10.

［153］李珍 . 社会保障理论［M］. 北京：中国劳动社会保障出版社，2011.

［154］李子奈. 计量经济学［M］. 北京：高等教育出版社，2000.

［155］李子奈. 计量经济学——方法和应用［M］. 北京：清华大学出版社，2000.

［155］李连芬，刘德伟 . 我国基本养老保险全国统筹的成本—收益分析［J］. 社会保障研究，2015（5）：3-11.

［157］李文浩. 调整机构：提高我国养老保险基金投资收益率的前提［J］. 人口与经济，2000（5）.

［158］李艳丽，李利军. 基本养老保险省级统筹出路何在［J］. 经济论坛，2001（3）.

［159］李迎生. 农民进城与扩大城市社会保障覆盖面［J］. 社会保障制度，2001（5）.

［160］李元旭. 论我国转轨时期的代际契约与养老模式的变革［J］. 学术月刊（沪），2001（5）.

［161］李松龄 . 收入均等规则的产权与效率——凯恩斯主义公平效率观的产权分析［J］. 财经理论与实践，2004（1）：3-8.

[162] 李尧远，王礼力，刘虹．社会保险基金统筹的可能层次与可行路径［J］．宁夏大学学报，2012（1）：130-133.

[163] 林毓铭．体制改革：从养老保险省级统筹到基础养老金全国统筹［J］．经济学家，2013（12）：65-72.

[164] 林毓铭．完善养老保险省级统筹管理体制的思考［J］．市场与人口分析，2007（4）：57-63.

[165] 林毅夫，蔡昉，李周．中国的奇迹——发展战略与经济改革［M］．上海：上海人民出版社，2006.

[166] 林义．社会保险基金管理（第三版）［M］．北京：中国劳动社会保障出版社，2015.

[167] 林治芬，高文敏．社会保障预算管理［M］．北京：中国财政经济出版社，2006.

[168] 林宝．基础养老金全国统筹的待遇确定方法研究［J］．中国人口科学，2016（2）：61-71.

[169] 李超．城镇企业职工养老保险省级统筹思考［J］．广西社会科学，2009（S1）：35-39.

[170] 刘贵平．人口变化与我国城镇职工养老保险的代际再分配［J］．人口学刊（长春），1999（5）.

[171] 刘贵平．养老保险的理论与模式［J］．人口研究，1996（4）.

[172] 刘贵平．"统账结合"式基本养老保险制度的缺欠及改进措施研究［J］．人口与经济研究，1999（4）.

[173] 刘伟兵，杨扬．地区差异与城镇职工基础养老金全国统筹：矛盾及其化解［J］．社会保障研究，2019（1）：13-25.

[174] 刘伟兵，韩天阔，刘二鹏，邓大松．养老保险全国统筹中的待遇确定方法与"福利损失"研究［J］．保险研究，2018（4）：86-97.

[175] 刘子兰．养老保险制度和养老基金管理［M］．北京：经济科学出版社，2005.

[176] 吕学静．影响城镇基本养老保险可持续发展的政策因素分析［J］．学习论坛，2007（5）：26-30.

[177] 吕学静，单苗苗．提高职工基本养老保险制度统筹层次的思考［J］．中国人力资源社会保障，2017（2）：17-19.

[178] 吕学静．各国社会保障制度［M］．北京：经济管理出版

社，2001.

[179] 吕学静. 日本社会保障制度 [M]. 北京：经济管理出版社，2000.

[180] 罗伯特·霍尔茨曼，理查德·欣茨 . 21 世纪的老年收入保障：养老金制度改革国际比较 [M] . 郑秉文，黄念译 . 北京：中国劳动社会保障出版社，2006.

[181] 罗桂芬. 欧盟社会政策与社会保障体系变革趋势 [J]. 社会学研究，2001（3）.

[182] 卢驰文 . 我国职工基本养老保险收支改善对策研究——基于全面二孩政策下人口年龄结构的视角 [J]. 社会保障研究，2018（5）：11-21.

[183] 路锦非 . 合理降低我国城镇职工基本养老保险缴费率的研究——基于制度赡养率的测算 [J]. 公共管理学报，2016（1）：128-140.

[184] 路和平，杜志农. 基本养老保险基金收支平衡预测 [J]. 经济理论与经济管理，2002（2）.

[185] 鲁全 . 全国统筹背景下基本养老保险管理体制中的央地责任划分机制研究 [J]. 苏州大学学报（哲学社会科学版），2015（4）：44-49.

[186] 梁君林. 论社会保障的经济职能 [J]. 山西财经大学学报，2001（23）.

[187] 柳清瑞. 中国养老保险替代率适度水平研究 [M]. 沈阳：辽宁大学出版社，2004.

[188] 柳清瑞，苏牧羊 . 少子老龄化、养老金均衡与提高退休年龄——基于 OECD 国家的经验比较 [J]. 吉林大学社会科学学报，2016，56（4）：28-37.

[189] 柳清瑞，苏牧羊 . 城乡养老保险协调度、制约因素及对策——基于 1999—2013 年数据的实证分析 [J]. 中央财经大学学报，2016（4）：3-15.

[190] 陆解苏，朱玉林. 对提高养老保险基金统筹层次的探讨 [J]. 财会研究，2002（1）.

[191] 马树才，郭万山 . 经济多变量统计分析 [M]. 吉林：吉林人民出版社，2002.

[192] 穆怀中. 中国社会保障适度水平研究 [M]. 沈阳：辽宁大学出版社，1998.

[193] 穆怀中．国民财富与社会保障收入再分配［M］．北京：中国劳动社会保障出版社，2003.

[194] 穆怀中．社会保障国际比较［M］．北京：中国劳动社会保险出版社，2006.

[195] 穆怀中，柳清瑞．中国养老保险制度改革关键问题研究［M］．北京：中国劳动社会保障出版社，2006.

[196] 穆怀中，邹丽丽．养老金统筹层次提高中的计发基数研究——以辽宁省为例［J］．社会保障研究，2010（1）：3-9.

[197] 米红，杨明旭．总和生育率、出生性别比的修正与评估研究——基于1982-2010年历次人口普查、1%抽样调查数据［J］．人口与发展，2016（2）：12-19.

[198] 潘锦棠．养老社会保险制度中的性别利益——兼评关于男女退休年龄的讨论［J］．中国社会科学，2002（2）.

[199] 潘锦棠．新中国基本养老保险六十年［J］．马克思主义与现实，2010（1）：36-41.

[200] 庞凤喜，贺鹏皓，张念明．打破区域限制切实推进基础养老金全国统筹［J］．中国财政，2015（8）：48-49.

[201] 齐良书．发展经济学［M］．北京：中国发展出版社，2002.

[202] 齐明珠，徐征．养老金计划改革的宏观影响：中国与发达国家的比较研究［J］．市场与人口分析，2001（7）.

[203] 钱宁，现代社会福利思想［M］．北京：高等教育出版社，2013.

[204] 钱颖一．现代经济学与中国经济改革［M］．北京：中国人民大学出版社，2004.

[205] 秦晓钢．中国的社会保障风险：分析与对策［J］．现代经济与探讨，2001（1）.

[206] 邱东等．养老金替代率水平及其影响的研究［J］．财经研究，1999（1）.

[207] 全宝．养老保险制度改革的问题与对策［J］．劳动经济与人力资源管理，1995（11）.

[208] 史柏年．中国社会养老保险制度研究［M］．北京：经济管理出版社，1999.

[209] 史柏年．退休年龄与养老保险支付［J］．人口与经济，2001

(2).

[210] 史永东，齐鹰飞. 中国经济的动态效率 [J]. 世界经济，2002 (8).

[211] 尚晓援. “社会福利” 与 “社会保障” 再认识 [J]. 中国社会科学，2001 (3).

[212] 盛碧荷. 建立健全陕西养老保险体系的思考和建议 [J]. 中国学校教育研究，2004 (3).

[213] 宋晓梧. 养老保险制度改革 [M]. 北京：改革出版社，1997.

[214] 孙炳耀. 人口年龄结构与老年社会保障筹资模式 [J]. 中国软科学 (京)，1999 (3).

[215] 童星，刘松涛. 城市居民最低生活保障线的测定 [J]. 社会学研究，2000 (4).

[216] 汤在新. 论历史学派 [J]. 经济评论，1991 (2)：22-27.

[217] 田赫. 瑞典学派经济理论述评 [D]. 吉林大学硕士学位论文，2006.

[218] 田小宝. 民生与国运——关于中国劳动和社会保障问题的观察与思考 [M]. 北京：中国劳动社会保障出版社，2004.

[219] 万春，邱长溶. 我国养老保险体系的全国统筹模型建立及预测分析 [J]. 预测，2006 (3)：43-47.

[220] 王鉴岗. 稳定态与非稳定态人口养老保险基金平衡分析 [J]. 中国青年政治学院学报，1999 (1).

[221] 王鉴岗. 社会养老保险平衡测算 [M]. 北京：经济管理出版社，1999.

[222] 王鉴岗. 21 世纪养老保险平衡难题及对策 [J]. 人口与经济，1999 (6).

[223] 王凯淘，顾志明. 智利养老保险制度的改革与启示 [J]. 武汉科技大学学报，2000 (2).

[224] 王立军. 养老金缺口财政支付能力研究 [D]. 辽宁大学博士学位论文，2005.

[225] 王文军. 关于 16 个省级统筹单位省级养老保险调剂办法的分析说明 [J]. 中国劳动，1998 (9).

[226] 王小龙. 经济转型与激励机制 [M]. 北京：经济科学出版

社，2005.

［227］王晓军. 对我国养老保险制度债务水平的估计与预测［J］. 预测，2001（1）.

［228］王晓军. 对中国城镇养老保险制度目标模式的讨论［J］. 中国人民大学复印期刊资料，2000（2）.

［229］王晓军. 社会保障精算原理［M］. 北京：中国人民大学出版社，2000.

［230］王晓军. 中国基本养老保险的地区差距分析［J］. 社会保障制度，2006（4）.

［231］王晓军. 中国基本养老保险基金统筹层次的探讨［M］. 北京：北京大学出版社，2005.

［232］王晓军. 中国养老保险制度及其精算评价［M］. 北京：经济科学出版社，2000.

［233］王晓军，赵彤. 中国社会养老保险的省区差距分析［J］. 人口研究，2006（2）：44-50.

［234］王新军. 城镇企业养老保险隐性债务规模及未来偿付能力精算分析［J］. 保险研究，2006（12）.

［235］王银梅，李静. 提高统筹层次能缓解养老保险基金缺口吗？——基于面板数据的实证检验［J］. 河北学刊，2018（5）：140-145.

［236］王燕等. 中国养老金隐性债务、转轨成本、改革方式及其影响——可计算一般均衡分析［J］. 经济研究，2001（5）.

［237］王忠郴. 我国养老金财务系统控制中的模糊数学方法［J］. 中国管理科学，1998（4）.

［238］王延中，王俊霞，单大圣，龙玉其，宁亚芳，王宇和. 改革开放40年与社会保障中国模式［J］. 学术界，2018（8）：17-42.

［239］王国新，向雪. 人口老龄化进程中我国养老保险制度存在的问题及对策研究［J］. 新疆社会科学，2015（2）：134-139.

［240］王锋，陶学荣. 政府公共服务职能的界定、问题分析及对策［J］. 甘肃社会科学，2005（4）：231-234.

［241］魏群英，米红. 中国需要建立多层次的养老保险体系［J］. 中国经济问题（厦门），1999（5）.

［242］吴湘玲. 我国区域基本养老保险协调发展研究［M］. 武汉：武

汉大学出版社，2006.

［243］肖严华，左学金．全国统筹的国民基础养老金框架构建［J］．学术月刊，2015（5）：63-72.

［244］辛宝海，卢驰文．推进财政体制改革提高社会保险统筹层次［J］．理论探索，2006（5）.

［245］薛惠元，郭文尧．城镇职工基本养老保险基金收支状况、面临风险及应对策略［J］．经济纵横，2017（12）：74-84.

［246］徐森，米红．养老保险统筹基金“从全国调剂到全国统筹”方案的政策仿真［J］．中国社会保障，2014（8）：36-37.

［247］馨芳．世界各国的社会保障制度［M］．北京：中国物资出版社，1994.

［248］阎坤．中国养老保障制度研究［M］．北京：中国社会科学出版社，2000.

［249］岳公正，王俊停．我国城镇养老保险基金收支平衡的预测分析［J］．统计与决策，2016（20）：153-155.

［250］杨燕绥，妥宏武．基本养老保险全国统筹需统一社会保险公共服务平台［J］．中国人力资源社会保障，2017（11）：30-32.

［251］杨鹃，杨昊雯．发达国家社会保障财政制度及其启示［J］．价格理论与实践，2018（11）：476-479.

［252］杨祖义．德国历史学派的经济史学解析［J］．中南财经大学学报，2001（5）：69-73.

［253］杨光，温伯友．当代西亚非洲国家社会保障制度［M］．北京：法律出版社，2001.

［254］杨方方．我国养老保险制度演变与政府责任［J］．中国软科学，2005（2）：17-23.

［255］杨启贤．关于养老金给付水平研究［J］．新疆社科论坛，1997(3).

［256］杨宜勇，刑伟．抓紧制定全国统一的养老保险转续办法［J］．宏观经济管理，2008（2）.

［257］杨云彦．人口、资源与环境经济学［M］．北京：中国经济出版社，1999.

［258］杨思斌．我国社会保障法治建设四十年：回顾、评估与前瞻［J］．北京行政学院学报，2018（3）：38-45.

［259］叶响裙. 转型期社会养老保障制度的困境与出路［J］. 北京大学学报，2000（5）.

［260］伊志宏. 养老保险制度模式选择的几个问题［J］. 经济理论与经济管理，2000（3）.

［261］袁志刚. 中国养老保险体系选择的经济学分析［J］. 经济研究，2001（5）.

［262］袁志刚. 养老保险经济学［M］. 上海：上海人民出版社，2005.

［263］郑秉文. 中国养老金精算报告（2018-2022）［M］. 北京：中国劳动社会保障出版社，2017.

［264］郑秉文. 中国社会保障 40 年：经验总结与改革取向［J］. 中国人口科学，2018（4）：2-17.

［265］郑秉文. 当代东亚国家、地区社会保障制度［M］. 北京：法律出版社，2001.

［266］郑秉文. 中国社保“碎片化制度”危害与“碎片化冲动”探源［J］. 甘肃社会科学，2009（3）：50-58.

［267］郑秉文. 欧亚六国社会保障“名义账户”制利弊分析及其对中国的启示［J］. 世界经济与政治，2003（5）.

［268］郑功成. 社会保障学［M］. 北京：商务印书馆，2003.

［269］郑功成. 中国养老保险制度的未来发展［J］. 劳动保障通讯，2003（3）.

［270］郑功成. 实现全国统筹是基本养老保险制度刻不容缓的既定目标［J］. 理论前沿，2008（18）：12-15.

［271］郑功成. 尽快推进城镇职工基本养老保险全国统筹［J］. 经济纵横，2010（9）：29-32.

［272］郑功成. 从地区分割到全国统筹——中国职工基本养老保险制度深化改革的必由之路［J］. 中国人民大学学报，2015（3）：2-11.

［273］郑伟. 中国社会养老保险制度变迁与经济效应［M］. 北京：北京大学出版社，2005.

［274］张今声. 现代经济计划方法与模型［M］. 长春：吉林人民出版社，1989.

［275］张松. 论养老基金平衡机制［J］. 中央财经大学学报，2003（1）.

[276] 张松. 养老基金与资本市场互动的理论与实证研究——兼论中国养老基金与资本市场良性互动的政策思路 [M]. 成都：西南财经大学出版社，2006.

[277] 张晓军，刘继东. 社会保障省级统筹该不该？[J]. 广东财政，2002 (12).

[278] 张卓元，吴敬链，杨茂春. 从现收现付到个人基金账户——智利养老保险制度改革调查报告 [J]. 改革，1996 (4).

[279] 张威超 . 从全国统筹到全国统筹新时期：1949 年以来职工基本养老保险统筹层次变迁研究 [J]. 河南科技学院学报，2019，39 (3)：19-23.

[280] 张鹏飞，陶纪坤 . 全面二孩政策对城镇职工基本养老保险收支的影响 [J] . 人口与经济，2017 (1)：104-115.

[281] 张彬斌，吴要武 . 基本养老保险统筹层次提升的提前退休效应 [J]. 山西财经大学学报，2014 (6)：1-13.

[282] 张军，何永贵 . 强化政府主导型收入再分配机制的国际借鉴分析 [J]. 经济体制改革，2004 (1)：143-145.

[283] 赵耀辉，徐建国. 我国城镇养老保险体制的转轨问题 [J]. 改革(重庆)，2000 (3).

[284] 赵向红，王小凤，李俏 . 中国养老政策的演进与绩效 [J]. 青海社会科学，2017 (6)：162-167.

[285] 赵云. 话说养老保险的“陕西模式” [J]. 中国社会保障，2003 (7).

[286] 钟仁耀. 养老保险改革国际比较研究 [M]. 上海：上海财经大学出版社，2004.

[287] 周谨. 英国的社会保障体制和养老金 [J]. 上海保险，2001 (5).

[288] 周渭兵. 对我国隐性公共养老金债务的测算 [J]. 统计与决策，2000 (11).

[289] 周小川. 企业社会保障职能的独立化 [J]. 经济研究，1993 (11).

[290] 周沛，李静，梁德友 . 现代社会福利 [M]. 北京：中国劳动社会保障出版社，2014.

［291］曾益，刘凌晨，高健．我国城镇职工基本养老保险缴费率的下调空间及其财政效应研究［J］．财经研究，2018（12）：70–83.

［292］曾国安，胡伟业，胡晶晶．国民收入再分配公平与初次分配公平差异的比较［J］．江汉论坛，2009（1）：51–55.

［293］朱雪珍．养老保险的省级统筹及其过渡问题［J］．苏州丝绸工学院学报，1998（1）：84–88.

［294］朱长伟，吕博．基本养老保险省级统筹管理模式［J］．中国审计，2004（5）.

［295］朱德云．社会保障制度模式的比较研究［J］．中央财经大学学报，2001（7）.

［296］朱青．养老金制度的经济分析与运作［M］．北京：中国人民大学出版社，2002.

［297］朱庆芳，吴寒光．社会指标体系［M］．北京：中国社会科学出版社，2001.

媒介技术哲学研究

Research on the Philosophy of Media Technology

沈继睿　著

图书在版编目（CIP）数据

媒介技术哲学研究 / 沈继睿著. -- 兰州 : 兰州大学出版社, 2023.10
ISBN 978-7-311-06549-2

Ⅰ. ①媒… Ⅱ. ①沈… Ⅲ. ①传播媒介－技术哲学－研究 Ⅳ. ①G206.2

中国国家版本馆 CIP 数据核字(2023)第 184752 号

责任编辑　钟　静
封面设计　汪如祥

书　　名　媒介技术哲学研究
作　　者　沈继睿　著
出版发行　兰州大学出版社　（地址:兰州市天水南路222号　730000）
电　　话　0931-8912613(总编办公室)　0931-8617156(营销中心)
网　　址　http://press.lzu.edu.cn
电子信箱　press@lzu.edu.cn
印　　刷　西安日报社印务中心
开　　本　710 mm×1020 mm　1/16
印　　张　14.75
字　　数　256千
版　　次　2023年10月第1版
印　　次　2023年10月第1次印刷
书　　号　ISBN 978-7-311-06549-2
定　　价　42.00元

国家社科基金后期资助项目
出版说明

后期资助项目是国家社科基金项目主要类别之一，旨在鼓励广大人文社会科学工作者潜心治学，扎实研究，多出优秀成果，进一步发挥国家社科基金在繁荣发展哲学社会科学中的示范引导作用。后期资助项目主要资助已基本完成且尚未出版的人文社会科学基础研究的优秀学术成果，以资助学术专著为主，也资助少量学术价值较高的资料汇编和学术含量较高的工具书。为扩大后期资助项目的学术影响，促进成果转化，全国哲学社会科学工作办公室按照“统一设计、统一标识、统一版式、形成系列”的总体要求，组织出版国家社科基金后期资助项目成果。

全国哲学社会科学工作办公室

目　录

绪　论

媒介技术是目前所有技术中发展最迅猛的类别之一，可称得上是人类目前最显著的技术。技术发展推动了生产力，从而塑造整个社会，媒介技术的持续变革，正在起到这样的作用。关注技术的发展、社会的发展以及人类自身的发展，必然离不开对媒介技术的研究。

一、媒介研究文献综述

学界始终关注媒介及其影响，目前人文社会科学领域的媒介研究，可以从以下四个方面梳理出现状。

（一）媒介研究学派及学者思想的引介、梳理、述评

1. 学派思想研究

系统媒介研究始于传播学。胡翼青专著《再度发言：论社会学芝加哥学派传播思想》（中国大百科全书出版社，2007），把传播研究分为四大范式，梳理了各范式的媒介研究，并且指出技术主义范式专门研究媒介技术，媒介环境学派是技术主义范式的代表。李明伟专著《知媒者生存：媒介环境学纵论》（北京大学出版社，2010），是国内第一部对媒介环境学进行系统整理、分析评价的专著，该书梳理了伊尼斯、麦克卢汉、波兹曼、莱文森等媒介环境学派三代学者的思想与传承关系，提炼了媒介环境学的理论框架，分析了媒介环境学的媒介技术本体论、认识论、方法论问题，并对技术决定论、技术悲观主义等做了回应。

在媒介环境学兴起之后，媒介研究开始走出传播学范畴，欧洲也出现了一些有关媒介研究的学派，例如媒介学、媒介化理论等。胡翼青论文《媒介理论范式的兴起：基于不同学派的比较分析》（《现代传播》，2020），对比了媒介研究的四个学派：媒介环境学、媒介哲学、媒介学、媒介化理论。认为四个学派都以麦克卢汉为起点，重视媒介技术形式多于内容，把媒介看作是无所不在的隐喻而不是实体，认为不是社会建构了媒介，而是媒介建构了社会。四个学派也有区别，体现在媒介是一种什么形式、与文化的关系如何，媒介隐喻的对象是什么，媒介如何组织社会等方面。徐桂权、雷丽竹论文《理解“泛媒介”时代：媒介环境学、媒介学与媒介化研究的三重视角》（《现代传播》，2019），围绕“泛媒

介”的概念，论述三个学派对于媒介技术与文明演进的关系。三个学派的研究对象都是媒介技术的社会影响，但在研究视角、关键概念、时空脉络、研究问题上各有不同。

2. 学者思想研究

学者思想研究在媒介研究中占有很大比例，此处只梳理近几年对最重要的几位媒介学者的研究文献，以及部分比较研究。

李曦珍专著《理解麦克卢汉：当代西方媒介技术哲学研究》（人民出版社，2014），论证麦克卢汉主义属于系统化（技术）哲学理论的合理性，系统研究了麦克卢汉主义的媒介技术本体论、媒介技术认识论、媒介技术价值论、教育模式变革论，在建构的媒介技术哲学框架里，重新整理了麦克卢汉隐喻性、碎片化的思想。戴宇辰论文《“在媒介之世存有”：麦克卢汉与技术现象学》（《新闻与传播研究》，2018）指出，目前麦克卢汉被放在技术决定论和媒介环境学两大思想谱系里，从现象学意向性分析出发，可以梳理出“海德格尔—伊德—麦克卢汉”的技术现象学路径。马英俊论文《“文化”与“技术”：论德布雷媒介学“合二为一”的历史》（《新闻大学》，2021），指出德布雷媒介学的核心是文化与（媒介）技术的关系，其中文化指西方基督教的“三元”文化，这与普遍有效性的技术产生了矛盾，德布雷研究文化与技术这对矛盾“合二为一”的历史，以此来考察西方社会的发展动力以及当代西方资本主义的社会矛盾。德布雷把文化与技术这对矛盾的历史进行了分期，称为“媒介域”，是媒介学的核心概念。陈卫星论文《媒介域的方法论意义》（《国际新闻界》，2018）指出，在方法论上，媒介域能帮助理解媒介技术与制度的关系、新媒介的风险以及与新文本的适应问题。基特勒被称为欧洲麦克卢汉，郭小安、赵海明论文《媒介的演替与人的“主体性”递归：基特勒的媒介本体论思想及审思》（《国际新闻界》，2021）指出，基特勒认为媒介要从（技术）物质上考虑，本质上不是中介工具，而是与人共生的存在。媒介与人的历史，就是在共生共在中，人的主体性从独立到逐渐被媒介技术遮蔽以至消逝的过程。

比较研究：黄华论文《技术、组织与“传递”：麦克卢汉与德布雷的媒介思想和时空》（《新闻与传播研究》，2017）从时空偏向理论入手，对比麦克卢汉与德布雷的时空观，麦克卢汉属于空间偏向，德布雷注重文化传承，属于时间偏向，但二人的偏向都是从技术角度展开的，技术是二人理论的结合点。唐海江、曾君洁论文《作为方法论的“媒介”——比较视野中麦克卢汉和德布雷的媒介研究》（《现代传播》，2019）

主要论述了二人理论的共同点，认为媒介不仅作为研究对象，更是把媒介作为方法论来研究历史与文明的组织机制，媒介不是被动的物品，而是建构社会的自主性力量。王学成论文《媒介化中的意向性与身体性——从海德格尔到麦克卢汉媒介思想的演进》（《新闻与传播研究》，2021）认为，麦克卢汉的媒介思想与海德格尔的技术思想都是从媒介角度探讨人的生存论问题，海德格尔的生存论建立在物的媒介性上，物的媒介性又建立在此在的意向性上，而麦克卢汉是从实体（身体）角度来言说媒介。

（二）媒介的基本哲学问题研究

媒介形式虽然千变万化，但其背后有较为稳定的基础内容，对这部分的研究一直比较缺乏，比如对基本概念、定义与本质的研究。李沁论文《沉浸媒介：重新定义媒介概念的内涵和外延》（《国际新闻界》，2017），总结了技术、关系、时代三种定义媒介的方法，把当今的时代以媒介为标签称为“第三媒介时代”，并把当代媒介命名为“沉浸媒介”。用沉浸媒介重新定义媒介：一切技术都成为媒介，人也是媒介的延伸；媒介内外的边界被打破；所有媒介都具有社交功能。

媒介是处理信息的，而信息关乎认识，媒介认识论必然是媒介哲学问题的重头戏。胡潇专著《媒介认识论》（人民出版社，2012）是国内此类研究的综合。首先，从中西哲学史中梳理出媒介认识论的历史根源；其次，从前人的哲学思考理路中，探索语符媒介与思维、认知、表达、交流活动的基本关系；再次，研究语符媒介能指、所指之逻辑关系的衍生与延伸；最后，在“媒介—语符—认知”三元结构中，分别研究当代媒介嬗变引发的语言的媒介组合与演替，以及所带来的主体认知位势变化问题。该书所谈的媒介，主要围绕语符展开，对媒介的另一种形态——技术人工物——则着墨不多。虽然也研究了从书写到数字媒介的技术形态变化，但旨在论证语符、认知的变化逻辑，对技术本身的研究不是重点。

谈到媒介进化（演化）论离不开莱文森，国内的相关研究主要也是围绕莱文森的理论展开的。胡翌霖论文《技术的“自然选择”——莱文森媒介进化论批评》（《国际新闻界》，2013），沿着莱文森对技术悲观主义的批判，用三个问题即谁在进行选择、何以选择、选择的结果如何评估来考问莱文森进化论的核心“人性化趋势”，指出其错误地把人性化归结为前技术时的“自然状态”，忽视了人类社会不断变化的价值范式。艾岚、赵双阁论文《技术逻辑下保罗·莱文森媒介进化论中的“人本主义”

建构》[《河北师范大学学报》(哲学社会科学版), 2021] 指出，传统媒介环境学仅关注技术对人类生活方式、思维方式的塑造，莱文森通过对媒介进化的“人性化”研究，补充了进化中人的能动性，指出理性是媒介进化的“自然环境”，人类非完美性是进化的内因，人类需求性是进化的逻辑归宿。赵雪波、张璐论文《媒介进化的生物动因、技术本质及规律》(《现代传播》, 2018) 指出，媒介进化符合生物进化的一般规律，同时遵循技术进化的逻辑。该文采用技术人本主义的视角，总结了媒介技术进化的五个规律。

信息技术与媒介技术是一对近似概念，肖峰教授的信息技术哲学，对媒介技术的基本哲学问题研究有很大借鉴意义。以其三本专著为代表：《信息技术哲学》(华南理工大学出版社, 2016)，通过对信息技术的语义分析，澄清了信息技术的概念和组成部分；通过对信息技术本体论、认识论、社会论、人本论的研究，建构信息技术哲学体系；最后从信息技术出发，探讨信息技术与哲学的互动协变。《哲学视域中的信息技术》(科学出版社, 2017)，该书与前书是姊妹篇，都研究了本体论、认识论、社会论、人本论问题。前书围绕信息技术构建出哲学体系，该书则从此“四论”的视域来看待信息技术反映的哲学问题；前书目标是体系，该书目标是互动中体现的问题。《信息文明的哲学研究》(人民出版社, 2019)，从信息技术扩展到信息文明，研究了两种层面的信息文明：第一层是信息技术塑造的文明形态，属描述性研究，具体研究了信息文明的本体论与社会论；第二层是信息社会的文明行为，属规范性研究，具体研究了信息文明的价值与道德哲学。

(三) 新媒介技术前沿问题研究

新媒介技术前沿问题是媒介研究的热点，包含了很多具体议题，议题之间存在诸多交叉重合。本部分着重介绍以下几类典型问题。

1. 技术赋能与社会权力

技术赋能从直观层面看，指高新技术对传播媒介的渗透改造，例如物联网、大数据、云计算、VR等技术在新媒介中的应用，都属于技术赋能问题。直观层面的技术赋能主要研究一正一负，正者是经济作用，负者是伦理问题，本研究属于哲学研究，重点关注伦理问题。新媒介技术的伦理问题是研究热点，成果非常多，基本上只要出现一种新媒介技术，就立即会有相应的伦理研究。目前，伦理研究较集中的新媒介技术有物联网、大数据、虚拟现实、人工智能等。研究的内容主要有伦理问题梳理、问题产生的原因分析及对策建议等。技术赋能从更深层来看，指新媒介技术的发展塑造社会权力。喻国明、马慧论文《互联网时代的新权力范式："关系赋权"——"连接一切"场景下的社会关系的重组与权力格局的变迁》（《国际新闻界》，2016）认为，新技术作为基础性社会要素，成为新的权力来源，让原有权力结构产生转移与转化。

2. 智能传播与推荐算法

智能传播其实就是人工智能对媒介的技术赋能。罗自文等论文《智能媒体的概念、特征、发展阶段与未来走向：一种媒介分析的视角》（《新闻与传播研究》，2021），从几个角度梳理了学界对智能媒体的定义，总结出算法、人机互动、自主进化三大特征，然后用人类的生长发育类比智能媒体发展阶段，并且合理预测了未来智能媒体演化的三条路径和模式。智能传播研究成果很多，推荐算法是研究的聚焦点。彭兰论文《生存、认知、关系：算法将如何改变我们》（《新闻界》，2021）指出，人的数据化、标签化是算法广泛应用的基础，标签化同时也是算法的计算结果。在社会层面，算法形成算法经济，改造社会治理体系，产生智慧社会；在认知方面，算法作为人与万物的中介，建构认知，产生数据思维；作为中介，算法通过匹配、调节、控制等手段重塑万物关系；对人来说，重塑关系就表现为建立新的算法共同体，改变血缘、地理、精神等传统形式的共同体。算法伦理问题也是不可或缺的，匡文波论文《对个性化算法推荐技术的伦理反思》［《上海师范大学学报》（哲学社会科学版），2021］是一篇综合的算法伦理问题研究，包括伦理问题的表现：通过信息茧房、数据滥用、算法黑箱等方式侵犯个人隐私等；伦理问题的原因：技术逻辑与新闻逻辑的矛盾、资本价值与公共价值的矛盾；对策研究：用人权价值规制算法技术。陈昌凤、张梦论文《智能时代的媒介伦理：算法透明度的可行性及其路径分析》（《新闻与写作》，2020），聚焦对策研究，找出算法透明度背后的伦理学支撑，指出在算法透明度实践中基于"开放伦理"的一系列举措。还有算法的具体案例研究，蔡润芳论文《技术之上的"价值之手"：对算法物质性的媒介政治经济学追问——以美团外卖平台"超脑"系统为例》（《新闻界》，2021），以2021年算法热点新闻外卖骑手为例，对算法背后的价值、劳动进行政治经济学分析。

3. 社会化传播与社交媒介

社会化传播是新一代的网络传播方式，李夏薇论文《社会化传播初探》（《青年记者》，2017），最早定义了社会化传播，并指出社会化传播四大特征：传受界限模糊化、传播方式强交互性、跨传播渠道的连通性、虚拟群体形成。可见社会化传播的技术基础就是社交媒介。莱文森专著《新新媒介》（复旦大学出版社，2011），把媒介分为旧媒介、新媒介、新新媒介，称新新媒介为第二代互联网（或称Web2.0），对新新媒介的各种形式（博客、维基网、Facebook、Twitter、YouTube等）进行了研究。虽然没有用“社交媒介”这个词，但新新媒介明显指的就是社交媒介，该书也就成为最早综合研究社交媒介的著作。社交媒介作为第二代互联网，重塑人的语言，王媛论文《“口耳相传”的数字化重建：社交媒介时代的口语文化》（《现代传播》，2020），以沃尔特·翁的电子时代口语文化理论为基础，研究社交媒介如何重建口语文化，对比了原生口语文化、电子时代口语文化、社交媒介口语文化中的“口语性”特征。社交媒介重塑人的自我形象，曾一果论文《从“自我技术”到“技术自我”——社交媒介时代自我形象的技术性塑造》（《探索与争鸣》，2020）指出，自我形象经历了从福柯所言的语言塑造到社交媒介的技术塑造，以美颜、AI换脸技术为例具体论述了自我塑造以及背后体现的认同焦虑，警示未来的自我认同将受到更多技术的挑战。社交媒介的负面作用也是研究的重点，董晨宇、丁依然论文《社交媒介中的“液态监视”与隐私让渡》（《新闻与写作》，2019）从监视理论入手，传统的监视被福柯比喻为“全景监狱”，是有形的，数字监视变成去中心无主体的“液态监视”，个人信息弥散在社交媒介中；社交媒介的隐私是用户主动让渡的，通过让渡隐私求得安全与方便，让隐私保护更棘手。

4. 新媒介的场景与空间

移动网的发展让场景空间成为新媒介研究的热点。郜书锴论文《场景理论：开启移动传播的新思维》（《新闻界》，2015），从移动网入手构建场景理论。许加彪、李亘论文《5G技术特征、传播场景和媒介环境学审视》（《当代传播》，2020），研究基础技术对传播场景的改造。还有关于伦理问题的研究，牛静、朱政德论文《基于空间正义理论的场景传播伦理研究》（《新闻与写作》，2021），聚焦移动网的场景正当性，并勾画了合乎空间正义的场景状态。更多的媒介场景与空间研究分散为具体技术的场景问题、场景的具体应用问题和场景理论如何助力经济、产业、文化等问题。

（四）媒介研究与（技术）哲学的相互借鉴

相互借鉴的历史很久。早在两次世界大战之间，在传播学批判学派的媒介研究中，工具理性与价值理性就是贯穿理论始终的哲学问题。这是因为批判学派深受马克思主义、欧陆人本主义哲学的影响，把哲学对现代性的批判带入传播与媒介的研究中；同时，通过对大众媒介的批判，又进一步丰富发展了工具理性与价值理性思想。今天，不管是引入某种哲学理论反思媒介，还是从媒介视角思考哲学，突出体现在以下两个方面：

1. 具身媒介与技术现象学

身体问题是现代哲学的研究重点，相应地，技术的具身问题又是技术哲学的关注点。另一边，由于移动终端的发展，迫切需要研究媒介技术与身体的关系，具身理论受到关注，成为媒介研究与哲学的一个交汇点。

运用具身理论研究媒介：何志荣论文《延伸与回归：传播具身性在媒介技术中的嵌入》（《编辑之友》，2019），指出媒介技术发展经过“延伸身体→截肢身体→回归身体”三个阶段。回归身体是身体主体性的媒介参与，凭借媒介技术的具身化发展，具身性媒介技术将使传播重新回归到面对面交流。杜丹、陈霖论文《与“物”交融：技术具身理论之于传播学研究》（《现代传播》，2021），用伊德技术现象学理论重新解读媒介传播活动。具身化媒介让人在传播活动中把身体放在首位，重塑身体知觉；具身化媒介造就了新的“言说”和行动方式；在人本主义和认识论层面，展望具身理论对媒介传播的研究。孙玮论文《交流者的身体：传播与在场——意识主体、身体-主体、智能主体的演变》（《国际新闻界》，2018）使用技术现象学理论，探讨前沿媒介技术中交流者的身体变化所引发的主体演变，阐释媒介与身体形式、在场方式的复杂关系，指出传播实践必须回到身体本身。刘海龙、束开荣论文《具身性与传播研究的身体观念——知觉现象学与认知科学的视角》[《兰州大学学报》（社会科学版），2019]，以具身理论反思两种传统传播观的问题：实证主义传播的身体知觉缺席；符号的传播仪式观的学理困境。用具身理论关照数字技术，把虚拟现实理解为具身性的传播实践。

在具身理论进入媒介研究之后，媒介技术的独特性也反过来发展了具身理论及其所属的技术现象学。Kirsty Best论文《Redefining the Technology of Media：Actor，World，Relation》（Techné，2010）指出，媒介技术与一般技术不同，前者塑造了媒介世界。所以对于媒介技术，伊德技术现象学的基本结构“人—技术—世界”，就应改为“人—媒介技术—媒介世界—外部世界”，这个四元结构的知觉关系变化，就比伊德的三元结构更多样。董浩论文《技术现象学视域下人与媒介的关系省思及认识方法补阙》（《新闻与传播评论》，2020），梳理了伊德技术现象学四种“人—

技术—世界”关系，以及其他学者补充的三种关系（赛博格关系、复合关系、交互关系），创造性地提出在数字媒介技术中的两种新关系：连接关系、情境关系，最后用这九种关系分别呈现人与媒介技术的各种微观知觉关系。

2. 媒介技术与存在论

现代哲学在存在论研究中逐渐发现了媒介，存在论成为媒介研究与哲学的又一个交会点①。

媒介进入存在论研究：基特勒论文《走向媒介本体论》（胡菊兰译，《江西社会科学》，2010）梳理了媒介在存在论（本体论）中的历史，指出亚里士多德开创的传统存在论，研究对象是实体而不是关系，并且古代与近代哲学不区分语音与文字，导致媒介在存在论中失语。从海德格尔开始，哲学开始关注媒介，媒介进入存在论研究。胡翌霖专著《媒介史强纲领：媒介环境学的哲学解读》（商务印书馆，2019），试图在媒介环境学与技术哲学之间架设桥梁，指出“媒介、历史、环境”这三个媒介环境学关键词不是传播问题，而是历史存在问题，把媒介环境学重新定位为技术史和技术哲学的双重纲领。在理论层面，认为媒介就是存在论的核心概念，应从媒介研究存在论，并把媒介史看作是先验哲学的延伸与归宿；在实践层面，通过对媒介环境学代表学者的思想梳理，阐发媒介史的纲领。张三夕、李明勇论文《海德格尔媒介本体论思想阐述》[《华中师范大学学报》（人文社会科学版），2017]，从媒介角度进入海德格尔存在论，称之为媒介本体论。指出媒介本体论呈现在海德格尔的“器具”分析、艺术品存在之“思”“技术”的本质追问中。媒介本体论研究有助于反思媒介功能主义的弊端。单小曦论文《存在即媒介——海德格尔的媒介存在论及其诗学效应》（《文艺理论研究》，2022），分别用媒介解释了海德格尔存在论的几个关键概念——此在、上手之物、语言、物、技术、诗，从而证明海德格尔存在论实质是媒介存在论。通过媒介存在论与传统“主/客”模式存在论和“间性”模式存在论的对比，指出媒介进入存在论研究的创新性与必要性。

媒介技术塑造人的存在：王天思论文《信息文明时代人的信息存在方式及其哲学意蕴》（《哲学分析》，2017）认为，信息文明时代人的存在方式会发生根本转变。具体表现在：由于人的相互性与信息相互性叠加，使人的社会化和自我意识建构发生转化；信息共享具有人性基础，

① 一些具身研究旨在说明未来人的存在方式，从这个角度看，具身与存在论这两个交会点不是并列关系，而是递进关系。

使信息文明中的人类以共享方式存在。人的存在方式变化会给哲学带来新的认识论、价值论、因果关系等意蕴。孙玮论文《微信：中国人的“在世存有”》（《学术月刊》，2015），聚焦于具体的社交技术——微信，及其具体使用者——中国人，指出微信不仅是连接与交流的技术工具，更是随身携带的“移动场景”，几亿中国人始终在微信场景中，共同使用构成了最大的共同在场，在中国社会里创造了崭新的“共在”，这是当代中国人独特的“在世存有”。

存在论进入媒介研究：吕正兵论文《媒介现象学再启航：海德格尔思想的嵌入与反思》（《编辑之友》，2021），总结了目前学界为数不多的用到海德格尔存在论、技术哲学思想的媒介研究，指出海德格尔的技术本质、人本主义技术观、“思”与技艺思想可用于媒介研究，梳理了已经开展的存在论与媒介本体论、媒介化生活世界、现象学“物”与媒介史研究，以及受海德格尔影响的学者思想的比较研究。提出未来的方向应从对海德格尔只言片语的使用，升级到依托其整体思想的媒介研究，建立系统的媒介现象学。

总结起来看，目前人文社会科学领域的媒介研究，呈现以下三大特征：第一，传播学、社会学、技术哲学等学科都有媒介研究，其中传播学的媒介研究最具自觉性，开展得最早，成果也最丰富。第二，由于新媒介技术的发展，传播学开始走出主流的内容受众研究，目光投向媒介技术；相应地也从偏实务研究转而更加注重理论研究，迫切需要吸收其他学科的理论成果。故而，以反思技术为目标、理论性强为特点的技术哲学进入了传播学视线，被传播学积极借鉴。第三，鉴于数字媒介在当代技术中的地位与社会作用，技术哲学开始关注媒介技术，也出现一些从媒介理论提炼哲学思想的研究。但这种“关注”主要是把媒介技术作为技术中一类具体的研究对象，看重该对象层出不穷的新技术、新概念；“提炼”也往往限于几个最著名的媒介理论家。对于理论体系，认为媒介技术与一般技术区别不大，一般技术理论也基本适用于媒介技术，较少把媒介技术看作技术中独立又独特的系统，缺乏对媒介技术的哲学反思，自觉思考媒介技术对哲学的意义则更为罕见。

二、本研究的问题、结构与内容

立足目前研究现状，确定本研究的目标：以问题为线索，以哲学的几个基本研究部分（本体论、演化论、认识论、实践论、价值论）为结构，旨在建立一个独立而全面的媒介技术哲学系统框架。

研究始于问题，围绕“媒介技术哲学”这个研究目标，探讨两个问题：媒介技术哲学何以必要、媒介技术哲学何以可能。对这两个问题的回答就构成了“媒介技术哲学研究”。“媒介技术哲学研究”可分成“媒介技术”“哲学”“研究”三个关键词。

“何以必要”这个问题，进一步分为两问：一是“研究”何以必要，为什么迫切需要开展对媒介技术的研究。二是“哲学”何以必要，在已有的各种媒介研究之外，为什么还要加上哲学研究。应从哲学研究与其他研究的区别中，明确哲学研究的独特性和必要性。

“何以可能”这个问题，也进一步分为两问：一是“媒介技术”作为研究对象为什么是可能的，要说明本研究的对象“媒介技术”到底指的是什么，这个研究对象是否是独立的、自成一类、边界清晰。这属于核心概念的界定——语义分析。二是“媒介技术哲学”为什么是可能的，这需要通过本体论、演化论、认识论、实践论、价值论的研究，建构出媒介技术哲学的体系。

系统研究以上两个问题，媒介技术哲学也就立得住脚了，然后会迎来第三个问题：媒介技术哲学何以发展。这关乎媒介技术哲学未来研究的趋势，媒介技术哲学未来要研究的问题，媒介技术应该如何发展。该问题不作为本研究的主要目标，放在结语部分进行初步探索。研究的问题构成研究的基本结构，每一个问题与章节的对应关系见表0-1。

表0-1　本研究问题与章节的对应关系

问题	何以必要		何以可能		何以发展
	“研究”何以必要	“哲学”何以必要	“媒介技术”何以可能:语义分析	“媒介技术哲学”何以可能:体系建构	未来研究方向
章节	第一章 第一～三节	第一章 第四节	第二章	第三～七章	结语

依照上述问题与哲学的几个基本研究部分，来制定本研究的结构与章节，每一章的基本内容如下。

第一章回答媒介技术哲学何以必要的问题。从媒介技术对技术、哲学、人三个方面未来发展的作用入手，论证对媒介技术进行研究的必要性。在媒介技术与技术中，从否定媒介与技术的分离观出发，指出媒介与技术是趋于融合的，二者互为对方的发展趋势。在媒介技术与哲学中，通过梳理存在论发展的历史，引出现代哲学及其存在论；通过研究现代哲学两大流派——分析哲学和现象学，指出现代哲学转向的实质及其存在论形态；顺着哲学史两次转向的逻辑，预测媒介技术在未来转向中可能起到的作用。在媒介技术与人中，人与世界的关系是通过媒介技术作为中介相互展现的，在展现中发展出人的认识与社会化存在，媒介技术的发展带来展现的变化，进而塑造人的未来。

通过对比媒介技术哲学与工程领域媒介研究、主流传播学媒介研究、技术哲学媒介研究，突出媒介技术哲学的独特性，进而证明“哲学研究”的必要性。

第二章是语义分析，通过对研究对象的概念界定，回答“媒介技术”何以可能的问题。首先，梳理各种媒介研究中对媒介技术的概念定义，指出媒介技术语义概念方面混乱的现状及原因。然后，对相似概念的外延与用法做出区分与再界定：一是区分媒介技术与媒介，二是区分媒介技术、传播技术和信息技术。

从第三章到第七章，依照哲学几个基本研究部分，建构媒介技术哲学系统框架，从而回答“媒介技术哲学”何以可能的问题。

第三章是媒介技术本体论。首先，梳理几个主要媒介研究学派的媒介技术本体论思想。然后，在个人与人际两个层面区分媒介技术与生产技术的内涵，通过两个层面的对比区分，理解媒介技术本体论。最后，整理媒介技术的四种分类，并提出两种新的分类标准进行分类。

第四章是媒介技术演化论。首先，整理伊尼斯、麦克卢汉、莱文森的媒介技术演化思想。通过对三位学者理论的综合，提炼出媒介技术演化与人认知演化的环境。然后，一方面修补莱文森关于媒介技术演化的趋势与标准，另一方面补充媒介环境的前提条件，从而完善媒介技术演化的条件。接着，指出媒介技术演化的三大趋势，并在媒介技术矛盾中找出演化的动力来源，从内部矛盾和外部矛盾两个方面，指出矛盾的表现。最后，由媒介技术演化的条件与动力，推演出媒介技术演化的机制。

第五章是媒介技术认识论。首先，规范媒介技术认识的概念，梳理从社会学到传播学再到技术哲学三个阶段的媒介技术认识论发展。然后，从认识结构的主体、客体、方式、手段入手，研究媒介技术对认识的作用。最后，研究当今最具代表性的媒介技术认识方式——互联网认识、大数据认识，互联网和大数据改造传统认识方式，同时也带来一系列问题。

第六章是媒介技术实践论。因为缺乏媒介技术实践的专门研究，故

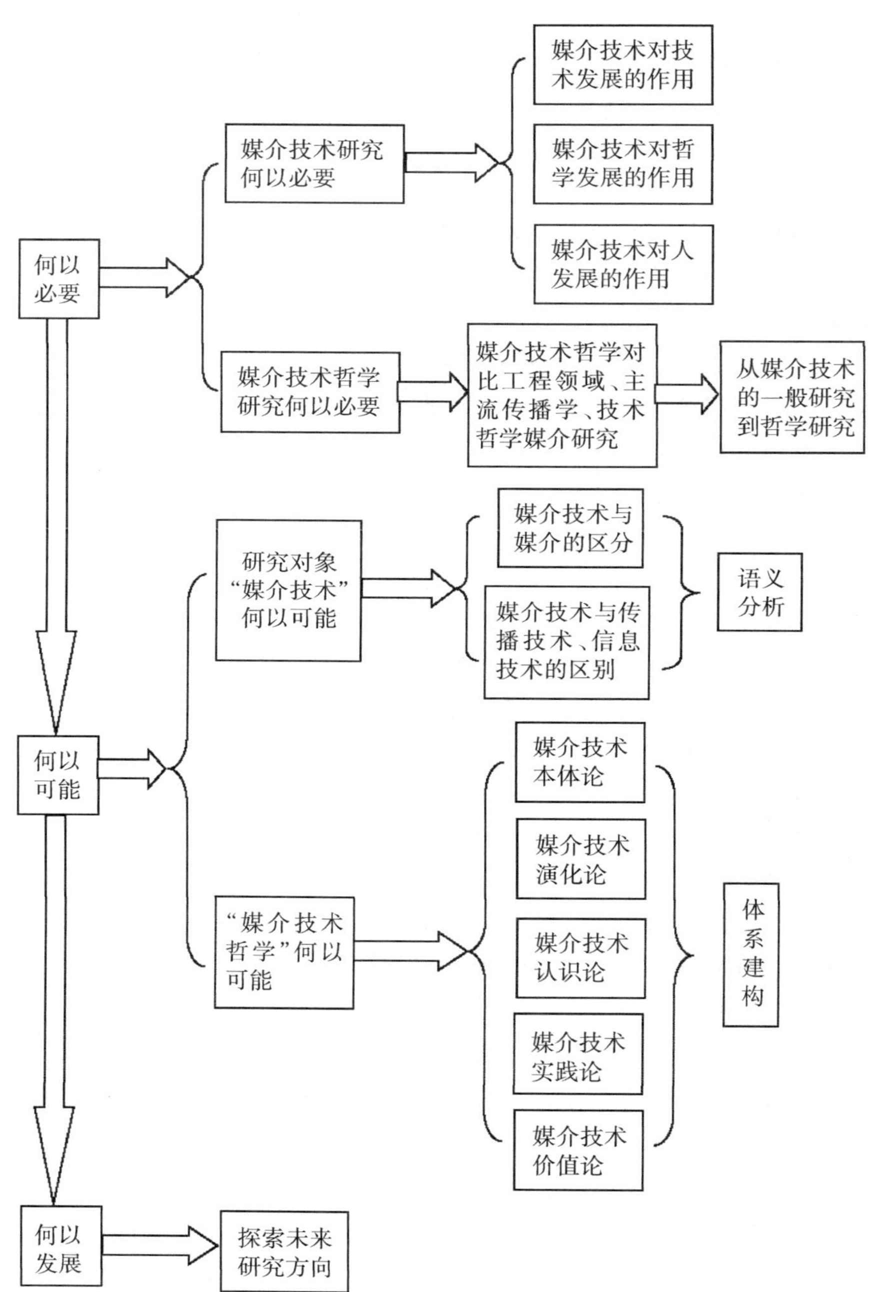

本研究的结构与内容示意图

首先要把媒介技术实践从一般的技术实践中独立出来，规范其定义、发现其特点、找出制约条件。然后，在静态中，研究媒介技术实践的内涵及外延，指出媒介技术实践的三个构成要素；在动态中，研究媒介技术实践的进行过程。最后，着重探讨虚拟实践，关注虚拟实践产生的原因、虚拟实践对传统实践的改变。

第七章是媒介技术价值论。首先从技术价值入手，指出媒介技术价值的本质。然后，从动态角度，通过研究媒介技术价值生成的各个动力来源，指出媒介技术价值如何在这些生成条件的作用下展现；从静态角度，在生态、社会、人本三个层面给媒介技术价值分类。最后落脚在实际应用中需要面对的价值问题：正价值如何彰显，给出三个需要平衡的实现条件；负价值如何消解，给出三个方面的消解方法。

在结语中，立足学界研究现状和本研究得出的结论，指出媒介技术哲学的未来研究方向及需要解决的问题。探索媒介技术哲学何以发展的问题。

第一章　媒介技术哲学何以必要

媒介技术哲学为什么是必要的？这个问题可以分成递进的两部分：一是媒介技术的研究为什么是必要的，即研究的必要性；二是媒介技术的哲学研究为什么是必要的，即哲学的必要性。前者是因为在当今社会媒介技术十分重要，这种重要性可从媒介技术对一般技术、哲学、人的重塑上来论证；后者是因为媒介技术哲学研究有其他研究不能替代的特点，而目前相关哲学研究尚未系统开展。

第一节　媒介技术与技术未来

一、媒介与技术，分离还是融合

有观点认为，在媒介发展的历史中有两次重要的分离，第一个分离是“介质与内容的分离”，第二个分离是“介质与应用的分离”。[①]两个节点隔开三个阶段：第一，传统媒介时期，媒介内容与技术物（介质）是融合在一起的，例如简牍、纸张，所谓“白纸黑字”，内容与介质不能分离。第二，电子媒介时期，也是发生第一次分离的时期。电子媒介的出现让同一个媒介能显示不同的信息内容。这种不同，可以体现在符号类型相同仅内容不同上，例如一个收音机能播音乐，能播天气预报，但都属于语音符号，只是内容不同；也可以体现在符号类型与内容的双不同上，例如电视，包含文字、语音、图像，符号类型与内容都不同。电子媒介让内容不再与介质一一对应，信息与技术物呈现出分离。第三，数字媒介时期，也是发生第二次分离的时期。数字媒介不仅能显示不同的内容，还能运行不同的功能。手机既能拍照也能上网，是因为程序不同，而程序又是由不同的代码（符号）组成的。符号系统与技术物进一步分离，导致了应用与介质的分离。媒介发展经历两次分离的观点见表1-1。

① 魏武挥：《从麦克卢汉到乔布斯：媒介技术与环境保护》，《新闻记者》2011年第11期，第41页。

表 1-1　媒介发展的两次分离、三个阶段

	媒介发展第一阶段	媒介发展第二阶段	媒介发展第三阶段
说明	介质与内容统一	介质与内容分离	介质与应用分离
举例	简牍、纸张	广播、电视	电脑、手机

分离观点很符合人对媒介发展的实际感受，但不能就此证明媒介与技术呈现分离。原因有二：第一，在介质与内容之间忽略了符号系统，介质上显示的是符号，内容是对符号的解读，介质与内容、应用的分离，实质是技术物与符号的分离。第二，媒介是作为信息中介的符号系统和物质实体，技术物属于物质实体。分离理论中说的"两节点三阶段"，指的是媒介内部的符号系统和技术物之间从统一到分离，进而实现自由组合的过程。此分离理论揭示了媒介内部诸要素之间的再组合，实质上呈现了媒介结构与功能的关系变迁，而不是媒介与技术的分离。

更普遍的观点认为，自古以来媒介与技术就难解难分，一般说的媒介，就是媒介技术，这也是两个概念缺少区分的重要原因。随着现代信息技术的发展，媒介与技术加速融合之势更是不言而喻。一方面，传统媒介得到新技术的加持，一些非技术物形态的媒介融合了技术物，例如语音的数字化；一些技术物形态的媒介也融合了数字技术，例如纸质书到电子书。另一方面，传统上与媒介技术相互独立的生产技术也正在获得信息化加持，成为自动化、智能化技术。媒介与技术的这两种融合趋势，前者可称作媒介的技术化，后者可称为技术的媒介化。

二、媒介的技术化

媒介的技术化有两个阶段：第一，从身体媒介到外化技术；第二，从外化技术到具身技术。

（一）媒介的技术化第一阶段

该阶段就是把人类天然就具有的信息能力技术人工物化、外化的过程，也就是身体媒介的器具化。在这个阶段，外化于人的媒介技术物逐渐成为媒介主宰，此后谈到媒介，一般指的就是技术物形态的媒介。另外，这个阶段导致了感官分离，通常一种媒介技术外化一种感官，身体在前技术时代的整体性被拆解并分别强化。

口语是身体媒介的代表，是最早的媒介，对应的文化形式就是游吟诗人传唱的史诗，例如《荷马史诗》《格萨尔王》等。这些口耳相传的诗

歌被用文字记录下来，形成了成文的对话体著作。除了史诗之外还有一些思想家的对话记录，例如柏拉图的著作、孔子弟子编纂的《论语》，都是对话体的代表。把口语通过文字写出来，就是媒介技术外化于人的开始，是媒介技术化的起点。接下来的书写媒介和印刷技术，是媒介的技术化第一阶段的代表，离人的身体越来越远，就连句式也转变成了书面格式，与口语区别开来。阅读文字让感官进一步分离，视觉独占。一直发展到台式电脑，虽然感官分离的趋势逆转了，但外化离身的特性较之可随身携带的书籍反而更甚。

第一阶段的外化过程带来很多现代性问题。加拿大经济史家、传播学者哈罗德·伊尼斯（Harold Innis）认为媒介技术具有时间和空间两种属性，现代社会的媒介技术发展偏向空间的不断扩张，从而导致时间和空间的失衡，这是现代性问题的重要原因。空间性的加强就是一种外向、离人越来越远的过程，就是外化的技术化。加拿大媒介理论家马歇尔·麦克卢汉（Marshall McLuhan）也讲平衡——感官平衡，印刷媒介破坏了这种平衡，几种感官被分离开，在延伸视觉的同时截除了其他感官，导致视觉中心主义，带来了现代性的一系列问题。可见，媒介学者的现代性批判，矛头就指向媒介的技术化过程所导致的外化。

（二）媒介的技术化第二阶段

转变外化的媒介技术为具身技术（embodiment technology），让媒介技术与人从疏离走向接近甚至融合。如果说媒介发展的第一阶段尚无关人类生存，可外化、可远离，那么今天的媒介技术已经成为人们生存须臾不可离开的“身体与大脑”；同时，外化过程导致的感官分离，在第二阶段迎来逆转，重新走向融合。也就是说，具身的过程不是技术对单一感官的具身，而是以全感官为目标的多感官具身。

虽然延伸论诞生于媒介的技术化第一阶段，但在技术化第二阶段才真正体现出延伸的特征。延伸既意指生成、从无到有，又蕴含连接性、共生性。第一阶段的外化技术化与人分离，并缺乏共生性。第二阶段的具身技术化，才真正使人与媒介技术连接在一起，共生性发展。“媒介是人的延伸”这句话在媒介的具身技术化中表现得更典型。

从哲学生存论上来看，媒介的具身技术化在第一阶段就已存在，一些传统媒介在人使用时已经体现出具身化特征。例如使用舒适的眼镜、望远镜等。但从技术本身的角度看，媒介的具身技术化至早不早于智能手机。智能手机需要视觉、听觉、触觉的共同调动，由于其移动性，这种调动可以随时随地发起，具有持续性、常态化，起到了具身的效果。

“在如今高度复杂的社会，具身的手机是我们维持社会性的重要通道，便携数字设备已经成为我们无法卸载的义肢……”[①]所以，媒介的技术化第二阶段，从智能手机开始，包括可穿戴技术，面向未来的赛博格技术发展，走一条从外向内，具身性不断加强之路。

媒介的技术化两个阶段的对比见表1–2，两个阶段在媒介发展史上的时间对应见图1–1。

表1–2　媒介的技术化两个阶段对比

	特征	起点	代表
媒介的技术化第一阶段	外化、感官分离	对话体著作	印刷书
媒介的技术化第二阶段	具身、感官融合	智能手机	可穿戴设备、赛博格

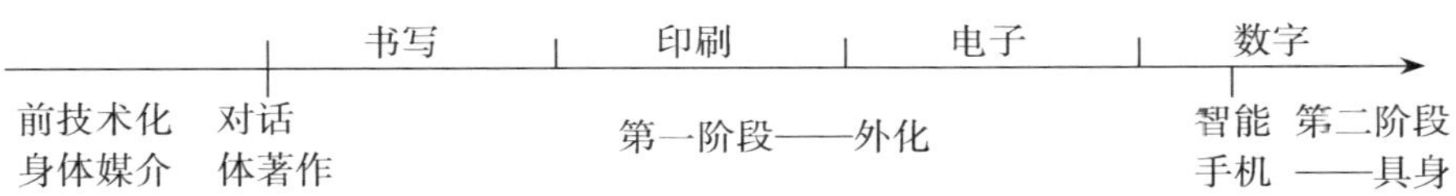

图1–1　媒介的技术化的两个阶段与经典媒介分期的对比

三、技术的媒介化

（一）技术的媒介化的前提

任何技术都有成为媒介的潜质。“任何技术从某种程度上来说在一定条件下都有可能成为‘媒介’，虽然这里所谓的‘媒介’只是广义上的媒介而已，只是因其处于特定的情境使然，并不是固定的或恒常不变的。”[②]不是媒介，却成为“媒介”，源于“情境使然”。人能在特定环境里，给技术赋予信息，并从技术中解读出信息。所以，任何技术都有成为媒介的潜质，就是因为人能对技术进行编码解码。

鸿门宴中，“范增数目项王，举所佩玉玦以示之者三，项王默然不应”（《史记·项羽本纪》）。玉玦是一种装饰用的技术物，不是一般意义上的媒介，但在鸿门宴剑拔弩张的情境里，被范增编码、项羽解码为

① 芮必峰、孙爽：《从离身到具身——媒介技术的生存论转向》，《国际新闻界》2020年第5期，第15页。

② 董浩：《技术现象学视域下人与媒介的关系省思及认识方法补阙》，《新闻与传播评论》2020第1期，第25页。

下决心杀刘邦的信息，临时成为媒介。还有黄袍加身的故事，衣服本来是御寒遮羞的技术物，却被编码为向军队传达信息，士兵解码后起到媒介的作用。这两个例子中技术物起到的媒介作用都是暂时的，因为情境是暂时的。上段引文中说情境“并不是固定的或恒常不变的”，是片面的。有些情境长期保持不变，成为一种生态，导致一些传统上认为是非媒介的技术，却固定在了媒介作用上。例如鼎、爵等礼器，鼎最初是煮肉用的炊具，爵则是饮酒用的酒杯，由于权力结构固化为社会生态，鼎、爵被固定编码、解码出权力正朔的信息，成为一种“准媒介技术”。

所有技术都具有意图，技术的意图就是人的意图，即人想让技术做什么。对于某种技术来说，那些长期固定的意图与结构相结合，就成为此种技术是其所是的决定因素。但人的意图是多变的，与结构的结合也不是固定的，特别是信息具有的“非实体”属性，让其在与结构的结合中较少受限。故而人可以在各种结构的技术物中，赋予信息中介的意图，通过编码、解码的方式实现。这就是技术可以媒介化的前提。

（二）技术的媒介化的原因

一般来说，技术按照其作用对象来划分，可以分为物质技术、能量技术、信息技术[①]，可以把物质技术和能量技术合称为“质能技术”或“生产技术”。传统观点认为，质量的实在性最强，有空间属性，“看得见摸得着”，比“不可捉摸”“虚无缥缈”的能量、信息更基础。质量先于能量，能量先于信息。直到相对论体系的确立，提出质能方程 $E=mc^2$。这个公式要表达的真正意思是质量和能量可以相互转化，质量与能量具有等价性，能量甚至比质量更基础。随着量子力学的发展，复杂科学的建立，信息比质量、能量更基础的观点也不断出现。

这种信息比质量、能量更重要的科学假说，给我们带来看待技术的新视角。对应地，媒介技术比生产技术更加重要和基础。“通常来说，是因为处理信息的技术比处理物质和能量的技术更为复杂；而且信息与物质和能量相比，是一种更高端的现象，具有信息主导物质和能量的关系，故在技术形态上，信息技术主导物质和能量技术；在动态变化上，也是信息技术的发展主导物质和能量技术的发展，信息技术史主导物质和能量技术史。”[②]

---

① 此处关于信息与质能重要性的讨论仅限于哲学范畴，以及当今日常生活中与人的密切性，不代表自然科学的普遍观点。

② 肖峰：《论信息技术决定论》，《长沙理工大学学报》（社会科学版）2011年第2期，第9页。

人类文明的发展就是劳动实践改造世界的过程，即生产力的发展。马克思说："各种经济时代的区别，不在于生产什么，而在于怎样生产，用什么劳动资料生产。"①生产力的发展表现为工具的发展。工具发展首先面对的问题是用什么材料做工具，这就产生了工具的第一个矛盾——工具与材料的矛盾。先民们尝试了一系列解决方案：石器、木器、青铜、铁器。在这个过程中产生了农业社会，物质技术成为农业社会的主导技术。铁器有一系列优点：储量大、开采容易、应用广、强度高、耐久性好。这些特性远没有被农业生产所穷尽，制约的短板反而是动力，所以产生了第二个矛盾——工具与能源的矛盾。近代两次技术革命实质上都是能源革命，从煤炭到石油，用化石能源取代生物的体能。在这个矛盾的解决过程中产生了工业社会，能量技术成为工业社会的主导技术。

工业社会最终发展出合金材料与核能，能支撑更大规模的生产。但随着生产的无限扩大和粗放生产带来的负面效应，控制问题凸显出来，产生第三个矛盾——工具与控制的矛盾。在解决矛盾过程中，人类进入信息社会。"随着现代媒介技术，尤其是网络、手机等媒介终端的移动化、智能化、多功能化发展，媒介技术成为现当代一种能够牵连、沟通、连接社会上其他各种技术的中枢性技术综合体。"②现代媒介技术取代物质技术和能量技术，占据了人类社会和技术体系的中枢位，成为社会主导技术。现代媒介技术的中枢作用又与古代、近代有所不同，物质技术、能量技术占中枢位时具有排他性，即非此即彼的，有零和博弈的意味。现代媒介技术则在成为中枢的同时，连接渗透了其他技术，让所有技术都具有了信息中介的能力，这就是技术的媒介化。

（三）技术的媒介化的方式

现代媒介技术的最大特征是数字化、网络化。不可否认，数字技术已经成为现代媒介技术的基本形式，而不再是媒介技术的一个种类。即"数字技术=现代媒介技术"，甚至是"现代媒介技术∈数字技术"，而不是"数字技术∈现代媒介技术"。用数字化渗透、改造一切传统技术，使其互联成网络，是技术媒介化的基本方式。

数字技术正在以前所未有的盖顶之势改造传统技术。物质技术、能量技术、信息技术，在数字化的改造下都具备了现代媒介技术的特征。目前，有两种相互关联的传统技术数字化方式。第一，"互联网+"。简单

① 《马克思恩格斯文集》（第五卷），人民出版社，2009，第210页。

② 董浩：《技术现象学视域下人与媒介的关系省思及认识方法补阙》，《新闻与传播评论》2020第1期，第25页。

来说就是“互联网+传统产业”，随着互联网的发展，利用数字化的方式，使得互联网与传统产业进行融合，利用互联网具备的优势特点，创造新的发展机会。“互联网+”通过其自身的优势，对传统产业进行优化升级转型，使得传统产业能够适应当下的新发展，从而最终推动社会不断地向前发展。“互联网+”的目的是传统产业升级转型，基本方式就是给传统技术加上数字技术，用数字技术改造传统技术，即“数字技术+传统技术”，以期达到“1+1>2”的效果。2015年7月4日，国务院印发《关于积极推进“互联网+”行动的指导意见》，成为指导传统技术数字化网络化的政策依据。

生产技术是社会存在的基础，是传统技术的主力。一般认为与“媒介”“信息”等功能无关。但在数字时代，“由于信息技术本身的强大功能，即使那些传统领域中用于处理物质对象的非信息技术，如生产技术，也被纳入了‘信息化’的‘技术提升’过程，这就是在生产性的机器技术系统中再加上信息控制的部分，使物质生产技术得到了信息化改造，成为一种信息化的生产技术，于是生产技术与信息技术融合为一体”[①]。这就是“数字技术+生产技术”的“互联网+”过程。通过数字化改造，一方面为生产技术智能化提供可能，另一方面生产技术拥有了处理信息的能力，能通过互联网与其他生产技术建立信息往来，具备了媒介技术的功能。

第二，物联网。又叫“泛互联”，是“万物相连的互联网”的简称，把互联网扩展到非媒介技术甚至是非技术之上的一种广义网络。通过射频识别、红外感应器、全球定位系统、激光扫描器等信息传感设备，“按照约定的协议，把任何物品与互联网连接起来，进行信息交换和通讯，以实现智能化识别、定位、跟踪、监控和管理的一种网络”[②]。实现在任何时间、任何地点，人、机、物的互联互通。物联网包含两层含义：一是物联网的基础与核心仍是互联网，可看成是一种广义的互联网；二是物联网终端不限于各种数字媒介技术，还延伸和扩展到了任何物品中。

以自动驾驶汽车为例，来展示这种技术媒介化的物联网。不远未来的某天，你需要坐车到某地。你拿出手机向网络提交用车申请，连在网上的自动驾驶车辆会自动匹配你的要求（人数、出发地、目的地等）。离你最近、座位合适、电量充足的空车会接受邀请。随后，受邀的车辆会

① 肖峰：《论信息技术决定论》，《长沙理工大学学报》（社会科学版）2011年第2期，第9页。

② 晨曦：《说说物联网那些事情》，《今日科苑》2011年第20期，第54页。

向系统发送最优路线申请，系统中的算法会把多条路线中的所有车辆实时状态作为变量，计算出最优路线及其时间。然后你上车了，车辆在自动驾驶过程中，会实时向四面八方发送射频信号，与其他车辆或交通物（红绿灯、指示牌等）的信号进行交流，以便避开障碍，按规行使。整个过程中，一方面，道路中所有车辆、交通物，都实时连在网上，接受算法的统一调配；另一方面，所有在行驶中的车辆也与周围各技术物互通信息，构成一个个不断变化的局域网。车辆不是媒介技术，但在自动驾驶时代，车辆如手机一样实时连在网上，实时通信，被媒介技术化了。

"互联网+车辆"，传统驾驶向自动驾驶升级，传统互联网向物联网升级。沿着这个趋势，未来所有技术物之间，都能通过数字技术进行互联。通过数字化联网的方式，未来所有的技术都可以媒介化，具有媒介技术的特征。

第二节　媒介技术与哲学未来

一、哲学追问存在的阶段

在哲学的发展历程中，某些部分逐渐走向了科学。古代的自然哲学成为近代的物理学，近代的认识论在现代逐渐被心理学、神经科学接管，但形而上学始终是哲学的核心领域。英国哲学家怀特海曾说：西方两千多年的哲学都是对柏拉图的注脚。这正是对柏拉图奠定形而上学在哲学中的核心地位而言的。从柏拉图开始，形而上学成为所有哲学家都绕不开的问题（包括一些拒斥形而上学的现代哲学家，也从否定角度谈及形而上学）。随着哲学研究的深入发展，除了形而上学，还产生了政治哲学、道德哲学等等分支，但形而上学始终是哲学核心，被称为"第一哲学"。

"形而上学"，正如其汉语翻译，研究有形物质之上的学问。有形物质是表象，人不满足自身的局限性，怀疑"眼见为实"的合理性，认为表象是流变的，背后有其终极因，称为万事万物的本源。我们不断抽象万物的共性，到最后发现万物的第一共性是它们都是"存在着的"，决定万物"存在着的"那个终极因，就用拼音文字的系动词（如英语中的"be"）表示，是为"存在"。而系动词后面的宾语，就是"存在着的"万物，称为"存在者"。存在就是存在者是其所是的原因，存在论就是对这个终极原因的研究。所以，存在论就是形而上学的核心，追问存在是西方哲学的基本问题。历史上各种哲学的区别，首先体现在对存在的不同回答上，原子、理念、绝对精神、上帝等。有什么样的存在论就有什么样的哲学，有什么样的哲学就有什么样的存在论。

古希腊的土壤环境不适合发展农耕，处在地中海文明的地理中心决定了其交通便利，故而古希腊与其他古典文明不同，是海洋工商业文明。商业文明需要游历世界，面对多样的自然环境、文化环境，古希腊人难免应接不暇。但为了生存，又必须处理好人与自然的关系，最好的办法就是在多样性背后找到统一性，所谓“纲举目张”。这正标志了哲学思维的诞生，追求终极、追问存在。此时的存在，古希腊人认为是深藏在对象世界背后的。哲学应思考这个外在于人的世界，从中找出决定万物的存在。我们可以把从古希腊到中世纪的存在论，称为客体存在论——在“我”之外的对象客体中追问存在。这个客体如果是物质性的，存在就是水、四根、原子等；如果是精神性的，存在就是数、逻各斯、理念等；如果这个精神是有人格的，存在就称为“上帝”。

文艺复兴是人战胜神的开始，从“神圣形象的自我异化”走向“非神圣形象的自我异化”，理性代替神性的统治地位，表现在近代哲学中，就是对主体的发现。客体存在论发展到“上帝”，其实已经走入了死胡同。“上帝”是无所不包的最高抽象，对“上帝”的任何质疑甚至是赞美也早就包含在上帝的“无所不包”中，陷入了循环论证。另外，如果世界有一个本源，为何不同人得出不同的答案？因为问题不在存在，而在于追问存在的“我”。在客体中追问存在得到的不是存在本身，而是对存在的认识，出现不同答案不是存在的原因，而是认识出了问题。要想追问存在，就要先研究认识，从“我思”才能通达“存在”。什么样的认识才能把握存在？这个问题区分了经验的方式和演绎的方式。到康德的先天认识形式和物自体，进而发展为我们能在什么意义上追问存在，我们能把握存在的什么。可见，从“我思”到“先验认识”，对存在的追问在主体中展开，是为主体存在论。

19世纪是科学的世纪，科学水平是空前的，更重要的是，不同于20世纪的批判工具理性，彼时的科学精神也是无比自信高涨的。相信科学可以解决任何问题，包括被黑格尔“终结”的哲学。形而上学的问题，不过是语言对逻辑的乱用。哲学要想继续保有一席之地，就要接受科学的改造，改造的先决条件，就是“通过语言的逻辑分析清除形而上学”[①]。这一倾向被称为科学主义。另一倾向也反对形而上学的“宏大叙事”，把语言作为研究的关键，但坚持哲学的对象是自我意识，以文学艺术语言为典范，以理解内心体验的语言为主要内容，反对科学语言，反对哲学的科学化，是为人本主义。“任何真正的哲学都是自己时代的精神上的精华”，哲学史把始于19世纪末20世纪初的这场变化称为语言转向。“语言与思想不可分离，研究思想必须借助于研究语言来进行。这种主张和处于认识论阶段的哲学家的见解恰成鲜明对照，那时哲学家一般认为语言是传递思想的工具，或者，语言是赤裸裸的、真实的思想的‘表层显像’。那时，哲学家们把哲学研究的任务视为穿透语言的外衣而直达思想，或者，廓清语言对思想的歪曲而揭示思想的真实面目。”[②]

语言转向看似拒斥形而上学，不关心存在问题，高喊“上帝死了”，但从另一个角度看，“终结”的同时也是“出路”。传统形而上学不断抽象、不断拔高、不断玄而又玄，以至于我们在其框架内已经不能再说什么了。语言转向，恰是物极必反的结果。存在论可以走一条客体本源和主体之思以外的第三条路，所谓漠视存在论，针对的是与传统形而上学一起不断拔高的存在论，存在论可以“上天”，也可以“下地”。语言转向的存在论可先暂且称为现代哲学存在论。存在论的发展见图1-2。

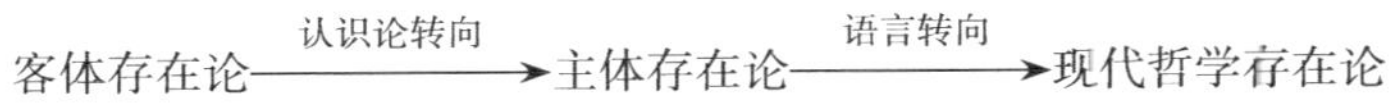

客体存在论 —认识论转向→ 主体存在论 —语言转向→ 现代哲学存在论

图1-2　存在论的三个阶段

二、现代哲学的媒介转向和媒介存在论

（一）语言是一种媒介

认识论信息观认为：“哲学意义上的信息应具有‘认识论的’和‘属人的’两个重要特征，并且两者具有内在的关联性。”[③]信息不能离开主体独立存在，这体现“属人性”。“信息是释义和（或）赋义的产物。其典型是以符号形态表现出来的信息，其中包含了对符号的赋义和释义的双重活动。”[④]这体现的是信息“认识论的”和“符号性”。信息不是任何

① 卡尔纳普语。参见洪谦主编《逻辑经验主义》（上卷），商务印书馆，1982，第13页。

② 徐友渔：《“哥白尼式”的革命——哲学中的语言转向》，生活·读书·新知三联书店上海分店，1994，第7页。

③ 肖峰：《重勘信息的哲学含义》，《中国社会科学》2010年第4期，第42页。

④ 肖峰：《重勘信息的哲学含义》，《中国社会科学》2010年第4期，第40页。

意义上的物质实体或形式，信息本质上是“人认识到的意义”。认识的直接对象不是信息，而是符号，人通过对符号赋义和释义获得意义，是为信息。符号就是信息活动的载体和中介。离开了符号，认识活动就没有了对象，缺少载体也就没有了信息。信息一定通过某种符号表现出来，符号就是一种信息中介。

语言常见有三种形式：口语、文字和手势。口语是声音的符号，文字是图像的符号，手势是动作的符号，文字和手势都属于视觉符号。语言就是一类被视觉听觉感知到的符号。媒介、符号、语言满足如图1-3的关系。

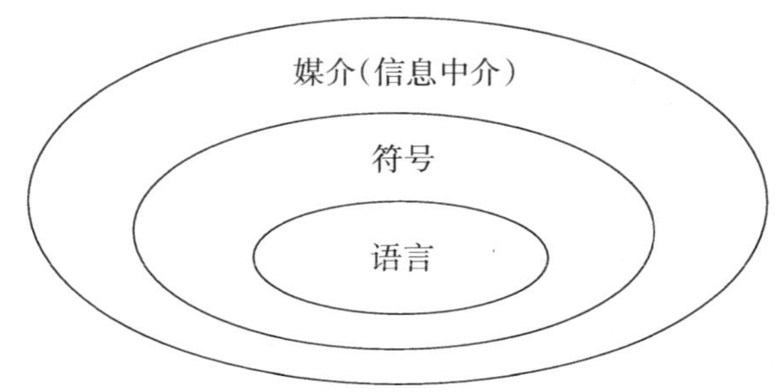

图1-3 媒介、符号、语言的关系

语言属于媒介。从这个意义上说，现代哲学的语言转向，也可称为“（符号）媒介转向”。

（二）现代哲学的媒介存在论

分析哲学和现象学是现代哲学的两大流派，二者的存在论最能代表现代哲学存在论。

1. 分析哲学的媒介存在论

现代哲学的科学主义思潮，最具代表性的流派是英美分析哲学。早期分析哲学认为，对形而上学的争论并没有随着哲学的发展而逐渐清晰，反而是越来越混乱，问题出在表达认识的语言上。形而上学是毫无认识意义的胡说，或是对日常语言的误用，应该通过对语言的分析揭露形而上学的真实面目，极端观点甚至提出取消形而上学。

“这种情况在20世纪70年代后发生了重要转变，哲学家们对形而上学的态度发生了彻底逆转，从反形而上学转变为对形而上学问题的重新研究，甚至分析的形而上学被看作在20世纪最后25年中的分析哲学中占据了中心地位。”[①]原因有二：第一，分析哲学与形而上学在历史上具有亲缘关系。“形而上学是哲学中的这样一部分内容，它可被大致表征为要系统阐明有关世界的最一般和最普遍的事实的一种企图，它包括列举实体所属的那些最基本范畴以及对它们之间的相互关系做出某种描述。始终有这样一些哲学家，他们试图通过考虑我们用以谈论世界的语言之基本特征来把握上述的某些基本事实。”[②]“这样一些哲学家”既包括分析哲学，又包括形而上学家。通过语言来研究存在，古已有之。第二，反形而上学更像是一场运动，用科学做武器试图反叛传统哲学的权威。等到激情消退、尘埃落定，发现分析哲学首先是“哲学”，它的合法性还要从形而上学中找。

语言哲学家迈克尔·达梅特（Michael Dummett）提出过一个分析哲学的标准：“一、研究思想可以靠研究语言来进行；二、只有通过对语言的说明才能获得对于思想的全面说明。”[③]拒斥形而上学不是分析哲学的标准，通过分析语言来认识存在反而是其重要标准。“语言和实在之间存在一种严格的对应关系，因此可以通过研究语言来探明实在的性质。”[④]可见，分析哲学同样重视存在论，通过语言研究存在。因为语言是一种媒介，所以把分析哲学存在论看成一种“媒介存在论”。

2.“现象学—解释学”的媒介存在论

现代哲学的人本主义思潮，以欧洲大陆的现象学、解释学为代表。现象学和解释学既可以看作是具体的哲学流派，也可以看作是一种哲学的方法和普遍特征。从这个宽泛角度看，欧陆人本主义哲学大多具有现象学、解释学特征。而且通常是既属于现象学又属于解释学，不妨称之为“现象学—解释学”。

“当代欧洲大陆的主流哲学（特别是德、法哲学）是以海德格尔哲学为源泉的”[⑤]，作为“解释学的现象学”的海德格尔，其存在论具有媒介性质。海德格尔追问存在始于对传统哲学混淆存在与存在者的批判，“以叙事的方式去报道存在者是一回事，而要去捕捉存在者之存在就是另一

① 江怡：《论分析哲学运动中的三大转变》，《中国社会科学》2016年第12期，第28页。

② 阿尔斯顿：《语言哲学》，牟博、刘鸿辉译，生活·读书·新知三联书店，1988，第1-2页。

③ 徐友渔：《“哥白尼式”的革命——哲学中的语言转向》，生活·读书·新知三联书店上海分店，1994，第9页。

④ 徐友渔：《“哥白尼式”的革命——哲学中的语言转向》，生活·读书·新知三联书店上海分店，1994，第9页。

⑤ 孙周兴：《在现象学与解释学之间——早期弗莱堡时期海德格尔哲学》，《江苏社会科学》1999年第6期，第93页。

回事了。对于后一项课题而言，我们缺乏的不仅仅是语词，而且在根本上缺少语法”[①]。所谓“语词”，就是传统哲学的语言（媒介）方式。存在的“语法”不是“是什么”，而是“作为什么”。锤子，不在于“锤子”二字，也不在于指代的那个“物”，而是作为砸钉子活动的……钉子也不在于某个概念，而是作为钉木头的……“对于‘是什么’的解释，在根本上总是去揭示它作为‘为了作什么的媒介’而呈现的情境”[②]。“作为……去……”恰恰是媒介最根本的定义。海德格尔把世界看作是事物“作为什么”的网络，这样就显示出了世界的媒介性。

正常状态下“作为什么”的物是隐匿的，“物不断地隐没到指引整体之中，在最直接的日常打交道之际，物甚至从来就没有从指引整体中脱身而出”[③]。物是在日常打交道的中断中显现的，这种显现必须依靠媒介介入。锤子正常使用时我们感受不到，是为“上手状态”。故障导致了使用的中断，锤子就显现出来。此时，我们通过挥舞锤子的手和眼睛，来感受锤子的故障。手、眼睛，正是于中断处介入的媒介。无故障时，物也会因为媒介的介入而显现。汉语是我们的“上手状态”，但在英语媒介介入时，汉语的特点就显现了。只有我们观看了数码高清照片后，才会认识到再高清的照片也比不上我们的眼睛。

此在与存在者打交道的方式是媒介性的，存在者显现的方式是新媒介的介入，不管是隐匿还是显现，都离不开媒介。故以海德格尔为代表的那种存在论，可以看作是一种媒介存在论，或至少把媒介作为理解存在论的关键。

德国哲学家汉斯-格奥尔格·加达默尔（Hans-Georg Gadamer）用解释学继承了海德格尔的语言与存在论研究。首先批判传统的工具论语言观。工具论语言观认为语言是一个用以认识真理的工具，工具本身不决定什么，与真理是天然分离的。加达默尔说“语言并不是意识借以同世界打交道的一种工具，它并不是与符号和工具——这两者无疑也是人所特有的——并列的第三种器械。语言根本不是一种器械或一种工具”[④]。如果把语言看作是工具，那么语言就可以和真理分离。

加达默尔认为语言是目的而不是手段。语言先于认识主体，语言是我们展开一切思维活动的前提。我们不是借用语言来追问存在，而是只

---

① 海德格尔：《时间概念史导论》，欧东明译，商务印书馆，2009，第204页。
② 胡翌霖：《媒介史强纲领：媒介环境学的哲学解读》，商务印书馆，2019，第33页。
③ 海德格尔：《时间概念史导论》，欧东明译，商务印书馆，2009，第257页。
④ 加达默尔：《哲学解释学》，夏镇平、宋建平译，上海译文出版社，1994，第62页。

能在语言中追问存在。语言不是存在诸多形式中的一种，语言就是存在本身。这正体现了“语言是存在的家”。

加达默尔的语言存在论与麦克卢汉的“媒介即讯息”如出一辙。后者的基本观点是：媒介不是在环境中的信息工具，媒介本身就是环境。既然语言是一种媒介，那么不妨把加达默尔这种语言存在论也称为“媒介存在论”。

综上所述，分析哲学和“现象学—解释学”的存在论都能看作某种媒介存在论，所以语言（媒介）转向的现代哲学，其存在论可视为媒介存在论（见图1–4）。

客体存在论——认识论转向——→主体存在论——（符号）媒介转向——→媒介存在论

图1–4　现代哲学的媒介转向和媒介存在论

三、探索媒介技术在未来哲学中的位置

存在论是哲学的基本问题，有什么样的存在论就有什么样的哲学。客体存在论对应本体论哲学，主体存在论对应认识论哲学，媒介存在论就对应媒介哲学（见图1–5）。

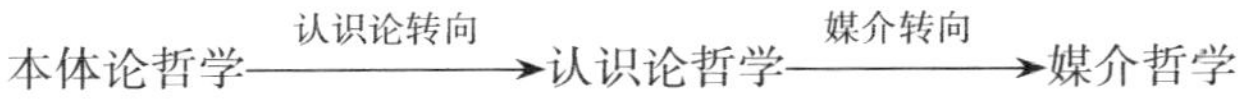

本体论哲学——认识论转向——→认识论哲学——媒介转向——→媒介哲学

图1–5　存在论与哲学的对应

（一）符号媒介哲学和技术媒介哲学

前文已经论证，作为信息中介的媒介，除了符号之外，还包括客观存在的物质——物质性媒介。符号直接承载信息，客观物通过符号间接承载信息。符号属于“软载体”，物质性媒介属于“硬载体”。物质性媒介又可以进一步分为三种：身体、自然物和技术人工物。本节探讨的媒介只包括符号和技术人工物两类，不涉及身体和自然物。有两个相互关联的原因：第一，本节从哲学发展趋势上探讨媒介，而哲学是“时代精神的精华”，现代媒介技术，就是时代精神的一个代表，理应成为哲学的应有之义。所以物质性媒介里只选取技术人工物。第二，自然物和人本身正在信息技术化，物联网就是把包括自然物在内的万物互联，赛博格

就是融合了身体与技术。未来技术人工物比自然物和身体更具普遍性和代表性。

媒介中只探讨符号和技术人工物，相应地，把媒介哲学进一步分成符号媒介哲学和技术媒介哲学两部分（见图1-6）。

本体论哲学 —认识论转向→ 认识论哲学 —媒介转向→ （符号媒介哲学+技术媒介哲学）

图1-6　媒介哲学的两部分

（二）作为媒介哲学第二阶段的媒介技术哲学

由前文的论证不难得出，现代哲学的语言转向，其实就是一种符号媒介哲学。符号不能独立于物质实体单独存在，这个特征是被语言哲学普遍忽视的。有什么样的符号载体，就有什么样的符号。今天，技术就是最重要的符号载体。

1. 技术作为符号的载体决定符号

来看书写媒介技术。书写与口语的根本区别在于书写用纸张承载表象符号，口语用空气承载表音符号。前者有很好的保存性，后者出口即没。所以口语最重要的是解决符号记忆问题，书写则是理清符号的逻辑关系。可以从以下几个方面来看两种符号的不同特征：（1）口语符号是附加的，把多句话都用“和”连接起来；书写符号是附属的，用“和”“或”“且”等连词体现逻辑关系。（2）口语符号有很多冗余，例如有很多形容词、语气助词，以及不断的重复，这些冗余都是为了更好地记忆；而书写符号言简意赅，既要保证逻辑清晰，又要节省材料。（3）口语符号保守，偏向于固定不变；书写符号多变，常有新词创生。（4）口语表达的内容贴近日常生活，即便是陌生知识，也要尽量贴近熟悉的世界；书写则更多地向陌生领域开拓。（5）口语是参与式的符号，表达者要尽量地参与到符号内容中去；书写则是要与表达对象疏离的，要面对面拉开距离，才能阅读①。以上五个区别，来自记忆与逻辑的不同要求，这源于符号载体的不同。

印刷术与书写的对比也能说明问题。印刷符号比书写符号更加标准化，书写是不同人写的，笔迹不同、格式不同，印刷统一排版，符号统一标准。印刷比书写更准确化，书写在传抄过程中避免不了错误，特别

① 沃尔特·翁：《口语文化与书面文化》，何道宽译，北京大学出版社，2008，第27-35页。

是西方的抄书人通常是文盲，但印刷不存在这个问题，工人只要找到正确的活字即可。从口语到书写，再到印刷，符号越来越清晰、标准，符号的逻辑性越来越强。

现代媒介技术对符号的决定作用更强。第一是数字化。传统媒介符号的实质决定于媒介技术的物理性质，符号的表象决定于人的感官。例如文字符号的实质是黑色字体与白纸的反光不同，其表象为视觉对不同反光的感应。现代媒介技术用二进制统一了符号的实质，又通过解码技术展示符号的多样化表象。什么符号都可以通过对二进制的编码、解码展示在屏幕上，通过数字化打通了各种符号。第二是移动化。媒介技术是死的，人是活动的。从学富“五车”到口袋书，从大型计算机到智能手机，印刷与现代媒介技术都试图通过移动化让人一直停留在符号面前。移动化让符号持续在技术上被人所识别，给人构建了一张难以逃离的符号之网。移动技术越来越具身化，符号也正在从对面的“他者”，转变为感官的自然方式。第三是再具象化。现代媒介技术让符号不再只有抽象文字一种方式，还原了口语符号的具象化。这种再具象化不同于口语时代，是建立在抽象符号之上的具象化，本质上被现代技术逻辑所左右。

2.“技术是存在的家”——哲学又一次“倒退”前进?

媒介哲学不是用哲学来研究媒介，而是作为哲学的新形态从媒介的角度来推进哲学。语言转向，就是从这个方面做出的工作。当今是媒介技术时代，媒介发展的中心聚焦在现代媒介技术上。我们对媒介也应该有新的态度，把媒介从语言符号转到技术人工物上。相应的媒介哲学，也应该从符号媒介哲学转向媒介技术哲学。像语言哲学一样，未来的媒介技术哲学不是某个哲学分支或一个研究对象，而是作为哲学的新范式，作为新形势下的哲学，即从媒介技术哲学到哲学的路径。

海德格尔说“语言是存在的家”，现代哲学的存在论是一种媒介存在论，我们在语言（符号）媒介中追问存在，或曰语言就是存在本身。技术作为语言符号的载体，按照这个逻辑，下一步追问存在应在技术中展开。所以，现代哲学的语言（媒介）转向，可以看作是整个媒介转向产生媒介哲学的第一阶段。欲追问语言，先研究语言的载体。媒介哲学的第二阶段将迎来技术转向，是否预示哲学第三次“倒退”前进?（见图1-7）语言是存在的家，这个“家”在信息大爆炸时代依托于媒介技术，那么我们能否提出这么个口号：“技术是存在的家”?

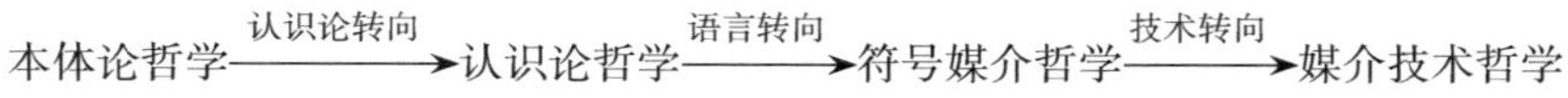

本体论哲学 —认识论转向→ 认识论哲学 —语言转向→ 符号媒介哲学 —技术转向→ 媒介技术哲学

图1-7　媒介技术哲学在哲学未来中的位置

未来哲学的技术转向也符合辩证法，“古代和中世纪哲学关心事物，17至19世纪的近代哲学关心观念，而现代哲学关心语词”[①]。哲学可能的技术转向使哲学的研究对象又回到了事物——人工事物上，与古代哲学研究的自然事物相对应。在经历了近代哲学和现代哲学对思想及其载体的研究后，重回对事物的研究，这正是经历了“正反合”的辩证过程（见图1-8）。

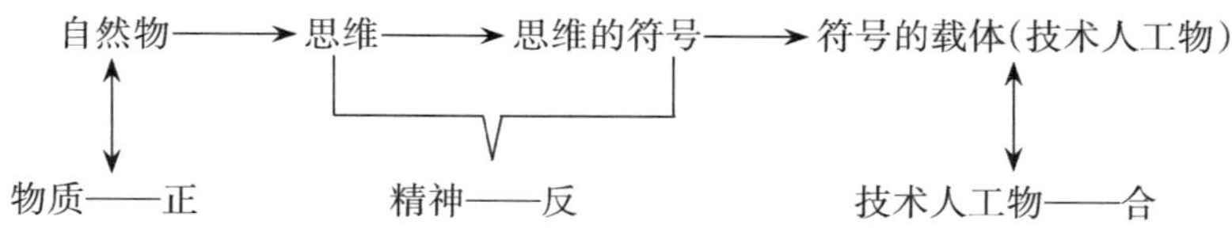

图1-8　哲学研究对象的辩证发展

第三节　媒介技术与人的未来

“意向性”是现象学的重要概念，胡塞尔现象学中的意向性分析，主要强调了意识的主观分析、心理分析。从人对世界的意向性出发，在“人—世界”中，考察其中人对世界的直接知觉关系。美国哲学家唐·伊德（Don Ihde）的意向性分析，从内转向外，从主观分析转向外部更为客观的人类使用技术的经验关系。唐·伊德把胡塞尔的主观意向性发展为技术意向性，并把研究的对象和关系从“人—世界”的直接关系转变为以技术为中介的“人—技术—世界”的间接关系。

唐·伊德还继承了现象学“本质变更”（variation）的方法，通过这种方法分析人、技术、世界的关系时，“从这种技巧中显现出来的，或者说‘自身显示’出来的，是一种多元稳定的复杂结构”[②]。在唐·伊德“本质变更”方法之下，“人—技术—世界”的关系进一步产生四种变项

① 徐友渔：《“哥白尼式”的革命——哲学中的语言转向》，生活·读书·新知三联书店上海分店，1994，第32页。

② 唐·伊德：《让事物“说话”：后现象学与技术科学》，韩连庆译，北京大学出版社，2008，第12页。

关系：具身关系（embodiment relations），“（人—技术）→世界”；解释学关系（hermeneutic relations），“人→（技术—世界）”；它异关系（alterity relations），“人→技术—（—世界）”；背景关系（background relations），“人→（技术）—世界”。四种变项从人与技术的关系变化中呈现出人与世界的关系的多样性。

四种变项之间的关系见图1-9。横轴体现的是技术作为人与世界之间的中介，分别与人和世界的接近程度，向左表示技术与人接近，即“人←技术—世界”[①]，向右表示技术与世界接近，即“人—技术→世界”。纵轴体现的是作为中介的技术其所显现的程度，向上表示显现程度增高，向下表示显现程度降低。可见，具身关系就是技术与人接近的一种“人—技术”状态，解释学关系就是技术与世界接近的一种“世界—技术”状态，它异关系是技术在“人—技术—世界”中凸显的状态，背景关系则是技术在“人—技术—世界”中隐去的状态。

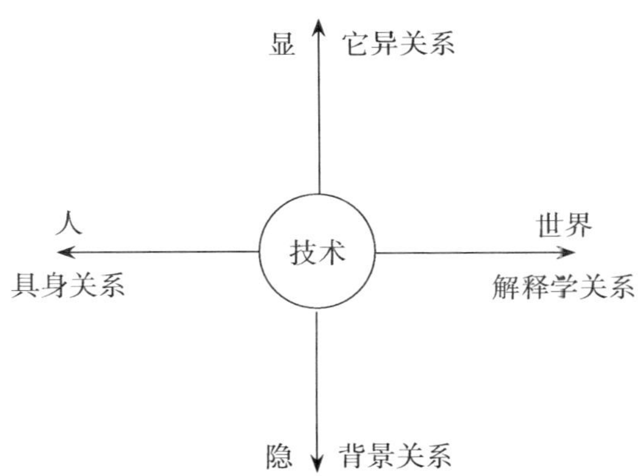

图1-9　伊德“人—技术—世界”四种关系的对比

相较于它异关系和背景关系，具身关系和解释学关系更突出地体现了技术关系属性的一面。本节对于媒介技术与人的基本关系，二者的关系现状及未来发展的论述，主要从具身关系和解释学关系切入。四种关系中的“→”，体现的是意向性，意向的同时也是一种展现，例如“人→世界”既是人对世界的意向，也是世界对人的展现。在加入承载信息的媒介技术后，“展现”就更突出，从这个角度说，解释学关系是世界通过媒介技术对人的展现，世界对人的媒介化展现；具身关系是人通过媒介

① 此处箭头表示的是接近、指向的趋势。

技术对世界的展现或人对世界的媒介化展现（见图1-10）。

图1-10　人与世界通过媒介技术的互相展现

一、世界对人的媒介技术展现——人对世界的媒介化认识

当今技术时代，世界对人的展现，集中体现在人与媒介技术的解释学关系中，人→（媒介技术—世界）。我们对世界的认识要通过媒介技术，世界也必须通过媒介技术的表征来展现给我们。经典例子是温度计，展现模式为：人→（温度计—冷热情况）。温度计作为展现信息的中介技术物，就是媒介技术。人知觉到的是技术，而不是世界本身。媒介技术作为日常生活世界中与人最密切的技术，可以说是当今诠释人与技术解释学关系最好的范例。我们所面对的世界，从遥远的登月探火星、国际关系，到我们的衣食住行、交友消费，我们都是首选手机、电脑来进行认识、解读，解读方式也是手机决定的，例如交互式、影像化等方式。我们的当代世界就是媒介世界，它展现在手机中。

随着技术的发展，未来人与媒介技术的关系，世界对人的媒介展现，也呈现出新的特征，解释学关系也产生了相应的变体。

（一）变体1　复合关系：人→（技术→世界）①

复合关系（composite relations）是荷兰哲学家彼得-保罗·维贝克（Peter-Paul Verbeek）的观点，是在唐·伊德解释学关系基础上，按照技术的现实特征发展出的一种复合的意向性关系。与解释学关系的区别在于：解释学关系只有人的意向性，而复合关系是人的意向性和技术的意向性同向叠加的结果。“在复合（增强）关系中，预设了人的意向性和技术物的意向性两种意向性，技术意向性指向世界，人的意向性朝向技术

① P. P. Verbeek, “Cyborg intentionality: Rethinking the phenomenology of human - technology relations,” *Phenomenology and the Cognitive Sciences* 7, no.3（2008）: 392-393.

意向性的结果。”[①]解释学关系中的技术表征世界是相对客观中立的，复合关系中的技术对世界是有意向性的，是能动的，体现了对世界的摆置、塑造、放大和延伸等。

麦克卢汉的“延伸论”“截除论”，最能体现媒介技术与人的复合关系。人对世界的认识必定通过媒介技术，媒介技术会延伸某一方面的认识，同时截除其他方面的认识。电子媒介侧重影像，延伸了世界的直观可视化，同时也截除了世界的内在逻辑性。印刷媒介则正好相反。早期的大众媒介依靠人的选择来决定报道什么、不报道什么，通过对信息的选择实现对世界的延伸与截除，塑造出“拟态环境”。今天的超级计算机、大数据，用算法代替了把关人的选择，“算法媒介→世界”。以视频网站为例，受众第一次登录时，推荐的内容是算法媒介计算出的所有受众的最大公约数，也就是最普遍受欢迎的那些内容，所以最初的推荐往往是追星、追剧、网红直播、体育新闻等。算法接着会按照受众的搜索或点击来重新计算偏好，进一步给受众提供量身定做的推荐。这就产生了“信息茧房”效应，你的偏好被算法捕捉，进一步满足你的偏好，从而形成一个正反馈。每一次循环都是算法推荐的世界对你偏好世界的一次耦合，也是对世界多样性的截除。

（二）变体2　连接关系：人—技术$_n$—（技术—世界）[②]

连接关系（connection relations），是在面对技术多层次变化的现实时，对解释学关系的一个变体。连接关系认为，当代技术已分化出不同的层次，世界是由多种技术相互连接构成的，有少数技术处在更基础的层次，能够连接整个技术世界，这种技术是“关键技术”。其他技术则是一般技术，一般技术并不直接连接到现实世界中，而是连接到关键技术上，通过关键技术作用到世界。关系式中括号里的“技术”，就指能够连接整个技术世界的关键技术。“技术$_n$”指各种各样的一般技术，{技术$_1$+技术$_2$+…+技术$_{n-1}$+技术$_n$}∈技术整体。

作为与人日常生活世界最密切的技术——媒介技术，就能看作是所有技术中的关键技术。每个人从事的职业不同，不同人会与不同技术更接近。例如材料工程师就和材料技术更接近，材料技术是其认识世界的方式之一，但这种职业技术不具有普遍性，一方面材料工程师不会只用

① 闫坤如、刘丹：《现象学视角的增强现实技术探析》，《自然辩证法研究》2017年第6期，第121页。

② 董浩：《技术现象学视域下人与媒介的关系省思及认识方法补阙》，《新闻与传播评论》2020年第1期，第19–31页。

材料技术认识世界，另一方面其他人也不懂材料技术。不同职业的人的关键技术可能不同，媒介技术背后可能还有更基础的关键技术，但对于人类整体和人的意向性而言，意向到的关键技术就是媒介技术。整体上，人与媒介技术更接近，人通过媒介技术认识其他技术，从而认识整个技术（生活）世界。

媒介技术内部也体现了连接关系。手机就是最典型的关键技术。各种媒介技术，包括文字处理技术、图像技术、视频技术、即时通信技术、支付技术、导航技术等，并不是直接与世界相连，而是以解释学的方式展现给人。直接解释世界的是手机，人使用各种一般媒介技术连接到手机这个关键技术，进而认识世界。即“人—{文字技术+视频技术+通信技术+支付技术+…}—（手机—世界）”。用“本质变更”的方法换个视角再看，手机也可以作为一个一般媒介技术，连接到关键技术之上。此时如果关键技术是5G通信技术，一般技术除了手机之外，还可以有车载电脑、智能眼镜、体征监控设备以及各种物联网技术。人—{手机+车载电脑+体征监控+…+物联网}—（5G—世界）。

（三）变体3　情境关系：（人—技术—世界$_n$）—世界[①]

情境关系（situation relations）。连接关系是把技术具体区分为关键技术和一般技术，情境关系则是进一步区分了世界。在现实生活中，作为时空总体的世界对于人类来说只是一个概念，人并不是直接与整个世界打交道的，而是生活在一个个具体的小世界里，可称之为情境世界。关系式中的“世界$_n$”指人具体身处的情境世界，“世界”指客观的整体的世界，{世界$_1$+世界$_2$+…+世界$_{n-1}$+世界$_n$}∈世界整体。在情境关系中，人通过认识一个个具体的情境世界来认识世界整体，世界整体通过具体的情境展现给人。

那么，世界整体为什么会展现成多种多样的情境世界？首先，世界要通过媒介技术展现给人，不同的媒介技术展现出的情境不同。画与照片展现的情境世界截然不同，前者抽象，后者写实，但背后都是同一个真实的对象。小说很努力地用文字描述世界，但仍然留下很多想象空间，而电影可以不重叙事，靠色彩剪辑就能充分表达。世界还是那个世界，媒介技术一变立马展现不同的情境。其次，同一种媒介技术，在不同的使用中也会产生不同情境。技术有其结构，也就有对应功能，这就是技术的意向性结构。锤子的意向就是砸东西，枕头的意向就是让人睡觉。

① 董浩：《技术现象学视域下人与媒介的关系省思及认识方法补阙》，《新闻与传播评论》2020年第1期，第19–31页。

但人是有能动性的，能动性加上技术意向性，其结果往往难以预料。锤子除了作为工具也可以作武器，枕头还可以让人窒息死亡，这都是使用技术的具体情境不同使然。仍以手机为例，当我们用手机开视频会议时，会议就是我们认识到的情境世界；当我们用手机玩网游时，游戏里的虚拟世界就是我们身处的情境；当我们用手机网购时，网站中琳琅满目的商品就是我们知觉的情境。可见，现代媒介技术让我们身处不同的情境世界，世界展现为不同的技术情境。

二、人对世界的媒介技术展现——人的媒介技术化存在

当今技术时代，人对世界的展现，集中体现在人与媒介技术的具身关系中，（人—媒介技术）→世界。具身关系是人与媒介技术组成一个整体，共同指向世界的意向性。这种对世界的意向是人通过技术对世界的展现，同时也是人通过技术的社会化过程。例如，张三是个电脑网络高手，随时随地摆弄各种IT设备，不喜欢出门，自理能力弱，平时吃饭就点外卖。张三这类人的整体特征，通过互联网展现出来，向世界展现了一个技术宅的形象。宅在家与电脑网络融为一体，成为张三的技术化存在，技术宅就是他社会化的结果。所以具身关系既是人对世界的展现方式，也是人的技术化存在和社会化方式。

本小节从具身关系入手，从人的符号化存在、人通过媒介技术社会化、人的媒介技术“在世存在”方式三个方面论述媒介技术在人对世界展现中的作用。

（一）人的符号化存在

人是符号动物。德国哲学家恩斯特·卡西尔（Ernst Cassirer）认为符号是人的存在形式，一切文化都是人类运用符号的结果，一切文化现象和思维活动都是人类使用符号来表达各种经验。符号是把感性经验材料抽象为普遍形式，并赋予一定的意义。把世界描述为符号，这展现的是人类独有的抽象能力。感性到理性的提升体现了人的主动性，感性与理性在符号这里际会。符号是人把握世界的方式，也是展现给世界的形象。符号化存在反映了当代信息时代的突出特点，未来人也必将更深入地生活在符号世界中。

上一节已经论证，现代社会的符号通常附着于媒介技术之上，并受媒介技术的左右，加之人又以符号化的方式存在，所以，从现代社会符号与媒介技术的关系来看，人的符号化存在也可以看成某种媒介技术化存在。

这种凭借现代媒介技术实现的符号化存在，表现为人在网络中的标签化。你发布在微信朋友圈中的内容就是在自我贴标签，爱美食、爱美妆、喜欢旅游、关注电影，你努力通过这些标签让你看起来生活惬意，展现出优雅小资的一面。人之存在分成了线下隐匿和线上标签化两部分，线下真实的自我不会展现出来。商家更热衷于给人贴标签，你在浏览购物网站时、刷小视屏时、玩手游时，就是被算法不断贴标签的过程。算法会根据你的活动不断调整标签，一不留神就将自我困入“信息茧房”中。

（二）人的媒介技术社会化

人是“社会关系的总和”。人到底是什么，你展现给世界的是个什么样的人，都是由社会关系塑造的。社会关系来自人现实的具体活动，在当代，现实活动很难离开媒介技术展开。媒介技术正在通过介入人类活动——特别是人与人的交往活动——来塑造人的社会关系，进而影响人的存在。儿童处在社会化的初始阶段，相较于成年人，社会关系有更多的可能性，其社会化受到媒介技术的影响更突出。况且从儿童到成年是人社会化的关键期，故可从儿童切入看媒介技术对人社会化的作用。

美国学者尼尔·波兹曼（Neil Postman）的著作《童年的消逝》，集中探讨了媒介技术与童年概念的关系。童年不是生理概念，而是一种文化现象。在历史上，童年经历了从无到有，再从有到消逝的过程。中世纪的儿童处于口语世界中，口语难以隔开成人与儿童的信息，儿童处在与成人相同的信息环境中。在口语时代，成人的秘密是不存在的。由于成人与儿童难以分开，因此口语时代不存在儿童概念。16世纪，印刷术兴起，“印刷创造了一个新的成年定义，即成年人是指有阅读能力的人；相对地便有了一个新的童年定义，即儿童是没有阅读能力的人”①。阅读能力需要较长时间专业化的培养，这个培养通常在学校进行。这个时间段就是童年，也就是培养读写能力，进入成年人话语体系的阶段。电子媒介特别是电视的普及，让儿童与成年的界限再次模糊，童年概念面临着消逝的风险。电视的门槛比阅读低得多，电视不要求观众具备什么特殊才能，电视节目也很难把儿童内容和成人内容严格分开。电视一个镜头只有几秒钟，一个节目只有几十分钟，电视符号必须在瞬间得到理解，不可能像文字一样事后反复咂摸，所以电视符号必须尽可能简单直接。电视对于儿童没什么准入条件，儿童与成人的界限正在被侵蚀，儿童这

① 尼尔·波兹曼：《娱乐至死·童年的消逝》，章艳、吴燕莛译，广西师范大学出版社，2009，第180页。

个社会化的阶段正在消失。

数字媒介普及后，“童年的消逝”现象更加突出，何止“消逝”，更是“迎合”，数字媒介放大儿童的成年化；另一方面，成年人反而在儿童化。例如在服饰方面，与儿童穿风衣、西服、晚礼服相对，成人穿衣越来越可爱风，Cosplay就是比较突出的表现。在语言词汇方面，二次元文学、颜文字、动漫符号的流行，彰显的是成年人渴望回到童年的心态，张口以“宝宝”自称，也是渴望童真的心理暗示。可见，当代儿童的社会化与成人的社会化，背后都有媒介技术的作用。

（三）媒介技术下的“在世存在”

技术是人的存在方式，比起生产技术，媒介技术与人的日常生活关系更密切，是当代人“在世存在”的主要方式。“人越来越主要以信息方式存在，具有深刻的生存论根源，因为人越来越是其由生存环境的日益信息化造成的。而数字技术的广泛应用则甚至有把人的存在环境及其本身整个信息化的倾向。”①

从生产技术下人的存在方式转向媒介技术下的存在方式，正经历着巨大变化。这个变化源自生产技术与媒介技术的内容——物质与信息——不同。总的来看，物质是排他的，信息是共享的。物质的共享范围十分有限，共享的人越多负担越大，而且共享的同时往往伴随冲突。信息不同于物质的最重要本性之一，就是不仅不会因共享而减少，反而会因共享而增多，这让冲突减少了必然性。信息共享的范围原则上是无限的，共享范围越大，分摊成本就越小。信息的共享本性将使我们人的存在和发展出现新的规律，信息的存在方式天然属于共享存在，共享存在就是人在媒介技术下的新存在方式。

共享存在具体表现在从拥有到使用的变化上。在前数字媒介时代，对物质的拥有是决定人之存在的重要因素。物质具有独占性、排他性，你拥有了某物，别人就没有了，通过占有某物体现出自身的独特性存在。例如私人占有生产资料的是资本家，私人占有土地的是地主。在数字媒介时代，对人之存在的规定转向了信息使用。物质拥有了才能使用，使用就会导致拥有的减少，拥有与使用不可分。而信息的共享本质决定了不存在绝对的拥有，使用比拥有更重要，或者说信息的使用本身才意味着拥有。只有共享，被不同人使用，信息才会增加，从而持续拥有与再使用。“正是在使用过程中，信息才变成作为主要以信息方式存在的人的

① 王天思：《信息文明时代人的信息存在方式及其哲学意蕴》，《哲学分析》2017年第8期，第20页。

一部分，甚至可能是人最重要一部分的信息基础。作为主要以信息方式存在的人，正是在信息使用过程中存在和发展的。”①

共享是当前中国的重要发展方式，新发展理念“创新、协调、绿色、开放、共享”，其中的“共享”就是对未来共享存在方式的具体诠释与战略指导。而共享存在强调使用、代替、占有，又在存在论角度给予共享发展以哲学支撑，为推动社会共同富裕提出可行方案，具有现实意义。

三、未来人与媒介技术的融合

具身关系指人与技术的亲密连接。然而，随着技术发展，人与技术逐渐超越了单纯的连接关系，呈现出融合的趋势。维贝克适时推进了具身关系，提出一种新的人机关系——赛博格关系（Cyborg relations）。赛博格关系指这样一种人机关系：人与技术仿生结合成一体，部分是生物组织，部分是技术组织。用公式表示就是：（人/技术）→世界②。

（一）从可穿戴技术到赛博格

从具身关系到赛博格之间会经历一个中间阶段，叫作可穿戴技术（Wearable technology）。可穿戴技术与具身技术主要有两大区别：一是作用区域不同。具身技术主要还是由人手操作，可穿戴技术则可附着于身体表面，例如头盔、衣服、鞋等。二是信息化智能化水平不同。可穿戴技术是智能化的产物，有较高的智能化水平。可穿戴设备有狭义和广义的区分，狭义的可穿戴设备就是穿戴在身体上的可穿戴产品，而广义的可穿戴设备不仅指佩戴在身上的技术物，同时包括体外与这些设备相连的支撑系统，例如电脑、电源等。可穿戴技术通过穿戴的设备与支撑系统，实现对身体的监控，这超越了具身技术的单纯使用关系。

当可穿戴技术从体外走向了体内，那么就变成了赛博格技术。赛博格技术由于进入了人体，所以智能化水平要求得更高。大脑赛博格是今天赛博格技术发展的热点与前沿。2019年，埃隆·马斯克（Elon Musk）的“神经连接”（Neuralink）公司发布了一款脑机接口系统，通过USB-C接口读取大脑信号，可以实现大脑与机器的直接互联与沟通。2020年8月28日，马斯克宣布Neuralink设备植入小猪大脑成功，下一步将进行人体试验。把芯片植入大脑，让大脑与电脑互联，一方面可以用机器读取

① 王天思：《信息文明时代人的信息存在方式及其哲学意蕴》，《哲学分析》2017年第8期，第29页。

② P. P. Verbeek, “Cyborg intentionality: Rethinking the phenomenology of human - technology relations,” *Phenomenology and the Cognitive Sciences* 7, no.3 (2008): 391.

大脑，另一方面也可以让机器给大脑灌输，实现对大脑的增强，这是体外的穿戴设备难以做到的。另外，赛博格技术植入体内，身体就成为支撑系统的一部分，例如用身体的生物能给体内芯片充电。从具身技术到赛博格技术的发展变化如表1–3所示。

表1–3　具身技术、可穿戴技术、赛博格技术的对比

	具身技术	可穿戴技术	赛博格技术
主要作用区域	手	身体表面	身体内部
智能水平	低	普通	高
与人的相互作用	使用关系	监控身心	监控并改造身心
支撑系统	不需要	外置平台(电脑、电源等)	外置平台(身体)

当前不管是正在设计的还是已经实际应用的赛博格技术，在机体与技术的组成中，机体是大部分，技术只是少量补充，整体上还保持一个完整的肉身。我们可以把这种赛博格称为赛博格第一阶段。随着赛博格中技术的部分越来越多，技术的比例可能会超越有机体，此时技术是主要的，身体反成为少部分。不妨把这个阶段叫作赛博格第二阶段。科幻电影中的人物，机械战警、钢骨，就是这种赛博格。按照这个逻辑发展到极致，就是有机身体的彻底消失。届时人只剩下了思维，附着于技术之上。英国未来学家伊恩·皮尔森（Ian Pearson）预言：未来人类的死亡只是身体的死亡，意识将会传向云端，思维将传送到一个安卓系统里，记忆、感官可以连接外部设备，以一个IT设备的方式实现“电子永生”。人类将彻底摆脱身体的束缚，以媒介技术中的信息方式存在着。

（二）从人机融合技术到增强技术

赛博格技术在与人的相互作用上，既有对身心的监控记录作用，也有改造身心的能力。脑机接口技术的初衷可能是治疗一些精神疾病，但这项技术绝对不会仅限于治病。从人机融合的赛博格到增强正常人能力的赛博格，没有绝对的界限。未来恐怕是富人优先使用这项增强技术，贫富的鸿沟又多了一项连接“外脑”的结果。未来的信息增强技术一定会与各种争议的新技术一样，面临利益的诱惑和伦理的拷问。

第四节　媒介技术哲学与其他媒介研究的区别

以上对于必要性的论证，说明了媒介技术在当今以及未来，对一般技术、哲学、人具有十分重要的作用。这就要求在对媒介技术进行工程有效性、先进性的研究之外，还迫切要在人文社会科学领域广泛开展研究。其中当然包括哲学的研究，但又不限于哲学研究。那么，哲学的研究有什么必要性？其中又有什么其他研究不能代替的特点？这要通过分析媒介技术哲学与其他媒介研究的区别来展现，从区别中证明媒介技术哲学的必要性。

一、媒介技术哲学与工程领域媒介研究的区别

媒介技术哲学与工程领域的媒介研究在研究主体、研究对象、研究目的、研究方法等几个方面有区别。

区别一：研究主体不同。媒介技术哲学研究的主体是哲学学者、人文工作者等。传统上受形而上学思想的影响，他们会大量使用先验与超验的观点解释技术。在对待技术的态度上，基于哲学、伦理学等思想基础，更多持有批判的观点。工程领域媒介技术研究的主体是工程师和技术专家。这些学者都是从事自然科学研究工作，普遍使用物理规律来解释技术。在对待技术的态度上，基于功能与效率的追求，往往持有推崇技术的态度。

区别二：研究对象不同。由于受到技术哲学经验转向的影响，媒介技术哲学也会对不同技术区别对待，会打开一些具体的设计细节，力图把理论建立在技术描述的基础之上，但与工程领域的媒介研究还是有本质区别的。媒介技术哲学的研究对象少不了“媒介一般”和“一般媒介”，侧重媒介技术、人、社会三者之间的互动。即便打开黑箱，也不过是方法更新，其目的仍然是技术与人的关系，即描述研究是手段，规范研究才是目的。而工程领域的媒介研究对象是实现媒介技术功能的结构原理，如何在现有的材料与工艺基础上更好实现。

区别三：研究目的不同。媒介技术哲学的研究对象是媒介技术、人、社会之间的关系，所以更注重三者之间的互动规范。通过对具体媒介技术的经验描述，进而对不同媒介技术如何符合社会期望和道德进行规范。工程领域的媒介研究则是通过发明新的媒介技术、改进旧有技术的方式，一方面着力提高信息处理的可靠性、先进性、高效性等，另一方面提高

生产媒介技术的效率，并降低成本。

区别四：研究方法不同。媒介技术哲学研究方法侧重理性思辨、逻辑推导，包括媒介史的梳理、学科交叉渗透等，提出问题往往比解答问题更重要，答案不是统一的，反而是开放的。工程领域的媒介研究方法是基于科学原理和工程实践的，例如数学建模、控制变量试验等；要求提出问题，但更看重解答问题，并在现实中通过技术的实现来给出答案。

表 1-4　媒介技术哲学与工程领域媒介研究的区别

	媒介技术哲学	工程领域媒介研究
研究主体	哲学学者、人文工作者	工程师、技术专家
研究对象	媒介技术、人、社会三者之间的关系	媒介技术的科学技术原理，工程实现方法
研究目的	媒介技术的社会期望、道德规范	媒介技术的可靠性、先进性、高效性和经济性
研究方法	历史梳理与逻辑分析	数理实验、工程试验

二、媒介技术哲学与主流传播学媒介研究的区别

截至目前，媒介研究主要还是在传播学领域开展。本研究也大量参考借鉴了传播学的媒介研究成果。除了研究主体（哲学学者与传播学者）这样显而易见的区别外，还有以下几点区别。

区别一：对媒介技术的态度不同。对待技术的态度可以分为工具论与实体论两大类。二者的区别有两处：其一是技术本身包含价值的问题；其二是技术与人的关系问题。在技术价值问题上，技术工具论认为技术与伦理、政治无关，技术本身是价值中立的，无所谓好坏之分，只不过是达成目的的一种中性手段或工具体系。如德国哲学家雅斯贝尔斯（Karl Theodor Jaspers）所言："无论如何更明确得多的是，技术仅仅是一种手段，它本身并无善恶。一切取决于人从中造出些什么，它为什么目的而服务于人，人将其置于什么条件之下。"[①]这种价值观念自然影响如何看待技术与人的关系，认为技术既可以用于善的目的，也可以为邪恶势力服务，但这并不是技术本身能够决定的，技术是无可指责的，都是

① 冈特·绍伊博尔德：《海德格尔分析新时代的技术》，宋祖良译，中国社会科学出版社，1993，第11页。

由外部因素（主要是人）决定的。

在技术价值问题上，实体论认为技术并不是一种中性的方法和手段，而是特定价值的载体，所以技术本身就体现出伦理、文化、政治等内涵，反映了所在社会的价值观。因为技术有独立于人的价值偏向，故而体现出自主的、强大的非人性力量。发达工业社会的人特别依赖于技术体系，与其说人利用技术，不如说人为技术所用，人本身成为技术的附件、辅助，甚至是技术发展的手段。

工具论认为技术是价值中立的，即便有价值也是使用者赋予的，人对技术具有掌控能力。实体论认为技术本身包含价值，这种价值独立于人，人不能控制技术，甚至技术反而能控制人。工具论与实体论的区别是相对而言的，在各种具体技术观上不是非此即彼的。这种相对的关系可以用坐标图（图 1-11）来表示，斜线把此象限平分为二，实体论处在斜线上面，工具论处在下面。

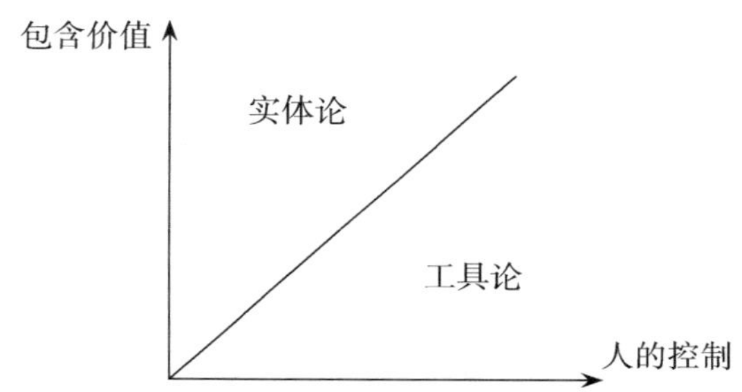

图 1-11　工具论与实体论的相对区别示意图

主流传播学的媒介技术观属于工具论，认为媒介技术本身不包含价值，人可以自由使用媒介技术传递内容，得到预期的效果。媒介技术哲学相较于主流传播学更接近技术实体论，一般认为：第一，媒介技术中固有的符号形式和物质形式，决定了媒介技术包含的价值；第二，人难以改变这种价值，价值反而会影响文化环境。

区别二：研究对象不同。研究对象的区别来自技术观的不同。主流传播学认为媒介技术是中性的，只不过是传递信息的通道，对信息本身没影响，不值得特别研究，媒介技术中重要的是内容。主流传播学的研究对象是媒介技术的内容，以及内容的接受者——受众。媒介技术哲学认为技术固有价值，价值来自媒介技术的物质形式和符号形式，这决定了研究对象是媒介技术的形式。

区别三：研究目的不同。主流传播学以内容和受众为研究对象，其研究目的是让内容能准确高效地到达受众，进而可以更好地影响受众，特别注重传播的短期效应。媒介技术哲学的目的是通过对技术形式的研究，搞清楚在较大时空中，媒介技术带来怎样认识世界的尺度，更看重长期效应。

区别四：研究方法不同。研究方法又与研究目的息息相关。主流传播学的目的是如何能在较短时间里通过媒介内容影响受众。相应地，多用定量方法进行实证研究。与社会学、心理学等社会科学类似，给样本受众做传播试验，提取数据进行实证研究。媒介技术哲学旨在研究长时段、大区域内媒介技术带来的深层影响，定量分析很少涉及，主要采用历史与逻辑相结合的方法，也就是在难以代入数据精确计算时的一种理性研究。除此之外，还包括历史梳理中常见的文献法，以及与不同范式——如实证学派、批判学派——之间的对比研究法。

表 1-5　媒介技术哲学与主流传播学媒介研究的区别

	媒介技术哲学	主流传播学媒介研究
媒介技术观	技术实体论	技术工具论
研究对象	媒介技术形式	媒介技术内容与受众
研究目的	媒介技术的社会历史作用	传播的效果
研究方法	历史与逻辑分析法	实证方法、定量分析

三、媒介技术哲学与技术哲学媒介研究的区别

媒介技术哲学与技术哲学媒介研究，其主要区别在于如何看待媒介技术，媒介技术与一般技术到底是什么关系。

技术哲学媒介研究把媒介技术作为技术中的某一类，与交通技术、建筑技术等地位相当，都不过是一般技术的各种类别。在层级上低于一般技术。技术哲学媒介研究，是运用技术哲学一般理论对媒介这个特定技术种类的研究，只能作为技术哲学下面的具体研究对象（如图 1-12）。

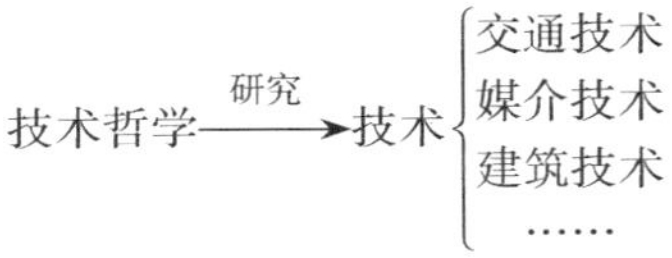

技术哲学 —研究→ 技术 { 交通技术 / 媒介技术 / 建筑技术 / …… }

图 1-12　媒介技术在技术哲学研究中的位置

这种研究在经验转向的背景下得到充分发展，研究作为某一类具体技术的媒介技术，就是研究“具体技术”；研究媒介技术内在的结构功能，就是研究“技术具体”。这都是所谓“打开黑箱”的具体实践。

相较于技术哲学媒介研究，媒介技术哲学把媒介技术放到更高的层级上，产生了与技术哲学媒介研究区别的两种递进的媒介技术哲学。

第一层的媒介技术哲学：在当今信息技术时代，媒介技术更具主导性，一般技术正在凭借数字技术媒介化，或至少具备了媒介技术的主要特征（本章第一节已论证）。技术哲学媒介研究把媒介技术从一般技术中拿出单列，视其与一般技术等价，层级上相当。媒介技术哲学也不仅是技术哲学在媒介技术上的应用，而有其独立于技术哲学媒介研究的思想与范式（如图1-13）。

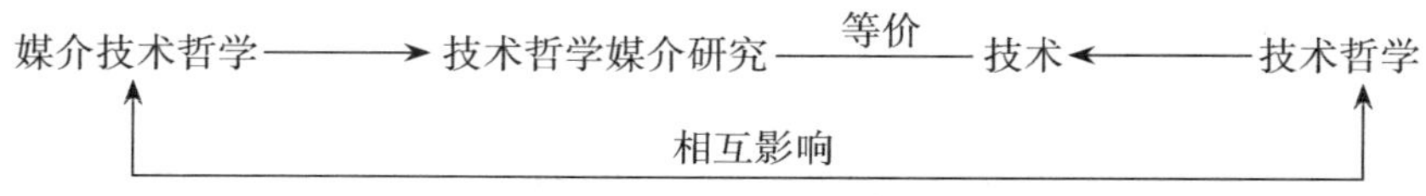

图1-13　第一层的媒介技术哲学与技术哲学的关系

第二层的媒介技术哲学：媒介技术被作为未来技术新的基本形态看待，一般技术可以看成是某种媒介技术，媒介技术在层级上高于一般技术。媒介技术哲学也被看作是技术哲学的新形态，把媒介技术哲学作为技术哲学的新研究范式，甚至可能作为未来哲学的崭新形态（本章第二节有探讨）。媒介技术哲学与技术哲学媒介研究在对待媒介技术和一般技术的关系上，可以用一个比喻来说明：媒介技术哲学认为媒介技术是水，一般技术是游在其中的鱼；技术哲学媒介研究认为媒介技术是鱼，游在技术的水中。

第二章 媒介技术的语义分析

本研究的第一关键词是媒介技术，但在现有的各种媒介研究中，对媒介技术语义概念的探讨充满混乱，用词不准确、不统一。对不同但相近的概念缺乏区分，使用随意、改来变去，十分不利于理论的发展。这既是一个媒介技术语义混乱的问题，也是一个相似概念划界不清的问题。本章通过辨析媒介与媒介技术两个概念，试图厘清媒介技术的语义。通过区分媒介技术与传播技术、信息技术，来给这些相似概念划清边界。

第一节 各种媒介技术语义概念中存在的混乱

当今是个媒介时代，媒介技术的重要性不必赘述，对媒介技术的哲学反思也逐渐被哲学家所关注。但无论是大众讨论还是学术研究，对媒介、媒介技术、传播技术、信息技术等这样一类语义概念的讨论一直都很混乱。相似概念不加区分，而同一个概念，不同学者在使用其外延与内涵时，也是仁者见仁。“曾经围绕着传播（communication）这个词所产生的语义学上的那种模糊现在似乎又围绕着媒介（media）这个越来越含混的词而重新出现。从学术杂志到私下交谈，大多数关于媒介的讨论都失之含糊、缺乏清晰、定义混乱。”①美国技术哲学家卡尔·米切姆（Carl Mitcham）说：“x的哲学一般始于为x辩护的尝试。以科学哲学为例，在逻辑上发端于划界问题，即考虑将科学与其他形式的知识和人类活动加以区分的多种建议。”②媒介技术哲学研究如果希望成为一个独立的研究领域，首先必须厘清语义和概念问题。

媒介技术语义混乱的背后原因众说纷纭，美国学者丹尼尔·切特罗姆（Daniel Czitrom）对此有自己的解答：“媒介这个词所产生的多种含义，表现出一种潜藏在全部现代传播方式历史中的矛盾因素在语言学上的遗留物。……这些矛盾一方面是由新的传播技术提供的进步的或是乌

① 丹尼尔·切特罗姆：《传播媒介与美国人的思想——从莫尔斯到麦克卢汉》，曹静生、黄艾禾译，中国广播电视出版社，1991，第198页。

② 卢西亚诺·弗洛里迪主编《计算与信息哲学导论》，刘钢等译，商务印书馆，2010，第682-683页。

托邦的可能性；另一方面是这些技术被用作统治和剥削手段的性质，广义地说，矛盾是由这两个方面之间的张力表现出来的。”[①]从社会学芝加哥学派开始，媒介技术被赋予两大社会功能：传播与控制。从媒介技术研究的发展来看，持传播观点的人多数发展为媒介乐观主义者，持控制观点的人多数发展为媒介悲观主义者。切特罗姆认为媒介技术语义的混乱，就是由于乐观主义者与悲观主义者对媒介技术不同理解所产生的矛盾造成的。

媒介技术的概念含糊不清确有其事，但切特罗姆所找的原因也有问题。他认可的原因——媒介技术两大功能之间的张力——只是从人与媒介技术的关系角度来进行探讨，并没有深入到媒介技术自身内部。就是说，媒介技术的语义与本体论研究要从对媒介技术本身的分析来确定，而不只是从“媒介技术—人”的角度来确定。况且，从“媒介技术—人”的角度来看必定引入过多的主观价值判断（如悲观主义与乐观主义的媒介技术概念往往带有主体事先对“好价值”的预设），这不利于对媒介技术做语义规范。所以，在混乱的理解中理出头绪，必须对媒介技术本身做界定与辨析，这既是方法也是目的。

目前，在较为常见的关于媒介技术语义概念的探讨中，存在以下几个问题：第一，没有区分运输与传播[②]。例如把媒介技术理解为“这个人传给那个人的方式”，这种论述并不排除交通运输的方式。第二，没有区分媒介与媒介技术。有些观点让媒介技术包含手势、讲话这样的非实体媒介，对于在时空中传送与保存信号的手段也没做实体技术与非实体技术的区分。有些技术主义学者虽然聚焦于媒介技术，但在对口语的定性上仍十分暧昧。麦克卢汉认为口语属于技术，美国媒介学者约书亚·梅罗维茨（Joshua Meyrowitz）则明确表示否定。梅罗维茨虽然区分了媒介技术与媒介，但他的媒介技术本体论甚至比麦克卢汉更宽泛，连经济与文化都包含在内。第三，对人与自然之间的传播没有达成共识。信息的流动除了在人与人之间，也存在于自然到人的路径中。媒介技术的划界范围是否应包括“自然—人”的信息流动？美国社会学家查尔斯·库利（Charles Cooley）与梅罗维茨排除了人与自然间的传播，只强调人与人之间。麦克卢汉不然，他讨论望远镜等媒介技术，把人与自然之间的信息

① 丹尼尔·切特罗姆：《传播媒介与美国人的思想——从莫尔斯到麦克卢汉》，曹静生、黄艾禾译，中国广播电视出版社，1991，第199页。

② 胡翼青：《再度发言——论社会学芝加哥学派传播思想》，中国大百科全书出版社，2007，第151页。

流动中介纳入媒介技术中。

以上总结出的三个常见的语义混乱，其背后有两个明显的原因：一是没有打开媒介技术，媒介技术、媒介、传播技术等相似概念在使用时不加区分，随意应用，但在具体表达时又往往透露出几种概念蕴含的差异。这产生了概念与所表达意义之间的矛盾。二是作为几个相似概念中的一员，媒介技术的边界不清楚，也就是本研究的这个对象应包含什么、不包含什么，学界尚无统一标准。

相似概念的区别通常源于外延的不同，而不是内涵的显著差异。相似概念不加区分产生混乱，其实也是外延没有界定清楚。所以，起码可以先从相似概念中总结出一个共有的，当然媒介技术也适用的基本内涵：处理信息的技术。与媒介技术相似的概念都适用于这个内涵，但仅用该内涵又无法区分相似概念。所以本章接下来聚焦媒介技术的语义，通过对媒介技术与媒介、传播技术、信息技术的对比分析，来界定媒介技术的外延。

第二节　媒介技术与媒介的区分

从19世纪中叶开始，媒介在英文中常用复数形式“media”，只在特指某种具体媒介时用单数“medium”。medium与middle对应的拉丁语都是medius，二者同源，都有中间、中介之意。作为媒介常解释为“中介体”（Intermediate agency）、“传播渠道”（channel of communication）[①]。可见medium最基本的意思是，让若干物之间建立起联系的那种存在物，即建立物与物之间联系的中介。这种词源定义下的medium可以是人也可以是其他物。相应地，媒介可以是自然物、技术甚至是人本身，建立的联系可以是作用力、场，也可以是信息。这种定义十分宽泛，随着媒介的发展和“媒介”一词用法的变化，又不断加入一些限定条件，使得定义范围进一步缩小。这些限定条件有针对媒介的，也有针对以媒介为中介建立联系的若干物的。对于不同限定条件下的媒介定义，英国文化研究学者雷蒙·威廉斯（Raymond Williams）做过总结[②]：

第一，宏观层次：“中介机构”或“中间物”。

---

① Online Etymology Dictionary, accessed October 20, 2013, http://www.etymonline.com/index.php?term=medium&allowed_in_frame=0.

② 雷蒙·威廉斯：《关键词：文化与社会的词汇》，刘建基译，生活·读书·新知三联书店，2005，第299-300页。

第二，微观层次：专指技术层面的媒介。

第三，微观层次：被认为用于做特定事的事业或机构。

其中，第三个定义指的是制度化的组织机构，“特定事”指的是向受众传播信息，通常指代“媒体”，还包括学校、教会等。不在本研究讨论范围内。

我们来分析威廉斯的媒介定义。宏观层次的媒介，威廉斯定义为“中介”，很明显是从“medium”的词源来的。笔者认为是合适的，但需要进一步细化说明：一般说来，宇宙是由物质、能量、信息组成。宏观媒介指让物与物建立起联系的中介。这个“联系”可以包括物质联系、能量联系、信息联系三种（当然，这三种联系往往不是单独出现的）。相应地，就需要物质中介、能量中介、信息中介三种媒介。宏观媒介可看作物质媒介、能量媒介、信息媒介之和。

威廉斯的微观层次媒介专指技术层面，并对专指技术的媒介进行了说明：媒介是物质的形式，也是依附其中的符号系统[①]。这就是说威廉斯定义的技术层面媒介（微观媒介），是由物质实体和符号系统两部分组成，符号系统必须依附在物质实体之上。威廉斯的微观媒介定义区分了媒介中的物质与符号，是十分有洞见的，但也是存在问题的。

问题有二：第一，威廉斯把微观媒介称作“技术层面的媒介”，又说媒介是物质的形式。显然，他所说的媒介是技术层面的物质。这源于对“技术”的狭义理解。威廉斯对于技术的理解依然是最直观的方式，把技术理解为技术物，即“技术∈物质实体”。目前，对技术本质的理解有很多，大体对应了两大类：实体性技术和非实体性技术。前者把技术规定为物质实体，后者把技术看成是知识技能。威廉斯笔下的媒介显然属于实体性技术。威廉斯在微观媒介的定义中所指的媒介物质形式，就是作为客体人工物的技术。他认为媒介是人为了进行信息活动，使用的技术人工物及其承载的符号系统。

但威廉斯的媒介定义没有包含身体技术这种显而易见的媒介形式。“身体信息技术也应该是指以身体为信息手段或媒介的技术，而不是以身体为信息对象或内容的技术。”[②]身体信息技术是“用身体去表达/传播”，而不是“对身体……”在用身体表达/传播的过程中，身体就是中介。在使用身体技术的时候，符号系统会依附于人的身体。身体信息技术就是

① 雷蒙·威廉斯：《关键词：文化与社会的词汇》，刘建基译，生活·读书·新知三联书店，2005，第300页。

② 肖峰：《论身体信息技术》，《科学技术哲学研究》2013年第1期，第67页。

身体运用符号的经验技能，属于非实体技术。例如口语，就是身体运用声音符号的技能。

第二，除了人工物与身体，符号所依附的物质实体还有自然物。自然物是物质，但不属于“技术层面”。远古人类在岩壁上作画，中国古代的摩崖石刻，都是直接以自然物为载体，在其上刻画出符号。

所以，威廉斯的微观媒介定义，优点在于区分了物质与符号，并指出符号依附于物质。缺点在于对技术和媒介“物质形式”的理解过于狭隘，导致在媒介定义中缺少身体和自然物这两种符号载体。

说明并完善威廉斯的媒介定义后，对媒介可重新理解如下：

宏观媒介：“物←中介→物”，物与物相互联系、相互作用的中介，“凭……来……”“用……去……”。这个相互作用，既包括信息作用，也包括能量和/或物质作用。

微观媒介：“主体←信息中介→客体”，主客体信息关系、信息作用的中介——信息中介。信息中介既包括物质实体，也包括符号系统，符号系统依附于物质实体。

作为信息中介的符号系统，可以再分为两部分：一类符号依附于人的身体，用身体技术表现，可以称为身体符号。例如口语符号依附于人的发声器官，用发声技术表现；手势符号依附于人的手，用手部活动表现；表情符号依附于人的脸，用面部活动表现。另一类符号依附于自然物或人工物，因其在身体之外，可以称为体外符号。文字、图像等都是常见的体外符号。

作为符号载体的物质实体，不妨称为载体系统。可以再分为三部分：身体、自然物和技术人工物。三者都可以承载符号。宏观媒介、微观媒介、符号系统、载体系统与媒介技术的关系（如图2-1）。

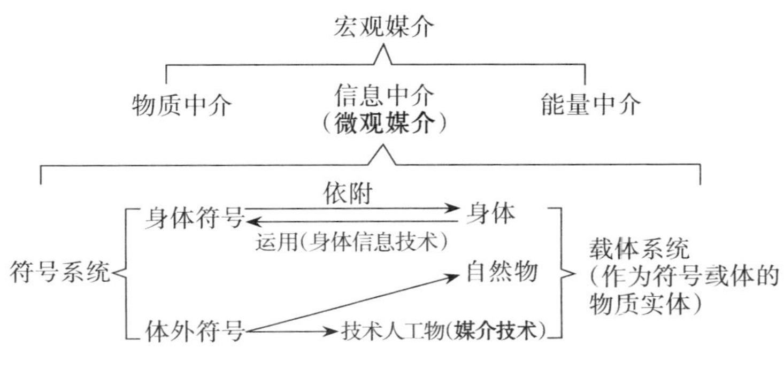

图2-1　媒介与媒介技术的关系

此处对媒介与媒介技术做下界定：下文所说的媒介，如无特殊说明，都指微观媒介，即信息中介，包括符号系统和载体系统。在媒介之下，承载体外符号的技术人工物称为媒介技术，属于载体系统的一部分。媒介技术就是作为媒介（信息中介）的技术人工物，是技术人工物形态的媒介（信息中介）。但在引用或论述他人观点的时候，以被引用内容的表述方式为准，不受此限制。

媒介由符号系统和载体系统两大类组成，以此两大类作为研究对象，会产生不同的媒介（技术）研究。有学者就把目前的媒介（技术）研究分为相互区分的两类[①]：第一类叫作语言研究，研究传播信息时的语言符号，在人类对语言进行研究之初就出现了。第二类叫作传播研究，出现晚于语言研究，是在以报纸、广播、电视为代表的大众传播出现后才出现，研究媒介技术作为一种工具在整个社会系统中产生的影响。

这两大类不同的媒介（技术）研究有三个方面的矛盾：第一，语言研究只能面对单一媒介（技术），符号、文字、图片只能分开讨论，与当代媒介技术走向组合化、复杂化、多媒体化相矛盾。语言研究从人类最初的传递信息的方式起始，所研究的对象很多是较为原始的媒介（技术）形式，故而语言研究所面对的是文字、图片、视频等单一媒介（技术）形式。而当代媒介技术的趋势是复杂化、集成化，这种单一媒介（技术）的研究突出了语言研究的固有缺陷。“先在地形成了当代语言学、符号学对现代传播方式的解释间距。人们用历时久远的、十分经典的语言学思想，去解释当今存在于多媒体环境中乃至负载于计算机、因特网上的诸形态的语符现象，这必然导致语言学解释的语境、语用错位。”[②]这个矛盾最典型的表现就是麦克卢汉著作晦涩难懂的表达方式。这是因为麦克卢汉不得不用印刷文字线性表达的单一逻辑来表现电子媒介的多元表达方式，所体现的矛盾就变成了麦克卢汉式的晦涩。第二，传播研究关注的是信息传播的媒介技术及其与社会的互动，而语言研究关注的则是传播的符号以及载体（包括媒介技术）。可见，“媒介研究中的语符学派，侧重关注各个类型、各类媒介原始形态的技术因素，忽略了媒介存活并发挥作用的社会建构和社会属性，进而也抹煞了人自身的社会属性对其接受和理解各类媒介语义的文化规定性”[③]。当代媒介技术是以技术系统的面目出现，“不仅要进行单一媒介语符的技术研究与理解，而且还要从

① 胡潇：《论当代媒介研究的哲学偏差》，《哲学动态》2009年第7期，第63-69页。
② 胡潇：《论当代媒介研究的哲学偏差》，《哲学动态》2009年第7期，第63-64页。
③ 胡潇：《论当代媒介研究的哲学偏差》，《哲学动态》2009年第7期，第65页。

社会经济、政治、文化、心理的方面进行综合的研究与理解”①。原来的“符号—媒介技术”二元研究已经明显不够，必须加入社会建构因素，形成“符号—媒介技术—社会”的三元研究。第三，语言研究是静态分析研究，传播研究是动态综合研究。语言研究在符号分析中认识媒介技术，媒介技术作为符号分析的因素，一般做静态研究即可。相反，传播研究从交往活动中认识媒介技术，将媒介技术放在传受双方的中心，“媒介同时负载着信源一方的编码和发播以及信宿一方的接收和解读，也伴随着信息通道上其他媒介和信源的信息介入与干扰，有信息的添加、丢弃与失真”②。媒介技术是技术本身、传者、受众综合建构出的过程。应该指出，由于当代媒介技术的内容、功能与介质相分离，让语言符号和传播工具可以自由组合。对媒介技术的研究，必须考虑不同媒介技术的不同组合要素。

在媒介与媒介技术的区分下对媒介技术研究做出说明：第一，本研究的首要研究对象是媒介技术，所以与上文所说的第二类研究大体相当。第二，以上介绍的两类研究，互相渗透，很难截然区分，故而在探讨语言符号和载体（媒介技术）关系时也会涉及第一类研究。第三，不会离开媒介技术探讨语言符号，作为本研究的对象，媒介技术的重要性一定大于语言符号。

第三节　媒介技术与传播技术、信息技术的区别

要区分媒介技术、传播技术、信息技术三者的不同，首先需明确三点：第一，不管学术概念还是大众话语，无论理论还是实践领域，三个关键词的使用都过于任意，缺乏统一性和规范性。第二，三个关键词的确是有区别的。第三，三个关键词在相当程度上可以互换，区别是相对的，属于有一定偏向性的特征化表现。下文从两个角度展开：一是从概念辨析上区分，二是从功能实践上区分。

一、媒介技术与传播技术的区别

在西方，传播作为动词最早源自拉丁语communicare，指“使普及大众”“传授”的意思。后来出现名词用法，用于指涉“普及大众”的行为与过程，意为向大众“传递与撒播信息”。17世纪末，开始出现“传播

① 胡潇：《论当代媒介研究的哲学偏差》，《哲学动态》2009年第7期，第65页。

② 胡潇：《论当代媒介研究的哲学偏差》，《哲学动态》2009年第7期，第66页。

媒介”“通讯工具”的含义。发展到20世纪，成为可以指涉媒介的概念，至此传播与媒介可以互换。Communication还有“交通”之义，这个“交通”非今日从一地到另一地运输之交通，而是取其本义“交流沟通”。传播与媒介都特别突出技术的层面，既包括作为人工物的技术，也包括运用身体符号的技术。同理，加上“技术”二字，传播技术与传播的区别和媒介技术与媒介的区别类似，指不含符号系统的传播技术物。从这个角度看，传播技术与媒介技术外延相当。

回到词源上看，首先，传播的“普及大众”“传递撒播”“交流沟通”之意蕴含着方向性，既包含了单向传播，又包含了双向共享[①]。例如人际传播就是双向交流、大众传播就是单向撒播。而媒介的“中介体”“中间物”含义则与方向性无涉。可见，从词源上看，传播技术包含方向性，媒介技术则没有。其次，传播技术体现的是传递撒播的行为与动作；而媒介本意为中介，强调连接功能与状态、相互作用的依据。再次，传播技术体现出“线/链”的特征，引导我们从线性角度理解技术；媒介技术却有“节点”、处在线或面的“中心”之意，更侧重从网（面）状角度诠释技术。

媒介技术带给人的不仅仅是技术物，尽管通常由多个技术部件组成，但整体大于局部之和，媒介技术的内容与功能在人面前更为显著，对人的作用更强。“媒介技术能把我们与它的内部世界联系起来，这个是媒介世界。”[②]媒介世界由媒介技术所表达的内容组成。例如电视，当人在看电视的时候，大家的注意力既不在电视的技术装置上，也不在电视外的真实世界，而是在于电视媒介的内容，在于电视图像塑造的媒介世界。所以，“媒介技术与其他技术的区别在于前者有创造想象环境的能力”[③]。媒介技术是包含潜在的想象世界（imaginative world）的技术，通过技术装置展示媒介内容，能让人感受到这种想象世界。

围绕能否塑造“想象世界”，媒介技术与传播技术在内容上能做出区分。“不是所有的传播技术都是媒介技术，但所有的媒介技术都是传播技

---

① 雷蒙·威廉斯：《关键词：文化与社会的词汇》，刘建基译，生活·读书·新知三联书店，2005，第74页。

② K. Best，“Redefining the Technology of Media：Actor，World，Relation，” *Techné* 14，no.2（2010）：146.

③ K. Best，“Redefining the Technology of Media：Actor, World，Relation，” *Techné*14，no.2（2010）：152.

术。”[①]因为媒介技术塑造的想象世界是基于人对传播信息的体验，离不开主体建构。但不是所有的传播技术都能提供足以建构人想象的信息，也就不能出现想象世界，故能不能塑造想象世界是区分媒介技术与传播技术的标志。例如，仪表盘、计数器上的指示面板，虽然指示了一些信息，但这些信息是简单的、直白的，不能给我们提供像书籍、电视一样的想象世界，所以就不是媒介技术而是传播技术。书籍通过传播文字信息塑造想象世界，电视通过传播图片信息塑造想象世界，所以此二者就是媒介技术，当然，同时也是传播技术。

可见，从包含的内容上看，媒介技术的外延比传播技术的小（见图2-2）。用虚线表示边界应做模糊理解，并且不是固定不变的。随着传播技术越来越图片化、形象化、多媒体化，随着虚拟现实传播技术的出现和普及，媒介技术与传播技术的外延正趋向相同。

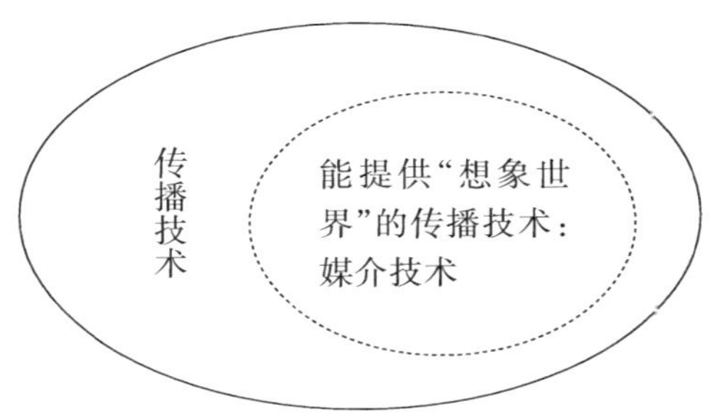

图2-2　传播技术与媒介技术在内容上的区别

但是，从功能上看，媒介技术与传播技术的外延则正好相反。不管是传播技术还是媒介技术，都与信息相关。处理信息对应有三大功能：信息传播、信息存储和信息计算。不少传播技术和媒介技术都具备这三大功能，但在具体使用的时候对人表现出不同的功能侧重。传播技术指仅突出传播功能的技术，存储与运算基本不涉及；媒介技术则主要突出传播和存储两项功能，运算功能较少涉及。例如纯光学望远镜带给人的功能是传播，没有存储与运算功能，故只能叫作传播技术；电子仪表盘对人有用的功能是传播，虽然电子设备也具有存储功能和运算功能，但此二项功能的有无与多少人们并不关心，故通常叫作传播技术。但印刷媒介的传播功能与存储功能对人都很重要，故更准确的叫法是媒介技术

① K. Best，“Redefining the Technology of Media：Actor, World，Relation，” *Techné* 14，no.2（2010）：153.

而不是传播技术。

这样区分并不是说媒介技术与传播技术泾渭分明，区别只存在于具体使用的时候。如果单单突出传播功能，最好称为传播技术；如果突出传播、存储两种功能，称为媒介技术更贴切。可见，即便实际上差不多，但由于在使用时功能侧重不同，就决定了传播技术与媒介技术的区别。这种功能侧重角度的区别，是在具体使用中体现的。首要体现传播功能的是传播技术，媒介技术则既能体现传播功能也能体现存储功能，还能体现二者之和。所以，从功能上看，传播技术的外延比媒介技术小，媒介技术包含传播技术（见图2-3）。

图2-3　传播技术与媒介技术在功能上的区别

二、媒介技术与信息技术的区别

当今，对信息技术最普遍的理解就是计算机技术加上网络技术，英语简称为IT技术。《信息技术词典》指出："信息技术（information technology）指的是利用计算机、网络等现代通信手段，来获取信息、存储信息、处理信息、传递信息、显示信息和分配信息的相关技术。"[①]明确规定信息技术就是数字信息的技术。这属于现代信息技术，其外延明显小于媒介技术。哲学研究的信息技术是所有涉及信息传播、计算、存储等功能的技术，包括传统信息技术和现代信息技术。

技术大体可以分为两类：技术物（实体形态）和身体技术（非实体形态，如技艺）。对于信息技术，对应也能分为器具信息技术和身体信息技术[②]。在前文媒介与媒介技术的区分中已经论证，身体信息技术与媒介

① 郭建波、郭建中：《信息技术词典》，化学工业出版社，2004，第441页。

② 肖峰：《信息技术的哲学含义》，《东北大学学报》（社会科学版）2012年第4期，第283-288页。

技术不同。需要区分的就只剩器具信息技术和媒介技术。器具信息技术就是日常讨论的信息技术物，属于狭义信息技术，下文直接简称为信息技术。信息技术是用于处理信息的技术人工物，不包含符号系统和身体信息技术，故信息技术与媒介技术外延相当。

第一步从概念辨析上来区分信息技术与媒介技术。

首先，“信息技术”一词突出了技术处理的对象、技术的内容——信息。媒介技术强调的是技术以信息中介的方式连接主客体的作用，虽然连接主客体靠的是信息，但真正强调的是连接本身。信息技术侧重信息这种“内容”，媒介技术侧重连接这种“形式”。

其次，现代信息技术处理信息，指的是传播、计算、存储三大功能，此三大功能对应的具体技术分别是传输设备、中央处理器、内存硬盘。这三项技术的定义清晰且规范，所以现代信息技术的内涵与外延较之媒介技术更清晰更准确。

最后，信息是与物质、能量并称的宇宙三大基石，是自然科学的基础研究对象。可见，信息技术这一概念的科学意味更强。人文社会领域和大众领域使用的“信息技术”一词，正是从自然科学和工程技术而来。而“媒介技术”一词来自传播学，在主流传播学里经常与媒体混淆，在传播学批判学派中也往往和文化、意识形态混合。其科学性、工程技术性较弱，几乎不用于自然科学。

第二步从功能实践的角度区分信息技术与媒介技术，通过在具体使用中所体现的功能偏向来确定信息技术和媒介技术的外延关系。

口语只有传播功能，书写发明以后增加了存储功能，电子技术又开始带来计算功能。信息技术这个概念是在数字技术问世之后才普遍使用的，虽然可以包括所有的信息相关技术，但首要突出的是计算功能。与传播技术的情况类似，信息技术虽然包括传播、存储、计算三大功能，但人们在使用这个词的时候往往首先突出计算功能，就像传播技术突出传播功能一样。媒介技术同样拥有传播、存储、计算三种功能，但在功能偏向上处在传播技术与信息技术之间，在三种功能间可以自由分配权重。不过，在具体使用的时候较常突出传播功能和存储功能。所以，在使用功能上，信息技术的外延比媒介技术小，媒介技术包含信息技术（见图2–4）。

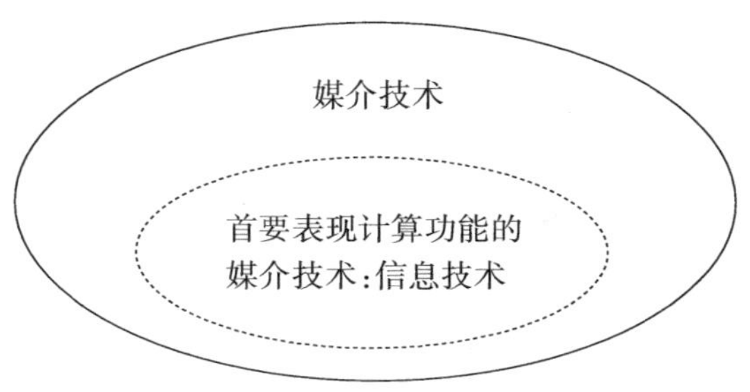

图2-4　信息技术与媒介技术在功能上的区别

用一个例子来说明信息技术与媒介技术的区别：智能照明系统中的数字传感器可以感应室内的光线以及人员活动情况，感应结果在传感器中进行计算，从而控制灯的开关与明暗。这个过程是传感器和环境之间的信息流动，人是不参与的，传感器起不到信息中介连接人的作用。另外，传感器工作的重点是对环境信息进行合理的提取与计算，即便需要即时的存储，也绝不是主要的功能，更不会存在传感器与人的信息传播，因为传播就意味着人的参与，调节光线还要时时躬亲，何来“智能”？所以，智能照明系统不管是从概念语义的角度（不是连接人的信息中介——媒介），还是从功能实践的角度（功能不在于存储和与人的传播），都适合归为信息技术而不是媒介技术。

第三章 媒介技术本体论

本体论是哲学研究的基础与起点，媒介技术哲学研究首先面对的也是本体论问题。本体论研究历史悠久，产生了许多不同的理解。本章是从常规意义上来理解本体论，即事物的客观状态。媒介技术本体论是对媒介技术的客观状况进行的研究，主要是揭示媒介技术的特征和规律，从而弄清楚作为一种客观实在的媒介技术所具有的独特内涵。

第一节 媒介技术本体论探讨的历史发展

迄今为止，媒介技术研究形成了四个具有代表性的学派：社会学芝加哥学派、传播学实证学派（或称经验学派、结构功能主义）和批判学派、媒介环境学派（或称技术主义范式）。媒介技术本体论作为后续研究的基础与起点，四大学派纷纷进行了各具特色的本体论研究。

一、社会学芝加哥学派的媒介技术本体论

社会学芝加哥学派是最早系统研究媒介技术的学派，诞生于19世纪和20世纪之交的美国，依托于芝加哥大学社会学研究所。芝加哥学派在社会学研究中发现传播媒介的力量，进而关注在人的社会化过程中媒介技术的作用。因为关注的是媒介技术宏观的、整体的作用，所以缺乏具体的分析，对媒介技术本质的研究也较为简单直接，只是停留在下定义的阶段。芝加哥学派的库利对媒介技术下过这样的定义："手势、讲话、写作、印刷、信件、电话、电报、摄像术以及艺术与科学的手段，即所有能把思想和情感由这个人传给那个人的方式。""人类关系赖以存在和发展的手段，即头脑中的所有信号，以及穿越空间传送它们和在时间中保存它们的手段。"[①]在库利的定义中，媒介技术包含技术人工物，也包含身体技术；媒介技术既有传播功能也有存储功能，在人与人之间传播；媒介技术是人类生存须臾不可缺少的。这个定义很有代表性，影响之后几乎所有的媒介技术本体论研究。学派可能有别，范式也许不同，但都

① C. Cooley，*Social Organization：A Study of the Larger Mind*（New York: Charles Scribner's Sons, 1967），p.61.

绕不过库利定义中的几个要点：包含什么、有什么功能、作用有多大，区别只在是否同意库利的结论，或从什么角度展开对库利要点的研究。

二、传播学实证学派的媒介技术本体论

对于芝加哥学派来说，媒介技术的研究只是其社会学研究的“副业”，其“直系后代”传播学实证学派把传播学作为学术阵地，首次把媒介技术作为研究的主要对象之一。实证学派产生于第二次世界大战结束，兴起于美国，至今仍是传播学的主流。实证学派的媒介技术研究继承了近代哲学的实证主义传统。实证主义怀疑一切先验的结论，反对未经经验检验的架构设计，认为人能认识客观存在，认识客观存在的唯一方式是经验证实。实证主义深受自然科学的影响，推崇量的精确分析，通过计算逐渐接近真理，对不能量化的质变不感兴趣。世界没有飞跃，一切都是量的积累。传播学实证学派认为：“人和社会的各方面要素都可以量化；经验事实是客观存在的，研究者可以而且应该对之做出纯客观的描述。他们研究的是传播内容及其社会影响，以及产生这些影响的条件。”[①]实证学派的媒介技术研究侧重其承载的内容和效果，对技术本身较为轻视。传播学之父威尔伯·施拉姆（Wilbur Schramm）的观点最有代表性：“媒介是插入传播过程的中介，是用以扩大并延伸信息传送的工具。”[②]传播过程是目的，媒介技术的用处是传送信息，信息顺利流过，任务也就完成了。没有提及媒介技术其他作用，只是作为中性工具存在。施拉姆借批评麦克卢汉进一步表达其观点：“虽然他强调媒介本身的作用值得赞扬，但是研究结果发现，和媒介传播效果的变异相比，讯息传播作用的变异要大得多。”[③]言外之意是媒介技术的研究重点在内容（讯息）所产生的效果上，而不在技术及其效果上，区区一种工具不值得大书特书。芝加哥学派和实证学派的媒介技术观，本质上都属于工具论。

三、传播学批判学派的媒介技术本体论

当实证学派在北美如日中天的时候，欧洲崛起了实证学派最大的对手——批判学派。批判学派诞生于两次世界大战之间，在20世纪60年代

---

① 李明伟：《作为一个研究范式的媒介环境学派》，《国际新闻界》2008年第1期，第55页。

② 威尔伯·施拉姆、威廉·波特：《传播学概论》，何道宽译，中国人民大学出版社，2010，第134-135页。

③ 威尔伯·施拉姆、威廉·波特：《传播学概论》，何道宽译，中国人民大学出版社，2010，第130页。

达到高潮。批判学派的媒介技术研究，继承了人本主义哲学传统和西方马克思主义思想。实证主义认为真理必须建立在经验证实基础上，运用自然科学的方法得到，这就使人为的因素无处可居。不同于实证主义完全排除人的主观性，人本主义“主要关心的是人文世界特别是人的内心世界，以及人生活的目的、信念和理想，人的情感、道德、审美等一系列关系到人生存和发展的根本价值”[①]。人本主义践行着康德对人的那个著名期盼——人要始终作为目的，而不是手段。批判学派看到人有社会性和历史性，媒介技术研究与人相关，不可能严守物的自然律，与人交涉必定难保价值中立。媒介技术中充满资本所有者的意识形态控制，有强烈的集团价值偏向。由此，批判学派“主要研究大众媒介的所有权，尤其是政治和经济组织对媒介的控制及其在媒介内容的生产、销售和获取上发挥的重要作用”[②]。实证学派与批判学派都把媒介技术的本质看作是工具，不同的是前者将其当作价值中立的工具，后者将其当作体现媒介技术所有者利益的工具。在批判学派看来，资本主义社会的大众媒介技术所有者都是政治与经济组织（也就是权力与资本）。这些组织的利益是在经济上更多地攫取剩余价值，在政治上维护资本统治的合法性，在文化上通过文化工业控制社会与文化意识。可见，批判学派定义的媒介技术本质是：媒介技术是经济控制的工具、意识形态控制的工具。

四、媒介环境学派的媒介技术本体论

四大学派中，真正把媒介技术作为核心研究对象的当属媒介环境学派。媒介环境学诞生于20世纪60年代的北美，代表人物是麦克卢汉、伊尼斯、莱文森等。媒介环境学派一般被看作传播学流派，但其研究成果包含大量技术史、技术哲学思想。在媒介技术研究领域是技术主义范式的代表。不妨将其看作是一个传播学和技术哲学的交叉学派。媒介环境学派在媒介技术本体论上有很多理论建树，对今天的媒介研究乃至技术哲学影响颇大。

（一）泛媒介论

关于各种媒介技术的研究，首要的就是媒介技术研究的范围，即哪些技术算作媒介技术。媒介环境学派普遍持“泛媒介论”，就是不严格地

---

① 梅琼林：《批判学派与经验学派方法论的比较分析》，《当代传播》2008年第5期，第15页。

② 刘建明：《媒介环境学理论范式：局限与突破》，《武汉大学学报》（人文科学版）2009年第3期，第377页。

区分媒介技术与其他技术的差异，把人造物普遍看作媒介技术。“泛媒介论”以伊尼斯、麦克卢汉的媒介技术本体论为代表。

严格来说，伊尼斯和麦克卢汉都没有明确定义媒介技术究竟是什么。伊尼斯的媒介技术研究中有石头、莎草、泥板、羊皮等，有的已经明显不属于通常意义上的媒介技术。麦克卢汉在“泛媒介论”中走得更远，在其代表作《理解媒介：论人的延伸》中，麦克卢汉把口语、字母、道路、服装、住宅、货币、时钟、轮子、游戏等都归入媒介技术①，并进一步认为“人的一切人工制品，包括语言、法律、思想、假设、工具、衣服、电脑等，都是人体的延伸”②。在麦克卢汉这里，媒介技术不仅超出了与技术的界限，甚至超出了与物质的界限，也就是说，所有人为的——不论是否属于技术、是否属于物质——都是媒介。

“泛媒介论”的自然逻辑延伸就是媒介与技术等同。因为麦克卢汉把媒介技术看作是人的延伸，他又说：“这些人力的放大形式，人被神化的各种表现，我认为就是技术。”③所以在对人的延伸和放大上，媒介等同于技术。在麦克卢汉“泛媒介论”的本体论观点里，媒介技术与技术、文化重合在一起。

另一位媒介环境学派代表学者梅罗维茨也对媒介技术进行了研究：“传播媒介这个术语，指除了直接的面对面传播模式外，信息在人中间传播的所有渠道和手段。我使用这个术语时，书信、电报、电话和收音机都是媒介的实例；语言和非语言行为则不是。媒介同时是许多东西：技术、文化制品、个人财产、存储和检索文化内容与形式的载体，以及政治和经济工具。”④梅罗维茨理论中的媒介技术不包括面对面传播的模式，也就是排除了口语与手势。但他进一步把文化制品、财产、政治和经济工具纳入媒介技术本质的研究视域内，在“泛媒介论”上走得更远。梅罗维茨认为的媒介技术就是一切用于传播的物质与制度手段。

（二）延伸论

“媒介是人的延伸”这个“神谕”式的警句包含很多内容，可称为整

---

① 马歇尔·麦克卢汉：《理解媒介——论人的延伸》，何道宽译，商务印书馆，2000，目录。

② 斯蒂芬妮·麦克卢汉等编《麦克卢汉如是说：理解我》，何道宽译，中国人民大学出版社，2006，第192页。

③ 斯蒂芬妮·麦克卢汉等编《麦克卢汉如是说：理解我》，何道宽译，中国人民大学出版社，2006，第39-40页。

④ 约书亚·梅罗维茨：《消失的地域：电子媒介对社会行为的影响》，肖志军译，清华大学出版社，2002，第321页。

个媒介环境学派对媒介技术本身做全面研究的纲领。

首先，“媒介是人的延伸”作为麦克卢汉在本体论层面上的提炼，包含两个方面[①]。一是媒介技术存在论。媒介技术存在论具体又包括两方面：第一，媒介技术以对人体器官的延伸而存在。媒介技术分别延伸人的运动、感觉、神经器官，例如轮子延伸人的行走，进而发展为马车、火车、汽车等，直到今天宇宙飞船把运动延伸到宇宙。文字延伸人的视觉，例如广播、电话能延伸人的听觉，电视则既能延伸听觉又能延伸视觉。发展到网络技术后，延伸进入第三个阶段——中枢神经延伸，网络技术的每个节点都相当于神经中的节点，整个网络技术相连就相当于神经节点的连接。网络技术模拟神经系统建立了一个“外脑”，人的意识会摆脱身体的限制和机械技术的限制，与“外脑”无缝连接，在内外脑边界上自由驰骋。第二，对人体器官延伸的自然结果就是对器官官能的替代。轮子延伸运动，发展到今天以多种方式替代行走，远距离有火车、汽车，近距离有电动车、自行车，哪怕走入室内，还有两轮或一轮的电动迷你车。照此发展，未来人的运动官能终会被技术所代替。同样，媒介技术也会替代人的感觉官能。这种情况在伊德的“人—机”解释关系中已有举例：温度计替代了人的感觉，让人在暖气房中间接“感觉”外部的温度；盖革计数器可以发现并测量辐射程度，替代感官的直接感受，以免感觉官能受损，况且感官也不能精确测量。当网络技术发展到人的意识能在内、外脑之间来去自由的状态时，就实现了对神经官能的替代，大脑已经可以不需要身体神经的配合就能直接指挥网络技术组成的“外部神经”。进一步发展下去，网络技术系统的“大脑”也许会绕过人脑发号施令。到那时，网络技术就替代了最大的神经官能——人脑。

二是媒介技术本质论。“媒介是人的延伸”，从本质论来看可得出媒介技术本质是以人为标准来界定的，这是一种人本学的本质论。人本学认为：“人是一切与人有关事物的衡量评判者或标准，是那些事物‘是什么’的评判标准，也是那些事物‘不是什么’的评判标准。”[②]以人为标准衡量某一技术，如果此技术延伸了人的器官、运动、神经、思想等任一方面，也就是“这样的延伸是器官、感官或曰功能的强化和放大”[③]，

① 李曦珍、楚雪：《媒介与人类的互动延伸——麦克卢汉主义人本的进化的媒介技术本体论批判》，《自然辩证法研究》2012年第5期，第30-34页。

② 杨适：《古希腊哲学探本》，商务印书馆，2003，第274页。

③ 埃里克·麦克卢汉、弗兰克·秦格龙编《麦克卢汉精粹》，何道宽译，南京大学出版社，2000，第277页。

就能说此技术是媒介技术。如果说存在论的“媒介是人的延伸”表现出媒介技术的可能性——有什么延伸的可能就有成为什么媒介技术的可能，那么本质论的“媒介是人的延伸”则说明媒介技术的规定性，媒介技术强化和放大人体功能，可称为人体外的功能有机体。

需要说明的是，尽管麦克卢汉的“延伸论”意义非凡，但之前已有马克思的“无机身体”和卡普的“器官投影说”。虽然无证据表明“延伸论”源自“无机身体”和“器官投影说”，但区分三个相似的概念还是有必要的。“无机身体”和“器官投影”内含一种主客二分的视角，无机身体对应的一定是有机身体，投影对应的一定是投影的“原物”——器官。这种对应表现为技术与人的主客二分：作为主体的有机身体和器官与作为客体的无机身体和投影。“二分的视角暗示了某种现成的人性观，预先接受了一种人与非人之间的确定的边界，所需讨论的似乎只是在这边界的两端如何相互关联和对应的问题。”[①]而延伸论特指人与媒介技术的融合性，如果给从人延伸到媒介技术画出一条曲线，一定表现为连续性的平滑曲线。在延伸的路上不存在一条截然的“人—机”分界线，也就不存在截然的主客二分。

其次，“人是媒介的延伸”作为“媒介是人的延伸”的逆转命题，是麦克卢汉媒介技术本体论的另一面。“人是媒介的延伸”也分为两个方面[②]：第一，人的存在与本质由媒介技术的进化决定。人自身的进化动辄几百万年，在人类文明的几千年里考虑身体进化问题没有意义。并且从生理上看，人与哺乳动物没有截然的分界线。人与动物进化的不同在于“动物的进化大部分（虽然不是全部）通过器官（或行为）的改变或新器官（或行为）的出现来进行。人类的进化大部分通过发展人体或人身之外的新器官来进行，生物学家称为‘体外地’或‘人身外地’进行。这些新器官是工具、武器、机器或房子”[③]。与动物的生理机能决定本质不同，人的进化依靠的是技术的进化，人的存在与本质是由技术进化所赋予的。当代人与古代人在身体上没有差别，但由于使用的技术不同，就有不同的存在与本质。例如古代人用手抄书，记录下的人与事以文字形式存在，知识分子同时顶着“抄书人”的头衔；当代人受数字媒介影响，

① 胡翌霖：《麦克卢汉媒介存在论初探》，《国际新闻界》2014年第2期，第72–73页。

② 李曦珍、楚雪：《媒介与人类的互动延伸——麦克卢汉主义人本的进化的媒介技术本体论批判》，《自然辩证法研究》2012年第5期，第30–34页。

③ 卡尔·波普尔：《客观知识：一个进化论的研究》，舒炜光等译，上海译文出版社，1987，第250页。

以数字化形式存在，成为“数字人”。今天，人与人身体之间的差异更小，同样由于使用的技术不同而产生相异的存在与本质。当今，城乡学生的知识差距呈扩大趋势，接触技术的多寡不同是个十分重要的原因。

第二，人的存在与本质由技术进化决定，逐渐发展成——用麦克卢汉的比喻来说——人是媒介技术的生殖器。人与媒介技术的关系逐渐发生了主客体逆转：从“人（主体）—媒介技术（客体）”变为“媒介技术（主体）—人（客体）”。这种人的主体性消失，主要表现为人正在走向虚拟化、数字化、比特化存在。这是适应数字媒介的结果，数字媒介在这个关系中处于支配地位。这种人与数字媒介的主客体逆转，表现为在制度制定上人对数字媒介的妥协。人不得不顺应数字媒介的发展，以牺牲真实社会身份的代价来不断强化个人的数字身份。例如2015年3月1日网信办颁布的网名规范制度《互联网用户账号名称管理规定》，表面上看这是规范网络名称的有利之举，人与网络技术都将受益。但这种看法就像把技术仅看作工具一样，虽然是对的，但没有把握到真实。此规定传递出一个深层意思：面对网络名称的乱象，不是通过废除的方法来彰显人的“主体力”，而是对数字媒介现象被动妥协或防御。人无法抵抗数字的“如来手掌”，只能想办法在“五指山”下尽量待得舒服点。这种主客体逆转，支配地位倒置，人逐渐被纳入到数字媒介框架内的趋势任由发展，会产生什么结果，不得而知。香港作家倪匡在20世纪60年代出版过一部科幻小说《原子空间》，预言了人与数字媒介关系逆转的终极形式。我们可以通过这部文学作品来管窥一二：在一个文明远远高于地球的星体上生活着一种生命——永恒星人。永恒星人没有身体，只以电波的形式存在于空间中。这种无身体的生命形式是进化而来的。随着数字媒介的发展，身体就变得愈发碍事了，永恒星人需要进化以便更好地使用数字媒介。通过排除身体的干扰，使意识更加直接地连接到数字媒介上，最终永恒星人把身体进化掉，变得完全数字化，以便达到数字媒介带来的随心所欲的存在方式。地球人如果也走这条路，人的本体就会很成问题。成中英给“本体”二字做过解释[①]：认为本体是整体，是事物的最初根源，当下存在并发出生命力，内在于事物但超越个体。这四个规定包含两个意思：一个是事物产生的根源，也就是“本”，指向时间延续；一个是事物存在的状况，也就是“体”，指向空间延展。可见走向数字化的身体进化虽有时间的起点与延续，但最终没了空间延展。这种进

① 成中英主编《本体与诠释》，生活·读书·新知三联书店，2000，第134页。

化趋势最终将导致人的本体论困境——本体无体。

（三）媒介存在论

我国青年学者胡翌霖提出的“媒介存在论”，也走了与媒介环境学派类似的技术主义路径来探讨本体论。“媒介存在论”是以存在主义哲学为理论基础的媒介技术本体论研究。近代哲学一个显著特征是主客二分，一头是作为思维的“我思”，另一头是作为存在的“物质”。不论研究的是思维还是存在，首先要把二者清晰区分，然后或从思维中找到世界的规定性，或从存在中找到世界的规定性。近代哲学视阈下的媒介技术研究是先把人与媒介技术分隔开，人是二者关系的主动发起方，媒介技术则是二者关系的被动承受方，再从中找出媒介技术的规定性。存在主义哲学是“人首先存在着，遭遇他们自身，出现在世界之中，然后再规定他们自己。首先，一个人存在，然后我们成为我们所创造的东西”①。存在主义反对近代哲学的主客二分，指出一方是另一方存在的条件；并且反对静态固定的规定性研究，旨在动态的变化中描述事物存在的历史性。存在主义的媒介技术研究把人与媒介技术连在一起，看二者之间的作用造就出什么结果，这一结果既是媒介技术的存在，也是人的存在。媒介技术的存在在人的“世界之中”被“造就”，人的存在在媒介技术的“世界之中”被“造就”，这就是麦克卢汉所说的“我们塑造了工具，此后工具又塑造了我们”②。媒介环境学的“媒介技术是人的环境”和“人是媒介技术的环境”思想，就体现了这种媒介存在论的观点：不同媒介技术的信息传播模式不同，要求人的信息接收能力也就不同。久而久之，人的存在状态——最少是信息活动的存在状态——就变成媒介技术所要求的那样了。同时，人给媒介技术发展赋予目的性，按照我们想要的状态塑造媒介技术，这对媒介技术的存在状态起到建构作用。

第二节　媒介技术内涵辨析

通过上一章的分析发现，媒介技术与相似概念的区别在外延部分，在内涵方面是趋同的。通过本章第一节对媒介技术本体论诸研究的梳理，发现本体论研究虽然跨越了不同学派，依托于不同的技术观，也给出了

① 撒穆尔·斯通普夫、詹姆斯·菲泽：《西方哲学史》（第7版），丁三东等译，中华书局，2005，第682页。

② 马歇尔·麦克卢汉：《理解媒介——论人的延伸》，何道宽译，商务印书馆，2000，第17页。

不同视角的答案，但仍然留有两个缺口，一是缺少媒介技术在所有技术中的定位，二是缺少从媒介技术与其他类别技术的对比中进行的内涵辨析。

一、媒介技术在技术分类中的位置

陈昌曙先生认为技术首先可以分为广义技术和狭义技术。狭义技术就是常说的技术，是针对人与自然关系的技术，可称为自然技术。广义技术是指在一切人类活动中行之有效的各种方法的整体，除了包括狭义技术外，还包括社会技术[①]。本研究讨论的媒介技术无疑属于自然技术。

陈昌曙先生进一步指出，技术系统由实体要素、智能要素和工艺要素构成。实体要素指工具、机器、设备等物质实体，智能要素包括知识、经验、技能，工艺要素用来表征实体、智能要素的结合方式和运作状态[②]。这三个要素对技术系统来说是不能分的，共存在一起。但对于具体技术，则能用三要素来进行分类，除了表征程度的工艺要素，实体要素对应于实体技术，智能要素对应于智能技术（不是今天常说的人工智能）。所以，自然技术就能分为实体技术和智能技术。

媒介技术是技术人工物，属于实体技术。如果把实体技术按照物质、能量、信息再分类，媒介技术是处理信息的技术，对应的其他实体技术就是处理物质和能量的技术，可合并称为质能技术或生产技术。

通过对技术的分类，可以确定媒介技术在技术家谱中的位置（见图3-1）。

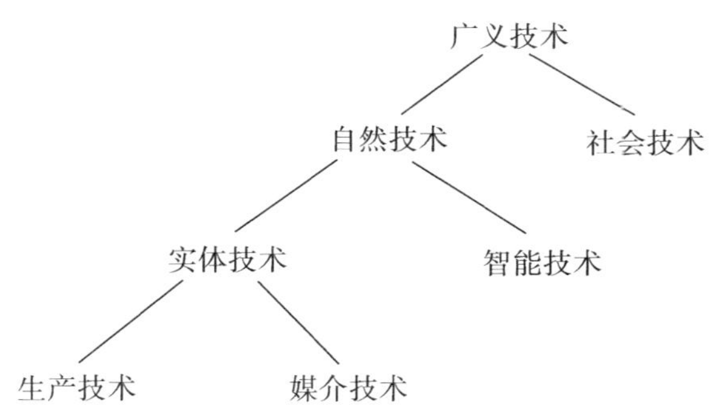

图3-1　媒介技术在技术分类之一中的位置

如果对自然技术，不以技术系统的三要素进行分类，而先以自然技术处理的对象来分类，可分为处理物质和能量的生产技术、处理信息的

① 陈昌曙：《技术哲学引论》，科学出版社，1999，第95页。

② 陈昌曙：《技术哲学引论》，科学出版社，1999，第96-100页。

媒介技术。然后再以技术系统三要素进行区分，可以把生产技术分为生产实体技术与生产智能技术，把媒介分为信息智能技术与媒介技术（见图3-2）。

信息智能技术与身体信息技术相似，都指处理信息的经验技能。身体信息技术已经与媒介技术进行过区分。接下来，媒介技术的内涵将体现在“技术分类一”中与生产技术的区分上。

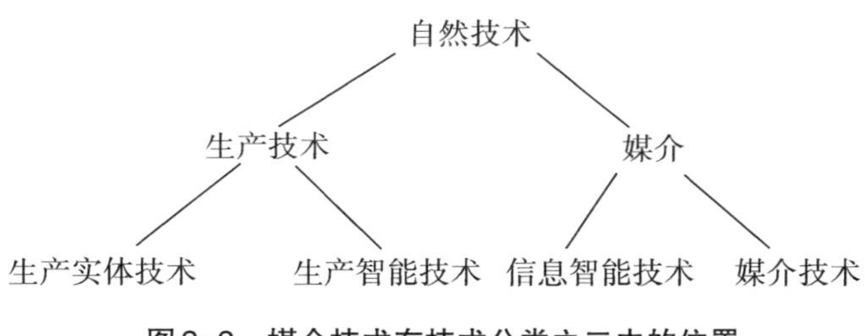

图3-2　媒介技术在技术分类之二中的位置

二、个人层面媒介技术与生产技术的内涵区分

媒介技术与生产技术的区别首先体现在认知层面。

（一）技术形式体现认知

美国媒介研究学者、媒介环境学派代表人物保罗·莱文森（Paul Levinson）认为，知识必须依托技术存在，“一切知识在一定意义上都取决于技术；不仅如此，我们还要有力地断言：如果没有技术，人的知识就不可能存在”[①]。人的思想必须通过某种方式表达并固化下来才能成为知识，只在脑中的思想对人这种社会动物没有实在意义，即使说出来，被他人所听到也没什么用。一方面由于口语传播范围有限，另一方面随着听到的人忘却、死亡，知识也随之灰飞烟灭，所以必须借助实物，思想才能变为知识。或者记录下来，如书写，或者依照知识做出技术物，如依照热胀冷缩原理做出温度计。显然后一种方式更好，“其中的思想与外在现实冲突之后保存了下来，因而在一定程度上能够准确地描绘或解释外在的现实”[②]。记录的思想可能是错的，但只要能用技术实现，其所蕴含的知识就一定是符合自然规律的。技术不仅能体现知识，还能对知

① 保罗·莱文森：《思想无羁——技术时代的认识论》，何道宽译，南京大学出版社，2003，第103页。

② 保罗·莱文森：《思想无羁——技术时代的认识论》，何道宽译，南京大学出版社，2003，第117页。

识纠错。永动机知识可以记录，但不能用技术实现。故“知识的物质表现形式，对知识的构成和增长，至少产生两个相互联系的后果：首先，知识永远保存下来。第二，知识在实践中实行了。每一种技术既是其表现的知识的永恒化/具体化，又是知识的实行/应用”①。通过技术的检验，知识可以分为三种情况：“（1）未经体现的知识；（2）业经体现但失败或行不通的知识；（3）业经体现而且以某种最低限度的准确的方式行得通的知识。”②所以，技术在个人精神层面可以看作是保存/体现知识的方式，人通过这种方式对（检验为真的）知识进行认知。

（二）媒介技术与生产技术在认知上的区别

技术体现知识是从形式层面实现的，生产技术的内容一般都是对物质的改造或/和能量的转移。如蒸汽机的原理体现在热蒸汽膨胀的力推动活塞上，这是蒸汽机的形式，而蒸汽机的内容是拉火车、抽水、开动纺织机等。人通过蒸汽机的形式认知蒸汽的知识，而不是通过蒸汽机干什么来认知，况且蒸汽机的内容也不包含知识。传统上讲，媒介技术作为技术的一个部类，自然与生产技术一样，形式体现知识。如电报就体现了电信号远距离即时传播的原理，人通过电报这个技术，就能认知电信号的这个知识。但与生产技术不同，电报的内容不是物质改造或能量转移，而是传播信息，这些信息是为了让人认知。所以，媒介技术的形式体现知识，且内容传播信息，形式与内容都指向人的认知。人通过技术的形式得到认知，对于媒介技术，除了形式，还能通过内容得到认知，所以媒介技术是“超认知技术”或“双重认知技术”（metacognitive or doublecognitive devices）③。

生产技术的内容是具象的，媒介技术传播的内容完全是抽象的，“抽象的观念几乎完全依赖传播，传播则完全依赖抽象”④。抽象分为对具象的抽象和完全抽象两种，传播“一把斧子”的信息就是把具象内容抽象化，之后才能进行传播，像“正义”这样的抽象属于完全抽象，没有具象的对应物，故只能依赖媒介技术。

---

① 保罗·莱文森：《思想无羁——技术时代的认识论》，何道宽译，南京大学出版社，2003，第115-116页。

② 保罗·莱文森：《思想无羁——技术时代的认识论》，何道宽译，南京大学出版社，2003，第117-118页。

③ 保罗·莱文森：《思想无羁——技术时代的认识论》，何道宽译，南京大学出版社，2003，第134页。

④ 保罗·莱文森：《思想无羁——技术时代的认识论》，何道宽译，南京大学出版社，2003，第153页。

三、人际层面媒介技术与生产技术的内涵区分

媒介技术内涵与生产技术内涵的另一个区别体现在人际关系层面。

马克思在《德意志意识形态》中认为社会的本质是关系，人的本质在于社会关系，“费尔巴哈把宗教的本质归结于人的本质。但是，人的本质不是单个人所固有的抽象物，在其现实性上，它是一切社会关系的总和”[①]。马克思认为实现人的本质——社会关系——有两条路径：一是自身繁衍，繁衍形成血缘关系，人与动物共有。二是生产劳动，“一当人开始生产自己的生活资料，即迈出由他们的肉体组织所决定的这一步的时候，人本身就开始把自己和动物区别开来”[②]。生产劳动区别了人与动物，而人的劳动与动物活动区分的标志是技术。人的生产劳动是技术劳动，技术关系是生产劳动所产生的关系中的关键。所以，人的本质是社会关系，社会关系由血缘关系与劳动关系组成，技术关系是劳动关系中的核心。技术关系属于劳动关系，劳动关系属于社会关系（人的本质）。技术是构成人的本质的基础之一，所有的技术在人际层面上看都产生技术关系。技术关系为人所特有，在当代这个技术社会尤其重要。

婚姻关系与阶级关系也能归入血缘关系与技术关系。婚姻关系如果按照恩格斯的解释可以归入血缘关系：维护财产继承的婚姻本质是为了使自己的血缘发展得更好，血缘关系是婚姻关系的目的。另外，如果按照进化论解释可以把婚姻关系归入技术关系：“在远古时代，也有武器利于弱者的时刻。……人类为什么走向一夫一妻制了，是因为人类这个物种率先摸到了武器。当大家都有了武器的时候，强者也害怕。这样男性之间完成了一种妥协……理性的思考使人类社会中的强者也认识到不能垄断性资源。”[③]在武器产生后，强男与弱男由于武器建立的技术关系打破了原先的实力对比，最终双方妥协，技术是婚姻关系的原因。阶级关系同样可以归入技术关系，阶级的产生源于分工、私有制、对生产资料的不平等占有，所以阶级关系的产生是因为技术不同（分工）与占有的生产资料（技术物）的不同决定的，这是围绕技术产生的关系。

围绕技术所产生的人际关系是人与社会存在的本质之一，技术在人际层面上的本质是组成社会的一种关系——技术关系。传统上看，媒介技术作为技术的部类，同样具有技术在人际层面上的本质——技术关系。

① 《马克思恩格斯选集》（第一卷），人民出版社，2012，第139页。

② 《马克思恩格斯选集》（第一卷），人民出版社，2012，第147页。

③ 郑也夫：《神似祖先》，中国青年出版社，2009，第98页。

媒介技术与生产技术的不同决定其在技术关系中的特殊性。生产技术的存在本身就建立了关系，但其目的——至少是主要目的——不是为了建立关系。如宿舍的存在就产生室友关系，但宿舍这个技术的目的不是为了产生这种关系。生产技术的存在产生关系，但目的不是为了关系。媒介技术与生产技术类似，只要媒介技术存在就会围绕媒介技术产生人与人的关系，如书籍的存在就产生作者与读者的关系。但媒介技术的目的也是指向关系的，是为了建立连接、维护关系。所以，媒介技术是主动地、有目的地建立连接，作用于（建立、维护、破坏）人与人关系的一种技术。关系由连接产生，故在人际层面上可称媒介技术为“双重连接技术”，在存在与目的上都连接人与人，建立关系。

第三节　媒介技术的分期与分类

媒介技术经过多年的演化，已生成多种多样的形态，许多研究媒介技术的学者都对各种媒介技术进行过分期。前面时期形成的媒介技术，往往在后面时期与新媒介技术共存，例如印刷媒介就与网络媒介共存，它们共同组成了多样化的类别。故而对媒介技术的分期，同时也是分类。一种分类法是依照媒介技术本身特征来分，较少涉及与人的关系，影响较大的有麦克卢汉三分法以及一些变种形态。另一种分类法是从媒介技术与社会互动关系的角度、以社会变化为依据来进行分类，如“媒介域”。另外，还可以从媒介技术与人的关系变化入手，对媒介技术进行分类，对应后两种分类方式。

一、麦克卢汉的三分法

技术主义范式的研究视野十分广阔，时间跨度大，关注的媒介技术种类多，故对媒介技术的分类最为看重，所产生的影响也最大。

麦克卢汉把媒介技术分为三类，分别指称三个历史时期：第一类是口语媒介，从人类学会说话起到文字产生，这个时期就称为口语时期。第二类是书写媒介，从文字产生时起到电被发现出来并发明出电报，这个时期就称为书写时期；书写媒介又可进一步分为象形会意文字书写、拼音字母文书写、印刷媒介。第三类是电子媒介，从1844年电报问世到今天，这个时期相应称为电子时期。

麦克卢汉的媒介技术三分法起到标杆作用，后续的分类研究无论如何都无法回避，而且或多或少都受三分法影响：有的继承了三分法的形式，但放入了新的内容，例如沃尔特·翁依照口语进行的三分；有的继承了三分法的内容，但又有所扩展创新，例如罗伯特·洛根的五分法。

二、沃尔特·翁的三分法

美国学者沃尔特·翁（Walter J. Ong）研究口语媒介，以不同时期的口语作为分类标准，把口语媒介分为原生口语媒介和次生口语媒介，沃尔特·翁给原生口语定义为“毫无文字或印刷术浸染的文化称为‘原生口语文化’”[①]。也就是说在文字发明之前，人们之间的口语交流方式是原生口语，所代表的文化是原生口语文化。原生口语和“如今的高科技文化中的‘次生口语文化’相对。支撑今天次生口语文化的是电话、广播、电视等电子设备，其生存和运转都仰赖文字和印刷术”[②]。次生口语指的是在今天的数字媒介时代，人们的口语重新呈现出文字出现之前口语的许多特征，用麦克卢汉的话说就是重新“部落化”。这种新媒介技术下的口语就叫次生口语，数字媒介时代就叫次生口语时代。两种口语媒介再加上中间的文字印刷部分，依然构成三分法。需要说明的是，沃尔特·翁的三分法是以口语为起点和标准的，看似与媒介技术物无关，但依然对以技术物形态存在的媒介技术进行了区分，“原生口语—文字印刷—次生口语”，对应的就是“纯口语—文字印刷—数字技术”，是麦克卢汉三分法的另一种表达。

三、罗伯特·洛根的五分法

加拿大媒介学者罗伯特·洛根（Robert Logan）一方面保留了麦克卢汉三分法的内容，另一方面又对麦克卢汉三分法进行了扩充。洛根分别扩充了三分法的两头，加上了口语出现之前的媒介技术形态，以及当今最为突出的数字媒介技术。洛根把媒介技术分为五类，对应五个时期：第一个时期，非言语的模拟式传播时期；第二个时期，口语传播时期；第三个时期，书面传播时期；第四个时期，大众电力传播时期；第五个时期，互动式数字媒介或“新媒介”时期[③]。洛根对历史远处一头的扩充源于他对前口语符号的研究，把当今数字技术单列一类的原因在于他晚

---

① 沃尔特·翁：《口语文化与书面文化：语词的技术化》，何道宽译，北京大学出版社，2008，第6页。

② 沃尔特·翁：《口语文化与书面文化：语词的技术化》，何道宽译，北京大学出版社，2008，第6页。

③ 罗伯特·洛根：《理解新媒介——延伸麦克卢汉》，何道宽译，复旦大学出版社，2012，第24页。

于麦克卢汉，已经感受到数字技术与之前电子媒介技术的不同。

四、“媒介域”三分法

法国学者雷吉斯·德布雷（Régis Debray）创立了一个叫“媒介学”（Mediology）的研究领域。该研究认为：（1）媒介并不是只有技术，媒介研究也不仅是技术或传播研究。（2）历史并不是历史年表，历史研究也不是人、事件的堆积。媒介学本质上是一种围绕媒介所进行的文化、历史研究。在媒介学中，说到一种媒介，并不仅指这种媒介技术物本身，而是包括围绕此媒介所产生的一系列相关技术、符号、制度、组织、市场等。例如媒介学说手机是一种媒介，除了在说手机这个技术物本身以外，还包括手机上的符号、手机的功能操作、通信协议、移动互联网管理、手机市场等。可见，媒介学的最大特点，简单来说，就是把媒介看成一个围绕媒介形成的文化历史场域，德布雷称之为“媒介域”。

按照不同媒介所塑造的不同文化、历史时代，德布雷给媒介域进行了分类：（1）“将‘人类精神’放置在文字阶段，我（德布雷）给这个一直持续到印刷的漫长时代起名叫逻各斯域。”[①]对应的文化历史为神学时代。（2）“我给活字印刷时代起名为书写域。”[②]对应的文化历史为形而上学时代。（3）“将书籍从其象征底座赶下台的电子时代是图像域。”[③]对应的文化历史为实证时代或电子时代。文字→逻各斯域→神学时代、印刷→书写域→形而上学时代、视听→图像域→实证时代，乍一看，媒介域的分类好像仍然没有跳出前人分类的方式。但这种分类法是把媒介放入“技术—社会”互动关系中产生的，较之麦克卢汉分类——尽管也强调技术对社会的作用——更突出媒介与社会互动共生的重要性。对重要性论述得更具体，包含更多非技术因素。随着移动互联网和自媒体的发展，德布雷提出一个新的媒介域，“我们处在一个新的被称作‘数字域’的媒介域中，这个媒介域在‘视听域’之后，是一个二维码的、影像的和符号的世界”[④]。对于其对应的文化历史，德布雷没说，联系上下文不妨称

---

① 雷吉斯·德布雷：《普通媒介学教程》，陈卫星、王杨译，清华大学出版社，2014，第455页。

② 雷吉斯·德布雷：《普通媒介学教程》，陈卫星、王杨译，清华大学出版社，2014，第455页。

③ 雷吉斯·德布雷：《普通媒介学教程》，陈卫星、王杨译，清华大学出版社，2014，第455页。

④ 陈卫星、雷吉斯·德布雷：《媒介学：观念与命题——关于媒介学的学术对谈》，《南京社会科学》2015年第4期，第105页。

之为多元时代，即移动网→数字域→多元时代。

五、媒介技术与身体关系的三分法

按照媒介技术与人的亲疏关系，可以分为三大类，对应三个时期。最早的媒介一定是人的身体，人把身体本身作为信息的中介。这个阶段可称为媒介的前技术化时期。自从人们把语言写在莎草、竹简上，媒介技术物就诞生了，媒介技术也开始了外化于人的过程。这种外化过程随着书写、印刷、广播、电视的发展不断强化，从外化听觉到外化视觉、从外化记忆到外化理解。媒介技术与人越来越疏远，越来越成为一种对象化的力量。第二个时期称为媒介技术外化于人的时期。智能手机的移动性让手机像肢体一样如影随形，成为身体须臾不可离开的一部分，媒介技术外化的趋势发生逆转，智能手机让媒介技术从外化走向具身。不同于对某一感官的孤立具身，智能手机的数字化使其成为多种感官的共有平台，这种具身是多感官的具身，是媒介技术整体具身的开始。随后的媒介技术，例如可穿戴设备、脑机接口、赛博格等，将在具身性上程度递增。可以把第三个时期称为媒介技术具身化的时期。关于媒介技术的外化与具身，在第一章第一节媒介的技术化部分已经有所讨论。

六、媒介技术与思维方式关系的三分法

媒介技术的本质就是人的本质，人的本质也是技术的本质，二者是互相联系、互相建构而存在的。在媒介技术的分类中，也有必要从人与媒介技术的关系角度切入。技术是人的存在方式，以人存在方式的不同可以把媒介技术分为三类：第一，建立理性思维的媒介技术，包括口语和印刷之间的各种文字书写。口语书写是人产生理性的必要条件，当人掌握了语言，才逐渐建立起理性思维。从口语到文字，从象形到字母，精确性提高，抽象性提高，人的理性程度相应也提高。正如亚里士多德所说，“人是理性的动物”，理性是人的存在方式。第二，建立工具理性的媒介技术，其代表是印刷媒介。印刷媒介的特征是分步式、标准化、精确、线性，讲究因果逻辑。这塑造了人的工具理性的存在方式，也就是现代性的存在方式。是否“现代”成为对人进行区分与筛选的标准。第三，解构理性的媒介技术，以数字媒介技术为代表。数字媒介带来的个体兴起不仅解构了工具理性的标准化、因果逻辑等特征，更动摇了理性作为人之存在的基础地位。数字媒介时代的人崇尚非理性、感觉，重视眼缘和印象，这与前现代甚至前文明的许多特征相似。所以说，人

“倒退着”向前进入不以理性为标准的后现代存在方式。

显然，前三种分类方法依据媒介技术自身的特征，麦克卢汉三分法最经典，其他都是对麦克卢汉三分法的继续丰富和不同表述。第四种分类法依据的是媒介技术与社会的关系变化。后两种分类方法依据的是媒介技术与人的关系变化。这几种分法的对比如图3-3所示。

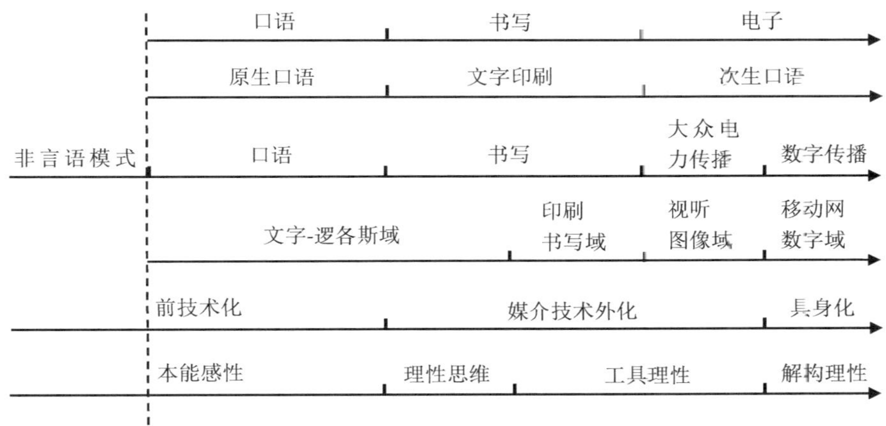

图3-3　各种媒介技术分类的时间对比

第四章　媒介技术演化论

媒介技术演化是媒介技术哲学研究的核心议题之一，有许多较为成熟的结论。本章首先对媒介技术演化论予以介绍，并分析其创新性和存在的问题。在此基础上提出媒介技术演化论的体系，包括演化的环境、演化的趋势、演化的动力和演化的机制。

第一节　媒介技术演化论的历史发展

一、走向平衡

媒介技术演化走向何方，伊尼斯和麦克卢汉给出的答案是一致的：走向平衡。演化的趋势是平衡，这是伊尼斯和麦克卢汉都认可的，但对于平衡的解释，二者完全不同。

伊尼斯的平衡是时空平衡。媒介技术总是存在时间或空间偏向，但这种偏向不是不变的。随着媒介技术的演化，偏向会消解，最终趋于时空平衡。他进一步认为，现代社会媒介技术的最大问题是空间偏向完全压倒时间偏向，表现出的就是各种无法节制的欲望，对意义、价值缺乏反思。我们需要做的就是人为地推动时间偏向，借鉴古希腊的口语传统，促使媒介技术早日走向时空平衡。

麦克卢汉的平衡是感官平衡。媒介技术由于调用的感官不同会出现感官偏向，而能够调用所有感官共同参与认识的媒介技术就能称为平衡的媒介技术。麦克卢汉认为，第一次出现平衡的媒介技术在口语时代，口语调动人的眼、口、舌、耳、手等所有感官参与。第二次出现平衡的媒介技术是电子技术，能延伸中枢神经，使各种感官参与进来。在此之间，几乎所有的媒介技术都是视觉偏向，只调用视觉，以印刷书为代表。通过对三个阶段感官调用的分析，麦克卢汉发现媒介技术演化经历了“感官平衡→感官不平衡（视觉偏向）→感官平衡”的过程。媒介技术终将通过电子化走向感官平衡。

二、媒介演化定律

走向平衡指的是把媒介技术作为一个整体的演化趋势，麦克卢汉认为具体到某一种媒介技术，在演化过程中走过如下路径，表示为媒介演化四定律："第一，这个人工物使什么得到提升和强化？或考使什么成为可能？或者使什么得以加速？第二，如果情景中的某个方面增大或提升，原有的条件或未被提升的情景就会被取代，新的'器官'使什么东西靠边或过时呢？第三，新的形式使过去的什么行动或服务再现或再用？什么曾经过时的、老的基础得到恢复，而且成为新形式固有的东西？第四，新形式被推向潜能（另一个互补的行动）的极限之后，它原有的持征会发生逆转。新形式的逆转潜能是什么？"[①]概括起来就是：提升（Enhancement）—过时（Obsolescence）—再现（Retrieval）—逆转（Reversal）。

洛根在《理解新媒介——延伸麦克卢汉》中，用媒介定律描述了众多媒介技术的演化。例如印刷书，"（1）印刷词提升书面词；（2）使手稿过时；（3）使过去的作品和作为个人的作家再现；（4）逆转为数字电子文本"[②]。印刷书的演化淘汰手抄书，兴盛手抄书时代的作品，最终会演化为数字文本。又如当今十分流行的播客，"（1）播客提升广播节目的生产；（2）使主流的广播过时；（3）使昔日小镇的叫卖人和部落说书人得到再现；（4）逆转为小生境广播"[③]。播客的演化复活了口语时代的人际传播与群体传播，并产生更多的作品，威胁主流广播，最终形成一个个以兴趣聚集的社群。

媒介演化定律存在的问题是没有考虑人，提升的是技术及其功能，过时的是旧技术，再现的是媒介技术的活动和产品，逆转的结果依然是技术。缺乏从"媒介技术—人"角度的演化分析，二者关系的提升、过时、再现、逆转如何，并没有涉及。技术一定是在与人紧密互动中存在的，技术的演化是与人在互动中的共同演化。

三、玩具—镜子—艺术

莱文森认为媒介技术演化要经过三个阶段：玩具、镜子、艺术。第

① 埃里克·麦克卢汉、弗兰克·秦格龙编《麦克卢汉精粹》，何道宽译，南京大学出版社，2000，第567-568页。

② 罗伯特·洛根：《理解新媒介——延伸麦克卢汉》，何道宽译，复旦大学出版社，2012，第115页。

③ 罗伯特·洛根：《理解新媒介——延伸麦克卢汉》，何道宽译，复旦大学出版社，2012，第170页。

一个阶段是玩具。媒介技术刚出现的时候，吸引人的不是其有什么内容、能做什么事情，而是它的“运作”本身。“在技术文化的初期，技术占主导地位。情节、人物刻画、少得可怜的内容都扮演辅助角色，只是为技术新玩意服务，实际上不过是技术低调的载体而已。”[①]媒介技术正在工作，这本身就很有趣，做什么工作谁还在乎。此时，媒介技术就是一个玩具，人需要的是在玩它时的趣味性，而不是实用性。很显然，这与技术发明思想中技术发明来自游戏的假说相似。莱文森以电影为例，最初的电影没有什么内容，观众感兴趣的也不是电影演的什么，而是惊讶于电影这个媒介技术竟能如此有趣；人们关注的是电影中有人在唱歌，而不管唱的是什么。还有电话，最初卖专利的时候仅被认为是“电气玩意”。爱迪生发明留声机的初衷虽是实用，但却被开发公司当作好玩的“音乐盒子”。

第二个阶段是镜子。莱文森用镜子比喻媒介技术成为了现实的技术，用镜子反映现实，而不再是取悦人的玩具。仍然以电影为例，在最初那段以电影播放为玩具的新潮劲儿过后，电影开始对准真实世界，“奇妙镜头”变成“真实情景”。“当把真实世界作为内容之后，看电影时观众对技术和人为造作的感觉就减轻了，他们的注意力被引向电影的非技术内容，即银幕上描绘的事件。”[②]这个阶段的电影已经进入播放现实的实用阶段。

第三个阶段是艺术。包括两种情况：第一种是媒介技术的实用性得到充分彰显后，人们会对此技术产生更高要求，表现出艺术性就是自然而然的结果。这种情况的代表是电影，当电影处在镜子阶段的时候，电影就是完全复写现实，堪称一镜到底的纪录片。使电影进入艺术阶段的是剪辑，通过剪辑，电影超越了时间、地点、固定的人物和事件，做到了各种现实的自由切换，甚至通过剪辑做出了早期的非现实表现。另外，剪辑还产生许多固定的艺术手法，如长镜头、蒙太奇等。有了剪辑，电影不再是一丝不苟反映现实的镜子，而成为创造艺术的媒介技术。另一种情况是当一种媒介技术退出历史舞台后，出于情感因素或商业因素，这种媒介技术变成一件艺术品。其实就相当于历史并不久远的文物。留声机是代表，今天留声机已经完全没有了实用价值，音质不如数字音响，唱片价格居高不下，只能作为艺术品存在。两种情况一个蒸蒸日上，一个日薄西山，但都是媒介技术演化的艺术阶段。

---

① 保罗・莱文森：《莱文森精粹》，何道宽编译，中国人民大学出版社，2007，第4页。

② 保罗・莱文森：《莱文森精粹》，何道宽编译，中国人民大学出版社，2007，第7页。

相比于玩具和艺术阶段，只有在镜子阶段，媒介技术才完全体现出实用性。所以，“技术发展要经过这三个阶段演进，其辩证逻辑可以表述为玩具—镜子—艺术，或是前现实—现实—后现实”[①]。

媒介技术演化三个阶段存在很大问题，概括力不强。连莱文森本人也承认，并非所有的媒介技术都能走完这三个阶段，很多最终只停留在镜子阶段。例如电话，纯粹是现实交流的媒介技术，互相对话无论如何都算不上艺术[②]。莱文森的媒介技术演化三个阶段只说出了路径，其演化论核心内容还有“人性化趋势”“补救性演化”。由于笔者在下文“媒介技术演化的环境”一节中要以莱文森的演化论为理论支撑，故下文会再作详细介绍。

第二节　媒介技术演化的环境

一、人在技术中的主动作用

媒介环境学的研究立足于媒介技术而不是传播内容，包含三个理论框架：“第一是对媒介的属性特征和功能偏向做静态分析……第二是对媒介的历史演化做动态分析……第三是对媒介（变革）之社会影响的分析，这是媒介环境学派研究的重点和落脚点。”[③]虽然都强调影响效果，但与传播学主流实证学派短期的“内容—受众—效果”的路子不同，媒介环境学从技术角度审视社会历史变迁，研究宏观、长期的社会效果。在方法论上，与实证学派的实证主义、定量分析不同，媒介环境学运用“模式识别”“界面”的方法，“整体关照而不纠缠于具体内容，以超文本的思维方式而非逻辑推理和论证，生发洞见，窥寻规律”[④]。

在媒介环境学的众多理论话语中，“媒介即讯息”占据基础的地位。一方面把人们的视线从传播内容转移到媒介技术上，更关键的是，指出媒介环境学的基本观点：媒介技术建构人的认知环境。“媒介即讯息只不过是说任何媒介对个人和社会的任何影响，都是由于新的尺度产生的；

① 保罗·莱文森：《莱文森精粹》，何道宽编译，中国人民大学出版社，2007，第11页。

② 保罗·莱文森：《莱文森精粹》，何道宽编译，中国人民大学出版社，2007，第12页。

③ 李明伟：《媒介环境学派的理论分析框架》，《北京理工大学学报》（社会科学版）2008年第3期，第6页。

④ 李明伟：《新媒介形态与新尺度——“媒介分析理论”的宏大关照》，《北京理工大学学报》（社会科学版）2004年第2期，第67页。

我们的任何一种延伸，都要在我们的事物中引进一种新的尺度。”[①]新媒介引进新尺度，媒介技术用这把“尺子”“丈量”人，适合媒介技术特性的着重发展，不适合的淘汰。印刷媒介内含两把“尺子”：纯粹视觉、文字的线性排列。印刷书“丈量”人感官的时候排除掉听觉只强调视觉；线性表达方式着重调动人的线性思维，长久使用不利于形象思维。这正相当于进化中的自然选择，媒介技术作为人进化的环境对人进行选择。“环境不仅是容器，而且是使内容完全改变的过程。新媒介是新环境。为什么要说媒介即是讯息，就是这个道理。”[②]媒介技术与人的关系，在麦克卢汉看来，就是环境与在其中存在的、受其决定的生物的关系。传统传播学认为媒介技术是人类系统的部类，是生活在社会环境中的鱼。而对于麦克卢汉来说正好相反，“我们是鱼，生活在媒介的环境中”[③]。

除了麦克卢汉，其他一些媒介环境学者的媒介理论也都暗含着媒介技术是人的环境这个基本观点。例如伊尼斯认为媒介技术都存在传播偏向（Communication Bias），有的偏向时间如石头、泥板，有的偏向空间如印刷书。时间偏向的媒介技术强调代际传承，有助于塑造宗教性社会；空间偏向的媒介技术利于空间控制，有助于塑造世俗性社会。不同偏向的媒介技术带给人不同的社会偏向，而人是生活在这样有偏向的社会中，所以，媒介技术给人塑造有偏向的环境。梅罗维茨更是明白地指出：媒介技术塑造“拟态环境”（Media Pseudo-environment）。“拟态环境”与现实中的物理环境相对，指某一类媒介技术给通过它共享信息的受众所提供的信息环境。一座房屋就是一个物理环境，墙区分了屋里屋外的人；但对于媒介技术，无论是在屋里还是屋外，只要共享信息，就是这个媒介技术“拟态环境”里的人。例如新冠疫情之前，不去教室上课就不知道老师讲的什么，就不算上课，但疫情推动了线上教学发展，线上学习突破了教室的限制，不管在哪里只要加入直播间，就可以进入课堂，这种形式起到了上课的作用（即便目前线上学习效果仍不如线下）。可见媒介技术塑造了不同于物理分隔的环境，同样影响着身处其中的人。

媒介技术建构人的认知环境存在问题：媒介技术作为技术，拥有技术人造物的双重属性，即物理属性（physical）和目的属性（intention-

---

① 马歇尔·麦克卢汉：《理解媒介——论人的延伸》，何道宽译，商务印书馆，2000，第33页。

② 埃里克·麦克卢汉、弗兰克·秦格龙编《麦克卢汉精粹》，何道宽译，南京大学出版社，2000，第343页。

③ 李明伟：《知媒者生存：媒介环境学纵论》，北京大学出版社，2010，序言第1页。

al）[①]。目的属性由人决定，人的作用不容忽视。媒介环境学把注意力聚焦在媒介技术影响力上，对人的作用鲜有着墨，难以避免“技术决定论”的倾向。只见技术不见人是媒介环境学的固有缺陷，发掘技术中人的作用，就成为摆在莱文森面前不得不解决的难题。

莱文森认为任何技术都体现思想，思想中的理性同时对技术演化起到选择作用。

（一）技术、演化、人三者的关系

技术演化包含了三个主角：技术、演化和思想。技术演化与在技术演化中知识的发展，是这三个主角共同作用的结果。“思想是进化的产物和结果，它如何产生技术并表现于技术之中，以便反过来驾驭进化——这是技术的故事。”[②]

第一，演化与人的关系。人认识自然的方式越是直接，认识的精确性就越高，但安全性就越低。为了更安全地认识，人发展了不用身体接触的感官；为了保证间接经验的精确性，进化出了理性对间接经验进行分析。理性进化之源是什么？这是不能用理性的手段论证的。英国哲学家卡尔·波普尔（Karl Popper）把理性之源归于对理性的信仰，从而走向了非理性。由于不满波普尔的非理性解释和对理性的坚持，莱文森认为人的理性是自然演化而来的，从前理性时代的无理性演化而来的[③]。理性之源不是非理性，从演化来看是无理性或前理性。类似于道家的辩证法，理性之“有”来自“无”。从无到有是自然发生的，是自我超越，说理性之源是前理性就是为了说明理性之源有能力自我超越，发展成理性。所以，自然演化发展出人的理性。

第二，人与技术的关系。简单地说，理性指导人的劳动，指挥人的身体作用于自然物质，产生合目的性与合规律性的技术物。媒介技术作为一类技术，它与人的关系是本研究的主旨。所以，下文会对“技术—人”这对关系作进一步分析。

第三，技术与演化的关系。技术不断演化，新的技术成为理性的外化，又为理性建立了物质基础——技术物。

---

① P. Kroes, *Technical artefacts: creations of mind and matter aphilosophy of engineering design* (Netherlands: Springer, 2012), p. 40.

② 保罗·莱文森：《思想无羁——技术时代的认识论》，何道宽译，南京大学出版社，2003，第15页。

③ 保罗·莱文森：《思想无羁——技术时代的认识论》，何道宽译，南京大学出版社，2003，第34页。

（二）人用技术表现并固化思想

对于人的认知来说，技术有广泛和普遍的意义——一切技术都是人思想的体现，“一切知识在一定意义上都取决于技术，不仅如此，我们还要有力地断言：如果没有技术，人的知识就不可能存在”[①]。知识依靠并且只能依靠技术而存在。技术既是思想和知识的充分条件，也是必要条件。

如不凭借任何技术，思想只存在于人脑中。这样的思想随着人的遗忘、死亡或失去意识而不复存在。即使通过言语传达给附近的人，也同样要面对遗忘、死亡对思想的威胁。由于言语传不远，无法用广播的方式来对抗个人思想的消亡。况且言语本身精确性很差，再加上各种噪音（客观环境和受者主观思维方式）的干扰，准确传播思想就更难做到。人是社会物种，如果思想仅在主观的“世界二”中有限存在，是不具备实际意义的，即使加上言语的辅助，也不过多增加几个大脑而已。若干个脑中思想与巨大的种群数目相比，分子的微小增量面对巨大的分母起不到作用，所以思想只能依靠技术来表现与固化。

技术怎么表现并固化思想？从技术形式方面分析，技术的结构、技术所依托的物理属性都能体现思想。以铁钉和铁皮为例，铁钉身体细长、尖端面积小，这样的结构本身就反映一种思想：表面积越小压强越大，穿透性就越强。铁有很好的延展性，我们把铁做成厚度薄、面积大的片状，就是利用此种特性，表达人对这个知识的把握。从技术的形式、结构、特性来表现与固化人的思想，这正应和了媒介环境学的基本观点——“媒介即讯息”，也就是形式表现意义。

从技术内容方面分析，生产技术的内容为物质改造或能量转移，媒介技术不单形式表现并固化思想，其内容本身也是思想和知识。故莱文森称媒介技术为“双重认知技术”或“超认知技术”（double/meta-cognitive devices）[②]。媒介环境学强调形式，实证学派强调内容，由此观之，对于媒介技术，形式和内容都用于表现并固化思想。

思想必须借助技术表达，但现实存在的技术并不表达所有思想。实存技术中的思想是“与外在现实冲突之后保存下来，因而在一定程度上能够准确地描绘或解释外在现实”[③]的思想，是思想通过技术检验为真的

---

① 保罗·莱文森：《思想无羁——技术时代的认识论》，何道宽译，南京大学出版社，2003，第103页。

② 保罗·莱文森：《思想无羁——技术时代的认识论》，何道宽译，南京大学出版社，2003，第134页。

③ 保罗·莱文森：《思想无羁——技术时代的认识论》，何道宽译，南京大学出版社，2003，第117页。

幸存物。永动机思想没有技术能实现，所以就不是正确的思想。

通过技术对思想和知识的体现，我们可以依照技术把思想分为三类：一是没有尝试的技术和没有实现的思想（星际移民）；二是尝试失败的技术和证明错误的思想（永动机）；三是现存技术和行得通的思想。

（三）理性对技术进行选择

莱文森在技术演化中研究了人对技术起到的作用。从进化论角度看，技术的发展十分多样，这相当于自然中无穷和多样的突变。对于某种技术来说，即使目标相同也会分化出不同的演化方式。印刷术就分为活字印刷术和雕版印刷术两种“突变”。对于技术的多种演化方式，需要一个类似自然选择的机制来指引其发展，优化其功效。“我们就是技术种类的环境。可以说，技术的进化不是自然选择，而是我们人的选择——也可以说是人类的自然选择。适者生存的技术就是适合人类需要的技术。”①中国人选择雕版印刷术这种“突变”是因为雕版适合汉字，而西方人选择活字印刷术这种“突变”是因为活字适合字母文字。选择的标准就是对自己有利。

莱文森认为人掌握技术的演化过程，并有能力选择对自己有利的演化方向。这种能力是自觉地运用理性。不同于其他媒介环境学者基于技术决定论得出的悲观立场，莱文森认为技术并不决定一切，不会压倒我们理性的选择能力。虽然偶尔我们会迷失在某一技术中，但这是暂时的，理性最终会击败这种麻木，重新夺回对技术的选择权。印刷技术塑造线性思维近千年，但理性并没有被线性思维囚禁。电子媒介出现后，理性打破线性思维的束缚，选择形象思维的电视和综合思维的电脑，减少对线性思维的印刷技术的依赖。理性在技术演化过程中对技术进行选择，这种选择起到类似自然选择的作用，理性就是技术演化的“自然环境”。

二、人建构媒介技术的演化环境

通过对技术演化中人的选择研究，莱文森发现自己与传统媒介环境学思想的不同之处在于媒介技术与人，谁对对方更具有决定意义。莱文森用字母表与视觉偏向的关系来指出他与麦克卢汉的差别：麦克卢汉认为，由于字母表的偏向在于对视觉的强调，所以它把视觉知识作为自己最恰当的内容；莱文森认为，人类认知先于字母表就存在视觉偏向，所

① 保罗·莱文森：《手机：挡不住的呼唤》，何道宽译，中国人民大学出版社，2004，第12页。

以才挑选字母表作为最得体的媒介技术[①]。二人区别在于字母表和视觉偏向谁是因谁是果。他还指出麦克卢汉媒介理论中的缺陷："他（麦克卢汉）并未解释媒介的总体演化史，既没有说明他描绘的机制向着什么目标前进，也没有说明什么深层的力量在统管着这样的运作。"[②]一方面由于莱文森对麦克卢汉的技术决定论不满，另一方面由于莱文森媒介技术演化理论自身发展的需要，所以指明媒介技术演化中人的选择尺度和方式，成为莱文森必须解决的问题。

（一）人对媒介技术演化的选择尺度与方式

人建构媒介技术的演化环境、选择媒介技术的依据是什么？什么是理性选择的标准？莱文森的回答是："人性化趋势"（anthropotropic）。"媒介延伸我们交流的范围和能力，却又不扰乱我们从生物学角度的期盼。"[③]这包含两个维度：一是媒介技术的首要功能是有助于人获得信息；二是媒介技术发展符合我们的生物本性。第一个维度容易理解。第二个符合生物本性指媒介技术发展旨在复制并延伸人类的前现代传播方式[④]，即在身体之外的技术出现前的人类传播方式。"人性化趋势"就是媒介技术传播模式的发展越来越契合人的原始认知模式。言语不需要身体之外的技术，用嗓子就行，而文字需要书写工具（哪怕是树枝）和文字载体（哪怕是土地）。比起文字，言语的技术性更弱，本性要求更强，所以复制并延伸言语的媒介技术更趋向人性化。电话比电报更人性化。视觉本性是彩色的，看的同时也在听，所以电影就从黑白发展为彩色，从无声到有声。人眼天然看到的东西是立体的，所以3D电影对2D电影的超越、未来全息电影对3D电影的超越就是不断人性化的过程。再拿电脑来说，从输入代码操作到图形化操作，以及到正在发展中的语音操作从到便携的笔记本电脑，到触摸操作的平板电脑，从抽象观察到形象观察，到边走边操作，到触觉声觉，越来越人性化。在莱文森这里，"人性化趋势"就是媒介技术演化的标准，以人性化趋势为标准对媒介技术进行选择就构成了媒介技术演化的环境——不妨称之为"人环境"。

---

① 保罗·莱文森：《思想无羁——技术时代的认识论》，何道宽译，南京大学出版社，2003，第139页。

② 保罗·莱文森：《数字麦克卢汉：信息化新纪元指南》，何道宽译，社会科学文献出版社，2001，第72页。

③ 保罗·莱文森：《手机：挡不住的呼唤》，何道宽译，中国人民大学出版社，2004，第147页。

④ 保罗·莱文森：《数字麦克卢汉：信息化新纪元指南》，何道宽译，社会科学文献出版社，2001，第262页。

走向人性化目标的方式被莱文森称为“补救性”（remedial）发展。人在发展一种人性化媒介技术的时候往往会带来对另一种本性行为的轻视甚至破坏，所以需要用新的技术手段补救，这就形成了“媒介技术→破坏人性化→新媒介技术补救→再破坏→再补救”的递进式发展。在跨媒介技术发展中，广播只要听觉，破坏了视觉本性，所以视听合一的电视就补救了广播；相片只满足静态视觉，电影补救了动态视觉。在同类媒介技术中，QQ补救手机短信需要收费的不人性化，言语听觉的缺失则由微信再补救。

（二）人的建构作用与媒介技术建构作用并存

“人性化趋势”对媒介技术发展的选择自然得出“人建构媒介技术的演化环境”结论，这与传统媒介环境思想背道而驰。

莱文森并不否认媒介技术的建构作用，他对媒介环境理论的内在核心——媒介决定论只进行修正而不颠覆。这也是他作为媒介环境学者的必要条件。莱文森承认媒介决定论在媒介环境学中普遍存在，“坚信把伊尼斯和麦克卢汉说成媒介决定论者”[①]，指出麦克卢汉的“人是机器的性器官”是媒介决定论观点[②]，并在字母表与一神教关系的分析中采取与伊尼斯一样的媒介决定论观点[③]。莱文森接着对麦克卢汉的媒介决定论做分析：麦克卢汉认为“人是媒介的产品或结果，而不是相反。……虽然人对媒介有一些控制能力，但发号施令的是媒介。……媒介最重要的特征是调控信息、决定事情的结果”[④]。莱文森认为麦克卢汉没有完全否定人对媒介技术的控制，只是这种控制力小于媒介技术对人的决定作用。最后，莱文森用“软决定”（soft determinism）改造媒介决定论，指出“软决定是一种系统，它认为技术只决定事物可能发生，而不认为技术会产生不可避免的结果。在这样的系统中各种因素共同起作用，也就是说其他关键因素同样对结果的产生起作用”[⑤]。技术对人是必要条件，但不是唯一的必要条件。莱文森对媒介决定论不遗余力地进行分析和改造，认

① 保罗·莱文森：《数字麦克卢汉：信息化新纪元指南》，何道宽译，社会科学文献出版社，2001，第259页。

② 保罗·莱文森：《数字麦克卢汉：信息化新纪元指南》，何道宽译，社会科学文献出版社，2001，第259页。

③ 保罗·莱文森：《思想无羁——技术时代的认识论》，何道宽译，南京大学出版社，2003，第165-166页。

④ 保罗·莱文森：《数字麦克卢汉：信息化新纪元指南》，何道宽译，社会科学文献出版社，2001，第260页。

⑤ 保罗·利文森：《软边缘：信息革命的历史与未来》，熊澄宇译，清华大学出版社，2002，第4页。

为并存人与媒介技术的双向建构作用。

沿着莱文森调和两种建构的思路，通过研究两种演化环境，我们发现虽然媒介技术演化的环境是人建构的，但人的认知不是凭空而来的，反而是由媒介技术建构的。二者形成“媒介技术—建构→认知—建构→媒介技术…”的关系。所以在研究媒介技术演化环境时，必须既考虑人作为环境对媒介技术的建构，又考虑媒介技术作为环境对认知的建构，“人环境”与“媒介环境”两种“环境—建构”缺一不可。

三、媒介技术演化的条件

莱文森同时研究“两种环境”。在“媒介环境”中，莱文森继承麦克卢汉，并对媒介决定论进行修正，指出技术只决定事物的可能性。在“人环境”中，莱文森揭示理性对技术的选择，创建“人性化趋势”的选择尺度。但莱文森媒介技术演化论的两个缺陷也暴露出来：第一，“两种环境”并不完善，要添加新的演化条件；第二，莱文森只是指出“两种环境”并认为二者缺一不可，没有明确说明人与媒介技术的关系如何运作。

（一）修补“人性化趋势”

“人性化趋势”是莱文森“人建构媒介技术演化的环境”的核心条件。这个条件有三个不足。

第一，“人性化趋势”指媒介技术演化方向是复制人类前现代传播方式，符合人的生物本能。但这种定义无法涵盖明显超出人类生物本能的媒介技术，如夜视仪、雷达等仿生技术。这些媒介技术复制其他物种特性，而不是人的本能，自然人没有黑暗下的视觉和收发超声波的能力。这样的媒介技术不符合人的前现代传播方式。按照莱文森的定义，仿生媒介技术不遵循人性化趋势。但从生物进化角度来看，所有物种的首要本能都是使自身利益最大化。这样说来，复制其他物种特性的媒介技术为我所用也是符合人性（利益最大化）的，只不过复制自身特性的媒介技术最为重要，无论是否由理性指引，都是最容易做到的（付出的努力尽量小，这也是利益最大化的手段）。所以，媒介技术演化的人性化趋势可以保留，但莱文森的定义需要修正。“人性化趋势”指除了复制自身特性，还包括对自身特性的延伸，共同指向人的利益最大化的媒介技术演化方向。“利益”指获得信息更广、更多、更高效、更精准，保存性好，互动性强等。

第二，莱文森没在“人性化趋势”中解释媒介技术演化的“意外”，例如贝尔发明电话的最初目的是做助听器，发明留声机最初是为了对电话进行录音[①]。这意外被后人所诟病。如果媒介技术按照人性化趋势发展，为何出现不符合人性的结果？其实意外也是人的选择，也符合人性。与达尔文生物进化自然选择无目的性不同，人的选择有目的性，媒介技术中的“意外”是因为在设计、制造、传播、使用中人的目的没有保持一致。对于电话，贝尔的目的与后来使用者不一致。每个参与媒介技术演化的人都对其功能演化产生一个作用力，最终媒介技术的功能由群体合力所决定，即媒介技术的功能不由个体决定，而由群体决定。电话的发展可能不符合贝尔的目的，但符合广大使用者的人性。所谓“人性化趋势”，并不是要符合每个个体的个性，而是要符合无数个性所产生的共性。不管是设计者还是制造者，又或是传播者和使用者，不论媒介技术最终屈服于谁，都仍由人决定，“意外”也是人选择造成的，符合人性化。

第三，人对媒介技术演化的选择条件不只有人性化（人的自然性），同时还有综合准则（comprehensive doctrines）（人的社会性）。综合准则与世界观和意识形态类似，“是包含宗教、道德、思想的价值系统，包含认识什么是好什么是坏的价值，通常附有行为标准和形而上的信条体系”[②]。简单地说，综合准则是决定一个群体做出认知和行动的价值和思想系统，是价值、道德、思想、信念、习惯的综合，是群体长期形成的，例如宗教。人性是人所共有的，但综合准则是群体间有区别的，有时会与人性产生冲突，冲突则会表现在技术中。哥特式教堂的玻璃透光性差，挂得又高，十分昏暗，明显不符合人性，但却符合人间充满黑暗（地面暗）、天堂洒满光明（屋顶亮）、人获救赎上天堂的教义。除了危险临近，睡眠只会自然醒，这样看闹钟显然不符合人性，但它是追求精确时间的现代性选择。QWERTY键盘的字母乱序排列不符合人性，但却是打字机时代培养出的习惯选择。不符合人性的技术由于变成习惯（综合准则），也就只好将错就错，顺从综合准则。可见，有时综合准则对技术的选择力比人性更强。不同地域的综合准则不同，其所推动的媒介技术发展偏向也不同。集体价值中心（virtue-centered）的综合准则强调媒介技术发展的公共性，对隐私的保护不太重视；个人权利中心（rights-centered）

① 李明伟：《知媒者生存：媒介环境学纵论》，北京大学出版社，2010，第177页。

② P. Brey, “Evaluating the social and cultural implications of the internet,” *ACM SIGCAS Computers and Society* 36, no.3 (2005): 41-48.

的综合准则则相反，更多侧重保护个人利益，对公共性不太关心[①]。这两种不同的综合准则决定媒介技术发展或偏向公共或偏向私人。

（二）补充媒介环境的前提条件

媒介技术建构认知是由特定的媒介技术性质决定的，但背后还有个大前提，即所处的环境能给媒介技术提供什么材料。尼罗河流域盛产莎草，古埃及人就地取材，把莎草晒干砸成片状拼接起来做成莎草片，这就是从古埃及人到古罗马人使用的书写工具。莎草书轻便易得，古埃及人用它打破僧侣阶层的知识垄断，推动世俗思想传播。莎草片的广泛传播也支撑了古罗马对庞大国土的统治。同一时期，两河流域胶泥丰富，巴比伦人因地制宜，把胶泥做成板状刻上文字，晒干硬化后做成泥板书。泥板书沉重难做，使用者局限在握有权力的僧侣手中，使宗教对思想始终保持垄断。不同的环境提供了不同的媒介技术材料，间接导致了不同的思想发展路径。

另一个大前提是社会能否提供合适的支撑技术。支撑技术指可以多种产业共用的技术。与之相对的是基础技术，指某一个产业所独有的其他产业不具备的技术。“支撑技术是不可缺少的，有时会成为一个行业或企业发展的关键性环节。”[②]2022年全球智能手机出货量排名前五的手机品牌分别为三星、苹果、小米、OPPO和vivo。中国品牌占据三席。但我们也都知道，从2018年开始，芯片问题成为一个“卡脖子”的难题。芯片问题的关键不在原理，而是一个工艺问题。工艺难题又需要有尖端的光刻机来解决，这又牵扯到材料问题等基础科学，不是短时间依靠举国体制就能解决的问题。光刻机就成为制约中国通信硬件进一步发展的支撑技术。其实，在高端科学仪器领域，处处都面临“光刻机难题”，多种科学仪器被国外厂商垄断，核磁波谱仪、液质联用仪、X射线衍射仪等生物、化学、材料领域的仪器，国产率极低，严重制约了相关科学发现和技术发明。可见，支撑技术往往决定成败。

以上是对莱文森“人环境”和麦克卢汉“媒介环境”的分别完善。“两种环境”中决定媒介技术演化与认知演化的条件如图4-1所示。在“人环境”中，环境的两大条件——人性和综合准则起到选择标准的作用。人依照这两个标准选择媒介技术，人成为媒介技术演化的环境，媒介技术的演化取决于人，即“人环境”建构媒介技术。在“媒介环境”

① P. Brey, “Is information ethics culture-relative?” *International Journal of Technology and Human Interaction* (*IJTHI*) 3, no.3 (2007): 12-24.

② 陈昌曙：《技术哲学引论》，科学出版社，1999，第107页。

中，以可选材料和支撑技术为条件，媒介技术形式成为人的环境，左右人的思想和认知方式，即“媒介环境”建构人。

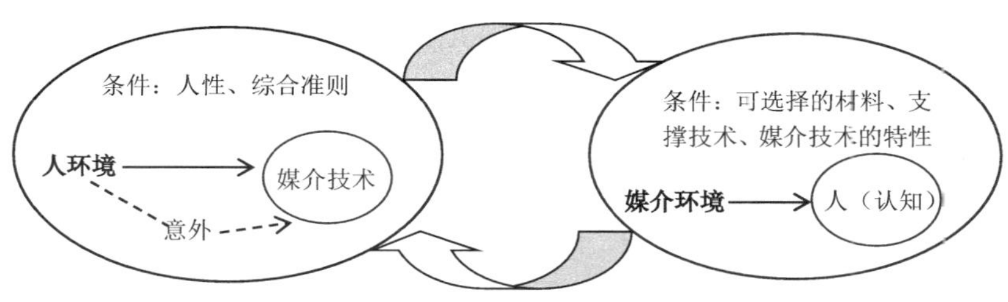

图4-1　媒介技术演化的条件

“人环境”和“媒介环境”互为前提，共生共存，就像两只脚，互相支撑着前进。作为媒介环境的媒介技术是人环境里的演化结果，作为人环境的认知是媒介环境里的演化结果。即“媒介技术$_1$（媒介环境）→认知习惯$_1$（人环境）→媒介技术$_2$→…→认知习惯$_n$→媒介技术$_n$”，“→”意为建构环境。仍然用键盘举例，为什么乱序的字母排列会成为习惯？因为早期打字机的印针反应迟钝，如果敲击速度太快就会把印针绕到一起，所以就打乱字母顺序以降低人的打字速度。这种由技术原因产生的规范成为习惯，致使不存在印针问题的电脑也屈服于这种习惯。再如早期的汽车为了避免油门、刹车一起踩，设计成油门低、刹车高，当司机需要踩刹车时，必须先把脚从油门上抬起到刹车的高度，才能踩住刹车，这避免了踩刹车的同时还踩着油门。今天的汽车普遍都有刹车优先技术，即刹车、油门一起踩的时候默认为刹车。按理因为不怕刹车、油门一起踩了，所以设计成油门高、刹车低更好，从油门变为刹车，不用再抬起腿，直接滑向刹车就行，这降低了刹车的反应时间。但事实是，今天的刹车油门排列照旧，油门低、刹车高，这是早期技术养成的习惯在新技术下的延续。养成习惯的是技术原因（媒介环境），而习惯（人环境）又影响媒介技术的演化。中世纪教堂的钟声最早引发了整齐划一的现代生活，现代文化又发展出闹钟这种不人性的媒介技术。从技术使人养成习惯，到习惯决定技术，正是“两种环境”的互相建构——媒介技术建构人的认知环境和人建构媒介技术的演化环境。在这种相互建构的环境中，认知（习惯）和媒介技术实现共同演化。

第三节　媒介技术演化的趋势

一、具身化

“具身”对应的英文动词为“embody”，意为“使身体具体化”；名词为“embodiment”，代表结果，意为“具体化的身体”。具身化就是“使身体具体化”的过程。媒介技术的具身化，就是媒介技术与人的身体逐渐接近融合，身体凭借与技术相连，从“抽象的身体”走向“具体的身体”，这种具体的身体也是“媒介技术化的身体”。媒介技术具身化在第一章第一节“媒介的技术化”、第三节“未来人与媒介技术的融合”，第三章第三节“媒介技术的分期与分类”中有所探讨。本小节阐释角度更具体，具身化来自媒介技术与人的连接，这种连接都经历了哪些形式？未来的“人—机”连接向何处发展？搞清楚这个问题，才能看懂媒介技术具身化发展背后的逻辑，看懂智能手机、可穿戴技术、赛博格这几种代表性具身形式的真正区别。

首先搞清楚一个概念：“交互界面”。“界面便是两种或多种信息源面对面交汇之处。”[①]在互联网中，网络与人（作为信息源）面对面就形成了一个交互界面。界面“指的是人与数字机器之间的连接点”[②]。在界面的一边，是网络的虚拟世界，另一边则是人的现实活动。界面由数字硬件技术组成，例如手机屏幕，这个硬件封装并展示了虚拟世界。人通过这个界面连接并把信息输入虚拟世界，这就起到了交互作用。另外，界面还有“翻译”的功能，虚拟世界是二进制，现实世界是形象化的，界面起到了让人、机相互理解的作用。人与媒介技术通过交互界面连接，交互界面就成为媒介技术具身化的关键。交互界面这个连接点越人性化、越内化于人、越不明显、对人的主动参与要求越低、参与方式限制越少，具身化程度就越高。媒介技术的演化就恰恰呈现出界面的这个趋势。

计算机网络技术最早的交互界面是需要人输入复杂的符号指令，微软早期的DOS操作系统就是这种。了解一点编程技术的人应该知道，这种复杂的符号指令就类似于编程语言，需要非常高的门槛才能使用计算

---

① 迈克尔·海姆：《从界面到网络空间——虚拟实在的形而上学》，金吾伦、刘钢译，上海科技教育出版社，2000，第78页。

② 迈克尔·海姆：《从界面到网络空间——虚拟实在的形而上学》，金吾伦、刘钢译，上海科技教育出版社，2000，第169页。

机。早期使用计算机的都是专业的计算机工程师，那时计算机与大众离得很远，完全谈不上具身化。交互界面的第一次突破出现在20世纪60年代，美国发明家道格拉斯·恩格尔巴特（Douglas Engelbart）发明了鼠标。鼠标一发明，给电脑输入指令的方式完全改变，操控电脑变得更加简单了。而且鼠标也给所谓的“图形界面技术”奠定了基础，也就是像Windows系统那样的窗口。如果没有鼠标，只靠文字指令，人们肯定很难想象怎么能用Windows或者Mac的操作系统。今天，我们习惯用触屏手机，用手指在手机屏幕上点来点去，这其实跟用鼠标操控电脑没有本质上的区别，只能说操作更直观、体验被优化了。但比起台式机，手机可移动，可以不离身不离手；手指触屏不需要额外的设备，比鼠标更人性化；手机小巧，装在兜里、拿在手里不明显。所以智能手机的具身化是大大加强的。

2021年3月，扎克伯格（Mark Zuckerberg）对外公布了脸书（Facebook）公司未来在交互界面领域的布局。用AR（增强现实技术）眼镜加上一个腕带，代替手机触屏的交互方式。腕带可以采集从大脑传导到手部的电信号，把这些电信号解码成为指令。人做动作，肢体需要接收从大脑传来的电信号。例如点击手机屏幕，大脑传达一个电信号，通过神经系统传导到手指，指挥手指在屏幕上点击一下。这些电信号，就相当于是动作指令。按照脸书的设想，手腕上的腕带，能够采集这样的信号，然后把信号传送到AR眼镜上。AR眼镜问你，确认还是取消，这时候你凭空动一下食指，眼镜就知道你的选择。目前，滑动、捏、触摸、拖拽、十个手指在键盘上打字等常见动作，都可以被设备采集到电信号，形成指令。目前，脸书的设备采集信号的精确度已经能达到毫米级，也就是你的手指动一毫米就能被设备识别。后续的改进有两个方向：一是捕捉信号更灵敏，可能不需要动手指，只用“想象”一下就能形成指令；二是收集人的指令偏好，推测人的意图，在特定的环境中给人推荐。眼镜和腕带，属于可穿戴技术，明显比手机更人性化，与人连接得更紧密，使用更隐蔽。手机屏幕这个界面只能连接手指，可穿戴技术则可连接多种机体，对人的参与程度、方式限制少。故具身化程度更高。

可穿戴技术如果从机体外进入机体内，就成为赛博格。赛博格是机器与人的融合，机器成为身体的一部分。媒介技术中最突出的赛博格就是脑机接口技术。2021年5月13日，《自然》杂志发表了一个研究，志愿者通过脑机接口，成功用“意念”在电脑上输入了字母，速度准确率十分可观。研究者把一个芯片植入志愿者的大脑中，用于收集脑电波信号。把芯片和电脑用线路相连，电脑可以分辨大脑发出的信号哪些属于写字、写什么字，从而在屏幕上显示出来。这种意念驱动在科幻电影中早已不陌生，到今天已经发展成有实际效果的赛博格媒介。赛博格比起可穿戴技术，人性化、内化程度更高，对人的要求限制更低，已经成为人的一部分，当然具身化更高。

为了追求更人性化、更方便、限制更少但更好用的媒介技术，在演化发展中不断改进“人—机”交互界面，这个界面越来越“薄”、越来越“透”，以至于遁形。媒介技术演化得越来越具身，最终融合在身体里。

二、融合化

融合可以分为人与技术的融合、技术之间的融合。具身化显然探讨的是人与技术的融合。下面再来看技术之间的融合，技术一定是融合演化的产物。美国经济学家布莱恩·阿瑟（W. Brian Arthur）区分了单数意义、复数意义和一般意义上的技术，并将多种单一技术手段的融合称为技术体。“技术是实践和元器件的集成。……它们是许多技术和实践构成的集合或者工具箱。严格说来，我们应称它们为技术体。”[①]不同技术的融合发展，已经成为现代技术演化的基本方式。关于媒介技术的融合主要介绍三种趋势。

（一）新旧媒介技术的融合

一种技术往往被“发明”两次，一次由发明家“发明”，一次由企业家“发明”。前一次指技术本身从无到有的过程，技术结构与功能的物质化实现。在这个过程中体现出新旧技术的融合。科学范式理论告诉我们，科学的发展多数时间都处在修修补补中，颠覆很罕见。技术演化也一样，新技术对旧技术不只有颠覆，更多的是继承，渐进才是技术发展的主流。新技术的成长总是从模仿旧技术开始的，旧技术的一些结构与功能被融合进新技术中。例如活字印刷术的发明，唐朝已经有了非常成熟的雕版印刷技术，宋朝迎来了雕版印刷技术的全盛期。北宋发明的活字印刷术，就是为了解决雕版一页一版成本高、制版慢的缺点，除了把雕版印刷的一整块版变成一个个活字组成的版，活字印刷的其他技术还是继承了雕版印刷。而雕版印刷也是新旧技术融合的产物，主要来自印章和拓印。

后一次“发明”有两个标志：一个是系统化，一个是市场化。系统化是指技术摆脱图纸、样机，其他技术围绕这个技术形成一个技术系统，

---

① 布莱恩·阿瑟：《技术的本质：技术是什么，它是如何进化的》，曹东溟、王健译，浙江人民出版社，2014，第26-27页。

此技术成为这个系统的关键节点，嵌入到整个社会的技术体系与行业发展中。在历史上，电灯普及不是依靠灯泡对煤油灯的胜利，而是通过对煤油灯管线系统的借鉴，形成成熟的电灯照明系统，最终战胜煤油灯系统。围绕灯泡技术的线网系统才是取胜关键[①]。技术从来都不是单打独斗，而是组团成系统。市场化是技术被企业做成商品投放市场进入社会，成为组成社会的一部分。有些技术本身可能很先进，但没有过市场化这一关，无法嵌入社会体系中，没有实际作用。以氢能源车为例[②]：2018年5月，时任国务院总理李克强访问日本时，日本首相安倍晋三和丰田社长丰田章男亲自向李克强总理介绍丰田的一款氢燃料电池汽车MIRAI，MIRAI的日语意思是“未来”。这表明，直到2018年，日本汽车界还是坚定地认为，氢燃料电池才是新能源汽车的未来。但在两年后的2020年，全球电动汽车销量超过300万辆，同比增长约40%，其中氢能源汽车只有不足1万辆。号称技术最成熟、最领先的氢燃料电池汽车丰田MIRAI，全球销量也只有1770台，比上一年下滑了将近30%。本田更是在2021年8月彻底放弃了氢能源。原因不在于技术本身，而是日本企业的专利垄断。其他车企为了不被卡脖子，也选择了其他技术。而日本国内市场过于狭小，凭一己之力根本撑不起氢能源汽车的整个产业链，在产业生态上与纯电动车的差距越来越大。古登堡印刷术一开始也没有过市场化这一关，虽然效率和质量大大提高，甚至得到教皇的称赞，但由于印刷品只有拉丁文圣经，需求数量很少，最终导致古登堡破产。但很快在赎罪券和宗教改革的需求下，印刷术还是完成了市场化。赎罪券和宗教改革这对“仇敌”携手成就了印刷术，背后是市场化的功劳。所以技术必须被市场认可才能影响社会。

那些组成系统、进入市场的媒介技术，同样体现出新旧技术（系统）的融合。新技术系统同样也是从旧系统中发展而来，对旧系统的继承大于颠覆。所谓新旧技术（系统）融合，就是新系统在借鉴旧系统的基础上进行的创新，旧系统的合理部分融入新系统。仍以活字印刷术为例，活字印刷术在中国只经历了前一次新旧技术融合，即雕版与活字融合。活字印刷既没有发展成技术系统，也没有市场化。据张秀民统计，古代活字印刷书籍数量不到雕版书籍数量的2%[③]。所以活字与雕版没有进入后一次新旧技术（系统）融合，对古代中国社会的影响微乎其微。西方

① 乔治·巴萨拉：《技术发展简史》，周光发译，复旦大学出版社，2000，第50-53页。

② 例子参见“得到”APP，《得到头条》第15期。

③ 张秀民：《中国印刷史》，浙江古籍出版社，2006，第630页。

则完成了两次新旧技术（系统）融合：前一次是手抄书和活字印刷的融合，西方没有发展雕版印刷，活字之前是手抄书。活字印刷术发明后，手抄工自然变成了印刷工，装订技术也继承下来。后一次是收费的手抄新闻发展成活字便士报，12—15世纪作为欧洲的商业中心，意大利发展出最早的商业新闻行业。雇手抄工把搜罗的商业信息抄写并装订成册，放在屋里让人有偿阅读。活字印刷术发明后，商人把手抄册子印成单页，印刷数量剧增，将原来的把读者圈在屋里阅读的方式变为将印刷页送到读者的手中。当广告与印刷单页融合后，便士报就诞生了。可见大众传播产业，在手抄书时就已经萌芽了，报纸是对其的继承和融合。造成活字印刷系统化市场化中西差异的原因主要有三个：（1）雕版印刷的成本规模小于活字印刷；（2）中文字数太多，对活字数量要求较高；而拉丁字母只有二十多个，对活字数量要求低；（3）字母活字对工人的文化要求较低，汉字活字工人则需要识字。

（二）新媒介技术之间的融合

不同新兴媒介技术之间的融合，也是媒介技术演化发展的常见方式。今天的世界可以说是处在移动视频时代，网络上到处充斥着直播视频和录制剪辑视频。在中国，前者的代表是抖音、快手等，后者的代表是“b站”等视频网站。几年间，我们就马不停蹄地从“读图时代”进入“视频时代”。这种人性化的快速发展，背后主要是三种媒介技术在支撑。

看视频首先要有较大的屏幕，传统的实体键功能手机屏幕很小，即便有视频播放，体验也很差。2007年iPhone一代问世，虽然苹果公司并不是首创，但其所使用的多点触控屏幕却重新定义了手机，手机开始进入触屏智能时代。2012年，中国成为全球最大的单一智能手机消费市场，触屏手机时代彻底来临，视频终端问题解决了。视频直播技术不算一个新技术，电视时代就已经很成熟了。个人PC视频直播技术开始在网民中流行，在网络游戏的助推下发展迅猛。触屏手机问世早期，移动通信技术尚无法承担视频这么大的数据流量，视频直播还很难在手机上实现。直到2014年4G技术大规模商用后，解决了大流量无线传输问题，至此，4G通信技术、触屏手机技术、视频直播技术融合起来，共同支撑起移动视频这种媒介形式。

2019年6月6日，工业和信息化部向中国电信、中国移动、中国联通、中国广电发放了5G商用牌照，中国正式进入5G商用元年。5G技术的普及，势必会与其他新兴媒介技术融合起来，产生新的媒介技术形式和传媒产业。现在看来，5G最容易与虚拟现实技术、物联网技术产生融合。前一个融合会产生全息通信、全息直播技术。今天的手机视频通话、手机直播，都还是2D平面的，这种从电影发明就延续至今的视频方式将在5G技术之下彻底改变。虚拟现实技术将在5G的数据传输规模支撑下，实现无线互联，移动通信、直播将更人性化，更让人身临其境。后一个融合目前最突出的是自动驾驶，每一个车辆、每一个交通信号，甚至是路面标志线、马路台阶，都可通过传感器进行互联。车辆还同时连在手机网络中。5G网速是4G的20倍，能支撑普遍互联的数据量；时延只有1毫秒，是4G的几十分之一，能保障行驶中瞬息万变下的安全性。

（三）媒介技术与其他技术的融合

前文讲到的技术都是以技术系统的形式进入社会的，围绕一种媒介技术会形成一系列技术的集合，其中很多都是支撑技术。这些其他领域的新技术进入媒介技术领域，也是融合化的常见方式。区块链本是一种密码共识技术，主要由非对称密码技术和分布式点对点技术组成，目前已经在数字货币领域产生巨大影响。非对称密码技术和分布式点对点技术，让区块链技术具备了不可篡改、去中心化的密码共识能力。区块链已经从单纯的密码技术变成媒介技术的一部分，在互联网等数字媒介中开始广泛使用。例如新闻公司Civil，就试图用区块链技术打击假新闻，帮助新闻业摆脱对广告收入的依赖，重构新闻生产者、内容分发者和新闻消费者三者的关系，进而保障新闻的客观、公正①。

电池技术显然不属于媒介技术，但我们今天人手一部的手机，就是数字终端融合电池的产物。电池技术成为移动媒介最重要的支撑技术之一，但这个支撑技术目前还是移动媒介技术系统的短板。电池虽然发展迅速，但依然跟不上手机的需要，包括电量的持续性、电池原料的获得等。所以，未来手机要想有一个质的发展，电池技术的质变是重要前提。目前主流电池都是锂离子电池。2021年7月29日，著名动力电池企业宁德时代召开产品发布会，正式推出了第一代钠离子电池。该企业近期会将钠离子电池和锂离子电池混搭使用，预计钠离子电池最快会在2023年实现商业化。相比于锂，钠具有储量大、分布广、开采成本低的特点。钠离子电池的电量也明显高于锂电池，并且在处理回收方面也更容易。还有锑离子电池，也是下一代电池的种子选手。目前，对钠、锑电池的发展还不能妄下结论，一旦成功，势必会大大推动手机、电动汽车的进一步发展。可见，与更好的电池技术相融合，是手机演化的明显趋势。

---

① 谭小荷：《基于区块链的新闻业：模式、影响与制约——以Civil为中心的考察》，《当代传播》2018年第4期，第91–96页。

三、泛媒介化

长久以来，我们都认为媒介技术是处理信息的技术，反过来说，只有特定处理信息的技术才能称之为媒介技术。直到互联网时代，数字媒介与非媒介技术仍是泾渭分明。但媒介技术演化呈现出的泛媒介化趋势，正在改变这种观点。

清华大学彭兰教授提出“万物皆媒”“泛媒化”“物体的媒介化”。物联网、人工智能（AI）、云技术，是泛媒介化的三大支撑技术，其中物联网最基础。“物联网意味着‘万物互联’，只要需要，各种物体都可以联上网，对这些物体的控制也就变得更为直接、直观。各种物体可以‘告知’自己的状态，并且通过网络将这些状态信息传递给相关的人或物。人们对于物体的状态、动态的监测变得容易，对物质世界的感知将更为全面、及时，人类对物质世界的控制、管理也将变得更为智慧。”[①]装上传感器，任何物质都可以成为信息的生产者和终端，传感器打破了媒介技术与其他技术的边界。

“物联网”这一概念最早于1995年出现在比尔·盖茨（Bill Gates）《未来之路》一书中。在中国，物联网最早被称为传感网，1999年开始传感网研究。2005年11月17日，在突尼斯举行的信息社会世界峰会（WSIS）上，国际电信联盟（ITU）发布了《ITU互联网报告2005：物联网》，正式提出了“物联网”的概念（参见百度百科“物联网”词条）。可能有人会疑惑，物联网早在21世纪第一个十年成为网络热词之前就已经发展了好多年，为什么身边的技术物大多数还是不能联网，更别提自然物了。虽然今天物联网在智能家居、自动驾驶方面发展迅猛，但离真正的万物互联还有相当的距离。原因就在上文引用彭兰教授的话里，“各种物体都可以联上网……通过网络将这些状态信息传递给相关的人或物”。“各种物体”背后是巨大的数据量，需要更为先进的通信技术。5G每秒传输数据可达40G，时延毫秒级，基站体积大大小于4G，方便多点部署，推动了“万物互联”产生质的发展。在中国5G商用元年，彭兰教授再次提出“万物皆媒”：“物联网应用将在5G技术推动下实现突破，万物可被数据化、被监测，物与物之间可以实现智能互联，物与人也可以实现多种方式的互联。从传播角度来看，一个‘万物皆媒’的时代将

① 彭兰：《万物皆媒——新一轮技术驱动的泛媒化趋势》，《编辑之友》2016年第3期，第5-6页。

到来。”①

举例来说，煤矿为了监测矿坑的压力变化，传统方法是派工作人员定期巡检矿壁和支撑柱，但人工检测的效率低、安全性差。2020年，山西华阳新元煤矿建立了中国首个5G智慧煤矿，总共安放了84个5G基站，在井下部署了5G网络。煤矿在矿坑支撑柱上安装矿压监测传感器，连接到5G基站，通过5G信号将信息实时传输到地上的监测台，工人可以远程获取矿坑压力的信息。装上压力传感器的支撑柱同时也成了媒介技术，成为矿坑压力和工人之间的信息中介。

有学者试图用“沉浸化”来说明未来媒介技术和传播实践的演化趋势，并给“沉浸化”总结出十一条特征②。前六条与媒介技术相关，后五条涉及信息处理、传播效果、受众等传播学传统研究对象，与媒介技术关系不大。前六条引用如下：

> （1）所谓媒介和技术都化为背景，嵌入我们周围的环境中，并互相连接在一起。
>
> （2）以环境或空间作为媒介。这个环境是人类生存的大环境，也可以说是一切皆媒介。
>
> （3）内容包括所有以前的媒介，以及未来将要出现的媒介。这是一个开放的包容万事万物的体系。
>
> （4）这个媒介空间是物质与精神、真实与虚拟的共存与融合。媒介界面消失，媒介无形且无边界，媒介与环境融合。
>
> （5）以人为中心，人完全在其中。从“隐形人”到无形无相之人，人与媒介彼此互化。人既是传播主体，也是传播的内容。
>
> （6）人可以物化为媒介，媒介也可以人化，融入人的媒介或融入媒介的人——“生物媒介”出现。

分析沉浸化这六个特征，发现其涉及具身化、融合化、泛媒介化三大趋势。具体来看，第（1）（2）条体现了泛媒介化，第（1）（3）（4）条体现了融合化，第（5）（6）条体现了具身化。可见，在研究媒介技术演化趋势上，总结出的概念也许不同，但概念背后所指涉的趋势是一致的。

---

① 彭兰：《5G时代“物”对传播的再塑造》，《探索与争鸣》2019年第9期，第54页。

② 李沁：《媒介化生存：沉浸传播的理论与实践》，中国人民大学出版社，2019，第18-19页。

第四节　媒介技术演化的动力

媒介技术演化的动力由围绕媒介技术产生的矛盾提供，分为外部矛盾和内部矛盾。外部矛盾是媒介技术与其他系统之间的矛盾，包括媒介技术与人的矛盾、与信息的矛盾、与制度的矛盾。内部矛盾指不同媒介技术之间的矛盾，表现为竞争关系。

一、外部矛盾

（一）媒介技术与人的矛盾

第一，媒介技术与人的生存发展的矛盾。人的生存发展离不开技术，技术是人生存发展的条件。当技术被纳入人的生存发展中，成为生存发展的基础条件的时候，人又会产生新的与之前生存发展需求不同的需求。当汽车成为人的生存发展的基础条件，人就会认为汽车是理所应当拥有的技术，新的生存发展要求就会超越汽车。这就是媒介技术与人的生存发展之间的矛盾：一开始媒介技术是满足生存发展需要的，矛盾消解；但此媒介技术垫高了生存发展的下线，推动生存发展需要的提高，需要新的媒介技术才能满足，矛盾又出现，促使媒介技术演化。下文通过三个例子来分别论证媒介技术与生存发展的矛盾如何推动媒介技术的演化。

第一个例子是文字的产生。口语走向文字经历了漫长的时间，大约从5000年前到3000年前，世界主要文明都发明了自己的文字。最早的文字诞生于两河流域，5000年前，地中海东岸、亚非大陆交界处的文明已经十分成熟。西边有叙利亚人和克里特人，西南有埃及人，南方的阿拉伯半岛沙漠中有游牧民族，东方有埃兰时代的波斯人，北方有赫梯人。两河文明正处在这个文明区的十字路口，各个民族在交流中不可避免以两河流域为中心。底格里斯河与幼发拉底河不像尼罗河，旱涝时间不固定，这导致两河流域的农业文明不如埃及，生存发展大大依赖商业。地理条件加上气候、经济状况，导致两河流域成为各民族交易的聚集地。复杂的商业活动是各民族复杂的口语所不能胜任的，在记账和合同上急需一种各民族都能看懂的表达方式。在口语和商业的矛盾推动下，最初的文字产生，用简单的符号来表示账目信息。交流带来的不只是商业，不同民族不同文化共存，需要解决的矛盾很多，比如宗教、法律、婚姻、争斗等等，口语已经远远不能胜任。在众多矛盾的压力下，文字演化进入快车道，1000多年后，《汉谟拉比法典》颁布，楔形文字已经演化到能表达精确法律条文的程度。

第二个例子是电报。古代中国长期运用马匹驿站的媒介技术方式传递信息，到1871年6月，英国大东公司和丹麦大北公司已经完成在中国大陆的海上铺设电缆，中国事实上已被纳入世界电报网络中。但当时的清政府依然固执地使用驿站的方式传递信息，直到出现两个事关主权与领土完整的危机——“台湾危机”和“帕米尔危机”后，才迅速地发展电报。1874年日本侵略台湾，清政府派洋务派官员沈葆桢率兵援台，在作战中深感台湾与大陆跨海通信不便，直接影响战争成败。自此之后，清政府不再坚守驿站，开始发展电报。通过十几年的发展，在国内中心区域已经遍布电报线了[①]。1891年到1892年，英国与俄国先后发兵坎巨提和色勒库尔，威胁帕米尔地区。当地距北京8000多里，用驿站的方式传递信息用不了多久领土就丢了，在边疆存亡的时候，从1880年就提出但一直拖延的新疆电报工程立即动工。到1894年，不只从甘肃到乌鲁木齐，还包括乌鲁木齐到喀什、吐鲁番到喀什，以及库车、阿克苏等地都用上了电报技术[②]。可见当旧媒介技术与人的生存产生矛盾时，矛盾就能加速媒介技术的演化。

第三个例子是报纸。媒介技术与经济发展的矛盾催生了报纸。16世纪之前，大航海尚未深入，地中海还是西方文明的中心，作为地中海的中心，依托发达的海路交通，威尼斯逐渐发展成为西方贸易的中心。加上当时文艺复兴正如火如荼，包括威尼斯在内的意大利同时也是文化中心。频繁的经济活动和文化交流产生很多贸易信息，这些贸易信息讲究时效性，故可称为新闻。为了解决贸易新闻的矛盾，威尼斯出现一批专门以收集经济、文化信息为生的人。他们把收集到的信息手抄成册，最初挂到屋内，交钱后方可进入阅读，十天或一周更新一次。不久，古登堡印刷机从北方传来，精明的威尼斯人把高投入、低速度的手抄新闻换成了印刷册子，并加快新闻采编印刷来满足愈加多样迅速的商业信息。威尼斯的印刷新闻册子被后世称为《威尼斯公报》，这标志着报纸的正式产生。发展经济是人类文明最根本的动力，当媒介技术不适应经济发展程度的时候，经济会倒逼媒介技术迎头赶上，消除二者的矛盾。

第二，媒介技术与意愿的矛盾。追求精确性、便利性是人的主要意愿，人通过提升理性、增加对世界的认识等方式来实现精确性；通过减少步骤、压缩组成部分等方式来实现便利性。使用适当的媒介技术也是

① 雷颐：《晚清电报和铁路的性质之争》，《炎黄春秋》2007年第10期，第70–73页。

② 王东：《边疆危机与清末新疆电报线的建设》，《西域研究》2014年第1期，第62–68页。

一种可靠地实现精确性、便利性的方式。当一种新媒介技术使用后，必定满足人们的精确性和便利性意愿。但随着社会的发展，社会结构、组织越来越复杂化，这会给精确性和便利性带来极大挑战，旧媒介技术往往就不能满足新环境提出的新要求了。此时媒介技术与意愿的矛盾激化。人由于社会发展所提升的意愿是不可逆的，故解决这个矛盾必须发展媒介技术。从媒介技术史来看的确遵循这个规律，书写精确性强于口语，印刷精确性强于书写，模拟信号易受干扰，精确性明显不如数字技术。在便利性上，看看今天的移动终端技术，从没有什么时候把便利性看得如此重要。手机越来越轻薄，电脑也做成触屏的了，最典型的是已经发售的谷歌眼镜和Apple Watch，未来移动技术为了实现便利性，势必会与人的穿戴融合，甚至与人体融合。

第三，媒介技术与消费文化的矛盾。在互联网覆盖一切的今天，文化往往也被互联网改造，成为一种被批判学派称为大众文化或消费文化的新型文化形态。消费文化的特点是求新、猎奇、吸引眼球，只在乎当下的体验，不管能否经得起历史的沉淀，不在乎有多少理性的深度、感性的热度，只要抓眼球就行。由互联网这种媒介技术带来的消费文化与媒介技术之间的矛盾非常突出。消费文化是一个永远饥饿的饕餮，在求新之路上有无尽的欲望，以至于某些媒介技术从诞生之日起就被消费文化所淘汰。在消费文化强大的压力下，数字媒介技术的演化也一直行驶在高速路上。看看今天各种移动终端技术的演化，从苹果手机一代到13代只用了14年时间，诺基亚在触屏手机时代的溃败也只用了2年多，国产手机从无人问津到蜂拥抢购同样只要2年。再看软件，2008年IOS首次与硬件绑定销售，截止到2021年6月发布的IOS 15，只有13年。竞争对手安卓同样开始于2008年，截止到2021年5月演化到12.0版本。在如此强烈的求新压力下，华为公司也加入竞争，2019年8月9日，华为在东莞举行华为开发者大会，正式发布操作系统鸿蒙OS；2022年7月27日晚，华为正式发布HarmonyOS 3及多款搭载HarmonyOS 3的新产品，力图变操作系统的双雄争霸为三足鼎立。现在看来，已经成气候的消费文化正在越来越快地推动媒介技术演化，而媒介技术演化反过来又不断强化这种文化特质，进而保持矛盾常在，始终提供媒介技术演化的力量。

（二）媒介技术与信息的矛盾

第一，媒介技术与信息数量的矛盾。当今，我们正处在信息爆炸性增长的时代，但这个时代从哪里开始？信息爆炸始于天文学。2000年，位于美国新墨西哥州的最为先进的天文望远镜，使用几周后所搜集的信息已经超越整个天文学史上所有信息的总和。以这个速度，到2010年，此望远镜能搜集到1.4×2^{42}字节信息。更快的是，2016年更先进的望远镜使用后，能在5天内做完新墨西哥州望远镜10年的工作量[①]。

天文望远镜许多人一辈子恐怕都没接触过，但看看身边的互联网，更能发现信息的爆炸。以表现突出的交互式网络（Web2.0）为例，谷歌每天面对的信息有24拍字节，是美国国家图书馆藏书总量的上千倍；每天“脸书”上网民点赞的次数能达到30亿次；每月有8亿人次登录YouTube，平均1秒钟的时间里就有长于1小时的视频被上传；作为微博的领头羊，Twitter在2012年平均每天都会产生4亿条微博。要知道，以上对互联网信息爆炸的统计还不包括人口世界第一的中国大陆。先通过互联网的数字信息与其他种类信息的比例变化来看信息爆炸（横向比较）：2000年，全球数字信息只占所有信息的四分之一，另外四分之三的信息在传统媒介技术（书籍、报纸）和电子媒介技术（磁带、电影胶片）上。到2007年，这个比例变化为7%的数据仍存在传统媒介技术和电子媒介技术上，其他部分都已经进入数字媒介技术。到2013年，这个比例已经变成：数字媒介技术信息存储量占98%，以非数字形态存储的信息量仅剩2%[②]。再对比互联网与印刷术兴起后分别对信息量增加的作用（纵向比较）：15世纪中期，古登堡发明印刷机在当时也产生了信息爆炸的效果。据美国历史学家伊丽莎白·爱森斯坦（Elizabeth Eisenstein）研究，从1453到1503的50年里，共印出800万本书籍，比君士坦丁堡自公元330年建立以来欧洲所有手抄书之和还多，短短50年里，欧洲的信息量翻了一番[③]。但这个速度比起互联网依然小巫见大巫，拜互联网所赐，今天每三年世界的信息量就能翻倍。通过对信息爆炸的分析，发现互联网信息量的增加，不是线性的，而是遵循指数增长的规律。

信息爆炸不只关乎媒介技术，更影响到每一个人。据统计，一个人拥有知识的半衰期伴随媒介技术的演化而加速，18世纪为80—90年代，19到20世纪为30年，20世纪60年代为15年，进入80年代，缩短为5年左右（参见百度百科“信息爆炸”词条）。近30年来，人类生产的信息已超过过去5000年信息生产的总和。可见信息爆炸与人之间也有矛盾，

---

① 本段数据引自维克托·迈尔-舍恩伯格：《大数据时代：生活、工作与思维的大变革》，盛杨燕、周涛译，浙江人民出版社，2013，第10页。

② 从本段开头到此处的数据引自维克托·迈尔-舍恩伯格：《大数据时代：生活、工作与思维的大变革》，盛杨燕、周涛译，浙江人民出版社，2013，第12-13页。

③ 伊丽莎白·爱森斯坦：《作为变革动因的印刷机——早期近代欧洲的传播与文化变革》，何道宽译，北京大学出版社，2010，第27页。

这个矛盾也需要通过发展媒介技术来解决。

信息爆炸式增长因为媒介技术变革而产生，变革后的新媒介技术给信息一个豁然开朗的空间，大量受困于旧媒介技术的信息此时像开闸的洪水一样奔出。很快，由技术变革推动的信息爆炸反过来又逼迫媒介技术飞速演化。前文说到的天文望远镜就是例子，美国新墨西哥州的望远镜搜集到难以想象多的信息，如此多的信息背后隐藏更多的天文知识，想挖掘这些背后的知识，就必须改进望远镜，从而获取更全面的信息。事实也支撑推理，2016年中国的FSAT“天眼”开始调试、试运行，2020年正式开放运行。更著名的例子是摩尔定律，每18个月，硬件尺寸要缩小50%，运算要提高一倍，价格反而降低。数字时代早期处理的数据有限，1兆存储空间已经十分大了，价格也很吓人，1955年需要6000美元。如此昂贵的费用明显不利于更大信息的处理，只有发展数字技术一条路，1993年1兆下降到1美元，2000年又降到1美分，2010年更是下降到0.005美分。在信息压力下，存储器的价格在50多年里下降1.2亿万倍[①]。可以说，数字媒介技术发展同样是爆炸式的，不输于信息爆炸。以人类存储信息量的增速和数字技术运算能力的增速，分别对比世界经济增速，得出前者比经济增速快4倍，而后者比经济增速快9倍[②]。现实是在媒介技术与信息的竞赛中，媒介技术占有优势。

第二，媒介技术与信息质量的矛盾。信息质量通常被认为是信息表达意义的精确性和稳定性。当一种媒介技术使用后，就带来一种新的信息质量，信息质量随着媒介技术的普及而走向稳定，想打破稳定就会要求对媒介技术进行调整，从而达到更高的信息质量。这时进行的还是同种媒介技术内的改进。当信息质量要求变大，现有媒介技术无法实现，就会寻求对媒介技术的变革，产生新的媒介技术。

以书写到印刷术为例。书写带来的信息质量是一定的，比起口语精确得多，保存能力强，但书写信息包含太多个人因素，笔迹、排列、书写错误等，这都有损信息质量。开始的解决方式是用训练有素的抄书工，严格按照书写规范进行，但即便如此，面对账本、工程图、科学实验等需要高精确度的信息，书写依然难以满足。这个矛盾导致了推动媒介技术变革的运动，创造出印刷技术，带来更高的信息质量。

这个矛盾对于数字媒介技术依然适用。既可以说高清电视、数字音

---

① 涂子沛：《大数据及其成因》，《科学与社会》2014年第1期，第14-26页。

② 维克托·迈尔-舍恩伯格：《大数据时代：生活、工作与思维的大变革》，盛杨燕、周涛译，浙江人民出版社，2013，第13页。

响、单反相机导致了高清视频、音频、图片的产生，也可以说高质量视频、音频、图片的要求推动电视、音响、相机的演化。几年前，视频的清晰度还普及在DVD阶段，而现在已经普遍使用HD、BD，这种变化推动GPU处理数据速度加快，存储器也相应增大。其实在数字媒介时代，信息质量建立在数量基础之上，表达同一个内容，只要数据够多，处理数据的速度够快够精，得到的质量一定好。就像一部电影，DVD版和BD版内容一样，只是清晰度不同，清晰度不同带来的最直接后果就是前者只有几百兆，后者有几个G。所以数字媒介技术与信息质量的矛盾，是技术与信息数量矛盾的延伸。

第三，媒介技术与信息传播速度的矛盾。提高信息传播的速度，是人对信息的基本要求，也是媒介技术的重要发展方向。当媒介技术无法满足信息传播速度时，就会发生改进或变革，以便适应并进一步提高信息传播的速度。这对矛盾推动媒介技术演化，在军事通信领域特别突出。

兵贵神速，古今中外在媒介技术上想尽一切办法提高传播速度。最早的军事通信技术就是人，人带着口信或书写物跑步传递信息。很快，人就被马代替，修建驿道、设立驿站，形成体系化的媒介技术。有据可考，在殷商时代就出现了以首都为中心的驿传系统。春秋时期战争频繁，驿传已发展成为传播迅速的代名词，孔子在表达迅速的时候都曾用驿传来比喻："德之流行，速于置邮而传命"（见《孟子·公孙丑上》）。秦汉时，由于匈奴和百越的压力，需加快南北边疆到首都的驿传速度，故修筑纵贯南北的驰道。唐朝驿传水路、陆路并行，速度能达600里/天，安史之乱的信息6天就从范阳传到了长安。元朝时，由于统治面积空前，驿传速度达到800里/天，真正的"日行八百"，可比肩工业时代的传播速度。除驿传外，速度压力下还诞生了烽火、信鸽等媒介技术方式。早在3000多年前，亚述帝国就建立起烽火传播军情的系统。西周烽火戏诸侯的典故，说明我国也常用烽火。古希腊时期的两次著名战争——希波战争、伯罗奔尼撒战争，都有使用烽火的记载。烽火依靠视觉，传播速度快，美国学者丹尼尔·希德里克（Daniel Headrick）认为烽火相当于后世的电报，应称为"视觉电报"①，但缺点是固定、不灵活，只能传递简单信息，可靠性差。信鸽有驿马相似的传播方式，且不受道路限制，速度更快，但由于信鸽独自执行任务，缺乏人的指挥，故效果并不太好。由于烽火和信鸽的优缺点，虽然必不可少，但只能作为驿站的辅助。

---

① 丹尼尔·希德里克：《视觉电报》，载戴维·克劳利、保罗·海尔编《传播的历史：技术、文化和社会》，董璐等译，北京大学出版社，2011，第153-163页。

进入工业时代，军队的移动速度加快，相应的军事通信速度要求更快。1895年，意大利人马可尼发明了无线电报，很快就被用于军事信息的传播；两年后，贝尔发明的电话也用到军事中，至此军事通信全面进入电子媒介技术时代，有线与无线方式并存，传播速度空前迅速。第一次世界大战期间，在火车、汽车、军舰速度的压力下，长波电台、中波电台广泛装备于陆海军，提高了指挥的速度。第二次世界大战时，西方军队普遍实现了机械化，摩托化推进的陆军与空军崛起，催生出更快的军事通信技术，如短波、超短波、传真、无线电接力器、多路载波机等。

第二次世界大战后，军事强国发展出全天候、立体化的打击能力，覆盖上万千米的洲际导弹，几小时打遍全球的超高音速飞机，对信息传播速度提出更高的要求。以数字技术为基础，在信息传播速度跟上全球打击速度甚至是太空打击速度的要求下，发展出接力通信、微波通信、电缆通信、光纤通信、卫星通信、移动通信等军事媒介技术。这些技术使军事信息覆盖全球任意角落，实现了军事信息近乎实时（以秒为计算单位）的传递速度，真正做到全球化、实时性的信息传递。

（三）媒介技术与媒介制度的矛盾

关于技术与制度的关系，有截然相反的两种看法：一种认为技术占更根本的位置，技术变革决定制度变革；一种认为制度更为根本，制度变革决定技术变革。比如美国经济学家托斯丹·凡勃伦（Thorstein Veblen）就认为技术是“有用的”工具性质的因素，制度是“无用的”仪式性的因素，技术更具决定作用[①]。更突出的是技术主义范式的“媒介决定论”观点。相反，新制度主义经济学持某种程度的“制度决定论”观点，倾向于制度创新决定技术创新。作为生产力的衡量标志，技术对制度的作用有目共睹，每一次重大技术突破都改变了社会结构。制度对技术演化的作用也毋庸置疑，对“李约瑟难题”的解答就是最好的论据。技术与制度任何一方起的作用都是现实的，执着于单向作用是片面的，理解二者之间的作用，需要先搞清它们的关系。

美国经济学家弗农·拉坦（V. W. Ruttan）认为：“在技术创新与制度创新的关系问题上，争论技术创新与制度创新谁决定谁没有什么意义，技术创新与制度创新之间是相互影响、相互依赖的关系。”[②]媒介技术与媒介制度不存在谁决定谁的问题，应从矛盾的观点看待二者。在特定的

① 凡勃伦：《有闲阶级论：有关制度的经济研究》，蔡受百译，商务印书馆，1964，第79页。

② V.W.拉坦：《诱致性制度变迁理论》，载R.科斯等著《财产权利与制度变迁——产权学派与新制度学派译文集》，刘守英等译，上海人民出版社，1994，第330页。

时间和环境下，其中一方会处在矛盾的主要方面，另一方处在次要方面。但这种状况是暂时的，矛盾无时无刻不在运动。只要存在主次之别就蕴藏着势能，势能提供矛盾双方趋向均衡的力量，但矛盾双方永远不可能绝对均衡，故这个势能会一直存在。在势能的推动下，矛盾双方以补短板的形式走向平衡，又达不到绝对平衡，但双方都通过补短板的过程取得了发展。这个矛盾主次间一直存在的势能就是推动矛盾双方共同演化的力量之源。

矛盾关系反映在媒介技术与媒介制度上就是：媒介技术发展导致技术超出制度，拉大“技术→制度”的势能差，媒介制度不适应媒介技术，导致二者矛盾激化，势能差增大生成更大的力来推动媒介制度创新；创新后的新制度又导致旧媒介技术不能适应，反过来产生“制度→技术”矛盾，此时的制度势能高于技术势能，势能反过来再推动媒介技术演化，从而追上并适应媒介制度，保持微调下的动态平衡，直到开启新一轮矛盾运动。

清末，电报在外部压力和内部推力的双重作用下发展起来，新媒介技术与传统驿站制度产生矛盾，此时“电报—制度”的矛盾主要方面在电报，需要建立符合电报的制度与社会机构。1880年10月，在天津设立电报总局，专门负责电报架设事务，到1881年12月，全长3057米的津沪线建成，电报局对电报建设的作用立竿见影。电报局设立之初缺乏人才，不得不从铁路、轮船等洋务学堂中抽调人员补充，并高薪雇佣外国技工，这些外援价格昂贵，但对电报制度的规范和技术的改进贡献甚大。1876年，福州船政学堂开办第一家电报学堂，电报建制化后，1881—1909年又在多个省份陆续开办13家电报学堂[①]。这些制度的建立使“电报—制度”的矛盾主要方变为制度，有力推动了电报的演化。

再以“互联网—制度”矛盾为例，在这对矛盾中，互联网总表现出革命的力量，制度往往是滞后的，需要互联网的拉动。互联网在五个方面改造媒介制度：采编制度、经营制度、管理制度、费用结构、增进共识[②]。但当媒介制度变革后，也会反过来推动互联网演化。为了满足互联网传播多样化的能力，发展出众包的采编制度，而众包中有些编辑不甘只做幕后，编辑、主持一肩挑，又演化出自媒体这种大众媒介技术。还有互联网提倡的扁平社会结构，反过来促进数字技术的开源共享，反对知识的私有制。

---

① 韩晶：《晚清中国电报局研究》，博士学位论文，上海师范大学，2010，第63-64页。

② 潘祥辉：《论媒介技术演化和媒介制度变迁的内在关联》，《北京理工大学学报》（社会科学版）2010年第1期，第95-100页。

二、内部矛盾

内部矛盾指媒介技术间的竞争。演化论告诉我们，竞争既在不同物种间存在，又存在于同一物种内部。任何一种媒介技术都想发展壮大，在争夺信息、争夺用户时，难以避免地出现矛盾，产生竞争。这种媒介技术间的矛盾相比于其他矛盾，称为内部矛盾。内部矛盾也是推动媒介技术演化的动力之一。

两种或多种媒介技术在一起竞争，最为强势的一方往往会得到最多的资源、最大的重视和最好的演化条件。弱势一方可能会逐渐淡出、完全消失或退回后台等待新的演化时机，以便重新参与竞争，夺回部分演化条件。

报纸、广播与电视就是在竞争中进行演化的。广播速度快，一机在手可收听许多内容，但只有声音没有画面，信息稍纵即逝。为了与广播竞争，报纸一方面增加日报的数量并缩短时间，另一方面加强深度分析，并多配图片，同时大力发展杂志。通过取长补短，大众印刷媒介技术得到稳定发展。电视诞生后广播一时没落，甚至步入被淘汰的边缘，在二者矛盾竞争下，运动占用视觉但不影响听觉的特点被广播抓住，演化出车载广播。还有有声影像与无声影像的竞争，有声影像已经演化到IMAX甚至全息影像阶段，无声影像则在多年前就被彻底打败，只能在夹缝中生存，例如肢体喜剧。不过现在又出现了新的演化时机，今天在车站、公交车等嘈杂环境中，带字幕的无声影像再次出场，让无声影像重新找到了生存空间。

媒介技术演化的动力是围绕媒介技术产生的各种矛盾，用图4-2表示如下（“↔”表示矛盾关系）：

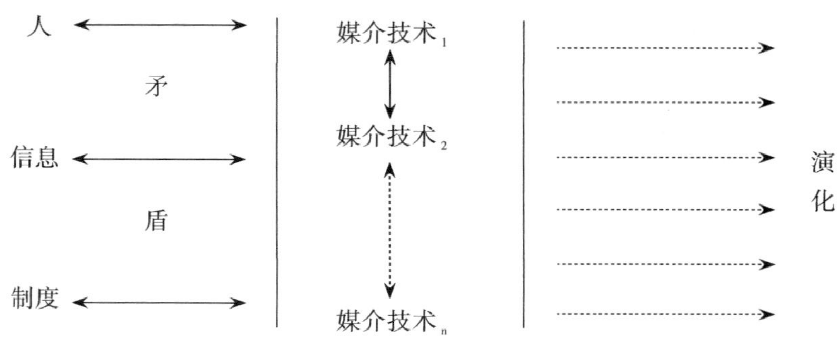

图4-2 媒介技术演化的动力

第五节　媒介技术演化的机制

根据媒介技术演化的环境，以及媒介技术演化的动力，从而明确人与媒介技术互相建构的演化方式。在此基础上提出媒介技术的演化机制。演化机制如图4-3所示。第一，任何媒介技术都同时存在不人性和人性的一面，哪怕是被莱文森称为“媒介之媒介”的电脑。电脑虽然调动多重感官，但也把人牢牢固定在椅子上，破坏行走的人性。平板电脑和智能手机虽补偿行走，但频繁地充电又不时打断人的自由，仍不够人性。媒介技术也同时存在不合综合准则与符合综合准则的一面，互联网崇尚个性化、自由主义，这符合个人权利中心的综合准则，但崇尚自我又与集体价值格格不入①。第二，“控制”指媒介技术对人的正负两方作用，合人性化的作用是人性化正向控制，不合人性化的作用是人性化负向控制。同理，是否符合综合准则也分正负控制：综合准则正/负向控制。一种媒介技术，其正向控制是人性化正向控制和综合准则正向控制的合力，其负向控制是人性化负向控制和综合准则负向控制的合力。第三，媒介技术是“双重认知技术”，所以要从形式和内容两方面探讨媒介技术对认知的作用。

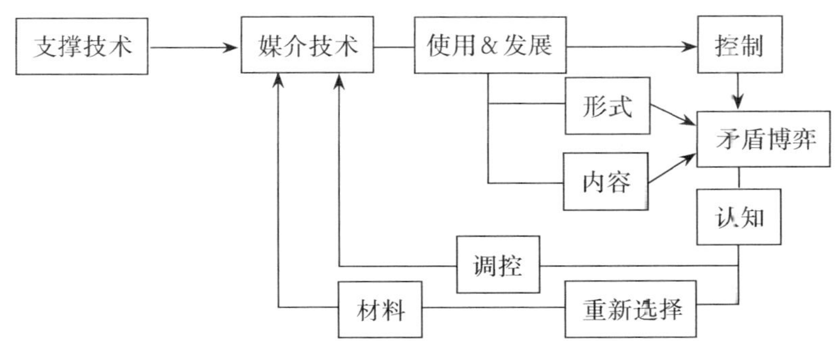

图4-3　媒介技术与人的循环建构机制

新媒介技术经过使用，其合人性、合综合准则的一面与不合人性、不合综合准则的一面都逐渐凸显，媒介技术控制（合力）的正负也就凸显出来。与此同时，由于媒介技术的发展，在社会中越来越显著，其媒介技术形式也就更多得到人们的关注与反思，形式中所体现的媒介技术

① P. Brey, “Theorizing the cultural quality of new media,” *Techné* 11, no.1 (2007): 2-18.

控制作用相应就更能为人所认知；媒介技术的使用越频繁，其所传播的内容也就越多，在内容总量增加的前提下，对媒介技术形式反思的内容自然也会增多，这从另一个角度提高了人对媒介技术控制的认知。相反，一种媒介技术发展得好，就会改造甚至控制我们的认知模式，使其与媒介技术形式相契合，从而使我们习惯这种媒介技术，使我们“日用而不知”。我们对于习惯的东西往往不那么注意，所以对媒介技术控制的认知就有逐渐隐退的趋势。我们对媒介技术的认知就是正反两方面作用的博弈结果：一方面媒介技术发展凸显形式和内容，进而增强对媒介技术控制的认知；另一方面媒介技术发展凸显控制，进而成为认知的习惯，从而使媒介技术在认知中隐退。我们对媒介技术控制的最终认知就是这两种反向力量博弈的结果。如果前一种力量强，认知就对媒介技术控制有察觉，从而进入调控或选择；如果后一种力量强，就不会产生对媒介技术控制的认知，更不会有后续的调控和选择。

在博弈后对媒介技术控制有所认知的前提下，如果认知到的是负向控制，在媒介技术负向控制的方面，人首先用调控媒介技术演化的方式来降低不合人性、不合综合准则的一面。通过调控，不合人性与不合综合准则的合力减弱，负向控制的显著性就减弱。这种减弱通过媒介技术形式和内容影响认知：形式体现负向控制的能力减弱，人更难通过形式认知负向控制；内容中传播的有关负向控制的信息也减少，以至人对负向控制的认知也下降。对负向控制的认知下降导致调控能力减弱，缺少调控能力，媒介技术的负向控制也难以再减弱。但是，一方面人对媒介技术的要求会越来越高，虽然媒介技术的负向控制没有再减弱但也没有增强，不过在更高要求的衬托下，负向控制会再被凸显；另一方面，社会中的信息量增长迅速，原有的媒介技术将很快不堪重负，在信息量暴增的映衬下，媒介技术负向控制也会再次显著；再一方面，各种媒介技术一直处在竞争中，调控只能保证绝对的发展，但相较于其他媒介技术，相对的发展就不能保证了，这样被别的媒介技术比下去的情况，客观上又给负向控制的再现提供机会。负向控制再现的同时对负向控制的认知也再兴起，重启调控进入下一轮循环。当调控难以奏效的时候，即媒介技术矛盾不可调和的时候，认知转向重新选择，选择更人性、更符合综合准则的新媒介技术进行使用和发展，降低负向控制，同时降低对负向控制的认知，进而暂时停止调控和重新选择，直到新的负向控制再次凸显。

在博弈后对媒介技术控制有所认知的前提下，对媒介技术正向控制的方面，认知通过调控着重发展媒介技术正向控制的一面，正向控制变强的同时，对正向控制的认知也同步增长，从而继续调控正向控制。如果目标媒介技术的正向控制达到了顶峰，用调控的手段难以再增强正向控制，则重新选择正向控制更强的新媒介技术。新媒介技术引进使正向控制和对正向控制的认知都继续增强，从而进入下一轮调控正向控制的循环。

还以电脑为例。随着电脑的使用，“反行走”的不人性方面对人的控制增强。也由于电脑的广泛使用，人从电脑形式、结构以及电脑传递的信息中获得对“反行走”的认知。这种认知一方面调控电脑的非人性化，如发展笔记本电脑来减弱“反行走”的负向控制；另一方面选择平板电脑和智能手机，使人重新获得“行走”的人性。结果是电脑的负向控制减弱，人对负向控制的认知也相应减弱，对电脑进一步的调控/选择减弱。直到人的要求增加后，对之前已经减弱的负向控制又开始难以容忍；或者随着电脑的发展又凸显新的负向控制，对负向控制的认知再度崛起，调控/选择也重新启动。

可见，媒介技术与人形成一个自控循环：媒介技术发展导致媒介技术控制和人对控制的认知都增强，进而引发调控。一面减弱负向控制与相应认知，一面增强正向控制与相应认知，相对地，对负向控制的调控会减弱，对正向控制的调控会增强。这使正负向控制与对应的认知又再次增强，进而引发下一轮调控。媒介技术的使用建构认知，认知反过来通过调控和重新选择建构媒介技术。媒介技术与人自调控循环建构。

第五章　媒介技术认识论

我们往往感慨一个人的生命有限、活动范围有限，为何还有如此多的知识，原因就在于媒介技术在认识里起到了巨大作用。人类的认识活动主要是通过媒介技术实现的，在人类进入技术时代后这一点尤为突出。在本章里，首先对媒介技术认识进行界定；然后，一方面梳理媒介技术认识论的几个发展阶段，另一方面研究媒介技术在认识活动中的作用；最后，以互联网、大数据为对象，揭示新兴数字媒介技术对认识的塑造作用。

第一节　从认识到媒介技术认识

认识是客观世界被感官与思维所反映、记忆、分析、重构等能动的过程，是建立在客观世界基础上的意识活动，是用主观施加于客观世界并对思维产生建构的活动。认识是人与世界相联系的两种基本途径之一（另一个是实践），是人的能动性的表现形式之一，所以认识理应成为哲学最基本的研究问题。在哲学中对认识的研究称为认识论，认识论研究在哲学起源时就已出现，在近代走向哲学研究的前台。

一、主体与客体

人的能动活动形成这样一种关系：人—认识与实践—对象。主客体正是在人的认识与实践活动中被赋予意义的，即在“主体—认识与实践—客体”中产生主客体之分。从这个关系式中可以看出，“主体与客体这对范畴的特殊规定性和意义，不在于它们描述和代表了人与世界的一般存在或属性，而在于它们表述了双方各自在一定实践认识活动中的特殊地位”[①]。主客体不是一个实体概念，不是为了指称某一种物，而是为了表征认识与实践参与者的关系和地位，是一种关系范畴。在认识与实践活动中，主体是主动发起、施加认识与实践作用的一方；客体是被动接受、承受认识与实践作用的一方。故“主体—认识与实践—客体”关系

① 李德顺：《价值论——一种主体性的研究》，中国人民大学出版社，1987，第57-58页。

可进一步表述为“主体—认识与实践→客体”，箭头指施加作用的方向。

“他（主体）必须具有思维能力和意识活动，所以，思维和意识是主体的本质属性之一。”[①]拥有思维和意识活动能力的存在物一定是人，况且非生物没有主动性，动植物虽然有一定主动性，但都是由生物自然规定性发出的，而不是由思维发出的。所以主体必须是人，“但不是旧唯物主义者认为的抽象的纯粹生物学意义上的人，而是具有社会性地从事着认识和实践活动的现实的人”[②]。作为主体的人，可以是个人，可以是任何规模的群体，还可以是全人类。“相对于从事某种具体的特定的认识和实践活动的主体而言，认识的客体则是进入其认识和实践活动范围的客观对象。”[③]用对象指代客体是因为客体不只是物质，还可以是人的精神。物质客体既包括外在于主体的物，也包括主体自身的物质部分和作为对象的人的物质部分；精神客体既包括主体之外的人的精神对象，也包括主体自身的主观世界，例如在反思的时候，客体就是被思考的那个意识。可见，主体必须是人，客体可以是自然、社会（人）、精神。

主体与客体的关系范畴定义是：“在任何实践认识活动中，作为实践和认识活动者、行为者的人是主体；而作为实践和认识对象的世界、事物和人是客体。”[④]

二、何为媒介技术认识

除了认识主体、认识客体（对象），认识还有第三个要素——认识中介。认识中介指主体认识客体所凭借的工具、手段、知识等，是必不可少的组成部分。由认识三要素的特征功能推出，三个要素对应形成最基本的认识结构：认识主体—认识中介→认识客体，认识主体通过认识中介来认识客观世界，认识中介是认识主体和客体之间的桥梁。这个桥梁通常是技术。

人的存在是离不开技术的，技术是人最基本的存在方式。技术活动中的认识叫作技术认识。我国学者肖峰教授认为技术认识可分为三个阶

① 中共中央党校马克思主义哲学教研室等编《主体与客体》，中共中央党校出版社，1990，第126页。

② 中共中央党校马克思主义哲学教研室等编《主体与客体》，中共中央党校出版社，1990，第12页。

③ 中共中央党校马克思主义哲学教研室等编《主体与客体》，中共中央党校出版社，1990，第15页。

④ 李德顺：《价值论——一种主体性的研究》，中国人民大学出版社，1987，第60页。

段[①]：技术任务的提出、技术设计的进行、技术后果的评价。这三个阶段包含了在技术未出现（或只存在于脑中、图纸上）、技术设计中、技术使用后各个过程中人对技术的认识，这种认识不只包含技术后果，更包括技术过程。

同理，媒介技术活动中的认识叫作媒介技术认识。包含两种情况：其一，媒介技术作为认识的客体，媒介技术认识就是人对媒介技术的认识，这是媒介技术认识论的一个部分；其二，媒介技术作为认识的中介，"认识主体—媒介技术→认识客体"，能左右认识活动的过程，改造认识活动的要素，研究这种作用是媒介技术认识论的核心。这两种情况并不是互相孤立的，认为媒介技术是什么，会影响媒介技术在认识活动中的作用；反之，认为媒介技术在认识活动中起到什么作用，也会影响人对媒介技术的定性。

第二节　媒介技术认识论的发展阶段

本节梳理媒介技术认识论的发展。媒介技术认识论研究经历了三个阶段：第一个阶段是社会学，率先对媒介技术展开了研究，这是媒介技术认识论研究的开始；第二个阶段是传播学的媒介技术研究，这是媒介技术认识论的发展与扩大；第三个阶段是媒介技术的技术哲学研究，此时的媒介技术认识不再与其他研究相混合，成为独立研究领域，媒介技术认识论也逐渐走向成熟。

一、社会学研究阶段——开创媒介技术认识研究

此阶段的研究共同体以社会学芝加哥学派为代表。芝加哥学派在研究人社会化的过程中都受到什么因素影响问题时，发现了媒介技术产生的作用，随后把媒介技术作为一个研究对象来分析。芝加哥学派对媒介技术是一种整体的认识，包含其后各种媒介技术认识论的萌芽。宏观上，芝加哥学派认为媒介技术有塑造社会结构的能力，这种认识发展为技术主义范式关于媒介技术推动社会变迁的认识论思想。微观上，芝加哥学派认为人是进行符号交流的动物，这是人区别于动物的本质，而这种符号本质必须通过媒介技术来实现。这种认识发展为媒介技术决定传播的符号，是符号传播学的基本观点。芝加哥学派关注媒介技术的内容及效

① 肖峰：《技术认识过程的社会建构》，《自然辩证法研究》2003年第2期，第90–92页。

果，在这个前提下，一方面延伸出传播学实证学派，认为媒介技术主要是用于提供传播内容进行社会控制的工具；另一方面，芝加哥学派的认识论、技术观普遍具有欧陆哲学背景，并持有理想主义的态度，同时强调人在认识中的主导性，这种认识特点延伸出传播学批判学派[①]。

芝加哥学派的媒介技术认识论视角涵盖宏观、中观、微观各个层次；其所凭借的理论基础是实用主义、建构主义思想；媒介技术认识研究的目的在于揭示媒介技术在社会系统中所产生的控制作用，以及人际传播中媒介技术对符号互动的影响；所采用的研究方法是理论与实践并重，主要包括田野考察、案例分析等。

二、传播学研究阶段——媒介技术作为信道工具

此阶段研究媒介技术的学派都有一个共性：把媒介技术看作对信息、人、环境缺乏影响的中介工具，媒介技术就像无碍通道、中空管子、超导电线等。在进行相关的信息研究时不特意突出媒介技术，此时的媒介技术认识论研究更像是一种直观的本体论研究。这个阶段把媒介技术看作中性的信道，研究对象指向其中传播的内容及其各种影响，以及进出信道时对信息的编解码及其产生的影响。由于研究的侧重点不同，此阶段的媒介技术认识论研究可分为以下不同的学派。

第一，媒介技术既然是传播各种信号的信道，那么信号在信道传播过程中是否会出现信号失真、失真背后的物理原因是什么、失真的程度如何测定、怎么能减小信号失真，面对这些问题，发展出从控制论、信息论等工程角度研究媒介技术信道噪声的工程学派。工程学派诞生于广播电视兴起的时代，从自然科学与数学的角度来研究作为信息通道的媒介技术，研究其物理特性和其中流通信息的质与量。工程学派的媒介技术认识论视角很微观，完全不考虑人的作用；认识论凭借的理论是控制论、信息论；媒介技术认识论的目的在于减少噪声，提高信号质量；所采用的研究方法是材料试验、电信号试验、数学运算等。

第二，对媒介技术传播的内容进行分析，研究内容的收集、整理、发布、反馈方式，受众对内容的接受程度，以及所产生的经济效应和短期的心理效果等。这种关注传播内容和受众、效果分析的媒介技术研究被称为实证学派。这一学派最具代表性的理论为美国政治学家哈罗德·拉斯韦尔（Harold Lasswell）提出的5W模式：谁传播、谁接收、传播什

---

① 胡翼青：《再度发言：论社会学芝加哥学派传播思想》，中国大百科全书出版社，2007，第295-301页。

么、通过什么渠道、得到什么效果。可见媒介技术本身在5W模式中只占五分之一（通过什么渠道）。现实中实证学派侧重于“内容—效果”研究，技术本身所占份额实际还少于五分之一。实证学派的研究视角比较微观，关注具体的媒介技术内容和所产生的短期效果，立足于解决某个现实问题；认识论研究的理论基础是逻辑实证主义；认识论研究的目的是更好地影响舆论、预测意见的走向；运用的研究方法有经验研究、定量分析。施拉姆在批评麦克卢汉时仍不忘宣传这种认识论方式：“如果选取他（麦克卢汉）一些给人启迪的真知灼见，穷追不舍，反复思考，直到柳暗花明，找到一些可以验证、颇为实用的命题，其效果定会更好。”[①]

第三，同样是分析媒介技术的内容，不同于实证学派，批判学派的媒介技术认识论是通过内容分析来揭示意识形态控制。批判学派从批判以电子媒介为载体的大众文化走向批判电子媒介本身，媒介技术被认为是资本主义制度的鼓吹者、精英文化的破坏者、反理性思维的帮凶，是应该批判的对象，有很强的价值立场。突出的观点有法兰克福学派的“文化工业”思想和法国思想家让·鲍德里亚（Jean Baudrillard）的“符号消费”思想。批判学派的媒介技术认识论视角是宏观的，关注的是整个时代的文化降格及其原因，在意识形态控制中如何保护人的主体性；认识论研究依据的理论与实证学派针锋相对，有浓厚的人文主义色彩，具体说就是哲学与政治经济学；认识论研究的目的是批判工具理性、重塑价值理性，最终使二者达到平衡，保护精英文化、反对资本主义的文化控制；认识论研究的方法有哲学思辨、政治经济学批判、意识形态区分等。

第四，继法兰克福学派之后，批判主义另起一个代表学派——伯明翰学派。“尽管伯明翰学派在学术观点上与法兰克福学派有着巨大分歧，但从方法论的角度来看，他们却有着异曲同工之妙——都是以人文主义为主要方法。”[②]伯明翰学派的代表人物斯图亚特·霍尔（Stuart Hall）关注信息进入信道前后如何编码解码，在编码解码过程中人起到什么作用、媒介技术起到什么作用及这样编码解码会产生什么影响。法兰克福学派的批判研究只是指出了大众文化的负面结果，而霍尔的编码解码思想则

① 威尔伯·施拉姆、威廉·波特：《传播学概论》，何道宽译，中国人民大学出版社，2010，第129页。

② 梅琼林：《批判学派与经验学派方法论的比较研究》，《当代传播》2008年第5期，第15页。

解释了这种负面影响是如何组织起来的，怎么被赋予效果的，并为人的能动作用留下了空间。作为批判学派观点，编码解码思想的媒介技术认识论视角同样宏观；认识论的理论基础也是人文主义思想；认识论研究的目的是揭示负面控制如何可能，以及人的能动性产生的反作用；研究方法是文本分析。

三、技术哲学研究阶段——媒介技术建构信息环境

此阶段的媒介技术认识论逐渐达成了一个共识：媒介技术并非中性工具，是负荷价值的。媒介技术在传播信息的时候，同样也对信息、人、所处环境产生影响，这种影响往往更加深刻，但不易为我们所察觉。代表学派是媒介环境学派（遵循技术主义范式），此学派普遍持有技术中心主义思想，或多或少有技术决定论倾向。与传统观点认为媒介技术处于社会系统中不同，媒介环境学把媒介技术看作环境，认为社会系统处于媒介技术所塑造的环境中。如麦克卢汉所说：人是鱼，媒介技术是水，人处在媒介技术的环境中却麻木无知，就像鱼处在水中而不知道水的存在一样[①]。媒介技术对所处其中的人、社会系统、自然都产生深刻并长久的影响，就像环境对进化的作用。媒介环境学认识论研究的视角最为宏观，研究对象动辄是某个文明，研究的时间跨度也是以百年甚至千年来计；认识论的理论基础是技术哲学、技术史、技术社会学；媒介环境学认识论研究的目的是把人们的视线从传播内容上拉出来，在技术与人走向融合的时代如何定义人、定义技术、保持人的主体性；关于研究方法，梅洛维茨曾对媒介环境学做过分析，指出“大部分媒介理论，特别是宏观层次的，深深地依赖思辨、历史分析和宏大模式的识别”[②]。关于模式识别，伊尼斯在反对社会科学倒向实证主义的时候提出：社会科学的任务是去发现和解释模式和趋势，以便能够预测未来，而不是靠精细计算为政府和商业提供短期的对策[③]。“所谓‘模式识别’，就是深入观察复杂交错的动态关系，以发现其中隐藏的关联机制。……‘模式’主要不是靠逻辑推演而是靠观察得来。他们把诸多社会历史现象和事实堆积在一起，从这些看似毫不相关的事物中洞察它们之间的关系和作用方式。”[④]

① 埃里克·麦克卢汉、弗兰克·秦格龙编《麦克卢汉精粹》，何道宽译，南京大学出版社，2000，第277页。

② D. Crowley，D. Mitchell，*Communication Theory Today*（Oxford：Polity Press，1994），p.70.

③ 哈罗德·伊尼斯：《传播的偏向》，何道宽译，中国人民大学出版社，2003，第69页。

④ 李明伟：《媒介形态理论研究》，博士学位论文，中国社会科学院，2005，第53页。

历史分析指的是媒介环境学的研究不以媒介技术的结构功能分析为主，而是研究主流媒介技术特别是在变革时期的社会历史影响。矛盾辩证的研究方法指媒介环境学的主要研究成果呈现矛盾的对立，例如伊尼斯的时间与空间偏向、中心与边缘，麦克卢汉的视觉听觉、冷热媒介、局部感官和中枢神经，莱文森的媒介技术演化是人性化还是非人性化，等等（见表5-1）。

表5-1　三个研究阶段的媒介技术认识论对比

	社会学研究阶段	传播学研究阶段		技术哲学研究阶段
代表学派	芝加哥学派	实证学派	批判学派	媒介环境学派
研究视角	宏观、中观、微观	微观、中观	宏观	宏观
认识论的理论基础	实用主义、建构主义	逻辑实证主义	批判哲学、政治经济学	技术哲学
认识论研究的目的	揭示媒介技术的社会控制及其在符号互动中的作用	影响舆论、预测意见	平衡价值理性与工具理性，反对资本主义的文化控制	研究人与媒介技术的互相建构关系
研究方法	田野考察、案例分析	经验研究、定量分析	哲学思辨、政治经济学批判	模式识别、历史分析、矛盾分析

当今的媒介技术已经进入数字时代，数字媒介技术的特征是多功能性与融合性，一件数字媒介技术已经不再只有一种功能了，数字媒介技术集合了之前所有媒介技术的特性。传统媒介技术的社会影响较为单一，因为其功能与作用基本固定，但研究数字媒介技术的影响作用，则必须进一步分析其各种功能的组织配比情况。也就是说，在认识论领域，研究传统媒介技术的认识作用可以黑箱化，研究数字媒介技术的认识作用则不能再黑箱化，必须研究其具体的设计发明、运行过程、功能、规则等。这种建立在对媒介技术诸要素、诸阶段经验分析上的研究，才能使媒介技术认识论真正进入成熟阶段。

第三节 媒介技术对认识的塑造

这一节阐述媒介技术对认识所产生的作用。从存在论的角度看，人的存在离不开技术的存在，技术的存在也离不开人的存在，人与技术是一种互相建构、互相生成、互相创造的关系。如德国技术哲学家弗里德里希·拉普（Friedrich Rapp）所言："人与技术之间存在着一种交互联系，抽象地说，这种交互联系可以划分为两个方面：（a）人创造了技术；（b）技术（人创造的）塑造了人。要两方面都加以考察才能做出公正的判断。其实，它们只在概念上是可分的，在本质上它们是不可分的。"①

人的身体缺乏天生的、固定的生存技巧，但有一个超出一般动物的大脑，想要生存发展，就必须运用大脑来做身体所不能实现的事。所以智能创造出技术来克服自身机体的局限。技术在被人创造出来的同时，也反过来塑造人，使人符合技术存在的逻辑，成为"技术人"。

可见，技术与人一定是互相作用，不存在单方面影响。对于媒介技术，在人通过媒介技术来认识的时候，认识一定同时也被媒介技术所塑造。这种媒介技术对认识的决定作用，波兹曼有堪称媒介技术认识论纲领式的概括："任何认识论都是某个媒介发展阶段的认识论。"②这就是媒介技术认识中"媒介技术→人"的一面。

前文已述，认识的基本结构是："认识主体—认识中介→认识客体"，认识中介包括手段和方式。媒介技术对认识的塑造作用，存在于整个认识结构中，即媒介技术塑造认识的主体、手段、方式、客体。本节分别从这四个方面论证媒介技术对认识的塑造作用。

一、媒介技术对认识主体的作用

媒介技术对认识的作用存在一个悖论：媒介技术对认识主体的影响有正有负，分别对应延伸与截除两种作用。支持延伸作用的人认为：媒介技术能附加上人本身的感觉器官，使人超越肉体器官的时空限制去获得信息，加强人获得知识的能力。延伸论以麦克卢汉为代表，认为媒介技术扩展主体认识能力。具体包括提高主体获取信息的广度、深度、速度、提高主体加工处理信息的精确度与效率等等。

---

① F. 拉普：《技术哲学导论》，刘武等译，辽宁科学技术出版社，1986，第58页。

② 尼尔·波兹曼：《娱乐至死·童年的消逝》，章艳、吴燕莛译，广西师范大学出版社，2009，第23页。

支持支撑截除作用的人认为：媒介技术也许加强了某一器官，但却压制了其他类型的认识能力，破坏认识的多样性、平衡性，不利于认识的独立性，难以保障理性在认识中的主导作用。截除论以波兹曼、鲍德里亚为代表，认为媒介技术遮蔽主体的认识能力特别是理性系统的认识能力。例如移动网带来的碎片化信息，手机消息把思维切割成一片一片，天然就与整体性矛盾。主体不断被碎片信息打断，破坏了逻辑的连续性，而逻辑是理性的核心，以至于人们在需要持续阅读、思考、写作时，不得不先拿开手机。

技术的影响作用是客观的，却得出截然不同的结论。这一对认识悖论存在相似的认识角度问题，从而导致截然相反的结论。延伸论和截除论共同的问题之一：延伸论讨论抽象化的“人”，探讨媒介技术与人类整体、人体功能的关系，忽视人的历史差异性和社会关系。鲍德里亚就曾批评麦克卢汉的媒介技术研究缺乏历史与政治分析：“由于无知于媒体的生产模式和作用在媒体上的权力组织结构……回避了任何团体经由媒体所建立的具体关系。”[①]截除论单纯地把人的认识障碍问题归因于技术逻辑所导致的异化，而忽视真正的认识障碍在意识形态方面的控制。“波兹曼的缺陷在于，他已经碰触到了社会的权力结构问题，但却戛然而止了。他把这个认识遮蔽的问题，简单地归结为电子媒介的技术属性问题。由此，他跟麦克卢汉一样，最终都回避了资本主义社会的阶级关系。”[②]可见不管是延伸论还是截除论，看问题的角度都是一样的：聚焦于技术本身，只是一个看到了技术的正面，另一个看到了反面。二者都没有考虑人的社会关系在媒介技术认识中的作用。这也是技术主义范式认识论共有的缺陷：抽象化“人”，就技术论技术，只关注技术逻辑和技术与人的关系，缺乏人与技术的整个社会关系研究。

延伸论和截除论共同的问题之二：从“技术→人”的单向关系看技术对人的作用。技术和人都是复杂的，人又是能动的，二者从来都不是单纯的一方到另一方的作用。技术到人的作用同时也存在着人对技术的反作用，这种反作用进而再调整技术到人的作用。技术到人的作用必须放在人与技术的互动中看待。从互动角度再看延伸论：某一技术强化了感官的认识能力，但同时人也反过来有目的地发展着此技术。例如绘画与摄影技术，在相机发明之前，绘画经历了一段很长时间的写实阶段，

---

① 尚·布希亚：《物体系》，林志明译，上海人民出版社，2001，第14页。

② 李曦珍、王晓刚：《媒介环境学对技术认识论的争论》，《云南社会科学》2011年第5期，第47页。

力图最大程度地复制所画的对象，绘画就是对视觉的延伸。相机发明后，绘画再写实也比不过摄影，人们就对绘画做出一个反作用：从写实走向写意。这就是绘画延伸视觉，人反作用于绘画。相比于绘画，摄影是技术对视觉的进一步延伸，写意的绘画又影响了摄影，摄影逐渐也不再局限于写实，而是走向了艺术，这同样也是人选择的结果。这就是摄影延伸视觉，在写意绘画的影响下，人又反作用于摄影。截除论也同样符合这种双向互动关系。

延伸论和截除论为什么会出现以上两个问题？二者截然相反为什么会共存？关键在于我们怎么理解技术。用历史唯物主义来分析技术：第一，技术的本质是人的本质的外化，技术对人的作用不能离开人的本质来讨论。人的本质不是抽象的，而是具体的，是社会关系的总和，主要体现为生产关系（经济基础）以及上层建筑。技术对人的作用要结合经济基础、上层建筑具体讨论。延伸论与截除论“所争论的认识论问题，并不是一个‘媒介技术问题’，而是一个‘社会控制机制问题’”。所以，研究媒介技术对认识主体的塑造应走如下路径：“要揭示人类如何通过有效的意识形态机制进行社会控制，即‘人如何控制人’，而不是‘技术如何异化人’。”[①]第二，从生产力来看，生产工具是衡量生产发展水平的客观尺度，是区分社会经济时代的客观依据。技术是生产力的标志，每一次生产力的发展背后都有技术的进步，所以技术对人的作用还要放入生产力里具体讨论。我们都知道，生产力决定经济基础和上层建筑，经济基础与上层建筑又反作用于生产力，这是双向关系。所以要从技术与人的双向关系上看技术对人的作用。

研究媒介技术对认识主体的作用，应放弃抽象人与唯技术立场，不能抽象地说好坏，不能只有媒介技术到人的一面之谈。应把技术作为维度之一，引入媒介技术内容、体制、权力的分析，放在生产力、经济基础、上层建筑的矛盾关系里进行具体研究。

二、媒介技术对认识手段的作用

总的来说，就是认识从基于器官的“自然手段”到基于媒介技术的“技术手段”。认识本质上是信息的活动，一个完整的信息（认识）活动包括信息获得、信息存储、信息处理、信息传播。媒介技术对这四个步骤都有改造作用。

---

① 李曦珍、王晓刚：《媒介环境学对技术认识论的争论》，《云南社会科学》2011年第5期，第44页。

（一）改造信息获得的手段

信息获得的“自然手段”主要是眼看和耳听两种，看到的光波长是有限的，看到的大小是有限的，听到的震动频率也是有限的。而运用“技术手段”对信息获得进行改造，就能极大地扩展认识的对象。天文望远镜能让我们看到百亿光年外的星体，电子显微镜能看到分子原子，光谱分析仪能帮助眼睛认识更多的光波，震频仪能帮助耳朵听到更多的声波。媒介技术发展到今天，我们还能认识到什么，既与还存在什么相关，更与技术改造认识手段的程度有关。

（二）改造信息存储的手段

信息只有存储下来才能成为认识，也是后续处理与传播的前提。在没有任何存储技术的时候，存储就等同于在大脑中记忆。出现存储技术后，从泥板到纸张，存储的信息逐渐从大脑走向工具，“记忆”逐渐被“存储”代替。特别是进入互联网时代后，网络中的各种硬盘记下了海量信息，信息存储的关键不再是如何记住，而是如何搜索“记住”。互联网中获得存储信息的重要手段是搜索引擎，把海量认识存入网络，解放人脑记忆的压力，但另一方面也使人完全依赖网络。“内事不决问百度，外事不决问谷歌”，搜索引擎在手全知全能，离手则无知无能。最初作为改造信息存储手段的硬盘“僭越”成了记忆的君主。

（三）改造信息处理的手段

在计算机普及之前，处理信息依靠的是人的大脑。但在今天的计算机网络时代，越来越多的信息处理工作交给了计算机。计算机手段逐渐代替人脑的信息处理，成为人的“外脑”。汉语对计算机更为常用的称呼“电脑”恰恰指出了计算机的最大功能。电脑代替人脑处理复杂的计算、枯燥而重复的信息，除了逻辑运算，还能模拟人脑的形象化思维与表达，以至于能把情感数据化带入运算。搜索引擎搜索网络代替了人脑搜索记忆，甚至具有创造性的信息处理也能交由电脑处理，例如最著名的论文生成软件SCIgen，骗过许多专家学者和知名期刊。未来手机与云计算的结合，可穿戴技术和赛博格的发展，让“外脑”能随时跟随人脑，随时随地处理信息。认识中最核心的部分——信息处理将被技术手段彻底改变。

（四）改造信息传播的手段

“认识成果的传播也是认识活动的一个重要组成部分，过去的认识论很少研究这个部分，而实际上如果没有传播，认识主体无法形成，认识交流无法展开，认识能力无法提高，认识目的无法实现。”[①]技术对信息传播手段的改造使传播分成三个阶段：口耳相传的自然手段、纸和印刷的实物手段、电脑网络的数字手段。自然手段是不依赖任何媒介技术（身体信息技术不属于媒介技术，见语义分析章媒介技术与媒介的区分）的传播手段。纸和印刷提供了间接传播的手段，使不同时空的人能互相传播，对知识的扩散起到巨大作用。电脑网络集合了自然手段与实物手段的优势，即时性和保存性并存，又有二者不具备的优势，扩展到全球的认识传播手段。

三、媒介技术对认识方式的作用

媒介技术对认识方式的作用可以从宏观、中观、微观三个层次来分析。

（一）媒介技术对认识方式的宏观作用

宏观作用的研究视域在时间上横跨几百上千年，在空间上以一个或几个文明区域为研究对象。媒介环境学中的古典派，研究在口语到书写媒介的漫长时期里认识方式的变革。因为这个过程十分漫长，故表现为宏观作用。代表人物有伊尼斯、古典学家埃里克·哈弗洛克（Eric Havelock）、翁。从口语到书写，认识方式经历了从神话、传说、史诗到哲学、宗教、科学的变化。口语媒介有两个最大的特征：表现力强但不够精确，口耳相传稍纵即逝。这导致口语时代的认识需要很多辅助记忆的手段。神话传说以故事的形式表达，认识活动转化为听故事，故事中的喜怒哀乐都成为辅助记忆的方式。史诗中存在大量的冗余表达，翁称之为“套语”。所有的武士都是勇敢的、所有的公主都是美丽的，通过套语增强了对口语的记忆，认识通过这种方式克服遗忘。

书写媒介用符号记录人的认识，使人的记忆外化，从而使大脑从繁重的记忆工作中解放出来。在记忆上减少了压力，大脑就有精力做其他工作，例如逻辑思考、反思，这就产生了新的认识方式——哲学。伊尼斯形象地比喻这种认识方式的变化：“诗人淡出之后，哲学家就站起来了。”[②]随着书写的普及，认识方式从史诗的形象化到哲学的精确化。苏格拉底、柏拉图师徒的作品同样体现出这种认识方式的变化。作为人文主义哲学的开创者，苏格拉底一方面是哲学家，拥有精深的逻辑认识能

① 肖峰：《技术大于自然：信息时代的认识论特征》，《洛阳师范学院学报》2014年第1期，第4页。

② 哈罗德·伊尼斯：《帝国与传播》，何道宽译，中国人民大学出版社，2003，第61页。

力，另一方面仍使用对话体，保持口语的认识传统，口语和书写两种认识方式在苏格拉底身上共存（共存的证明是苏格拉底的口语被柏拉图用书写记录下来）。但“到柏拉图时代，文字已经创造出一种新的环境，新环境开始了使人脱离部落式习惯的过程。在此之前，希腊人的成长受益于部落式百科全书这样一种过程。他们将诗人吟诵的诗歌铭记在心”[①]。如果说“苏格拉底站在口头世界和视觉—文字世界的边上”[②]，柏拉图则已经完全进入了书写时代，尽管他在《斐德罗篇》里着力批判了书写，但不同于苏格拉底的述而不作，他的著作开始出现大部头的书写形式。从苏格拉底、柏拉图的例子推而广之，从跨文明的视角来看苏、柏代表的那个“轴心时代”，可以大胆推出一个观点：“轴心时代”产生的辉煌精神文明，背后是“口语—书写”变革所带来的认识方式的变化。这是“媒介技术→认识方式→精神文明”的宏观作用。

（二）媒介技术对认识方式的中观作用

这种中观作用的代表理论是麦克卢汉的“感官偏向”和“感官平衡”。一种媒介技术能给人的感官带来一种尺度，这种尺度可以偏向某一认识器官，此器官的作用会得到强化，但同时其他得不到偏向的器官则会弱化，逐渐丧失在认识中的地位。每种感官都有特定的认识方式，得到媒介技术强化的感官其认识方式也就彰显，反之被弱化的感官其认识方式就被抑制。

口语媒介是人类文明部落化时期的首要交流方式，口语媒介偏向听觉感官，人在听的时候整个身体是侵入声音中的，麦克卢汉比喻成洗桑拿。但口语媒介并不是听觉独占的，在面对面听说的同时还会加入手势、面部表情等视觉符号。所以口语媒介的“偏向”并不是彻底的偏向，而是以听觉为主的多种感官并用，是一种非平均分配比例的“感官平衡”，这种感官使用方式可叫作“通感”。通感的认识方式同样是多样的，面对认识对象同时动用听觉、视觉、触觉、嗅觉，得到的是关于对象的完整认识，这种完整的、多维的、同步的认识方式构成形象思维。

书写印刷是人类文明在古代、近代时期的主流媒介技术，书写印刷偏向视觉感官，人在阅读的时候是与纸张面对面的，有字的一面面对视觉的一面。书写印刷是视觉独占的媒介技术，在阅读的时候，视觉必须

---

① 马歇尔·麦克卢汉：《理解媒介——论人的延伸》，何道宽译，商务印书馆，2000，第25-26页。

② 埃里克·麦克卢汉、弗兰克·秦格龙编《麦克卢汉精粹》，何道宽译，南京大学出版社，2000，第138页。

全神贯注、逐字扫描，大脑也丝毫不得松懈，要努力解码抽象字母文背后的所指。书写印刷的“偏向”是真正的偏向，是地道的视觉偏向，带来专门化、碎片化、可重复化、因果逻辑、线性思维的认识方式。书写印刷以视觉为中心，排除掉其他认识方式，认识不再是口语时的整体认识，变得单一化。印刷媒介可以复制大量完全相同的副本，这种简单但精确的重复工作有助于可重复化的认识方式。字母文是高度抽象的认识方式，用抽象的文字表达具象的事物，唯有继续发扬精确这个优点，才能弥补形象的不足，这种精确性促进认识的逻辑化。印刷字母文最显著的特征是线性排列，哪怕同时发生的事情也要有先后地排成行来表达，这促进了认识的线性思维。

数字网络技术是当代的主流媒介技术，传播方式包括视频、音频、文字等，同时调用视觉、听觉、触觉等感官。数字网络技术是“感官平衡”的媒介技术，与口语时代媒介技术的感官调用高度相似，故麦克卢汉称电子媒介时代的人又重新“部落化”。但口语时代的感官平衡与数字时代不同，数字技术下的感官平衡是经历了书写印刷逻辑思维训练的平衡。经历过这种训练，数字时代的人才能把握技术逻辑，让这种“感官偏向”时代的产物为认识的“平衡”服务。翁就称呼数字时代这种经历过视觉偏向的口语为“次生口语”，与部落化的“原生口语”不同。可见，数字技术时代的认识方式既包含视觉偏向时代的抽象逻辑，又包含听觉时代的具象形式。

从感官偏向、平衡的角度看媒介技术对认识方式的作用，可以得出一个结论：从口语到数字媒介技术，认识方式走过一条“形象思维→逻辑思维→综合思维”的变化道路。

（三）媒介技术对认识方式的微观作用

进化使大脑产生了分工，不同的区域产生不同的功能侧重，不同的功能使大脑分为不同的脑区。长期使用某种媒介技术能对大脑产生改造，影响大脑的进化方向，一部分脑区被强化，其他部分被弱化。例如大脑额叶上的布罗卡区，此区负责书面语言，长期使用书写印刷品能强化布罗卡区，从而增强抽象认识方式。相反，当人看到更加具象的表情符号的时候，大脑右额下回被激活，这是负责非语言认识的区域，长期观看具象符号，能增强右额下回的具象认识方式①。

脑区被媒介技术强化是因为长时间的媒介技术刺激能改变脑区的神

---

① 盖瑞·斯默尔、吉吉·沃根：《大脑革命：数字时代如何改变了人们的大脑和行为》，梁桂宽译，中国人民大学出版社，2009，第12页。

经回路，增加新的回路并加强原有回路的效率。神经元分为细胞体、轴突、树突，神经元之间通过轴突与树突相连。神经的传导使轴突细胞膜内外层的电位发生变化，变化点与旁边之间产生微小的电势差，从而产生微小的电流。电流顺着轴突传播，到轴突末端通过一系列电化学反应把电信号变为化学递质（例如多巴胺）。这种化学递质突破两个神经元之间的缝隙，进入下一个神经元树突，再逆向反应为电势差，从而接着沿轴突向末端传递，周而复始。大脑在进化中，神经元产生的更有利于连接的突变，恰好适应使用媒介技术时产生的强烈信号刺激，从而被大脑的“自然选择”保留下来。这属于增加新的回路。强化原有回路是“拉马克式”进化，在媒介技术的刺激下，脑区的神经回路得到了强烈锻炼，就像体育锻炼后的骨骼肌一样，变得更加强壮高效，起到“用进废退”的效果。认识方式成什么样不仅靠大脑的先天遗传，这种后天行为对大脑的塑造更加强烈。神经科学的结论印证了马克思主义哲学对人的理解：人的本质不是人先天的部分，不是抽象的存在，而是后天各种活动所产生的自然（生理）与社会（关系）变化之和。认识亦如此。

当今数字媒介技术对大脑和认识的微观作用更加强烈、更加迅速。美国认知科学家盖瑞·斯默尔（Gary Small）和吉吉·沃根（Gigi Vorgan）做过一个谷歌搜索对大脑活动的实验[①]：选取两批人，一批是长期使用网络的，另一批是从不使用网络的。实验时间为五天。让这两批受试者同时大量阅读书面文字和使用谷歌，五日后发现网络生手和网络老手的文字阅读脑区没有任何变化，而网络生手的背外侧前额叶皮层变得比之前活跃，这一区域的功能是控制认识的决策和整合复杂信息的。这一实验得出的结论是数字媒介技术对人大脑的影响要远快于传统媒介技术，通过使用数字媒介技术，人能在短时间内建立新的认识方式。

这么迅速的影响明显已经使多年进化而来的大脑不堪重负。网络信息的特点是“短平快”、猎奇求新，与常年文字阅读塑造的深思熟虑的大脑格格不入。网络要的是持续分散的注意力，而大脑已经习惯于集中。“在我们保持持续性局部注意力的过程中，控制感和自尊感往往会出现崩溃，我们的大脑无法在这么长时间里保持监控作用，最终，长时间的数字连接导致了大脑压力过大。……我称为技术性大脑倦怠。”[②]从微观角

① 盖瑞·斯默尔、吉吉·沃根：《大脑革命：数字时代如何改变了人们的大脑和行为》，梁桂宽译，中国人民大学出版社，2009，第17页。

② 盖瑞·斯默尔、吉吉·沃根：《大脑革命：数字时代如何改变了人们的大脑和行为》，梁桂宽译，中国人民大学出版社，2009，第19页。

度看，媒介技术对认识方式的作用是通过改变大脑神经活动来实现的。今天的数字媒介技术对大脑的改变如此迅猛，尤其需要我们的关注。

对认识方式微观角度的深入必定进入认知科学领域，例如研究化学递质本身，研究电流与化学递质之间的变化机理。笔者在这方面是门外汉，就不再深入了。媒介技术对认知的微观作用，可以作为认知科学和媒介技术哲学共同的研究对象。

四、媒介技术对认识客体的作用

认识客体可以分为两类：一是对象世界。不经过媒介技术，用感官直接认识到的客体是真实现实，而通过媒介技术认识到的客体都已经被虚拟化了，称为虚拟现实。雷达看到的现实不是真实的，而是实物以信号的形式反映到屏幕中的；文字中的现实更明显不是真实存在的，“虎”字对于真正的老虎是虚拟的，需要认识把这个文字符号还原出形象。需要强调的是，虚拟现实不是数字媒介技术时代才有的，只不过数字媒介技术塑造的虚拟现实更加完整、逼真，对认识的还原作用要求更低，故其虚拟作用在今天十分凸显。总的说来，媒介技术特别是数字网络技术对认识客体有塑造作用，产生虚拟现实。凭借网络技术，认识多了一种客体——虚拟认识客体。

二是作为认识客体的人。在网络技术出现之前，人与人之间的交往基本要靠面对面的直接接触。虽然有写信等间接方式，但文字的表达对人太苍白，用麦克卢汉的术语就是太“冷”，难以支撑对客体人的全面认识。当时的人作为认识客体时，主要以有血有肉的真实客体出现，且必须直接接触。网络技术的数字化和多媒体特征能使人以多种符号形式存在，通过网络技术表现的人不再苍白无力。网络能从多角度、多形式地反映人的特性，十分逼真。网络技术的另一个特征——远程连接，能彻底打破面对面交流的限制，对人的认识再也不必亲身前往、直接接触。可见，传统媒介技术中作为认识客体的人必须是活生生的人，主体人与客体人必须直接面对面。网络技术塑造以符号形式存在的人，通过网络连接主客体，主体认识到的客体不是鲜活的客体人，而是网络技术传播的符号化的客体人信息。当客体是人时，网络技术对认识客体的作用是把认识客体从血肉人变为符号人。

说完媒介技术对认识的作用，最后对媒介技术影响认识的主要观点做一评价。这些观点主要存在于技术主义范式中，建立在或多或少的技术决定论上。一方面，只看到媒介技术对认识的单向作用，认识主体的主观能动性反作用被忽视；另一方面，只看到媒介技术这一维作用，忽视实践对认识的决定作用，而实践一定是多维度的。

媒介技术认识论的发展阶段以及媒介技术对认识的作用这两部分展现了媒介技术认识论的基本内容。但这只是对一般媒介技术的探讨，认识活动是具体的，不同的媒介技术在认识上有很大差别，下面从一般到特殊，选取互联网、大数据两个当今最具代表性的媒介技术进行认识论研究。

第四节　互联网认识

在人文社会科学领域的互联网研究中，通常把互联网认识称为互联网思维。互联网认识，指互联网技术在社会中广泛使用，人的思维与认识受到互联网影响，产生符合互联网逻辑与特征的思维变化。因为互联网塑造了今天的时代，所以互联网认识就成为互联网时代人们的普遍认识方式。

一、互联网认识的特征

（一）从互联网学习看互联网认识的特征

互联网认识在今天已经付诸实践，并产生卓有成效的结果，引领着认识的发展方向。学习是认识最重要的方式，互联网对这个领域改造巨大。例如可汗学院，创始人萨尔曼·可汗（Salman Khan），最初独自录制数学教学视频上传到YouTube上，学习人数很快呈指数增长。后来可汗在互联网上建立了可汗学院，教学视频也扩大到物理、化学等学科，海量学生（包括不同年龄、层次、背景等等）通过网络视频学习，改变了传统的学习与认识方式，成为广受好评的学习模式。以可汗视频为代表的互联网学习集中体现了互联网认识的特征：第一，去中心。今天的学校教育还在沿用18世纪普鲁士的教育体制——集中学习。学习以学校为中心，学校以课堂为中心，课堂以教学大纲为中心，教学大纲以书本为中心。整个教育是一个固定的体制，体制内层层有中心、层层有管控。互联网学习没有制度规定的中心，至多教学者算一个中心，但这个中心对其他人的作用不是强制的，仅是依靠视频吸引力获得的。第二，自由分散。传统学校教育最大特征就是强制、集中学习，具体表现在进指定的学校分配指定的班级，一门课集中于一个学期、一间教室，上课时间依照课程表进行，学习内容必须依照教学大纲按部就班。互联网学习则十分自由，学习地点可以在家里、商场、车上甚至在走路的大街上；学习时间可以在白天、晚上、休息日、工作日，充分利用碎片时间；学习的内容从哪部分开始都行，可以正序倒序、挑出不同阶段视频掺着看，可以从视频中间看起，看一部分就结束。互联网学习也是分散的：一是课程分散于多个视频网站、短视频APP、自媒体等，不集中于某一学校；二是知识点分散在不同的视频，视频往往很短，每一个视频只讲清楚一个知识点，重难点区分没有标准时长的课堂学习那么明显；三是学生分散在世界各地（中文互联网学习集中在国内），不分年龄、学历、语言（有字幕翻译）和身份，什么学员都有。真正做到想学就学、想怎么学就怎么学。第三，互动。互联网学习的互动水平整体上没有面对面的实体课堂那么高，但也表现出许多独特的优势。一是参与度高。由于有些学生腼腆，课堂上不好意思与教师进行面对面的交流，降低了课堂学习的参与程度。而互联网有匿名性，学生更能放得开。而且线上学习可以让多位学生同时发言，互不干扰，增加了互动的效果。二是历时性。课堂学习的互动是即时的，下课就结束了，而互联网学习的互动是即时性和历时性的结合，可随问随答，也可课后留言交流。三是多样性。课堂学习的互动无外乎就是问答、讨论，本质都是面对面。互联网学习的互动更为多样，有评分、抢答、投票、抽取、答题、讨论等等，一般统称为“翻转课堂”，而且随着技术进步，互动的多样性还会增加。随着智能化、虚拟现实的发展，互联网学习的互动水平一定会全面超越传统课堂。第四，共享。互联网中的共享，指的就是免费分享属于自己的信息。虽然很多国家都实现了多年的免费教育，但高等教育依然价格不菲，就算作为旁听生不收学费，但如果想听到外地名校的课，仍然要花费不少食宿交通费。而“慕课”（MOOC）一定程度上改变了这一状况，许多大学、中学甚至是个人免费在网络中发布课程视频，学生坐在家里就有学习名校名师的机会。通过少许网费，就能获得学习知识的机会，这是互联网共享特征的功劳。

目前，互联网学习有两种常见形式：一种是可以自由选择的，以慕课为代表，可称为“慕课式”，多数是录播。另一种是把课堂学习搬到线上，可称为“网课式”。新冠疫情暴发后，各级学校、线上教育机构普遍使用的方式多数是直播。用上文总结的互联网学习（认识）四个特征来对比分析：慕课式是典型的去中心；而网课式本质上仍是传统的课堂模式，依然是围绕中心（教师、教材）开展学习的。慕课式的自由分散性很强，随时随地随人；而网课式只有一定的自由分散，学习地点可以自由分散，学习时间、学习内容、学生仍是强制集中的。在互动性上各有春秋，慕课式的互动主要体现历时性，网课式互动主要体现即时性。慕课式的共享范围大，而网课式的学生固定，并以直播为主，虽然很多直播也可以回放，但共享性却差了很多。互联网认识的特征及两种互联网学习的对比见表5-2。

表5-2　两种互联网学习的特征对比

	中心性	自由分散性	互动性	共享性
慕课式	去中心	普遍自由分散	历时性互动为主	普遍共享
网课式	学校、教师、教材为中心	地点自由分散	即时性互动为主	有限共享

2016年以前，互联网学习以慕课式的录播为主，主要集中在高等教育和职业教育领域。2017年，直播技术成熟为网课式学习提供技术支撑，在线教育迎来加速发展期。2020年新冠疫情暴发，把互联网学习特别是网课式学习推到前台，在学校和企业（营利性）两个领域迎来巨大发展。2020年3月，营利性在线教育用户达到4.23亿，较2018年增长2.22亿，占网民整体46.8%。截至2020年8月18日，全国共有11032家经营范围包含“在线教育”的企业，2014年这个数据仅是1200[①]。可见，自2020年开始，互联网学习从规模上看已经能与传统学校学习比肩了。但发展这么快，弊端也是十分明显的。由于互联网学习具有自由分散的特点，导致了学习自主性较差，笔者在疫情防控期间给本校学生上网课时就深有感受。学习的目标不只是获取知识，学校学习还能培养人际交往能力，这在线上分散的状态里是很难实现的。面对面学习具有感染力、亲和力，对学生的性格养成、情感培养都显著强于线上。所以，像可汗视频这样立足互联网的学习机构，最终也开办了线下教育。在可以预见的未来，互联网学习还无法替代学校学习，更大可能是二者的长期互补共存。

除了以可汗视频、慕课为代表的互联网教育（认识）实践，两代“特斯拉”也把互联网认识的连接、共享特征付诸实践。交流电发明人尼古拉·特斯拉（Nikola Tesla），在互联网时代之前就做出了具有互联网认

① 中国科学院大数据挖掘与知识管理重点实验室：《2020年中国在线教育网课市场白皮书》，2021年，第4页。

识的行为——放弃交流电专利，让所有人共享交流电技术。硅谷工程师马丁·艾伯哈特（Martin Eberhard）于2003年成立研发电动汽车的公司，为了纪念互联网思维先驱特斯拉，将研制的汽车品牌叫作特斯拉。除了纯电动车这一引领汽车方向的技术外，特斯拉公司最引人注目的地方就是以互联网思维管理技术。2014年6月12日，特斯拉汽车宣布将分享自己所有专利技术，以推动电动车技术的进步，未来还将开放超级充电站系统的技术。2018年8月25日，特斯拉官网正式发表公开信，宣布特斯拉将放弃私有化（参见百度百科“特斯拉”词条）。通过可汗视频、慕课、特斯拉等互联网认识的实践，逐渐打破传统的认识模式，认识寡头的优势将被瓦解，认识的主客体走向无障碍连接，技术、知识走向开放共享，互联网认识正在成为新的主宰认识形式。

（二）移动互联网认识的特殊性：不受时空限制的完整认识

作为互联网的一部分，移动互联网认识也具有上述的特征。但移动网又有其特殊性，其认识也有独特之处。研究移动网认识的特征，最好的方式是回到媒介技术认识发展的历史中，把移动网认识作为这个发展链条中的一个当代节点，从各阶段媒介技术认识的对比中找到移动网认识的特殊性。用于对比各阶段媒介技术认识的两个指标分别是认识的时空限制和认识的完整度。

前文提到，在媒介技术发展史中，经历过两个发展节点，有学者称为：第一，介质和内容的分离；第二，功能和设备的分离[①]。内容与介质合一指的是媒介技术的介质固定承载一定的内容，这些内容很难变动，内容与介质绑定到一起，内容的变动必然伴随着介质的变动。代表媒介技术是各种书写、印刷等。内容与介质分离指的是在介质不变的前提下，不同内容可以在同一个介质上进行传播，固定的介质可以传播不同的内容，以广播、电视等电子媒介为代表。功能与设备的分离，指的是一种媒介技术不止有一种信息处理方式，可以同时进行不同的信息功能。代表媒介技术是计算机。运用媒介技术发展的这两个节点，来划分媒介技术发展的历史阶段。两个节点把媒介技术的发展分为三个阶段。

第一个阶段，以印刷媒介为代表。出版印刷媒介有很强的时间限制，报纸、书籍有固定的出版时间，阅读印刷媒介则时间限制低。印刷媒介的空间限制也较低，读书并不限于课堂或图书馆，在火车上、床上也能阅读。在认识方式上，印刷媒介十分单一，是以逻辑语法为依据的抽象

① 魏武挥：《从麦克卢汉到乔布斯：媒介技术与环境保护》，《新闻记者》2011年第11期，第39-42页。

认识方式，单纯地沿着文字之“线”逐行扫描；在认识内容上，印刷媒介内容固定（印上就不能变），也十分单一。第二个阶段，以电视为代表。电视的内容按节目表播出，所以与印刷媒介一样有很强的时间限制。电视的空间限制也很强，必须在有电源、有信号的室内，且又大又重也不利于移动。在认识方式上，电视既有印刷文字的线性视觉方式，也有听觉和图像认识方式；在认识内容上，电视设备可以播放各种内容。所以电视的时空限制度高，认识完整度也很高。第三个阶段，以互联网终端为代表。互联网几乎没有时间限制，认识可以在任何时候进行。传统互联网终端像电视一样，固定在桌子上，认识空间限制高。但移动网终端使场所与信息环境分离，一机在手，在任何有信号的地方都能进行认识活动，彻底打破了空间限制。在认识方式上，互联网属于“多媒体”，集合了之前所有媒介技术的认识方式；在认识内容上，互联网把全世界各种信息纳入其中。综上，移动互联网认识几乎不受时空限制，认识的完整度也是空前的。三个阶段不同媒介技术的认识时空限制和认识完整度对比见表5-3。

表5-3　不同媒介技术的认识特征对比

	印刷媒介	电视	传统互联网终端	移动互联网终端
认识时间限制	较高	高	低	低
认识空间限制	低	高	高	低
认识的完整度	低	较高	高	高

二、互联网带来新的认识方式：涌现

有一种生物分类方式是把生物分为个体生物和超个体生物。个体生物指的是每个个体都有一套完整的生理机能，能消化、能运动、能生殖等。绝大多数动物都属于个体生物。超个体生物的生理机能是不完整的，大量超个体必须聚集成整体，以整体的形式才能凑齐所有生理机能。超个体生物的代表是蚂蚁和蜜蜂，工蚁能运动，但没有生殖能力；蚁后是个生殖机器，但却不能动，连基本的进食能力都没有。工蚁、兵蚁、雄蚁、蚁后共同组成了一个蚁群，这个蚁群才具有完整的生理机能，我们甚至可以把蚁群看作是一个生物。这就是超个体生物。

人从生理上看属于个体生物。但人又是社会动物，人类社会是世界最复杂的组织，人在社会中是被高度特化的，被特化的不是身体（生理）而是认识（思维）。认识的特化表现为专业、能力等方面的区分。人必须组成一个群体，互补特化产生的不足，才能保证个体生存与社会发展。从这个意义上说，人虽然在身体上属于个体生物，但在认识上却呈现出超个体特征。即大量个体的认识连接成群体认识，群体才是一个完整的认识单元、一个独立认识主体的基本形式。对于群体来说，个体的认识是不完整的，单个人的认识仅是群体认识的组成零件。例如市场经济，个人在理性（个体认识）驱使下追求利益，通过所有人在市场里的博弈（连接），就构成了市场规范与公共道德这种群体认识。每个中国人都会体现民族性的某个方面，但连接在一起才是完整的民族精神。

个体认识的加和是否就等于群体认识？个体认识连接如何成为群体认识？背后是“涌现”的方式在起作用。

涌现（emergence）最早由英国心理学家刘易斯（G. H. Lewes）在1875年出版的《生命和心灵的问题》中，为了区分化学反应和力学合力时提出的。他认为化学反应是异质作用，产物与组分之间不同质；力学合力是同质作用，产物与组分之间同质。也就是说，化学反应后物质性质变了，而合力与分力则性质相同。他把组分相互连接产生异质结果的作用称为涌现。涌现的结果与各组分不可通约，也不能还原成各组分，涌现的结果不能从组分中预测，即“整体不等于部分之和”。个体认识与群体认识异质，单纯加和不等于群体认识，群体认识也不能还原成个体认识，群体认识就是典型的涌现产物。产生群体认识的涌现过程是黑箱化的，尚不能清晰还原出具体步骤。涌现本质上是复杂和随机的。但有一点可以肯定，个体之间的连接越多样化、普遍化、随机化，涌现这种作用越容易出现。

互联网让个体之间的连接达到空前的程度，个体之间互联互通、相互激荡，助推涌现作用的出现。互联网认识的首要特征是去中心。没有了中心，互联网上各节点呈现分散状态，散布各处的节点通过网络通路连接起来。不论是蜜蜂的决策还是鸟群的反应，都是在没有中心控制的网状结构中通过自由连接得出的结果。主体在各种节点上通过节点间的连线自由互动，认识的主体同样也可成为客体，信息就这样在主客体间流通。无数个双向互动可以使信息快速实现共享。可见，互联网认识的这几大特征：去中心、自由分散、互动、共享，都有助于涌现的产生。关于互联网是如何产生涌现的，《连线》（*Wired Magazine*）杂志创始人、互联网哲学家凯文·凯利（Kevin Kelly）用群居动物的例子进行了解释①：蜂群的决策并不是蜂王这个中心做出的，而是由少数蜜蜂通过舞蹈发起，把信息传递给其他蜜蜂，其他蜜蜂再加入舞蹈的队伍，从而把信息加强，进一步传给更多蜜蜂，形成一个滚雪球效应，最终所有的蜜蜂达成一致。鱼群、鸟群在高速运动中保持一致也是通过涌现的作用几乎瞬间完成的决策（而不是通过头鸟）。每个鸟在群飞的时候都有两个简单条件反射：不能碰到其他鸟，不能离其他鸟太远。当鸟群转向时，所有的鸟通过这种简单的连接能瞬间做出一致反映。

凯文·凯利的解释是建立在现象描述上的假说，尚不能说打开了涌现的黑箱，但却指出了涌现的特征：产生涌现的连接，应该是简单直接的，但又一定是普遍大量的。互联网认识较之文字认识缺乏逻辑，但其多媒体却让认识更直观。互联网认识不如面对面简单直接，但其认识对象更多，认识形式更多样。涌现这种认识方式应该是普遍存在的，但互联网认识无疑是与涌现更契合，涌现是更具互联网特征的认识方式。在互联网时代，涌现成为新的认识方式；由涌现方式产生的群体认识之“群体”，就成为互联网认识主体的主要形式。

最后，可以把大脑和互联网涌现群体认识做个类比：人类大脑是生物神经系统几十亿年进化的产物，还保留了很多原始低效的功能，例如神经传导速度慢、错误多、耗能高等。但质量不够数量凑，大脑拥有几百亿个神经元，产生的连接量是天文数字。大脑的认识能力就是从无数的神经元连接中涌现出来的。互联网就相当于大脑，网络节点相当于大脑中的神经元，几十亿个节点通过二进制信号这种简单的方式连接在一起，最终涌现出互联网的群体认识。

三、“中心节点”对互联网认识的作用

关于互联网认识特征需要进一步说明：去中心指的是去掉传统金字塔结构的中心，去掉标志权力地位的中心。而互联网又生成特有的中心形式——中心节点。网络节点的分布符合幂律，也就是长尾效应或马太效应，少数中心节点拥有巨大连接，多数普通节点连接少②。普通节点围绕中心节点形成聚集，看似又回到了前互联网时代，其实不然。中心节

① 凯文·凯利：《失控：全人类的最终命运和结局》，陈新武等译，新星出版社，2010，第10-21页。

② 艾伯特-拉斯洛·巴拉巴西：《链接：网络新科学》，徐彬译，湖南科学技术出版社，2007，第80-81页。

点的中心是动态竞争得到的，随时可能失去，金字塔中心则是固定于制度中的。中心节点能吸引连接，但不能管控分散，很多小节点仍以分散的姿态连接到中心节点上。可见，互联网与传统结构的底层区别在于前者自由，后者依靠制度化的强制。

由中心节点可知，互联网认识虽然自由、分散，但如果能恰当地作用于中心节点，依然可以影响网民互联网认识的结果。今天网络上自媒体不少，如“TED演讲”、国内的“得到”APP等就是互联网认识的中心节点。TED演讲经常颠覆网民的常识，“得到”APP则是试图建立付费的终身社会化学习，这些中心节点在一定程度上左右了一批人的认识结果。但中心节点毕竟不是强制性的，如果把这种地位看作权力，随意向网民发号施令那就错了，试图傲慢地改变网民认识的行为最终会被抛弃。中心节点影响互联网认识应采取诱导疏通的方式，打开双向通道，以网民的反馈来调整这种影响作用。

第五节　大数据认识

一、大数据的特征与来源

（一）大数据的概念与特征

目前，大数据（Big data）尚在发展中，没有统一的概念。不同学者，从大数据的不同角度，纷纷给大数据下定义。总结起来，大数据概念目前共有三类：第一，从技术角度看，指超出现有一般信息技术处理能力的数据集合。例如2011年麦肯锡公司发布的报告《大数据：下一个创新、竞争和生产力的前沿》说道：“大数据”是指其大小超出了典型数据库软件的采集、存储、管理和分析能力的数据集。第二，从经济产业角度看，大数据属于新型信息资产。大数据研究机构Gartner给出了这样的定义：大数据是需要新处理模式才能具有更强的决策力、洞察发现力和流程优化能力来适应海量、高增长率和多样化的信息资产（参见百度百科“大数据”词条）。第三，从数据融合角度看，大数据是自然信息和社会信息在网络空间里聚集的产物。传统数据时代，自然信息被记录在科学研究中，与社会信息是泾渭分明的。随着技术的发展，自然信息和社会信息都记录在网络空间，实现了融合互通，数据量大大增加。

大数据具有四大特征，这四大特征的英文首字母都是V，所以用“4V”表示，即大数量（Volume）、高速度（Velocity）、多形态（Variety）、高价值（Value）。以下分别进行说明。

其一，谈到大数据，首要特征一定是巨大的数据量。大数据之“大”，应该如何理解？一种理解是比之前的数据大，之前的数据不妨称为“小数据”。2010年，全球的数据量有1.2 ZB[①]；到2020年，全球数据量增长到47 ZB；预计到2035年，全球数据量将达到2142 ZB[②]。能否说2020年的数据量就是大数据，2010年的就是小数据呢？大和小是相对的概念，相比于2035年来说，2020年的数据又小得多了。数据量总在不断超越，以前的大放到现在可能就是小。另外，不同领域间也很难直接比大小，在某一领域里的大数据放在另外一个领域就是小数据。在大数据概念出现之前，一些传统领域产生的数据，例如气候数据、天文望远镜巡天数据，就已经达到了大数据标准。但为什么不被称为大数据？因为这些数据都是散乱的，人暂无能力整理使用，对社会不能起到普遍影响。为什么没有使用呢？这就引出了对大数据之大的第二种理解：比现有的技术功能大，也就是大数据概念中说的超出现有一般技术的处理能力。这跟第一种理解的问题是一样的，技术的高低仍是相对的、变化的，不好定标准。第三种理解是“可以处理和某个特别现象相关的所有数据，而不再依赖于随机采样”[③]，即“样本=总体”。传统认识的样本选择十分有限，盖洛普在调查民意时，选择样本要考虑多种因素，年龄、种族、收入、教育程度等等。这些因素在预测时所占的权重也要考虑。大数据可以挖掘和处理围绕认识对象的所有数据，理论上能达到总体规模。需要注意的是，总体并不等于大，有些体量大的数据并不全，全的数据不一定体量大。大数据之“大”关键在“全”，只有“大”仍会导致片面认识，唯有“全”才能保障全面认识。

其二，大数据具有高速度的特征。应该说，小数据时代的数据也非常快，但大数据对速度又有了更高要求。具体体现在三个方面：一是数据量增长的速度快。工业革命之后，数据量大约每十年翻一倍。20世纪70年代，数据量每三年翻一倍。到了80年代，这个间隔降为两年。预计2035年全球数据将是2020年的45倍。二是处理数据的速度快。大数据增长快，处理的速度也必须跟上。超级计算机、云计算、高速传输等技术支撑了处理速度。例如股票交易，产生的数据量早已经不是人力所能

---

① 1 ZB=10^{12} GB。

② 中国信息通信研究院：《大数据白皮书》（2020年），2020，第1页。

③ 维克托·迈尔-舍恩伯格：《大数据时代：生活、工作与思维的大变革》，盛杨燕、周涛译，浙江人民出版社，2013，第17页。

把握。大公司会搜集所有的市场数据，用算法进行计算，从而提前预测出市场走向。这种预测不需要提前很久，几毫秒就足够计算机自动交易了。股票市场的大玩家就是凭借处理大数据的速度，提前预测，打几毫秒的时间差买入卖出，从而纵横股票市场。三是数据贬值快。新闻为什么叫“新闻”而不叫“旧闻”，因为时间决定信息的价值，数据随着时间流逝快速贬值。大数据中数据总量的价值很大，但每个数据的价值反而很小，而且还被不断增加的数量稀释。对大数据来说，单个数据贬值的因变量除了时间之外，又多了一个数据量。

其三，大数据具有多形态的特征。大数据指包含了全部数据，势必各种形态的数据都有，一般可以分为结构化数据和非结构化数据两类。结构化数据指具有标准格式和字符长短的数据，可以应用计算机逻辑来处理，可以被关系型数据库存储和管理。这些结构化是由计算机来决定的，便于被计算机识别计算。可以理解为结构化就是符合当代计算机的认识结构。非结构化数据指不能被编码成计算机可读结构的数据[①]。例如朋友圈中的动态、书法绘画作品等，都是常见的非结构化数据，不能纳入传统数据库中。大数据多形态的另一个表现是不精确。大数据求全不求精，数据的来源势必多样，数据中势必混杂很多杂质冗余。这使得大数据难以追求数据的统一、精确，客观上导致了大数据形态的多种多样。

其四，大数据具有高价值的特征。大数据就像是信息时代的“矿藏”，可以从中挖掘出大价值。通过对个人信息的大数据挖掘，可以勾画一个人的消费模式，建立个性化商业模式。新冠疫情暴发以来，通过大数据追踪每个人的行程，为疫情防控提供了支撑。

（二）大数据的来源

传统数据主要来自测量，人对客观世界进行测量，对得出的结果进行记录，就称为数据。记录的数据再进行计算，能进一步得到新的数据。进入信息时代后，数字技术把信息编码成不同形态的数据，文字、视频、音频等更多样化，储存的数据量也产生爆发式增加。今天的我们离自然如此之远，离网络如此之近，每天使用的数据，极少是对客观世界的直接测量，大多是人类活动的各种记录。各种形态的记录统一储存在数据库中，这些记录成为数据的最主要来源。大数据和小数据的关系可以表示为：大数据=传统小数据（源于测量）+信息技术的大记录（源于

① 有观点认为不存在永久的非结构化数据，所谓非结构化只不过是现有的水平不够，还不能将所有数据结构化。或者我们认为的非结构化，背后其实有尚未发现的结构。

记录）[①]。

当今社会产生如此多的记录是因为：传统社会，人在社会结构中的位置是不变的，人与人之间的联系简单固定，信息量少，结构简单。网络技术打破了人与社会结构的静态联系，造成个体的独立与自由，个体分散流动，人与人自由连接，不再固定，使社会整体信息量剧增。具体来说，大数据产生有以下几个原因。

其一，摩尔定律奠定大数据的物理基础。摩尔定律认为每18～24个月，单位面积集成电路上可容纳的晶体管数量将增加一倍，性能相应提升一倍。用性能对比价格，相当于价格反而减少了二分之一。“正是因为存贮器的价格在半个世纪之内经历了空前绝后的下降，人类才可能以非常低廉的成本保存海量的数据，这为大数据时代的到来铺平了硬件的道路，这相当于物质基础，没有它，大数据无异于水中月、镜中花。”[②]计算机的体积越来越小，最终会融入环境中，遍布于环境的各个角落，计算机科学家马克·韦泽（Mark Weiser）称之为“普世计算”。“普适计算的根本，是在人类生活的物理环境当中广泛部署微小的计算设备，实现无处不在的数据自动采集……使人类开始有能力大规模地记录物理世界的状态，这种进步，推动了大数据时代的到来。”[③]

其二，社交媒介、物联网、电商、搜索引擎等实现大数据的“大容量”。我们都知道社交媒介把交互做到了极致，除此之外，社交媒介给所有的使用者提供了一个记录个人言行的平台。数十亿计的用户通过记录来贡献数据，这是之前计算机自身通过收集、运算获得数据所不能比的。除了巨大的数据量，社交媒介记录的数据结构是不规范的，即非结构化，在储存时还要有额外的数据来标注其格式，这进一步增加了数据量。今天，社交媒介通过十年的发展，已经占有全世界数据量的75%[④]，成为大数据的第一来源。数据不仅在人之间传输，装上传感器后，还在物之间传输，这就构成物联网，所占数据量的比例正在快速增加。还有电商、搜索引擎，2014年阿里巴巴拥有的数据已达到100PB，百度搜索引擎在2013年就达到了千PB的数据级。再加上随着数字技术的发展，自然界的海量数据通过更多渠道被采集，进入网络空间，得到更好地整理使用，也成为大数据的数据来源。

---

① 涂子沛：《大数据及其成因》，《科学与社会》2014年第1期，第14-26页。

② 涂子沛：《大数据及其成因》，《科学与社会》2014年第1期，第20页。

③ 涂子沛：《大数据及其成因》，《科学与社会》2014年第1期，第21页。

④ 涂子沛：《大数据及其成因》，《科学与社会》2014年第1期，第22页。

其三，如此多的数据要配以更好的处理方法，才能实现“大价值”。数据挖掘运用特定算法，以软件为表现形式，搜集并处理大量数据，找出背后隐藏的规律与趋势，给行为提供指导，给未来提供预测。

用工业生产来给大数据的来源做个类比：摩尔定律（硬件技术）相当于存放原材料的仓库，社交媒介、物联网、电商、搜索引擎相当于向仓库中不断运输的物流，数据挖掘则是加工原料的机器。只有运输的原料够多，存放的仓库够大，加工的机器够精，才能生产又多又好的产品。大数据的产生与蓬勃发展，就是依靠以上这三个条件。

二、大数据对认识的影响

一直以来，制约认识能力的最大短板都是信息量，缺乏信息，结果只能是“巧妇难为无米之炊”。大数据的出现彻底改变了这一现状，从信息匮乏一跃变成信息超载。认识所面对的问题彻底改变了，认识的各个方面也迎来相应的变化。具体说来，大数据彻底改变了认识的主体、对象、方式、目的和结果。

第一，大数据对认识对象的影响。这种影响作用是根本性的，改变了整个认识对象。“传统的认识论所涉及的认识对象是客观存在，而大数据认识论中的认识对象就是所谓‘大数据’。”[①]吕乃基教授用波普尔的“世界三”理论来说明两种认识对象的不同：传统认识论的认识对象是“世界一”，也就是对象世界；大数据认识论的对象既不属于客观物质的“世界一”也不属于主观意识的“世界二”，而是属于“世界三”，就是人所生成的存在于大脑外的各种信息。大数据为“世界三”的研究提供了素材与工具[②]。吕乃基进一步指出，大数据认识的对象不应只限于数据本身，还要包括大数据与小数据的区别，大数据背后的运演机理，并进一步扩展为“世界三”认识论[③]。

第二，大数据对认识方式的影响。通过大数据找相关性，用相关关系来代替因果关系，从中发现知识。要想凭借小数据获得正确认识，必须追求精确性，认识的方式是找到并运用事物间的因果关系。大数据的特征是数据量巨大、不精确，这么多数据不可能也没必要弄清彼此间的逻辑关系，所以大数据认识的关键在于挖掘尽可能全面的数据，找到数据背后隐藏的相关关系。大数据认识的方式不再是找到逻辑关系推导结

---

① 吕乃基：《大数据与认识论》，《中国软科学》2014年第9期，第35页。

② 吕乃基：《大数据与认识论》，《中国软科学》2014年第9期，第34–45页。

③ 吕乃基：《大数据与认识论》，《中国软科学》2014年第9期，第34–45页。

论，而是找到认识对象之间现象层面的关系，从关系中预测结果。对于大数据认识来说，“知其然”比“知其所以然”是更有效的认识方式。大数据认识方式是相关关系而不是因果关系，大数据B符合某种相关性可以出现C，并不是说B是C的逻辑前提或B推导出C。只能说一旦出现了B，C就表现出这个样子、能用来做什么，但不能说明C为什么是这个样子。在相关关系下，是什么、怎么做并不代表知道为什么。

大数据认识用相关关系代替因果关系，认识方式正在经历从“科学方法认识→相关性认识”的转变。正如美国经济学家、互联网学者克里斯·安德森（Chris Anderson）所言，计算技术的飞速发展正在动摇科学探索的方法论，并孕育着认识世界的全新方式。大数据带来了理论的终结，拒斥理论和传统科学方法是大数据认识方式的特征。以调查统计为例，传统统计学要找出尽可能多的产生影响的因素，找到某种理论作为支撑，代入合适的模型进行计算与检验，最终进行统计分析。这种认识需要专业的科学方法。大数据通过计算机搜集调查对象的所有数据，输入数据库并以黑箱化的方式进行运算，从得出的结果中找到相关性。就是说输入数据库是人发过指令后计算机自动进行的，黑箱内的处理过程是看不见的，结果不是理论推导的产物。凭借全面的数据挖掘和超级计算能力，大数据认识不再凭借理论和科学方法。如果说传统认识方式是“小数据、大算法”，那么大数据认识方式则变成了“大数据、小算法”。小数据的不足自然要靠算法弥补，大数据的整理自然也不再适合传统算法。

传统认识包含两条相继的步骤：一条是从表面特征到内在运动，个体认识抽象出一般认识，得出认识对象的一般规律；另一条是用一般原理指导认识，从而更深入地认识个体。这是从个别到一般，再从一般到个别的过程，即“表面个性→共性→内在个性”。认识的方式受制于认识的工具及手段，在天文望远镜尚未发明时，人对天体的表面个性都不了解，更不用说共性。等到探测器或人进入太空、登上天体，就能更直接感受每个天体的个性特征，从而抽象出不同天体具有的共性（例如元素比例），带着对共性的总结再更深入的理解个性。

大数据技术对认识的第一个步骤进行了改造。相关关系比因果关系更直接，通过设备的数据挖掘与分析很容易从大数据中找出事物之间的关系，这缩短了从个体认识到一般认识的时间，降低抽象出共性的难度，使主体的认识变得更方便快捷。大数据“可以通过对信息相关性的分析，直接找到有共性价值的规律。这就是今天大数据促进人类认识发展的原理，可以跳过个体认识直接到共性认识阶段”[①]。大数据认识的步骤变为：“大数据相关性分析→共性→内在个性”。需要说明的是，相关性的稳定程度不及因果关系，由相关性得出的共性稳定性较差，进而导致第二个步骤也会时常处在变化中。可见，大数据改变了认识的方式，简化第一个步骤，降低第二个步骤的稳定性。

第三，大数据对认识目的的影响。传统认识的目的是追求真理，找到自然、社会、思维的运动规律，即便最终要落实到实践，但前提仍是认识的正确性。认识真理的具体方式就是找到对象之间的因果关系，进而把握对象的运动原理。大数据认识凭借的是相关关系，相关关系不关心原因、只追求结果。这导致大数据认识在目的上更看重价值与效用，“求善”大于“求真”，“知其然”比“知其所以然”重要。

传统认识求真，目的是对现象进行解释，找出背后的原理，进而再预测。大数据认识求善，不在乎解释现象，目的在于对未知的预测。

通过相关性来获得认识的这种方式，只要数据够全，就能更快发现趋势、更准预测结果。对以往所有数据进行分析，可以找出以往的发展规律，在不出大变动的前提下，这个规律能持续到未来，从而用过去的规律能准确预测未来。例如航班时间预测网站Fly On Time，此网站搜集多年的天气、季节、路线、机场、航空公司、上座率等等看似与时间并不相关的数据，通过相关性组合，找出以往航班准时与晚点时各因素表现出的数据。拿某一航班的这几项数据与之前的数据进行比对，可以预测此航班的到站时间。还有沃尔玛超市通过对销售流水（大数据）的挖掘分析，发现啤酒放在婴儿尿不湿旁会增加销量，这是因为年轻爸爸们买尿不湿时会顺带买啤酒犒劳自己。Google流感趋势（Google Flu Trends）利用搜索关键词的数据成功预测禽流感的散布。连最难预测的人类行为也不例外，美国科学家艾伯特-拉斯洛·巴拉巴西（Albert-László Barabási）认为：如果知道一个人过去所有活动的数据，预测此人未来的行为，可以达到93%的准确性[②]。在大数据面前，很多未来将不再神秘，很多结果将不再失控。

第四，大数据对认识结果的影响。传统认识是目的在前，围绕目的找数据，认识结果可控。大数据认识是先获得数据，从数据中发现知识，

---

① 吴基传：《大数据与认识论随笔》，中国信息产业网，http://www.cnii.com.cn/wlkb/rmydb/content/2013-12/02/content_1263979.htm，访问日期：2015-02-05。

② 艾伯特-拉斯洛·巴拉巴西：《爆发：大数据时代预见未来的新思维》，马慧译，中国人民大学出版社，2012，第226-227页。

认识结果不可控。可控与不可控是相对而言的。

导致不可控的一个原因是数据获取方式不同。传统认识通常先确定一个目标，使用预先设定的测量统计方法，主动搜集数据进而分析出知识，这些知识是可预判的——起码范围是可控的。大数据主要来自社交媒介和物联网，一些是社交活动中有意无意生成的数据，一些是机器随机自动采集的数据，从这些数据中获取的认识相对来说是不可控的。导致不可控的另一个原因是，大数据认识的结果有很强的主体相关性，受制于特定的主体。主体相关性不在数据挖掘阶段，数据挖掘不依赖特定主体，只要有特定设备结果都是一样的。挖掘到的数据本身是散乱无章的，是各种数据的杂乱堆积，但对同一批大数据的不同组合是因人而异的。要想从大数据中得到认识，关键看如何组合这些数据，从组合中提炼出相关关系。对于同样的数据，不同人能做出不同的组合，发现不同的相关性，得出不同的认识。这种由主体自由组合数据导致的认识结果主体相关性，是大数据认识结果不可控的重要原因（见表5-4）。

表5-4　大数据认识与传统认识的对比

	认识对象	认识方式	认识目的	认识结果
传统认识	客观存在	因果关系	求真、找规律	可控
大数据认识	客观知识	相关关系	求善、预测结果	不可控

三、大数据认识的意义与问题

（一）大数据认识的意义

大数据认识的意义之一：符合当代哲学的发展趋势，否定本质主义，认识论的实践转向。哲学走进后现代，本质主义认识论走入死胡同。“物自体”观点已经开始怀疑认识能否把握本质，但直到后现代哲学，才对本质主义完成清算。否定本质认识，实质是否定固定认识、唯一认识，并不是否认在特定情况下的具体认识。自然科学中的不确定性以及社会科学中个体的觉醒（社会科学的研究对象不再是千人一面），也印证了这种本质主义的不适用。认识的规律是由具体实践决定的。对于认识来讲，传统认识是有固定方法的，比如归纳、演绎、类比等。大数据认识对象是庞大的动态数据，不可能预先设定认识方案，只能在具体做的过程中挖掘数据、处理数据，通过不断添加的数据来修正认识。对于认识结果，传统认识只要找到规律，认识结果是固定的。而大数据是没有固定规律的，认识追求因果更追求结果。在认识过程中不断把相关数据输入黑箱，通过输出的数据发现关系进而得出结论，不再纠缠于背后的逻辑。故每一次的认识都不能用逻辑公式推出，必须亲身实践。所谓预测未来最好的方法，就是去创造未来。在实践中认识，以认识指导实践，大数据认识推动认识论转向实践，做到了知行合一。

大数据认识的意义之二：对于中国来说，大数据认识意义非凡。一方面，大数据认识首要追求“是什么”而不是“为什么”，这与中国传统相契合。西方有很强的本质主义传统，追求真理是各种认识的目的，有用之“善”是建立在本质之“真”基础上的上层建筑。而中国传统以伦理为认识之纲，祖宗的话天然正确，血缘的解释足矣，不需再用事实来证明这种合法性，问题的关键在于如何去做。《论语》中众弟子“问仁”就是典型的传统认识，只问如何做才能达到“仁”，不追问“仁”本身是什么，这表现出求善大于求真。另一方面，当代中国处在转型期，面对问题的多样性和复杂性是先发国家所不曾见过的。一些方面不够规范，不同阶层的诉求又存在差异，如果要弄清每一个问题背后的逻辑显然不现实也不合算。大数据认识把处理过程黑箱化，把各种问题表现出的数据放入计算机进行分析提炼，涌现出的结论不失为指导认识和实践的依据。

大数据认识的意义之三：使教育真正做到因材施教。集中化教育是现代化产物，教学方式与工业生产无异，与因材施教的目标相差甚远。因材施教是前现代社会提出的教育方式，彼时的教育都是私人教育，一个老师面对的学生很少，但教的时间反而很久。不同背景的学生坐在一个课堂，老师给每个学生量身打造教学内容。前现代能做到因材施教，一方面因为学生少，另一方面因为不追求效率、不追求标准化。现代社会难以因材施教，是因为标准化教育要求人也像工具一样统一标准。大数据的数据挖掘能力实现了传统与现代教育的优点结合：既能面对大量受教学生，又能兼顾到每个人的学习情况。以互联网学习为例，通过数据挖掘能获得每个学生的学习习惯，经常在什么时间学习什么课程。例如张三经常在上午9点学数学，下午3点学语文。通过分析每个人学习的课程与互动答题的结果，可知此学生喜欢的课程和擅长的方面。如果学习几何视频时间长，证明该学生对此感兴趣，如果生物答题正确率高，证明该学生喜欢并擅长生物。还可以统计每个视频播放的次数与时长，从而对播放率高的部分追加讲解和答疑，甚至可以追踪视频中较多的暂停点、重复播放的区间，这往往是讲解不够清楚的地方，需要改进。通过分析教育的大数据，发现教学和学生学习的各种情况，真正做到因材施教。

（二）大数据认识的问题

大数据认识的问题之一：虽然舍恩伯格用“样本=全体”来表示大数据的特征，但这个等号只能是约等于，实际是“样本≈全体”。由于技术的有限性，大数据本质上仍是部分归纳，是用计算机对小数据时代难以想象的数据量进行归纳。我们知道，归纳总是不完全的，获得的样本再多，也不能说已穷尽。这给大数据的错误认识留下了余地，在一些需要精确分析的问题上不得不考虑大数据所固有的归纳缺陷。

大数据认识的问题之二：认识过度依赖大数据，就会导致大数据的暴政。表现之一是小数据要服从大数据，因果逻辑不如相关性可靠。其实并非如此，因果逻辑对于条件稳定的个体十分可靠，但对于群体，由于每个个体的条件不是绝对稳定，尽管偏差十分微小，但最终也会通过群体效应放大，导致群体的因果逻辑不如个体可靠。这其实不是因果逻辑本身的问题，而是因果逻辑所处的条件在大数据环境中失稳。表现之二是现实要服从预测。大数据善于做出预测，这是大数据认识方式的一大特征。发展到极致会导致一种翻转：相信预测无视现实。这是人完全依赖技术的必然结果，面对的现实都是技术检测到的，对于技术之外的真实自然毫无概念。尽管大数据预测前所未有的准确，但仍然出现诸如通过分析网购习惯把安胎药卖给未孕少女，通过收集手机数据把斯坦福大学女博士列为恐怖分子的乌龙事件。可见，大数据预测只能作为认识的参考，不能成为认识现实的最终依据。

大数据认识的问题之三：数据超载扰乱深度思考。如果说碎片化信息是在时间上扰乱了我们思维的整体性，那么大数据就是在空间上扰乱了我们思维的深刻性。巨量的数据正在吞噬着我们，“超过正常负荷的过多信息输入会对人造成紧张、麻木、压抑、混乱，使人对信息的理解能力降低，信息的价值随之被严重贬低，大量的信息变成了无意义的符号，思维也陷于僵滞，常常无法进行深层次思考”[①]。过多的数据通常包含无用的信息、垃圾或冗余信息，这对思考决策是一种干扰。当我们在思考时，往往在没有太多信息的时候，更能激发我们的理性思维能力。有时较少但重要的信息，更能帮助我们做出最有利的决策。信息是思考的材

① 肖峰：《信息文明的哲学研究》，人民出版社，2019，第240页。

料，过度的信息又会干扰深度思考，这是个悖论。在大数据时代不能迷信大数据，只有不多不少的数据量和尽量好的数据质量，才最有利于思考。

大数据认识的问题之四：大数据助长认识鸿沟。大数据之“大”到底有多大？一般认为，这个数据量超越了普通网民所使用的信息工具的处理能力。每个人拿部手机、摆台电脑就能处理的数据量，远达不到大数据的标准。可见，大数据认识是属于少数人的——起码目前如此，属于那些有条件使用大型计算机、云计算、高速信道的人，属于那些有较高信息化能力的专家，属于那些有操作维护人员的团队。大数据对人与设备的超高要求，“使得这一具有强大优越性的认识工具只能掌握在少数人手里。于是，‘大数据’并未能导向‘多使用’，而是被集团化占有和有限性使用”[①]。结果就是，大数据不是弥合了数字鸿沟，而是加剧了数字鸿沟。

大数据认识的问题之五：大数据对个人信息安全、信息隐私产生负面影响。主要表现在三个方面[②]：第一，运用大数据挖掘个人的言行轨迹，进而分析个人特征，预测未来动向，这会危害个人隐私。另外，通过特征分析把人进行群体归类，可能造成新的个人与群体歧视。第二，网络是有记忆的，大数据保存个人所有信息，一个人犯过的错会被记入数字档案。数字档案不会消失、查找方便，个人瑕疵任何时候都能被发现，不利于犯错的人改过自新，影响个人今后的信用评价和社会竞争力。第三，理论与技术上的偏差以及解释的主观性，使大数据分析存在失真可能。一旦作为认识的依据，会给认识各方带来困扰与伤害。

---

① 肖锋：《信息文明的哲学研究》，人民出版社，2019，第242页。

② 段伟文、纪长霖：《网络与大数据时代的隐私权》，《科学与社会》2014年第2期，第90–100页。

第六章　媒介技术实践论

媒介技术实践是技术实践的组成部分，媒介技术实践论是对媒介技术实践的哲学反思，属于实践论哲学。本章从梳理实践与技术实践论的发展历程开始，得出媒介技术实践的定义、特征、条件。然后研究媒介技术实践的方式，进而指导媒介技术实践活动。再论述数字媒介技术的新型实践形式，及其给传统实践带来的虚拟化转向。

第一节　从实践到媒介技术实践

一、“实践”的词源分析

从语义学的角度来看，符合古汉语单字词的特征，汉语中的“实践”最初是“实”与“践”两个词。“实”有富裕、充实、财富、物资、诚实、满等多种意义；“践”有到、临、履行、实现、登上、承袭、依循、经历等多种意义。“实”与“践”连在一起做“实践”用，意思是“实现、实行、实际行动、通过实际行动将主观的认识等转化为现实”[①]。

英语中的“practice”或“praxis”源自古希腊语，有“实行、练习、做”的意义，与汉语的“实践”相当，但更强调与理论相对的意义。

从语用学的角度来看，现代汉语的“实践”同时受到马克思主义、西方实践哲学、传统实践思想的影响，但又不同于三者。有塑造人与社会的决定作用之意，又不限于表达理论的对立面，且兼顾主客体之间的区别与联系。

二、技术实践论的发展历程

对人类实践活动的研究历史悠久，形成了三种实践论观点：一是把伦理和政治活动作为实践，代表人物是亚里士多德。二是把理论思辨活动作为实践，代表人物是黑格尔。三是把制作、生产活动作为实践，代表人物是马克思。

① 曹小荣：《实践论哲学导引》，浙江大学出版社，2006，第3页。

亚里士多德认为："'实践'就是实现人的幸福的过程，就是合乎德性的现实的活动，就是合乎最高的善的活动，它体现了人自身所具有的最高贵部分的德性。""'实践'并不是一个纯粹抽象的概念，而是不同的人实现着合乎自己的德性状况的具体的、现实的活动。"[①]可见，所有追求幸福、德性、善的活动都是实践，伦理和政治活动显然是，如果理性思辨和制作活动是具体人实现幸福的必要条件时，它们也可以是实践。因为追求美德的活动总是与伦理和政治相关，所以在亚里士多德这里，实践常指道德活动、政治活动，实践也往往被特指为道德实践。这种特指把亚里士多德的实践观与其他人的实践观区分开，但隐藏在此持指背后的实践本质——追求善的活动，不限于伦理政治活动——又为后人开出不同的实践观留下余地。

弗兰西斯·培根（Francis Bacon）认为从古希腊到中世界的学术传统都是重视道德哲学、政治学、神学，轻视自然哲学。这种状况在培根时代（欧洲近代早期）是应该批判的，应该把自然哲学及其指导下的生产制作活动放在最重要的位置。培根具体批判了亚里士多德的自然哲学和实践哲学，一方面认为亚里士多德的自然哲学建立在先验、理性、逻辑上，缺乏实实在在的经验，最终只能走向信仰；另一方面对亚里士多德把实践放在道德哲学上表示不满，进而对亚里士多德的实践思想做出两大改变："其一，由注重道德哲学转向注重自然哲学。"由此，培根把实践带入了自然哲学，这一方面改变了古希腊自然哲学等同理论总称的含义，科学变成狭隘的经验科学，当与实际应用结合起来后，进一步变成技术原理；另一方面也把实践与道德分开。"其二，由超功利性转向功利性。"[②]培根认为亚里士多德的思辨哲学与道德哲学近乎无用，知识必须起到实际效用才是真的，真理与功用是一回事。实践不是为了超功利的道德，而是为了功利的效用。"培根把实践直接等同于科学的技术化，创建了异于亚里士多德的另一种实践哲学传统，即技术实践论传统。"[③]自培根起，实践就分成了两种：道德实践和技术实践。

培根之后的实践分叉为两个传统，直到康德，才第一次明确区分道德实践和技术实践。康德认为："如果规定这原因性的概念是一个自然概

① 曹小荣：《实践论哲学导引》，浙江大学出版社，2006，第14-15页。

② 丁立群：《技术实践论：另一种实践哲学传统——弗兰西斯·培根的实践哲学》，《江海学刊》2006年第4期，第28页。

③ 丁立群：《技术实践论：另一种实践哲学传统——弗兰西斯·培根的实践哲学》，《江海学刊》2006年第4期，第29页。

念，那么这些原则就是技术上实践的；但如果它是一个自由概念，那么这些原则就是道德上实践的。”[①]以自然概念为原因的实践是技术实践，以自由概念为原因的实践是道德实践。康德进一步认为技术实践与道德实践的原则有根本的不同，“前一类原则就属于理论哲学，后一类则完全是独立地构成第二部分，也就是实践哲学”[②]。可见，康德关于实践的研究，虽然做出了技术与道德的区分，根子上仍然是继承了亚里士多德实践哲学的传统。在亚里士多德时代，哲学包含一切科学，理论是一切的抽象，实践反倒是十分具体的，故理论哲学是第一哲学，实践哲学是第二哲学。与亚里士多德不同，经过经验论的改造，康德时代的许多科学已经变成具体的经验科学，这种科学理论依赖具体的经验，相比于纯粹理性的“实践”，理论已经沦为具体的、感性的知识。所以实践高于理论，“在纯粹思辨理性与纯粹实践理性结合为一种知识时，后者领有优先地位”[③]。另外，亚里士多德的实践植根于人的现实生活，在具体的人的生活中追求“幸福”“德性”“善”。不存在抽象的“幸福”“德性”“善”，实践是追求具体的“善”的活动。相反，康德的道德实践不是具体的活动与行为，而是由先验的“纯粹实践理性”来设立的“德性法则”。亚里士多德的实践是具体行为，康德的实践是抽象法则；亚里士多德的实践是道德活动，康德的实践是道德律令。康德继承了亚里士多德的实践传统，并使其高于理论，但最终又把实践圈入了抽象理论中，这影响到后来的实践哲学。

黑格尔对实践论的最大贡献是首次把道德实践和技术实践统一起来，形成整体实践观。在理论与实践关系上，黑格尔继承康德实践高于理论的观点，用“劳动”的概念将理论与实践统一起来。劳动是主体意识与客体自然的中介，本身既包含劳动者的主观性，又包含劳动对象的客观性，故能一方面扬弃理论的纯主观性，另一方面扬弃实践的纯客观性。黑格尔的“劳动”，与亚里士多德的“制作”，康德的“自然概念的实践”类似，都可以看作“技术实践”。不同的是，黑格尔把技术实践看作是实践的核心，用之统一了理论与实践。不仅如此，实践除了是改造物质世界的活动，还是塑造精神世界的活动，是物质世界与精神世界的统一方式。黑格尔的“劳动”和“技术实践”思想，集中体现了其整体实践观，也符合黑格尔哲学的整体特征——兼顾各方的体系化。同时，黑格尔哲

---

① 康德：《判断力批判》，邓晓芒译，人民出版社，2002，第6页。

② 康德：《判断力批判》，邓晓芒译，人民出版社，2002，第6页。

③ 康德：《实践理性批判》，邓晓芒译，人民出版社，2003，第166页。

学另一个整体特征——抽象的精神——也影响到实践观。马克思一针见血指出："黑格尔唯一知道并承认的劳动是抽象的精神的劳动。"①这揭示出黑格尔实践观的根本缺陷："将思维看做其实践观乃至整个哲学体系的根基，因此，他所统一起来的主体和客体、理论与实践的关系也是建立在思维和概念的基础上的。"②这种把实践做抽象理解的观点，与康德一脉相承。

马克思认可黑格尔的整体实践观，推崇其中蕴含的辩证法。但马克思整体实践观的基础是人现实的、感性的实践活动本身，而不是实践活动的抽象。马克思解决了以往所有实践哲学共有的缺陷："理论与实践分裂、对峙，使理论脱离实践，哲学最终遗忘了人的现实感性的实践活动，遗忘了人本身，无法对人的现实生活世界予以观照并切实解决现实中的各种矛盾。"③马克思认为哲学并不是脱离具体活动的玄思，必须扎根于生活世界，研究具体人的具体活动。具体活动一方面指的是以个人为主体的活动，存在于家庭中，以个体的生存发展为目标；另一方面与抽象思维活动相对，指人可以凭借感官经验认识到的活动。具体活动在马克思这里主要指现实的生产活动、生产实践，也就是技术实践。技术实践与自然、社会、历史关系密切。第一，技术实践生成人与自然的关系，同时也生成人与人之间的关系。第二，技术实践以生存发展为目标，是社会的基本活动，人在技术实践中不只改造了自然，也改造了人与社会。第三，技术实践保障人的自由发展，通过技术实践，降低劳动强度，增加自由发展的时间；通过技术实践，积累财富，解决物质需求的后顾之忧，增加自由发展的条件。可见，马克思把各种实践统一到技术实践中，技术实践堪称马克思主义哲学的核心概念。

三、媒介技术实践的规范

厘清技术实践论的发展历程后，可以对技术实践进行规范。"我们可以把技术实践理解为掌握技术的人所从事的改造自然、重塑或创造物质环境的有组织的活动。这一定义指出了人类技术实践的目的性，即改造既有的自然环境（它可以是原始自然，也可以是人工自然），重塑以至创

① 《马克思恩格斯文集》（第一卷），人民出版社，2009，第205页。

② 于春玲、闫丛梅：《技术实践：哲学的观照及嬗变》，《东北大学学报》（社会科学版）2013年第5期，第449页。

③ 于春玲、闫丛梅：《技术实践：哲学的观照及嬗变》，《东北大学学报》（社会科学版）2013年第5期，第449页。

造更适合人类要求的物质环境。技术实践是以人类的生存、生活质量的提高、文明的拓展与社会的进步为目的的。”[①]这个定义包含两个要点：其一说明技术实践是运用技术改造对象世界的经验活动；其二说明技术实践在改造对象的同时也塑造主体本身。

（一）媒介技术实践的定义和特点

具体到媒介技术，考虑媒介技术与生产技术的不同（认识与改造的不同），可以把媒介技术实践理解为掌握媒介技术的人所从事的信息传播、处理、存储或创造信息环境的有组织的活动。媒介技术实践能塑造人的认识能力和连接能力，创造更适合人类生存与发展的信息环境。媒介技术实践的两个要点是：第一，用媒介技术进行的信息活动；第二，塑造主体的信息能力。

媒介技术实践是有组织的活动，这种有组织的特点进一步表现为规范性与计划性。某种媒介技术的实践，不管开始的时候区别有多大，随着交流的发展，都呈现出走向规范的趋同性。例如文字，早期的各种象形文、拼音文经过很多年的使用，逐渐趋同演化为拉丁字母、西里尔字母等[②]。这个过程直到今天依然在持续，很多小文字正在走向衰亡，逐渐汇流入更加规范的大文字中。媒介技术实践越来越复杂化、系统化，不管是早年兴盛的出版活动还是当今互联网联通全球，都对实践的计划性要求甚高。缺少计划的实践是形不成组织化活动的，没有计划性的实践也一定混乱不堪，在今天这个尚不成熟的互联网中常有教训。

（二）媒介技术实践的制约条件

制约媒介技术实践的条件包括以下几个方面。第一，传统。不同的国家、不同的民族在发展中都形成了自己的传统，这种传统是对生活环境长期适者生存的结果，对于刚发明的或引进的媒介技术会表现出排斥。例如晚清对电报的排斥，背后有驿站制度的传统惯性在起作用；21世纪初很常见的认为网络会教坏未成年人的观点，其实是因为对传统把关人在互联网中缺失的不适应。第二，制度。一个国家的统治阶级会建立起相应的制度来规范媒介技术实践，使其符合统治阶级的利益。常见的方式是审查，但在互联网时代，快速发展的审查技术和激增的数据量之间动态博弈，导致制度对媒介技术实践的制约作用忽高忽低。第三，利益。传媒企业往往是社会中影响较大的媒介技术实践主体，利益是这些企业

① 李海燕、姜振寰：《技术实践的基本问题》，《自然辩证法研究》1999年第3期，第37页。

② 汉字作为从古到今一系演化的象形文字，规范性当然越来越高，但没有表现出与表音文字的趋同性，封闭的地理环境可能是汉字演化独树一帜的重要原因。

进行媒介技术实践的指挥棒。例如票房是电影实践的最大制约，流量（背后是利益）是视频APP内容制作的最大制约。第四，方法。即使是同一类媒介技术，采用的实践方法不同也直接制约实践的结果。同样是活字印刷，由于使用的材料和动力不同，西方的印刷机对近代化产生了巨大的作用，而中国的活字印刷始终被边缘化[①]。第五，资源。实践需要资源，巧妇难为无米之炊，如果没有制作媒介技术的资源，那就不存在相应的媒介技术实践。典型例子是莎草，由于埃及限制莎草出口到中世纪时的欧洲，欧洲不得不使用昂贵稀少的羊皮卷，这导致中世纪的媒介技术实践反而不如之前的古罗马。

第二节　媒介技术实践的方式

给研究对象下个定义来作为一个哲学研究的结论是很矛盾的。一方面，在哲学上给媒介技术实践下定义十分困难，难以包含媒介技术实践的方方面面，况且定义也总无法达成共识；另一方面，下定义又是人们最熟悉的认识方式，便于大家在整体上把握媒介技术实践的本质属性和特有属性，为后续的具体研究勾勒出框架。前文给出了媒介技术实践的定义和制约条件，这作为媒介技术实践的研究结论显然是不够的。本节从媒介技术实践的方式入手，以期掌握媒介技术实践更加详细、更加深刻的内在构成和外延范围。

一、媒介技术实践的构成

与媒介技术认识类似，媒介技术实践的构成同样分为三个要素：主体、客体和中介。

（一）媒介技术实践的主体

作为媒介技术实践的发起者，人在三个要素中具有主动作用，是媒介技术实践的主体。作为主体的人并不是抽象的人、自然属性的人，而是拥有各种社会关系，存在于特定历史条件下的现实的人。人在媒介技术实践中既能影响中介与客体，也能影响主体本身。

人的主动作用表现在人的自主性和能动性上，这种主动性就是人运用在媒介技术实践中形成的能力对信息活动进行控制。这种在媒介技术实践中形成的控制能力包括认识能力和连接能力。认识能力又分为认识

① 中西活字印刷的历史影响差距巨大，除了材料与能源原因，还有字母文更适合活字印刷的原因，以及中国雕版印刷十分成熟发达的原因。

自然的能力和认识自我的能力，前者指人能认识对象世界，包括天然自然和人工自然，还包括作为自然物的身体；后者指人能认识并调控自身的欲望、感性、理性等自我意识的能力。认识能力还包括认识社会的能力，由于认识社会就是认识他人，又因为媒介技术的本质之一是连接，故把认识社会的能力也称为连接能力。

媒介技术实践主体处在社会关系中，由于所处的社会关系不同，分为不同的层次：个人层次、群体组织。个人有相对独立性、能自主活动，在媒介技术实践中可以凭独立身份直接与中介和客体发生作用，此时的主体处在个人层次。一些个人由于拥有相同的目的与利益，会组织起来形成建制，统一进行信息活动。以组织化的方式进行媒介技术实践，就是组织层次的主体，传媒机构就是一类最常见的组织化主体。

（二）媒介技术实践的客体

人在媒介技术实践活动中存在意向性，这种带有意向性的活动指向的对象就是媒介技术实践的客体。客体是实践活动的承受者，处在被动的地位。

媒介技术实践客体可以分为两类：一是客观实在，包括自然客体和社会客体。自然客体指人认识到的自然事物和现象，这包括了天然自然和人工自然。社会客体指人认识到和连接上的各层次的社会集体和个人，集体与个人既包括表面的关系与行为，又包括内在的精神活动。二是虚拟实在，指的是“在功效方面是真实的，但是，事实上却并非如此的事件或实体”[①]。一方面不是有形的物质，另一方面却是存在的，主要以功效的形式表现出来。狭义的虚拟实在指数字媒介技术对客观实在的模拟，从这个意义上说，虚拟实在是数字媒介技术特有的实践客体，通过数字技术，主体可以对虚拟实在进行改造。

（三）媒介技术实践的中介

媒介技术实践的主体与客体无法直接相互作用，必须通过一系列要素把二者连接起来，这些要素就叫作媒介技术实践的中介。其中媒介技术无疑是最核心的要素，往往代表整个中介。

媒介技术既是媒介技术实践的中介，也是媒介技术实践的产物。媒介技术在最初产生时，通常被实践主体赋予某种信息目的，但当它被普遍使用后就不只体现主体的意图，而是更加突出作为信息活动中介的意义。最初的媒介技术目的随着技术的普及而弱化，留下的中介作用则随

① 成素梅、漆捷：《“虚拟实在”的哲学解读》，《科学技术与辩证法》2003年第5期，第15页。

着实践的发展被不断加强。

媒介技术实践的中介作为一个历史范畴，可以分为三个历史发展阶段：第一，身体媒介技术阶段。此阶段的信息活动运用的中介是主体的身体，包括手势和口语。虽然严格来讲手势和口语仍是主体的一部分，并不是完全的中介，但“语言和意识具有同样长久的历史；语言是一种实践的既为别人存在因而也为我自身而存在的、现实的意识”[①]。手势与口语对人类文明的形成和实践的产生具有决定意义。第二，器物媒介技术阶段。包括从尼安德特人的壁画到大型印刷机的所有信息的实物载体。此阶段的中介已经完全从主体中分化出来，主要表现为文字及其物质载体。第三，数字媒介技术阶段。指以数字技术为中介进行信息活动的阶段，用尼葛洛庞帝的比喻就是器物媒介技术阶段的中介是原子，数字媒介技术阶段的中介是比特。此阶段的中介所处理的信息活动已经不限于语言，而是包含之前所有的信息活动形式。

当代媒介技术实践中介的发展趋势：媒介技术融合。媒介融合有广义和狭义之分，狭义的媒介融合就是媒介技术融合，“指将不同的媒介形态‘融合’在一起，由‘量变’产生‘质变’，形成一种新的媒介形态”[②]。数字媒介技术自己能实现各种传统媒介技术的功能，以数字媒介技术为平台，各种媒介技术的功能体现出一体化的趋势。用麦克卢汉“媒介套媒介”的思想理解就是：新媒介技术产生后，旧媒介技术就会成为新技术的内容。例如文字是书籍的内容，相片是电影的内容，一切媒介技术都是电子媒介的内容。各种媒介技术通过成为数字技术内容的方式融合在数字平台里。可见，媒介技术实践中介的发展趋势就是各种媒介技术功能的数字化。

（四）三个构成要素的关系

三个构成要素的身份不是固定不变的。前文已提到，人既可以做主体也可以做客体。在现实活动中，人往往处在多个实践中，同时拥有主体与客体的双重身份。今天，我们已经一脚跨入人工智能的门槛，相信在不远的将来，非人类智能也可以做媒介技术实践的主体，那时将出现主体为物（人工智能）、客体为人的情况。另外，三个构成要素之间也不一定是单线联系，一个对着一个，而是一个或多个主体可以通过一个或多个中介作用于一个或多个客体。三要素之间的联系是任意的，可以任

① 《马克思恩格斯选集》（第一卷），人民出版社，2012，第161页。

② 徐沁：《泛媒体时代的生存法则——论媒介融合》，博士学位论文，浙江大学，2008，第11页。

意连线（见图6-1）。

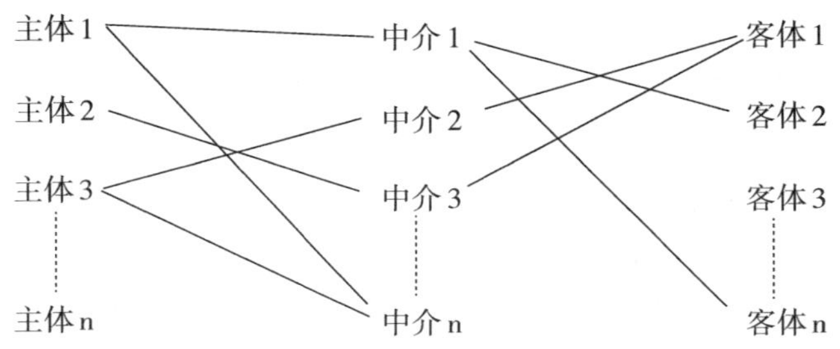

图6-1 构成媒介技术实践的三要素的关系

二、媒介技术实践的过程

上文区分“主体—中介—客体”是对媒介技术实践的构成分析，属于静态研究；接下来仍然在主体、客体、中介的基本框架内，对媒介技术实践的运动样式进行分析，这属于动态研究。媒介技术实践的运动包含三个过程。

第一，确定媒介技术实践的目的，制定实践的方案。马克思说：“最蹩脚的建筑师从一开始就比最灵巧的蜜蜂高明的地方，是他在用蜂蜡建筑蜂房以前，已经在自己的头脑中把它建成了。”[①]实践是人特有的有组织的活动，在实践之前就会在思维中预先设计，确定目的、制定方案是实践的第一个步骤。媒介技术实践目的是主体在思维中塑造其使用中介进行信息活动的结果。媒介技术实践方案是主体在思维中设计其使用中介进行信息活动的过程。确定目的说明主体在进行信息活动之前对自身需要十分明了，制定方案说明主体对中介与客体等客观事物的规律有相应认识。确定目的、制定方案，其实就是在现实的媒介技术实践之前先在思维中进行模拟，形成一个理想的信息活动的模型，给接下来的现实实践以指导作用。这种思维中的设定，既体现了主体的意图，又必须符合信息活动的规律，是目的性与规律性的统一。

第二，以目的和方案为指导，媒介技术实践主体使用中介进行信息活动，创造或影响信息客体。这是整个媒介技术实践的主体过程。不同于第一个过程中主体的单方面活动，此时的主客体产生出实际的双向作用。从主体到客体：依照主体指定的目的与方案，运用媒介技术来传播、

① 《马克思恩格斯选集》（第二卷），人民出版社，2012，第170页。

处理、存储信息，并塑造合乎主体需要的信息环境，这是主体客体化的过程。从客体到主体：信息客体自身有其发展运动的规律，这种规律可能会符合主体需要，也可能不符合，对主体产生一种制约，主体在信息活动规律的制约下不断寻求对客体认识的突破，这是客体主体化的过程。两种过程同时进行，前者是主体把自身能动性作用于信息活动，使信息活动按照主体的目的展开；后者是信息自身属性对主体产生制约作用，规定着主体能动性的范围。在媒介技术实践的这一步过程中，主体同时既受信息活动规律的制约，又用能动性不断突破规律的限制。

第三，媒介技术实践结果的评价和反馈。实践结果是实践目的在客观世界中的实现，是主体目的的完成落地。把实际的实践结果与预先在思维中设计的实践结果进行比较，并把实际的实践过程与思维设计的实践方案进行比较，就叫作评价和反馈。具体到媒介技术实践，评价实践结果就是检验信息传播、处理、存储与信息环境能否达到主体的要求；评价实践过程就是看整个信息活动是否按照主体的安排进行。一旦没有达到主体要求，就通知给主体知道，这就是媒介技术实践的反馈。

需要特别指出的是，媒介技术实践的三个环节的顺序并不是固定不变的，它们在时间和逻辑上的先后顺序随着具体实践的特殊性而变化。目的与方案并不必然在媒介技术实践进行前确定，随着实践的深入，原先的目的与方案通常会不断变化。对媒介技术实践结果的评估和反馈也不一定在实践完成后，在实践进行中也在针对出现的问题进行随时调整。

三、媒介技术实践形式的划分

对媒介技术实践的划分是一种明确外延的研究方法。媒介技术实践是各种有组织信息活动的总体性概念，涵盖各种实践形式。为了确定媒介技术实践的外延，我们可以依照实践构成和实践运动中的不同特征来作为划分不同形式的标准。

首先，依照媒介技术实践主体的不同，可以划分为个人媒介技术实践、组织媒介技术实践。个人媒介技术实践是个人运用媒介技术进行的有组织信息活动；组织媒介技术实践是有明确组织结构、组织成员的部门发起的信息活动，传媒机构的工作实践是其中的代表。

其次，依照媒介技术实践客体的不同，可以划分为现实媒介技术实践、虚拟媒介技术实践。前者的信息活动在真实世界中开展，后者则存在于数字技术构建的虚拟世界。虚拟实践下文会有进一步研究。

再次，依照媒介技术实践中介的不同，可以划分为书写媒介技术实践、印刷媒介技术实践、数字媒介技术实践等。

以上三种划分都是依照结构进行的划分：媒介技术实践有三个构成要素，对应就有三个结构划分，典型的“从结构到形式”。这种划分无疑可行，但就实践研究而言，凭借实践的不同构成要素来给实践划分不同形式，无论如何都不是最好的方式，更不应成为唯一的方式。所以，下面依照媒介技术实践的结果，再对实践形式做进一步划分。

由媒介技术实践的定义可知，媒介技术实践的结果是创造信息环境。依此划分媒介技术实践形式如下：第一，创造固定信息环境的媒介技术实践。纸张文字在形式上是单一的、在内容上是固定的，一旦写下就不会变，一直保持着最初写下时的形式和内容。由于这种固定性，导致纸张文字创造的信息环境也是固定的，对一首诗的意境再解读，也摆脱不了文字的限制。第二，创造多样信息环境的媒介技术实践。从电子媒介技术到计算机网络，信息的形式不再是单一的，内容也千变万化，同一个设备，理论上能处理的信息是无限的。如此形式复杂、内容丰富的信息，形成的信息环境也必然是多样的。以计算机网络为例，既可以创造视听震撼的信息环境，也可以模拟书籍的静默信息环境。第三，创造完整信息环境的媒介技术实践。虽然计算机网络能创造如此众多的信息环境，但并不能持久。传统计算机难以移动，人离开电脑就与多样信息环境告别了，这意味着计算机网络创造的信息环境不完整。移动网络具有台式机网络创造多样信息环境的能力，又具有移动的优势，能随时随地进行多样化信息活动，创造如影随形的信息环境。运用移动网络的媒介技术实践，取得了创造完整信息环境的结果。

第三节　当代媒介技术的虚拟实践转向

当代媒介技术的实践方式正在发生重大改变。数字技术凭借其全面的表现能力，能模拟出各种事物、各种场景，媒介技术实践在数字技术建构的虚拟空间中进行，可以超脱真实空间的限制，这种实践的变化就叫作虚拟实践转向。不仅媒介技术实践出现虚拟化，在数字技术的引领下，整个实践领域都呈现虚拟化趋势。

一、虚拟实践辨析

（一）虚拟

关于虚拟的理解，存在很多歧义，这有虚拟本身就难以理解的原因，也有在传播、翻译中意义变形、故意曲解的原因。今天，汉语中谈论的“虚拟”一词，受英文“virtual reality”的影响较大。“virtual reality”简称“VR”，翻译成虚拟现实或虚拟实在，“virtual”是形容词“虚拟的”，用以形容“reality”（现实），来说明这种“现实”不是我们熟悉的真实现实。把“virtual”和“reality”这对反义词放在一起，体现出了这个“现实”的特殊性。在实际应用中，“虚拟”一词主要使用在计算机领域。从最开始的虚拟内存，计算机在现实内存之外创造出内存功能，到互联网创造的虚拟空间，用传统视角看是不真实的空间，但在互联网技术的支撑下却又现实存在着。等到虚拟现实技术（VR技术）发展起来之后，更多的人可以佩戴虚拟现实设备进入虚拟空间，感受虚拟空间的“真实性”，获得沉浸式体验，“虚拟”就从技术性术语进入了日常生活。

目前，学术界对虚拟的理解主要有：“虚拟是人类的思维中介系统，它本身是0–1的数字化表达方式及由此而产生的数字化构成，它为人类提供了巨大的开放的数字化平台，从而使人类能够在数字化平台上展开一次新的前所未有的革命”[①]；“‘虚拟’即是符号化，符号化是人创造意义生存的活动”[②]；虚拟是“一种超越现实的创造性的思维活动”[③]；等等。这几种理解各有其合理性，单独一个解释又难以涵盖虚拟的全部意义。综合起来虚拟具有这几个特征：虚拟与现实相对，是对现实的超越；虚拟是人类通过符号创造出的意义；虚拟是当代数字技术构成和表达的事物的总称。

依照虚拟的含义与特征，可以把虚拟分成外延不同的两个层次。广义的虚拟指的是“人借助于符号化或数字化中介系统超越现实、观念地或实践地建构‘非现实的真实世界’的能力、活动、过程和结果”。按此定义，文学创作以文字符号为中介系统，描述一个超越现实的文学世界。文学依托现实（来源于生活），又是非现实（高于生活），但描述的内容却又真实流传在社会文化中。可见，文学是广义的虚拟。狭义的虚拟“特指当代的数字化的表达方式、构成方式和超越方式，是我们时代的数字化的生存方式、发展方式和创造方式”[④]。狭义虚拟由数字技术创造，

① 陈志良：《虚拟：人类中介系统的革命》，《中国人民大学学报》2000年第4期，第59页。

② 刘友红：《人在电脑网络社会里的“虚拟”生存——实践范畴的再思考》，《哲学动态》2000年第1期，第14页。

③ 殷正坤：《“虚拟”与“虚拟”生存的实践特性：兼与刘友红商榷》，《哲学动态》2000年第8期，第26页。

④ 张明仓：《虚拟实践论》，云南人民出版社，2005，第60页。

以数字化为中介。今天，由于虚拟现实技术的发展，可以把狭义虚拟再进一步分层：一是指一般数字技术建构的虚拟，例如传统的网络空间、多媒体等；二是特指虚拟现实技术建构的虚拟，集触觉、嗅觉等于一身的全息虚拟。通过以上分析，可以提炼出虚拟的内涵为：人发挥能动性，利用中介系统，建构的超越现实但存在于符号系统中的对象。当且仅当中介系统为数字技术的时候，虚拟是狭义的，特指数字技术塑造的虚拟。

按照虚拟内涵，中介系统区分出广义虚拟和狭义虚拟，而不同的建构方式则分出虚拟的不同形态。虚拟形态可分为虚拟思维和虚拟实践两类，观念的建构对应虚拟思维，实践的建构对应虚拟实践[①]。

虚拟思维就是思维领域的虚拟，是人凭借符号化、数字化的中介系统，超越现实限制的创造性思维。虚拟思维使用想象为工具，主要表现在宗教、文学艺术、哲学、科学、技术领域。虚拟思维必立足于现实，从现实出发，不是胡思乱想、胡编乱造。但由于想象不是现实性的而是超越性的，虚拟思维也一定超越现实。可见，虚拟思维是现实性与超越性的统一，现实性是其出发点，超越性是其必然归宿。

最早的虚拟思维应该是神话、传说、宗教。原始先民面对生存环境恶劣的大自然，通过想象的方式把自然力形象化为各种神明、各种妖魔，通过崇拜神明赶走妖魔的方式来控制自然力，从而导向有利于生存发展的方向。宗教来源于当时的生活现实，又以神明的方式超越现实，但最终仍是为了现实的目的。这就是虚拟思维现实与超越的统一。文学艺术来自生活，但又超越生活，同样也是虚拟思维现实与超越的统一。通过文字等中介系统，文学艺术创造出许多现实中不存在但又反映现实的人物，以及对美好世界的设计。

哲学与科学一样需要虚拟思维。哲学与科学固然是研究世界本质、追求真理的，以现实为本是其基本要求。但在哲学科学研究的早期，制定假说时仍离不开虚拟思维。假说需要思维凭借当下掌握的现实，建构出对象的结构与运动方式，这无疑是虚拟思维。在研究的后期，当假说得到实践的证实，又需要思维建构出一套理论体系。虽然理论体系反映现实，但终究需要主观的表达，理论与现实有所出入不可避免，这依然是现实与超越的统一。

技术发明同样离不开虚拟思维。社会需要论认为技术发明背后是功利的追求、实用思想的支撑，不存在超出现实的想象。但事实是有的技

① 张明仓：《虚拟实践论》，云南人民出版社，2005，第79页。

术发明就是由想象甚至是幻想或游戏带来的。技术想象常以技术蓝图的形式发挥着重要作用，它为发明家提供技术假说、技术建议以及以图纸表示的技术结构等。今天，以数字技术为代表的高技术，其创新速度、影响深度都是匪夷所思的，也许若干年后改变世界的技术现在连影子都还没有呢。面对如此剧烈的技术发展，超越性更为突出的技术幻想也是必要的，未来的技术发明青睐敢于幻想的人。

（二）虚拟实践的问题

虚拟实践就是实践领域的虚拟，是人凭借符号化、数字化的中介系统，依据现实但超越现实限制的创造性活动。张明仓教授定义为："主体按照一定的目的在虚拟空间使用数字化手段进行的双向对象化的感性活动。"[①]包含了虚拟实践主体、环境（虚拟空间）、实践中介（数字技术）、实践客体、性质（感性活动）。在数字媒介技术出现之前，虚拟形态只有虚拟思维一种，如果硬要说虚拟与实践存在关系，那也是虚拟思维在现实实践中的应用。在数字媒介技术的作用下，虚拟实践才从虚拟思维中独立出来，成为数字时代的新的实践方式。因此，讨论虚拟实践，一般指的是数字技术中的虚拟实践，即狭义虚拟中的实践。

与媒介技术实践下定义时面对的问题类似，只依靠定义不足以说明虚拟实践的内涵与外延，需要从多个角度对其本质进行再讨论。关于虚拟实践本质，更重要的是厘清虚拟实践各方面的问题。

首先，指出传统实践观面对虚拟实践时的问题，进而走出用传统实践观来规范虚拟实践的误区。生产活动是马克思主义哲学的核心，是人的最根本活动，作为一切实践基础的实践活动，决定人类社会的生存发展。对于生产活动，放在核心位置理所应当，但也存在将其抽象化、绝对化的现象。这导致许多问题，把生产活动与所处的社会条件剥离开，不顾生产活动得以进行的历史条件，更把人在生产中的作用扔到一边。对生产的抽象化理解把实践带入误区，认为实践就是生产实践，进而限制在改造自然的活动中，而把科学实验、交往实践等排除在外。传统实践观是对马克思主义实践思想的绝对化，实践不只是生产活动，还包括其他并不直接改造自然的活动。

实践限制在生产活动的观点向前发展，就会认为实践只包括物质实践，对物质实践的理解往往又进一步限制在对物质的改造上。讨论物质的改造，通常只限于物质与能量的领域，不涉及信息活动。这是对实践

① 张明仓：《虚拟实践论》，云南人民出版社，2005，第40页。

的狭隘理解，物质、能量、信息是世界的三类基本组成，作为改造世界的活动，实践不可能排除掉信息。

马克思主义实践思想是在批判黑格尔主观主义实践的基础上产生的，强调实践客观性的基础地位是马克思主义唯物论的必然立场，但同时也不否认实践中的主观性。一些较极端者坚持客观性的同时，又否定了实践的主观性，排除掉一切人为的因素，从强调客观性走向了旧唯物主义，只关注实践的客观因素，忽视人的作用，见物不见人。实践是人的本质力量的体现，离不开人的主观能动性。人的思维活动大量参与并指导实践活动，是实践活动得以进行的必然要素。在实践的结构中，实践主体是有意识的能动主体；在实践的过程中，实践的规划、实施、评估、反馈都离不开人的思维指导。完全客观性的实践是没有人的实践，就不能称之为实践了，也不符合马克思主义实践的本意。

另一种错误的实践观也是走极端，但与否定实践主观性不同，走的是另一个极端——只看到主体的主观作用，忽视客体作用。此观点过于强调实践中人的作用，看不到实践中主客体的双向、共生关系。客体在实践中并不完全是受动的单纯承受主体的“死物”。客体凭借其客观属性，始终对主体产生规范、限制作用，与主体保持双向的互动。

其次，虚拟实践的“双向对象化”特征。马克思主义指出实践是主客体的双向作用，这进一步发展为实践的“双向对象化”，“指作为互为对象的实践主体和实践客体相互依存、相互渗透、相互转化、相互创造的双重化过程，是主体的客体化和客体的主体化的有机统一”①。“双向对象化”存在于一切实践中，自然也包括虚拟实践。

对于客体主体化，传统实践与虚拟实践相同，指在实践中，客体具有的物质、信息、能量等，给主体造成影响，使主体获得新的物质、经验、知识等。传统的客体主体化理解在虚拟实践中依然适用。对于主体客体化，传统实践认为主体通过自己的思维、意识和身体活动，改造外部客体，制造出新的物质。按照这个标准，虚拟实践没有改造客体、生成新的物质，故不存在主体客体化，甚至不能算作实践。这其实是因为传统实践观把物质改造作为实践的唯一标准，把信息交换排除在实践之外，前文已经对此观点进行了批判。在虚拟实践出现后，主体客体化，应该是主体把自己的思维、意识以计划、蓝图的形式形成对象化存在，并在客体身上留下改造痕迹，这个痕迹既可以是物质和能量的改变，也

① 张明仓：《虚拟实践论》，云南人民出版社，2005，第123页。

可以是信息的增减。所以，虚拟实践的双向对象化是主体把自身的思维、意识作用于外部世界，使主体客体化；同时，外部客体也在虚拟实践中给主体带来新的信息、经验、知识、感受等，使客体主体化。

最后，虚拟实践属于新型感性活动。唯心主义哲学由于崇尚理性、贬低感性的传统，把实践限制在理性活动中，用思辨、抽象、先验等关键词指称实践。旧唯物哲学忽视理性的指导作用，认为感性才是人的活动方式，人生活的世界是感性世界，理性以感性为基础，感性是人的本质。鉴于感性的基础地位，旧唯物主义实践论认为实践由人的感性活动以及外在世界决定，感性活动改变对象，同时在人脑中留下主观映像。马克思主义认可旧唯物主义把感性活动看作实践起点的观点，但批判旧唯物主义实践观把人与对象世界的对立。旧唯物主义的感性只会从客体或直观的方面理解，缺乏从主体方面的理解，从而将感性与实践割裂开，与感性是实践基础的初衷相悖。另外，马克思主义还批判唯心主义抽象发展主体能动性（理性思辨），没有把实践建立在物质客体和感性活动上。马克思提出“把感性理解为实践活动”，在实践中，既强调与人相关的属人的客体，又强调客体制约下的主体活动方式——感性活动。

虚拟实践依然是感性活动，但受到数字技术中介的影响，不同于传统的感性活动。数字技术能在传统的“人—自然”“人—人”感性活动之外塑造新的感性平台：“人—数字符号”感性。数字技术中的虚拟实践扩大了感性活动的范围，这种感性活动不在真实现实中发生，而是产生于数字化的“人—机”相互作用中。

（三）虚拟实践的分类与特征

虚拟实践可以依据不同的标准划分为不同的类型。首先，依照虚拟的层次给虚拟实践分类。虚拟实践只存在于狭义的虚拟中，前文把狭义的虚拟分为一般数字技术建构的虚拟和虚拟现实技术建构的虚拟，对应有数字技术虚拟实践和虚拟现实技术虚拟实践两类。数字技术虚拟实践就是建立在计算机、互联网之上的虚拟实践形式，表现为日常最为常见的信息活动——用鼠标、键盘操作计算机，使用软件或上网。在操作计算机时人与屏幕是面对面的、分离的，屏幕就是一个平面。要用二维屏幕构建虚拟空间，往往需要人类想象力的深度参与。此阶段只是虚拟实践的开始。随着界面交互技术的发展，在鼠标外又出现了触摸屏、触屏笔、游戏操纵杆等新的操作方式，这在一定程度上增加了虚拟实践的真实感。但人与机器的分离仍没有改变，在使用手柄的时候还是需要面对二维的电脑屏幕。因为这种改进只在“人—机”中人的一端开展，只能算一般数字技术到虚拟现实技术的过渡形态。虚拟现实技术运用VR显示器、视觉感应器、动作捕捉器等，给人塑造一个栩栩如生的虚拟世界，让虚拟实践彻底离开了传统屏幕。通过刺激人的各种感官，使人达到身临其境的感觉，甚至分不清楚何为虚拟、何为真实。虚拟现实技术的虚拟实践是“人—机”两端的虚拟强化，标志着虚拟实践走向成熟。这个层次的虚拟实践有飞行模拟器的飞行训练、沉浸式游戏等。

其次，依照虚拟实践的功用类型，可以分为仿真型虚拟实践、设计型虚拟实践、探索型虚拟实践[①]。仿真型虚拟实践是对已经存在的现实实践的技术模仿，飞行模拟即是。设计型虚拟实践是对人脑设计的数字化实现，用虚拟现实技术对设计进行检验，核武器的模拟试爆、病毒的模拟传播即是。探索型虚拟实践是对未知领域投放探测器，通过通信手段实时监测，达到身临其境的效果，各种太空探测器即是。

最后，依照虚拟实践的指向类型，可以分为指向现实性的虚拟实践、指向可能性的虚拟实践、指向不可能性的虚拟实践。例子分别有把现存的博物馆虚拟化、模拟某种病毒大量传播、让死去的人在虚拟中复活。

虚拟实践的特征主要源于数字技术的中介系统，表现出多方面的二重性，具体有以下特征[②]：第一，虚拟实践的表现形式有二重性。虚拟实践与现实实践有类似之处，都是人能动地改造和探索客观世界的有组织的活动，与现实实践没有本质上的不同，具有现实实践的现实性和普遍性。但虚拟实践又有其特殊性，它是发生在数字技术塑造的虚拟空间中的信息活动，不同于现实实践的实体性活动形式，表现出虚拟性特征。第二，虚拟实践的内容有二重性。从虚拟实践与现实实践的共性来看，虚拟实践主体与现实实践主体都是同样的人类，并没有脱离实践主体大家庭，拥有人类在实践中的共性。从虚拟实践的特性来看，目前能参与虚拟实践的人只是一部分，其间的感性活动只有实际经历过虚拟实践的人才能感受。参与虚拟实践的人具有虚拟实践的特性，而没有参与虚拟实践的人则不具备这种特性。第三，虚拟实践的物质承担有二重性。虚拟实践既离不开计算机技术、网络技术等硬件设备，又离不开在硬件上运行的软件系统。另外，搭建虚拟空间，还需要预先存储一定的“建筑材料”——数据。

通过对虚拟实践分类和特征的探讨不难预测，未来虚拟实践的发展，

① 此处的依照功用的分类和下文的依照指向的分类，参考周甄武：《虚拟实践：人类新的实践形式》，《中国人民大学学报》2006年第2期。

② 杨富斌：《虚拟实践的涵义、特征与功能》，《社科纵横》2004年第1期。

建立在一个完全覆盖甚至是超越现实世界的虚拟世界上，让以上谈到的各类虚拟实践在其中开展，让各种现实实践在其中找到对应，让一时无法做到的现实实践通过虚拟实践实现。2021年，这种趋势被冠以一个炙手可热的概念——“元宇宙”①。在娱乐领域，游戏开发正在成为虚拟实践的引领者。好莱坞电影《头号玩家》，就使用艺术手段描述了未来虚拟空间中的各种活动，并虚构了活动的平台——一个叫“绿洲”的游戏。虽是电影虚构，但也得到了现实的呼应。彭博行业研究（Bloomberg Intelligence）预计，2024年元宇宙游戏市场规模将达到8000亿美元，是2020年全球游戏产业的5倍。2021年6月，脸书公司收购虚拟现实工作室“Unit 2 Games”，准备大力发展虚拟现实游戏，目标是让玩家在游戏世界中完全复刻现实活动；随后脸书公司宣布改名为“Meta”，标志着全面进军“元宇宙”。在社交领域，2021年8月，字节跳动公司斥资90亿元收购虚拟现实硬件企业PICO，布局“元宇宙”发展。12月27日，百度发布国内第一个元宇宙产品“希壤APP”，并在其中举办发布会。在工作领域，传统的生产活动也在虚拟世界开展，在设计中的使用最为典型。例如城市规划，通过虚拟方式预先“设计”“建造”出整个城市，方便验证各种天气下的排水系统、电力系统、交通系统，能很好模拟火灾、水灾、地震等突发情况。连最为常用的文案工作，也将会改为虚拟实践的方式，2021年11月，微软公司宣布打造一个企业化的“元宇宙”，用户可以在虚拟世界进行Word、PPT等文案工作。虚拟现实技术的发展，给虚拟实践创造一个全球性的虚拟平台，就像“互联网+”一样，“VR+”也必将成为各领域新的实践形式。

二、虚拟实践产生的原因

虚拟实践产生的原因可以从内、外两方面来探讨：外部原因是当代技术革命中数字媒介技术的崛起；内部原因之一是主体活动本身所具有的虚拟性，原因之二是主体本身拥有的虚拟能力。

（一）数字媒介技术革命

20世纪40年代，以信息技术、原子能技术、航空技术为标志，世界爆发第三次技术革命。随后，新材料技术、新能源技术、智能技术、生

① “元宇宙”（Metaverse）来自科幻小说《雪崩》，由Meta（超越）和Verse（宇宙）构成，意为“超越宇宙”：一个平行于现实世界，由虚拟现实等技术支撑的人造世界。目前，“元宇宙”概念不清，从广义上看大体相当于赛博空间，从狭义上看大体相当于虚拟现实。

物技术、太空技术等相继问世。人类科技发展翻开了崭新的一页，社会发展和人类生产力水平进入加速时代，其中对于当代普通民众影响最大的莫过于数字技术。数字技术是以计算机为平台的技术，它通过输入设备将视频、音频、文字、图像等各种信息输入到存储器中，由运算器将其转化为计算机能识别的二进制数字“0”和“1”后进行处理，通过一系列的运算，再把结果存储或通过输出设备输出。数字技术一般也叫数字媒介技术，可看成是计算机技术、通信技术、存储技术、互联网技术等一系列技术的总称。

数字技术在信息技术革命中经历了三个阶段的发展：第一阶段，以1971年首台用大规模集成电路做芯片的微型计算机诞生为标志。在生产领域，工业产品的生产从机械化、电气化迈向了自动化时代。在个人领域，微型计算机诞生后，1976年苹果公司推出第一台“苹果电脑”，标志着个人PC的诞生，计算机开始走进个人生活，人类开始进入数字时代。由于个人电脑的发展，虚拟实践应运而生。第二阶段，20世纪90年代，光纤技术、万维网、多媒体进入使用中。1989年，Internet正式命名。1993年9月，美国政府宣布实施“国家信息基础设施”计划，通过高速网络的建设和计算机的普及，完成“信息高速公路”建设。随后，很多国家也跟进了数字通信的建设。互联网获得长足发展，世界互联成为“地球村”。媒介技术在数字化浪潮的带动下席卷全球，进入普通人生活的方方面面，传统媒介开启了数字化转型。苹果在1984年推出第一台多媒体电脑，多媒体技术的发展，使人在虚拟世界中越走越远，从现实实践向虚拟实践的进程开始加速。第三阶段，始于21世纪第一个10年，代表技术是移动互联、虚拟现实、大数据、云计算、人工智能等。数字技术彻底重塑了整个世界，人进入到数字的海洋中。在高速算法和高速传输的支撑下，虚拟世界的程度越来越深，越来越多的活动通过虚拟实践开展，数字技术通过塑造虚拟世界，已经彻底改变了人们的生活和思维习惯。

如果工业革命是对体力的解放，信息技术革命就是在解放脑力。通过三个阶段的数字技术发展来看人类实践，实践活动走过了从机械化、电气化、自动化到网络化、多媒体化的过程，今天正在深入虚拟化、智能化。这标志着人类实践水平的提高和实践形态的丰富，同时也拓展了实践的概念。

数字技术有以下几个特征。数字化：这是数字技术的标志，像所有的物质最终都由原子组成一样，数字技术中的各种信息最终都由数字组成。网络化：单独一台计算机就只有“计算”功能，无法满足信息流动的基本特征，所以把数字技术连成网络是不可或缺的。高速化：数字技术在运算和存储时，数据以电信号的速度穿过总线，在网络中传播时，数据以相同的速度穿过网线，而电信号的速度与光速相同。精度高：数字技术加工和传递的是二进制数据，外界难以干扰，故抗干扰能力强，另外通过增加二进制数的数位提高精度较为方便。通用性强：在内容上，仍然是因为数字化，各种类型的信息都可以分解为数据链，在另外任何一台数字设备上都能再还原成原有的信息类型；在结构上，数字技术使用的是标准化的逻辑部件，同一个数字材料，在各种数字设备上的通用性远远强于非数字设备。

狭义的虚拟现实就是由数字技术实现的虚拟现实，“在计算机软硬件及其各种传感器的支持下，生成一个逼真的、三维的，具有一定的视、听、触、嗅等感知能力的环境，用户在这些软硬件设备的支持下，能以简便、自然的方法与这一由计算机所生成的虚拟世界中的对象进行交互作用”[①]。这些设备构成了虚拟现实技术。随着数字技术的发展，虚拟现实技术成为一类独立的数字技术，虚拟现实技术是当今数字技术的前沿。

虚拟现实技术的目的是消除人机之间的障碍，建立良好的人机通道。它有三个特征：沉浸（Immersion）、交互（Interaction）、想象（Imagination）[②]。这三个特征都强调了人在虚拟现实技术中的作用，而沉浸与交互两个特征则指出了在虚拟现实中“人—机”交流的无障碍性。

虚拟现实技术是虚拟实践的基础，又属于数字媒介技术。所以说，数字媒介技术革命是虚拟实践得以产生的外在原因。

（二）人类活动的虚拟特性

人类活动的虚拟性指的是人超越现实限制的特性，人类活动同时拥有现实性、超越性、虚拟性，而且现实性、超越性、虚拟性是互相联系、相互依存的递进关系。三者都是人类活动的基本特性。

现实性：人类的基本活动形式是实践，实践是现实性的活动。从实践角度理解人，可以证明人的现实性。人通过实践创造了社会和人本身，其中包括社会的物质财富、人的精神活动、制度建设、各种社会关系等。马克思认为：“人的本质不是单个人所固有的抽象物，在其现实性上，它是一切社会关系的总和。”[③]社会关系是由实践创造的，由于实践是现实

---

① 张明仓：《虚拟实践论》，云南人民出版社，2005，第37页。

② 张明仓：《虚拟实践论》，云南人民出版社，2005，第38页。

③ 《马克思恩格斯选集》（第一卷），人民出版社，2012，第139页。

性的，故人拥有现实性。对人现实性的理解要避开两种错误观点：一是认为一切社会关系的总和就是一切社会关系的加和，把人的现实性本质看作是社会关系的相加，而非认为是各种社会关系的有机结合和自然涌现；二是认为现实性固定不变，忽视实践的发展能力，把人看作是无法超越的既定存在。

超越性：实践本身既有现实性又有超越性。从实践角度理解人，一方面要正确看待现实性，另一方面要认可人的超越性。超越性与现实性是矛盾的统一关系。首先，现实性离不开超越性。现实不是固定不变的，实践能让人突破自身条件与外部环境的限制，能够利用技术手段作用于自身与外部环境，使人得到生存与发展。媒介技术实践就表现出人的超越性。文字与纸的使用使记忆外化，超越了大脑的记忆能力，人通过文字让一代代的思想进行积累，为文明的延续起到巨大作用。人使用烽火技术超越地理的限制，通过视觉远距离传输信息，成为战争的信息手段。其次，超越性不能脱离现实性。由于思维与实践的特性，以及人的非规定性带来的可能性，还有人类发展的延续性，人的超越性没有限度。“人不是在某一种规定性上再生产自己，而是生产出他的全面性；不是力求停留在某种已经变成的东西上，而是处在变易的绝对运动之中。”[①]但在具体的历史时期里，由于自然环境、社会关系和人自身的限制，这种超越性又不能脱离现实性。从抽象的、发展的角度看，超越性是绝对的；从现实的、当下的角度看，超越性又是相对的。所以，超越性与现实性是统一的，超越性表现为绝对与相对的统一。

虚拟性：从实践角度理解人，还要承认人的虚拟性。虚拟性与现实性和超越性互相依存，是对现实超越的一种方式。虚拟性是对现实的符号化超越，以符号形式存在。实践通常要凭借中介系统，符号中介不可或缺。在媒介技术实践中，文字是最典型的符号中介，通过它，人既能表达现实的事物或事物的现实性，又能表达超越的事物或事物的超越性。利用文字中介，人能建构符号化世界，这给进一步建构现实世界提供了可能性与可能性空间。数字化是符号化的当代转化，其所支撑的虚拟化较之传统符号时更突出，进而发展出虚拟实践。

人的虚拟性，首先体现为超越各种可能性，具体来说是超越逻辑与现实条件的限制。人的本性不会屈服于现实条件的限制，不会仅接受现有的东西，而是积极追求可能性的东西，并试图创造条件使可能性变成

---

① 《马克思恩格斯文集》（第八卷），人民出版社，2009，第137页。

现实。其次体现在超越不可能性，具体就是虚拟出逻辑上可能而现实中不可能的东西。例如几何中的完美图形只能存在于虚拟世界。最后体现在超越不存在性，就是虚拟出在逻辑上和现实中都不可能存在的东西。例如各种神话传说的幻想就是。

虚拟性离不开现实性。虚拟并不是对现实的否定与排除，而是对现实局限性的一种超越方式。虚拟与现实就像风筝与线，线规定着风筝的起点和范围，风筝引领着线的方向。如果没有现实性，人的虚拟就成了虚妄，“风筝”也就飞走了。现实性也离不开虚拟性。孤立的现实性不是人的特性，只能是动物现实本能的复制。真正现实的人反而不满足于既定现实，试图超越现实的限制。虚拟性的符号化，就是人特有的超越方式。另外，虚拟给不满现实的人提供方向，激励人们志存高远并脚踏实地，把虚拟创建为新的现实。

（三）主体拥有虚拟能力

虚拟是人类所特有的一种能力，即虚拟能力。虚拟能力是人利用符号化与数字化的中介系统，用观念或实践的方式超越现实性的能力。包括两个方面：符号与数字、超越现实。

动物没有超越现实的虚拟能力，唯独人有。动物的身体结构和功能依照自然尺度一代代地演化得来，是固定化、特定化的自然存在，“动物只是限定于其自身的世界——在质的方面和量的方面，狭隘化为去适应特别的物种，因为每一物种都有不同的需要和习惯”①。虽然，人也可以说是属于动物，有自然性，人的活动受到身体结构与功能的限制，必须在外部世界的各种条件限制下进行。例如，人无“爪牙之利，筋骨之强”，自然无法力格猛兽。不过，人又不同于一般动物，只有自然赋予的特定结构与功能。人是非特定化、不固定、未完成的存在物，在生理层面上表现为人的脑与手是非特定化的器官，能产生非固定的功能，能通过适应不同的需要发展出人的现实力量和本质属性。这是人能超越现实展现虚拟能力的生理基础。另外，不同于动物，人是社会和文化的存在物，人在社会和文化中更能表现出其超越性。文化是人所特有的，是人自由意志的表现形式，自由意志体现了人的独立性与超越性，是虚拟能力的重要组成部分。所以，作为自然性与社会性并存的人，同时具有先天能力与后天学习的能力，有条件发挥出自然属性的力量和社会文化的力量，并能使这种力量不断超越。虚拟能力就属于这种不断超越的能力。

---

① M.兰德曼：《哲学人类学》，阎嘉译，贵州人民出版社，2006，第228页。

除了超越性，虚拟能力还体现在人能创造并使用符号与数字。这也是区别人与动物的重要标志。动物不具备使用符号的能力，虽然在马戏表演中有些狗能做加减法，但这是对固定符号做出固定反应的长期训练的结果，本质上属于条件反射，这些狗与巴普洛夫的狗没有本质区别。卡西尔说："人不再生活在一个单纯的物理宇宙之中，而是生活在一个符号宇宙之中。"[①]人在现实世界中利用符号系统创造出超越世界。各民族文明初期都有的图腾，就是表现虚幻之物的符号；尼安德特人的壁画，同样是对想象世界的符号表现；还有易经，通过阴阳两个符号的不同排列，推演出一整套时空认识。与符号化并列的是数字化，具有超越性的数字化最早可以追溯到毕达哥拉斯，数超越具体现实，以数为万物本源。今天，数字化在数字技术的支撑下，正逐渐取代传统符号成为人创造超越世界的新工具。可见，人有使用符号与数字的能力，这种能力就属于虚拟能力。

虚拟能力的特征表现如下[②]：第一，潜在性与现实性的统一。虚拟能力包括虚拟思维能力与虚拟实践能力，前者通常以潜在形式存在于主体内，具有潜在性。一旦主体将计划、蓝图、假说等付诸实际行动，虚拟能力就从潜在形式变化为现实的、具体的能力。潜在性与现实性的统一，就是虚拟能力从潜在性转化为现实性。第二，独特性与多样性的统一。因为人是非特定化的存在物，又因为客观条件的多样性以及主体需要的多样性，故人在发展中呈现多样性。这种多样性表现为虚拟能力，就是主体为了满足多样性需求，利用多样的客观条件，进行多种虚拟活动的能力。虽然主体有多种虚拟能力，但由于先天条件与后天环境不同，往往表现出参差不齐，像哲学家的抽象思维与画家的形象思维，就是其虚拟能力中的优势方面。第三，限定性与超越性的统一。虚拟能力的限定性表现在人存在于现实社会关系中，处于特定的历史阶段，无法脱离具体的历史条件。但虚拟能力作为一种主体能力，又具有超越性。没有永恒不变的历史阶段与社会关系，随着人的发展，虚拟能力最终会超越原本的限制，由潜在成为现实。

三、虚拟实践对传统媒介技术实践的改变

因为本章讨论的虚拟实践，特指数字技术中的虚拟实践。所以，本

① 恩斯特·卡西尔：《人论：人类文化哲学导引》，甘阳译，上海译文出版社，1985，第33页。

② 张明仓：《虚拟实践论》，云南人民出版社，2005，第74-77页。

小结说的传统媒介技术实践与虚拟实践相对，指在数字技术出现之前已经存在的各种媒介技术的实践。虚拟实践对传统媒介技术实践的改变表现在方方面面，首先在实践的结构要素上，虚拟实践对传统的实践主体、客体与中介改变甚大。另外，由于虚拟实践对真实自然与真实社会的超越，改变了传统媒介技术实践的时间；由于虚拟实践活动在虚拟空间中，又改变了传统媒介技术实践的空间。

（一）对传统实践结构的改变

实践是实践主体使用中介有目的、有计划地改造实践客体的一种客观物质活动。主体、中介、客体，构成了实践的一般结构。虚拟实践也是实践，符合实践的一般结构。在虚拟实践中，主体是人，中介是数字技术，客体是虚拟世界。但虚拟实践又有其特殊性，现实实践的客体属于客观实在，而虚拟实践客体——虚拟世界——是对现实实践发生的真实环境的数字建构。这种建构虽然是虚拟的，但也模拟了现实世界的许多功能，在其中依然可以进行实践活动。故此，虚拟实践的结构就变成了一个二级嵌套形式，在虚拟世界中还可以存在结构完整的虚拟实践（见图6-2）。

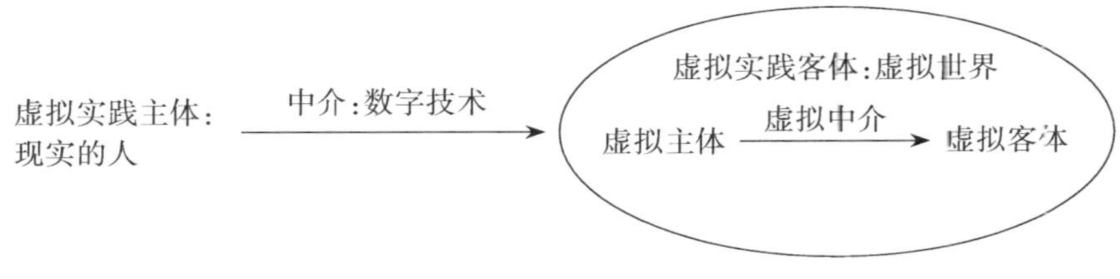

图6-2　虚拟实践的结构

第一，虚拟实践对传统媒介技术实践主体的改变。严格说来，虚拟实践是数字媒介技术的实践，也属于媒介技术实践的一种。故虚拟实践的主体与传统主体一样，都是现实的人。但在虚拟实践中，主体更为复杂。在虚拟世界里，虚拟实践主体的身份由数字信息组成，以虚拟的形象显示，可称为虚拟主体。虚拟主体是虚拟实践主体（现实的人）在虚拟世界中的投影，由现实的人操控。在虚拟实践中，主体是现实的人与现实人的虚拟投影的复合结构，现实人必须通过虚拟主体才能开展虚拟实践，虚拟主体也必须依托现实人才能存在。

在传统媒介技术实践活动中，主体是现实的人，是特定的。书籍阅读活动的主体可以称读者，观看电视的主体可以称观众，但对应的都是进行实践活动的这个人。在虚拟实践活动中，虚拟实践主体虽然也是特定的现实人，但虚拟主体的身份可以自由变动，虚拟实践主体能按需要“书写”自己的虚拟主体。虚拟主体可以是对主体的模拟，也可以是对其他人甚至是非人类主体的模拟；可以是第一人称形式，也可以是第三人称形式。以电脑游戏举例，虚拟实践主体是打游戏的人，但在游戏世界里还有一个主人公。主人公是虚拟主体，由玩家操控，玩家也只能通过操控主人公来进行游戏。这个主人公是可以选择的，也是可以变化的。

第二，虚拟实践对传统媒介技术实践客体的改变。按照一般实践结构，实践客体是主体使用中介改造的对象，在虚拟实践中就是虚拟世界。虚拟实践客体是虚拟的关系实在，而不是传统客体的真实实在。虚拟实践客体是由数字媒介技术对现实的模拟，包括对现实的仿真与曲解。虚拟实践改变了对媒介技术客体的评价标准，不再像传统客体那样，以质量、数量为标准，而是看给主体带来多大的实际效应。

虚拟世界通常有两种情况：一是由许多虚拟实践主体共同参与组成的虚拟世界，例如网络游戏，一个游戏平台，上面有很多玩家；二是由特定虚拟实践主体参与的虚拟世界，例如单机游戏，玩家面对的不是别的玩家，而是游戏程序塑造的虚拟世界。第一种情况其实是把现实人际交流搬到了虚拟世界，虚拟世界中的客体对于自己是客体，对于对方就是主体，具有能动性，可以和自己产生交流、互动，不再是传统实践的“受动者”。当然，在现实中人也可以做客体，人际交流在现实中也是主客体双向关系，在这一点上虚拟实践不是绝对的独特。再看第二种情况，数字技术具有智能性，这让虚拟世界中的客体具备了一些主动性特征。虽然是由程序控制，但单机游戏中的人物能表现出活动的主动性，玩家与之打交道，和与真人打交道相似。由于数字技术的交互性和智能化，虚拟实践打破传统媒介技术实践的主客体限制，传统的“主体↔客体”单向运动方式，在虚拟实践中改变为“主体↔客体”的双向互动形式。

接下来打开虚拟世界。虚拟世界中仍有虚拟实践，那么虚拟实践客体到底是哪一个？从虚拟实践主体的意向性来看，改造的对象应该是虚拟客体。电脑游戏中玩家操控主角去摧毁敌人，敌人（虚拟客体）才是意向性的对象，主角、武器并不是。从中介指向的对象看，整个虚拟世界都是虚拟实践客体，包括虚拟主体和虚拟中介。玩家使用游戏设备，是在“玩”整个游戏，包括游戏中的主角和道具。所以，虚拟实践客体既是虚拟世界中的虚拟客体，也是整个虚拟世界，是一种复合结构。

第三，虚拟实践对传统媒介技术实践中介的改变。实践中介不可或缺，代表着人的实践水平。卡西尔认为，人是符号的动物。人的实践更离不开符号，特别是关乎信息活动的媒介技术实践，更是以符号作为实践的中介。符号化的程度代表着媒介技术实践的发展程度，最早的符号是声音和实物，后来经过图画又发展为文字符号系统。符号必须依附于实物载体，技术的发展推动了符号的变化。在数字媒介技术支撑下，虚拟实践给传统媒介技术实践带来中介的数字化改变。无论是声音、图画还是文字，以及各种传统技术无法表现的符号，都能通过数字化实现。数字化对符号的作用，是在表象上保持原来状态，而对表象背后的支撑物进行了统一，统一于0、1代码的排列。中介的数字化，是数字媒介技术实践异于传统媒介技术实践的标志，是虚拟实践对传统媒介技术实践的创新。

数字技术，包含软硬件以及依附于其上的数字符号，构成了虚拟实践的中介。用作虚拟实践中介的常见设备有一般电脑、智能手机、操纵杆、写字笔、VR头盔、动作捕捉器、全向跑步机等，涵盖了从一般数字技术到虚拟现实技术的所有设备。除此之外，在虚拟世界内的虚拟实践中，也存在中介，完全是虚拟的，可称为虚拟中介。例如游戏中的各种装备与道具，都是主人公开展虚拟活动的中介。在虚拟世界内部，对于虚拟主体来说，虚拟中介是中介。但在整个虚拟实践活动中，对于虚拟实践主体（现实人）来说，虚拟中介又是客体。

（二）对传统实践存在时空的改变

马克思主义哲学认为，实践是社会时空的源泉和本质。所以在信息活动领域，围绕传统媒介技术实践存在一种社会时空，围绕虚拟实践又产生另一种社会时空。作为新的实践方式，虚拟实践的时空对传统媒介技术实践的时空产生以下改变。

时间方面[①]：第一，从绝对化到弹性化。传统媒介技术实践的时间通常是固定的，电视节目有固定时间，信件有大概不变的投递时间。虽然阅读书籍的时间比较自由，但读书的重要形式——课堂教学确是按时按点的。虚拟实践改变时间的绝对化，看节目、读文章在网络中随时可以，数字媒介技术中的时间变得弹性化。另一个时间弹性化的表现是时间压缩。在网络中可以自由选择虚拟实践的时间，这可以利用上碎片时间；数字媒介技术包含多种信息活动方式，一机在手即可，避免传统媒介技术间的切换，又节省出切换时间。既能自由支配时间，又能压缩时间，

① 时间方面的改变参考自张明仓：《虚拟实践论》，云南人民出版社，2005，第165-173页。

虚拟实践给社会时间带来弹性。

第二，从延时化到即时化。传统媒介技术实践的延时性表现在，从信息发送到接收或从处理到输出有明显的时间间隔。这是因为传统媒介技术普遍由实物组成，是“原子”式的存在，它们的运动是宏观低速的，需要相当的时间。而虚拟实践在数字媒介技术中进行，数字信息由电信号组成，是“比特”式的存在，运动速度等于光速，对于简单的传播或计算，时间上可以忽略不计。对于人的感官反应来说，数字技术没有传统媒介技术的延时感，虚拟实践使社会时间具有即时化特性。

第三，从单向化到可逆化。传统媒介技术实践的时间是单向流动的，不能回头，最典型的是广播电视节目，一旦错过就无法再重新开始。即便没有固定阅读时间的书籍，有时一旦错过也坠入茫茫书海，不复得见。虚拟实践打破了时间的单向限制，错过的节目在网上还能看，坠入茫茫书海的书籍也能通过搜索引擎再找回来。虚拟实践使错过的信息活动从头再来，本质上是信息活动的可逆化。原因正如爱森斯坦评价印刷时说的：“保护我们法律遗存的唯一手段是用印刷机复制许多副本。”[①]这种可逆化能力来自数字技术的海量复制能力。因为实践是社会时间的本质，所以虚拟实践中信息活动的可逆化就表现为时间的可逆化。

第四，从标准化到个性化。媒介技术实践的时间标准化是指很多人按照统一的时间进行信息活动。最典型的是书本教育，学生每节课的时间都有标准，一学期多长时间、义务教育多长时间都是固定的；还有《新闻联播》节目，每晚七点，很多单位和个人都会收看。在虚拟实践中，人能自由选择信息活动的时间，比如教学活动可以在“可汗视频”上随时进行。虚拟实践增加人自由支配的社会时间，人的自由给社会时间赋予个性化特征。

空间方面：传统媒介技术实践的空间是真实空间，虚拟实践则对应虚拟空间。虚拟空间与赛博空间、网络空间意义近似。虚拟空间“是计算机支撑、连接、生成的多维全球网络，或‘虚拟’实在。在这种实在中，每个计算机代表一个窗口，凭借此窗口见闻的对象既非实在的物体，也不一定是实在物体的形象。在形式上，计算机的符号或操作，都由数据和纯粹的信息构成。这些信息一部分来自于自然和物质世界的相关运作，而更多的则来自维持人类的科学、艺术、商业和文化的巨大信息

---

① 伊丽莎白·爱森斯坦：《作为变革动因的印刷机——早期近代欧洲的传播与文化变革》，何道宽译，北京大学出版社，2010，第68页。

流”[①]。虚拟空间属于虚拟实在，在计算机网络中由与自然世界和人类社会相关的巨大信息流构成。“各种各样的电子网络正在形成一种人际互动的模式，它与人们熟悉的聚会、通信和罗斯福式的炉边谈话类似，是一种新形式的社会空间。我们姑且称之为‘虚拟’空间——一种由共识形成的想象中的交往场所。”[②]人类社会相关的信息流在当今虚拟空间中占大头，虚拟空间成为交往实践的新的社会空间。综合两种概念，可知虚拟空间是在计算机网络中，由交往实践产生的巨大信息流所构成的全新社会空间，这种空间属于虚拟实在。虚拟空间对传统空间的改变具体表现在以下几个方面[③]。

第一，从固定性到流动性。传统媒介技术实践是有物理场所限制的，一定要在固定的物理空间中展开。读书要在图书馆、书房等处，看电影通常要在电影院，如果想听世界名校的课程，首先要到它的教室里。虚拟实践的空间不固定，在家里上网也可以逛图书馆、看电影，躺在床上也能学习名校公开课。

第二，从扩张性到压缩性。传统信息活动在真实空间中进行，媒介技术越发达，传播的距离越远，相应的人所理解的空间越大。就像中国古时的世界观，媒介技术实践的程度决定着天下的范围，处在不断扩张中。今天，随着互联网的发展，整个地球空间都已纳入视野，由于网络的光速传播，远在天边也相当于近在眼前，空间像是被压缩在一起，麦克卢汉预言的“地球村”恰好表现了这种空间压缩性。

第三，从集中化到去中心化。传统媒介技术实践存在空间中心，学校教育以教室为中心，教室以黑板为中心，看电视的时候，一家几口以电视为中心。虚拟空间是网络化的，有无数个网络节点，每个节点都是中心。但如莱文森所言：“处处皆中心就是处处无中心”[④]，虚拟空间不再有统领一切的金字塔顶点，人在其中既是中心又是边缘。

以上讲到的虚拟实践的时空变化，本质上就是实践对原有时间和空间界限的突破。时间和空间的界限对人来说是相对的，随着科学技术的进步，实践的时空限制会越来越少。今天，虚拟现实技术已经成为虚拟实践的主要技术支撑，大大扩展了实践活动的时空边界。依托虚拟现实

---

① M. Benedikt, *Cyberspace*: *First Steps*（Cambridge: MIT Press, 1991）, pp.122–123.

② M. Benedikt, *Cyberspace*: *First Steps*（Cambridge: MIT Press, 1991）, pp.760–761.

③ 空间方面的改变参考自张明仓：《虚拟实践论》，云南人民出版社，2005，第179–182页。

④ 保罗·莱文森：《数字麦克卢汉：信息化新纪元指南》，何道宽译，社会科学文献出版社，2001，第124页。

技术，我们可以把宇宙演化的时间压缩，可以调整时间的快慢，甚至可以让时间逆向而行。依托虚拟现实技术，我们可以拼接不同场景，进入微观世界，改造我们的“身体”。依托虚拟现实技术，可以完全创造出一个新的“平行宇宙”，在里面开展我们想到但无法做到的活动。但应该指出，虚拟实践突破时空的方式，主要通过在现实时空外新造，对于现实时空本身的突破，远没有达到其所表现的程度。这是因为人是身体与精神的统一，身体是物质的，终究无法摆脱现实时空的限制；而精神是信息的，可以在虚拟的世界里天马行空。

第七章 媒介技术价值论

不论是古代的本体论哲学还是近代的认识论哲学，都在试图找到一个起最终决定作用的基础，前者找世界的本源，后者找认识的起点（最终目的仍然是世界本源）。近代认识论哲学自不可知论起遇到了难以逾越的困难——无法给认识找到一个必然正确的起点，故现代哲学不得不面对认识因人而异的相对因素，以及非理性在其中的作用。这成为哲学强调价值论研究的重要原因。同样，在经历本体论研究之后，除了认识论转向之外，技术哲学也在走向价值论研究。这种转向，一方面源于技术哲学理论本身的自然展开；另一方面也源于当代技术势不可挡的作用，技术对人、社会、自然的影响总是正负共存的。在这种复杂的情况下，弄清技术给人带来了什么比弄清技术本身更迫切、更有现实意义。鉴于此，本章需要回答以下问题：首先，媒介技术的价值是什么，从什么意义上来研究媒介技术价值；其次，决定媒介技术价值生成的要素有哪些；第三，对媒介技术所特有的价值进行分类，指出每一类价值的正负表现是什么；第四，媒介技术正价值的实现需要遵从什么条件；最后，对于媒介技术负价值，有什么消解的原则和方法。这样研究旨在实践中理解并分辨媒介技术价值，进而为媒介技术的发展提供指导。

第一节 从价值到媒介技术价值

哲学中关于价值的研究开展得较早，对于价值存在多种不同的解释，由此导致对更加具体的价值——技术价值、媒介技术价值理解的混乱。本节从对价值的不同理解出发，提炼价值的含义，在此基础上分析技术价值，进而指出媒介技术价值的本质。

一、价值的定义

主客体作为一对关系范畴，在运动中会产生两种变化：主体→客体、主体←客体（这里的箭头可理解为指向、接近、靠近）。前者指主体凭借能动性主动靠近客体，认识客体的本质规定性，是主体认识客体的过程，是真理的产生方式；后者指客体以其特性靠近、满足主体，是客体满足主体的过程，是价值的获得方式。主体认识客体与客体满足主体都在实践中产生，真理与价值在实践中统一。

自20世纪80年代起，国内外学界对价值问题进行了一系列研究，各有异同。较有代表性的价值研究有以下几种。日本教育家牧口常三郎认为："'价值'或'有价值的'意味着被指称的一些事物是能充分满足我们需要的客体。……一个客体能满足我们的需要时，我们就说它是'有价值的'。"[①]李连科认为价值来源于客体，"是外界物（自然、社会和某种客体形式的意识形态）对主体人的需要的肯定或否定关系"[②]，但取决于主体，"没有主体的需要，或者说不同主体需要联系起来，就不会有价值"[③]。价值最终在实践中产生。李德顺认为："在主客体相互关系中，客体是否按照主体的尺度满足主体需要，是否对主体的发展具有肯定作用，这种作用或关系的表现就成为价值。"[④]王玉樑认为："价值是客体对主体的效应。客体对主体的正效应就是正价值；负效应就是负价值。"[⑤]

从以上介绍的几种价值定义可以归纳出几个关键点：客体满足主体需要、主体尺度、客体对主体的效应。只要主客体处在同一个认识实践活动中，客体就一定产生对主体的效应。这个效应可能满足主体需要，也可能不满足，还可能有悖于主体需要。满足主体需要的那个效应就是正价值（一般称其为"价值"），对应的客体就是有价值的客体；不满足的就是无价值；有悖于主体需要的可称为负价值。效应是否满足需要，凭借的是主体尺度，由主体说了算。效应是价值产生的前提，主体尺度是价值的标准，满足需要是价值产生的方式。满足主体需要体现价值的合目的性，客体对主体的效应体现价值的合规律性，二者在主体尺度中达到统一。所以，价值是在主体作用于客体的活动中，客体对主体产生的效应，这种效应表现为对主体需要的满足，价值是合目的性与合规律性的统一。

二、技术价值的本质

技术价值问题的争论点是技术本身是否负荷价值，相较于技术是否负荷价值，技术价值的定义分歧不大。国内比较有代表性的技术价值定

---

① 牧口常三郎：《价值哲学》，马俊峰、江畅译，中国人民大学出版社，1989，第55页。
② 李连科：《哲学价值论》，中国人民大学出版社，1991，第83页。
③ 李连科：《哲学价值论》，中国人民大学出版社，1991，第84页。
④ 李德顺：《价值论》，中国人民大学出版社，1987，第108页。
⑤ 王玉樑：《价值哲学新探》，陕西人民教育出版社，1993，第140页。

义有以下几种。王海山认为："在一般文化学意义上，可以把技术价值理解为，在'主体—客体'关系中技术对象能够在一定程度上引起主体的某种有目的行为和能够在某种水平上满足主体的一定需要。"[①]李宏伟、王前认为："所谓技术价值，就是技术与主体之间的一种相互关系，它表达着技术对人的需要、发展的肯定或否定的性质、程度，并在技术与人的相互作用中不断展现开来。"[②]郭冲辰认为："从技术的'价值一般'意义上讲，所谓的技术价值是指技术对人类（主体）所产生的效应。"[③]巨乃岐认为："所谓技术价值，是指技术在与主体和客体以及二客体所在环境系统之间相互联系、相互适应、相互依存、相互作用的互动关系中所产生的效应。"[④]通过对以上技术价值定义的分析和上文对价值的理解，可以看出，人与技术形成一种主客体关系：人（主体）—技术（客体）。这符合一般价值的结构，故技术价值也符合两个标准：技术对人的效应，技术对人需要的满足。结合这两个标准可得：技术价值是技术对人的效应满足人的需要。

作为价值下的一个具体类别，技术价值有其特殊性，不是把"客体"二字换成"技术"即可。"人—技术"关系并不完整，技术作为这种二元关系中的客体，背后还有指向的东西。技术使用都是人为了解决某一问题，作用于某一对象的，没有无目的无对象的技术。看似以技术为对象的活动其实背后另有真正的对象，例如电脑游戏这种技术，游戏本身并不是需要的对象，只是获得真正需要——精神愉悦的手段。另外，从技术创生起，就作为人认识改造外部世界的中介，形成"人—技术—对象"的三元关系。在讨论技术价值的时候，把人使用技术进行认识和改造的外部世界叫作客体，把技术叫作技术客体，三者的关系就是：人—技术客体—客体。不考虑这种三元结构，在技术价值的理解中就会找不到主体需要的指向对象。人的需要和意图不在技术而在技术背后，而技术是连接人与所需要的客体的中介，是一种为达目的的手段。

所以，通过对一般价值二元关系的改造，形成技术价值三元关系。技术效应也不再只针对主体，即技术价值指在主体与技术客体的作用关系中，技术产生效应，这种效应能满足主体对客体的需要。

---

① 王海山：《技术价值论探析》，《自然辩证法研究》1994年第2期，第45页。

② 李宏伟、王前：《技术价值特点分析》，《科学技术与辩证法》2001年第4期，第42页。

③ 郭冲辰：《技术异化论》，东北大学出版社，2004，第80页。

④ 巨乃岐：《技术价值论》，国防大学出版社，2012，第29页。

三、媒介技术价值

传统上认为，媒介技术是技术的一个部类，是特殊和一般的关系。一般中蕴含的性质在特殊中一定也有，所以技术价值的两个标准——技术产生的效应、技术对人需要的满足——在媒介技术价值中依然适用。技术价值的三元关系——“人—技术客体—客体”，在媒介技术价值中就是“人—媒介技术客体—客体”。

前文在媒介技术本体论部分已经论证，媒介技术是双重认知技术，媒介技术形式固化认识，且其内容也是指向认识；而生产技术的内容则是指向物质改造和能量转换。两类技术意图不同，满足人的不同需要。围绕媒介技术的活动是认识活动，媒介技术满足人的需要是认识需要。

所以，从技术共性（广义）上来看媒介技术价值就是：在主体与媒介技术客体的作用关系中，媒介技术产生效应，这种效应能满足主体对客体的需要。从特性（狭义）上来看媒介技术价值就是：在主体与媒介技术客体的认识活动中，媒介技术对认识产生效应，这种效应能满足主体对客体的认识需要。例如电视的价值，就是在人看电视的活动中，电视对人的“看”产生效应，这种效应满足了人对世界的认识需要或自我精神愉悦的需要。

第二节　媒介技术价值的生成

媒介技术价值的研究，与技术价值的研究重点类似，除了研究媒介技术价值本身是什么，还应说明媒介技术价值从哪来。对价值来源的不同解释，是区分不同媒介技术研究学派（范式）的重要依据。技术主义范式认为媒介技术价值来自媒介技术本身，有什么技术就有什么价值，媒介技术负荷价值；传播学批判学派认为价值来自媒介内容的形式，持一种准技术价值负荷论；实证学派则认为媒介技术是价值中立的，只是信息流通的“管道”，甚至弱化内容的不同形式之别，把媒介技术价值完全归于人使用媒介技术时的赋予，持价值中立论观点。

媒介技术处在复杂的自然社会环境中，并且自身也在变化，研究媒介技术问题很难把媒介技术单独拎出来说清楚，特别是价值问题本身掺杂了很多人的主观标准，不是单一的价值生成理论能说清楚的，这也是几种价值论争执不下的原因。本研究不作价值来源的截然区分，对技术价值中立论、技术价值负荷论以及媒介内容的形式负荷价值不选边站，而是在整个媒介技术价值运动系统中进行研究。媒介技术价值运动系统包括五个要素：主体、客体、媒介技术、自然环境和社会环境（见图7-1）。本节分别梳理这几个要素在媒介技术价值生成中的作用，以期在整个价值运动系统中理解媒介技术价值的生成。

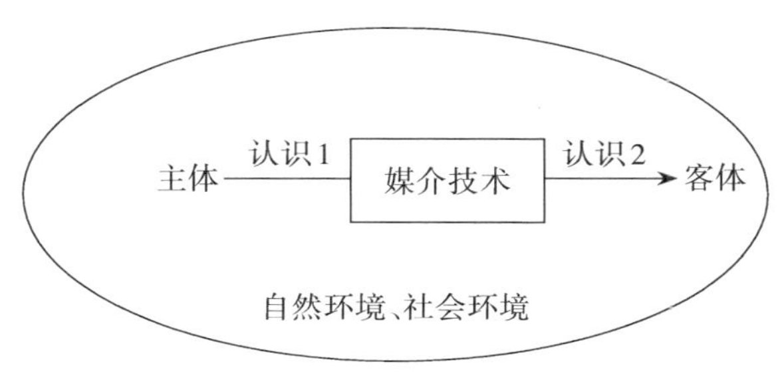

图7-1 媒介技术价值运动系统的五要素

一、媒介技术自身在价值生成中的作用

技术价值中立论基于早期技术哲学研究中的技术工具论思想，进入经典技术哲学阶段，技术实体论逐渐替代工具论的统治地位，在相应的价值问题上，更多的学者倒向与实体论相关的价值负荷论。两种价值来源理论争论已久，目前，两派学者正通过各种理论修补协调二者，两种理论正相向而行，逐渐走向融合。

但是，在媒介技术价值生成的研究中，有必要区分两种价值生成理论，弄清在什么情况下运用哪一个价值理论。这种区分，并非是让走向融合的中立论与负荷论再分道扬镳，而是在对具体技术的研究中，弄清二者适用的时间与范围，这样一方面有利于两种价值论的融合，另一方面更有利于分析媒介技术价值生成中诸要素起到的不同作用。为了厘清中立论与负荷论适用的范围与时间，需要考虑两个指标：一是影响媒介技术价值生成的各个要素；二是媒介技术发展的程度。

前文已述，影响媒介技术价值生成的要素有五个：主体、客体、媒介技术、自然环境和社会环境。此五个要素可以分为两类：主体、客体、自然和社会环境在媒介技术之外，作为媒介技术的参与者或环境的角色出现，可以称为影响媒介技术价值生成的外在要素；媒介技术客体是媒介技术价值生成的承担者，可以称为影响媒介技术价值生成的内在要素。对于四个外在要素来说，影响媒介技术价值生成的作用在技术之外，故中立论适用于这四个要素。作为内在要素，媒介技术本身在价值生成中主要起到价值负荷论所指出的作用，即媒介技术生成的价值是由技术本身所蕴含的，而不是人与媒介技术相互作用时赋予的。媒介技术是客观存在物，有其特定的自然属性，故什么媒介技术生成什么价值并不是随意的，而是由客观属性决定的。媒介技术本身对其价值生成，既起到了决定生成什么的作用，又起到了不生成什么的作用。再优秀的广播也生成不了形象价值，只能生成声音价值；再优美的纸质书籍也生成不了立体价值，只能生成平面价值。这限定了某一类媒介技术生成价值的范围。

从范围角度看，媒介技术本身这一内在要素适用负荷论。从时间角度看，媒介技术发展到什么程度时适用负荷论，可以借鉴美国技术哲学家安德鲁·芬伯格（Andrew Feenberg）的技术代码理论进行辨析。芬伯格不满于技术工具论、技术实体论认为技术“就是这样”“天生如此”的独断，引入社会建构论思想，“将弹性、杠杆或电路等这些特殊的原理称为‘技术要素’。……这些要素一旦被发现，它们就类似于语言中的词汇；它们可以被排列在一起——形成代码——组成各种具有不同意义和意向的句子”[①]。技术要素是自然存在的，是无目的性的，是中性的。技术代码由技术要素依照一定规则组成，“这种规则同时完成两项功能：（1）分清允许的或禁止的活动；（2）将这些活动与用来解释第一点的一定的意义或目的联系起来”[②]。可见，规则有目的性，依规则组成的技术代码有价值偏向，是价值负荷的。组成媒介技术的技术要素是价值中立的，在技术要素程度上适用中性论。要素按规则组合后生成媒介技术代码，拥有技术的自然属性，获得内在价值，适应规则体系，蕴含价值偏向。所以，最起码，当媒介技术发展出一定结构时，开始适用负荷论。

弄清价值负荷论适用媒介技术价值研究的范围、时间后，还需说明媒介技术本身影响价值生成的方式。媒介技术通过控制认识方式的途径影响价值生成。想认识什么是由人的主观意图决定的，怎么认识则是由媒介技术决定的。在这两种作用的共同影响下，人获得认识的结果。任何媒介技术都是人的延伸和截除，在增强一种认识方式的同时也限制了其他认识方式。一种媒介技术增强某种认识方式，由此种方式带来的价值就彰显；相反，这种媒介技术限制的认识方式所带来的价值就遮蔽或

① 安德鲁·芬伯格：《技术批判理论》，韩连庆、曹观法译，北京大学出版社，2005，第94页。

② 安德鲁·芬伯格：《技术批判理论》，韩连庆、曹观法译，北京大学出版社，2005，第92页。

不生成。例如印刷媒介延伸人的视觉，增强线性逻辑的认识方式，相应地，印刷媒介就有满足人抽象思维、逻辑思辨要求的价值；电视增强形象认识方式，所以就有满足人形象思维要求的价值。媒介技术认识论章节中有关于媒介技术影响认识方式的详细论述，此处就不再继续展开。

二、主体在媒介技术价值生成中的作用

作为创造媒介技术价值最重要的外部因素，主体对媒介技术价值生成的作用贯穿整个价值过程。媒介技术从无到有，不同阶段、不同价值的生成与转化，主体都起到了决定作用。

（一）主体对媒介技术的需要是价值生成的前提

主体对媒介技术价值生成的第一个作用是人需要媒介技术。媒介技术是人进行信息交流与认识的必需品，直接决定着人的生存。没有媒介技术的人类是不可想象的，没有人类的需要也难有媒介技术，更不用说媒介技术价值。所以人的需要是媒介技术价值生成的前提。说媒介技术价值生成的前提是人对媒介技术的需要，主要有两个理由：一是从价值到媒介技术价值，都是对人某种需要的满足，如果没有人的需要，就不存在什么价值；二是技术的起源问题，目前关于技术的起源问题普遍流行“需求说”，人或社会的需要促使技术的产生。

第一个理由前文已经进行了论证，虽然人在使用媒介技术的时候其需要并不指向媒介技术本身，但媒介技术作为必不可少的认识手段，为了满足人认识客体的需要，不得不首先满足对媒介技术发展的需要。第二个理由关系到媒介技术从无到有的第一步是什么，进而说明媒介技术价值生成的前提。我国技术哲学家陈昌曙先生对技术的起源问题有过总结，技术起源于生存需要、巫术、劳动、好奇心、兴趣、玩具、知识、科学、经验、机遇。通过对这些因素的分析，陈先生认为技术最根本的起源是需要，需要与技术不是简单的“需要→技术”关系，而是二者的双向关系：需要↔技术[①]，最终形成“需要→技术→需要→技术…”的链式关系，技术由此而生。本研究认同技术起源的需要论，作为技术的一种，媒介技术归根到底起源于人的需要，皮存毛附，媒介技术价值的最初源头也是人的需要，需要就是媒介技术价值生成的前提。

（二）理论研究生成媒介技术的潜在价值

主体对媒介技术价值生成的第二个作用是，人可以把媒介技术创造

---

① 陈昌曙：《技术哲学引论》，科学出版社，1999，第113-116页。

出来，创造包括了在理论中研究、制作出样品、进行批量生产。

理论研究是指在技术生成的初期，面对技术目的，研究者运用已有的理论、经验，在观念层面把技术建构出来，此时的技术不是客观实在，而是主观存在于人的思想中。理论研究属于认识活动，这个过程生成的技术是观念形态的技术，也就是陈昌曙先生所说的“智能技术”“潜在技术”①。理论研究分为几个步骤：把人的需要转化为技术目的、可行性分析、构思、设计、形成图纸文件专利。人的需要往往只涉及主观因素，但想用技术实现必须考虑技术可行的客观因素，要把人的需要放入技术研究的现有框架内，翻译成技术的表达方式。可行性分析指，对需要研究的技术，分析其原理是否符合自然界客观的因果必然性，是否遵循技术规律、工程应用的基本原理。构思是“技术创造主体充分利用已知的科学规律和技术成果，为其所要创造的对象性客体——技术之物，建立该系统赖以运行的基本原理的过程”②。设计是在构思的基础上，“为实现既定原理，落实既定方案设计出一个可以在技术上实际实施的思路和计划”③。到此时为止，技术仍然存在于人脑中，为了记录和传播，最后需要把观念中的技术用一套术语表达出来，这就形成了图纸文件专利。这就是理论研究的整个过程。

因为在理论研究阶段得出的媒介技术不是物质性存在，只存在于思维和文字中，所以此时的“潜在”媒介技术生成的价值是：“技术中潜藏着的某种内在的属性、功能、素质、潜能或潜质，是技术客体中还未开发出来而又能够开发和利用的一种可能的价值。”④这种价值叫作潜在价值。所以，人对媒介技术的理论研究生成媒介技术的潜在形式，潜在媒介技术中蕴含着潜在价值。

（三）样品开发生成媒介技术的内在价值

样品开发是把存在于观念、设计、图纸、专利中的潜在技术制作出来，成为实物形态技术，即“有形技术”“物化技术”的生成过程，属于实践创造活动。样品开发分为几个步骤：一是材料准备，包括原材料获取、提炼或精制，准备能源、信息等辅助品；二是制作，对准备好的材料进行加工、整合；三是试验，对制作出来的技术样品进行测试，找出问题再反馈到前两个步骤。三个步骤形成“材料准备↔制作↔试验”双

① 陈昌曙：《技术哲学引论》，科学出版社，1999，第120页。

② 巨乃岐：《技术价值论》，国防大学出版社，2012，第154页。

③ 巨乃岐：《技术价值论》，国防大学出版社，2012，第157页。

④ 巨乃岐：《技术价值论》，国防大学出版社，2012，第120页。

向关系，既有正向的开发顺序，又在开发的任意时候包括制作与试验阶段，可以向上游进行反馈。

理论研究与样品开发是不同的技术生成活动，二者存在明显的区别。首先在时间上存在先后，通常是先有理论研究后有样品开发，哪怕没有图纸作为研究成果，也会先胸有成竹；其次在成果形式上不同，理论研究得到的成果是无形的，而开发得到的成果是有形的样品或样机。

理论研究阶段得出的媒介技术是精神性存在，是潜在技术，相应生成的价值是潜在价值。样品开发阶段得出的媒介技术是物质性存在，是一个技术样品。所以此时媒介技术生成的价值，“作为技术内在具有的产生某种价值的属性、性能、功能或能量，它在现存形态下，不经加工开发就能够直接应用，就能够产生价值，因而是一种现实可能的价值”[①]。这种价值叫作内在价值。所以，人对媒介技术的样品开发生成现实的媒介技术，现实媒介技术中蕴含着内在价值。

（四）批量生产生成媒介技术的产品价值

批量生产是把开发的样品投入社会的整体技术系统，以规模化、社会化的方式生产技术客体，通过批量生产，由开发得到的技术样品样机被大量复制，进而成为技术产品。虽然都是生成物化媒介技术，批量生产与样品开发全然不是一回事，生产必定以开发为前导，但开发并不必然过渡到生产。开发往往动用最好的条件、最好的生产资料，由技术专家亲自下手；生产则要长期大量进行，相关要素只能用普通的。另外，开发过程只存在于企业或实验室中，很少考虑技术之外的因素；而生产则要面对诸如环境问题、政策问题、销售问题等一系列要素。开发得到的是“一”，生产得到的是“多”，这导致开发能聚集最好的资源且不考虑外在因素，生产只能用普通资源且不得不考虑多种外在因素。

媒介技术开发生成的价值指样品的属性有满足人需要的可能性，生产生成的价值则是生产出的大批媒介技术客体有被多数人使用、满足多数人需要的可能性，即内在价值有被人群广泛获得的可能性。这种价值叫作产品价值。所以，人用生产生成批量媒介技术，批量媒介技术中蕴含着产品价值。

（五）消费与使用生成媒介技术的现实价值

主体对媒介技术价值生成的第三个作用是人能使用创造出的媒介技术，从而与媒介技术建立作用关系，进而满足某种需要。

---

① 巨乃岐：《技术价值论》，国防大学出版社，2012，第120页。

在工厂中生产出批量的媒介技术客体不是最终目的，让广大的社会群体消费并使用才是。消费与使用指广大的社会群体主动购买生产出的媒介技术客体，并在使用中展现技术客体的功能。消费与使用生成的价值指“现实生产生活中技术客体作用于主体、客体及其所在环境系统产生的实际效应。这种已经现实存在的效应……无论人们是否认识到了或者感受到了，它都已经是一种客观存在，是实实在在地正在发挥作用的价值存在”[①]。这种价值叫作现实价值。现实价值与内在价值和产品价值都不同：一是现实价值的关键是现实性，已经客观存在并对主体、客体、环境发挥作用了；内在价值和产品价值对应的样品和产品虽然也客观存在，但其发挥的作用还只是一种可能，其价值满足主体还只是可能性。二是消费与使用在社会中进行，故现实价值是在社会层面上生成；开发与生产在实验室或工厂中进行，故内在价值与产品价值也在二者中生成。可见，消费与使用是媒介技术价值实现的必经途径，生成的价值是现实价值。

（六）价值观对媒介技术价值正负生成的作用

主体对媒介技术价值生成的第四个作用是人的价值观能左右价值的正负。

由于价值问题以主体尺度为标准，所以同样的媒介技术，有着相同的属性和功能，但在不同人的使用中就会产生不同的价值。同样的媒介技术，有的人其需要在使用中能得到满足，有的人其需要则不能得到满足。这与不同人对媒介技术持有的不同价值观有关。由于价值观不同，直接导致相同的媒介技术对不同的人生成的价值有正有负。例如追求理性是波兹曼的价值观，他认为印刷媒介有助于逻辑思辨能力的提升，有助于培养独立的理性思考，印刷媒介恰符合其价值观。所以“波兹曼们”就认为印刷媒介生成正价值。相反，伊尼斯认为印刷媒介空间偏向太强，是帝国对外扩张的罪魁祸首，其价值观明显在时间偏向的口语一边。印刷媒介不符合伊尼斯的价值观，所以他就认为印刷媒介不生成正价值（并生成负价值）。又如托夫勒和法兰克福学派，前者基于技术乐观主义的价值观，对大众媒介技术及其产生的大众文化持肯定态度，认为大众媒介技术生成正价值；后者基于技术悲观主义的价值观，对大众媒介技术及其产生的大众文化持否定态度，认为大众媒介技术生成负价值。同样的媒介技术，因为主体持有的价值观不同，对于主体来讲，生成的价

① 巨乃岐：《技术价值论》，国防大学出版社，2012，第121页。

值就不同。这就是人的价值观在媒介技术价值生成中的作用。

由以上论述可知，人在媒介技术价值生成的诸阶段中，分别起到不同的作用，有需要、创造、使用、价值观四类作用，这些作用生成了媒介技术的不同价值（见表7-1）。

表7-1　主体的不同作用生成的不同价值

主体作用	人的需要	人的创造			消费使用	价值观
		理论研究	样品开发	批量生产		
生成的价值	价值前提	潜在价值	内在价值	产品价值	现实价值	价值正负

三、自然环境在媒介技术价值生成中的作用

媒介技术所处的自然环境是其他四个影响价值生成要素的共同前提，通过提供制作媒介技术的材料以及与媒介技术的搭配，在价值生成中起作用。

首先，“巧妇难为无米之炊”。自然环境能提供什么材料，提供的材料的多少和物理属性，决定生成什么样的媒介技术价值以及价值生成的程度。埃及地处尼罗河下游，盛产莎草，古埃及人用莎草为材料制成书写媒介。莎草书轻便易得，方便广泛传播，所以产生了强大的空间传播价值。不产莎草的古罗马从埃及进口莎草，为的就是获得这种空间传播价值，以便控制更广大的地区，强化帝国统一。埃及皈依伊斯兰教后，切断了与欧洲的贸易，欧洲因而缺少制作莎草书的材料，不得不转用羊皮为材料制作书写媒介。羊皮难得且不易携带，但耐存放，做成的媒介技术空间传播价值弱，反而时间传承的价值强。日本严重缺乏稀土资源，但作为电子媒介技术生产大国，日本每年都要从国外进口大量稀土，以确保不会因为材料短缺造成产品减产，从而保持由电子媒介带来的各种价值。一旦稀土出口国限制稀土出口，势必会导致日本因材料短缺而无法生产足量的电子媒介，造成经济损失。以上两个古今例子，告诉我们只有在自然环境中获得材料，才能造出相应的媒介技术，进而生成相应的价值。

其次，地理环境能影响传播方式的效果，进而影响媒介技术价值的生成。不同的地理环境对同一媒介技术的效应不同。非洲森林中的原始部落，用鼓作为媒介技术来传播信息，这是因为热带雨林植物茂盛，视

线所达有限，必须用声觉媒介技术；大海之上，用旗语、灯光、火把等作为传播信息的媒介技术，这是因为海上风大浪大，声音传不远，但视线很好，所以适合用视觉媒介技术。热带雨林的环境有利于声觉媒介技术的价值生成，大海的环境有利于视觉媒介技术的价值生成，都产生正作用。如果进行交换，雨林环境就不利于视觉媒介技术的价值生成，大海也不利于声觉媒介技术的价值生成，都产生负作用。可见，媒介技术与所处地理环境的搭配，影响其价值生成。

四、社会环境在媒介技术价值生成中的作用

作为影响媒介技术价值生成的要素之一，社会环境是最复杂的。本小结先从不同发展水平的国家对比中总览媒介技术价值的不同；再把社会环境分成政治、经济、文化三部分，找出不同部分对价值生成的不同作用；最后来看与媒介技术相关的配套技术，指出其对价值生成的影响。

（一）国家总体发展情况对媒介技术价值生成的作用

一个国家的综合国力直接制约国内诸要素的发展情况。近代中国的落后挨打，说到底就是综合国力落后于西方。作为生产力发展程度的标杆，综合国力落后必然导致技术落后。在不同发展程度的技术体系中，同一种媒介技术也会生成不同程度的价值。近代西方经历了工业革命，材料、动力系统发达，同样使用活字印刷，西方用铅做活字，比中国用木头、胶泥做活字材料要耐用得多，印出的字也清晰得多；更大的差别是西方印刷机普遍使用机器，这比中国手工印刷的效率高出很多。同样的活字印刷技术，由于所处的国家总体发展程度相差甚远，最后导致同样的媒介技术生成的价值不同。

拉斯韦尔提出媒介技术有三种功能：守望环境、协调社会各部分以回应环境、使社会遗产代代相传[①]。后来，美国社会学家查尔斯·赖特（Charles Wright）又增加了娱乐功能，媒介技术就公认有四种功能。国家发展得好，人就更迫切了解社会信息，从而掌握社会中的机遇与风险，以便决策，人与人的联系也会更频繁，协调并整合社会各部分的要求也就更迫切。综合国力提升，物质满足后的人们必然在精神层面有更高要求，此时人们一方面更看重文化传承，另一方面也对精神娱乐要求更高。国家越发展就对媒介技术的四种功能要求越高，进而拉动媒介技术发展，更好地生成媒介技术价值。

---

① 哈罗德·拉斯韦尔：《社会传播的结构与功能》，何道宽译，中国传媒大学出版社，2013，第37页。

可见，国家总体发展得好，对媒介技术价值生成的推力和拉力都更强。

（二）政治制度对媒介技术价值生成的作用

专制政治任凭粉饰得再好，本质都是最大程度地控制人民，其中控制思想是最重要的。专制统治者们控制思想的一大法宝就是垄断传播思想的媒介技术。古代世界普遍是专制国家，控制媒介技术的例子不胜枚举。运用暴力手段，秦始皇焚书坑儒，禁止传播三教九流思想；古罗马基督教皇帝狄奥多西一世烧毁亚历山大图书馆，对基督教以外的思想连根刨。中世纪的圣经写在羊皮卷上锁起来，只能神职人员阅读。运用法律手段，资产阶级革命前后的英国有《出版管制法》《印花税法案》来限制使用媒介技术的自由。即使到了民主成为世界主流的今天，依然有些国家通过各种手段来控制媒介技术，例如控制核心节点、窃听、监控等方式。另外还多了一种形式——资本通过算法让消费主义、娱乐至死充斥媒介。在资本算法洗脑的控制下，能使用什么媒介技术、媒介技术怎么使用，都由资本说了算。媒介技术不能展示其功能，也就不能满足主体的需要，从而无法彰显价值。

与专制政治相对，民主政治的目的不是控制人民，而是最大限度地保障多数人的权利，并为此目的而服务人民。民主政治下的媒介技术，逐渐形成两种发展与使用模式：一是自由至上模式；二是社会责任模式[①]。自由至上模式指媒介技术及其传播内容在意见自由市场中，就像市场经济一样，由各种信息活动自由互动，政府不能干预，最终形成媒介技术的发展现状。自由至上模式由于缺乏监督，媒介技术的负效应得不到控制，会与正效应一起出现。为了规避负效应，发展出社会责任模式。社会责任模式是在媒介技术自由发展中加入人的管控，人为避免媒介技术负效应的生成和放大。社会责任模式并不是对自由模式的否定，而是建立在自由模式之上，以自由模式为基础，况且其中的“责任”也是由民主讨论确定的，而不是权力强加的。

专制政治下的媒介技术只产生对专制者有利的效应，只满足权力、资本的需要，因而不生成符合广大民众的价值。民主政治下的媒介技术可以自由发展，满足广大人民的需要，做到价值最大化，即便生成不良效应，也能被民众内部孕育出的责任所管控，做到价值生成得又大又好。

（三）经济体制对媒介技术价值生成的作用

市场经济与计划经济是近代以来最重要的两种经济体制。市场经济

① 弗雷德里克·S.西伯特、西奥多·彼得森、威尔伯·施拉姆：《传媒的四种理论》，戴鑫译，中国人民大学出版社，2008，第6页。

是在经济活动中运用市场这只“无形的手”，通过各个经济主体的自由博弈，最终达到经济各个要素的动态平衡。计划经济中起主导作用的是高于各个经济主体之上的权力机构（通常是政府），通过政策调控等“有形的手”，直接安排经济活动中的诸要素，像布阵一样直接画好经济活动的图景，规划好经济活动的产品。除了竞争，与民主政治一样，市场经济的要素还包括自由，自由有利于媒介技术的多样发展，竞争有利于媒介技术的优质发展。但另一方面，市场经济如果缺乏理性的规划、合理的管控，即使媒介技术总体很繁荣，信息传播的总量很大，也往往会出现媒介技术及其信息的不合理分配，出现信息贫民和信息富民，产生信息鸿沟。所以，市场经济体制既能促进其中的媒介技术正价值生成，同时也加剧了媒介技术负价值的生成，两种作用同时存在。

计划经济下的媒介技术是被严格安排的，媒介技术本身不能成为经济，只是为了达到既定经济目标的手段。计划经济是缺乏竞争的，媒介技术的发展缺乏压力与活力。这导致计划经济的媒介技术发展单一，缺少精益求精的动力。但计划经济有严格的规划与管理，对于媒介技术的不良效应有很好的限制作用，管理得当的话，也有利于填平信息鸿沟。可见，计划经济体制既能抑制媒介技术正价值生成，也能抑制媒介技术负价值生成。

市场经济对媒介技术正负价值都有促进作用，计划经济对正负价值都有抑制作用，两种经济制度对媒介技术价值来说都是双刃剑。应合理配置市场与计划要素，才能更多更好地生成媒介技术价值。

（四）文化特色对媒介技术价值生成的作用

仅以大众文化与精英文化对比之下的媒介技术价值生成为例。大众文化影响下的媒介技术面向民众，优点是信息覆盖面广、信息的门槛低，谁都能用，谁都容易用，有助于在信息领域弥补贫富差距，对信息鸿沟有消解作用。但大众文化下的媒介技术追求通俗的新闻、知识与快餐式的娱乐，只看重媒介技术的经济效益，这会导致“三俗”信息、虚假信息泛滥，消解民众的理性能力，也给文化霸权提供了途径。精英文化影响下的媒介技术传播面窄，信息的门槛高，必须有一定文化与理性能力的人才能接受，这把广大民众排除在媒介技术之外，媒介技术成了专家学者的专用话筒。其优点是少而精良，媒介技术传播的信息符合社会伦理，往往能发现社会的问题并指引进步的方向。

与市场、计划经济情况类似，大众文化对媒介技术正负价值生成都有促进作用，精英文化对正负价值生成都有抑制作用。市场要素与计划要素兼顾，大众文化与精英文化兼顾，难点在于如何找到矛盾双方共存的平衡点。

（五）已有的配套技术对媒介技术价值生成的作用

除了社会制度环境，社会技术环境如何，是否有配套的技术体系，也大大影响媒介技术价值的生成。例如移动终端，其硬件速度和软件功能一日千里，已经可以生成很高的价值了，但基础的配套技术——电池反而制约了移动终端的价值实现。电池这种基础技术的突破比移动技术本身难得多。再如5G网络，从2019年6月工信部向中国电信、中国移动、中国联通、中国广电发放5G商用牌照开始，到2020年6月6日，5G牌照发放一周年时，《新闻联播》报道：我国5G基站以每周新增1万多个的数量在增长，5G终端连接数已超过3600万，截至5月底，中国移动已建成14万个5G基站，2020年底将完成30万基站建设任务，覆盖340多个地级以上城市，中国电信与中国联通累计共建共享了14万个5G基站，计划2020年第三季度提前完成25万个基站的全年建设任务。在应用创新方面，目前，全国累计开展5G创新应用400余项，广泛涉及工业、交通、医疗等多个行业，在建的“5G+工业互联网”项目超过600余个。短短一年间，5G发展突飞猛进，作为配套支撑技术促进了很多行业。民众感受最直接的还是对手机的影响。2020年，国内手机市场总体出货量累计3.08亿部，其中5G手机占比为52.9%[①]。我们知道，只有手机是5G的远远不够，必须建立起整个5G通信系统才行。从如今占比过半的5G手机销量，可见5G系统发展之一斑。还有云计算、大数据、物联网、虚拟现实（VR）、增强现实（AR）等，也将在5G配套系统的支撑下，从“王谢堂前燕”，“飞入寻常百姓家”。

正如陈昌曙先生指出的：“支撑技术是不可缺少的，有时会成为一个行业或企业发展的关键性环节。”[②]不用说行业级别，缺少配套技术体系，哪一种媒介技术都难以生成价值，配套技术体系是媒介技术价值实现的必要条件。

五、客体在媒介技术价值生成中的作用

虽然客体在媒介技术活动中处于被动地位，但依然能影响整个主客体运动系统，进而影响媒介技术价值的生成。前文已述，客体可以是人

① 《2020年国内5G手机出货量占比52.9%》，中国产业经济信息网，http：//www.cinic.org.cn/xw/tjsj/1016277.html?from=singlemessage，访问日期：2021-01-06。

② 陈昌曙：《技术哲学引论》，科学出版社，1999，第107页。

与非人的任何存在。如果客体是没有生命的物或概念，那么客体在媒介技术价值生成中就不起什么作用。没有活动能力，对于主体、媒介技术、自然环境与社会环境的作用完全就是被动地接受，不能主动及时地通过反馈来影响媒介技术的作用。如果客体是人与动物等有活动能力、有智能的生物时，就会凭借客体的配合程度来影响媒介技术价值的生成。

当客体是人时，会因为是否配合媒介技术功能而产生不同的效应，对主体也有不同程度的满足，进而影响媒介技术价值的生成情况。例如当媒介技术是电话时，客体人如果选择不接电话，那么此时此刻电话的价值就没有生成。即便客体是动物时，也会由于动物在本能上不配合媒介技术从而无法满足主体，不能生成价值。例如主体用摄像机拍摄动物时，动物敏锐的感官能使动物发现摄像机并逃走，摄像机的拍摄效应没有产生，主体想要的视频没有拍到，价值也没有实现。

动物的活动依靠本能来控制，而人的活动既有本能控制，又有主观能动性控制。由能动性控制的活动通过配合或不配合的方式，对媒介技术施加更强影响。所以，当客体是人与动物的时候对媒介技术价值的生成有影响，人的影响大于动物。

第三节　媒介技术价值的分类

媒介技术作为一种技术，技术所拥有的价值分类如技术的经济价值、政治价值、使用价值、文化价值、理性价值等，媒介技术都具有，并且二者在价值的运动方式上也十分类似。本节在对媒介技术价值进行分类时，不再重复作为技术共性的分类，主要论述作为媒介技术不同于一般技术的价值特殊性。从生态、社会、人本三个层面来讨论媒介技术的价值分类。

一、媒介技术在生态层面的价值

媒介技术在生态层面的价值可简称媒介技术生态价值，指“主体—媒介技术—客体”认识活动的系统对其所在生态环境产生的效应。如果这种效应符合自然的发展规律并满足人类社会的长期利益，就认为其具有媒介技术生态价值（媒介技术生态价值为正）；如果不符合，则不具有媒介技术生态价值（乃至媒介技术生态价值为负）。总的来看，生态价值并不是媒介技术所特有的，其他技术也有生态价值。本研究所说的媒介技术所特有的生态价值，指媒介技术在生态层面上体现出的不同于一般技术生态价值的那部分。

影响生态环境的重要因素有四个：人口、生活方式、社会组织和技术。很明显，媒介技术对生态的影响属于第四个因素。影响生态环境的技术因素有四个衡量标准[①]：第一，在媒介技术生命周期中，从生产到消费，再到废弃，包括中间的运输环节，所需要的能源对环境的压力如何。第二，媒介技术所含的化学材料例如稀有元素材料有多少以及如何配置。第三，生态系统对媒介技术提供的资源支持，例如为了生产媒介技术进行的采矿、伐木等。第四，媒介技术向生态系统包括空气、土地、水中的排放情况。通过这四个标准，可以确定媒介技术对生态的作用如何，进而确定媒介技术生态价值如何。

（一）传统媒介技术的生态价值

首先看正价值。传统媒介技术以印刷媒介为代表，印刷媒介形成于农业社会，兴盛于工业社会。爱森斯坦认为机器印刷技术是近代工业方式的模板，相比于另一个更为大众所知的近代工业的基础性技术——蒸汽机，印刷媒介对生态的影响要好得多。因为媒介技术是认识技术，不把改造自然作为直接目的，其活动对生态破坏较少，所以印刷媒介的生态正价值相比于生产技术要高。

再看负价值。虽然媒介技术的内容是认识，但对其本身的制造与生产技术一样会对生态产生负面效应。对于传统媒介技术，我们也用衡量技术生态影响的四个标准来分析其负价值。标准一：消耗能量。纸张制作消耗大量热量，要燃烧大量能源。在我国工业体系中，轻工业占工业总能耗的6.75%，而造纸行业占据工业总能耗的2%，位列轻工业之首[②]。标准二：媒介技术本身的材料。用有光纸印刷的杂志，纸本身就经过了多重化学处理，况且整个纸面画满了涂料，有甲醛等有毒物质。标准三：需要的资源。纸张需要大量木材，2001年美国一年的杂志生产总共消耗掉511万吨木料，其中90%的杂志一年后就废弃了。21世纪初，造纸业用水在发达国家工业用水中排第一。标准四：排放。“造纸行业碳排放量约为1亿吨，占全国碳排放量的1%左右。造纸行业虽然在碳排放总量上占比较低，但其碳排放量的大部分来自化石燃料燃烧，其中化石燃料里

① R.Maxwell，T.Miller，“Ecological Ethics and Media Technology，” *International Journal of Communication* 2，no.2（2008）：331-353.

② 张辉：《造纸工业能耗与先进节能技术装备》，《中国造纸》2013年第3期，第52-57页。

又以高碳含量的煤为主”[①]。2015年，造纸行业废水排放量为23.67亿吨，占全国工业废水总排放量的13.0%；氨氮排放量为1.2万吨，占全国工业氨氮总排放量的6.1%[②]。排放总量及占比仍然很大。通过以上分析可知，传统媒介技术的生态负价值体现在四种生态负效应上。

（二）电子媒介技术的生态价值

先看正价值。传统媒介技术与生产技术相比其所拥有的生态正价值电子媒介技术都有，除此之外，电子媒介生态正价值还体现在与传统媒介技术的比较中。电子媒介技术在资源消耗、排放这两个指标上明显优于印刷媒介。电子媒介可以实现无纸化，这就减掉了造纸所需要的大量木材，进而也减少了水的使用。在排放上，电子媒介技术的碳排放低于传统媒介技术，对温室效应的贡献小；由于电子存储设备是可以重复使用的，所以固体废料排放量也小于印刷媒介；废水的排放更是远远少于纸张。可见在自然资源利用方面和生态破坏方面，电子媒介技术都明显要好于传统媒介技术，这体现出电子媒介技术的生态正价值。

再看负价值。虽然电子媒介技术在资源消耗和排放上明显优于传统媒介技术，但在这两项上也依然有许多问题。而且在能量消耗和电子媒介的材料与结构上，也会对生态产生巨大负面效应。对于电子媒介技术，同样可用衡量技术生态影响的四个标准来分析其负价值。标准一：消耗能量。生产电子媒介技术需要多种稀有材料，而稀有材料从含量和分布上看都极难获取，获得稀有材料是极高熵到极低熵的过程，故在稀土开采和稀有材料提纯时要消耗大量能源，而维持电子媒介的日常运转依然会消耗很多能源。2007年，美国总电量的1.5%用于保持信息网络的正常运转[③]。2012年到2018年，信息技术领域用电量复合增长率高达15.3%，在所有一级分类中位居第一。信息技术领域用电量占全社会用电量比例已经由2012年的0.7%提升到2018年的1.2%[④]。标准二：电子媒介技术本身的材料、特性与结构。电路板含有重金属，电子屏幕含有汞，火焰阻燃剂则含有苯和醚，并且制作电子媒介时需要用到有毒的洗涤液。更严

---

① 陈显越：《“双碳”目标下造纸行业面临的挑战及应对策略》，《中华纸业》2021年第19期，第10–11页。

② 王洁、贾学桦、张亮：《新形势下造纸行业存在的环境问题及面临的环保新要求》，《造纸科学与技术》2018年第1期，第6–10页。

③ R.Maxwell，T.Miller，“Ecological Ethics and Media Technology，” *International Journal of Communication* 2，no.2（2008）：331–353.

④ 《2019—2025年中国信息传输、软件及信息技术用电量持续高增，复合增速高达15.3%》，产业信息网，https：//www.chyxx.com/industry/201912/818360.html，访问日期：2019-12-16。

重的是电子媒介都需要电池，有的电池含有大量的镍铬元素，其中的氢化镍是不易反应的酸性物质；有的电池是铅电池，铅是难以分解的重金属；相对好些的是锂电池，但也包含有害于环境的锂离子和锂的聚合物。有一些电子媒介，例如路由器、电脑、手机、通信塔、高压线等，具有一定辐射，而且长期生活在高辐射的环境中容易诱发一系列疾病。如前文所说，技术普及最要紧的是成体系的辅助技术，目前，电子媒介发达的地区普遍建成了大量基础网线，这些基础设施生态危害很大。仅在美国，各种线塔及电线一年内就因为撞、电、辐射、破坏鸟窝等原因致5000万只鸟死亡[①]。标准三：需要的资源。电子媒介需要稀土资源，虽然从量上看并不多，但由于稀土元素在自然中含量微小，开采时势必破土动工工程巨大。牵一发而动全身，连带范围大，造成生态大面积破坏。标准四：排放。如通信卫星在太空中废弃后，漂浮在近地轨道，既危害着太空航行安全也破坏生态系统。又如电子元件中含有的有害元素、重金属等废物排放到土壤中难以分解，进入到植物和水源中，进而沉积到人的体内。目前，已经有纳米级别的媒介技术，或组成媒介技术的元件是纳米级别的，这些微小物难以控制，一旦进入人体内，几乎不可能清除，造成永久伤害。

（三）媒介技术内容的生态价值

媒介技术的生态价值不仅来自媒介技术本身，还来自媒介技术传播的内容。媒介技术特别是网络技术对生态保护有宣传作用。20世纪后半叶，在全球兴起的环境保护正是凭借大众媒介技术为世人所知。原先不被世人了解的环境状况、生态遭破坏的原因，特别是不同地区由于发展程度不同导致的“环境鸿沟”，通过电视的视听功能深入到大众心里。当今世界环保的理念早已深入每个人内心，这无疑是大众媒介技术的功劳。

特别是互联网兴起后，一方面缺少了“把关人”，对生态环境的传播更通畅；另一方面，由于网络跨国界，某些国家政府追逐短期利益不顾环境的行为可以通过网络为世人知晓；再一方面，自媒体时代，网络中人人都是记者，都是出版商，以个人名义传播的环境污染信息众多，并能深入到社会的边边角角，例如网络发起的“拍摄家乡的河”的活动，揭示出许多未被关注地区的污染情况。

可见，通过媒介技术传播生态信息，有利于生态保护，这可称为媒介技术内容的生态价值。

---

① E. Grossman, *High Tech Trash: Digital Devices, Hidden Toxics, and Human Health* (Washington: Island Press, 2006), pp.44-45.

二、媒介技术在社会层面的价值

媒介技术在社会层面的价值种类很多，如前文提到的经济价值、政治价值等，但这些价值存在于各种技术中。不同于生产技术的改造、生产功能，媒介技术在社会中主要起到传播与交往的功能。从微观上说，这两种功能满足人，产生传播与交往价值；从宏观上看，媒介技术有改变社会的作用，由此麦克卢汉以口语、印刷、电子三种媒介把媒介技术的历史分为三个时期。媒介技术通过对传播与交往的改变推动社会演进，这就是媒介技术的社会价值。

（一）印刷媒介的社会价值

从印刷媒介与口语和书写媒介的对比中可以发现印刷媒介如何改变传播。口语是瞬时的，出口就没了，书写媒介成本高、数量少、字体形制不统一。这导致在空间上，口语和书写传不远，传播的范围小；在时间上，口语无法保存，书写由于数量少，信息流失的概率大，也不易保存。印刷媒介轻便易得、价低、副本多、标准化强。在空间上，使传播的范围扩大，覆盖到的人多；在时间上，虽然与书写媒介耐久性一样，但印刷媒介副本众多，正如爱森斯坦所说："保护我们法律遗存的唯一的手段是用印刷机复制许多副本"①，若干副本毁坏不影响所载信息的流失，印刷媒介对信息有很强的保存力，能穿越时间传播。

印刷媒介还能改变交往。借用梅罗维茨的两个概念："信息场景"和"信息壁垒"。信息场景是信息可以自由流通的范围，这个范围的边界就是信息壁垒，信息壁垒有过滤功能，能保证"每一种场景定义为不同的参与者规定和排除了不同的角色"②。达到信息壁垒要求的人能进入场景进行信息交往，否则会被壁垒挡在门外。不同媒介技术的信息壁垒不同，由此决定进入信息场景的人不同，进而改变人的交往。口语书写媒介时代，信息壁垒完全由身份决定，没有贵族身份就进不去贵族的大门，当然也就不能参与贵族之间的口语交往。墙和门就是信息壁垒，墙内的贵族不管有无文化，都能用口语交往，形成一个信息场景，墙外的人再有文化，也不可能跨过由高墙构成的信息壁垒。印刷媒介使物质场所和身份不再是坚不可摧的信息壁垒，通过出版，寒门文人也能读到深宅大院

---

① 伊丽莎白·爱森斯坦：《作为变革动因的印刷机——早期近代欧洲的传播与文化变革》，何道宽译，北京大学出版社，2010，第68页。

② 约书亚·梅罗维茨：《消失的地域：电子媒介对社会行为的影响》，肖志军译，清华大学出版社，2002，第19页。

里贵族的作品。与口语时代不同，文盲贵族虽然近在咫尺，但却不能通过读书与知识贵族交往。原先通过身份树立的信息壁垒被印刷书挖了墙脚，能不能读懂印刷书，成了新的信息壁垒，而印刷书则成为新的信息场景。这使得交往不再只由身份决定，还能由印刷媒介决定。

印刷媒介对传播与交往的改变推动了社会变迁。在西方，马丁·路德凭借印刷媒介传播面大的特征迅速引爆了宗教改革。由于印刷《圣经》价格低廉，人人都能买来阅读，这保证了改革的落实，进而打破了教会的千年垄断。印刷媒介让人实现了跨阶层交往，平民科学家得以融入在古代只有贵族才能加入的科学家队伍，一改古希腊那种贵族智力游戏式的科学风气，引入工匠的实用精神，发展出近代的求力（利）科学。另外，印刷媒介的信息保存能力也迎合了科学发展需要不断继承的特点，亚历山大图书馆的浩劫再也没有重演。启蒙运动的平等、自由、民主等思想也是得益于印刷媒介的信息实现跨阶层流动，正因为如此，知识分子才能把这种思想传达给每个人，使后来的民主制深入人心。在中国，印刷媒介推动了唐宋变革。邓广铭先生说过："宋代文化的发展，在中国封建社会历史时期之内达于顶峰，不但超越了前代，也为其后的元明之所不能及。"[①]宋代在我国古代史中处于文化最高点，首功当推雕版印刷。宋代印刷书质量高、产量大、印书机构多且分布广，已经形成成熟的出版业，公家私人的藏书也远超前代。多亏印刷书，宋代的寒门学子比前朝的读书机会多，普通知识分子在国家中也掌握到一定话语权。由于印刷机构多在江南，遵循"印刷术—出版业—学术思潮—思想中心"的规律，在文化上南方最终超越了北方。各种学术书籍的流通，使得各种思想相互碰撞，在宋代完成三教融合、子学融合、大小传统融合，最终形成宋学。印刷文字形制规范，有助于在不同方言区产生文化向心力，这也为宋代以来国家再无长期分裂做出了贡献。

（二）电子媒介的社会价值

与印刷媒介相比，广播电视的覆盖面更大，而且不用读字，获取信息更容易，虽然其设备比书籍贵，但投入一次可以反复使用。广播电视的播出时间固定，不像书籍那样随时可读，这就造成了以广播电视为代表的媒介技术使信息传播在空间上同一、时间上同步，也就是说在同一个时间段，分布在广阔空间的大量受众在接收着同样的信息。

电报、电话虽不能广播，没有信息覆盖能力，但能在短时间内得到

① 邓广铭：《邓广铭学术论著自选集》，首都师范大学出版社，1994，第169页。

反馈，特别是电话，能把远距离交往变得像面对面一样容易。电话传播的是信号，不会像信件一样被人拦下来，这就使交往变得不再被空间、身份、人为所阻断。一个社会底层的人要联系一个上层人士，打个电话就行，不会被豪宅、地位、保安所阻，况且由于不知道是谁打来的，上层人士也不会拒接。可见，电报、电话进一步打破了空间、阶层的限制。

电子媒介对传播与交往的改变推动了社会变迁。首先，塑造公共领域。印刷书是比较个人化的信息传播工具，每个人都可以根据自己的需要决定阅读的内容和时间，印刷书很难把大量人的信息统一起来。由于接收的信息各不相同，印刷媒介塑造的信息空间是私人领域。而广播电视却是大众化的，同时要面向海量的人传播同样的信息，所有接收信息传播的人进入了广播电视这一共同信息空间，通过这样的空间，广播电视（包括大众报纸）塑造出信息的公共领域。其次，产生大众文化。正像法兰克福学派和波兹曼所指出的，印刷媒介由于其抽象性、线性排列，产生出重逻辑、重思辨的精英文化；广播电视直接作用于视听，更形象，不需要文化也能获得信息，而且不需要逻辑思辨，接受更轻松，产生出为广大群众所喜闻乐见的大众文化。最后，增强民族国家认同感。印刷媒介是由政府管控，用于宣传国家，推动民族国家意识的产生。广播电视更是国家公器，由政府的力量推动，信息覆盖全国，传播的信息有利于国家团结，增强对民族国家的认同感。

（三）网络媒介的社会价值

广播电视是一对多的传播方式，电报、电话是一对一的方式，网络媒介则是融合了一对多、一对一两种方式。电子媒介是即时的，传受双方必须同时在场，网络媒介则既可以即时传播，也可以像印刷媒介一样保存信息，进行延时传播，并且网络媒介的传播方式是多样的，文字、声音、图像、影像皆可。如果说电视是国家媒介，网络就是全球媒介，网络媒介能使信息瞬间传遍全球，并产生无数副本，理论上是无法消除的。网络审查的困难，降低了信息传播的难度。总之，网络媒介融合了之前媒介技术的优势，同时克服了不足，让传播变得随心所欲。

今天，网络发展到2.0时代，莱文森总结Web2.0的几个特征[①]：消费者即生产者、生产者往往非专业、媒介和信息的选择是即兴的、准入门槛低、服务性强、难以控制、每个使用者都是制作人和出版人。种种特点共同指向两个Web2.0关键词：多向、交互。传统网页式互联网（或称

---

① 保罗·莱文森：《新新媒介》，何道宽译，复旦大学出版社，2011，译者前言第4页。

Web1.0）虽然传播面覆盖全球，但受众难以参与，反馈很难，无法进行二次传播；电子邮件虽然可以多次转发，也方便反馈，但本质上还是一种人际传播，覆盖范围很小。Web2.0兼具传统网络媒介的优点，且没有传统网络媒介的限制，是一种既能人际传播又能大众传播的N对N式的传播。Web2.0交互性强，可称为社交（或个人）媒介技术。原先直接交往凭借的是面对面等传统方式，Web1.0网络交往通常是间接的。Web2.0使交往不分地域、不分身份、不分亲疏，统统可以做到直接的、个人间的交往。传统网络中的网站传播也由Web2.0中的自媒体代替了。可以说，Web2.0开启了交往时代，融合了传播与交往。

大数据、云计算、高速移动通信等技术支撑下的虚拟现实、人工智能，标志着正在到来的新一代网络[①]，不妨称为Web3.0。虚拟现实扩展了人类活动的领域，提高了人类的认识能力，增加了新的实践方式。智能化的网络将重塑人与他人、社会之间的连接互动，帮助人更加智慧高效地使用网络。新一代网络是对目前社交网络的继承与发展，虚拟现实技术的沉浸性，能让网络社交具有与线下相似的真实感，并把线下的社交活动都在虚拟世界中展现出来。互联网智能化，让社交网络真正成为量身打造的个性化媒介，一方面成为个体向社会展示的面孔、皮肤，另一方面也筛选了社会对个体展示的内容。新一代网络势必改造人对社会的认识与活动，从而重塑整个社会。

网络媒介对社会的推动是根本性的，传统的金字塔社会结构有望被互联网打破，塑造出扁平化的社会结构。其实传统社会也是网络化的，个体和组织都是节点，通过组织关系连成网络。不同于网络媒介塑造的社会，传统社会中的中心节点很稳定，所有小节点都必须连到中心节点上，所有节点的交往都必须通过中心节点，表现就是个体都连接到大组织上（金字塔的高处），个体间联系必须通过大组织。网络社会不是没有中心节点，巴拉巴西认为网络节点的分布符合幂率[②]，也就是长尾效应或马太效应，少数中心节点拥有巨大连接，多数普通节点连接很少。只不过中心节点不稳定，处于动态变化中，并且中心节点不能包办所有连接。从Web2.0开始，个体与组织都有机会成为社会的中心，又都难以一直保

① 2021年开始大火的“元宇宙”，就是虚拟现实、人工智能、5G等一系列技术整合的新概念。业内普遍认为元宇宙将成为下一代互联网，但也有舆论认为“元宇宙”不过是资本炒作的概念。

② 艾伯特-拉斯洛·巴拉巴西：《链接：网络新科学》，徐彬译，湖南科学技术出版社，2007，第80-81页。

持，个体之间能直接连接，不必通过组织，组织也难以控制个体的网络连接。这最终会打破基于“依赖—控制”关系建立的传统等级结构，建立自由连接的网络结构。所以，当代网络媒介的社会价值是正在塑造以个体自由联合为结构的社会。当然，网络媒介尚在发展中，其社会影响还没有完全展现，最终表现出什么社会价值还需拭目以待。

三、媒介技术在人本层面的价值

媒介技术的人本价值主要分为媒介技术的认识价值和实践价值。马克思主义哲学认为：认识的基础是实践，人必须从实践中获得认识，认识只能从实践中来。如此说来，作为实践方式、过程、结果的技术有认识作用，产生认识价值。技术扩大实践的诸要素，故也扩大认识的主体、对象和方式。例如最初的宇宙飞船只能让专业宇航员乘坐，随着技术的发展，将来普通游客也能有望进入太空认识未知空间，可见宇宙飞船扩大了认识的主体与对象。对于媒介技术来说，其本身就能传播认识，创造认识手段，加强认识的深度与范围。印刷媒介扩大阅读人数，增加阅读的内容，并强化认识的线性逻辑方式。电视使不识字的人也能加入，通过声像的认识方式弥补文字不易表达的具象。

前文已述，媒介技术是双重认知技术，除了媒介技术的内容传播认识、强化认识的各项要素之外，媒介技术本身也会对认识进行检验和固化，这也是媒介技术对认识的效应。所以，媒介技术的认识价值既体现在其方式增强认识、内容指向认识上，又体现在技术本身固化正确的知识上。

媒介技术作为认识技术，其内容不是实践，本来不具备实践价值，但数字技术的出现使媒介技术拥有了实践功能。数字技术运用高速运算、高速传输、海量存储、多媒体来塑造出虚拟的实践，这种实践虽难以对真实世界进行物质改造，但对人起到类似于实践的效果。虚拟实践技术广泛存在于军事、科研、游戏领域。军事领域运用虚拟实践，可以模拟训练飞行技术、驾驶坦克汽车，这避免了失败的危险，也节省了设备的成本。科研领域可以模拟有毒有害的实验，例如仿真核爆。在游戏中，可以使玩家感受各种人物、环境、行为，在一成不变的生活中提升人的精神生活质量。数字媒介技术的虚拟实践功能，给人带来比肩于现实实践的效应，这就是媒介技术的实践价值。更多的虚拟实践内容可见《媒介技术实践》一章。

第四节　媒介技术正价值实现的三个条件

前文已经论证，媒介技术的价值是在主体与媒介技术客体的作用关系中，媒介技术产生效应，这种效应能满足主体对客体的需要。核心有二：需要—满足、效应。这种关于媒介技术价值的定义在泛指的时候尚可，但在具体情况下要分清价值正负，可能还会面对以下问题：无法解释满足主体不良需要算什么价值？不满足主体不良需要有没有价值？什么是“不良”需要？从定义的字面意思上看，不管主体的需求是什么，如果媒介技术不能满足，都算没有价值。但从一般社会价值观来看，满足不良需要肯定不算正价值，对不良需要“说不”反而可以说是起到了正价值的作用。所以价值（此处特指正价值）的实现不能只考虑效应对需要的满足问题，还应考虑其他条件。这里面的问题在于价值主体，主体可以是个体，也可以是各个层次的群体。价值以主体为尺度，不同主体对满足的标准有区别，比如某人认为有价值的媒介技术对其他人可能完全无价值。对于社会这个主体来说，是由无数个个体主体组成，媒介技术价值可以看作所有个体尺度的价值的“合力”。价值是合目的性与合规律性的统一，“需要—满足”属于合目的性，依照对主体的分类，包括合个体目的与合社会（所有个体）目的，前者是媒介技术满足使用者个体，后者是媒介技术符合社会价值观。而合规律性指的是符合媒介技术的客观规律，表现为让媒介技术的功能充分体现。所以，媒介技术正价值的实现，要遵从三个条件：满足使用者个体、符合社会价值观、媒介技术功能充分体现，这三个条件是相互制约、此消彼长的，只有三个条件达到平衡状态时，正价值才实现得最充分。

一、正价值实现的条件之一：媒介技术满足使用者个体

媒介技术体现正价值，首先还是要符合一般的媒介技术价值规律，即媒介技术客体满足主体的需要。“主体←媒介技术”，媒介技术的功能满足人的需要，在人与媒介技术的作用关系中，以人的需要为衡量标准。

具体来说，一方面，媒介技术要满足人的使用目的，无助于人达成目的的媒介技术不是好技术，也就不能说拥有正价值；另一方面，媒介技术要无害于人的身心健康，人都有自我保护的本能，对人有害的媒介技术会触发自我保护行为，被迫进行自我保护的人无论如何也不会认为需要得到了满足。

所以，只有满足人的使用目的，无害于人的身心健康，才能叫作媒介技术满足了使用的人。满足使用者的需要，是对媒介技术最基本的要求，也是媒介技术正价值实现的最低条件。

二、正价值实现的条件之二：媒介技术活动符合社会价值观

媒介技术满足人的不良需要，或不满足人的不良需要，哪个更有价值？这个问题需要第二个条件来确定：媒介技术活动要符合社会价值观。即“（主体—媒介技术）→社会价值观”，人与媒介技术的互动要符合社会价值观的要求，必须以社会价值观为衡量标准。参考前文图 7-1 中所示的媒介技术价值运动系统的五要素，社会价值观包括无害于自然环境（包括作为客体的自然物）、无害于社会（包括作为主体的社会人）。

（一）社会价值观的历史存在

社会价值观是一段时间内，在一定区域中的多数人对社会现象的看法。社会价值观是多数人价值观的合力，在形成后对大众有引导与规范作用。社会价值观是随着时间与地域而变化的，不同时间的价值观不同，古代遍布全世界的忠君思想在今天早已是非主流。虽然像敬畏生命、亲亲之爱等价值观念全球皆然，但更多则是因文化不同而不同，例如西方认为个体自由高于集体利益，东方正相反。

当代社会价值观主要表现在生态伦理和社会伦理两个方面。其中，生态伦理已经获得全世界的共识，社会伦理虽然随着全球化的进程愈发趋同，但在不同区域依然有很大区别。媒介技术符合社会价值观、伦理，必须分别考虑全球共识的生态伦理和所处地区的社会伦理。

（二）媒介技术符合生态伦理

媒介技术的生产、使用、废弃等环节不能违反生态伦理原则。

该问题前文已经讨论过，具体说来，对影响生态环境的技术因素有四个衡量标准：能量、材料、资源和排放。在媒介技术的生产、使用、废弃诸环节中，首先应考察能量的消耗，要把消耗控制在可承受范围内；其次要看媒介技术本身的材料、结构是否无害于生态；再次，对环境中资源的攫取是否适度；最后，对于媒介技术的废料排放是否进行了无害处理。

（三）媒介技术符合社会伦理

媒介技术在生产、使用、废弃等环节中要遵从以下原则：第一，整体原则。媒介技术在社会中的各个环节，都要追求整体利益最大化。所谓整体利益最大化，表现为尽可能多的个体利益汇聚，需要找到个体利

益的最大公约数。整体利益与个体利益并不矛盾，整体利益由个体利益组成，同时又给个体利益提供平台与保障。媒介技术活动应坚持整体原则，协调整体利益与个体利益的关系。在实践中，一方面要符合现有的社会伦理，从而保障社会与现有媒介技术的利益，另一方面应尽力把新媒介技术纳入社会考量，从而发展社会伦理。第二，客观原则。这里主要指媒介技术的内容，“媒体人在新闻活动中应如置身事外、冷眼旁观的中立者，要超然且不掺入自己的偏见，在报导中做到正反互陈，意见与事实分开”[①]。对媒介技术内容的传播与报道要秉承客观的态度，做到排除主观性，这是对媒介技术内容的最基本要求。第三，开放原则。媒介技术应对公众开放，人人可参与媒介技术活动，只有这样，才能接受更多人的检验，通过加入更多人的合力来矫正媒介技术的方向，使其符合社会伦理。第四，无害原则。媒介技术在各个环节都要坚持无害于人、无害于社会，这是最基本的要求。但鉴于很多问题都是在长期使用后才凸显的，故退而求其次，要确保主体的目的是无害的，“人—媒介技术”的活动是无害的。在生产和使用媒介技术时要坚持目的善与手段善的统一，注重媒介技术科学价值和社会价值的统一。第五，尊重原则。虽然主体通过媒介技术的交往是间接的，今天网络媒介交往还具有虚拟性，但与现实交往一样，同样要求主体尊重每一位个体，尊重别人的名誉权、隐私权、言论自由和知识产权等。禁止凭借匿名的特性在媒介技术（主要是网络技术）上使用低俗语言，更禁止对他人进行侮辱、谩骂。

所以，只有符合所在时空的生态伦理、社会伦理，才能说媒介技术符合社会价值观。符合社会价值观，是媒介技术良好发展的保证，也是媒介技术正价值实现的规范条件。

三、正价值实现的条件之三：媒介技术客体的功能充分体现

满足人的需求，并符合社会价值观，仍然不能说已很好地实现了媒介技术的正价值，必须把媒介技术本身的属性与功能也考虑进来。为何这样考虑，引入这个因素后媒介技术的正价值当如何实现，本小结来分析。

（一）真理与价值的辩证关系

“人类在长期的历史中形成了并遵循着两个基本原则——真理原则和价值原则。”[②]真理与价值是人类活动须臾不能缺少的两个标准，此两者

① 马修·基兰编《媒体伦理》，张培伦、郑佳瑜译，南京大学出版社，2009，第50页。

② 李德顺：《价值论——一种主体性的研究》，中国人民大学出版社，1987，第344页。

关系十分密切。真理是改造世界的依据，价值是改造世界的目的，二者都处于实践这个统一体中。“从整体的、一般的意义上来说，真理与价值在实践过程中的互补、合作、和谐，即相辅相成，是它们的统一方式。”[①]真理与价值不可分割，“凡是真理，对人类必有价值”[②]，“凡是对人有价值的，必有真理”[③]。真理中承载着价值，价值中蕴含有真理，二者相互渗透融合。

真理与价值也有区别，“前者意味着同一（主观符合客观），后者则表示一种关系（客体对主体的适宜）”[④]。真理以客体的属性为标准，产生于客体属性接近主体并被主体认识的过程，即客体主体化过程；价值以主体的需要为标准，在主体能动地改造客体的过程中，即主体客体化过程中，客体对主体的满足。

辨析真理与价值的关系为了说明真理和价值都存在于主客体关系中，二者是辩证统一的。研究价值问题一定要同时考虑真理问题，只有把价值问题放入“真理—价值”辩证关系中研究，才能得到正确解答。

（二）正价值实现需要同时发挥客体功能与满足主体需要

在主客体关系中，真理对应的是客体属性的自然体现，“凡是真理，对人类必有价值”，只有顺应客体属性并展现出其功能，真理才能得到彰显，相应的价值才会更大更多。价值对应的是主体需要，满足主体需要是价值的最基本要求，只有尽力满足主体需要，客体才更有价值。正价值的实现需要客体属性以功能形式尽可能全面地展现出来，除了因为真理与价值不可分割，真理必定有正价值，还因为只有让客体功能火力全开，才能最大化表现出客体产生的效应，在最大效应基础上的客体对主体的满足，主体才能获得最大的满足度，进而客体实现最大的正价值。

所以，正价值的实现既需要主体确保客体功能的发挥，又要求客体发挥的功能满足主体需要，体现的是真理与价值的统一，是“主体↔客体”的双向关系。

作为客体的技术，只是技术满足主体需要还不够，不能充分发挥技术的属性就不算实现技术的最大价值。例如中国最早的自建铁路——唐胥铁路，为了不破坏风水龙脉，用马来代替火车头，马拉火车虽然满足了守旧派的需要，但火车功能没有发挥，其价值也埋没了。笔者在读小

---

① 李德顺：《价值论——一种主体性的研究》，中国人民大学出版社，1987，第361页。

② 李德顺：《价值论——一种主体性的研究》，中国人民大学出版社，1987，第376页。

③ 李德顺：《价值论——一种主体性的研究》，中国人民大学出版社，1987，第382页。

④ 牧口常三郎：《价值哲学》，马俊峰、江畅译，中国人民大学出版社，1989，第12页。

学、初中时上电脑课，学校为了防止学生上网玩游戏只让电脑保留了打字功能，这虽然满足了管理学生的需要，但电脑沦为了打字机，体现不出其应有的价值。具体到媒介技术，实现正价值仅有媒介技术满足人的认识交往的需要还不够，如果媒介技术的属性没有得到充分体现，其功能没有充分被利用，仍难以说获得了充足的正价值。有些部门坚守传统金字塔式的权力结构，对网络媒介百般限制，在这些权力机构眼中，放弃媒介技术价值但保有传统权力，比改变传统权力而获得媒介技术价值重要得多。这样压制网络功能，网络正价值当然无法彰显。

所以，除了媒介技术对主体的满足，还要保证媒介技术功能的充分发挥，“媒介技术→人”且“人→媒介技术”，二者统一，即“人↔媒介技术”。这是媒介技术正价值实现的拔高条件。

四、三个条件的平衡

媒介技术满足使用的人，媒介技术活动符合社会价值观，媒介技术客体的功能充分体现，是媒介技术正价值实现的三个条件。三个条件的关系如何，是否满足任意一两个条件就能确保媒介技术的正价值，三个条件如何平衡才能让媒介技术的正价值最大，都是本节要说明的。

首先，看主体满足度与价值观符合度两个条件的关系（见图7-2）。当媒介技术对主体满足很弱的时候，价值观的符合程度也较低。随着对主体满足度的提高，价值观符合度也提高，在某一个点符合度达到最高。物极必反，之后主体满足度的进一步提高往往伴随对社会价值观的破坏，故随着主体满足度的无节制提高，价值观符合度随着下降。

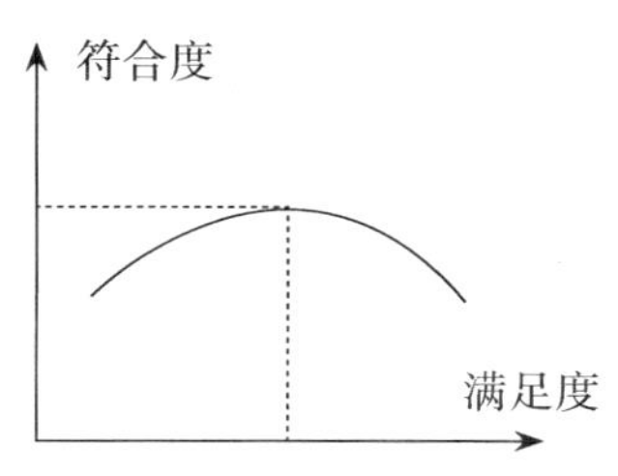

图7-2　符合度与满足度关系

其次，看主体满足度与客体功能体现度两个条件的关系（见图7-3）。当客体功能体现得很弱的时候，主体的满足度很低。随着功能体现的增强，越来越多的功能为主体所用，主体的满足度提高，在某一点达到最高。随着体现度的继续增强，新增加的功能沦为锦上添花，主体已经不再需要，反而还增加主体的使用难度，故主体的满足度随着功能体现程度的增强趋于减弱。

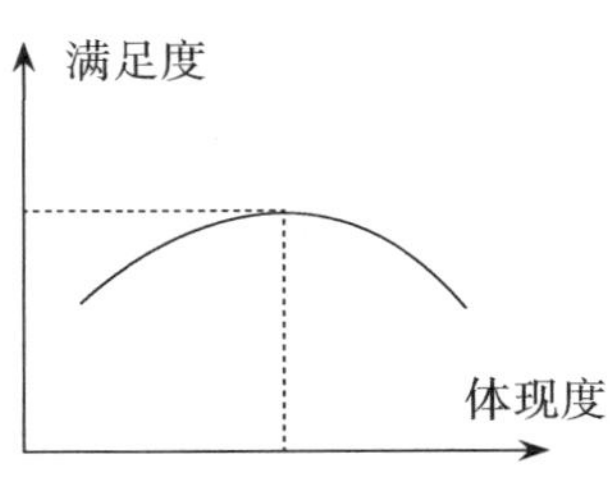

图7-3　满足度与体现度关系

最后，看价值观符合度与客体功能体现度两个条件的关系（见图7-4）。最初价值观符合度很低的时候，由于不被社会认可，媒介技术的功能体现很受限制，体现程度很低。随着媒介技术在社会中的逐渐使用，价值观符合度也逐渐提升，反过来再促进其功能的继续体现，在某一点媒介技术的功能体现程度达到最高。价值观符合度继续提升，越来越多的价值观被纳入考量，从而要求制约不符合新价值观的功能。体现度受制于越来越严格的价值观，进而功能趋于收缩，功能体现程度减弱。

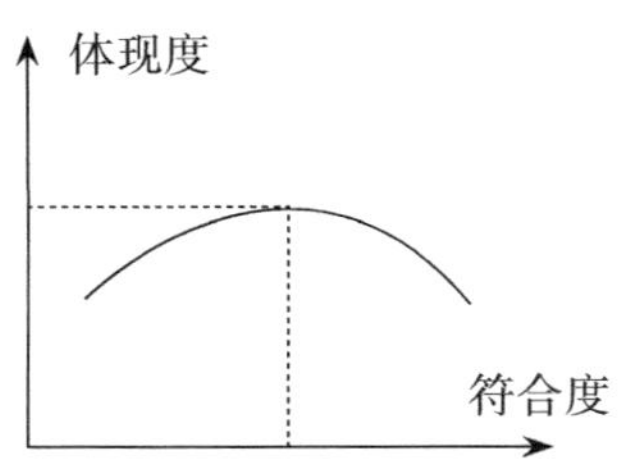

图7-4　体现度与符合度关系

如图7-2、7-3、7-4可见，任意一个条件的提高，在超过峰值点后，最终会导致另外两个条件的降低，在峰值点左侧媒介技术的正价值呈增长趋势，峰值点右侧媒介技术正价值呈下降趋势。可见三个条件是互相制约的，不能依靠满足一两个条件来实现正价值，必须平衡考虑三个条件。

媒介技术正价值最大化，需要找到一个点，在这个点上，三幅平面坐标图的纵坐标值的加和最大，即在这个点上对三个条件的满足最平衡。把三个平面坐标进行组合形成一个立体坐标，如图7-5。设点P是坐标中的一点，当这个点与三个坐标轴组成的立方体的体积最大时，这个点就达到了三个条件的平衡状态，在这个点上，媒介技术的正价值达到最大。

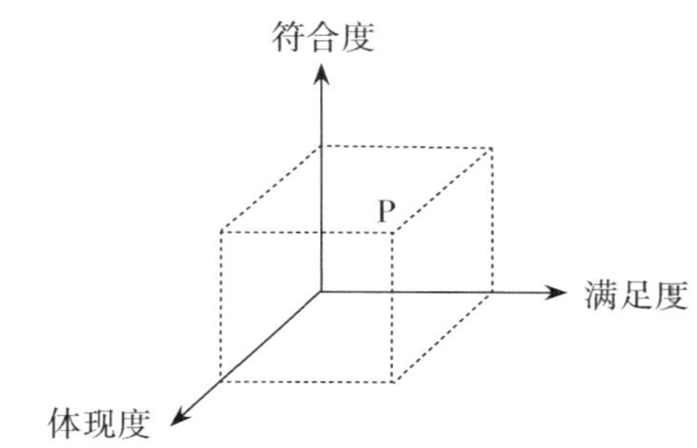

图7-5　媒介技术正价值最大化时三个条件的相互关系

接下来就该找平衡点P的位置了，或者搞清楚如何确定平衡点的方法与原则。制约正价值实现的三个条件：满足使用的人（满足度）、符合社会价值观（符合度）、媒介技术功能充分体现（体现度），在前文中的讨论还是太抽象，现实中任一条件又都包含了多种要求，相应带来多个变量。面对具体情况下具体媒介技术的价值时，仅讨论三个条件是难以找到正价值最大化的平衡点的。所以，为了找到具体情况下的平衡点，需要打开每个条件，做进一步的分析。

技术功能充分体现（体现度）：可按照拉斯韦尔提出、赖特补充的传播媒介四大功能，把体现度进一步分为媒介技术的联系功能体现、监视环境功能体现、传承功能体现和娱乐功能体现。也可按照数字媒介三大功能，进一步分为媒介技术的传播功能体现、存储功能体现和计算功能体现等。

满足使用的人（满足度）：可进一步分为媒介技术满足工作效率的需要、满足社交的需要、满足娱乐的需要和满足审美的需要等。

符合社会价值观（符合度）：可进一步分为人性的符合度，传统道德的符合度，意识形态的符合度，媒介全球化与民族性、区域性的符合度，生态环境的符合度等。

媒介技术也要进一步区分，大体可以分为两大类：传统媒介技术与数字媒介技术。通过以上分析，三个条件细化成一系列更加具体的条件，这些条件都应代入正价值最大化平衡点的确定。

另外，三个条件以及三个条件下的更加具体的条件都是变量，且各种条件之间的对比关系互相之间也都是此消彼长，这种相互关系也不是线性的。这导致平衡点P随时处在变动中，而且变动轨迹难以找到规律，需要对各种条件做具体问题的具体分析，以期找到平衡点或确定平衡点的可行方法。

所以，媒介技术正价值最大化的平衡点，即关于平衡点P的确定，由于变量太多，难以给出统一的适用于各种情况的确定方法。不过也不妨给出一些找平衡点基本原则：第一，在三个条件之下，具体的制约条件要契合实际，尽可能多样化；第二，各种制约条件的对比关系要合理；第三，需动态看待各种制约条件以及其互相之间的比例关系，随时做出调整。

第五节　媒介技术负向价值的消解

在实践中，一方面要尽可能地增加媒介技术正价值，使媒介技术有利于人；另一方面，要清晰地认识到不存在没有负价值的媒介技术，媒介技术的正、负价值始终是相伴相生的，我们要做的就是尽力减少负价值。保障正价值实现要满足的条件上节已论证，本节从技术、制度、伦理三个方面来研究如何消解媒介技术的负价值，与上节正价值如何最大化的讨论形成一推一拉之合力，共同推动媒介技术价值的规范。

一、媒介技术负价值的技术消解

最好的负价值消解方式不是等到负价值出现后再一点点消除，而是在媒介技术负价值出现前先预见到，在技术设计的时候就考虑到对负价值的规避，这就相当于传统医学中所谓的“治未病”。运用这种前瞻式的设计，能避免一些——主要是可以提前预见到的——负价值的生成，从源头上遏制，能最大限度地减少媒介技术负价值的影响，以致避免负价值的生成。

技术的前瞻式设计被称为价值敏感性设计（value-sensitive design），兴起于20世纪末的信息技术领域。价值敏感性设计有两个框架性要求：“（1）衡量技术系统质量的标准要扩大到包括对技术道德价值的评估，（2）从技术设计的早期，就要发布每一步技术设计对后续价值所负有的责任。”[①]传统的衡量技术的标准是技术功能实用性、可靠性、效率以及技术的经济性、技术的可接受程度等。价值敏感性设计认为技术不是中性工具，事实上受到各种价值的左右，包括政治与道德规范。要求把人的道德价值作为最重要的评价标准来设计技术，在技术设计的各个阶段都要考虑道德和政治因素。这种融入道德与政治要求的技术设计不是一蹴而就的，更不是闭门造车，需要分布式的、在技术设计的每个环节都考虑后续的价值要求，不断调整价值设计的方式和内容。并且在每一步的技术设计中，都要公开所融入的价值设计，这样才能最大限度地获得同行专家和广大使用者的反馈，以便随时更改设计方案。

具体到媒介技术，在设计媒介技术的时候就要考虑媒介技术可能的生态、社会、人本负价值，不能只追求传播性能与经济效益。在生态价值上，要减少重金属、稀土元素的使用，即使做不到完全避免，也要逐步将其替换为污染较小的材料。例如将铅电池、镍镉电池逐步换成锂离子电池，再将锂离子电池进一步替换为钠离子、锑离子电池等。在社会价值上，设计网络自动标注不良言行的装置，对网络交往中的不良信息进行屏蔽，对发布不良信息的人进行上网限制。例如有些网游中对脏话的关键词屏蔽，就是事先考虑到常见的脏话用词，用技术进行屏蔽；还有交友网站上需要提供实名信息才能实现更多的功能。在人本价值上，有些青少年上网成瘾，影响精神健康，自我与他人的控制根本不起作用，可以通过技术手段限制青少年连续上网的时长、上网的时间段、登录的网站等。例如设计路由器的家长控制功能，保存未成年人上网电脑的MAC地址，可以设定电脑的上网时间段、禁止登录的网站等，还可以使用网管软件，对网络中各种连接方式进行时间、内容、流量限制。通过设计媒介技术中各种规避负价值的技术，可以有效地消解媒介技术负价值。

价值敏感性设计主要是在媒介技术产生前，有预见性地设计一些技术方式，来消解媒介技术使用后可能出现的负价值。这种前馈的方式是当今技术设计的基本原则，有一些具体的技术创新方式在此原则下提出。伴随技术（Accompanying Technology）由比利时哲学家吉尔伯特·霍特斯（G. Hottois）提出，是一种通过技术手段规范人的不良行为、规避负价值产生的技术方式。规范人们言行的技术与人们在实践中需要使用的技术伴随在一起。“这个伴随伦理学的关键问题不是我们要在人与技术之间画

① J. Olsen, S. Pedersen, V. Hendricks, *A companion to philosophy of technology* (Oxford: Blackwell Publishing Ltd, 2009), pp.477-478.

截然的边界，而是我们如何清晰地表达人与技术之间的相互关联”，“伴随技术的使用和社会嵌入，需要装备给使用者和政策制定者适当的框架，来理解、预见、评估技术对生活质量的影响”①。笔者就曾经亲身使用过一个简单但有效的伴随技术：笔者在某一饭店等待用餐时，饭店提供瓜子，为了避免瓜子皮随处吐，饭店把两个一次性杯子钉在一起，一个放瓜子，一个让人吐瓜子皮。这是用技术手段防止随地吐皮，而不是用常见的通过警示标志甚至专人监督的方式，并且这种技术手段无声地融入整个过程中，这就是伴随技术。另一个经历：北京、上海等一线城市的交通虽然拥堵，但由于设置了很多隔离带来分开机动车与非机动车，起到虽堵而不乱的效果；相比而言，笔者家乡所在城市的道路隔离带较少，机动车与非机动车挤在一起，常常又堵又乱。隔离带就是交通技术中的伴随技术，从放置的那一刻开始就24小时在起作用。还有汽车不系安全带产生的“嘀嘀”声，为了避免司机在高速路上开车犯困而故意修的弯道等都是伴随技术。通过以上定义与举例分析可知，伴随技术的实质是通过设计一些技术手段，让人们在活动中感到遵守规则很容易（成本低）或破坏规则很麻烦（成本高）。伴随技术不是增加社会成本强制人们遵守规则，更不是形成人与规则的对立，而是形成成本差别，让人们有意无意地进行利害评估，从而主动遵守规则。

在媒介技术中运用伴随技术，同样能起到消解负价值的作用。第一，用伴随技术消解生态负价值：电子废料有偿回收，让资源再生、材料循环利用。可以制定回收废料的标准，回收得越多报酬越多，也可以通过以旧换新的方式实现有偿回收。通过这种方式回收废料的好处大于随意丢弃，人们自然愿意主动回收。第二，用伴随技术消解社会负价值：运用网络安全技术，例如大数据追踪、面部识别等，能提高不良网络行为的成本与代价，让人们知道遵守网络社会规则更有利。第三，用伴随技术消解人本负价值：为了防止青少年接触暴力、色情、赌博，可运用伴随上网的信息过滤技术，设定一个数据库，里面标记有不良网站的特征、需要禁止的语言，一旦有电脑接触这些信息，立即断网，如果第二次接触，还可以延长断网时间。数据库中的不良信息标记必须广泛遍历、实时更新，可以使用人工智能从海量的网络信息中收集取舍，而不是管理数据库的专家自己录入。运用网络游戏控制技术防止沉迷网游。2021年8月，国家新闻出版署发布《关于进一步严格管理切实防止未成年人沉

① P.Verbeek，“Accompanying Technology：Philosophy of Technology after the Ethical Turn” *Techné* 14，no.1（2010）：52.

迷网络游戏的通知》，严格限制未成年人网络游戏的时间，规定网络游戏企业仅可在周五到周日及节假日期间，每天提供1小时服务。此《通知》下达后，腾讯游戏、网易游戏等按照相关部门要求，及时升级自家的网络游戏防沉迷系统，用技术手段实现新规定。

二、媒介技术负价值的制度消解

用制度方式来消解媒介技术负价值，首先要明确设计的制度是为了保证什么利益、谁的利益。在经济利益至上、唯GDP论的环境下，这个问题尤其重要。如果制度设计仅仅为了保证短期经济利益，那么生态、社会、人本负价值必定猖獗。例如太阳能技术在城市很少使用，不是因为技术问题，而是因为其他能源系统的基础设施已经建设完毕，不想因为普及太阳能而导致前期的投入不赚钱，故而阻碍了太阳能的发展。况且能源迭代不仅仅是技术问题，更是利益问题，新能源会对传统的利益产生挑战。这种只追求眼前利益、传统利益的做法，背后是用制度保护短期的经济效益而放弃长期的正价值。媒介技术代表谁的利益，是少数媒介技术拥有者、管理者、传媒资本者，还是广大的媒介技术使用者，直接决定媒介技术的价值正负。前文指出媒介技术正价值实现的原则，其中整体原则要求媒介技术必须首先保证人民的利益，把民众利益最大化实现作为首要追求，在这种原则指导下的制度才能消解媒介技术负价值。

其次，要平衡媒介技术的自由与管控。公民有法律赋予的自由表达意见的权利，所以通过媒介技术自由发布信息是正价值实现的必然要求。但过度的自由必然走向混乱，导致负价值的滋生，如果缺乏管理，就会不良信息遍地，同时也会危害知识产权，这就需要权威部门的管控。故自由与管控是媒介技术一个硬币的两面，只有二者处在一个平衡状态中，才能最大限度地消解负价值。国外的传播实践给自由与管控的平衡提供了经验，美国传播学家弗雷德里克·S.西伯特（Fred S. Siebert）等人总结了人类历史中的四种传媒体制[①]：权威主义、自由至上、社会责任和苏联体制。权威主义和苏联体制是对媒介技术严格管控的体制，在这两种体制下，强调对媒介技术的管控，消减了信息自由传播的功能，民众难以利用媒介技术满足信息需要。自由至上体制则完全相反，它植根于自由资本主义，反对任何管控，认为通过意见自由流通形成市场机制，从而

① 弗雷德里克·S.西伯特、西奥多·彼得森、威尔伯·施拉姆：《传媒的四种理论》，戴鑫译，中国人民大学出版社，2008，第6页。

召唤“看不见的手”来实现媒介技术价值。这种放任自流导致了19世纪末以来的传媒混乱，虚假信息、恶性竞争、色情暴力、三俗节目层出不穷。马克·吐温（Mark Twain）的小说《竞选州长》就描述了当时美国的传媒乱象。通过对自由至上体制的反思，第二次世界大战以来许多国家逐渐形成有社会责任的传媒体制，这种体制建立在自由主义之上，但加入了符合社会伦理的规范。通过这种方式，试图在自由与管控之间找到动态的平衡，以便能最大程度地消解媒介技术负价值。

三、媒介技术负价值的伦理消解

技术与制度方式的负价值消解，本质上还是“出现问题—解决问题”的路径，可行性高但难以根本解决。不管是价值敏感性设计还是伴随技术，虽是预先设计，但所面对的问题一定也是出现过的——起码在其他方面出现过，仍然是技术与问题的赛跑。而技术是人的活动，技术问题归根到底是人的问题，从人的角度对负价值进行消解，可以从根上解决问题，避免头痛医头、脚痛医脚的弊端。

用伦理方式消解媒介技术负价值，第一步要确定建基于何种基础伦理理论，是义务论还是功利主义。义务论长于对个体自律的塑造，功利主义相对而言更注重整体结果，结合两种理论的优点，有利于指导媒介技术伦理原则的制定。第二步要在伦理原则上达成共识，前文所说的整体原则、客观原则、开放原则、无害原则、尊重原则，就是被广泛接受的媒介技术伦理原则。遵守这些原则，有利于规范媒介技术活动，规避负价值。最后，依照伦理原则，制定媒介技术伦理规范。这些伦理规范作为人们日常媒介技术活动的行为标准，一方面画出了媒介技术活动的底线；另一方面，媒介技术伦理规范处在一般伦理规范与法律之间，向下可强化一般伦理规范的指向性、稳定性、可操作性，向上能补充法律的不足。

应当指出，人性是几百万年进化而来的，难以撼动，况且从伦理角度解决问题不显成绩，这正是很多学者热衷制度建设反对道德说教的原因：认为太虚，不实用。所以技术、制度、伦理建设缺一不可，这样才能结合各自优点，既从根本上用力，又能保证可行性，真正做到标本兼治。

结　语

本研究是在笔者博士论文的基础上，对结构进行优化重组、对内容进行扩充修改而来。行文至此，已经完成本研究的主体部分，初步建立起全面整体的媒介技术哲学系统框架。接下来需要对主体部分的研究结论进行总结，并指出研究中的不足之处。本文对媒介技术哲学“何以必要”“何以可能”两个问题进行了系统回答，还有一个“何以发展”的问题仍需探索，需要指出媒介技术哲学未来研究的方向。

一、研究结论

通过研究得出，媒介技术与技术、哲学、人的发展息息相关，媒介技术哲学相较于其他媒介研究是相互独立、不可替代的。媒介技术是具有清晰边界的概念。媒介技术在本体论、演化论、认识论、实践论、价值论等方面都有系统的内容，共同组成全面整体的媒介技术哲学。具体来看，可以总结出以下几个研究结论。

（一）媒介技术对技术、哲学、人的发展起到的作用

媒介与技术是趋于融合的：一边是媒介的技术化，经历两个阶段，即从身体媒介到外化技术，从外化技术到具身技术。另一边是技术的媒介化，技术媒介化的前提是任何技术都有成为媒介的潜质，原医是当代面临的工具与控制的矛盾，基本方式是数字化、网络化。

媒介技术可能引发未来哲学的转向，媒介技术哲学可能成为未来哲学的一种形态：媒介包含符号和技术两个部分，语言属于符号，那么现代哲学的语言转向其实就属于符号媒介转向，对应的哲学可称为符号媒介哲学。技术作为符号的载体决定符号，所以，按照以往哲学转向的逻辑，研究（语言）符号就要退一步先研究符号的载体——技术。因此，哲学的下一步发展就可以是符号媒介哲学经历技术转向，走向媒介技术哲学。

通过媒介技术，人与世界建立相互展现的关系：世界对人的展现，属于人对世界的认识，集中体现在媒介技术与世界的解释学关系中，随着技术的发展，媒介技术对世界的解释作用产生变化，解释学关系也变体成复合关系、连接关系、情境关系。人对世界的展现，属于人的社会

化存在，集中体现在人与媒介技术的具身关系中，未来媒介技术的具身发展，将改造人的社会化与符号化存在。

（二）媒介技术哲学与其他媒介研究的区别

媒介技术哲学与工程领域媒介研究，在研究主体、研究对象、研究目的、研究方法上各有不同。媒介技术哲学与传播学媒介研究的本质区别在于依托的技术观，前者主要是技术实体论，后者主要是技术工具论，具体在研究对象、目的、方法上表现出区别。媒介技术哲学与技术哲学媒介研究的主要区别是：如何看待媒介技术与一般技术的关系，前者把媒介技术看作当代主导技术，甚至是新的技术形态，后者把媒介技术看作技术中某一个具体类别。

（三）媒介与媒介技术的关系、媒介技术与相似概念的区别

媒介与媒介技术不同。媒介指的是信息中介，包含符号系统和载体系统两类，符号依附于载体。符号系统分为身体符号与体外符号，载体系统分为身体、自然物、技术人工物。身体符号依附于身体，体外符号依附于自然物或技术人工物。作为信息中介，可以依附体外符号的技术人工物就是媒介技术。

从语义上看，传播技术较媒介技术多出方向性；传播技术强调行为与动作，媒介技术偏向功能与状态；传播技术体现“线/链”特征，媒介技术却有“节点/中心”之意。信息技术侧重信息，媒介技术强调连接；信息技术外延清晰，经常用于自然科学，媒介技术概念含混，一般用于人文领域。从内容上看，媒介技术外延小于传播技术，是能展现“想象世界”的传播技术。从具体使用的功能侧重上看，媒介技术外延大于传播技术和信息技术，传播技术侧重传播功能，信息技术侧重计算功能，而媒介技术在传播、计算、存储三大功能上更为灵活。

（四）媒介技术的内涵与新的分类标准

在个人层面与生产技术区分，媒介技术的形式和内容都指向认知，是“双重认知技术”，生产技术的形式包含技术知识，内容则是物质改造和能量转移；在人际层面，所有技术的存在本身就能产生连接、聚集关系，生产技术的目的是改造客体，而媒介技术的目的也是产生连接、建立关系，故称为“双重连接技术”。

按照媒介技术与身体的关系，可以把媒介技术分为三类：前技术化媒介、外化媒介技术、具身化媒介技术。按照媒介技术与思维方式的关系，可以把媒介技术分为三类：建立理性思维的媒介技术、建立工具理性的媒介技术、解构理性的媒介技术。

（五）媒介技术演化的条件、趋势与机制

人建构媒介技术演化的环境与媒介技术建构认识演化的环境同时存在，媒介技术演化遵从的条件有人性化和综合准则，认识演化遵从的条件有媒介技术特性、可选材料、支撑技术。媒介技术演化的趋势是人与媒介技术的具身化、技术之间的融合化、技术物甚至自然物的泛媒介化。媒介技术控制与认识调控呈现循环地自调控作用关系，媒介技术与人的互相建构演化遵循自调控循环机制。

（六）媒介技术带来的新型认识

媒介技术从三个方面塑造认识：在宏观上，媒介技术塑造不同文化圈的语言特征与思维习惯；在中观上，改变人的感官比例；在微观上，改变大脑不同脑区的功能强弱。互联网带来“涌现”和“中心节点”的认识方式。大数据把认识对象扩展到“世界三”，认识方式从因果性变为相关性，认识目的从求真转为求善，认识结果变得更加不可控。

（七）虚拟实践改变传统实践方式

虚拟实践改变传统实践“主体—中介—客体”的基本结构，整个虚拟世界成为“客体”，其中包含了另一套虚拟的实践结构：“虚拟主体—虚拟中介—虚拟客体”，虚拟实践的结构就变成：“主体—中介—虚拟世界（虚拟主体—虚拟中介—虚拟客体）”。虚拟实践改变传统实践的绝对时间为可变的、个性化的时间，改变传统实践的真实空间为虚拟空间。

（八）媒介技术正价值实现的三个条件

媒介技术正价值的实现条件为媒介技术满足使用的人、媒介技术符合社会价值观和媒介技术客体的功能充分体现。三个条件的实现程度分别称为满足度、符合度、体现度。三个条件两两之间呈抛物线关系，每一个条件的程度变化都会连带另外两个条件发生变化。故媒介技术正价值最大化的原则是找到一个平衡点，在这个点上三要素的实现程度达到互相平衡之势。

二、不足之处

本研究依托笔者的博士论文，原有的结构始终是难以完全摆脱的制约。除了原有结构的制约，在内容方面也存在一些问题，部分内容可追溯到几年前的博士论文阶段的研究，虽然不断进行增添修改，但比理想标准依然有距离。以下几处不足较为突出：

（一）章节结构有损于系统整体性。按照本体论、演化论、认识论、实践论、价值论来分章节固然结构清晰，但媒介技术哲学是体系化的，

“五论”相互渗透、相互作用，共同组成一个系统的整体，而不是一刀切截然区分的。例如本体论与演化论一个静一个动，把媒介技术作为同一个实体研究对象；实践产生认识，认识指导实践，认识论和实践论相辅相成；认识求真价值求善，在实践中统一，认识论、实践论、价值论也应通盘讨论。这些内在联系由于章节的结构限制体现较弱，在章节内的具体内容里也没有得到充分体现。

（二）概念问题始终是本研究的底层困难。例如媒介与媒介技术这两个概念，本研究有明确区分，在本研究的概念体系中能保持词语与意思对应一致，但其他诸多论述对此二概念表述模糊，一旦放在一起讨论就容易混淆词语与意思的匹配。读者在区分笔者概念和笔者引用概念时，不免会有困扰。主要原因是本研究概念辨析不足，语言表达欠缺，有时为了概念的规范统一在内容上削足适履。还有一些新技术词汇，如物联网、赛博格等，在研究中多次使用、有详有略，同一个词汇在不同情况下使用时，其意思并不是完全一致的，这背后当然有新技术概念不统一的原因，但本研究在论述中也没有做好统一，不得不说是一种不足。

（三）个别论证在研究中有重复之处。比如第一章第一节《媒介技术与技术未来》，讲到媒介的技术化两个阶段，指出第一个阶段是媒介技术外化，第二个阶段是具身化；第三章第三节《媒介技术的分期与分类》，又一次用到外化和具身化。又比如“介质与内容分离、介质与应用分离”的观点，在第一章第一节《媒介技术与技术未来》里，讲到两次分离的内容；在第五章第四节《互联网认识》中，为了论证互联网认识的特征，再次讲到两次分离。

（四）对新媒介技术的研究不足。本研究涉及的前沿媒介技术，主要是作为研究中的实例，对前沿媒介技术的系统研究较为欠缺。例如当下最热的互联网概念“元宇宙”，是财经领域、社会舆论的热点，学术研究中也有不少文献问世[①]，本研究虽有涉及，但并不以其为研究对象，而是为了论证虚拟实践。前沿媒介技术虽然先进、代表未来，但目前使用的终归不多，而移动互联网才是当下社会最普遍、影响力最大的新媒介技术。考虑到移动网显著的作用，再对比本研究中的其他媒介技术，对移动网的研究程度显得略逊一筹。

---

① 知网中检索“元宇宙”主题，发表于2020年的学术期刊文章共有7篇，2021年259篇，2022年剧增到2257篇。

三、未来研究方向

本研究为媒介技术哲学做出了初步建设，未来除了沿着建立的系统框架继续深入推进之外，还可以从以下几个方面开展研究。

（一）从媒介技术哲学扩展到媒介哲学

目前，存在个别以“媒介哲学”为题的著作，在一些文献中也会以“媒介哲学”来称呼那些偏重理论的媒介研究。但这些研究中的“媒介哲学”标题更像是个形容词，用以表达在功能效用研究之上，对媒介进行的较为抽象的思考与反思，用“哲学”一词来表现研究的理论化追求。此类研究视角往往较宏观，强调理论的抽象性，同时也体现了丰富的哲学思想，对本研究助力颇大。但体现哲学思想与哲学领域不能画等号，此“媒介哲学”思想虽深刻但缺乏哲学的体系化，不算是独立完整的媒介哲学。

本研究在语义分析部分区分了媒介与媒介技术，即媒介是信息中介，包含符号系统和载体系统；媒介技术属于载体系统，是承载体外符号的技术人工物。对应而言，媒介哲学包含载体部分和符号部分。可见本研究的媒介技术哲学，属于载体部分的媒介哲学。目前，符号部分的媒介哲学则主要集中在认识论，其他哲学论域比较罕见。理论研究固然可以分开讨论，但现实的符号系统和载体系统不可分离、是统一的，单独一个方面的研究仍然是不完整的。媒介哲学不是载体部分（媒介技术哲学）与符号部分的简单加合。下一步可以延续目前的系统化研究路径，把符号部分扩展到演化论、价值论等论域；更重要的是，应立足于符号与载体有机结合的客观现实，从符号与载体的统一关系出发，把媒介技术哲学扩展为体系化的媒介哲学。

（二）媒介技术哲学与技术哲学、传播学、信息技术哲学协同互动

从技术哲学这一边看，在哲学上，技术哲学正在从部门哲学走向哲学纲领，哲学纲领来自部门哲学，部门哲学孕育哲学纲领，站在技术哲学的角度，媒介技术哲学作为部门哲学，可以被吸收借鉴；在技术上，技术哲学已经转向由各种具体技术组成的“生活世界”，作为生活中最重要的技术之一，媒介技术自然是技术哲学的关注重点。从媒介技术哲学这一边看，媒介技术哲学有两大源头：一个是传播学媒介研究，另一个就是技术哲学。本研究一直致力于建立整体全面的媒介技术哲学，强调相对于技术哲学的独立性。正如第一章第四节，在对比媒介技术哲学与技术哲学媒介研究时，揭示的第一层的媒介技术哲学视媒介技术与一般

技术等价、层级上相当，媒介技术哲学也不隶属于技术哲学的媒介研究，而有其独立于技术哲学的思想与范式。未来还可能更进一步，把媒介技术看成是未来技术的基本形态，一般技术也可以看作是某种媒介技术，届时，媒介技术哲学反而成为技术哲学的新形态，称为第二层的媒介技术哲学。从以上两边来看，未来研究需要在媒介技术哲学与技术哲学的发展进程中，建立协同互动、共同促进的关系。

内容与形式是影响传播的两大要素，媒介技术是组成形式的重要部分，每一次的技术变革，都会让内容与形式的关系产生变化，相应也会促使传播学调整研究方向，更加关注形式（媒介技术）部分。电子媒介的普及导致传播学首次聚焦技术，麦克卢汉的研究应运而生；互联网时代媒介环境学发展壮大，又诞生了“数字麦克卢汉”；今天的社交媒介时代，技术对传播的作用又一次达到空前的程度，传播学也必然再次关注媒介技术。同时，作为媒介技术哲学理论源头之一的传播学，也一直在给媒介技术哲学输送营养，媒介技术哲学与传播学媒介研究形成协同互动、借鉴融合的关系。未来研究可以从传播学新理论中提炼媒介技术哲学思想，例如传播学的融媒体理论，可以让媒介技术演化论借鉴吸收，沉浸媒介理论则可以从中提炼媒介技术本体论思想。同时，媒介技术哲学也应指导传播学媒介研究。传播学媒介研究在吸收哲学的媒介研究之后，还能再反哺哲学。例如传播学用海德格尔存在论研究媒介，得到的媒介存在论反过来再发展存在论；传播学用现象学研究麦克卢汉，得到的媒介现象学反过来再发展现象学。这种互动循环应在今后重点关注。

经过肖峰教授的研究，信息技术哲学已经成为一个成熟完整的体系。信息技术哲学对媒介技术哲学有较大的影响，在本研究中体现了这种继承性与共通性。虽然信息技术与媒介技术是相似概念，但二者并不完全相同（在语义分析部分进行了区分）。未来的研究要深入挖掘媒介技术哲学与信息技术哲学的区别，在既区别又联系的基础上，探索形成统一理论的可能性。

（三）媒介技术对哲学发展的作用

本研究虽然借鉴了传播学媒介研究理论，描述了一些媒介技术的结构功能原理，但本质上属于哲学研究，媒介技术与哲学的关系依然是重中之重。关于媒介技术与哲学发展的趋势，在第一章第二节《媒介技术与哲学未来》部分有集中讨论，初步探索了媒介技术与分析哲学、现象学在存在论领域的关系，以及媒介技术在未来哲学发展中可能的关键作用。但是，第一，该部分的目的是通过媒介技术与哲学的关系来论证

“研究”的必要性，而不是研究二者的“关系”本身。第二，哲学未来的走向是一个非常宏大的学术问题，需要众多学者通力合作，用大量研究成果指示出来，本研究绝不是妄下结论，仅是探索一种思考方向，尝试为哲学走向增添一种可能性。所以，媒介技术对哲学作用的研究远远不够，应该继续推进。

现代西方哲学通常被冠以“语言转向”，但语言转向并不能包含所有现代哲学。马克思主义哲学所带来的“实践转向”，也构成了现代哲学的基本特征。虚拟现实技术塑造新的实践形态——虚拟实践，虚拟实践对于哲学发展的实践转向起到什么样的作用？未来哲学研究的实践转向如何把虚拟实践纳入吸收？本研究没有涉及实践转向，虽然在实践论章节讨论了虚拟实践，但仍然是用哲学来研究虚拟实践，缺乏从虚拟实践到哲学发展趋势的进路。未来在研究媒介技术对哲学发展的作用时，除了深入媒介技术与语言转向之后的趋势，还应从实践转向方面研究媒介技术实践（主要是虚拟实践）对哲学发展的作用。

（四）前沿媒介技术带来的哲学问题

前沿媒介技术兼具发展的迅速性和与人类的密切性，快速迭代的前沿技术，凭借对人类社会的深度嵌入，带来许多新的哲学问题。需要说明，上一个未来研究方向谈的是媒介技术在哲学整体转向中可能的作用，这种作用在于建立新的哲学纲领。此处探讨的是具体前沿技术反映出的具体哲学问题及其对传统观点的改变。当然，新纲领的建立离不开一个个具体问题的提出与解答。

第一，互联网实现了全球范围的人与人的连接，物联网把这种普遍连接扩展到人与物、物与物之间。物联网带来一个新的哲学问题：世界是由物质相互连接而成，传统上我们把各种物作为认识世界的基本点，在万物互联的时代，能否把连接作为认识世界的基本点？“连接大于物质”作为物联网时代的认识论特征？第二，虚拟现实技术在“世界一”的传统现实之外，塑造了另一种现实，这带来新的哲学问题：虚拟现实如何重新定义现实性，虚拟现实与“世界二”“世界三”的关系如何？第三，传统上只有人才能做主体，但随着人工智能的发展，特别是未来强人工智能的出现，人工智能能否也成为主体，这将带来新的哲学问题。当芯片植入人的神经系统，对人的思维自主性有多大影响，实践能动性有多大程度仍是肉身发起的？当赛博格代替传统人类的时候，人的主体性需要重新审视。

（五）探索新的研究结构

本研究通过本体论、演化论、认识论、实践论、价值论这“五论”来建构媒介技术哲学系统框架，并以“五论”来分章。在结构上，相当于先画出了五个框，再在每个框里填充研究的内容。未来的研究可以探索另一种结构，不再以“五论”划分内容，而是建立一个核心理论，整个研究围绕这个核心理论展开，在展开的过程中适时地关照到“五论”各部分。相比较而言，本研究的结构偏向一种分块儿的形式，“五论”就是“五块”；探索的新结构可称为树形结构，贯穿整个研究的核心理论就是“树干”，“五论”的内容则化整为零，分散在各“树枝”之上。

应该说，不管是分块结构还是树形结构，各有优劣，增加一种研究结构能让媒介技术哲学更加全面。并且，探索新的结构不仅是结构创新，在建立核心理论时更需要内容创新。

（六）中国媒介技术的创新实践

本研究及上述几个未来研究方向都属于理论建设，关键词是哲学，而在理论与实践的关系中，实践高于理论，加之理论的目的在于指导实践，理论要用实践来检验，故理论终究要回到实践。未来的媒介研究要走向实践，媒介技术哲学应关注媒介技术的实践活动。实践主要有生产实践、社会实践、科学实验三种形式，通俗来讲，这三种媒介技术实践就表现为媒介技术的建设与应用。本书实践论章节虽然谈及了建设与应用，但仍局限在理论框架中，没有展开为具体的实践活动。实践是具体的，媒介技术的建设与应用也应该从具体的维度展开进行探讨。从国别来对一个国家或地区的媒介技术建设与应用进行研究，就是必要的维度。研究中国的媒介技术建设与应用，就是中国相关学者的使命。如果国别属于空间的具体，那么当前技术（自主）创新的大背景就是时间的具体，媒介技术的建设与应用首先是创新活动。所以，研究媒介技术的建设与应用，应该具体落实到当代中国的媒介技术创新实践上。

作为未来方向的中国媒介技术创新实践，需要开展以下研究：

从个性与共性统一的角度对中国媒介技术进行描述性和规范性研究。首先是描述性研究。产生个性的背后原因是国情，国情又包括制度、经济、科技水平、传统、语言等诸多方面，这些方面与中国媒介技术的建设与应用的关系需要描述清楚。例如中国传统文化更重视人际关系，较为轻视个体独立性，这种强调连接的特征，就与物联网“连接大于物质”的特征有所契合，值得深入描述。然后是规范性研究，中国国情如何规范中国媒介技术的建设与应用。例如中国特色的媒介伦理规范，中国集体主义价值观如何引导互联网价值取向，规避由于互联网去中心、自由化所带来的伦理问题。最后，在描述性与规范性研究的基础上，探索中国媒介技术的创新实践。如何依照国情进行特色制度创新，与技术创新形成良性互动；如何利用社会主义市场经济的优势，更好实现媒介技术的产业转化；如何把握后发优势，减少后发劣势；如何解决城乡、区域的数字建设不平衡问题等等。这些都属于中国媒介技术的创新实践研究。

建构媒介技术哲学系统框架不是短期之功，需要完善已有的研究成果，指向未来研究方向，继续长期投入。发展壮大媒介技术哲学更不能限于一人之力，本研究来做个抛砖引玉，期待更多更好的相关成果问世。

参考文献

（一）中文文献

著作：

［1］马克思恩格斯文集：第1卷［M］．北京：人民出版社，2009．

［2］马克思恩格斯文集：第5卷［M］．北京：人民出版社，2009．

［3］马克思恩格斯文集：第8卷［M］．北京：人民出版社，2009．

［4］马克思恩格斯选集：第一卷［M］．北京：人民出版社，1995．

［5］马克思恩格斯选集：第二卷［M］．北京：人民出版社，1995．

［6］曹小荣．实践论哲学导引［M］．杭州：浙江大学出版社，2006．

［7］陈昌曙．技术哲学引论［M］．北京：科学出版社，1999．

［8］戴潘．大数据时代的认知哲学革命［M］．上海：上海人民出版社，2020．

［9］恩斯特·卡西尔．人论：人类文化哲学导引［M］．甘阳，译．上海：上海译文出版社，1985．

［10］F．拉普．技术哲学导论［M］．刘武 等，译．沈阳：辽宁科学技术出版社，1986．

［11］冈特·绍伊博尔德．海德格尔分析新时代的技术［M］．宋祖良，译．北京：中国社会科学出版社，1993．

［12］加达默尔．哲学解释学［M］．夏镇平，宋建平，译．上海：上海译文出版社，1994．

［13］海德格尔．时间概念史导论［M］．欧东明，译．北京：商务印书馆，2009．

［14］康德．判断力批判［M］．邓晓芒，译．北京：人民出版社，2002．

［15］康德．实践理性批判［M］．邓晓芒，译．北京：人民出版社，2003．

［16］M．兰德曼．哲学人类学［M］．阎嘉，译．贵阳：贵州人民出版社，2006．

［17］邓广铭．邓广铭学术论著自选集［M］．北京：首都师范大学

出版社，1994.

［18］段伟文. 信息文明的伦理基础［M］. 上海：上海人民出版社，2020.

［19］加布里埃尔·塔尔德. 传播与社会影响［M］. 何道宽，译. 北京：中国人民大学出版社，2005.

［20］雷吉斯·德布雷. 普通媒介学教程［M］. 陈卫星，王杨，译. 北京：清华大学出版社，2014.

［21］马塞尔·莫斯. 论技术、技艺与文明［M］. 蒙养山人，译. 北京：世界图书出版公司，2010.

［22］尚·布希亚. 物体系［M］. 林志明，译. 上海：上海人民出版社，2001.

［23］郭冲辰. 技术异化论［M］. 沈阳：东北大学出版社，2004.

［24］信息技术词典［M］. 北京：化学工业出版社，2004.

［25］洪谦. 逻辑经验主义：上卷［M］. 北京：商务印书馆，1982.

［26］胡翼青. 再度发言——论社会学芝加哥学派传播思想［M］. 北京：中国大百科全书出版社，2007.

［27］胡潇. 媒介认识论［M］. 北京：人民出版社，2012.

［28］胡翌霖. 媒介史强纲领：媒介环境学的哲学解读［M］. 北京：商务印书馆，2019.

［29］埃里克·麦克卢汉，秦格龙. 麦克卢汉精粹［M］. 何道宽，译. 南京：南京大学出版社，2000.

［30］戴维·克劳利，保罗·海尔. 传播的历史：技术、文化和社会［M］. 董璐 等，译. 北京：北京大学出版社，2011.

［31］哈罗德·伊尼斯. 传播的偏向［M］. 何道宽，译. 北京：中国人民大学出版社，2003.

［32］哈罗德·伊尼斯. 帝国与传播［M］. 何道宽，译. 北京：中国人民大学出版社，2003.

［33］罗伯特·洛根. 理解新媒介——延伸麦克卢汉［M］. 何道宽译，上海：复旦大学出版社，2012.

［34］马歇尔·麦克卢汉. 理解媒介：论人的延伸［M］. 何道宽，译. 北京：商务印书馆，2000.

［35］斯蒂芬妮·麦克卢汉. 麦克卢汉如是说：理解我［M］. 何道宽，译. 北京：中国人民大学出版社，2006.

［36］巨乃岐. 技术价值论［M］. 北京：国防大学出版社，2012.

［37］李德顺．价值论［M］．北京：中国人民大学出版社，1987．

［38］李连科．哲学价值论［M］．北京：中国人民大学出版社，1991．

［39］李明伟．知媒者生存：媒介环境学纵论［M］．北京：北京大学出版社，2010．

［40］李沁．媒介化生存：沉浸传播的理论与实践［M］．北京：中国人民大学出版社，2019．

［41］艾伯特-拉斯洛·巴拉巴西．爆发：大数据时代预见未来的新思维［M］．马慧，译．北京：中国人民大学出版社，2012．

［42］李曦珍．理解麦克卢汉：当代西方媒介技术哲学研究［M］．北京：人民出版社，2014．

［43］阿尔斯顿．语言哲学［M］．牟博，刘鸿辉，译．北京：生活·读书·新知三联书店，1988．

［44］艾伯特-拉斯洛·巴拉巴西．链接：网络新科学［M］．徐彬，译．长沙：湖南科学技术出版社，2007．

［45］安德鲁·芬伯格．技术批判理论［M］．韩连庆，曹观法，译．北京：北京大学出版社，2005．

［46］布莱恩·阿瑟．技术的本质：技术是什么，它是如何进化的［M］．曹东溟，王健，译．杭州：浙江人民出版社，2014．

［47］成中英．本体与诠释［M］．北京：生活·读书·新知三联书店，2000．

［48］丹尼尔·切特罗姆．传播媒介与美国人的思想——从莫尔斯到麦克卢汉［M］．曹静生，黄艾禾，译．北京：中国广播电视出版社，1991．

［49］凡勃伦．有闲阶级论［M］．蔡受百，译．北京：商务印书馆，1964．

［50］弗雷德里克·S．西伯特，西奥多·彼得森，威尔伯·施拉姆．传媒的四种理论［M］．戴鑫，译．北京：中国人民大学出版社，2008．

［51］盖瑞·斯默尔，吉吉·沃根．大脑革命：数字时代如何改变了人们的大脑和行为［M］．梁桂宽，译．北京：中国人民大学出版社，2009．

［52］哈罗德·拉斯韦尔．社会传播的结构与功能［M］．何道宽，译．北京：中国传媒大学出版社，2013．

［53］凯文·凯利．失控：全人类的最终命运和结局［M］．陈新武

等，译. 北京：新星出版社，2010.

[54] 林文刚. 媒介环境学：思想沿革与多维视野 [M]. 何道宽，译. 北京：北京大学出版社，2007.

[55] 迈克尔·海姆. 从界面到网络空间——虚拟实在的形而上学 [M]. 金吾伦，刘刚，译. 上海：上海科技教育出版社，2000.

[56] 迈克尔·塞勒. 移动浪潮：移动智能如何改变世界 [M]. 邹韬，译. 北京：中信出版社，2013.

[57] 尼尔·波兹曼. 娱乐至死·童年的消逝 [M]. 章艳，吴燕莛，译. 桂林：广西师范大学出版社，2009.

[58] 保罗·莱文森. 莱文森精粹 [M]. 何道宽，编译. 北京：中国人民大学出版社，2007.

[59] 保罗·莱文森. 手机：挡不住的呼唤 [M]. 何道宽，译. 北京：中国人民大学出版社，2004.

[60] 保罗·莱文森. 数字麦克卢汉：信息化新纪元指南 [M]. 何道宽，译. 北京：社会科学文献出版社，2001.

[61] 保罗·莱文森. 思想无羁——技术时代的认识论 [M]. 何道宽，译. 南京：南京大学出版社，2003.

[62] 保罗·莱文森. 新新媒介 [M]. 何道宽，译. 上海：复旦大学出版社，2011.

[63] 保罗·利文森. 软边缘：信息革命的历史与未来 [M]. 熊澄宇，译. 北京：清华大学出版社，2002.

[64] 乔治·巴萨拉. 技术发展简史 [M]. 周光发，译. 上海：复旦大学出版社，2000.

[65] R. 科斯. 财产权利与制度变迁——产权学派与新制度学派译文集 [M]. 刘守英 等，译. 上海：上海人民出版社，1994.

[66] 撒穆尔·斯通普夫，詹姆斯·菲泽. 西方哲学史 [M]. 7版. 丁三东 等，译. 北京：中华书局，2005.

[67] 唐·伊德. 让事物"说话"：后现象学与技术科学 [M]. 韩连庆，译. 北京：北京大学出版社，2008.

[68] 威尔伯·施拉姆，威廉·波特. 传播学概论 [M]. 何道宽，译. 北京：中国人民大学出版社，2010.

[69] 沃尔特·翁. 口语文化与书面文化：语词的技术化 [M]. 何道宽，译. 北京：北京大学出版社，2008.

[70] 伊莱休·卡茨，约翰·杜伦·彼得斯，等. 媒介研究经典文本

解读［M］. 常江，译. 北京：北京大学出版社，2011.

［71］伊丽莎白·爱森斯坦. 作为变革动因的印刷机——早期近代欧洲的传播与文化变革［M］. 何道宽，译. 北京：北京大学出版社，2010.

［72］约书亚·梅罗维茨. 消失的地域：电子媒介对社会行为的影响［M］. 肖志军，译. 北京：清华大学出版社，2002.

［73］詹姆斯·凯瑞. 作为文化的传播："媒介与社会"论文集［M］. 丁未，译. 北京：华夏出版社，2005.

［74］牧口常三郎. 价值哲学［M］. 马俊峰，江畅，译. 北京：中国人民大学出版社，1989.

［75］石义彬. 单向度、超真实、内爆——批判视野中的当代西方传播思想研究［M］. 武汉：武汉大学出版社，2003.

［76］王玉樑. 价值哲学新探［M］. 西安：陕西人民教育出版社，1993.

［77］王岳川. 媒介哲学［M］. 开封：河南大学出版社，2004.

［78］夏保华. 社会技术转型与中国自主创新［M］. 北京：人民出版社，2018.

［79］肖峰. 信息技术哲学［M］. 广州：华南理工大学出版社，2016.

［80］肖峰. 信息文明的哲学研究［M］. 北京：人民出版社，2019.

［81］肖峰. 哲学视域中的信息技术［M］. 北京：科学出版社，2017.

［82］徐友渔. 哥白尼式的革命——哲学中的语言转向［M］. 上海：三联书店上海分店，1994.

［83］杨适. 古希腊哲学探本［M］. 北京：商务印书馆，2003.

［84］卢西亚诺·弗洛里迪. 计算与信息哲学导论［M］. 刘钢 等，译. 北京：商务印书馆，2010.

［85］卡尔·波普尔. 客观知识：一个进化论的研究［M］. 舒炜光等，译. 上海：上海译文出版社，1987.

［86］雷蒙·威廉斯. 关键词：文化与社会的词汇［M］. 刘建基，译. 北京：生活·读书·新知三联书店，2005.

［87］马修·基兰. 媒体伦理［M］. 张培伦，郑佳瑜，译. 南京：南京大学出版社，2009.

［88］维克托·迈尔-舍恩伯格. 大数据时代：生活、工作与思维的

大变革［M］. 周涛，译. 杭州：浙江人民出版社，2013.

［89］张明仓. 虚拟实践论［M］. 昆明：云南人民出版社，2005.

［90］张秀民. 中国印刷史［M］. 杭州：浙江古籍书版社，2006.

［91］张怡. 虚拟现象的哲学探索［M］. 上海：上海人民出版社，2020.

［92］郑也夫. 神似祖先［M］. 北京：中国青年出版社，2009.

［93］中共中央党校马克思主义哲学教研室. 主体与客体［M］. 北京：中共中央党校出版社，1990.

期刊论文：

［1］陈卫星，雷吉斯·德布雷. 媒介学：观念与命题——关于媒介学的学术对谈［J］. 南京社会科学，2015（4）：101-106.

［2］陈志良. 虚拟：人类中介系统的革命［J］. 中国人民大学学报，2000（4）：57-63.

［3］成素梅，漆捷. "虚拟实在"的哲学解读［J］. 科学技术与辩证法，2003（5）：15-18.

［4］戴元光，夏寅. 莱文森对麦克卢汉媒介思想的继承与修正——兼论媒介进化论及理论来源［J］. 国际新闻界，2010（4）：6-12.

［5］丁立群. 技术实践论：另一种实践哲学传统——弗兰西斯·培根的实践哲学［J］. 江海学刊，2006（4）：26-30.

［6］董浩. 技术现象学视域下人与媒介的关系省思及认识方法补阙［J］. 新闻与传播评论，2020（1）：19-30.

［7］段伟文，纪长霖. 网络与大数据时代的隐私权［J］. 科学与社会，2014，4（2）：90-100.

［8］胡潇. "第三媒介"对言语行为的变构［J］. 自然辩证法研究，2012，28（1）：6-11.

［9］胡潇. 论当代媒介研究的哲学偏差［J］. 哲学动态，2009（7）：63-69.

［10］胡潇. 媒介研究的认识论呼唤［J］. 哲学动态，2011（12）：57-63.

［11］胡翌霖. 麦克卢汉媒介存在论初探［J］. 国际新闻界，2014（2）：69-76.

［12］江怡. 论分析哲学运动中的三大转变［J］. 中国社会科学，2016（12）：24-40.

［13］雷颐. 晚清电报和铁路的性质之争［J］. 炎黄春秋，2007

(10)：70-73.

［14］李海燕，姜振寰．技术实践的基本问题［J］．自然辩证法研究，1999，15（3）：37-68.

［15］李宏伟，王前．技术价值特点分析［J］．科学技术与辩证法，2001（4）：41-43.

［16］李凌，陈昌凤．媒介技术的社会选择及价值维度［J］．编辑之友，2021（4）：53-60.

［17］李明伟．作为一个研究范式的媒介环境学派［J］．国际新闻界，2008（1）：52-56.

［18］李明伟．媒介环境学派的理论分析框架［J］．北京理工大学学报（社会科学版），2008，10（3）：3-10.

［19］李明伟．新媒介形态与新尺度——“媒介分析理论”的宏大关照［J］．北京理工大学学报（社会科学版），2004（6）：66-69.

［20］李曦珍，楚雪，胡辰．传播之“路”上的媒介技术进化与媒介形态演变［J］．新闻与传播研究，2012（1）：23-33.

［21］李曦珍，楚雪．媒介与人类的互动延伸——麦克卢汉主义人本的进化的媒介技术本体论批判［J］．自然辩证法研究，2012，28（5）：30-34.

［22］李曦珍，王晓刚．媒介环境学对技术认识论的争论［J］．云南社会科学，2011（5）：44-48.

［23］刘建明．媒介环境学理论范式：局限与突破［J］．武汉大学学报（人文科学版），2009，62（3）：376-380.

［24］刘永谋．媒介编码VS社会控制：尼尔·波兹曼的信息论［J］．自然辩证法研究，2011，27（5）：90-95.

［25］刘友红．人在电脑网络社会里的“虚拟”生存——时间范畴的再思考［J］．哲学动态，2000（1）：14-17.

［26］吕乃基．大数据与认识论［J］．中国软科学，2014（9）：34-45.

［27］梅琼林．批判学派与经验学派方法论的比较分析［J］．当代传播，2008（5）：15-17.

［28］潘祥辉．论媒介技术演化和媒介制度变迁的内在关联［J］．北京理工大学学报（社会科学版），2010，12（1）：95-100.

［29］彭兰．5G时代“物”对传播的再塑造［J］．探索与争鸣，2019（9）：54-57.

［30］彭兰．万物皆媒——新一轮技术驱动的泛媒化趋势［J］．编辑之友，2016（3）：5-10．

［31］芮必峰，孙爽．从离身到具身——媒介技术的生存论转向［J］．国际新闻界，2020（5）：7-17．

［32］盛国荣，葛莉．数字时代的技术认知——保罗·莱文森技术哲学思想解析［J］．科学技术哲学研究，2012，29（4）：58-63．

［33］孙周兴．在现象学与解释学之间——早期弗莱堡时期海德格尔哲学［J］．江苏社会科学，1999（6）：87-93．

［34］谭小荷．基于区块链的新闻业：模式、影响与制约——以Civil为中心的考察［J］．当代传播，2018（4）：91-96．

［35］涂子沛．大数据及其成因［J］．科学与社会，2014，4（1）：14-26．

［36］王东．边疆危机与清末新疆电报线的建设［J］．西域研究，2014（1）：62-68．

［37］王海山．技术价值论探析［J］．自然辩证法研究，1994，10（2）：44-51．

［38］王天恩．信息文明时代人的信息存在方式及其哲学意蕴［J］．哲学分析，2017（8）：18-29．

［39］魏武挥．从麦克卢汉到乔布斯：媒介技术与环境保护［J］．新闻记者，2011（11）：39-42．

［40］夏保华．论作为哲学范畴的“技术创新”［J］．自然辩证法研究，2005，21（11）：53-57．

［41］肖峰．重勘信息的哲学含义［J］．中国社会科学，2010（4）：32-43．

［42］肖峰．技术大于自然：信息时代的认识论特征［J］．洛阳师范学院学报，2014，33（1）：1-6．

［43］肖峰．技术认识过程的社会建构［J］．自然辩证法研究，2003，19（2）：90-92．

［44］肖峰．论身体信息技术［J］．科学技术哲学研究，2013，30（1）：65-71．

［45］肖峰．论信息技术决定论［J］．长沙理工大学学报（社会科学版），2011（3）：5-10．

［46］肖峰．信息技术的哲学含义［J］．东北大学学报（社会科学版），2012，14（4）：283-288．

［47］许金锋，杨潇潇．麦克卢汉媒介技术哲学研究［J］．理论月刊，2013（9）：39-42．

［48］闫坤如，刘丹．现象学视角的增强现实技术探析［J］．自然辩证法研究，2017（6）：120-123．

［49］杨富斌．虚拟实践的含义、特征与功能［J］．社科纵横，2004，19（1）：100-103．

［50］殷正坤．“虚拟”与“虚拟”生存的实践特性：兼与刘友红商榷［J］．哲学动态，2000（8）：25-28．

［51］于春玲，闫丛梅．技术实践：哲学的观照及嬗变［J］．东北大学学报（社会科学版），2013，15（5）：446-452．

［52］赵华．对技术—媒介的文化反思［J］．科学技术哲学研究，2013，30（2）：109-112．

［53］周甄武．虚拟实践：人类新的实践形式［J］．中国人民大学学报，2006（2）：40-46．

其他资料：

［1］2019—2025年中国信息传输、软件及信息技术用电量持续高增，复合增速高达15．3%［EB/OL］．产业信息网，https：//www.chyxx.com/industry/201912/818360．html，2019-12-16．

［2］2020年国内5G手机出货量占比52．9%［EB/OL］．中国产业经济信息网，http：//www.cinic.org.cn/xw/tjsj/1016277.html?from=singlemessage，2021-01-06．

［3］2020年中国在线教育网课市场白皮书［R］．北京：中国科学院大数据挖掘与知识管理重点实验室，2021．

［4］大数据白皮书（2020年）［R］．北京：中国信息通信研究院，2020．

［5］韩晶．晚清中国电报局研究［D］．上海：上海师范大学博士论文，2010．

［6］李明伟．媒介形态理论研究［D］．北京：中国社会科学院博士论文，2005．

［7］吴基传．大数据与认识论随笔［EB/OL］．中国信息产业网，http：//www.cnii.com.cn/wlkb/rmydb/content/2013-12/02/content_1263979.htm，2015-02-05．

［8］徐沁．泛媒介时代的生存法则——论媒介融合［D］．杭州：浙江大学博士论文，2008．

［9］张竑．虚拟实践研究［D］．北京：中共中央党校博士论文，2019．

（二）外文文献

［1］BENEDIKT M. Cyberspace：First Steps［M］．Cambridge：MIT Press，1991.

［2］BEST K. Redefining the Technology of Media：Actor，World，Relation［J］．Techné，2010，14（2）：140-157.

［3］BREY P. Evaluating the Social and Cultural Implications of the Internet［J］．ACM SIGCAS Computers and Society，2005，36（3）：41-48.

［4］BREY P. Is Information Ethics Culture-relative?［J］．International Journal of Technology and Human Interaction，2007，3（3）：12-24.

［5］BREY P. The Epistemology and Ontology of Human-computer Interaction［J］．Minds and Machines，2005，15（3-4）：383-398.

［6］BREY P. Theorizing the Cultural Quality of New Media［J］．Techné，2007，11（1）：2-18.

［7］COOLEY C. Social Organization：A Study of the Larger Mind［M］．New York：Charles Scribner' s Sons，1967.

［8］CROWLEY D，MITCHELL D. Communication Theory Today［M］．Oxford：Polity Press，1994.

［9］EISENSTEIN E. The Printing Revolution in Early Modern Europe［M］．Cambridge：Cambridge University Press，2005.

［10］GROSSMAN E. High Tech Trash：Digital Devices，Hidden Toxics，and Human Health［M］．Washington：Island Press，2006.

［11］Independent Press Association，Conservatree，and Co-op America. Turning the Page：Environmental Impacts of the Magazine Industry and Recommendations for Improvement［R］．2001.

［12］KROES P. Technical Artefacts：Creations of Mind and Matter a Philosophy of Engineering Design［M］．Netherlands：Springer，2012.

［13］LEIDLMAIR K. From the Philosophy of Technology to a Theory of Media［J］．Techné，1999，4（3）．

［14］MAXWELL R，MILLER T. Ecological Ethics and Media Technology［J］．International Journal of Communication，2008，2（2）：331-353.

［15］OLSEN J，PEDERSEN S，HENDRICKS V. A Companion to Philosophy of Technology [M]. Oxford: Blackwell Publishing Ltd, 2009.

[16] Online Etymology Dictionary [DB/OL]. http: //www.etymonline.com/index.php?term=medium&allowed_in_frame=0, 2013-10-20.

[17] VERBEEK P. Accompanying Technology: Philosophy of Technology after the Ethical Turn [J]. Techné, 2010, 14 (1): 49-54.

[18] VERBEEK P. Cyborg Intentionality: Rethinking the Phenomenology of Human-technology Relations [J]. Phenomenology & the Cognitive Sciences, 2008, 7 (3): 387-395.

[19] VERBEEK P. Materializing Morality: Design Ethics and Technological Mediation [J]. Science, Technology and Human Values, 2006, 31 (3): 361-380.

后　记

从读博选题开始至今，我做媒介研究也近十年了。谈不上有什么成绩，也算不上多么努力，但好在没有放弃。这恐怕是像我这样千千万基层学者共同的学术之路，为某一领域添砖加瓦。

我对媒介的思考始自多年以前，十几岁的我第一次接触国学经典，在惊讶于往圣先贤对世界与人生规律把握的同时，萌发出一个问题：在信息极为匮乏的时代，那些先贤是如何做到的？在有限的生命里凭借稀缺的信息，如何就产生了深刻的认识？后来我发现，这个问题属于语言与认知领域的“柏拉图问题”。

在集中写作本书的这三年，正好是新冠疫情的三年，网络上产生了很多极端、反智的言论。一些网络大V的发言完全无视事实与逻辑，后面还总能跟随充满暴戾之气的拥趸。如果说大V为的是流量、金钱，那么后面这些放弃思考的粉丝又为了什么？难道已经被传播学放弃的“魔弹论”才是对的？互联网让信息获取如此简单，为什么一些网民反而离真相愈加遥远？这个现象被语言与认知领域称为“奥威尔问题”。

“柏拉图问题”和“奥威尔问题”形成了一对悖论。所以，媒介技术到底有利于还是有损于正确认知，恐怕也难有定论。但正因为如此，媒介研究才吸引着包括我在内的感兴趣之人投身其中、持续思索。毕竟对于悖论来说，思索的过程才更有意义。

本书的写作付梓离不开中原工学院马克思主义学院和社科处的支持，感谢各位同仁的帮助与指导！

最后，感谢指导我进行媒介研究的老师们，和支撑我从事学术工作的父母妻儿，感恩铭记于心！

2023年春节期间

于郑州家中